论环境利益的环境法保障

何佩佩 著

厦门大学出版社 国家一级出版社
XIAMEN UNIVERSITY PRESS 全国百佳图书出版单位

图书在版编目（CIP）数据

论环境利益的环境法保障 / 何佩佩著. -- 厦门：厦门大学出版社，2022.12
ISBN 978-7-5615-8738-6

Ⅰ.①论… Ⅱ.①何… Ⅲ.①环境保护法－研究－中国 Ⅳ.①D922.680.4

中国版本图书馆CIP数据核字(2022)第171176号

出 版 人　郑文礼
责任编辑　甘世恒

出版发行　厦门大学出版社
社　　址　厦门市软件园二期望海路 39 号
邮政编码　361008
总　　机　0592-2181111　0592-2181406(传真)
营销中心　0592-2184458　0592-2181365
网　　址　http://www.xmupress.com
邮　　箱　xmup@xmupress.com
印　　刷　厦门集大印刷有限公司

开本　720 mm×1 000 mm　1/16
印张　27
字数　500 千字
版次　2022 年 12 月第 1 版
印次　2022 年 12 月第 1 次印刷
定价　78.00 元

本书如有印装质量问题请直接寄承印厂调换

厦门大学出版社
微信二维码

厦门大学出版社
微博二维码

国家社科基金后期资助项目
出版说明

  后期资助项目是国家社科基金设立的一类重要项目，旨在鼓励广大社科研究者潜心治学，支持基础研究多出优秀成果。它是经过严格评审，从接近完成的科研成果中遴选立项的。为扩大后期资助项目的影响，更好地推动学术发展，促进成果转化，全国哲学社会科学工作办公室按照"统一设计、统一标识、统一版式、形成系列"的总体要求，组织出版国家社科基金后期资助项目成果。

全国哲学社会科学工作办公室

序 一

在环境法学已经走过近半个世纪历史的今天,环境利益依然是一个生涩的学术概念。或恰因其生涩才更值得勇敢者试尝、咀嚼,何佩佩博士就是这样的勇敢者!

从我国学界展示的研究成果看,环境利益概念大抵可收揽两个方面的涵义:一方面,环境自身具有的服务人类的功能这种可以用数百万年人类生存繁衍历史为之佐证的利益,可以称之为环境这种利益;另一方面,人们从环境那里获得的也就是通过利用环境对人类的服务功能而收获的利益,作为环境这种利益的对称,可以叫环境利用利益,我也称之为环境消费利益。不过,这只是一个大略的估计。正如何博士考查国内外研究现状的所得显示的那样,相关研究呈现"'人言人殊'的状态",理论上的"交锋"并不多。我所说的"大抵""大略"不是指已有研究的"流"形成的"线",而是散落的"滴",比如相对集中的几个滴或颗粒较大的滴。

何佩佩博士的勇敢就表现在敢于面对这般严酷的境况,对生涩的环境利益及其法律地位、实现保障等展开系统全面的研究。她的新作《论环境利益的环境法保障》就是她的大胆探索所取得的丰厚的成果。

按上述"大抵"判断,本书对"环境这种利益"和"环境利用利益"两个方面的内涵和学界对这两个方面的讨论都给予了关注。本收对相关研究做了非常系统全面的研判,也就相关作品及其观点、特点甚至学术价值等与读者做了分享。全面的"调研"使作者不会忽略"环境这种利益"和"环境利用利益"两者中的任何一个。与读者分享的那些观点尤其是被作者认为学术价值比较大的那些观点也实实在在地变成了作者的那被大学教师们经常挂在嘴边的"巨人的肩膀"。本书将环境利益定义为"各环境要素按照一定的规律组成的环境系统所客观具有的环境生态功能"和对人的"需要的满足",把环境利益的主体界定为人或用作者精心选择的词语表述的"以生命的延续为本质追求的人",把环境利益的客体界定为"环境生态功能",充分反映了作者对"环境这种利益"和"环境利用利益"两个方面的兼顾和对与两个方面相对应的研究成果及其作者们的尊重。仅就这一点就可以说，本书是踏在巨人肩膀上的探索，是超越以往"相关作品及其观点、特点"和"学术价值"的创新之作。

本书自然也实现了学术观点上的创新。按作者对自己作品的"一分为二"的总结，新观点有12项之多。自然，众多的创新观点也是兼顾"环境这种利益"和"环境利用利益"两个方面的。一方面，对环境利益的界定（新观点第1项）包含以下内容："环境利益是各环境要素按照一定的规律组成的环境系统所客观具有的环境生态功能""是当代新型的法律利益"；在界定环境正义这一"环境法的核心理念"时赋予它一项重要内容——"尊重生态规律理念"（新观点第7项），这些都与"环境这种利益"关系比较密切。另一方面，更多新观点都与"环境利用利益"距离较近。比如，新观点认为，"环境法应坚持权利本位"，而权利本位指"以确保环境利益平等、自由、公正地实现为其价值目标，并以之为指引构建环境法律规则体系及行为模式"（新观点第6项）；新观点认为，"环境法的目的"的核心内容是"确保人的环境利益尽可能充分、公平、有序地实现"（新观点第8项、第10项）；新观点还认为，"环境法对环境利益的保障有赖于环境权利、环境权力、环境义务以及环境法律责任之'多元化'手段的分工配合"，其中环境权利主要是"自然人环境权利"（新观点第11项）。

《论环境利益的环境法保障》对"环境这种利益"和"环境利用利益"两个方面的兼收并蓄使它不难在学界找到知音。相信该书的出版定会引起学界，包括"环境这种利益"的持论者和"环境利用利益"观点的拥护者的高度重视，进而推动环境利益研究在《论环境利益的环境法保障》已有基础上百尺竿头更进一步。

谨以此数句为序。

徐祥民
2022年11月9日于青岛海滨寓所

序 二

本书是何佩佩博士的第一部学术专著，我作为她的博士研究生导师，见证这本源自其博士论文的书付梓颇感欣慰，陶然应允作序。

20世纪中叶以降，生态环境问题逐渐暴露且日益严重，成为今日世界各国关注的全球问题，以应对生态环境问题为己任的中国环境法学亦肇始于20世纪80年代。然而，数十年过去了，环境法学的研究对象、环境法律关系、环境法律权利和义务等基础理论问题仍众说纷纭，莫衷一是。究其原因，生态环境问题复杂异常以至于必须冲破传统法理学藩篱"另起炉灶"的理论建构思路或为要者。传统法理学主张：部门法调整特定法律关系，法律关系的内容都是权利和义务，权利和义务的内容都是利益（含物质和精神利益）。可见，本书以"环境利益"为起点递进式探求环境法律权利和义务、环境法律关系、环境法，正是遵循法理学的理论逻辑从根本上进行的系统探索，具有坚实的法理基础、创新的研究视角和论证的系统性。因此，自2012年博士论文开题至今已然10年，本书内容并未过时，而是随着环境法学的发展愈发凸显其学术价值。

何佩佩博士作为青年学者，勤奋钻研、善于总结和理论联系实际的精神和研究风格，确实难能可贵。从本书的架构和内容可以看出，作者具有较宽阔、厚实的法学理论功底和较强的研究能力，这必将使本书在环境法研究领域产生一定的影响，并将为我国环境法学的进一步发展和完善起到积极的促进作用。

邹 雄
2022年11月8日于福州

目 录

引 言 / 1
    一、问题的缘起 / 1
    二、研究的现状及评述 / 3
    三、研究的思路及内容 / 12
    四、探究之意义 / 15
    五、创新及不足之处 / 26

第一章 环境利益的法律意蕴 / 29
    一、环境利益探究之勃兴及争议 / 29
    二、界定环境利益的认识基础 / 33
    三、环境利益的界定 / 46
    四、环境利益之属性 / 54
    五、环境利益的存续状态 / 58
    六、环境利益法律保障的应然性分析 / 61
    本章小结 / 67

第二章 环境利益的法律保障体系 / 68
    一、环境利益需得到整个法律体系的有效保障 / 71
    二、宪法对环境利益的原则性保障 / 79
    三、其他部门法对环境利益的间接保障 / 90

四、刑法对环境利益的终极保障 / 104
　　本章小结 / 120

第三章　环境利益视野下的环境法 / 121
　　一、环境法的本体 / 123
　　二、环境法的理念 / 140
　　三、环境法之目的 / 163
　　本章小结 / 176

第四章　环境法保障环境利益的方式及其实现路径 / 178
　　一、环境法保障环境利益的方式 / 178
　　二、环境法保障环境利益方式的实现路径 / 205
　　本章小结 / 218

第五章　环境法保障环境利益的多元手段及其配合机制 / 219
　　一、环境法"单一化"保障手段观点之再审视 / 219
　　二、环境利益视野下的环境权利 / 228
　　三、环境利益视野下的环境权力 / 248
　　四、环境利益视野下的环境义务 / 259
　　五、环境法律责任 / 265
　　六、环境法保障环境利益多元手段之配合机制 / 285
　　七、保障"弱保障环境利益"的手段 / 297
　　本章小结 / 300

第六章　我国环境法保障环境利益的立法现状及其完善 / 301
　　一、我国环境法律保障环境利益的困境 / 301
　　二、完善我国环境法律之相关建议 / 323
　　本章小结 / 335

第七章　我国环境利益的司法保障及其完善 / 336

一、环境司法应围绕着环境利益的保障展开 / 338

二、"专门化"是确保环境利益司法保障效力的关键 / 340

三、实现环境司法专门化的应然路径 / 350

四、我国环境利益司法保障现状 / 355

五、完善我国环境利益司法保障的相关建议 / 369

本章小结 / 381

参考文献 / 382

后　记 / 417

引 言

一、问题的缘起

自 20 世纪爆发了包括美国洛杉矶光化学烟雾事件在内的"旧八大公害事件"以及包括印度博帕尔农药泄漏事件在内的"新八大公害事件"以来,人们逐渐认识到环境问题不再仅局限于某一区域,而是已经突破国家的疆域,演变为全球性的危机;同时也意识到环境问题最严重的危害并不是对经济发展的制约,而是对人类赖以生存的生态系统及人类健康的损害。因而,在环境危机愈演愈烈的背景下,各国普遍开始谋求解决环境问题的出路,并展开了一系列的国际合作,环境保护已成为全球所共同关注的主题。作为最大的发展中国家,我国在平衡环境保护与经济发展两者关系的问题上面临着更大的压力,为此党和国家在推进我国生态文明建设方面提出了一系列新的思想和战略:党的十六大报告提出要走"生态良好的文明发展道路";[①] 党的十七大报告在深化马克思主义理论与中国特色社会主义道路相结合的基础上,系统地论证了科学发展观的要义,并以此为基础升华了对经济发展与环境保护、人与自然等关系的认知,提出了建设生态文明之理念;[②] 而后,党的十八大深化了对生态文明建设的认知,明确将生态文明建设作为国家发展的重要战略目标;[③] 党的十九大报告再次强调了生态文明建设对于国家繁荣富强以及永续发展的重要性,并在宏观层面上勾勒出生态文明建设的顶层路径,指出要"统筹山水林田湖草系统治理,实行最严格的生态环境保护制度"。[④] 上述论述彰显出党和国家在保护生

[①] 《江泽民在中国共产党第十六次全国代表大会上的报告》,载中国政府网,http://www.gov.cn/test/2008-08/01/content_1061490.htm,2008 年 8 月 1 日访问。

[②] 《胡锦涛在中共第十七次全国代表大会上的报告全文》,载中国政府网,http://www.gov.cn/ldhd/2007-10/24/content_785431_4.htm,2007 年 10 月 24 日访问。

[③] 《胡锦涛在中国共产党第十八次全国代表大会上的报告》,载中国政府网,http://www.gov.cn/ldhd/2012-11/17/content_2268826.htm,2012 年 11 月 17 日访问。

[④] 《习近平:决胜全面建成小康社会 夺取新时代中国特色社会主义伟大胜利——在中国共产党第十九次全国代表大会上的报告》,载中国政府网,http://www.gov.cn/zhuanti/2017-10/27/content_5234876.htm,2017 年 10 月 27 日访问。

态环境、推进生态文明建设上的坚定决心。

运用法律手段解决环境危机是现代文明国家的共识。当前，党和国家决心运用法治思维和法治方法解决环境问题，为推进生态文明法治建设提供了理论指导和行动指南，对完善我国生态法治建设具有重大的理论意义和深远的现实意义。习近平总书记曾多次强调，只有实行最严格的制度、最严密的法治，才能为生态文明建设提供可靠保障。利益乃法律之缔造者，其对法律的缘起、发展、嬗变均起着决定性的作用。对此结论，各历史时期的学者普遍未予以否定，如18世纪英国法学家边沁将社会利益的最大化视为法之最终目的；[①]19世纪德国法学家耶林提出利益是法律的创造者；[②]20世纪德国利益法学家赫克将利益视为法律产生之原因并指出法律主要的任务在于平衡、规范利益冲突；[③]此后，美国法学家博登海默也提出了类似的观点。[④]一般看来，法律乃具有普遍权威性之利益规则，[⑤]其存续及运行之根本性目的在于确保人类社会利益尽可能充分、公平、有序地实现。法律的产生、发展及其内在机理很大程度上都是基于对利益的配置和固化的结果，[⑥]其功能通常是在对利益进行确认、调整、保护、增益以及救济的过程中实现的。基于利益之视角，"通过法律手段保护环境"这一表达，对应于法之内在机理中，可理解为法律对特定的利益（即环境利益）所进行的确认、保护、增进、调整与救济等形式的保障。鉴于此，唯有清晰认知环境利益的内在机理，方能对环境法保障环境利益的必然性以及可有效保障环境利益的环境法之应然状态进行准确把握；也唯有基于此，方能确保环境法律制定的科学性及实施的有效性并最终确保环境问题通过法律手段得以真正解决。

自20世纪中期以来，环境法学界的研究成果卓著，在应对全球环境危机方面贡献突出。然而，目前学界从利益的角度出发，对"通过法律手段保护环境"这一主题所展开的研究还是较为有限的。长期以来，西方环境法学界更关注对实践中具体制度的研究，有关环境利益的理论研究尚未得到域外学术界的重视。而国内学界虽已展开相关的研究，但研究成果尚不够

---

① ［英］罗素：《西方哲学史（下卷）》，马元德译，商务印书馆1991年版，第329页。
② ［葡］叶士朋：《欧洲法学史导论》，吕平义、苏健译，中国政法大学出版社1998年版，第207页。
③ 何勤华：《西方法学史》，中国政法大学出版社1996年版，第225页。
④ ［美］博登海默：《法理学：法律哲学与法律方法》，邓正来译，中国政法大学出版社1999年版，第3页；［葡］叶士朋：《欧洲法学史导论》，吕平义、苏健译，中国政法大学出版社1998年版，第207页。
⑤ 付子堂：《对利益问题的法律解释》，载《法学家》2001年第2期。
⑥ 周旺生：《论法律利益》，载《法律科学》2004年第2期。

全面、深入且部分研究存在较大的争议,如目前学者们对环境利益的内在机理的探讨和争议仍在继续,对能有效保障环境利益之环境法的应然状态及其运行的方式、机制、路径等主题的研究仍有待进一步深化。同时,目前国内学界专门以"环境利益的法律保障"为主题的研究成果也较少。

上述现状反映于环境法学理论研究中,呈现出"模糊、争议"之特征,即学界对环境法的概念、本质、理念、目的、价值等环境法的根本性问题的认识争议较大,对良法、善法的评判标准较为模糊;反映于环境法律体系构建上,表现出"大包大揽"之特征,即部分学者将诸如环境卫生、景观观赏、自然资源开发利用等与环境有关的所有制度都纳入其中,导致环境法律体系定位不清;而反映于环境法律制度设计上,则表现出"欠周延、操作性弱"之特征,即具体的环境法律制度与其他法律制度的衔接、配套还较为不足,系统性不强,可操作性较弱——而此较大程度地影响了我国环境法律制定的科学性和实施的有效性,亦增大了我国环境法律制定及"有的放矢"实施的难度,也是造成目前我国现行环境法律在解决环境问题过程中呈现出实效不彰之"弱力化"状态的原因之一。鉴于此,本书以环境法为视角,对"环境利益的法律保障"这一主题展开研究,此主题亦可被表述为"环境利益的环境法保障"。

二、研究的现状及评述

现有文献资料显示,我国法学界对环境利益的认识是一个渐进的过程。20世纪80年代以前,学界并未认识到环境利益的存在,或者更确切地说是学者们尚未注意到存在一种独立的环境利益需要得到法律的保障。随着环境形势的不断恶化,自20世纪90年代起,学者们开始对通过法律手段进行环境保护的作用基点问题展开了思索并逐渐认识到环境利益的客观存在。此阶段,我国学界开始出现有关"环境利益"的研究,但相关研究成果多为学者们在对环境法学其他主题进行研究的过程中所做的附带性的研究、论述,总体看来较为零散、不成体系。进入21世纪后,我国学界进一步肯定了环境利益的独立价值并对其之于环境法的重要意义给予了不同程度的肯定——如徐祥民教授等指出环境法应保护、实现环境利益,此应是不存在异议的结论,也是环境法律制度设计的归依;[①] 钭晓东教授、黄锡生教授等提出环境法成为独立部门法的决定性的依据、理由在

[①] 徐祥民、朱雯:《环境利益的本质特征》,载《法学论坛》2014年第6期。

于对客观存在的环境利益保护的需要,①如王春磊博士提出环境利益是环境法的应然本位及其产生基础,②廖华博士等指出环境法是在传统法律制度无法满足人类社会保护环境利益需要的背景下的当然抉择。③在此背景下,环境法学界开始出现专门以"环境利益"为主题的研究且学者们对该主题的关注呈现出"星火燎原"之积极态势。总体看来,我国学界将研究视角指向"环境利益"源自两次理论热潮,一是源于20世纪末学者们对"将环境权视为环境法学之基石"的反思。当时,环境权在"理论上的混乱、立法中的迟延以及司法实践中被排斥"的状况,④促使很多学者开始反思并放弃环境权的研究思路。其中,有的学者转向对环境义务、国家环境责任展开研究;有的学者干脆放弃理论研究转向对具体制度的研究;还有一部分学者尝试绕过权利转而从更为本源性的利益角度展开研究。二是源于近年来学界对环境公众参与制度、环境公益诉讼制度的热议,不少学者开始从公共利益的视角切入对环境利益展开研究。现就本世纪以来,我国法学界专门以"环境利益"为主题的研究成果进行具体分析,结论如下:

首先,从研究成果数量角度看:笔者以"环境利益"为篇名关键词在CNKI数据库进行检索,截止至2021年6月30日,共检索到相关法学期刊论文约146篇,博士论文7篇(其中法学专业仅1篇),硕士论文15篇。而其中专门以"环境利益的法律保障"为主题的文献不到10篇,但尚未出现专门以之为主题的专著。

其次,从研究进展角度看:2000年至2004年间,国内共有相关文献10篇,其中法学期刊约8篇,博士论文0篇,硕士论文1篇,国际会议论文1篇。此阶段学者们开始对环境利益展开一定程度的专门性研究,相关研究成果主要呈现如下特征:(1)有部分学者开始关注并肯定环境利益对环境问题解决、环境法产生的重要意义⑤;(刘松涛、王瑛,2001⑥)。(2)有部分学者肯定了环境法在调整环境利益方面的功能(罗文君,2003)。⑦

---

① 钭晓东:《论环境法功能之进化》,科学出版社2008年版,第2页;韩卫平、黄锡生:《论"环境"的法律内涵为环境利益》,载《重庆理工大学学报(社会科学)》2012年第12期。
② 王春磊:《我国环境法对环境利益消极保护及其反思》,载《暨南学报(哲学社会科学版)》2013年第6期。
③ 廖华、孙林:《论环境法法益:对环境法基础的再认识》,载《中南民族大学学报(人文社会科学版)》2009年第6期。
④ 邹雄:《环境侵权法疑难问题研究》,厦门大学出版社2010年版,第1页。
⑤ 邓遂:《透视环境法产生的根源及环境法精神》,载《社科与经济信息》2002年第10期。
⑥ 刘松涛、王瑛:《环境问题的根源及其出路》,载《新疆师范大学学报(哲学社会科学版)》2001年第3期。
⑦ 罗文君:《论环境法的利益调控功能》,武汉大学2004年硕士学位论文。

（3）已有学者开始尝试直接或者间接地对环境利益的本质进行探索（唐忠辉，2003）①。（4）此阶段学界虽未对环境利益的本质有较为清晰的认识，但已有学者关注到环境利益保障问题并从多个角度提出保障方案，如有的学者提应当建立"双轨制"保护模式（金福海，2002），②而有的学者从人格权法角度提出保护方案（刘长兴，2003）。③（5）还有学者认识到了"环境侵害"与"环境侵权"的区别，提出环境侵害是对独立的环境利益的侵害，其不能用侵权法来解决，而需要用环境法的公法手段解决（唐忠辉，2004）。④ 总体看来，此阶段学界开始出现对环境利益的专门性的研究并提出了不少具有"闪光点"的观点，但客观来说，相关研究还较为粗浅、片面。

2005年至2009年间，国内共有相关文献31篇，其中法学期刊论文约22篇，博士论文2篇，硕士论文3篇，国内会议论文4篇。此阶段的研究成果主要呈现如下特征：（1）部分学者开始反思"以环境权作为环境法的基石"的适当性并在此基础上提出应以环境利益作为环境法理论研究的本位核心（吴贤静，2006⑤；巩固，2009⑥）。（2）开始有学者关注环境利益的概念、特征、性质、构成要件等基础理论问题并对环境利益的保障路径展开了初步的研究（廖华，2006）。⑦（3）部分学者从广义角度将环境利益理解为生态利益、精神利益以及经济利益的组合，同时肯定了生态利益对人类可持续发展的根本性意义并提出生态利益是环境利益独立价值的决定性因素（廖华，2006；⑧吴贤静，2006；⑨白平则，2007⑩）。（4）部分学者开始从法理学中"法律与利益"的关系角度分析环境法与环境利益的关系并较为深入地探讨了环境法的利益调整之功能（斜晓东，2008）；⑪⑫同时也有学者开始从"法益"的角度对环境利益展开研究（廖华、孙林，

---

① 唐忠辉：《环境利益本质论》，载《环境》2003年第12期。
② 金福海：《论环境利益"双轨"保护制度》，载《法制与社会发展》2002年第4期。
③ 刘长兴：《环境利益的人格权法保护》，载《法学》2003年第9期。
④ 唐忠辉：《环境侵权及其救济的法益分析》，载《湖南公安高等专科学校学报》2004年第5期。
⑤ 吴贤静：《环境权的本位：从支配环境到环境利益优势》，载《甘肃政法学院学报》2006年第5期。
⑥ 巩固：《私权还是公益？环境法学核心范畴探析》，载《浙江工商大学学报》2009年第6期。
⑦ 廖华：《环境法益学说初论》，载《广东行政学院学报》2006年第4期。
⑧ 廖华：《环境法益学说初论》，载《广东行政学院学报》2006年第4期。
⑨ 吴贤静：《环境权的本位：从支配环境到环境利益优势》，载《甘肃政法学院学报》2006年第5期。
⑩ 白平则：《我国环境刑法法益论析》，载《法学杂志》2007年第4期。
⑪ 斜晓东：《论社会变迁与环境法律规则运行模式的演进》，载《河北法学》2008年第3期。
⑫ 斜晓东：《生态文明、风险社会与环境法的功能进化》，载《学术月刊》2008年第1期。

2009)。① (5) 还有学者从利益冲突的角度对环境利益展开分析，其不仅关注到环境利益与经济利益等不同质的利益类型之间的冲突（陈少红，2006)、② (罗文君，2007)，③ 还关注到环境利益内部的冲突（周昌发，2009)；④ 对于冲突的解决，有的学者提出了应建立环境利益优先的协调发展原则（唐双娥、吴胜亮，2007)，⑤ 而有的学者提出应在发展经济过程中兼顾环境利益（严法善、刘会齐，2008)。⑥ (6) 此外，还有部分学者将对环境损害的救济与环境利益损害挂钩展开了相关研究（米娜，2008)。⑦ 总体看来，此阶段学者们对"环境利益"研究的深度、广度都有一定程度的扩展，但学界对相关各主题的研究仍不够深入，存在较大的争议。

2010年至2015年间，国内共有相关文献61篇，其中法学期刊论文约43篇，博士论文5篇（其中法学类论文3篇），硕士论文8篇，国内会议论文5篇。此阶段的研究成果主要呈现如下特征：(1) 由于国内环境法学界较为关注"环境公众参与""环境公益诉讼"等相关主题，进而引起部分学者从"公益"的角度切入对环境利益问题展开研究（杨朝霞，2013)。⑧ (2) 学者们进一步肯定了环境利益对环境法存续、发展的根本性意义，且学界更为关注"究竟什么是环境利益、环境利益的本质"等基础性、本质性问题（徐祥民，2014;⑨ 王春磊，2013;⑩⑪ 刘惠荣、苑银和，2013;⑫ 杜健勋，

---

① 廖华、孙林：《论环境法法益：对环境法基础的再认识》，载《中南民族大学学报（人文社会科学版）》2009年第6期。
② 陈少红：《解读环境法的"立法悖论"——以经济利益与环境利益的冲突为视角》，载《云南大学学报（法学版）》2006年第6期。
③ 罗文君：《从利益构成要素视觉看环境法调控的利益矛盾》，载《湖北民族学院学报（哲学社会科学版）》2007年第4期。
④ 周昌发：《论环境法对利益冲突的平衡》，载《云南社会科学》2009年第3期。
⑤ 唐双娥、吴胜亮：《协调发展原则：一个新颖性的界定与阐述——环境利益优先的协调发展原则》，载《社会科学家》2007年第6期。
⑥ 严法善、刘会齐：《社会主义市场经济的环境利益》，载《复旦学报（社会科学版）》2008年第3期。
⑦ 米娜：《环境损害赔偿研究》，内蒙古大学2008年硕士学位论文，第11~16页。
⑧ 杨朝霞：《论环境公益诉讼的权利基础和起诉顺位——兼谈自然资源物权和环境权的理论要点》，载《法学论坛》2013年第3期。
⑨ 徐祥民、朱雯：《环境利益的本质特征》，载《法学论坛》2014年第6期。
⑩ 王春磊：《我国环境法对环境利益消极保护及其反思》，载《暨南学报（哲学社会科学版）》2013年第6期。
⑪ 王春磊：《法律视野下环境利益的澄清及界定》，载《中州学刊》2013年第4期。
⑫ 刘惠荣、苑银和：《环境利益分配论批判》，载《山东社会科学》2013年第4期。

2012，2013；①② 韩卫平、黄锡生，2012③。（3）越来越多的学者开始对环境利益的法律保障问题展开研究，其中既有学者关注环境法对环境利益的保障（朱雯，2014；④ 法丽娜，2015；⑤ 王文博，2015⑥），也有学者关注了其他部门法对环境利益的保障（贾爱玲、章瑜，2014）。⑦（4）开始有学者对环境利益与生态文明建设的关系展开探索（严法善、刘会齐，2014）。⑧（5）有部分学者关注了环境利益的"差异性""区分性"的特质及其目前不公平分配的现状，并提出环境法的主要功能便是通过对环境利益的公平分配进而实现环境正义（杜健勋、陈德敏，2010；⑨ 张志辽，2010；⑩ 董正爱，2012；⑪ 张兰、王世进，2012⑫），部分学者还对实现环境利益公平分配的经济诱因展开了研究（杜健勋、秦鹏，2012）；⑬ 但也有学者提出环境利益是不可分配的（徐祥民、朱雯，2014；⑭ 刘惠荣、苑银和，2013）。⑮（6）此外，还有部分学者对海洋环境利益（徐祥民，2012；⑯ 张相君，2012⑰），农民、

---

① 杜健勋：《从权利到利益：一个环境法基本概念的法律框架》，载《上海交通大学学报（哲学社会科学版）》2012 年第 4 期。
② 杜健勋：《环境利益：一个规范性的法律解释》，载《中国人口资源与环境》2013 年第 2 期。
③ 韩卫平、黄锡生：《论"环境"的法律内涵为环境利益》，载《重庆理工大学学报（社会科学）》2012 年第 12 期。
④ 朱雯：《论环境利益》，中国海洋大学 2014 年博士学位论文。
⑤ 法丽娜：《基于均衡原理探索环境利益可持续发展的立法设计》，载《政法论丛》2015 年第 3 期。
⑥ 王文博：《关于我国环境法对环境利益消极保护的思考》，载《法制博览》2015 年第 17 期。
⑦ 贾爱玲、章瑜：《浅析环境利益保护视阈下〈物权法〉的完善》，载《中国环境管理干部学院学报》2014 年第 4 期。
⑧ 严法善、刘会齐：《基于环境利益获取与维持的生态文明建设》，载《复旦学报（社会科学版）》2014 年第 2 期。
⑨ 杜健勋、陈德敏：《环境利益分配：环境法学的规范性关怀——环境利益分配与公民社会基础的环境法学辩证》，载《时代法学》2010 年第 5 期。
⑩ 张志辽：《环境利益公平分享的基本理论》，载《社会科学家》2010 年第 5 期。
⑪ 董正爱：《社会转型发展中生态秩序的法律构造——基于利益博弈与工具理性的结构分析与反思》，载《法学评论》2012 年第 5 期。
⑫ 张兰、王世进：《环境正义视阈下的立法走向：环境法的倾斜保护及其实现途径》，载《生态经济》2012 年第 11 期。
⑬ 杜健勋、秦鹏：《环境利益分配的经济诱因规制研究》，载《重庆大学学报（社会科学版）》2012 年第 6 期。
⑭ 徐祥民、朱雯：《环境利益的本质特征》，载《法学论坛》2014 年第 6 期。
⑮ 刘惠荣、苑银和：《环境利益分配论批判》，载《山东社会科学》2013 年第 4 期。
⑯ 徐祥民：《海洋环境保护和海洋利用应当贯彻的六项原则——人类海洋环境利益的视角》，载《中国地质大学学报（社会科学版）》2012 年第 2 期。
⑰ 张相君：《海洋环境利益与经济发展利益在国际法上的冲突与协调》，载《汕头大学学报（人文社会科学版）》2012 年第 1 期。

农村环境利益（王杨，2011；①陈兴华，2011②）等专门性的主题展开研究。总体看来，此阶段学界对环境利益相关主题的研究热情进一步高涨，研究成果进一步增多，学者们试图透过现象展开更为深入的探讨，对环境利益的相关基础理论的研究进一步深入、细化，而有关环境利益保障、有效实现的主题得到了更为广泛的关注。但客观来说，此阶段学者们的研究体系性仍然不强，观点间的冲突争议较大。

2016年至2021年6月间，国内共有相关文献44篇，大多为法学专业论文。其中，学术期刊论文29篇，博士论文0篇，硕士论文8篇，会议论文等其他相关论文7篇。此阶段的研究成果主要呈现如下特征：（1）学者们开始关注对环境利益的概念、特征、属性、构成要件等基本理论的探讨，但相关研究仍不够深入、系统且尚未形成较为统一的观点，较有代表性的学者有刘卫先（2016）、③袁红辉（2016）、④宋宇文（2016）等。⑤（2）学者们进一步重视"环境利益的环境法保障"这一主题，并展开了多角度的研究。有的学者从"环境利益的分类"这一角度出发，提出应对不同性质的环境利益进行区别化、类型化保护，如王京歌（2020）、⑥罗文轩（2020）。⑦有的学者围绕着环境利益的"法律保障手段"这一主题展开了研究，其中既有学者主张维护环境利益的法律手段只能是义务，如徐祥民（2020）；⑧也有学者从"环境法的本位"角度出发，提出环境利益的保障有赖于权利（权力）、义务、责任等多元化手段的相互配合，如何佩佩（2017）。⑨同时，有学者关注了环境利益的司法保障，如肖建国等（2016）、⑩沈碧溪（2018）、⑪贾飞雪（2018）。⑫此外，还有学者对"环境利益的存续状态"进行了区分，

---

① 王杨：《论农民环境利益的法律保护》，西南政法大学2011年硕士学位论文。
② 陈兴华：《论我国农村环境利益冲突的法律调整机制》，载《2011年全国环境资源法学研讨会（年会）论文集（第三册）》，第5页。
③ 刘卫先：《环境法学中的环境利益：识别、本质及其意义》，载《法学评论》2016年第3期。
④ 袁红辉：《环境利益的政治经济学分析》，载《滇西科技师范学院学报》2016年第1期。
⑤ 宋宇文：《论生态文明建设中环境利益的类型与法律保护机制——基于庞德利益理论的视角》，载《南京师大学报（社会科学版）》2016年第1期。
⑥ 王京歌：《生态文明时代环境利益的双轨保护机制》，载《郑州大学学报（哲学社会科学版）》2020年第5期。
⑦ 罗文轩：《生态利益的环境法保护现状及完善》，载《呼伦贝尔学院学报》2020年第2期。
⑧ 徐祥民：《论维护环境利益的法律机制》，载《法制与社会（双月刊）》2020年第2期。
⑨ 何佩佩：《环境法本位的反思及环境法多元化保障手段》，载《政法论丛》2017年第3期。
⑩ 肖建国、宋春龙：《环境民事公益诉讼程序问题研究——以不同环境利益的交织与协调为切入点》，载《法律适用》2016年第7期。
⑪ 沈碧溪：《司法中环境利益与经济利益的利益衡量路径》，载《中国环境管理干部学院学报》2018年第6期。
⑫ 贾飞雪：《环境利益的司法保护机制研究》，吉林大学2018年硕士学位论文。

并提出应分别从立法和司法两个角度有针对性地设置相应的调整机制，如何佩佩等（2020）。①（3）也有学者开始关注除环境法外的其他部门法对环境利益的保障，如有学者探讨了民法对环境利益的保障（徐以祥、李兴宇，2018）；②有学者开始讨论通过"法益化"的方式将环境利益纳入刑法的保障范围，如何佩佩（2021）。③（4）各领域环境利益协调、分配问题也得到一部分学者的关注，如陈兴华（2017）、④韩利琳等（2017）、⑤宋惠芳（2017）、⑥法丽娜（2017）、⑦葛超（2016）。⑧（5）有学者对特定区域、特定群体（主要是乡村地区、农民）的环境利益问题展开了深入的研究，其中有分析乡村地区环境利益多元化的内在机制并结合我国基层环境保护责任和制度的重构来建立乡村地区环境利益多元化协调机制的（王世梅，2020），⑨有探究不同类型的农村环境利益冲突及相应治理路径的（邵玉萍，2020）。⑩总体看来，此阶段学界对环境利益内在机理的研究进一步深入，"环境利益的保障与救济""环境利益的冲突与协调"是学者们持续关注的两大主题，相关研究成果展现了较强的建制性。然而，在对环境利益有了如此"进阶式"的研究成果的同时，学界就相关主题的研究成果所达成的"共识性"程度仍不高，有赖于后续进一步的探讨、研究。

再次，从研究内容角度看：目前有关环境利益的研究多围绕着环境利益的内涵、主体、客体、特征、性质、分类、本质及其与环境法的关系等相关基础理论问题以及环境利益的保障、实现与分配等主题展开。然而客观来说，上述相关主题的研究成果争议较大，有待进一步深化、系统化。具体看来，其中有关"环境利益的概念""环境利益的特点""环境利益的客体"的主题，目前呈现出明显的"人言人殊"的状态，即学者们基于自身所选取

---

① 何佩佩、冯莉：《论环境利益的存续状态及其调整机制》，载《社会科学家》2020年第11期。
② 徐以祥、李兴宇：《环境利益在民法分则中的规范展开与限度》，载《中国地质大学学报（社会科学版）》2018年第6期。
③ 何佩佩：《论环境利益的刑法法益化》，载《法学杂志》2021年第5期。
④ 陈兴华：《论我国农村环境利益冲突的法律调整机制》，载《中国市场》2017年第35期。
⑤ 韩利琳、吴昌昊：《我国环境税实施中经济与环境利益平衡探析》，载《中国商论》2017年第28期。
⑥ 宋惠芳：《当前影响中国城乡环境利益协调的国情因素及对策》，载《福建师范大学学报（哲学社会科学版）》2017年第4期。
⑦ 法丽娜：《上合组织环境利益协调机制的法经济学研究——以典型国家为例》，载《辽宁大学学报（哲学社会科学版）》2017年第2期。
⑧ 葛超：《环境正义视角下环境利益和负担的分配》，载《环境保护与循环经济》2016年第4期。
⑨ 王世梅：《多元化乡村地区环境利益协调机制的构建》，载《山西青年》2020年第5期。
⑩ 邵玉萍：《新时代农村环境利益冲突治理研究》，江南大学2020年硕士学位论文。

的视角进行各自论证,观点间少有重合,也未形成理论的"交锋"。而有关"环境利益的主体"这一主题,目前争议焦点主要集中在究竟环境利益的主体"是人还是环境""是生物人还是法律拟制主体""是个人、群体还是人类"上;有关"环境利益的属性"的争议主要集中在"环境利益是单纯的公共利益还是兼具私益性"上;有关"环境利益的本质"这一主题的争议则主要集中在环境利益究竟是"环境的利益",还是"人与环境有关的一切利益"或"人与环境有关的经济利益""人与环境有关的精神利益""人与环境有关的生态利益"等不同观点上;有关环境利用保障手段的争议多集中在"权利"、"义务"或者"多元化保障手段"等不同观点上。对于其间具体争议之内容,笔者将在下文中展开详述。[1]

而就国外学界来看,20世纪中后期,环境权等相关环境法的基础理论一度也成为国外环境法学者研究的热点,但随后便有不少学者对此研究思路提出了质疑。[2] 不同于国内学者转而寻求其他基础理论研究视角,国外环境法学界普遍不再将研究重点放在环境法基础理论上,而是转向了对实践中具体环境问题的解决和探析。[3] 在此背景下,有关于环境利益的理论研究自然也不会得到域外环境法学界的青睐,此推断也已从笔者的文献查询结果中得到了印证。笔者以"环境利益"的直译词"environmental interest"为篇名关键词,在Westlaw、LexisNexis、HeinOnline等知名外文数据库中对近几年的文献进行检索,共统计出80余篇外文文献,但其中多数文献均集中在环境科学、化学、生物学、有机化工等领域。具体看来,该术语在环境科学领域的使用率最高,目前尚未查询到在法学领域使用该术语的法学外文文献。通过梳理可知,目前域外学者多在如下几个角度使用"environmental interest"这一术语:(1)有的学者将"environmental interest"解释为"能对环境产生积极意义的价值",类似于"environmental value"的含义。如学者Ramesh Abhilash Mavinakere、Shivanna Srikantaswamy在化学领域使用了该术语,其在论述Moo 3/Zno的一种独特的合成方法时运用了该短语,借该短语来表示这种合成方法对于环境的积极意义。[4] 又如学

---

[1] 具体详见本书第一章第一部分"环境利益探究之勃兴及争议"。

[2] J.G.Merrills.Environmental protection and human rights: conceptual aspects. In: Alan E. Boyle, Michael R. Anderson, eds. *Human Rights Approaches to Environmental Protection*. Oxford: Clarendon Press, 1998, p. 25.

[3] 金瑞林、汪劲:《20世纪环境法学研究评述》,北京大学出版社2003年版。

[4] Ramesh Abhilash Mavinakere, Shivanna Srikantaswamy. Hydrothermal Synthesis of MoO$_3$/ZnO Heterostructure with Highly Enhanced Photocatalysis and Their Environmental Interest, *Journal of Environmental Chemical Engineering*, 2021. p. 9.

者 L. Bougarne、M. Ben Abbou 等在环境科学领域使用了这一术语。在其"Consequences of Surface Water Eutrophication: Remedy and Environmental Interest"一文中用到了该术语，综合全文来看，学者欲借"environmental interest"这一术语表达通过改善地表水富营养化的问题而对环境产生的积极效益。① 再如 Matar Ndiaye、Mahamadane Diène 等学者，在论述火山灰活动时提及了环境利益，其探讨的是火山灰活动对于周边环境的好处。② 另外，Marilena Budroni 在其文章使用中"environmental interest"这一术语来表明微生物对于环境的价值。（2）部分学者将"environmental interest"解释为"与环境相关的某类事务"。如学者 László Wojnárovits、Erzsébet Takács 在化学领域使用了这一术语，其在"Rate Constants of Dichloride Radical Anion Reactions with Molecules of Environmental Interest in Aqueous Solution: A Review"一文中将"environmental interest"理解为"与环境相关的（分子）"，全文主要是针对水溶液中二氯自由基阴离子与环境相关分子反应的速率常数所展开的研究。③（3）也有学者将"environmental interest"理解为与环境有关的利益集团。J.M. Box-Steffensmeier 等人在"Role Analysis Using the Ego-ERGM: A Look at Environmental Interest Group Coalitions"一文中也用到了"environmental interest"，该术语在该篇文章中的含义是环境利益（集团），全文以环境利益集团为视角，利用ego-ERGM模型对环境利益集团中不同角色分工进行分析。④ 通过分析可知，目前国外学界在多个学科、多个领域内使用了"environmental interest"一词，但法学领域内的研究成果尚不多见；且目前学者对该词还存在不同的理解，但少有文章对"environmental interest"本身展开研究。

综上可见，目前我国有关环境利益的研究刚刚起步，而国外尚未出现专门性的研究。具体到我国来看，截至目前，"环境利益"这一主题已经得到国内越来越多学者的关注；环境利益之于环境法学研究、环境法律的制定及实施的重要意义已得到越来越多学者的肯定；围绕着"环境利益"相

---

① L. Bougarne, M. Ben Abbou, M. El Haji, H. Bouka. Consequences of Surface Water Eutrophication: Remedy and Environmental Interest, Materials Today: Proceedings, 2019, p. 13.

② Matar Ndiaye, Mahamadane Diène, Mouhamadou Bassir Diop, Papa Malick Ngom. Pozzolanic Activity of Old Volcanic Tuffs of Mako Area (Senegal-Oriental, West African Craton): An Economic and Environmental Interest, *International Journal of Geosciences*, 2019, p. 10.

③ Wojnárovits László, Takács Erzsébet. Rate Constants of Dichloride Radical Anion Reactions with Molecules of Environmental Interest in Aqueous Solution: A Review, *Environmental Science and Pollution Research International*, 2021.

④ J.M. Box-Steffensmeier, B.W. Campbell, D. P. Christenson, Z. Navabi. *Role Analysis Using the Ego-ERGM: A Look at Environmental Interest Group Coalitions, Social Networks*, 2018, p. 52.

关主题的研究逐日深化、渐成体系。但客观来说，目前各项研究普遍刚起步，现有研究成果存在争议较大、体系性不强、空白点较多等诸多问题。而具体到"环境利益的法律保障"这一子主题，现有研究更是呈现出"萌芽"之态，亟待启动全面研究之进程。

三、研究的思路及内容

本书以环境法为视角，围绕着"环境利益的法律保障"这一主题展开研究，具体的研究思路如下：本书首先剖析了环境利益的内在机理，以解决"究竟何为环境利益"之问题。随后，本书对"环境利益的法律保障体系"进行了分析，并在法律体系的视野下讨论了环境利益为何需由环境法做核心保障、宪法及其他部门法应如何保障环境利益、环境法应当如何就环境利益的保障问题与其他部门法进行沟通协作等问题。之后，本书又对能有效实现保障环境利益目的环境法的应然状态进行了剖析，并围绕着"环境法应如何保障环境利益"这一主题探究了环境法保障环境利益的方式、路径、手段及其配合机制等内容。最后，本书基于前文研究所取得的理论认知，对环境利益在我国保障之立法及司法现实状况进行了分析并针对性地提出了完善建议。

延续上述的论证思路，除引言外，本书分为三大部分，共七个章节，各章节前后贯通、层层递进。本书的第一章至第三章构成了本书的第一部分，即基础理论研究部分。

本书第一章在对我国学界现有的关于环境利益界定之争进行分析的基础上，借鉴哲学、社会学、生态学、环境科学等多学科理论，对环境利益的内在机理展开探析。若想实现对环境利益的有效保障，需首先明晰究竟何为环境利益，此是本书研究展开之前提，也是本章之主题所在。通过研究，本书指出环境利益系各环境要素按照一定的规律组成的环境系统所客观具有的环境生态功能对人的生态需要的满足，探究此种需要及其满足过程中所反映出来的人与人之间的社会关系方为在法学视域中研究环境利益的根本价值所在。环境利益的主体是以生命的延续为本质追求的人，其客体系环境生态功能。环境利益除具有主观性、客观性、社会性、历史性等为利益所固有之特征外，还具有自然性、时代性、根本性、独立性、弱势性以及实现之冲突性等特征。从属性角度看，环境利益是典型的公共利益，但不能否认个人对其现实享有。环境利益是独立的利益类型，是环境危机时代应纳入法律保障范围的新型的法律利益。从应然层面看，大部分的环境利益应得到法律直接、有效的强保障，但同时我们也不能忽略那些未被法律类型化确认的弱保障环境利益的客观存在。以法律手段推动生态文明建设的核心在于实现法律对环境利益的全面、有效保障，此需要对环境利益的存续状态加以区分并有针对性地设置相应的调整机制。

本书第二章围绕"环境利益的法律保障体系"这一主题展开了研究，并在此主题中分别讨论了环境利益为何需由环境法充当核心保障、宪法及其他部门法应如何保障环境利益、环境法应当如何就环境利益的保障问题与其他部门法进行沟通协作等问题。环境利益事关人类生存、发展之大计，理应由法律给予全面、充分的保障。本书在对利益与部门法、法律体系相关理论进行剖析的基础上，论证了生态文明时代整个法律体系的协同是环境利益得到全面保障的关键，并对环境法保障环境利益的核心地位进行了论证。作为当代新型的法律利益，环境利益与其他法律利益一样，需得到整个法律体系的全面保障，然其中宪法仅能实现对环境利益的原则性保障，其他传统部门法仅能通过自身之"生态化"实现对环境利益的间接保障，由此，理应由专门的独立部门法（即环境法）来实现对环境利益的直接、积极的保障。环境法是以保障环境利益为其本质追求的独立部门法，其根源于环境危机时代围绕着环境利益的实现而客观存在的各类利益冲突，其本身系确认环境利益及为实现环境利益而应为之行为模式的规范体系，是法律体系中保障环境利益之核心力量。同时，也应当客观地认识到，由于自身固有特性的限制，环境法在环境利益之保障范围、保障手段、保障方式等方面都存在一定的局限性，且制裁措施的力度也是有限的。因此，若要实现对环境利益的全面保障就不能忽略宪法及其他部门法的作用。鉴于此，本书对宪法对环境利益的原则性保障、其他部门法对环境利益的间接保障以及刑法对环境利益的终极保障展开了论述。唯有如此，方能在中国特色的法律体系视域内准确地定位环境法，确保生态环境法律规范的体系化、协调性，从而满足现代环境治理体系整体性、协同性的要求。

本书第三章在环境利益的视角下对环境法的相关根本性问题展开探讨，澄清了能有效保障环境利益的环境法的应然状态。如前论证，环境法在保障环境利益的法律体系中处于核心地位，要弄清环境法应如何保障环境利益，必须首先从能有效实现保障环境利益目的的应然层面的环境法本身入手。只有弄清环境法的内在机理，才能对环境法如何实现对环境利益的有效保障的路径展开进一步探索，并进而形成完善实然层面环境法律制定、完善的参照——而此均有赖于对环境法的根本性问题的深入解答。鉴于此，本部分延续上文之思路，对环境法的本体、环境法的理念、环境法的目的等相关核心问题展开研究，以求深化对生态文明社会背景下能实现有效保障环境利益之目的的应然状态环境法的认识。

基于上述理论研究,本书第二部分(第四章、第五章)围绕着"环境法应如何保障环境利益"这一主题展开相关研究,其中:

本书第四章论述了环境法保障环境利益的方式及其实现路径。法律从本质上看系具有普遍权威性之利益规则,其功能需通过对利益的确认、保护、增益、协调与救济等方式来实现。由此可将环境法保障环境利益的主要方式归纳为环境利益的确认、环境利益的保护增益、环境利益冲突的协调以及环境利益损害的救济。鉴于确定环境法保障方式的环境法律规范系抽象层面之要求,各保障方式需经由具体的环境法律关系方能与特定的社会现象相结合以发挥其实效,由此可将环境法律关系理解为环境法保障环境利益的路径,其具体指由法律所规范、调整的,以环境生态功能为客体的,围绕着"确保人的环境利益尽可能充分、公平、有序地实现"之目的而形成的各类社会关系的总称,其主要表现为在环境利益享有者、环境生态功能破坏者、环境利益维护者之间的各类环境权利、环境权力以及环境义务的关联、配合。通过对环境法律关系的内在结构进行分析可知,环境法保障环境利益的内在路径应是多元共治。

本书第五章论述了环境法保障环境利益的手段及其配合机制。该章在对学界现有的环境法"单一化"保障手段观点进行再审视的基础上,提出并论证了环境法对环境利益的保障有赖于环境权利(环境权力)、环境义务以及环境法律责任之"多元化"手段的相互分工配合。随后,本书基于环境利益之视角,对各保障手段的内在机理以及各保障手段间的具体配合机制展开了讨论,提出了"一体两翼一支撑"的观点:环境行政权力系环境法保障环境利益的核心手段;自然人环境权利、社会环境权力系环境法保障环境利益的辅助手段;各类环境义务、环境法律责任的承担是环境法保障环境利益的手段发挥效用的支撑。同时,鉴于实践中弱保障环境利益的客观存在,本书还对该类环境利益的保障手段及其配合机制展开了分析。

在第二部分论述的基础上,本书又在第三部分(第六章、第七章)对我国环境立法、环境司法对环境利益的保障现状展开了实证分析,并提出相应的完善建议。

本书第六章基于前文论证所取得的理论认知,对我国现行环境法律保障环境利益的现状展开了实证分析,指出我国现行环境法律并未能很好地保障环境利益,存在未以保障环境利益为其核心目的、未形成对环境利益的全面保障、保障环境利益的手段及其配合机制尚不健全等问题,此一定程度上反映出我国实证层面的环境法律与应然环境法之间存在一定程度的偏差。针对这些不足，本书建议可以从完善其目的条款、确认环境利益、确立环境利益保护优先原则、围绕环境生态功能的保护展开建制、构建环境利益损害责任体系、构建环境利益损害救济程序、完善"一体两翼一支撑"之环境利益保障机制等方面加以完善。

本书第七章基于前文第六章对我国环境法律保障环境利益的现状的分析，归纳出目前我国现行环境法律虽然从一定程度上起到了保障环境利益的作用，但尚未形成全面、有效的保障体系，即环境法对环境利益尚未形成强有效的保障状态，我国环境法律对环境利益的保障仍以弱保障模式为主。理想状态下的环境法应构建以环境利益的"强保障"状态为主、"弱保障"状态为辅的分层次、有针对性的环境利益法律保障体系；若想缩小我国实然现状与应然状态之间的差距，需同时从立法和司法两个层面着手。[①] 前文第六章已经对立法的完善展开了论述。而环境司法是实现环境利益弱保障的核心机制，也是当下我国环境利益保障现实、有效的手段，更是我国积累立法经验、推动环境利益实现强保障的关键环节，因此对之加以完善是相当紧迫的问题。鉴于此，本书该部分在对环境司法的本质进行分析的基础上指出：环境司法应围绕环境利益的保障展开，并指出专门化是确保环境利益得到有效司法保障的关键；同时，在对实现环境司法专门化的应然路径进行分析的基础上，论述了我国环境司法专门化所取得的进展及存在的不足，指出目前我国环境司法专门化还处于较为"形式化"的发展阶段，环境利益应向"实质性"的司法专门化发展。

四、探究之意义

本书以环境法为视角，对"环境利益的法律保障"这一主题展开研究，此研究的展开具有一定的时代、理论以及实践意义。

（一）时代意义

本书对上述相关主题所展开的研究有利于推进我国生态文明建设，具有一定的时代意义。具体而言：

1. 是习近平生态文明思想的具体落实

建设生态文明是构建我国社会主义和谐社会的必然要求，是贯彻落实科学发展观的题中之义，也是解决我国生态环境与经济社会发展所面临的诸多矛盾的战略选择。中共十八大以来，习近平总书记高度重视生态文明

[①] 何佩佩、冯莉：《论环境利益的存续状态及其调整机制》，载《社会科学家》2020年第11期。

建设,在不断的理论探索与实践经验总结的基础上,提出了一系列关于生态文明建设的科学论断,形成了作为习近平新时代中国特色社会主义思想的重要组成部分的习近平生态文明思想。① 该思想作为习近平法治思想的重要组成部分,丰富和发展了中国特色社会主义生态环境保护法理论,标志着党和国家对生态环境法治的认识和实践达到了一个新的高度。党和国家决心运用法治思维和法治方法解决环境问题,为推进生态文明法治建设提供了理论指导和行动指南,此对完善我国生态法治建设、建设美丽中国具有重大的理论意义和深远的现实意义。

生态文明作为反映当代人类社会发展、进步及开化程度的文明形态,是人类对工业文明的弊病及由之引发的环境危机进行深刻反思后主动选择的一种人与自然和谐共生的社会发展形态。从本质上看,工业化文明导致严峻的环境危机的原因在于人类为了无限的经济利益而污染、破坏环境等行为造成了环境生态功能超阈值的减损甚至丧失,致使人的生态需要无法得到充分的满足并进而导致人的环境利益实现的障碍、冲突,从而威胁人类正常的生存、繁衍及可持续发展。在此背景下,为了保障人类的可持续发展,人们必须对工业文明的缺点和弊病进行反思并在此基础上过渡到新的文明形态。生态文明作为人类文明的一种高级形态,以肯定人的生态需要、尊重生态环境和维护环境生态功能为着眼点,以保护、增益环境生态功能为手段,以尽可能保障人类环境利益充分、公平、有序地实现并维护人类的可持续发展为目标。同时,生态文明强调应适用"人与自然和谐发展"的理念去分析、解决问题,② 尊重人类所赖以生存的生态环境,遵循自然规律并在生态环境可承载的限度范围内处理社会问题。③ 可以说,生态文明的实质在于对环境所具有的环境生态功能独立价值的承认,其根本在于正视人类环境利益的客观存在并通过各种制度、手段确保人类环境利益尽可能充分、公平、有序地实现,以保障人类社会的可持续发展。

客观来看,生态文明建设是一项系统的工程,有赖于众多学科、部门的

---

① 2020年11月,中共中央全面依法治国工作会议明确提出,习近平法治思想是全面依法治国的指导思想。习近平总书记强调要树立和践行"对待环境应像对待生命一样"的生态文明观,"绿水青山就是金山银山"的绿色发展理念,"山水林田湖草一体保护"的系统保护观,"人与自然是生命共同体"的生态伦理观,"节约优先、保护优先、自然恢复为主"的生态保护观。(《习近平法治思想引领新时代全面依法治国实践》,载瞭望周刊社,http://lw.xinhuanet.com/2021-01/12/c_139658351.htm#,2021年1月12日访问)。

② 戴安良:《对建设生态文明几个理论问题的认识——兼论科学发展观与建设生态文明的关系》,载《探索》2009年第1期。

③ 蔡守秋:《以生态文明观为指导,实现环境法律的生态化》,载《中州学刊》2008年第2期。

支撑,而生态文明法治建设是其间最为重要的一环。当下,运用法治思维和方法推进生态文明建设是新时代中国特色社会主义建设的重要工程,①习近平生态文明思想为当代生态文明法治建设提供了指引。而对该思想的理论品质,吕忠梅教授曾做出精辟地总结:"良好的生态环境是最普惠的民生福祉"的表达体现了公平正义观;"绿水青山就是金山银山"的表达体现了协同发展观;"山水林田湖草是一个生命共同体"的表达体现了生态伦理观;"保护生态环境就是保护生产力"的表达体现了科学政绩观。② 由此,基于前文对生态文明的解读,生态文明法治建设的核心可理解为通过法律手段保障环境利益——即以生态伦理观、协同发展观、科学政绩观以及公平正义观为指引,通过法律控制人们污染、破坏环境等行为,以实现对环境生态功能的保护、增益并进而确保环境利益的充分、公平、有序地实现,以维持人类正常的生存、繁衍及可持续发展,从而实现最普惠的民生福祉。

同时,生态文明法治建设本身也是一个系统的工程,其有赖于整个法律体系中各部门法的有效的分工、配合,其中环境法无疑是生态文明法律体系中最为核心的部门法。由此可见,本书以环境法为视角对"环境利益的法律保障"这一主题展开探析,一定程度上可为生态文明法治建设提供理论依据,有利于推动我国生态文明建设之进程。该相关研究以习近平新时代中国特色社会主义生态法治思想为指引,也是该思想在当代的具体落实。

2. 是构建人类命运共同体之必需

2012年,中共十八大报告首次倡导了人类命运共同体的意识。此后,面对世界秩序的复杂演变,习近平总书记又多次论述了人类命运共同体的内容、原则、理念。③2017年,在党的十九大报告中,习近平总书记指出"人与自然是生命共同体,人类必须尊重自然、顺应自然、保护自然";2018年《宪法修正案》增加了"推动构建人类命运共同体"内容,将构建人类命运共同体确立为全党、全国人民的集体意志和奋斗目标。"人类命运共同体"是人与自然、人与社会、人与人的共在运行,其有两层含义,一是在人类社会面前,人与人、国家与国家都是命运的共同体;二是在生态自然面

---

① 吕忠梅:《习近平新时代中国特色社会主义生态法治思想研究》,载《江汉论坛》2018年第1期。

② 吕忠梅:《贯彻十九大精神 推进生态文明法治建设——学习贯彻习近平总书记关于生态文明建设的重要论述》,载中国农工民主党官网,http://www.ngd.org.cn/xwzx/ywdt/51304.htm,2017年10月20日访问。

③ 陈金钊:《"人类命运共同体"的法理诠释》,载《法学论坛》2018年第1期。

前，整个人类都是生态社会的组成部分，都需要共同面对因人类发展给生态环境造成的危害。①

当下，环境危机呈区域化、全球化趋势，环境问题不单是某一个区域或某一国家面临的问题，更是全人类共同面临的问题。自然生态系统是人类赖以生存的基本条件，只有环境生态功能处于良好的状态，人类才能正常地生存、繁衍及可持续发展。生态需要是人类与生俱来的需要类型，是人的需要体系中最低限度的自然生理需要或者生存需要，也即是马克思哲学所指之"必不可少的需要"，此种需要关系到人作为独立生命物种的生存、繁衍及可持续发展，是人类最为根本性的需要。环境利益是环境生态功能对人的生态需要的满足，是人类最根本的利益，只有环境利益得到充分的保障，才能使人类各层面的利益得到基本的保障。可见，通过构建生态法制保障环境利益是生态文明时代"人类命运共同体"必须要解决的主题，而本书对"环境利益的环境法保障"这一主题所展开的研究便是该主题的应有之义。

3. 是实现"双碳目标"之支撑

自党的十八大提出"大力推进生态文明建设"以来，我国并没有仅是将该战略部署停留在政策宣传的层面上，而是通过制定或改革各项措施使其得到多方位具体落实。在全面推进生态文明建设的过程中，党和国家也注重突出重点、统筹国内国际两个大局。

为了积极落实《巴黎协定》所设定的目标，习近平总书记在第75届联合国大会（2020年）上提出中国将力争在2030年前达到二氧化碳排放的峰值，并争取在2060年前实现碳中和。②此后，习近平总书记再次强调要把实现"碳达峰"与"碳中和"纳入生态文明建设的总体布局中，并如期实现"双碳目标"。所谓"碳达峰"是指现阶段至未来一段时期内，一国境内的二氧化碳排放量会持续增长，而当其持续达到峰值时，二氧化碳的排放量便不再继续上升，转而开始逐渐回落。而所谓"碳中和"，意指"由人为活动造成的二氧化碳排放量与人为的二氧化碳吸收量在一定时间段内达到平衡"，③即"碳中和"指的是个人、企业及其他生产经营者等各类主体通过绿色出行、绿色消费、使用清洁能源、植树造林等各类方式抵消自身产生

---

① 黄辉：《人类命运共同体建构的生态法制保障》，载《中国社会科学报》2017第8期。
② 《习近平在第七十五届联合国大会一般性辩论上发表重要讲话》，载中华人民共和国中央人民政府网，http://www.gov.cn/xinwen/2020-09/22/content_5546168.htm，2020年9月22日访问。
③ 杨解君：《实现碳中和的多元化路径》，载《南京工业大学学报（社会科学版）》2021年第2期。

的二氧化碳排放，以实现二氧化碳的"零排放"。"碳中和"的作用机理与环境利益的内在机理密切相关：一方面，协调环境保护与经济发展的关系是实现"双碳目标"的必要前提，这就需要我们意识到环境利益不仅是一种独立社会利益，更是一种需要纳入法律保障范畴的法律利益，其与经济利益一样具有道德与法律上的正当性。唯有如此，为实现"双碳目标"而要求作为理性经济人的企业或个体意志自由的公民采取节能减排、绿色生产、绿色消费等措施才具有正当性的理论依据。另一方面，"碳中和"之二氧化碳"收支相抵"的作用机理，也体现出环境生态功能的独立价值——生态环境并非仅具有作为资源形态而满足人类经济发展需求的经济价值，其另一重要的价值在于自身所具有的环境容量、自净能力以及生态复原力、生命涵养力等，也正是这些功能决定了环境利益并不包含生态环境对人的经济利益需求的满足，其旨在满足人的良好环境生态功能之需要。

当然，目前我国实现"双碳目标"的承诺还停留在自愿性的层面，带有社会责任性的色彩，这就需要环境法律加强对环境利益的保障，加速且深化社会公众对环境利益的根本性以及独立性认知。同时，实现"碳中和"必然离不开市场机制的作用，目前美国以及欧盟诸国已经建立起了完善的碳交易市场，我国也于2021年2月1起正式施行《碳排放权交易管理办法（试行）》，此标志着我国正式启动以碳排放权交易这一市场化机制以应对全球气候变化。然而生态环境之公众共用物属性以及环境利益的公共性决定了其不能完全市场化，因此研究"环境利益的法律保障"也有助于明确"碳中和"之市场化实现路径的边界。当然，实现"双碳目标"也必然需要制定相关的法律制度为其提供法律支撑与保障，本书对"环境利益的法律保障"展开研究，一定程度上能够为未来有关立法提供法理支撑。

（二）理论意义

生态文明时代，环境法学肩负着生态法治的历史使命，环境法学科亟需基本理论武装。只有如此，才能科学地指导环境立法并与其他法学界顺畅对话，引领其他法域绿色化，从而形成诸法共治的局面。[①] 而对"环境利益的法律保障"这一主题展开研究有利于推动对环境法根本性问题的准确把握，并有助于环境法部门法理学的构建。

1. 有利于推动对环境法根本性问题的准确把握

环境法的根本性问题是指有关环境法学和环境法律现象的全部基础

[①] 中国法学会环境资源法学研究会：《实录（1）|中国法学会环境资源法学研究会2020年会暨2020全国环境资源法学研讨会会议实录》，载微信公众号"中国法学会环境资源法学研究会"，2020年12月17日。

与核心的问题，其是围绕着"究竟何为环境法"这一主题而延展开来的各类问题的总称，其具体包括环境法的本质、本体、根源、理念、目的、价值等内容。就该问题展开探索，对于环境法学这样一门新兴的学科来说是十分关键的，其将为环境法学学科体系的安排、基本概念的界定、基本范畴的明晰、基本制度的构建等提供指引，避免环境法学研究的重复或缺漏，确保环境法学遵循客观规律及法学的一般性原理，从而实现健康发展。

早期，我国环境法学界对环境法的根本性问题的重视度不够、研究不充分，此已经成为制约我国环境法学发展的核心瓶颈。对此，蔡守秋教授曾指出：我国环境法学界对实践问题的关注远远超过对理论层面问题的研究，环境法部门法理学及环境法哲学长期被忽视，此终将妨碍我国环境法学良性建构。[1] 王树义教授指出：目前我国环境法学理论大都为注释法学，承袭法理加条文注释的研究方法，这是滞碍我国环境法学理论发展的症结之一。[2] 代杰博士指出：环境法目前存在理论抽象不足、学术体系不成熟、核心概念未形成等问题。目前环境法呈现出较强的实用性、分散性，环境法学的理论研究仍然停留在对法的解释上。[3] 近年来，环境法学界也日渐意识到自身理论不坚实这一突出问题，学者们开始主动推进学术升级，环境法学研究已经进入"主动构建环境法学理论体系的新阶段"。[4] 但客观来说，目前我国学界对环境法的部分根本性问题的认识仍然不十分清晰。对此，吕忠梅教授明确指出：新时期，环境法学发展的核心任务应当是由"事理分析"转向"法理分析"，学者们应致力于构筑环境法学法理分析的逻辑框架和理论体系。[5]

可见，当下对环境法的根本性问题展开多元化研究是十分必要的。由于利益是决定法律的产生、发展及其内在机理的核心要素，因此以利益为视角展开研究应能够更为深刻、全面、准确地对问题进行把握。以环境利益为理论基础有利于明晰环境法学的研究对象、环境法的调整对象和环境法律关系。本书拟在剖析环境利益内在机理的基础上以之为视角，分析环境法产生的根源、环境法的目的、环境法的本质、环境法的本位以及环境法作为独立部门法的依据等问题，能够在一定程度上推动对环境法的根本性

---

[1] 蔡守秋：《论环境资源法学理论体系的框架》，载《福州大学学报（哲学社会科学版）》2001年第4期。
[2] 王树义等：《环境法基本理论研究》，科学出版社2012年版，第180页。
[3] 代杰：《环境法理学》，天津大学出版社2020年版，序言部分。
[4] 史玉成：《环境法学核心范畴之重构》，载《中国法学》2016年第5期。转引自徐祥民：《论维护环境利益的法律机制》，载《法制与社会发展（双月刊）》2020年第2期。
[5] 吕忠梅：《新时代环境法学研究思考》，载《中国政法大学学报》2018年第4期。

问题的认识,具有一定的理论意义。

2. 有利于环境法部门法理学的构建

部门法理学是"法理部门化"和"部门法理化"互通的表现,其是构建某一部门法的基石。若没有形成可供某一部门法"共同遵循"的理念和基本理论,则永远不可能构建起统一性高、协调性强的独立部门法。目前,在全球视域下,部门法理学已经成为法学研究的动向,并构成了法学知识发展谱系的重要元素。[①] 延续上述思路可知,环境法理学是环境法这一独立部门法的基石,是以环境法律现象的共同性问题、共同性规定为研究对象的法学理论学科,[②] 其主要利用法理学的话语框架和分析方法对环境法的根本性问题展开研究。环境法理学是对环境法所进行的最高的理论抽象,其在内容上表现为探寻环境法现象背后的本质的规律;在形式上表现为按照逻辑规则建立起来的环境法理论体系。[③]

21世纪初期,我国部门法理学逐渐兴起,但体系化的部门法理学主要出现于民法、刑法等传统法律领域。新近以来,法理学界呼吁"法理学的中国话语和中国智慧",倡导包括环境法在内的各部门法加强本部门法理学的研究。而环境法学界也更加意识到构建本部门学科法理学的重要意义。学者们提出,部门法理学的缺失对内使得环境法学研究长期游走于法学话语体系的边缘,无法与其他部门法正常对话;对外导致环境法学理论对实践的指导、引领功能发挥不足。因此学者们呼吁环境法学应积极展开部门法理学研究,努力向"法学本性回归",[④] 应实现从事理分析到法理分析的转变,即运用法律理性分析解决与环境法有关的问题。[⑤]

而欲构建环境法部门法理学,首先需要探寻这一部门法存在的基础。如前所述,法律起源于利益的分化、竞争,也规范着利益斗争。利益是法律产生、发展的基础,也是法律实施、实现的动力及归宿,离开了利益关系,法律无从产生,也无从存在。若想寻找部门法的共同基石,则必须要追溯到成为法律原因的社会利益上,而不能仅停留在法律的文字或立法者的主观观念上。由此可见,从利益角度出发,探究部门法背后的基石是十分必要的。本书以利益为视角,在探究"究竟何为环境利益"的基础上,对"环境利益为何需由环境法所核心保障""能实现环境利益有效保障的环境

---

① 余俊、黄莹:《部门法理学属性辨析》,载《甘肃社会科学》2014年第1期。
② 卓泽渊:《法理学》,法律出版社2016年版(中文2版),第1页。
③ 代杰:《环境法理学》,天津大学出版社2020年版,第4页。
④ 代杰:《环境法理学》,天津大学出版社2020年版,序言部分。
⑤ 吕忠梅:《环境法回归路在何方?——关于环境法与传统部门法关系的再思考》,载《清华法学》2018年第5期。

应当是什么样的"等主题展开研究,有利于部门法理学的构建。

(三)实践意义

1. 有利于突破我国环境法律实效不彰之困境

对"环境利益的环境法保障"这一主题展开研究有利于解决我国环境法律实效不彰之问题,具有一定的实践意义。自改革开放以来,我国便顺应国际潮流,十分注重通过制定环境法律来推动环境问题的解决。总的看来,我国环境法律的数量在整个法治建设中增长最快:截至 2020 年底,我国已制定、实施国家环境保护法律、法规百余部,地方性法规及行政规章近千件,此外还有国家环境标准千余件;与此同时,在宪法以及如民法、刑法、行政法等多部基本法中,均规定了环境保护的相关内容。鉴于此,可以认为:目前,我国环境保护的立法体系已经初步建立,并逐渐建成了以宪法为原则性指导,以环境保护法为核心,以其他部门法的"绿化"为支撑的生态文明法律体系。

然而应当注意的是,尽管目前我国环境法律文件数量颇丰,但其实施效果却并不尽如人意,环境形势急剧恶化的趋势并没有得到有效控制。根据环保部于 2017 年 5 月 31 日发布的《中国环境状况公报》显示:2016 年,我国城市环境空气质量达标率仅有 24.9%、酸雨城市占比为 19.8%、全国地表水考核断面中"劣 V 类"占比为 8.6%、地下水水质监测点中"较差级"和"极差级"的监测点占比分别为 45.4% 和 14.7%、土壤侵蚀总面积占普查总面积的 31.1%、生态环境质量"较差"和"差"的县域占 32.9%。[①] 同时,据统计近年来我国环境污染、破坏所造成的直接经济损失可消耗掉当年国内生产总值的 4%,严重的地区该比例可达到 7% 以上。[②] 此后,根据每年《中国生态环境状况公报》所公布的数据分析可知,我国生态环境质量确实呈现"持续改善"的状态,但其改善的程度离"建设美丽中国的目标""人民对美好生活的期盼"尚存在较大差距。[③] 可以说,我国生态环境保护仍然面临着严峻的形势,仍然肩负着艰巨的任务。

上述分析一定程度上反映出我国"立法者所制定的环境法律不断增多但环境形势却没有得到明显改善"的现状,即环境法律在应对环境危机、

[①] 《环境保护部发布〈2016 中国环境状况公报〉》,载中国政府网,http://www.gov.cn/xinwen/2017-06/06/content_5200281.htm,2017 年 6 月 6 日访问。

[②] 中国能源中长期发展战略研究项目组:《中国能源中长期(2030、2050)发展战略研究:综合卷》,科学出版社 2011 年版,第 12 页。

[③] 《〈2019 中国生态环境状况公报〉发布:蓝天越来越多 水质越来越清 生态越来越美》,载澎湃新闻网,https://www.thepaper.cn/newsDetail_forward_7669954,2020 年 6 月 2 日访问。

解决环境问题过程中呈现出实效不彰的"弱力化"的状态。客观来说,造成此种现状的原因是综合的:症结既出现在环境法律制定的环节,也出现在环境法律实施的环节;既有主观上的原因,也有客观上的原因。然其间不容忽视的主要原因之一在于我国立法者、执法者、司法者对"通过法律手段解决环境问题的实质"的认知并不十分清晰,在本书的语境下即其没有认识到"通过法律手段保护环境"所关注的是对人的环境利益的保障;而此更深层次的原因在于我国环境法律的立法者、执法者及司法者对环境生态功能以及人的生态需要的独立价值重视度不够,或是根本未认识到人们基于环境生态功能而享有的独立的社会利益类型——环境利益的存在,或虽认识到环境利益的客观存在但对其内在机理的认识并不清晰,如将之和与环境有关的人身利益、财产利益相混同。同时,相关主体对通过法律保障环境利益的必要性、迫切性以及如何有效利用法律手段对环境利益进行保障等均没有充分认识。

对此,笔者认为,我国立法者、执法者、司法者只有着力于剖析造成环境问题、引发环境危机的真正原因,正视并肯定环境生态功能及人类的生态需要的独立价值,在明晰环境利益内在机理的基础上,以保障环境利益尽可能充分、公平、有序地实现为环境立法的核心指引,以实现对良好生态功能的保护、增益为环境执法的核心目标,以对由于环境生态功能的减损而造成的人的环境利益的损害提供救济为环境司法的重点——只有如此,方可使环境立法、环境执法以及环境司法"有的放矢"以解决目前我国环境法律实效不彰之困境。本书以环境法为视角,对"环境利益的法律保障"这一主题展开研究,分别探讨了"究竟何为环境利益""环境利益为何需由环境法所核心保障""环境法应如何保障环境利益"等问题,此一定程度上能引导各界正视环境生态功能及人的生态需要的独立价值、准确理解环境利益的内在机理、准确把握引发环境危机的真正根源,从而确保环境立法、环境执法、环境司法能围绕着"保障环境利益尽可能充分、公平、有序实现"展开,以推动我国环境法律实效不彰问题的解决。

2. 为我国环保管理体制的完善提供指引

完善的环保行政管理体制是确保环境问题解决的关键环节,新中国成立后,党和国家便致力于此项工作的推进。[①]2018年3月,国务院最新机

[①] 1973年,国务院环境保护领导小组办公室成立,1974年,国务院环境保护领导小组成立,建立了最初的环境保护管理体系。五届人大第二十三次常委会决定组建城乡建设环境保护部,承担环境执法职能。经过1988年、1998年、2008年三次机构改革,在国家治理体系中环保部门扮演着愈来愈重要的角色。

构改革方案得以通过，方案决定组建自然资源部与生态环境部；其中，前者收归了此前水利部、国土资源部、农业部、国家测绘地理信息局、国家海洋局的相关职责，并纳入了国家发改委、住建部的相关规划职责；而后者则整合了多项原分属于不同相关行政部门的环境保护职责，如此前归属于国土资源部的监督防止地下水污染的职责，原归属于发改委的应对气候变化和减排的职责，原归属于水利部的流域水环境保护、排污口设置管理、编制水功能规划的职责以及原归属于国家海洋局的海洋环境保护的职责等。① 可见，此次改革的思路不再是环保部的单纯扩权，而是深刻地贯彻了习近平总书记关于"山水林田湖草是生命共同体""应统筹山水林田湖草系统治理"等重要论述，强调生态环境保护相关职能的整合和机构协调。

虽然目前国务院机构改革虽已启动，但仍有不少具体操作环节亟待完善、细化，而此有赖于科学的理论指引。首先，环境生态功能是由各环境要素按照一定的客观规律相互作用所组成的环境系统整体所具有的特定的功能，其很难承载于某一特定、具体的环境要素之上，表现为极强的系统性；环境利益的保障、实现必须要以尊重环境生态功能的系统性为前提。只有深入剖析环境生态功能及环境利益的内在机理，才能引导改革者真正理解生态功能的系统性、准确把握保障环境利益的方式，从而引导生态环境保护相关行政职能的合理整合和机构有效协调，最终有效引导环保大部制改革的顺利进行。其次，环境行政主管部门之所以要进行机构改革，其最根本的目的是希望通过更为合理的机构设置以更好地执法，从而促使行政权能更好地保障环境利益。因而只有明确环境利益的内在机理、环境法应如何保障环境利益等问题，才能对机构展开合理设置。可见，本书的主题研究可为环保管理体制改革进一步深入提供一定的理论指引。

3. 是环境司法专门化的起点

司法专门化（judicial specialization）是当代社会专业分工精细化的产物，是指司法机关根据案件的特殊性将案件予以类型化，并对类型化后的案件依据特殊的审判理论，采用特殊的审判机制、审判程序作出裁判的过程。司法专门化是现代法治和司法发展的必然趋势和客观要求。司法之功能本质在于为各种纠纷提供一种解决的渠道或机制，法律纠纷是司法权得以展开的基本逻辑起点。② 法律纠纷的特殊性是司法专门化的基本支点，法律纠纷的类型在一定程度上决定了司法权分工与作用领域的特殊

---

① 《2018 大部制改革方案：距离环保大部制改革还远吗？》，载至诚财经网，http://www.zhicheng.com/n/20180227/204442.html，2018 年 2 月 27 日。

② 张璐：《环境司法专门化中的利益识别与利益衡量》，载《环球法律评论》2018 年第 5 期。

性。① 而从本质上看,纠纷是一般法律关系出现紊乱时的一种事实状态,是对法律预设秩序的破坏。② 法律关系是法律纠纷的实质内涵,不同的法律关系将导向不同的法律纠纷。而法律关系的核心内容就是利益,追求利益各异而形成了不同的法律关系。延续此思路可知,"诉争利益的特殊性"是司法专门化的深层次原因。利益的特殊性从源头上深刻影响着司法专门化,是司法逐渐走向专门化的重要原因。

近年来,我国也在积极地推动环境司法的专门化。③ 但在肯定我国环境司法专门化所取得的进展的同时,我们也要客观地认识到目前有关环境司法专门化的相关实践侧重于"形式上"的推进,并没有真正实现实质性的"专门化"。④ 总体来看,目前我国环境司法专门化工作推进的重点落在"环境"二字上,将与环境有关的案件全都纳入环境司法,并进行"专门化"的审理。而事实上,环境问题直接带来的人身权利、财产权利等损害可以通过传统的民事诉讼或公益诉讼加以解决,没必要纳入环境司法的特殊范畴。环境司法专门化之"专门性"根源于该司法实践所着力解决的纠纷(案件)与其他类型的纠纷(案件)存在根本性的差异,需要对之进行分工专门对待。⑤

法律纠纷从本质上说是一种利益冲突,与利益紧密关联是纠纷与生俱来的属性。利益是纠纷产生的逻辑起点,利益的归属或保障是法律纠纷争议的核心,法律纠纷的特殊性植根于所争议利益的特征与属性。法律纠纷背后所隐含的存在冲突的利益特性是某一类法律纠纷在实践中显现出特殊之处的原因,也正是因为此类法律纠纷具有不同于其他类型的特质,才需要司法对其实行专门化的处理。简言之,利益的特性从源头上深刻影响着司法专门化,是司法逐渐走向专门化的重要原因。由此可见,想要对某一特定司法专门化现象进行深入的理解并设计专门化的机制,必须对隐藏在纠纷背后的利益及利益冲突展开深入的分析。可以说,环境利益及其相关理论是环境司法专门化的起点。

---

① 张璐:《环境司法专门化中的利益识别与利益衡量》,载《环球法律评论》2018年第5期。
② 谢晖:《论规范分析方法》,载《中国法学》2009年第2期。
③ 2007年贵州省清镇市设立了中国第一个环保法庭,迈出了我国探索环境司法专门化的第一步。为了实现从国家层面积极推动环资审判专门化及专业化,最高人民法院于2014年7月设立环资审判庭。此后据统计,截至2019年底,全国已设立的环资专门审判机构共1353个,完善的环资司法专门化机构体系基本形成。同时,普通审判机构的绿色司法专业化建设也在积极推进,生态文明理念也逐步贯彻到传统案件的审判过程中。
④ 张璐:《环境司法专门化中的利益识别与利益衡量》,载《环球法律评论》2018年第5期。
⑤ 张璐:《环境司法专门化中的利益识别与利益衡量》,载《环球法律评论》2018年第5期。

五、创新及不足之处

本书的创新之处可做如下归纳：

第一，研究视角新颖。马克思主义哲学指明，唯有尝试对问题展开多元化、多角度之探讨，方有全面、客观认知事物整体之可能。利益对法律的缘起、嬗变及其内在机理均起着决定性作用，其是一个比法律权利、法律权力以及法律义务等都更为本源性的范畴。将利益概念引入法学领域并以之作为研究视角是"法律观念的革命与进一步觉醒"。[①] 本书基于法律利益之视角，对"如何通过环境法有效解决环境问题"这一主题展开研究。这一视角较之于其他研究视角来说更为根本，有利于开展更为深层次的研究；且目前学界基于这一视角的研究成果较少。本书的研究目的并不在于驳倒、替代某一学说，而仅是尝试以一个新的、更深层次的角度展开探讨，以为深化环境法学之理论认知、突破我国环境法律实效不彰之瓶颈、推动当代生态文明建设尽绵薄之力。

第二，核心观点的原创性及论证的跨学科性。本书在目前国内外学界有关环境利益的相关研究空白点较多、争议较大的背景下，借鉴哲学、社会学、经济学、生态学、生态经济学、环境科学等相关学科之理论，提出了若干原创性的观点，具有一定的创新性且为填补学界理论空白、解决理论争议、深化理论认知起到了一定的参考作用。具体来看，本书主要提出了如下原创性的观点：（1）环境利益是各环境要素按照一定的规律组成的环境系统所客观具有的环境生态功能对人的生态需要的满足，其是当代新型的法律利益。（2）环境利益应得到整个法律体系的全面保障，其中宪法对环境利益进行原则性的保障、传统部门法通过自身之"生态化"实现对环境利益的间接保障，而只有环境法才能实现对环境利益的直接、积极的保障，是法律体系中保障环境利益之核心力量；在环境法也无法实现对环境利益的保障时，应由刑法实现对环境利益的强有力的终极保障。（3）环境法是以保障环境利益为其本质追求的独立部门法，其根源于环境危机时代围绕着环境利益的实现而客观存在的各类利益冲突，其本身系确认环境利益及为实现环境利益而应为之行为模式的规范体系。（4）环境法根源于人们在追求环境利益过程中所形成人与人之间的社会关系，对存在冲突的环境利益关系进行有效调控以保证社会有序运行是立法者制定和实施环境法的直接诱因，具体而言其来源于统治阶级对环境利益关系稳定化、规范

---

① 钭晓东：《论环境法功能之进化》，载《学术月刊》2008年第1期。

化、有序化的客观要求。环境法作为社会的上层建筑虽表现为立法者的主观意志,但从根本上说其根源于环境危机时代社会生产力所决定的环境利益关系现状。(5)可将环境法的本质抽象为环境危机时代由一定生产方式所决定的社会主体的共同意志,阶级意志性和物质制约性是环境法两个不可或缺的属性,应系统理解环境法的阶级性与社会性的对立统一。(6)环境法应坚持权利本位。为避免误读,可将权利本位解读为:环境法应以确保环境利益平等、自由、公正地实现为其价值目标,并以之为指引构建环境法律规则体系及行为模式。(7)环境正义是环境法的核心理念,其具体又可细分为:环境利益公平分配理念、尊重生态规律理念、确保环境利益实现秩序理念、可持续发展理念。(8)环境法的目的为通过对良好环境生态功能的保护、增益以确保主体的环境利益得到尽可能充分、公平、有序的实现并进而保障人类正常的生存、繁衍及可持续发展。(9)环境法保障环境利益的方式具体为:环境利益的确认、环境利益的保护增益、环境利益冲突的协调、环境利益损害的救济。(10)环境法律关系是环境法各保障方式发挥实效之路径,其具体指由法律所规范、调整的,以环境生态功能为客体的,围绕着"确保人的环境利益尽可能充分、公平、有序地实现"之目的而形成的各类社会关系的总称,其主要表现为环境利益享有者、环境生态功能破坏者、环境利益维护者之间的各类环境权利、环境权力以及环境义务的关联、配合。(11)环境法对环境利益的保障有赖于环境权利、环境权力、环境义务以及环境法律责任之"多元化"手段的分工配合。当代,各手段间应采取"一体两翼一支撑"的配合机制:环境行政权力系环境法保障环境利益的核心手段;自然人环境权利、社会环境权力系环境法保障环境利益的辅助手段;环境义务的履行以及各类环境法律责任的追究是环境法保障环境利益各手段发挥效用的共同支撑。(12)以法律手段推动生态文明建设的核心在于实现法律对环境利益的全面、有效保障,此需要对环境利益的存续状态加以区分并有针对性地设置相应的调整机制。目前我国环境利益总体上处于弱保障的状态,若想构建以环境利益的强保障状态为主、弱保障状态为辅的分层次、有针对性的环境利益法律保障体系,应同时从立法、司法两个层面着手。在立法层面,建议应明确确认环境利益及其优先保护原则、围绕着环境利益的保障展开法律制度构建并应进一步完善环境利益的强保障手段。在司法层面,应致力于推动环境司法专门化的实质性构建、司法队伍环境素养的实质性提升以及环境司法经验的立法化总结。

第三,研究成果兼具理论价值与实践意义。文本前部分(第一章至第五章)主要对环境利益的内在机理、环境法的相关根本性问题以及环境法保障环境利益的应然方式、路径、手段及其配合机制等展开研究,研究成果具有一定的理论价值。本书后一部分(第六章、第七章)基于前文论证所取得的理论认知,对我国环境法律展开实证分析并针对性地提出了完善建议,具有一定的实践指导意义。同时,本书以环境利益为视角,思考了当下生态法律体系构建、环境行政管理机制、环境司法完善改革等问题,也增强了研究成果的实践价值。

第四,研究结合了国内外立法现状及司法实践中的案例,体现出一定的实证性。本书第二部分(第四章、第五章)围绕着"环境法应如何保障环境利益"这一主题展开相关研究时,注重借鉴域外多国立法和司法经验,以通过实证分析支撑应然层面的理论分析。本书第三部分(第六章、第七章)对我国环境立法、环境司法对环境利益的保障现状展开了实证分析,并提出相应的完善建议。

本书的不足之处主要集中于以下几方面:第一,"环境利益的法律保障"系环境法学研究中之新兴主题,目前国内外相关研究并不成熟,现存之研究成果空白点较多、争议较大。本书之研究在此背景下展开,一则可供参考的文献(特别是外文文献)较少,再则可供借鉴的研究经验不多。此均使得本书在研究过程中对相关问题的把握可能存在不全面之处。第二,本书的论证基于跨学科之视角,借鉴了多学科之理论,此是本书的优势;但由于笔者对其他学科理论的认知是有限的,可能造成笔者对相关问题的解读、论证存在一定的偏颇。第三,客观来说,想要对环境利益实现全面保障有赖于整个法律体系的协同配合,本书仅着重研究了环境法对环境利益的直接保障的问题,而对宪法对环境利益的根本性保障以及诸如民法、刑法、行政法、经济法等其他部门法对环境利益间接保障的问题,鉴于研究精力和水平的限制,仅简略提及,有赖于后续另立主题深化研究。第四,鉴于篇幅的原因,本书研究成果中的部分建议仅提纲挈领地提出了完善的建议,没有进行后续进一步的建制研究,此也有赖于后续另立主题深化研究。

第一章　环境利益的法律意蕴

基于利益之视角,"通过法律手段保护环境"这一表达,对应于法之内在机理,可理解为法律对特定的利益(即环境利益)所进行的确认、保护、增进、调整与救济等形式的保障。欲实现该保障之目的,必须首先着力于明晰环境利益之内在机理,唯有如此,方能进一步对环境法保障环境利益的必然性及其能有效保障环境利益之应然状态与运行机理进行准确把握,确保环境法律制定的科学性及实施的有效性并最终确保环境问题得以真正有效的解决。明晰界定环境利益是环境法学研究过程中"无法回避的课题",也是当代生态文明法制建设中最为"急迫的任务"。[①] 然而,目前我国环境法学界对"究竟何为环境利益"尚未形成清晰的认知。本章在对我国学界现有的关于环境利益界定之争进行分析的基础上,借鉴了哲学、生态学、环境科学、社会学等多学科之理论,对环境利益的内在机理展开探析,为后文研究之展开奠定认知基础。

一、环境利益探究之勃兴及争议

我国环境法学界对"环境利益"一词的使用始于20世纪80年代,然其时学者们多将该词视为不证自明之概念在论著中直接使用,而并未深究其确切含义,更未对其相关基础理论进行探析。自21世纪始,学者们开始有意识地对环境利益进行界定并逐渐对环境利益的概念、本质、性质、特征、构成要件等展开了一系列的研究。可以说,目前学界对环境利益界定的研究已呈勃兴之态,但由于学界对"利益"这一本身多元化主题的不同解读,加之受环境法学界"生态中心主义"和"人类中心主义"之争的影响,致使学者们对环境利益的认知呈现"人言人殊"之状态。据梳理,现下学者们对环境利益界定的相关主题存在如下争议:

第一,有关环境利益主体之争。目前我国学界对"环境利益主体"这一主题的认识存在诸多争议。其中,受"生态中心主义"环境伦理观的影响,不少学者将环境利益理解为"环境的利益",即将"环境"或者"自然"

---

① 徐祥民、朱雯:《环境利益的本质特征》,载《法学论坛》2014年第6期。

视为环境利益的主体。① 而持"人类中心主义"环境伦理观的学者普遍排除了非人主体成为环境利益主体的可能性,然持此类观点的学者又存在不同的认识:有的学者认为环境利益的主体只能是有自然生命的自然人(人类生命体);而有的学者认为非人自然体之外的法律拟制主体(如法人、国家、社会团体等组织)也可以成为环境利益的主体。② 此外,还有一类学者认为"人"和"环境"均可以成为环境利益的主体。③ 在持"环境利益的主体是有自然生命的自然人(人类生命体)"这一观点的学者中,又存在不同的认识:有的学者认为环境利益的主体只能是个人;④ 有的学者提出环境利益的主体只能是人的群体;⑤ 有的学者认为人的个体或其群体均可成为环境利益之主体;⑥ 而有的学者认为环境利益的主体只能是人类;⑦ 还有的学者认为环境利益的主体有个人、群体和人类之分,其中,个人的环境利益是环境私益,而群体和人类的环境利益为环境公益。⑧ 此外,还有的学者提出,环境利益主体有宏观、中观、微观之分,其中各世代和国家是宏观主体;区域是中观主体;而居民与企业是微观主体。⑨

第二,有关环境利益客体之争。目前学界对"环境利益的客体"这一主题存在多元化之理解:有的学者直接将"环境"视为环境利益之客体。⑩ 有学者将环境利益的客体理解为"对人的生存、发展起积极作用的生态性、精神性的外部条件、因素"。⑪ 有的学者指出环境利益的客体应是"生态系统"。⑫ 有的学者将"环境资源"视为环境利益客体。⑬⑭ 还有的学者指出:

---

① 汪劲:《环境法律的理念与价值追求——环境立法目的论》,法律出版社2000年版,第146页;杨春洗:《危害环境罪的理论与实务》,高等教育出版社1999年版,第98~99页;张梓太、陶蕾:《环境刑法的法益初论——环境刑法究竟保护什么》,载《南京大学法律评论》2001年第2期;叶平:《环境的哲学与伦理学》,中国社会科学出版社2006年版,第124页。
② 王春磊:《法律视野下环境利益的澄清及界定》,载《中州学刊》2013年第4期。
③ 王清军、周金华:《论环境利益》,载《郧阳师范高等专科学校学报》2005年第5期。
④ 诸多主张环境权仅为公民环境权的论述无疑是建立在这一观点之上的,此处不逐一列举。
⑤ 金福海:《论环境利益"双轨"保护制度》,载《法制与社会发展》2002年第4期。
⑥ 王春磊:《法律视野下环境利益的澄清及界定》,载《中州学刊》2013年第4期。
⑦ 徐祥民:《从利益主体看环境法与财产法的区别》,载《公民与法(法学版)》2012年第1期。
⑧ 王春磊:《法律视野下环境利益的澄清及界定》,载《中州学刊》2013年第4期。
⑨ 袁红辉:《环境利益的政治经济学分析》,云南大学2014年博士学位论文,第23~25页。
⑩ 王春磊:《法律视野下环境利益的澄清及界定》,载《中州学刊》2013年第4期。
⑪ 王春磊:《我国环境法对环境利益消极保护及其反思》,载《暨南学报(哲学社会科学版)》2013年第6期。
⑫ 邓禾、韩卫平:《法学利益谱系中生态利益的识别与定位》,载《法学评论》2013年第5期。
⑬ 廖华、孙林:《论环境法法益:对环境法基础的再认识》,载《中南民族大学学报(人文社会科学版)》2009年第6期。
⑭ 张萌:《环境利益视野下生态环境损害赔偿制度之建构》,载中国环境资源法学研究会、武汉大学:《新形势下环境法的发展与完善——2016年全国环境资源法学研讨会(年会)论文集》。

"环境利益的客体是自然环境与社会环境中的物质成分,不包括非物质的社会环境。"①

第三,有关环境利益特征之争。目前学者们对"环境利益的特征"这一主题也存在多元理解:如徐祥民将环境利益的本质特征总结为"一定的环境品质"并指明其由"对象的有用性""主体的收益性"以及"环境问题的时代性"三个要素构成。② 王春磊将环境利益的特征总结为层次性、外溢性以及非经济性。③ 袁红辉将环境利益的特征总结为动态性、公共性、复杂性、传承性、全球性。④ 蒋杉秋将环境利益的特征总结为整体性、潜在性、基础性、多样性。⑤ 廖华将环境利益特征总结为独立性、整体性、可转换性、融合性。⑥ 王强将环境利益的特征总结为历史性、传承性、规律性、公共性。⑦ 刘卫先将环境利益的特征总结为整体性与不可分割性、秩序性、本底性、反射性。⑧ 刘鹏认为环境利益具有公共性、稀缺性、基础性以及代际性等特征。⑨

第四,有关环境利益属性之争。目前学界对"环境利益的属性"这一主题的认识存在诸多争议。有的学者提出环境利益是一种公共利益,如金福海,⑩ 邓禾、韩卫平,⑪ 刘惠荣⑫ 等学者均持有此种观点。有的学者提出环境利益兼具公益性质和私益性质,如王春磊、⑬ 廖华、⑭ 张志辽、⑮ 王京歌⑯

---

① 袁红辉:《环境利益的政治经济学分析》,云南大学2014年博士学位论文,第25~26页。
② 徐祥民、朱雯:《环境利益的本质特征》,载《法学论坛》2014年第6期。
③ 王春磊:《法律视野下环境利益的澄清及界定》,载《中州学刊》2013年第4期。
④ 袁红辉:《环境利益的政治经济学分析》,云南大学2014年博士学位论文,第28~29页。
⑤ 蒋杉秋:《论环境公共利益及其相关制度构建》,重庆大学2014年硕士学位论文,第15~16页。
⑥ 廖华、孙林:《论环境法法益:对环境法基础的再认识》,载《中南民族大学学报(人文社会科学版)》2009年第6期。
⑦ 王强、张森林:《马克思恩格斯关于环境利益的阐释》,载《中国青年政治学院学报》2010年第4期。
⑧ 刘卫先:《环境法学中的环境利益:识别、本质及其意义》,载《法学评论(双月刊)》2016年第3期。
⑨ 刘鹏:《生态环境损害法律责任研究——以马克思主义生态文明观为视角》,华中科技大学出版社2019年版,第58页。
⑩ 金福海:《论环境利益"双轨"保护制度》,载《法制与社会发展》2002年第4期。
⑪ 邓禾、韩卫平:《法学利益谱系中生态利益的识别与定位》,载《法学评论》2013年第5期。
⑫ 刘惠荣、苑银和:《环境利益分配论批判》,载《山东社会科学》2013年第4期。
⑬ 王春磊:《法律视野下环境利益的澄清及界定》,载《中州学刊》2013年第4期。
⑭ 廖华、孙林:《论环境法法益:对环境法基础的再认识》,载《中南民族大学学报(人文社会科学版)》2009年第6期。
⑮ 张志辽:《环境利益公平分享的基本理论》,载《社会科学家》2010年第5期。
⑯ 王京歌:《生态文明时代环境利益的双轨保护机制》,载《郑州大学学报》2020年第5期。

等学者均持有此类观点。有的学者提出环境利益在一般情况下是公益，但在特殊情况下是私益，如杨朝霞便持有此类观点。[①] 还有部分学者提出环境利益应该是一种概括性的利益种群，过分关注环境利益的公共利益属性不利于环境法学理论的发展和制度的构建，应肯定并关注环境利益区分化、差异化的实质，如谷德近、[②] 杜健勋[③] 等学者便持有此类观点。

第五，有关环境利益本质之争。基于不同理解，目前我国环境法学界对"环境利益的本质"这一主题存在诸多争议：有的学者将环境利益视为"环境的利益"；而有的学者将环境利益理解为"人之社会利益"，但学者们对"环境利益究竟是人的何种利益"又持有不同的看法：有的学者将环境利益理解为人的经济利益，如学者张梓太、[④] 严法善、[⑤] 欧阳澍[⑥] 等学者便持有此种观点；有的学者将环境利益理解为是人的经济利益与人身利益（特别是精神利益）的集合，持此类观点的主要有马晶、[⑦] 张志辽、[⑧] 姬振海、[⑨] 张军、[⑩] 邓遂、[⑪] 唐绍均[⑫] 等学者；有的学者主张环境利益包含经济利益和生态利益两个层次，如学者史玉成、[⑬] 范战平；[⑭] 有的学者提出环境利益是人与环境有关的一切利益，除包括传统的经济利益、精神利益外，还包括生

[①] 杨朝霞：《论环境公益诉讼的权利基础和起诉顺位——兼谈自然资源物权和环境权的理论要点》，载《法学论坛》2013年第3期。

[②] 谷德近：《区域环境利益平衡——〈环境保护法〉修订面临的迫切问题》，载《法商研究》2005年第4期。

[③] 杜健勋、陈德敏：《环境利益分配：环境法学的规范性关怀——环境利益分配与公民社会基础的环境法学辩证》，载《时代法学》2010年第5期。

[④] 张梓太、陶蕾：《环境刑法的法益初论——环境刑法究竟保护什么》，载《南京大学法律评论》2001年第2期。

[⑤] 严法善、刘会齐：《基于环境利益获取与维持的生态文明建设》，载《复旦学报（社会科学版）》2014年第2期。

[⑥] 欧阳澍：《低碳发展法律关系体系的构成及特点——以环境利益为研究视角的分析》，载《湘潭大学学报（哲学社会科学版）》2011年第3期。

[⑦] 马晶：《论环境权的确立与拓展》，载《长白学刊》2001年第4期。

[⑧] 张志辽：《环境利益公平分享的基本理论》，载《社会科学家》2010年第5期。

[⑨] 姬振海：《环境权益论》，人民出版社2009年版，第16页。

[⑩] 张军：《环境利益与经济利益刍议》，载《中国人口资源与环境》2014年第1期。

[⑪] 邓遂：《透视环境法产生的根源及环境法精神》，载《社科与经济信息》2002年第10期，第55～57页。

[⑫] 唐绍均、蒋云飞：《论基于利益分析的"环境优先"原则》，载《重庆大学学报（社会科学版）》2016年第5期。

[⑬] 史玉成：《环境利益、环境权利与环境权力的分层建构——基于法益分析方法的思考》，载《法商研究》2013年第5期。

[⑭] 范战平：《环境公益诉讼中"公益"的再审视》，载《郑州大学学报（哲学社会科学版）》2020年第6期。

态利益、美学利益、审美利益等其他利益类型,如蔡守秋、[①] 巩固、[②] 齐飞、[③] 王强及张森林[④] 等学者均持有此类观点;还有的学者将环境利益视为环境给人们带来的精神性、生态性的利益,不包括物质的、经济的利益,如王春磊、[⑤] 韩卫平[⑥] 等学者便持有此类观点。可见,目前学界大部分学者或是将环境利益的本质理解为传统经济利益、人身利益的一部分,或是将之视为传统利益的扩展形态;即使有部分学者认识到有不同于传统利益的新型"生态利益"的存在,但仍将之与传统经济利益、人身利益一并分析、研究,并未突出其独立性,更少有对之进行专门深入剖析。

综上可见,目前我国环境法学界对"究竟何为环境利益"并没有清晰的认知,一定程度上凸显本章研究展开之意义所在。

二、界定环境利益的认识基础

基于逻辑角度分析,首先,环境利益是社会利益中的一种,唯有明晰利益之内涵方能准确界定环境利益;其次,环境利益与环境之特定的功能、属性密切相关,对环境概念的准确把握是界定环境利益不可或缺的认知基础;再次,对特定利益的理解通常需从"主体的需要"及"能满足主体需要的客观事物所具有的功能、属性"两大要素着手,因此要想准确界定环境利益需弄清"环境利益的主体及其相对应的特定的需要"以及"环境利益的客体及其具有的能满足特定需要的客观功能、属性"两方面的内容。笔者认为,基于上述认知前提,应能较好地对环境利益展开界定。然反观我国环境法学界,目前学者们对环境利益的界定普遍缺乏对利益的清晰认知,也少有对环境利益所对应的"主体需要"及"客体的功能属性"展开先行深入分析者,且学者们对"环境""生态"等相关基本概念缺乏明晰且达成共识的界定,常在研究中混用"环境利益""生态利益"等不同的概念——此也系造成目前学界有关环境利益多元化界定的主要原因之一。

(一)利益的内涵

从本质上看,环境利益系人类社会利益体系中的一种,唯有基于对"利益"的清晰认知,方能准确界定环境利益。在中文中,"利"与"益"二字无

---

① 蔡守秋:《调整论:对主流法理学的反思与补充》,高等教育出版社2003年版,第21页。
② 巩固:《私权还是公益?环境法学核心范畴探析》,载《浙江工商大学学报》2009年第6期。
③ 齐飞:《环境法益研究》,中南林业科技大学2011年硕士学位论文,第11~13页。
④ 王强、张森林:《马克思恩格斯关于环境利益的阐释》,载《中国青年政治学院学报》2010年第4期。
⑤ 王春磊:《法律视野下环境利益的澄清及界定》,载《中州学刊》2013年第4期。
⑥ 邓禾、韩卫平:《法学利益谱系中生态利益的识别与定位》,载《法学评论》2013年第5期。

论是分开使用还是合并使用，都有"好处"的意思。① 据现有文献资料显示，学者们在不同的时代、基于不同的立场对"利益"进行了多元化地解读。当然，利益的缘起及其嬗变并非本书研究之重点，② 本部分，笔者仅拟基于当代法学界对利益的解释展开研究。利益通常被视为社会哲学之本质概念，其并非典型的法学理论范畴。③ 将利益纳入法学范畴并以之为视角展开法学研究是法律观念的进化，也是利益意识的觉醒。

目前法学界对利益的认识并不统一，学者们延续哲学中多元化之研究思路，从不同的角度对利益进行了界定。据现有文献看来，目前主要有主观论、客观论、社会关系论、主客观一体论等学说：持"主观论"的学者将利益理解为主体的欲望、需求，该学说在我国国内著述中较为普遍。部分持该类观点的学者将利益理解为"纯主观"的需要。如美国知名法学家庞德便持有此类观点，他指出"利益是人类个别地或在集团社会中谋求得到满足的一种欲望或要求"④。而另一部分学者认为利益虽为主观需要，但其也受客观规律的制约，如沈宗灵教授便持此类观点。⑤ 持"客观论"学说的学者将利益理解为能满足主体需要的纯客观的物质实体，如日本知名法学家美浓部达吉便持有此类观点。⑥ 持"主客观统一论"学说的学者从主体与客体关系角度阐释利益，提出利益是表示客体与主体需要间的一种功利关系的哲学范畴，如高岸起先生便持有此类观点。⑦ 而持"社会关系论"学说的学者则直接将利益理解为透过主客体之间需要与被需要、满足与被满足关系所反映出的人与人之间的社会关系，如王伟光先生便持此类观点。⑧

虽然目前学界对利益的认识并不统一，但透过争议的表象可以发现，学者们普遍认可利益与"客体对主体需要的满足的过程"密切相关。需要

---

① 李文杰：《以"生态法益"为中心的环境犯罪立法完善研究》，吉林大学 2015 年博士学位论文，第 9～10 页。
② 有关利益的缘起及嬗变可参阅谭培文：《马克思主义的利益理论——当代历史唯物主义的重构》，人民出版社 2013 年版，第 88～93 页。
③ 沈仲衡：《西方法哲学利益观述评——兼论利益在法学理论研究中的意义》，载《当代法学》2003 第 5 期。
④ [美]罗斯科·庞德：《通过法律的社会控制》，见沈宗灵编：《现代西方法律哲学》，法律出版社 1983 年版，第 76～83 页。
⑤ 沈宗灵主编：《法理学研究》，上海人民出版社 1988 年版，第 58 页。
⑥ [日]美浓部达吉：《宪法学原理》，欧宗佑、何作霖译，中国政法大学出版社 2003 年版，第 66 页。霍尔巴赫也提出："所谓利益，其实就是我们每一个人认为对自己的幸福是必要的东西。"[法]霍尔巴赫：《自然的体系》，管士滨译，商务印书馆 1964 年版，第 27 页。
⑦ 高岸起：《论利益在主体活动中的作用》，载《南京政治学院学报》2006 年第 6 期。
⑧ 王伟光：《利益论》，中国社会科学出版社 2010 年版，第 41～77 页。

是实践之动力,其激励着人们去选择、创造能满足主体需要的客观对象。主体的需要是主观的,其满足最终还有赖于客体的存在,即客观事物所具有的能满足主体需要的某种特定的功能、属性。此种需要与被需要、满足与被满足的关系是以人的社会实践为实现手段的,其实质上反映了人与人之间的社会关系。客观来说,对"利益"持有不同观点的学者大多认可上述内容,学者们观点之间差别的实质在于不同学者将上述过程中的不同环节视为利益:如"主观说"将上述过程中的"主体的需要"界定为利益;而"客观说"将上述过程中的"具有某种特定功能、属性的物质实体"视为利益;"主客观统一论"将上述过程中所表现出来的主体与客体的关系视为利益;而"社会关系论"将上述过程所反映出来的人与人之间的社会关系视为利益。也正因为如此,可以发现,虽然学者们对利益本身的界定并不相同,但在论及利益的特征时却能够从各个不同的角度总结出相类似的结论,即认为利益具有主体性、客体性、社会性、历史性等不同特征。[①]

为更全面地反映利益之实质内涵,笔者拟将"利益"描述为客体(即客观事物所具有的特定的功能、属性)对主体的需要的满足。具体看来,首先,利益以人的需要为逻辑起点。人的需要推动、指引着人类通过社会实践活动去选择、创造具有满足主体需要的功能、属性的客观对象并最终促成主体需要的满足(即利益的实现)。因此,可以说,主体的需要是利益产生的根源和始因,一定的需要形成一定的利益,需要是形成利益的主观自然基础,此体现了利益的主观性。其次,利益虽源于需要,但并不完全等同于需要。利益的形成最终还要以需要对象的客观存在及其所具有的能满足主体需要的某种特定的功能、属性为依托和基础。而这些功能、属性是客观存在的,其并不以主体的意志为转移,因此体现了利益的客观性。最后,上述利益主客体之间所存在的需要与被需要、满足与被满足的关系,是以人的社会实践为实现手段的,主体只有通过社会实践进行选择和创造,才能最终实现满足,而其间又反映了人与人之间的社会关系,此体现了利益的实践性、社会性。可以说,利益是一个以人的社会实践为基础的主观客观相统一的关系范畴。沿此思路可知,欲对环境利益进行全面把握就必须在承认其社会性的基础上,从"主体的需要"和"客体所客观具备的能满足主体需要的功能、属性"这两个要素入手,透过主体与客体之间的需要与被需要、满足与被满足的关系,去认识其间所体现出来的人与人之间的关系。

---

① 李岩:《民事法益研究》,吉林大学 2007 年博士学位论文,第 17 页。

综上，从构词法的角度来看，利益意味着一种益处、好处，是客体（即客观事物所具有的特定的功能、属性）对主体的某种需要的满足。主体的主观能动性与客体的客观存在性决定了利益既具有主观性又具有客观性。一方面主体内在的自发、自觉性使其在利益关系中居于主体性地位，其主观需求是利益关系形成的前提；另一方面客体所具有的能够满足主体某种需要的功能或特质是客观存在的。

（二）环境的概念

"环境"之概念本身并非问题，然在当前环境法学界却日渐生发出"因辞害义"的弊端，妨碍相关研究的展开。环境利益是与环境的某种功能、属性相关联的利益类型，对"环境"一词的不同定义直接关系到对环境利益的准确把握。人们在一般意义上使用"环境"一词，往往是相对于某项中心事物而言的，即将该中心称为主体，把围绕着中心的外部空间、条件和状态称为环境。如英文中的"环境"一词表述为"environment"，其是由动词"environ"延伸而来。而"environ"来源于法语"environner"和"environ"，这两个词又来源于拉丁语，是由拉丁语中的"in（en）"加"circle（viron）"组成，其都有"包围、围绕"的意思。[①] 在汉语中，环境一般是指某一中心事物的周围事物。如《现代汉语大词典》将环境一词解释为："周围的地方；周围的自然条件和社会条件。"[②] 可见，把握"环境"的概念需要关注"围绕""中心事物""周围事物"几个要素。也由此可知，"环境"一词系多义之概念，界定环境的中心范畴不同，所得出的环境概念的内涵、外延亦不相同，此外不同的学科对环境的界定也各有其侧重。

通过对目前域外多国环境法律之具体条文进行分析可知，立法者对"环境"的界定受生态学和环境科学影响最大。生态学产生于19世纪中期，"是研究生物体与其周围环境（包括非生物环境和生物环境）相互关系的科学"，[③] 该学说中的环境一词，是指以"生物有机体"为中心，能够影响生物机体的生存与发展的所有外部条件的综合体，其具体包括动物、微生物、植物等生物性因子，也包括土壤、大气、水等非生物性因子。而环境科学兴起于20世纪中叶，其是研究人类社会发展活动与环境演化规律之间相互作用关系的学科。不同于生态学中以"生物有机体"为中心，环境科学上的环境以"人"为中心，包括对人的生命存续和自我发展产生密切影响的、以特定物质载体表现出来的自然因素以及社会因素。其中，自然因

[①] 王同亿：《英汉辞海》，国防工业出版社1987年版，第1749页。
[②] 《现代汉语大词典》，上海辞书出版社2009年版，第1968页。
[③] 储荣华：《水生植物的生态和景观应用》，苏州大学2010年硕士学位论文，第33页。

素包括大气、水、土壤生物、噪声辐射环境等；社会因素包括但不限于城市、乡村等。

受自然科学以及传统环境价值观的影响，部分国家和地区的环境法律侧重选择以环境科学作为定义"环境"之科学基础，即其所确定的环境是以人为中心的，[①] 特指能对人的生存、繁衍及可持续发展产生影响的各类外部天然的以及经人为改造的自然因素的总体，[②] 如越南《环境保护法》（1993年）第1条、斯里兰卡《国家环境法》（1980年）第33条均为此类规定。而另外一部分国家和地区因受"生态中心主义"环境伦理观等因素的影响，立法者侧重选择以生态学作为其在环境法律中定义环境的科学基础，[③] 即其间所规定的"环境"是指以生物界为中心的，足以支撑各类生物生存、繁衍的外部空间和非生命物质，作为其中心的"生物界"不仅包括人类，还包括动植物、微生物等其他类型之生命体，[④] 如埃及《环境法》（1994年）第1条、印度《环境保护法》（1986年）第2条、墨西哥《生态平衡与环境保护基本法》（1998年）第3条、新西兰《环境法》（1986年）第2条均为此类规定。

据现有文献资料显示，目前我国环境法学界对"环境"的界定存在一定程度上的认识分歧并且形成了观点迥异的三个派别：有的学者主张对环境的界定应以环境科学为基础，此学说通常被称为"人类环境派"；[⑤] 有的学者主张对环境的界定应以生态学为基础，他们提出，"关于环境的定义不一定以人类为中心，一些国际文件和外国法律就摒弃了以人类为中心的思想，体现出人类是自然界组成部分的观念"[⑥]，此学说通常被称为"生态环境派"；[⑦] 还有的学者主张应融合上述两个派别的观点对环境展开综合性界定，此学说通常被称为"协调派"。[⑧]

事实上，学者们选取不同的视角界定环境并基于其对环境的不同认知展开研究本身并无正误之分，关键在于对问题进行分析之前，应明确作为其研究基础的"环境"之含义。本书中，笔者拟以我国环境法律对环境内

[①] 周珂：《环境法学研究》，中国人民大学出版社2008年版，第4～8页。
[②] 中科院可持续发展战略研究组：《中国可持续发展战略报告》，科学出版社2003年版，第77页。
[③] 周珂：《生态环境法论》，法律出版社2001年版，第11页。
[④] 杜群：《环境法融合论》，科学出版社2003年版，第28页。
[⑤] 金瑞林：《环境法学》，北京大学出版社1990年版，第1～7页。
[⑥] 曹明德：《环境与资源保护法》，中国人民大学出版社2016年第3版，第4页。
[⑦] 张梓太：《环境法律责任研究》，商务印书馆2004年版，第28～30页。
[⑧] 周珂、谭柏平、汝婷婷：《论我国环境法学的自然科学基础》，载http://www.civillaw.com.cn/article/default.asp?id=7573，2021年7月29日访问。

涵之确定作为研究展开之基础。具体来看，我国现行《环境保护法》（2014年）第 2 条对"环境"作了明确界定："本法所称环境是指影响人类生存和发展的各种天然的和经过人工改造的自然因素的总体，包括大气、水、海洋、土地、矿藏、森林、草原、湿地、野生生物……等。"通过对该条的行文表述进行分析可知，我国环境法律所界定的环境是指围绕着"人类"这一中心，能直接或间接影响人类生存、繁衍及可持续发展的，由形态独立但又彼此相关联的环境要素所组成的外部空间、条件和状态的综合体。其中，环境要素是指组成环境的，各类相互独立、性质各异但又相互联系的基本物质、能量成分。总体上说，人类环境由天然的环境要素和经人工改造后的环境要素两个部分构成：前者是天然形成的，如空气、森林、土壤、水体、动植物、矿物等；后者是人类实践的产物，具体指人类在天然环境的基础上加工、创造的物质环境，包括城市、村落、水库、港口、公路、铁路、空港、园林等。对于我国现行《环境保护法》对"环境"所做出的界定，学者们普遍认可其是"一个比较好的定义方式"[①]"符合法律意义上之环境概念所要求的完整性、具体性和准确性"[②]"较好地体现了《环境保护法》的立法目的"。[③] 对此概念的准确把握是本书研究有效展开的基础，具体而言：

首先，我国环境法律所界定的环境始终围绕着"人类"这一中心，不同于"生态"（ecology）这一生态学中以生物为中心的概念。如前文所述，生态是生态学的术语，意指生物的生存状态以及生物之间及其与环境之间的关系。不同于环境概念所强调的人类之主体性，生态一词并非以人为中心，而是将人同其他万物一样视为生态系统的一环。人类赖以生存的环境具有社会属性，其是在一定的自然条件的基础上，由人类通过社会化的劳动进一步创造出来的。

其次，我国环境法律所界定的环境所关注的是能对人类的生存、繁衍及可持续发展产生实质性影响的部分，具有根本性、基础性的特征。那些诸如景观、花草、宠物等无关乎人类生存繁衍的部分不宜纳入环境之范畴。

再次，我国环境法律所界定的环境是由各类环境要素按照一定的客观规律所组成的有机系统。2014 年修订的《环境保护法》第 2 条将"环境"定义为"各种天然的和经过人工改造的自然因素的总体"，便蕴含着环境是由多种环境要素共同组成之意。其中"总体"一词并不意味着环境是一定数量环境要素的简单叠加，而应当用系统的理论对之加以理解，即环境作

---

① 王灿发：《环境法学教程》，中国政法大学出版社 1997 年版，第 141 页。
② 李耀芳：《国际环境法缘起》，中山大学出版社 2002 年版，第 3 页。
③ 邹雄：《环境侵权法疑难问题研究》，厦门大学出版社 2010 年版，第 3 页。

为一个系统是由相互作用、互相依赖的环境要素组成的,也正是由于各环境要素间的相互作用,使得环境系统作为一个整体具有特定的功能。①特定区域范围内的一定数量、种类、结构和层次的环境要素根据一定的客观规律形成的特定物质、能量及信息循环和流通的不可分割的整体系统构成了环境。因此,我们在解读《环境保护法》第 2 条时,应厘清"总体"与"包括"之间的关系,理解"环境"这一概念的关键在于"总体",环境通常是指需要用"广大"来形容的作为整体的自然对象,而非构成整体的自然对象之中的个体或从自然对象中提取出来的具体的物。对此,徐祥民教授也曾经指出:我们可以说环境包括"水""土地""野生动物"等,但我们却不能说"大气、水、海洋、土地、矿藏、森林、草原、湿地、野生生物"就是环境。②

此外,我国环境法律所界定的环境具有多层次、多样态的表现。由于地球各类自然条件千差万别,因而与其相适应的环境要素所组成的环境的具体形态极其复杂多样。而也正是这些类型不同、规模不等、功能各异的环境组成了地球生命的支持系统,是人类赖以生息繁衍的基础。从大范围来说,整个地球表面是一个复杂而巨大的环境,其间又包含着许多类型多样、大小不同、功能不一的环境系统,因而应对环境进行多层次、多样态的解读。

同时,值得注意的是,在学界现有的关于环境利益的论述中,不少学者采用了"生态利益"的表述。然而"生态"一词并不隶属于法学之范畴,而是生态学中的概念,主要指各类生物在特定外界环境下的生存和发展状态,其所关注的是生物之间以及生物与其赖以生存的环境之间的关系。可见,生态学中的"生态"与"以对人与人之间的社会关系进行调整"为关注点的法律语境并不相容,不宜直接随意纳入使用。当然,现如今"生态"已经作为一个组合词渗透到各个学科领域中,目前各学科都存在任意使用"生态"一词与该学科内部专业术语进行组合但又不加以界定的现象,这在一定程度上造成了理解和使用上的混乱。"生态"一词也在我国现行法律文件中也被频繁使用,如《宪法》规定:"国家保护和改善生活环境和生态环境,防治污染和其他公害";《环境保护法》《海洋环境保护法》《水污染防治法》等相关法律中也大量使用了各类生态组合词,如"生态环境""环境污染和生态破坏""生态保护和污染防治""生态功能区""生态环境敏感区和脆弱区""生态保护红线""保障生态安全""生态失调现象"等。实际上,目前我国尚未有法律文件对"生态""生态环境""生态污染""生

---

① 谭跃进、高世楫、周曼殊:《系统学原理》,国防科技大学出版社 1996 年版,第 9 页。
② 徐祥民:《论维护环境利益的法律机制》,载《法制与社会发展(双月刊)》2020 年第 2 期。

态失调"等词语做出明确界定；更无从解释"生态环境"与环境法所界定之"环境"究竟有何区别。而在法学学术讨论中，学者们利用"生态"任意造词的现象更为普遍。鉴于"生态"一词之法学内涵并不确定，笔者不建议在法学领域任意组合使用而自行"造词"。当然，由于环境问题跨学科之特性，对于已为其他学科所明确确定的专业术语，在需要的情况下，可以为法学所"借用"，但不宜任意创造。基于此，为了减少不必要的争议，本书拟立足于我国环境法对"环境"一词所做的明晰界定，采用"环境利益"这一表达。

（三）环境生态功能之机理

徐祥民教授曾经指出：环境利益难以被认知，其重要的原因之一在于其载体难以被认知。① 利益是客观对象所具有的功能、属性对主体需要的满足。欲认知环境利益，廓清其所对应的特定的客观对象所具有的功能、属性十分关键。本部分，笔者拟借鉴生态学中的生态系统功能及生态系统服务理论，对法学视野中环境利益所对应的环境生态功能的内在机理展开探讨。

据现有资料显示，生态学通常将生态系统服务界定为由于生态系统内部结构、功能稳定性的维持而对人类生存、繁衍及可持续发展提供支持的过程。② 在此基础上，生态学学者们又对生态系统服务进行了分类，目前较有影响力的有 Daily 等学者的 13 项分类法、③Costanza 等学者的 17 项分类法、④MA 的 4 类 20 项分类法以及我国学者欧阳志云等的 8 项分类法等。⑤ 通过对比分析可知，虽然学者们对生态系统服务的具体总结各不相同，但总的来说可将之分为三大类，即"生活与生产物质的提供服务""精神生活的享受服务"以及"生命支持系统的维持服务"。其中"生活与生产物质的提供服务"与人类的物质需要相对应，从而形成人的物质利益；"精神生活的享受服务"与人类的精神需要相对应，从而形成人的精神利益；"生命支持系统的维持服务"与人的生态需要相对应，从而形成人的环境利益。生态学学者进一步指出，人类所获得的生态系统服务，究其根源乃得

---

① 徐祥民：《论维护环境利益的法律机制》，载《法制与社会发展（双月刊）》2020 年第 2 期。

② 阎水玉、王祥荣：《生态系统服务研究进展》，载《生态学杂志》2002 年第 5 期。

③ Gretchen Daily, John Peterson Myers, Joshua Reichert, et al.*Nature's Services: Societal Dependence on Natural Ecosystems Summary*. Washington D C: Island Press, 1997. p. 99.

④ Robert Costanza, Ralph d'Arge, Rudolf de Groot, et al. *The Value of the World's Ecosystem Services and Natural Capital*. Nature, 1987. pp. 253-260.

⑤ 欧阳志云、王如松：《生态系统服务功能、生态价值与可持续发展》，载《世界科技研究与发展》2000 年第 5 期。

益于各类生态系统本身所客观具有的功能、属性——生态系统功能。① 具体来看：首先，此种功能并非由单个或部分生态要素所拥有，而是由各要素综合组成的生态系统整体方才具备。其次，此种功能是生态系统天然、客观具有的自然属性，是由组成生态系统的各类要素依据客观规律相互作用而形成的。② 再次，此种功能的正常发挥有赖于生态系统自身结构之稳定，即只有在生态系统物质能量交换平衡、种类数量稳定、营养结构完整的情况下，此种功能才能正常发挥。此外，从具体内容角度看，生态系统功能包括物质循环、能量流动和信息传递三大部分，其中物质循环功能是指地球各类生命元素（如碳、氮、氧等）在一定范围内的循环过程；能量流动功能是指各种能量在生态系统内部的输入、传递和散失的过程；信息传递功能是指构成生态系统的各生物及/或非生物组分间物理、化学、行为、营养等各类信息的传递过程。③ 生态系统的功能与服务关系密切，前者侧重于反映生态系统的自然属性；而后者则反映了人类对生态系统功能的偏好、利用。生态系统功能是维持生态系统服务的基础，没有客观存在的生态系统功能根本无从谈起生态系统为人类所提供的各类基本服务。

由上文分析可知，生态系统所具有的物质循环、能量流动和信息传递三大基本功能不仅能为人类的生产与生活提供物质资料及精神享受资源，更为重要的还在于其为人类生命支持系统提供了支撑及维持能量。虽然生态系统是生态学中的概念，但其与法学中的环境系统在内在运行机理上并无本质差别，两者的区别仅在于所关注的中心、主体不同，因而生态学中的相关研究成果也可以为法学所借鉴。当然，应当承认的是，法学与生态学是截然不同的两个学科，具有不同的研究视角，在借鉴生态学相关理论时，应内化为法学自身机理后再展开研究。鉴于此，本部分笔者拟沿袭前文对环境的界定，将生态学中的相关理论内化于以人为中心的环境系统中，以对与环境利益相对应的环境系统的功能、属性的内在机理展开探索。

长久以来，提及环境，人们往往只关注空气、森林、水体、动植物、矿物等各类环境要素的物质资料供给功能以及各环境要素所对应的物质实体的使用价值和交换价值。从利益形成之角度看，各环境要素对应的物质实体所承载的使用价值对人类物质需要的满足，便形成了人与环境有关的物质利益；而当物质的使用价值与社会生产过程、社会经济活动过程相联

---

① Odum E P. *Fundamentals of Ecology*. Philadelphia: WB Saunders, 1971. p. 574.
② Lyons K G, Brigham C A, Traut B H, et al. *Rare Species and Ecosystem Functioning*. Conservation Biology, 2005, pp. 1019-1024.
③ 李博：《生态学》，高等教育出版社2000年版，第71～73页。

系时,对人的物质需要的满足便形成了人与环境有关的经济利益,在此语境下各类具有经济效用的环境要素通常被称为"自然资源"。经济价值是人类对自然资源价值认识的缘起,也是迄今为止最为人们所关注的价值类型。此外,在社会现实生活中,人们逐渐关注并肯定环境对人类的精神享受资源的供给功能,即各类环境要素及其组合在特定的状态下给人类所带来的舒适性、享受性、愉悦性等精神性的价值,其对人类精神需要的满足便形成了人与环境有关的精神利益。

随着环境危机的日益恶化以及人类社会可持续发展理念的逐步树立,人们逐渐认识到各类环境要素按照特定的客观规律相互影响、相互作用所组成的环境系统更为关键的效用在于其对地球整个生命支持系统(包括人类生命系统)的维持、演变、进化并保持其动态平衡的功能,本书中笔者将之称为环境生态功能。人作为自然界独立存在的生命物种,其生命的维持、自身个体及种群的生存繁衍均有赖于与外部环境系统的物质要素、能量要素和信息要素进行有效的循环。环境系统内部各类环境要素按照一定的客观规律所发生的一系列复杂的相互作用,使得环境系统具有了与人类进行物质循环、能量流动和信息传递的基本功能、属性,而环境生态功能产生及存续的客观基础正在于此。在相当长的历史时期内,由于人类错误的认知,即认为各类环境资源及环境系统所具有的生态功能皆为大自然所馈赠,是取之不尽、用之不竭的,因而忽略了其独立性及其存在的重要意义。

近年来,人类社会日益加剧的环境污染、破坏行为导致环境生态功能的迅速减损,甚至造成局部地区不可逆的环境生态功能损害,严重危及人类的正常生存、繁衍及可持续发展。在此背景下,人们方才承认并关注环境生态功能的独立价值。具体来看,环境生态功能具有如下特性:

首先,环境生态功能具有系统性。环境生态功能是由各环境要素按照一定的客观规律相互作用所组成的环境系统整体所具有的特定的功能,其难以承载于某一特定、具体的环境要素之上,因此可以说环境生态功能具有系统性,[1] 这种功能存在于环境整体中或具有整体性的环境对象(环境单元)中。[2]

其次,环境生态功能具有无形性、公共性。环境生态功能是以一种脱

---

[1] Water K E. *Quality Improvement: Evaluation of an Ecosystem Service.* In: Gretchen Daily, eds. *Nature's Service:Societal Dependence on Natural Ecosystem.* Washington D. C: Island Press, 1997. pp. 329-344.

[2] 徐祥民:《论维护环境利益的法律机制》,载《法制与社会(双月刊)》2020年第2期。

离物质实体的、相对独立的功能形式存在的,体现出无形性之特征。此外,由于环境生态功能是环境系统本身所固有的、能充分满足人的生态需要的天然的功能、属性,在环境生态功能没有减损的情况下,人的各类生态需要均能从中得到无竞争的满足,在此状态下其具有较强的公共性。而此无形性、公共性也正是环境生态功能长期被人们忽视的主要原因。①

再次,环境生态功能具有根本性。环境生态功能是人类正常生存、繁衍及可持续发展之基础,人类生命延续及运行的过程就是其充分利用环境生态功能的过程。只有确保环境生态功能的正常发挥,才能保证整个环境系统的正常运转并最终保证人类正常的生存、繁衍及可持续发展。可见,环境生态功能对人类具有极为重要的意义。②

此外,环境生态功能具有阈值性。自人类社会产生以来,人们基于社会实践所取得的各类进步都影响着环境生态功能,甚至不惜以破坏环境生态功能为代价。环境生态功能在一定范围内具有自我恢复能力,环境科学通常将之描述为"自净能力""环境容量",③即自然环境具有在一定范围内容纳来自外界的侵害(污染和破坏)的容量并可在一定程度内将之无害化的能力。但此种环境容量是有阈值的,净化能力是有限度的。当外界的侵害低于这一阈值时,环境的生态功能仍然够维持正常运转并能被人们永续利用;而当外界侵害高于这一阈值时,这种功能就会急剧地受到损害,甚至被彻底破坏,威胁到人类的生存及发展,④此也是环境危机产生的内在根源所在。

最后,环境生态功能具有历史性及多样态性。虽然环境生态功能具有很强的稳定性,但其绝非一成不变,随着人类认识能力和实践能力的发展,环境生态功能的具体内容也在不断变化,人类的环境利益也正是由于环境生态功能的此种历史性特性而不断拓展与深化。同时,由于地球自然条件千差万别,组成各具体环境系统的环境要素及其所遵照的客观规律也各不相同,这也使得不同的环境系统必然对应着不同的环境生态功能;且由于环境生态功能的种类繁多,同一环境系统往往呈现出复合性的生态功能。应当注意的是,各类环境虽然是由不同的环境要素组成,但目前学界通常

---

① Pimentel D. ML, Zepp A. *Environmental and Economic Impacts of Reducing U. S. Agricultural Pesticide Use.* Handbook of Pest Management in Agriculture, 1989. pp. 223-278.

② Salad E Rwv, Laird S A. *Biodiversity Prospecting.* in: Balick M EE, Laird S, eds. *Medicinal Resources of the Tropical Forest: Biodiversity and Its Importance to Human Health.* New York: Columbia University Press, 1996. pp. 142-173.

③ 鞠建林:《浅谈环境容量资源之配置》,载《环境污染与防治》1997年第4期。

④ 曲格平:《环境科学基础知识》,中国环境科学出版社1984年版,第41页。

以组成某种环境的主要的环境要素对该类环境进行命名。由此可见，环境生态功能具有多样态性，即不同的环境要素所组成的不同类型的环境具化成不同的环境生态功能组合，如空气环境具有提供生命所需空气成分、净化废气、传播植物花粉与扩散种子、维持大气化学的平衡与稳定的生态功能；草地环境具有生产有机物质、营养物质贮存与循环、维持基因库、固碳释氧、维持大气成分、涵养水源、保持水土、控制侵蚀、降解废弃物等生态功能；土壤环境具有为动植物提供繁衍生息场所、容纳降解废弃物等生态功能；水体环境具有调节气候、净化空气、容纳废弃物等生态功能。①

（四）人的生态需要之意涵

利益是客体（即客观事物所具有的功能、属性）对主体需要的满足，主体的需要是利益产生的前提和基础，特定的需要对应着特定的利益。需要是指包括人在内的一切生物有机体为了维持其正常的生存、繁衍及可持续发展而必须与外部世界进行物质、能量、信息交换而产生的一种摄取状态（或者也可以说是不满足状态），本部分笔者仅围绕着人的需要展开论述。需要作为人之"内在规定性"，是人类实践的内在动力源泉，也是社会生产发展的根本性推动力；同时，人类社会实践的目的和归宿也是为了满足其不断丰富的、永无止境的需要。主体的需要是利益产生的自然基础，②人类环境利益的产生必然以其特定的需要（即"生态需要"）为支撑，其是理解环境利益之本。

客观来说，"生态需要"并非法学层面之概念，而是于20世纪中后期在生态学、生态经济学、人类学等学科中形成的新兴的理论范畴。据现有文献资料显示，目前学界对"生态需要"的界定并不统一，学者们对其分别提出了不同的观点，如"对良好的生态环境的需要"③"对优美生态环境的需要"④"对生态产品的需要"⑤"对人类与其赖以生存和发展的环境在一定空间的统一的需要"⑥"对生态平衡关系的确立和生态平衡条件的创建的需要"等观点。虽然认识并不统一，但多数学者肯定了生态需要是人类为

---

① Robert Costanza, Ralph d'Arge, Rudolf de Groot, et al. *The Value of the World's Ecosystem Services and Natural Capital*. Nature, 1987. pp. 253-260.
② 王伟光：《利益论》，中国社会科学出版社2010年版，第41页。
③ 刘思华：《生态经济理论的发展与政治经济学的创新（续）》，载《生态经济》1993年第4期。
④ 尹世杰：《论生态需要与生态产业》，载《湖南师范大学社会科学学报》1998年第5期。
⑤ 柳杨青：《生态需要的经济学研究》，中国财政经济出版社2004年版，第24页。
⑥ 司金銮：《生态需要与人类发展初论》，载《财贸研究》1996年第2期。

了保障其生存及可持续发展而存在的一项独立且必不可少的需要。① 同时，学者们普遍提及了人类长期以来"对环境资源的物质（经济）需要过度重视，而完全忽略生态需要"的现状。总体看来，虽然学者们的观点间尚存在诸多争议，但却为正视人的生态需要的根本性、独立性、重要性提供了直接的理论资源。

本书中，笔者在借鉴上述其他学科相关理论的基础上，将人的生态需要之意涵理解为：人为了维持其作为独立自然生命物种的正常的生存、繁衍而对外部环境所具有的生态功能的摄取状态。具体来看：

首先，人的生态需要具有基础性。人作为自然界中一类独立的生命物种，与其他生物一样都必须要通过摄取同化、新陈代谢的过程才能实现与外部环境系统直接而有效的物质、能量和信息的交换与循环，以获取维持自身个体及种群的生存繁衍及可持续发展所必需的各类要素。在此过程中，主要涉及人的两类需要：一类是对外部环境中的各类环境要素所对应的物质实体的使用价值的摄取状态，此属于人的物质需要的范畴（物质需要的一部分）；另一类是对外部环境系统本身所具有的各类生态功能的摄取状态，此便为人的生态需要。这两类需要都是马克思主义需要体系中最低限度的自然生理需要或者生存需要，也即是马克思所讲的那种"必不可少的需要"。生态需要是人类与生俱来的需要类型，其在人类的需要体系中处于基础性的地位，必须优先得到确保和满足。

其次，人的生态需要具有非物质性、非经济性，此特征突出地体现在与"人与环境有关的物质需要"的区别上。人作为独立的生命物种，为确保其正常生存、繁衍及可持续发展需向外界环境摄取各类物质性资源作为其消费、再生产的生活资料和生产资料——在此过程中所反映出来的是人与环境有关的物质需要，主要是对外界环境中各环境要素所对应的物质实体之使用价值、交换价值的摄取状态。而人的生态需要的满足有赖于环境系统本身所具有的环境生态功能，其与各环境要素所对应的物质实体的使用价值、交换价值并无直接关联。由此可见，非物质性、非经济性是人的生态需要的特征。

再次，人的生态需要具有非精神性，此特征突出地体现在与"人与环境有关的精神需要"的区别上。马克思主义经典作家曾指出实践是人的本质，是人类有意识、有目的的活动，其中，人的意识就是人实践活动的精神方面，其是人区别于一般动物的本质特征。此本质特征也决定了人对环境

---

① 尹世杰：《论生态需要与生态产业》，载《湖南师范大学社会科学学报》1998年第5期。

有着比其他生物更为高级的需要——人与环境有关的精神需要,其是人对周围环境的舒适性、可观赏性、优美性等精神价值的需求。从哲学角度看,人与环境有关的精神需要是主体对自身与环境有关的精神感受的匮乏状态的反映,是人类对其精神生活的自觉反映和能动追求,它体现着人类实现自我主体价值追求的理想境界,是真、善、美的有机统一。而人的生态需要集中于对环境系统本身所具有的生态价值、功能的摄取,而其显然不同于人与环境有关的精神需要,因此非精神性是人的生态需要的主要特征。

值得注意的是,生态文明时代应肯定并关注人的生态需要之独立价值。在漫长的历史时期中,人类始终把自身摆在外在于自然界的征服者、享用者的地位,因无限放大自身的物质需要而弱化甚至忽略了自身的生态需要,因过于强调对环境的精神需要而掩盖了生态需要。具体来看,人类社会进入工业文明后,科技的飞跃和生产力的迅猛发展激发了人们对物质性需要的极端放纵。此种放纵导致在人的物质需要与生态需要产生冲突时,人们往往会为了优先满足其物质需要而不惜牺牲生态需要。从一定程度上说,人类社会当代的经济发展是以忽视和遮蔽人类基本的生态需要为代价的,而此在引发环境危机的根源追溯中难辞其咎。生态文明时代,为进一步应对环境危机,必须要突出人的生态需要的独立价值并以此限制人的物质需要。只有确立人的生态需要在人类需要体系中的基础性地位,才能引发人类物质需要的根本性变更并最终确保人的生态需要的全面实现。

实践中,人的生态需要的满足与人与环境有关的物质需要的满足常产生冲突,但却和人与环境有关的精神需要的满足表现出较强的"一致性""共生性",笔者认为,不宜依此"共生性"而直接将该两者混为一谈。据现有资料显示,目前我国学界不少学者将人对环境的审美层面等精神需要也作为环境利益的重要根源。但事实上,人的生态需要与人的环境精神需要绝非同一层次的需要,相比之下,人的生态需要更为根本,若此种需要无法得到满足将直接威胁到人类正常的生存、繁衍及可持续发展。若将该两者混同理解,则很可能导致人们因过于关注人对环境精神的需要,反而忽略了人之根本性的生态需要,不利于人们认识引发环境危机的真正根源。

三、环境利益的界定

通过前文分析可知,目前我国环境法学界对"究竟何为环境利益"并无清晰的认知。鉴于此,本部分,笔者将基于上文之认知准备,对环境利益展开重新界定。

（一）环境利益的概念

基于前文之认知准备，本书将环境利益的概念理解为系各环境要素按照一定的规律组成的环境系统所客观具有的环境生态功能对人的生态需要的满足。其中，环境生态功能是指各类环境要素按照特定的客观规律相互影响、相互作用所组成的环境系统对地球整个生命系统（包括人类生命系统）的维持、演变、进化并保持其动态平衡的支持功能，其是环境利益产生的客观基础。环境生态功能的形成有赖于环境系统天然所具有的可与人类进行物质循环、能量流动和信息传递以维持人的个体及其种群正常生存、繁衍及可持续发展的内在的属性。而人的生态需要是指人为了维持其作为自然生命物种的正常的生存、繁衍而对外部环境系统所具有的生态功能的摄取状态，其是环境利益产生的根源。环境利益并非独立于主客体之外的某种客观实存，而是存在于环境生态功能与人的生态需要之间的一种需要与被需要、满足与被满足的功利关系的范畴。只有在人的生态需要与环境生态功能之间的需要与被需要、满足与被满足的关系中，才谈得上环境利益的有无问题，而透过此种现实关系来分析其间所体现的人与人之间的社会关系才是从法学角度研究环境利益的本质意义所在。同时，想要对环境利益进行更为深入的理解，还必须对环境利益的构成要素、特征、属性等内容进行进一步分析。

（二）环境利益的构成要素

利益是主客体之间需要与被需要、满足与被满足的关系范畴，学界在讨论"利益的构成要素"这一主题时，通常对利益的主体及其客体展开分析。本部分，笔者亦拟沿此思路，对环境利益之构成要素展开分析。

1. 环境利益的主体：以生命延续为本质追求的人

利益是客体（即客观事物所具有的功能、属性）对主体需要的满足，利益主体由需要主体转化而来，对利益主体的准确认定有赖于对需要主体的分析。如前文所述，生态需要是包括人在内的一切生物有机体为了维持其正常的生存、繁衍而对外部环境系统所具有的生态功能的摄取状态，其并非人这类"社会动物"所独有之本质，而是地球上一切生物的生命表现形式，即一切生物有机体均可以成为生态需要的主体。然法学系社会科学，从社会科学的角度对需要以及经由需要而源起之利益展开研究的真正意义在于对人本身的生存、繁衍及可持续发展的关注，即人的需要及通过需要的满足而实现的人之利益才是法学研究过程中最根本的落脚点。法律所保护的是人的利益，此是"法学本身所固有之价值判断"，是法之所以为法的"不可逾越的底限"。① 鉴于此，可将法学视域中的"需要主体"理解为在一定社会关系中从事生产或其他社会活动以便直接或者间接追求自身社会需要满足的人。从另一个角度分析，环境利益是由"环境"和"利益"两大要素组成。如上文所述，我国法学层面的"环境"是以人为中心的，法学层面的"利益"所关注的也是客体（即客观事物所具有的功能、属性）对人的需要的满足。由此也可以推知，法学语境中环境利益所对应的生态需要的主体是人，并不涉及环境、自然、生态、动植物等非人主体。

而"人"这一社会概念，对应到法学层面则可以具化为自然人、法人、国家、非法人组织、公民、人类等多种法律形态，其总体上又可以分为"以生命延续为本质追求的生物人"以及"法律拟制主体"两种类型。如上文所述，环境利益的形成源于环境系统所客观具有的生态功能对主体生态需要的满足。其中，生态需要是人作为独立生命物种对外部环境中的物质要素、能量要素和信息要素的摄取状态，其是人获取维持自身个体和种群的生存繁衍及可持续发展的最根本的需求。可以说，人的生态需要产生的最深层次的根源在于人作为一个独立的生物物种的生存及繁衍之需要，以生命的延续为本质追求的生物人对环境生态功能的此种需要是与生俱来的、必然的。而国家、法人、其他社会组织等法律拟制主体并不以生命的延续为其目的，均无此类需要，自然也无产生环境利益之根源。从此角度理解，法律层面环境利益的主体只包括以生命的延续为本质追求的人，而不包括法人、国家、其他社会组织等法律拟制主体。

同时，利益主体既不是脱离社会的抽象个体，也不是脱离个体的抽象社会，而是个体与社会的有机统一体，有着内在复杂的社会构成层次。人具有社会性，"以生命的延续为本质追求的生物人"具化到社会中，则将表现为多元的形态。在为法律所确认的各类主体形态中，自然人、公民及人类均具有上述"以生命延续为本质追求"的自然属性，可以成为法律所确认的环境利益的主体。但由于"人类"通常是国际法层面的主体类型，国际法更适合于承载保护人类环境利益的任务；而"公民"这一概念源自西方，它包含了丰富的政治学、法学和伦理学之意蕴，在法学领域其通常被理解为宪法、行政法上的概念。鉴于此，本书中将环境法语境下的环境利益的主体理解为自然人。

2. 环境利益的客体：环境生态功能

利益客体是主体的需要所指向的对象，亦即利益的载体或者承担者。

---

① 廖华：《从环境法整体思维看环境利益的刑法保护》，中国社会科学出版社2010年版，第33页。

如上文所述,利益并非实体性范畴,而是表示主客体之间需要与被需要、满足与被满足的功利关系的范畴。其中,利益客体是指利益主体所追求的,能满足主体需求的客观对象,具体来说便是与满足主体的需要相关联、相对应的客观事物所具有的特定的功能、属性,此种功能、属性对主体来说是有价值的。特定的利益客体是独立的利益类型存在之客观基础,利益实现(即主体需要的最终满足)的关键还在于该特定利益客体的客观存在。如前所述,环境利益的主体是具有生态需要的人;而与之相对应的环境利益的客体是为环境利益主体所认知、追求、创造并可满足主体生态需要的客观对象。具体看来,能满足主体生态需要的是各环境要素按照一定规律组成的环境系统所客观具有的生态功能,由此可将环境生态功能理解为环境利益之客体。对此,徐祥民教授也有过较为经典的论述,先生指出环境利益的客体是对象所具有的以人类和人类需求为评价尺度的状态和品质,具体来看表现为空气的"清新"、水的"清洁"、生物或非生物世界的"多样化"等,这种功能客观地存在于环境整体中或具有整体性的环境对象中。[①] 鉴于前文已对环境生态功能之内在机理进行了详述,本部分不另赘述。环境生态功能的特性以及生态系统要素之间相互依存的自然规律在"山水林田湖草是生命共同体"的生态伦理观中得到了充分阐释,以此作为立法价值指引,有助于整合生态文明法律规范,使之真正成为遵循生态系统自身规律的"良法"。

(三)环境利益之特征

本部分,笔者基于前文分析,将环境利益的特征归纳为主观性、客观性、社会性、历史性、自然性、时代性、根本性、独立性、弱势性以及实现之冲突性等内容,具体来看:

1. 环境利益的主观性、客观性、社会性及历史性

如前文所述,虽然学界对利益之界定并不相同,但学者们却普遍认可其具有主观性、客观性、社会性、历史性等特征。环境利益作为利益类型中的一种,其自然也应具有此类特征,具体而言:

首先,环境利益具有主观性。环境利益的产生以人的生态需要为逻辑起点,其反映了人在主观上对环境生态功能的一种需求。正是人类的此种天然、原始的需要激发、引导着人们追求环境生态功能的实践行为并最终促成环境利益的实现。人的环境利益以人的环境需要为根源和始因,且环境利益的最终实现离不开人们主观能动性的发挥。据此可见,主观性是环

[①] 徐祥民:《论维护环境利益的法律机制》,载《法制与社会(双月刊)》2020年第2期。

境利益的特征。

其次,环境利益具有客观性。环境生态功能是环境利益产生的客观基础,环境利益虽然在形式上体现了人之主观性的生态需要,但其实质内容却是客观的,即环境利益的产生最终还需以各环境要素按照一定客观规律组成的环境系统所客观具有的环境生态功能为依托和基础。人的生态需要虽具有主观性,但环境生态功能的产生、存续、运行均不以人的意志为转移。从此层面看,环境利益具有客观性。

再次,环境利益具有社会性。环境是自然自在的存在,人作为环境中的一环具有其他万物所不具备的能动性,因而在人与环境的交互中,环境始终受到人的影响,特别是近现代以来,人类对环境的影响越来越突出,因而呈现出越来越显著的社会属性。人是社会性的存在,在人类社会中,环境生态功能对主体生态需要的满足是以人的社会实践为实现手段的,即环境利益主体只有通过社会实践进行自主的选择和创造,才能最终促成其自身生态需要的满足(即环境利益的实现)。同时,环境利益本身系存在于环境生态功能与人的生态需要之间的一种需要与被需要、满足与被满足的关系范畴,而此类现实关系实质是人与人之间的社会关系。

最后,环境利益具有历史性。环境利益是作为客体的环境生态功能对作为主体的人的生态需要的满足。作为客体的环境生态功能从宏观上看其在数亿年的地壳运动中保持着构成要素、能量组成等方面的相对稳定性,而从微观上看不同的环境要素又随着自然运动以及人类活动而或增长或消减地动态变化着。同样地,作为主体的人也具有极强的历史性,一方面其是历史的创造者,另一方面,其又在不断的劳动生产中累积知识存量,深化自身的认识能力和实践能力。因而,环境生态功能的内容也在主体的能动性作用于客体的受动性过程中不断变化,相应地,人类对环境利益的需求也在历史长河中不断地扩展与深化。

2.环境利益的自然性及时代性

环境利益是人类与生俱来的独立的利益类型,具有自然性之特征。环境对于人类的有用性并非由人类加工整合而来,而是源于大自然的馈赠,是自然而然逐渐演化形成的。① 目前学界不少学者认为环境利益是在20世纪中后期伴随着环境危机时代的到来才产生的利益类型,具有很强的时

---

① 徐祥民:《论维护环境利益的法律机制》,载《法制与社会(双月刊)》2020年第2期。

代性,①② 笔者认为此种认识是不恰当的,此是对环境利益的"时代性"的误读。(自人类产生伊始,其便天然地具有生态需要,而环境各要素所构成的环境系统也天然地具有满足人们生态需要的功能、属性,即人的环境利益自始便客观存在。)只是在人类社会早期,由于环境生态功能可充分地满足人的生态需要,即人的环境利益总体上可以充分、无竞争地实现,因而未被人们重视,更未纳入法律调整范畴。

环境危机时代,人们污染、破坏环境等行为导致了环境生态功能的减损,致使人的正常的生态需要无法得到充分的满足并进而引发了环境利益实现的竞争与冲突,至此人们才关注到环境利益的独立价值并积极将之纳入法律调整范围以确保其充分、公平、有序地实现。从法理学角度看,特定利益从一般社会利益转化为法律利益以寻求国家强制力保障(即一般社会利益纳入法律保障范围)的根本性原因在于生产力的发展及经济基础的相应变化引发特定社会利益出现了原有社会制度无法调和的分化、冲突,而法律也正是为了适应社会发展以调节不同利益之间的冲突而产生的。法律起源于利益的分化、竞争,也规范着利益斗争,法律制度实质上便是一种利益制度。法律运行的整个过程都是在为利益服务,离开利益关系,法律无从产生和存在,"法律通过对利益的调整实现对社会的控制"。③ 可见,面对环境危机时代原有社会制度无法应对的激烈的环境利益冲突这一新形势,为了保障社会有序运转,必然需要将环境利益纳入法律范围予以保障。环境危机时代,通过法律手段保护环境、解决环境问题的实质就是对围绕着环境利益的实现而产生的各类利益冲突进行平衡和调整的过程。当前,各国立法者都应正视环境利益入法的"紧迫性""应然性"并应以之为指导以确保整个法律体系的"善法"本质。

由此可见,环境利益并非环境危机时代才产生的利益,而是人与生俱来的利益类型,其具有"自然性"之特征;但其却是在环境危机时代才得到人们的充分认识并纳入法律保障范围的,此方为环境利益"时代性"之正解,其突出了环境利益是当代新型法律利益的定性。具体来看,环境利益之"新"并非意指其是刚产生的新型利益,而是指其是环境危机时代应纳入法律保障范围的新型的法律利益;同时,环境利益之"新",还突出地显示于其是对为人类长期所忽略的"生态需要"和"环境生态功能"的关注,

---

① 徐祥民、朱雯:《环境利益的本质特征》,载《法学论坛》2014 年第 6 期。
② 史玉成:《环境利益、环境权利与环境权力的分层建构——基于法益分析方法的思考》,载《法商研究》2013 年第 5 期。
③ 付子堂:《对利益问题的法律解释》,载《法学家》2001 年第 2 期。

即通过对环境自身的关怀来实现对人类正常生存、繁衍的满足,其反映了人与自然和谐的精神。

3. 环境利益的根本性及独立性

环境利益是环境生态功能对人的生态需要的满足。由于生态需要是人类与生俱来的需要类型,其是人的需要体系中最低限度的自然生理需要或者生存需要,也即是马克思哲学所指之"必不可少的需要",此种需要关系到人作为独立生命物种的生存、繁衍及可持续发展,是人类最为根本性的需要。生态需要的此种特征很大程度上排除了人与环境有关的物质利益以及人与环境有关的精神利益纳入环境利益范围的可能性。可以说,环境利益是关乎人作为独立生命物种的生存、繁衍及可持续发展的根本性的利益类型,其具有根本性的特征,其间也隐含着环境利益所具有的独立性的特征。

环境利益是有别于其他利益的独立的利益类型。据现有资料显示,目前最容易与环境利益相混淆的是人与环境有关的物质利益、经济利益以及精神利益。基于前文分析可知,人与环境有关的物质利益是指各环境要素对应的物质实体所承载的使用价值对人类物质需要的满足;而当该类使用价值与社会生产过程、社会经济活动过程相关联时,其对人的需要的满足便形成了人与环境有关的经济利益。人与环境有关的精神利益是指各环境要素及其组合在特定的状态下所具有的精神享受资源供给功能对人类精神需要的满足。而由上文分析可知,环境利益是环境系统所客观具有的生态功能对人的生态需要的满足,其是由"环境生态功能"与"人的生态需要"两大要素构成。其中,环境生态功能以一种脱离环境要素实物载体的无形形态存在,其既不同于各类环境要素所对应的物质实体对人类社会的物质资料供给功能,也有别于各类环境要素及其组合对人类社会的精神享受资源的供给功能。人的生态需要所关注的是环境系统本身所具有的生态价值功能,即其所摄取的对象既非指向各环境要素所对应的物质实体的使用价值、交换价值,也不指向环境要素及其组合所具有的舒适性、可观赏性等精神价值。由此可见,环境利益既不同于人与环境有关的物质利益、经济利益,也不同于人与环境有关的精神利益,其具有独立性之特征。

值得注意的是,由于实践中环境利益与人与环境有关的物质利益、经济利益常产生冲突,即环境利益常成为人们追求物质利益、经济利益过程中的"牺牲品",因此目前学界已有部分学者认识到并肯定了环境利益的

"非物质、非经济性"之特征,① 并将人与环境有关的物质利益、经济利益排除出了环境利益的范畴;但多数学者还是将人与环境有关的精神利益纳入到了环境利益的范畴,而忽略了两者的区别性。② 实践中,"环境利益"与"人与环境有关的精神利益"的确表现出很强的共生性、一致性,但却不宜将两者混为一谈。如上文所述,环境利益同人与环境有关的精神利益具有完全不同的内在机理和构成要素;且较之精神利益,环境利益更为根本,如若人的生态需要无法得到满足、环境利益无法实现,将最终威胁到人类正常的生存、繁衍,精神利益更无从谈起。鉴于此,笔者认为,应强调环境利益的独立性,特别不宜将之与人与环境有关的精神利益混为一谈,否则将很有可能掩盖环境利益的基础性、根本性和重要性,不利于人们认识引发环境危机的真正根源。事实上,实践中就存在着不少过于关注环境优美性之实现,而忽略了更为重要的生态问题之解决的情况。

4. 环境利益的弱势性及其实现的冲突性

由于环境生态功能是以脱离环境要素实物载体的无形的形式存在,且其是环境系统本身所固有的、能充分满足人们生态需要的天然的功能、属性,从应然层面看,人们的各类生态需要均能从中自然地得到无竞争的满足,因此可以说在环境生态功能未减损之情况下,环境利益其具有较强的自然性、公共性。此使得在相当长的历史时期内,人们错误地将环境利益的实现视为是"大自然所馈赠之当然状态",而忽略了其存在的独立价值。也正由于此,使得环境利益较之于其他利益类型,特别是经济利益来说处于弱势地位,长期以来人们为了攫取眼前的经济利益而牺牲处于弱势地位的环境利益,此也是造成环境危机的一大根源。

具体来看,从很大程度上说,环境危机的根源在于对人类正常的生态需要的忽视、对环境生态功能独立价值的蔑视以及对不合理的物质性(经济性)需求的放纵并基于此而做出了超出环境生态功能阈值的环境污染和破坏行为,最终导致环境生态功能的不可逆转的减损甚至丧失,从而致使人类的生态需要得不到正常、充分的满足。而此又使得原本具有"共同性""公益性"的环境生态功能成了"稀缺性资源"并导致当代围绕着环境利益的实现出现诸多利益冲突,而此也是当代需将环境利益纳入法律保障范围的本质原因。由此可以说,环境利益在当代的实现存在冲突性的特征。综上,环境利益除具有主观性、客观性、社会性、历史性等为利益所固有之特征外,还具有自然性、时代性、根本性、独立性、弱势性以及实现之

---

① 邓禾、韩卫平:《法学利益谱系中生态利益的识别与定位》,载《法学评论》2013年第5期。
② 王春磊:《法律视野下环境利益的澄清及界定》,载《中州学刊》2013年第4期。

四、环境利益之属性

"良好的生态环境是最公平的公共产品,是最普惠的民生福祉。"① 属性系事物本身所固有之性质。"环境利益的属性"系界定环境利益过程中十分关键之主题,对其不同解读将直接关系到学者们对有关环境利益的其他主题的不同认知。如有学者便基于环境利益的公共利益属性而直接推导出"环境法领域须以义务为本位构建环境法律体系";② 还有学者因此否认了个体对环境利益的享有并进而否定了自然人环境权利存在的可能性。③ 本部分,笔者拟基于前文之分析,对环境利益的属性展开分析。

(一)环境利益的公益性

一般看来,经济学将满足"效用之不可分性""消费之非竞争性""受益之非排他性"特征的事物界定为纯粹的公共物品。在传统经济学视域之中,环境资源是典型的公共物品,据现有文献资料显示,目前我国学界不少学者都仅以此为据推导出环境利益的公共利益属性,而少有基于公共利益本身之内在机理展开研究者。

事实上,"公共利益"并非纯粹的、鲜明的和天然的法学概念,政治学、社会学、经济学、哲学等多个学科亦是将其视为重要概念,例如柏拉图在《理想国》中将"公共利益"理解为"统治者的利益";④ 边沁认为公共利益是"组成共同体的若干成员的利益的总和"以及"最大多数人的最大幸福";⑤ 德国法学家罗曼·斯克奴将其分为"主观公共利益"和"客观公共利益":前者指基于文化关系之下,一个不确定多数所涉及的利益;后者指基于国家社会所需的重要目的及目标,即国家目的。⑥ 受研究界域和思维定式影响,关于"公共利益"内容的理解,不同学科的意识倾向略有不同,如经济学可能偏向于社会福利,政治学可能偏向社会治理,哲学可能偏向价值衡量,法学可能倾向规范意义等。整体观之,仅从语义上析之,陷入"公

---

① 《习近平:环境就是民生,青山就是美丽,蓝天也是幸福》,载中华人民共和国生态环境部,http://www.mee.gov.cn/home/ztbd/gzhy/qgsthjbhdh/qgdh_zyjh/201807/t20180713_446578.shtml,2021 年 4 月 12 日访问。
② 刘惠荣、苑银和:《环境利益分配论批判》,载《山东社会科学》2013 年第 4 期。
③ 廖华:《从环境法整体思维看环境利益的刑法保护》,中国社会科学出版社 2010 年版,第 154 页。
④ [古希腊]柏拉图:《柏拉图全集》,王晓朝译,人民出版社 2002 年版,第 290 页。
⑤ [英]边沁:《道德与立法原理导论》,时殷弘译,商务印书馆 2000 年版,第 58 页。
⑥ 陈新民:《德国公法学基础理论(上)》,山东人民出版社 2001 年版,第 185 页。

说公有理、婆说婆有理"的辨识窘境。

可以说公共利益是一个极为不确定的概念,目前仅我国学界对其所做出的界定就有特殊利益论、非商业利益论、最多数人最大利益论、公共需求论、价值论、整体利益论、社会活动根据论、统治阶级利益论、非真正整体利益论、综合利益论等数十种观点。① 而对"公共利益的判断标准""公共利益的特点"等主题,学界亦呈现"人言人殊"之状态。② 如关于公共利益中"公共"之判断标准,目前学界主要有"地域基础理论标准""不确定多数人标准""公共的反面说标准""正义说标准"等学说。其中,"地域基础理论标准"提出若某种利益为特定空间内(通常以国家为组织单位)的大多数人所享有,则便可将此利益视为公共利益;③ "不确定多数人标准"认为应以利益效果所及之范围,即以受益人之多寡为标准来判断是否为公共利益,若"大多数的不确定数目的利益人存在"即可以判断是公共利益;"正义说标准"认为具备正当性的利益均可以纳入公共利益的范畴;"公共的反面说标准"提出,当某种利益具备"非隔离性""数量达到一定程度的多数"特征时,即当某种利益所带来的好处不可刻意地拒绝某一不适格的主体,便可以称为是公共利益。④ 而就公共利益的特点,学者们的观点也并不一致。如王景斌提出公共利益具有"整体性、抽象性、相对性、历史性"的特点;⑤ 黄学贤提出公共利益具有"公共性、重要性、现实性、实现正当程序性"的特点;⑥ 范进学提出公共利益具有"政府提供性、公益相关性、非营利性、共同福利性"的特点;⑦ 麻宝斌提出公共利益具有"消费不排他的相容性、平等共享不可分性、外部效应性"的特点。⑧ 张庆东提出公共利益具有"客观性、社会共享性、非完全虚幻性、多层次性"的特点。⑨

值得注意的是,虽然学者们对"公共利益"的上述基础理论的认识并不相同,但却普遍都能将环境利益纳入公共利益的范畴之中,此与环境利

---

① 肖顺武:《公共利益研究——一种分析方式及其在土地征收中的运用》,法律出版社2010年版,第913页。
② 陈锐雄:《民法总则新论》,三民书局1982年版,第913页。
③ 陈新民:《德国公法学基础理论》,山东人民出版社2001年版,第184页。
④ 城仲模:《行政法之一般法律原则(二)》,三民书局1997年版,第158页。
⑤ 王景斌:《论公共利益之界定——一个公法学基石性范畴的法理学分析》,载《法制与社会发展》2005年第1期。
⑥ 黄学贤:《公共利益若干法律问题探讨》,载中国法学会行政法学研究会编:《修宪之后的中国行政法——中国法学会行政法学研究会2004年年会论文集》,中国政法大学出版社2005年版,第7页。
⑦ 范进学:《定义"公共利益"的方法论及概念诠释》,载《法学论坛》2005年第1期。
⑧ 麻宝斌:《公共利益与公共悖论》,载《江苏社会科学》2002年第1期。
⑨ 张庆东:《公共利益:现代公共管理的本质问题》,载《云南行政学院学报》2001年第4期。

益本身之特性是密切相关的。如上文所述,环境利益是环境各要素按照一定规律所组成的环境系统所客观具有的生态功能对人的生态需要的满足。具体来看,除上文所论述之特征外,环境利益还具有以下特性:首先,环境利益具有正当性。如上文所述,人作为自然界长期发展而形成的独立的生命物种,其生命的维持、种群的繁衍有赖于其环境利益的实现,此过程无论是从表象上还是从深层次中都体现了人类共同追求所必须维护的善的价值。可以说,环境利益是人类与生俱来的利益,其合理性、正当性不言而喻。其次,环境利益具有共享性。各环境要素按照一定规律所组成的环境系统是人类共同生存之空间,而能满足人的生态需要的环境生态功能为人与生俱来所平等共享,任何人都不能也无法将之据为己有。当某一主体维护自身环境利益时,也会使其他主体受益。可见,环境利益不是特定的、部分人的利益,而是为不特定的多数人共享、共有的。再次,环境利益具有均享性,其是消费不排他之相容性利益。具言之,此是指某一个体对环境利益的享有并不会造成其他个体享受环境利益的满足程度的减损,每一主体都同等程度地享受环境利益。此外,环境利益具有普惠性,即意味着某一主体享受环境利益很难排除其他任何人对环境利益的享受;每一主体都从环境利益中获益,不以他人的意志为转移。最后,环境利益还具有非营利性、共同福利性之特征。上述特性使得学界无论如何界定公共利益,无论采用何种标准对公共利益进行判断,环境利益均可纳入公共利益的范畴之内。可见,环境利益是典型的公共利益。对此,事实上学界并无过多争议,真正的争议焦点在于"在肯定了环境利益的公共利益属性的同时,是否又承认其私益性"。

(二)环境利益的个人享有性

目前我国学界不少学者主张环境利益是公共利益并以此为由否认环境利益的私益性,同时进一步否认了个体对环境利益的享有并进而否定了自然人环境权利存在的可能性。笔者认为,环境利益是公共利益,其不是私人利益,但却不能因此否认个人对环境利益的享有。对此,蔡守秋教授也曾指出作为公众共用物的环境既关系到个人的直接利益,也关系到公众(不特定多数人)的共同利益。① 环境利益作为公共利益并不是抽象的,而是由不同个体所享有的环境利益所共同形成的综合体。不能由于环境利益具有公共性,而据此否定私人主体享有环境利益的客观事实。生态环境风险不仅严重威胁着社会公共利益,而且直接损害的是处于危害范围内的

---

① 蔡守秋:《从环境权到国家环境保护义务和环境公益诉讼》,载《现代法学》2013年第6期。

个体的利益。从本质上看，环境利益是个人享有的利益组成的集合体，任何利益都只有回归到个体上才是具有价值的。①

目前学界的误解源于人们对公共利益、个人利益与私人利益之间的关系的认识并不清晰。据现有文献资料显示，目前学界同时对"公共利益与个人利益"以及"公共利益与私人利益"两个主题展开讨论，同时有不少学者将"个人利益"与"私人利益"进行混同使用。事实上，私人利益通常是指由社会成员分别独立占有、享用和支配的利益，其强调的是利益的排他性或非共享性。②在此语境下讨论公共利益常突出其"均享性"、"消费的非排他性"等特征，即公共利益不能被独立占有、享用和支配而只能分享。由此可见，公共利益与私人利益之间当然是"排他"的关系，即同一利益不可能既是公共利益又是私人利益。而个人利益是社会成员个体所享有的各类利益，既包括其自身所专属享有的私人利益，也包括可与众人共分享的公共利益。在此种语境下讨论公共利益常突出其"共享性"，即强调公共利益是社会成员所共享之共同利益。对公共利益与个人利益之间的关系，目前学界存在两类观点：一是认为公共利益亦即个人利益之总和，其与个人利益之间是部分与整体的关系；③④二是认为公共利益是蕴含于个人利益之中的一般的、相对稳定的、不断重复的部分，其与个人利益之间是一般与个别、普遍与特殊的关系。⑤虽然上述学者的观点在论证视角方面并不同，但均突出了公共利益的"个体性特征"，即公共利益与个人利益是密不可分的，绝不存在不以个人利益为基础的公共利益。此特征意味着只有社会成员都能直接享有的利益，才属于公共利益；而不能为每个社会成员所直接享有的利益不可能成为公共利益。⑥由此可见，环境利益是公共利益，其不可能同时又是私人利益，但却不能因此而否认个体对环境利益的享有。目前学界现存之"环境利益兼具公益、私益属性"之观点系根源于对环境个人利益与环境私人利益之混淆。同时，目前学界以环境利益的"公益性""非私益性"的属性直接否认自然人个体对环境利益的享有并进而否定自然人享有环境权利之可能也是站不住脚的。基于前文之论述可知，

---

① 张淑芳：《私法渗入公法的必然与边界》，载《中国法学》2019年第4期。
② 樊怀洪：《私人利益和公共利益的含义及其辩证关系》，载《学习论坛》2011年第2期。
③ [英]边沁：《道德与立法原理导论》，商务印书馆2000年版，第58页。
④ 张千帆：《"公共利益"的构成——对行政法的目标以及"平衡"的意义之探讨》，载《比较法研究》2005年第5期。
⑤ 颜运秋：《论法律中的公共利益》，载《政法论丛》2004年第5期。
⑥ 杨临宏：《试论公共利益》，载中国法学会行政法学研究会编：《修宪之后的中国行政法——中国法学会行政法学研究会2004年年会论文集》，中国政法大学出版社2005年版，第582～583页。

环境利益作为公共利益并非抽象、不能分解之利益,而是由个人环境利益组合派生而成的复合利益。客观来说,环境利益是每个以生命延续为本质追求的人为维持其正常生存、繁衍及可持续发展而必须享有之基本利益,其确实为每一个自然人真真切切地享有,因此强调环境利益的公益性的同时,不宜忽略、否认个体对具有公共利益属性的环境利益的现实享有。同时,肯定个人对环境利益的享有,是在法律层面构建自然人环境权利的前提和基础。

五、环境利益的存续状态

法是调整利益关系的规范,所谓调整就是确认、保护、促进、协调。[①] 利益先于法而客观存在,"法律秩序或法律,作为解决争议的权威性指引或基础,并未创造这些利益。即使没有法律秩序和对行为及决定的权威指引,利益也依然存在"[②]。社会利益丰富多样,并非所有的利益都可以纳入法律的调整范围,立法者在保障统治阶级利益并综合考虑其他阶级利益的基础上,对法律利益进行选择确认。一般而言,唯有为社会成员所普遍需要的,关键性、根本性的且经过国家统治阶级衡量为"正当的"社会利益才会被纳入法律利益范畴得到法律的保障、调整,当然此种选择也与特定的社会状况相关。利益从一般社会利益转化为法律利益以寻求国家强制力保障的根本性原因在于人类的社会利益出现了原有制度无法调和的分化、冲突,各种利益之间的冲突和矛盾需要法予以调解和处理,法律就是为了适应社会发展、调节不同利益之间的冲突而产生的。[③] 经法律确认、选择而被纳入"法眼"的利益才能直接或间接地得到法律的保障,这部分利益的主要特征在于它是由国家特定机关选择和确认的,体现国家意志的,以法律权利为内容的,具有特殊强制力的一种利益,学界常将此部分利益称为"法律利益"或"合法利益"。[④] 利益依照其是否具有法律之属性可以区分为"法律所保护之利益""非法利益"(即法律所反对、排斥的利益)以及"法外放任之利益"(即法律不予以干涉的利益)。对社会资源控制的范围与大小的不同决定了不同主体之间难免产生无法避免的利益冲突与失衡,法是普遍适用的规范,法将何种利益纳入调整范围有赖于立法者的利益识别。从本质上看,立法是一个"利益选择与平衡"的过程,因此不可避

---

① 窦家应:《法的本质——利益关系调整论》,载《当代法学》2000年第5期。
② [美]罗斯科·庞德,《法理学(第三卷)》,廖德宇译,法律出版社2007年版,第17页。
③ 周旺生:《论法律利益》,载《法律科学(西北政法学院学报)》,2004年第2期。
④ 周旺生:《论法律利益》,载《法律科学(西北政法学院学报)》,2004年第2期。

免地带有主观性。具体来看，立法者从社会生活的实际需要出发，对多元的社会利益进行评价、权衡，最终选择将符合统治阶级价值取向的社会利益纳入法律保障范围。相对于客观存在的社会利益而言，上述过程是"人们主体性和自由自觉的本质"的体现。[1] 然而，人的认识总是有限的，因此客观上必然有一部分"应当为法律所调整的利益"遗漏于法律保障范围之外，而相应地也有一部分"不当利益"被纳入了"法眼"，"所以人们才藉以评价法的善恶，有了善法和恶法的区分"。[2] 因此，就某一类具体的利益形态而言，即使其从价值层面看是"应当为法律所调整的利益"，然而对应到一国的实在法中，其也未必能全部纳入实在法的调整范围，而有可能表现为法外放任之利益，甚至被确认为非法利益，此取决于该国经济基础的实际状况以及上层建筑发展的具体情况，并且与立法者的主观价值取向及利益认知能力密切相关。古希腊哲学家亚里士多德曾对"法治"做出过经典地阐释，而古今学者对于他所谓的"制定良好的法律"提出了不同的论断，[3] 但是不论其标准如何，立法机关在创制法律的过程中都必须从社会经济形态下社会生活的需要出发，结合本国经济基础的实际状况以及上层建筑发展的具体情况等，将社会各群体的利益需求纳入考虑的范围中并且应当最大限度地去平衡社会各群体的利益，[4] 从而创制出良法。

随着人类活动对环境生态系统产生的影响逐步扩大，生态系统的功能结构发生了人类难以预估的变化，生态系统提供的各类资源显著下降，在此种全球环境危机的大背景下，环境利益成为应为法律所调整、保障的新的、正当的利益形态。然而受立法者自身的思维局限性、立法技术手段的不完备性等多重因素的影响，成文法产生了滞后性和非周延性的特点。进而，对应到某一国具体的实在法中，环境利益则可能全部或部分地表现为"环境法律利益""法外放任之环境利益"甚至是"非法环境利益"。随着一国社会经济基础的不断坚实及其上层建筑的不断发展完善，以及环境利益与其他多元社会利益形态之间内外部矛盾的不断激化，必将推动着统治阶级价值观的变化，引导立法者关注并全面、正确地认识环境利益，从而推进利益观的生态化。在此趋势下，环境利益必将获得一国实在法的选择、确

---

[1] 孙国华、黄金华：《论法律上的利益选择》，载《法律科学（西北政法学院学报）》1995年第4期。
[2] 李岩：《民事法益研究》，吉林大学2007年博士学位论文，第12页。
[3] 亚里士多德认为："法治应包含两重意义，已成立的法律获得普遍的服从，而大家所服从的法律应该本身是制订得良好的法律。"亚里士多德：《政治学》，商务印书馆1965年版，第199页。
[4] 陈隽：《立法对利益的选择与平衡》，载《法制与社会》2015年第6期。

认及调整，从而上升为"法律利益"。随着生态文明社会建设的不断推进，表现为"法外放任之利益""非法利益"的环境利益将不断向"环境法律利益"转化，此也是全面建设生态文明社会的应有之义。

在为法律所选择、确认、调整的环境利益中，亦存在因法律保护程度不同而产生不同层次：有一部分环境利益，法律在对之进行明确的"类型化"确认的基础上，对其内涵及外延进行了归纳，并进而通过赋予相关主体以权利、权力以及义务的形式实现了对该类利益的直接、有效保障。同时，立法者运用法律技术手段明确了此类环境利益应纳入法律保护的界限，并对其救济机制做了具体的安排。从法律效力上看，该类利益可以在法律上得到强制执行，在受到侵害之时可以得到法律提供的救济，即得到了法律较为强力的保障。对于此类利益形态，我们将之成为"强保障环境法律利益"。

而另外一部分环境利益，同其他受法律保护的利益相比，其缺乏立法上的法律保障机制，处于模糊的"无名"状态，游走在法律结构框架内。此类利益乃依据"自然本性"创设的，且被视为是按自然正义观念确立起来的一种法律权利。[①] 其虽在社会的法观念中被认定为是应为法律所保障之利益，但此类环境利益因尚未被法律所"类型化"或因尚不具有法律上可供概括归纳的确定特质而难以"类型化"，缺乏明确而具体的法律外观（即内涵、外延不明），立法无法提供法律权利、法律权力以及法律义务等机制对之展开直接保护，而仅能对之进行暂时性的、不完全的、间接的"弱保障"。不论从社会公众法律意识上的认可程度，还是从其受损害后的救济程度而言，这部分环境利益在层级上处于一种弱势的地位。对此类环境利益的保障往往是由司法机关运用裁判权对违反法律基本理念的行为进行制止并对其间的损害进行个案救济实现的。然而，认定某一行为是否"违反法律基本理念"缺乏可供查证的法律规则支撑，实践中通常有赖于法官对法律原则的主观领悟或根据法律精神所欲达到的法律效果加以实现，这种非理性因素的存在，使得法官在个案处理中因其所秉承的主观价值取向的不同而做出不同甚至是截然相反的裁判，所以对该法益的保护无法如强保护利益那样产生合理的预期。对于此类立法尚未明确类型化并无法提供权利、权力及义务的强保护措施对之进行直接保护，而仅能对之进行间接的弱保障的环境法律利益，我们称为"弱保障环境法律利益"。[②]

[①] ［美］E.博登海默：《法理学：法律哲学与法律方法》，邓正来译，中国政法大学出版社2004年版，第464页。

[②] 学界目前对此部分利益用"法益"概念加以概括、描述，但由于学界关于法益概念本身还存在诸多争议，因此，笔者拟绕开此词，用"弱保障环境利益"加以界定。

六、环境利益法律保障的应然性分析

习近平总书记曾多次强调,只有实行最严格的制度、最严密的法治,才能为生态明建设提供可靠保障。① 环境利益作为生态法治的理论基点,理应首先将环境利益纳入法律的保障范围,顺应生态文明建设之要求。

(一)法与利益的基础理论

法律与利益关系的问题,是认识法的科学概念和本质不可逾越的基本理论问题。准确定位法律与利益的关系,一方面,可以强化对法律的性质的清晰认知;另一方面,也可以在国家对于法律的制定、实施、完善等各种动态指导环节予以正确的功能定位。②

法律与利益密切相关,对此,人类社会任何一个历史时期的学者均未否定过。马克思主义经典作家曾指出,法律的产生、运行都是由社会物质生活条件所决定的,其反映了时代的变迁与进步,此外,法律不应该由某个单独的个体享有或受约束,而是这个国家的全体成员都会得到法律的保护以及受其约束。③ 英国功利主义法哲学家边沁曾指出:法律一般的和最终的目的,不过是整个社会的最大利益而已。④ 而赫克曾指出:社会中利益无处不在,利益冲突的现象也频频出现,为了调节或调和人类之间的利益冲突或利益关系的纠纷,就产生了法律,可以说,利益是法律产生的根本原因,法律可以规范和平衡利益关系。⑤ 博登海默曾指出:调整社会中的利益冲突或利益关系之间产生的各种纠纷是法律发挥其功能作用中最主要的功能。⑥ 庞德也曾提到:利益在于使人类在生活中得到各种物质或者精神世界的满足,而法律则是使人在得到物质或精神层面的满足的最大化。⑦ 客观来说,法律运行的整个过程都是在为利益服务。法律的诞生、运行以及其自身属性的确定都是随着对不同利益的调整方式进行不断的适应的结果。⑧ 利益的分化导致法的产生,不同的利益或利益关系促使了法律的不同发展方向,但是利益的出现一般是先于法律而出现的,再加上法律自

---

① 《完善生态文明制度体系,用最严格的制度、最严密的法治保护生态环境》,载中国共产党新闻网,http://theory.people.com.cn/n1/2018/0305/c417224-29847672.html,2018 年 3 月 5 日访问。
② 孙国华:《论法与利益之关系》,载《中国法学》1994 年第 4 期。
③ 马克思、恩格斯:《马克思恩格斯全集(第六卷)》,人民出版社 1961 年版,第 111 页。
④ [英]罗素:《西方哲学史(下卷)》,马元德译,商务印书馆 2011 年版,第 329~398 页。
⑤ 何勤华:《西方法学史》,中国政法大学出版社 1996 年版,第 225 页。
⑥ [美]E.博登海默:《法理学:法律哲学与法律方法》,邓正来译,中国政法大学出版社 1999 年版,第 398 页。
⑦ 转引自赵震江:《法律社会学》,北京大学出版社 1998 年版,第 177 页。
⑧ 周旺生:《论法律利益》,载《法律科学(西北政法学院学报)》2004 年第 2 期。

身所固有的稳定性和局限性等特点，都导致了法律在解决利益冲突的问题时会出现延迟、滞后的状态。总之，从宏观层面看，利益决定并影响了法律的产生与运行，而法律也对利益或利益关系具有能动的调整作用。① 而法作为上层建筑具有相对独立性，对利益具有能动的反作用，它不仅可以确认业已存在的各种利益，而且可以促使或者阻碍利益的发展。此外，法的实现是利益实现的重要手段，法律通过制定各种条文、规则或者原则的形式，将全社会的不同主体的各种利益或利益关系规范于其中，保障人们利益的实现以及约束人们的不法行为，使人们在遵守法律的基础上享有法律保护的权利和不得侵害其他权利主体的合法利益。② 总而言之，利益与法律是相互依存、不能割裂而存在的密切关系，利益是法律存在的前提和基础，法律也不能离开利益而独立存在，否则，法律的存在毫无意义。③

利益是客体（即客观事物所具有的功能、属性）对主体需要的满足，利益及其间通过主客体之间的功利关系所反映出来的人与人之间的关系先于法而客观存在，"法律秩序或法律，作为解决争议的权威指引或基础，并未创造这些利益。即使没有法律秩序和对行为及决定的权威指引，利益也依然存在"。④ 庞德曾指出：法律本身并不创造利益，而只是发现那些急需得到承认和保障的利益……并确定在什么样的限度内、以什么样的方式对之予以保障。⑤ 法律起源于客观存在的社会利益的对立冲突。利益从一般利益转化为法律利益，其根本原因在于能满足人的需要的客体的特定的功能、属性出现了"稀缺性"，导致主体的需求得不到充分的满足，即主体的利益无法得到全面的实现，从而出现了利益的竞争、分化和冲突。当人类社会原有的社会制度无法调和此种分化、冲突之时，法律便作为调整利益冲突的有效工具应运而生。"法对利益的调处过程，也就是将利益转化为法律利益并予以实现的过程。"⑥ 利益的分化是法产生的根源，法律是调和与规范各种利益关系的最具强制力的保障手段，通过调和与规范各种利益关系继而稳定社会秩序是法存在于国家或社会中的最重要的意义之所在。⑦ "社会中利益冲突日益尖锐要求法律有效地控制由于人的本性而不

---

① 孙国华：《论法与利益之关系》，载《中国法学》1994 年第 4 期。
② 孙国华：《论法与利益之关系》，载《中国法学》1994 年第 4 期。
③ 付子堂：《法律功能论》，中国政法大学出版社 1999 年版，第 7 页。
④ ［美］罗斯科·庞德：《法理学（第三卷）》，廖德宇译，法律出版社 2007 年版，第 17 页。
⑤ ［美］罗斯科·庞德：《通过法律的社会控制》，商务印书馆 2009 年版，第 57 页。
⑥ 周旺生：《论法律利益》，载《法律科学（西北政法学院学报）》，2004 年第 2 期。
⑦ ［美］E. 博登海默：《法理学：法律哲学与法律方法》，邓正来译，中国政法大学出版社 1999 年版，第 398 页。

可避免出现的社会矛盾和冲突,以最小的阻力和浪费最大限度地满足人的利益。"①

利益先于法而客观存在,利益是法的根源所在。② 可以说,法是以利益为核心展开的。一般的社会利益需要通过法律的认可上升为法律利益,法律利益可以通过法律中的各种制度与体系为其搭建起利益保护的基石,其表现形式一般为法律为主体创设的各种权利和义务,权利和义务是相对的,二者必须同时存在才能更大限度地保障法律利益。此外,利益本身是随着社会不断演进而自然而然产生的,是并非为立法者创设的固有存在,立法者意欲通过法律手段确认和保护现实中既存的利益。③

人类社会所客观存在着的不同的利益,由于社会关系的复杂多样,社会中也当然存在着复杂多样的利益关系,根据社会关系的性质和种类的不同,不同种类的利益也存在着价值位阶,在现实生活中,并不是所有种类的利益都能得到强保护,也即不是所有属性的利益都能纳入法的保障范围。普通的社会利益跻身于法律利益谱系取决于利益本身是否有必要采取法定化的形式。法律通常只对利益体系中那些关键的、基础性的以及与社会生活息息相关的利益加以选择和确认为法律利益。其次法律所保障之利益必须具备正当性、广泛需求性的特征。当然,除此之外,利益是否受法律保护,还取决于立法者的主观利益识别,这又取决于反映社会物质生活条件的各种社会制度,从这些社会制度的运行状态可以看出社会的进步与文明程度。对此,孙国华教授曾提到:受到法律保护的利益不是简简单单的随意选择,而是经过"精挑细选"所确定的符合社会发展状况和易于统治阶级管理被统治阶级的利益,对这些利益的选择一定是建立在符合社会经济形态的社会需要为价值观、世界观的基础上而进行识别与判断的。④ 同时,立法者通过对利益的认识与有意识、有目的的立法活动,国家统治阶级对法律利益的选择在一定程度上也反映了其主观意志的存在,表明法律层面的"利益"被选择的过程是具有主观属性的过程,因而对利益保护的立

---

① 李启家、李丹:《环境法的利益分析之提纲》,武汉大学环境法研究所基地会议论文,2003年10月于武汉。
② 孙国华:《马克思主义法理学研究——关于法的概念和本质的原理——兼论法是"理"与"力"的结合,"理"是基本的,"力"是必要的(第二版)》,群众出版社2007年版,第238~242页。
③ 覃斌武:《法益范畴的法理学改造》,湘潭大学2007年硕士学位论文,第11页。
④ 孙国华、黄金华:《论法律上的利益选择》,载《法律科学(西北政法学院学报)》1995年第4期。

法活动是实现主体尺度和客体尺度相统一的重要手段。① 法律利益是众多社会利益中的受到法律保护的较为独特的一种利益形式,立法者通过法律的方式赋予其法律属性,通常指合法权益(利益)。作为主客观相统一的法律利益,其显著特征就是它是由统治阶级进行价值权衡、判断,体现统治阶级的意志并兼顾被统治阶级的利益,有国家特殊强制力的一种利益。可以说,法律不是凭空创设利益,而是对各种客观利益进行选择,其选择的依据是在一国社会中占统治地位阶级的价值观。利益本身是否有必要采取法定形式,取决于立法者对社会生活理论与实践的认知,经过一定的价值选择而选择出符合社会发展状况的价值判断。对此,李岩博士提出利益是否能受法律保护取决于两个因素,即"立法者对于利益的主观价值判断"和"利益的重要程度",利益的主观价值判断在一定程度上反映了立法者通过区分利益的重要程度来对利益进行识别定性,其主要取决于"利益的稀缺性"和"利益对主体的重要性"两个评判因素。对此,徐祥民教授也曾论述,重大的利益一定需要法律予以保护,法律作为最具强制力的有力武器,赋予重大利益以法律保护是社会发展变迁的必然历史趋势。②

(二)环境利益纳入法律保障是生态文明时代的必然趋势

庞德曾提出:利益是人们对于某些需求、愿望的满足,立法者通过制定法律以促进人们的这些需求、愿望的实现,只有这种途径才可以促进人类社会文明的发展与进步。③ 法学是社会进程中不断演化的一门学科,其主要着力于解决现实生活中人们各种利益冲突和各种利益关系之间产生的纠纷,法学关注某一社会现象时,其逻辑一般是这一现象存在哪几种利益,判断其是否为正当利益以及各个正当利益之间的平衡关系等。④ 人作为自然界长期发展而形成的独立的生命物种,其生命的维持、种群的繁衍有赖于与外部自然环境的物质要素、能量要素和信息要素进行直接有效的循环,以获取维持自身个体和种群的生存繁衍及可持续发展的最根本的需求。而环境所客观具有的多种生态功能天然地便能满足人类的需求,从而形成人类的环境利益。可以说,环境利益是人类与生俱来的利益,其具有自然性、基础性、根本性的特点,其需求的广泛性及利益的正当性不言而喻。

---

① 孙国华、黄金华:《论法律上的利益选择》,载《法律科学(西北政法学院学报)》1995年第4期。
② 徐祥民:《论维护环境利益的法律机制》,载《法制与社会(双月刊)》2020年第2期。
③ [美]罗斯科·庞德:《通过法律的社会控制》,沈宗灵译,商务印书馆2008年版,第34页。
④ 邓禾、韩卫平:《法学利益谱系中生态利益的识别与定位》,载《法学评论》2013年第5期。

人类环境利益的实现有赖于各类环境要素按照一定的规律所构成的环境所客观具有的生态功能的正常的发挥。然而自人类产生以来，人类基于社会实践所取得的各类的进步都影响着环境生态功能，甚至以侵害、牺牲环境生态功能为代价。虽然环境生态功能在一定范围内具有自我恢复能力。但此种环境容量是有阈值的，净化能力是有限度的。当外界的侵害低于这一阈值时，环境的生态功能仍然够维持正常运转，并能被人们永续地利用；但当侵害度高于这一限度的极值时，这种功能就会急剧地受到损害，甚至被彻底破坏，威胁到人类的生存及发展。① 人类文明早期，人类对环境的污染和破坏多仅是局部的，影响尚未超过生态环境的负载限额和忍受阈值，即环境系统的自净调节功能足以应付人类社会对整个地球环境的冲击力，环境生态功能仍处于可以自我修复的阈值范围内。此阶段，人类的生态需求仍可以得到较为充分的满足，环境利益的实现尚未出现分化和竞争。然而，人类进入工业文明后，科技及生产力飞跃式的发展助燃了人类对物质利益（特别是经济利益）极端不合理的盲目追求。加上长期以来，环境生态功能对人类生态需求的充分满足，即人类环境利益的实现长期处于无竞争的状态，致使人们把环境生态价值功能视为可以随意享用的公共物品、非稀缺性的资源。在此种背景下，环境生态价值在人类的价值选择中当然地成为经济价值实现的牺牲品。

正如徐祥民教授指出，环境利益在人类历史上曾有相当长的一段时间内都不曾为人类所熟知，其转折点在于自然环境资源遭到严重侵害，彻底颠覆了人类对于各种自然资源的认知，即资源不是无穷尽的，无限制地使用甚至对环境资源的滥用等破坏环境的行为容易造成严重后果，正是这种认知，环保才真正成为人类所重视的主题，环境利益也逐渐成为人们的重点关注对象。② 当人类对自然过度索取及伴随的环境污染和破坏已经超越了环境容量和负载阈限时，对环境生态功能造成了不可逆转的损害并危机到人类的正常生存、繁衍及可持续发展。环境生态功能的减损甚至丧失使得人类的生态需要得不到正常、充分的满足，此使得原本具有"共同性""公益性"的环境生态功能成了"稀缺性资源"。稀缺性的产生必然使得不同社会集团、不同阶层根据自身实力对其产生"争夺"，从而形成了利益的"差别化"（分化）并引发了利益的冲突。环境危机时代，围绕着环境利益所产生的冲突不仅表现为环境利益与其他利益形态（主要是经济利益）之间的竞争和冲突，也表现为同一或不同区域之间的同类或者不同的

---

① 曲格平：《环境科学基础知识》，中国环境科学出版社1984年版，第41页。
② 徐祥民：《论维护环境利益的法律机制》，载《法制与社会（双月刊）》2020年第2期。

环境利益的冲突以及短期环境利益与长远环境利益、代内环境利益与代际环境利益等多种形态。但"冲突并不完全是破坏性的,它也具有建设性的社会功能"。① 正因为有社会利益冲突,社会才有存在和变迁的可能。如上文所述,特定利益从一般社会利益转化为法律利益以寻求国家强制力保障的根本性原因在于生产力的发展及经济基础的相应变化引发特定社会利益出现了原有社会制度无法调和的分化、冲突,而法律也正是为了适应社会发展、调节不同利益之间的冲突而产生的。面对环境危机时代下原有社会制度无法应对激烈的环境利益冲突的新形势,为了保障社会有序运转,必然需要将环境利益纳入法律范围予以保障。

从一定层面上看,工业文明社会爆发环境危机的根源在于人们对人类正常的生态需要的忽视、对环境的生态价值的蔑视,以及对不合理的物质性(经济性)需求的放纵和对经济价值的盲目追求,并在此种实践动力源泉的激励下做出了超出环境生态功能阈值的环境污染和破坏行为,最终导致对环境生态功能的不可逆转的破坏并进而引发环境利益的分化、冲突、竞争。在此背景下,人们在对工业文明的缺点和弊病进行反思的基础上提出人类社会急需从工业文明过渡到生态文明社会。而此最根本的原因就在于由于环境利益的冲突致使人的环境利益难以得到正常的实现。

由此可见,在工业文明所引发的环境危机背景下,环境利益的分化、竞争使得原本先于法存在于法外的环境利益需要为法律所确认、保障,以保证各类主体的环境需求得到充分、公平的满足。一定意义上,用法律手段解决环境问题的实质就是对围绕着环境利益的实现而产生的各类利益冲突进行平衡和调整的过程。并且,人类经历了畏惧自然到征服自然再到重视自然的三个历史发展阶段,尤其是第三个阶段,人类逐渐认识到自然环境的重要性,开始关注人类与自然之间的关系,注重追求人与自然之间的和谐共生关系,并开始探索法律对于环境的保护、环保事业的发展壮大等,保护自然环境、尊重自然环境的理念日渐深入人心;面对经济发展与环境保护之间的冲突时,也体现出保护优先的原则。各国普遍奉为圭臬的可持续发展理念便是人们环境观念发生转变的最佳证明。具体到实践中,国际环境保护文件大量制定,各国国内也相继出台环境法律与政策,各国政府也都积极表明了环境保护的态度并承担自己的职责;国际环保组织与国内环保组织相继涌现并开展了有效的活动,大批环保主义者在社会各界奔走呼吁,环境"公共物品"的属性与其稀缺性逐渐被人们确认,人们对环境的

---

① 蔡文辉:《社会学理论》,三民书局1968年版,第128页。

独立诉求逐步得到了认可。可见，生态文明时代，各国立法者都应正视环境利益入法的"应然性"，并以之为指导以确保整个法律体系的"善法"本质。具体来说，立法者应将环境利益确认为与财产利益、人身利益等为法律所保障的利益处于同一位阶的独立的法律利益形态，并通过授予相应的主体以权利、权力以及义务，为各类社会关系参加者设定行为模式，以促成环境利益充分、公平、有序的实现。从一定程度上看，生态文明社会正是试图通过各种制度设置确保环境利益的正常的实现。因此，生态文明建设的基础是要正视人的环境利益的存在，通过各种制度确保人类环境利益的正常实现，以保障人类社会的可持续发展。更好地协调环境利益与物质利益（经济利益）等其他利益形态之间的关系，保证各类利益的顺利实现。

本章小结

综上，环境利益系各环境要素按照一定的规律组成的环境系统所客观具有的环境生态功能对人的生态需要的满足，对此种需要与满足过程中所反映出来的人与人之间社会关系进行探究方为研究环境利益的根本所在。环境利益的主体是以生命的延续为本质追求的人；其客体系环境生态功能。环境利益除具有主观性、客观性、社会性、历史性等为利益所固有之特征外，还具有自然性、时代性、根本性、独立性、弱势性以及实现之冲突性等特征。环境利益是典型的公共利益，但不能否认个人对其现实享有。从应然存续状态角度看，大部分的环境利益应得到法律直接、有效的强保障，但同时我们也不能忽略那些并未被法律类型化确认的弱保障环境利益的客观存在。环境利益是独立的利益类型，是环境危机时代应纳入法律保障范围的新型的法律利益。当代，将环境利益纳入法律保障范围并确认为新型、独立的法律利益，具有十分重要的意义：其有利于人们正视人的生态需要和环境生态功能的独立价值；有利于人们正视人类社会环境危机产生的真正根源并有利于人们基于此准确把握解决环境问题的关键；有利于人们准确把握"通过法律手段解决环境问题"的实质并进而有利于人们对环境法进行准确定位；有利于人们清晰区分环境侵权与环境生态功能损害并基于此找到适当的环境利益缺损的救济路径，以真正解决环境问题；此外，还将有利于人们更好地理解"人与自然和谐发展""人类社会可持续发展"的真正内涵，推进生态文明建设的进程。

第二章　环境利益的法律保障体系

　　法律是治国之重器，良法是善治之前提。法治兴则国家兴，法治衰则国家乱。① 根据习近平法治思想，我们应当在中国共产党的领导下，全面推进中国特色社会主义法治体系的建设，而"完备的法律规范体系"是其中不可或缺的重要部分。② "法律规范体系"又被称为"法律体系"或"部门法体系"，③ 通常被界定为"由一个国家的全部现行法律规范分类组合为不同的法律部门而形成的有机联系的统一整体"。④ "法律体系—部门法"理论是在继承大陆法系传统理论的基础上，由苏联法学者界定并发展而形成的，该理论被我国法理学界所沿袭并逐步演化、发展为我国法学理论研究中一个占据基础性地位的重要理论。目前看来，该理论不仅与我国法学教学内容和法律院校教学计划有直接关系，而且对我国立法规划、司法实践、法律汇编、法律编纂、法律清理、法学研究规划、法学图书资料分类以及法学工具书的编辑等工作都具有直接、间接的意义。⑤

　　事实上，虽然"法律体系—部门法"理论长期以来为我国法学界所广泛接受，并成为理论界的核心通说，但其在世界范围内并不具有普适性。⑥ 当前，中国法理学领域有许多学者质疑法律体系及部门法理论，如有学者认为部门法体系的分类是单一、片面的，无法完全涵盖我国法律体系的所有分类，其"只是从横向的、静态的、构成元素的具体内容的角度展示法律体系，而忽视了从纵向的、动态的、效力等级、外在表现形式等多维角度展

---

① 中共中央文献研究室：《习近平关于全面依法治国论述摘编》，中央文献出版社2015年版，第8页。
② 根据《中共中央关于全面推进依法治国若干重大问题的决定》，中国特色社会主义法治体系应包括"完备的法律规范体系、高效的法治实施体系、严密的法治监督体系、有力的法治保障体系，形成完善的党内法规体系"。（载中国共产党新闻网，http://cpc.people.com.cn/n/2014/1028/c64387-25926125.html，2014年10月28日。）
③ 夏勇：《法理讲义（下）：关于法律的道理与学问》，北京大学出版社2007年版，第574~581页。
④ 沈宗灵：《再论当代中国的法律体系》，载《法学研究》1994年第1期。
⑤ 沈宗灵：《再论当代中国的法律体系》，载《法学研究》1994年第1期。
⑥ 何文杰：《部门法理论革新论》，载《兰州大学学报（社会科学版）》2007年第4期。

示法律体系"①。中国的法律体系还应当包含法律效力体系、法律规范体系、法律构成体系、法律渊源体系等多元化的分类模式。② 有的学者提出部门法体系理论和传统大陆法系公法、私法结构的理论存在断裂,使得它未能很好地解释各部门法在公私法结构下集群的现象,不能很好地说明它们之间在性质和功能上的联系和区别。③ 有的学者提出部门法体系未能解释宪法在法律体系中的特殊地位以及国际法、特别行政区法律在法律体系中的恰当地位。④ 还有学者提出部门法体系能让人比较简便地概览法律体系中各部门法的组成,在立法规划上也有一定的指导意义,但除此之外,其在方法论、本体论等方面的意义相对贫乏。⑤ 甚至有学者提出,部门法理论的消极影响是严重的,应该抛弃部门法理论。⑥

然而,上述诸多质疑并没有撼动法律体系理论的"根基"。不可否认的是,长期以来"法律体系—部门法"理论被我国法学界所统一接受,且在今后很长一段时间内都不会有很大改变。⑦ 与此同时,法律体系理论也获得了"官方"的承认,在论述中国特色社会主义法律体系时,时任全国人大常委会委员长吴邦国指出⑧:"我国已形成以宪法为统帅、法律为主干,包括行政法规、地方性法规、自治条例和单行条例等,由宪法相关法、民商法、行政法、经济法、社会法、刑法、诉讼与非诉讼程序法等法律部门组成的中国特色社会主义法律体系。"这一论述是对我国已经基本建成的中国特色社会主义法律体系的宣告,是"法律体系"这一概念的现实体现。⑨2020年11月,在中央全面依法治国工作会议上,习近平总书记发表了重要讲

---

① 李拥军:《当代中国法律体系的反思与重构》,载《法制与社会发展》2009年第4期。
② 孙国华主编:《中国特色社会主义法律体系前沿问题研究》,中国民主法制出版社2005年版,第69页。
③ 季涛:《论法律体系的概念结构——以价值法学为分析视角》,载《浙江社会科学》2011年第12期。
④ 季涛:《论法律体系的概念结构——以价值法学为分析视角》,载《浙江社会科学》2011年第12期。
⑤ 季涛:《论法律体系的概念结构——以价值法学为分析视角》,载《浙江社会科学》2011年第12期。
⑥ 刘诚:《部门法理论批判》,载《河北法学》2003年第3期。
⑦ 关于法律体系理论无用的观点,主要来自我国立法机关组成人员的讲话和研究人员的两篇论文,他们认为法律体系理论对于法学研究、法律运作,尤其是法律的制定或者立法没有价值。具体参见:李龙、范进学:《论中国特色社会主义法律体系的科学建构》,载《法制与社会发展》2003年第5期;孙国华主编:《中国特色社会主义法律体系前沿问题研究》,中国民主法制出版社2005年版,第71页。
⑧ 《全国人民代表大会常务委员会工作报告——2011年3月10日在第十一届全国人民代表大会第四次会议上》,载中国人大网,http://www.npc.gov.cn/zgrdw/npc/zt/qt/2011zgtsshzyfltx/2011-03/19/content_1729484.htm,2021年3月10日访问。
⑨ 吕忠梅:《环境法回归路在何方?——关于环境法与传统部门法关系的再思考》,载《清华法学》2018年第12卷第5辑。

话，其在重要讲话中再次强调：要坚持建设中国特色社会主义法治体系。中国特色社会主义法治体系是推进全面依法治国的总抓手，要加快形成完备的法律规范体系、高效的法治实施体系。

我国法学界的学者在"法律体系—部门法"理论的影响下，逐渐形成了一种既定的思维模式，即看到某一法律规范时，总是习惯性地先将它归类到某一部门法中，并且以此作为对该法律规范的理论定位和后续详细研究的基础。这种理论分析方法，其主要内容和基本目标是为了确认部门法的归属，但实际上已经成为中国法学理论研究的一个基本的研究范式，对于研究法律规范的性质和归属产生了明确、积极的主导性影响。以这种思维定式为基础，人们在对某一法律问题进行研究时，必先根据一定的标准来判断其是否能够纳入某一既有的法律部门。如果能够纳入某一既定的部门法，那么现有的理论原理、学科体系、研究团体等学术资源即可对该法律规范形成强有力的同化作用，与此同时也蕴含着该部门法的发展壮大。如果不能的话，则需要考虑构建新的部门法。客观地说，想要在短期内完全放弃"法律体系—部门法理论"、改变现有的研究范式和思维模式是不切实际的。此外，我国现行的部门法学研究体系是建立在部门法的基础之上的，要是推翻部门法的划分和法律体系构建，那么整个法学理论研究将面临"根基丧失"的问题。当前，无论是法理学还是其他部门法，都无法回避部门法划分这一现实。鉴于此，从"法律体系—部门法"的角度入手展开对本课题主题的研究，方有最大的说服力并获得最广泛的接受。

目前，生态文明法治体系是中国特色社会主义法治体系的重要组成部分，因此，要以习近平法治思想为指引，实现理论、实践的双创新，为生态文明建设提供强有力的法治保障。然而，我国现行生态文明法治体系面临着严峻的挑战，其中生态环境法律规范"体系化不足、协调性不强"是明显的弱项，立法分别化、制度碎片化、传统部门法"绿化"不足、各部门法之间缺乏协作等现象突出。环境利益是环境危机时代新型的法律利益，如同其他传统法律利益，其被纳入法律保障范围之后应得到整个法律体系不同层次、不同角度的全面保障。因此，探究"环境利益的环境法保障"这一主题，绝不能仅局限于环境法的视阈内，而应秉承整体性、系统性的理念：首先对"环境利益法律保障体系"这一主题展开系统论述，并探讨不同法律规范之间的运行逻辑和不同部门法之间的协调配合。唯有如此，方能在系统的视域内准确定位环境法，确保生态环境法律规范的体系化、协调性，以满足现代环境治理体系整体性、协同性的要求。

一、环境利益需得到整个法律体系的有效保障

环境利益是环境危机时代新型的法律利益，如同其他传统法律利益，其被纳入法律保障范围之后应得到整个法律体系不同层次、不同角度的全面保障。在本部分，笔者将在对"利益与法律体系相关理论"进行论证的基础上，对环境利益的法律保障体系及其结构展开分析。

（一）利益与法律体系相关理论

要了解环境利益的法律保障体系及其结构，需从利益与法律体系的相关理论着手。

1. 利益与部门法划分

从法理学的角度出发，有机联系的各部门法共同组成完整的法律体系，再经过分类和组合，形成不同的部门法。部门法的划分是对一国国内现行的所有的法律规范按其所具有的本质上的异同所进行的一种系统的分类。目前学界关于部门法划分标准的认识并不统一：有的学者提出部门法的划分应以法律的调整对象为标准，此观点由苏联法学家M. A. 阿尔扎诺夫提出，[1]在我国得到顾功耘、[2]王保树、[3]佟柔、[4]卓泽渊[5]等诸多法学大家的赞同；有的学者提出部门法的划分应以法律的调整方法或法律的制裁形式为标准，如苏联学者C. H. 勃拉图西等、[6]我国学者王源扩[7]等均持有此类观点；有的学者认为部门法的划分必须同时使用调整对象和调整方法两个标准，如我国学者张文显、[8]孙国华等[9]均持有此类观点；还有学者主张"多标准说"，即提出法律部门划分仅利用一两个标准是不够的，而应根据实际情况综合运用调整对象、调整方法、法律关系主体、法律原则和处理程序等多元化的标准进行综合判断。[10]通过对学者们的争议内容展开分析可知，学者们对"部门法划分标准"这一主题的不同认识首先集中在"部门

---

[1] 南振华：《法律部门划分标准探源》，载《政法学刊》1986 年第 2 期。
[2] 顾功耘：《经济法教程》，上海人民出版社 2002 年版，第 4 页。
[3] 王保树：《经济法原理》，社会科学文献出版社 2004 年版，第 64~65 页。
[4] 佟柔：《关于经济法的几个理论问题》，载《中国法学》1984 年第 2 期。
[5] 卓泽渊：《法学导论》，法律出版社 2003 年版，第 25 页。
[6] ［苏］C. H. 勃拉图西、路远：《苏维埃部门法：概念、对象、方法》，载《环球法律评论》1980 年第 2 期。
[7] 王源扩：《法律部门划分理论再探讨——兼论经济法的地位问题》，载《安徽大学法律评论》2001 年第 00 期。
[8] 张文显：《法理学》，高等教育出版社 2003 年版，第 100 页。
[9] 孙国华、朱景文：《法理学》，中国人民大学出版社 1999 年，第 298 页。
[10] 南振华：《法律部门划分标准探源》，载《政法学刊》1986 年第 2 期。

法的划分标准是否具有客观性、唯一性"上,其次才是对部门法划分标准的具体内容的不同认识上。

笔者认为,若想正确认识上述问题,必须要剖析部门法划分的实质。部门法的划分是按照一定的标准对一国所有现行的法律规范所做的系统的分类,只有在分类的基础上,法律规范才能组合成不同的部门法并进一步构建一国完整的法律体系。从本质上看,部门法划分的任务在于通过揭示作为各法律规范本原的不同的利益关系,以准确把握各类法律规范及由之所组成的特定部门法的本质、特点,以便运用各部门法特有的规律确定、调整相应的利益关系。部门法划分的目的在于通过对法律规范进行科学、合理的分类,以便明晰组建不同的部门法,从而形成和谐统一的法律体系,以促使法律的功能更好地发挥。[1] 基于此,可以对部门法的划分标准做出如下理解:首先,部门法的划分标准应是唯一的。任何一个国家的法律体系只有形成和谐统一的有机整体,方能确保该国法律的权威性、公正性,而清晰明确的部门法划分是构建稳定有序的法律体系的基础,此客观上要求了划分标准的唯一性,多元标准无法进行统一划分。其次,部门法的划分标准应是客观的。历史唯物主义观指出任何标准本身应具有不以人的主观意志为转移的客观属性,部门法的划分标准也应如此。部门法划分的标准应当是法律规范本身所固有的客观属性、联系或规律,而不应是人们主观臆造或以人们的主观意志为转移的。只有这样,才能确保部门法划分本身的确定性。再次,部门法的划分标准应具有本质上的区分性。部门法的划分标准应能区分法律规范及部门法之间的本质异同,即该标准所要揭示的是各部门法所赖以存在并区别于其他部门法的现实基础。[2]

利益先于法律而客观存在,从一定层面上看,法律规范的产生根源于社会利益的分化、竞争。原始社会晚期,随着生产力的发展,出现了人类私有制和阶级分化,将人类社会原有的共同利益逐渐分化为众多的个体利益,同时也逐渐产生了原始社会组织和制度难以调控的利益矛盾,也就是说依照传统的矛盾解决机制如原始社会原有的道德和传统以及舆论等调控机制,难以维护社会存在和发展所必需的基本秩序。在此背景下,新的社会组织及社会行为模式应运而生,国家与法律制度相伴发展并逐步确立起来。[3] 此后,伴随着生产力的持续发展,人类社会新的生产关系及利益冲突不断出现,各特定历史时期立法者基于不同的认知及调控不同类型利

---

[1] 南振华:《法律部门划分标准探源》,载《政法学刊》1986年第2期。
[2] 叶必丰:《论部门法的划分》,载《法学评论》1996年第3期。
[3] 张文显主编:《法理学》,高等教育出版社1999年版,第13页。

益冲突的需求创制了不同类型的法律规范,构建了不同的部门法,并根据不同部门法所保障、调控的不同利益的内在机理,为各部门法设定了特定的调整对象和调整方法。由此可以说,特定的法律规范的产生、发展及其内在机理都是以其所保障的特定的利益为最终基础的,纳入法律保障范围的特定的利益才是各类法律规范的本质联系,也是区分不同的法律规范并促成同类法律规范系统地结合成独立部门法的核心动力。从此种角度看,那些隐含于特定法律规范及相应部门法背后的社会利益与法的调整对象、调整方法之间应当是"内在与表象的关系、实质与形式的关系、决定与被决定的关系"。① 鉴于此,可以认为划分法律部门的实质性标准应是纳入法律保障体系的特定的社会利益,此标准不仅是确定的、唯一的,而且能从根本上区分不同法律规范本质上的异同。从另一个角度看,不同的部门法以所侧重保障的核心利益为其存在的基础,而特定的法律规范及相应部门法一旦形成,又将反作用于该特定的利益关系,对之进行调控。可见,利益关系既是法律规范产生及运行的基础及目标,又是法律规范的调整对象。

2. 利益的法律体系保障

通过上文分析可知,"以其所侧重调整的利益关系"是法律体系中各部门法划分的标准,由于各部门法都有其侧重调整的特有的利益关系,并且具有共同的经济基础、共同的阶级意志、共同的指导思想和任务,因此而成为有机联系的统一整体。而法律对社会利益的保障,就是通过整个法律体系的有机配合来完成的,国家社会中最重要的基础性利益是由宪法对其进行保障,而部门法则对其所保障的利益进行延伸和补充保障。利益是法律存在的客观基础,离开利益关系,法律无从产生和存在;法律正是在对利益的控制中,体现其生命力,表明其自身的地位。② 作为一国法律体系根基的宪法自然也不例外,从本质上说"宪法无非是制宪者对由经济关系决定的某种客观利益的主观确认"。③ 如上文所述,宪法是一国的根本法,其是整个法律体系及所有部门法的价值和规范基础,具有基础性、原则性和最高性的特征。这一特征决定了宪法所调整的社会关系是社会中最重要和最根本的利益关系。纳入一国法律保障体系的社会利益必然应首先得到宪法的确认,④ 且宪法仅对一国社会中最重要的基础性利益进行价值层面的确认。对此,童之伟教授也指出社会利益是多种多样的,宪法确认

---

① 程宝山:《划分部门法传统标准的经济法思考》,载《郑州大学学报(哲学社会科学版)》2008 年第 4 期。
② 付子堂:《对利益问题的法律解释》,载《法学家》2001 年第 2 期。
③ 童之伟:《公民权利国家权力对立统一关系论纲》,载《中国法学》1995 年第 6 期。
④ 殷啸虎:《宪法学要义》,北京大学出版社 2005 年版。

和保护的利益只是其中基本的和主要的部分，这部分利益实际上就是从宪法学的角度来看的社会整体利益。总体看来，社会整体利益由社会成员个体（自然人、法人等）的利益与社会公共利益构成，公民个体利益是公共利益的前提和基础，社会公共利益是公民个体利益的一般存在形式和保障手段，因而两者是内在相通、根本统一的。立宪实践便是通过制定宪法正确处理社会成员个体（自然人、法人等）的利益与社会公共利益关系的活动，而宪法实施的实践无非是通过宪法所固有的内在机制将社会成员个体（自然人、法人等）的利益与社会公共利益变为现实。

宪法的原则性的特点大量而典型地反映在有关公民的基本权利、公民的基本义务以及国家基本权力的抽象性规范上，以至于宪法所表现出来的利益保障常被认为是"宣示性的""纯粹观念性的""空洞的"。宪法对利益的保障更多是抽象表现在价值层面上，但是法对于利益的保障需要部门法对抽象性和原则性的利益进行具体化保障。若仅停留在价值层面上是没有太大意义的，需要部门法对之做更为详尽的制度安排，此具体表现为相关主体设定更加具体的法律权利、法律权力以及法律义务，并对具体的履行提供具体的实体与程序两方面的规则，以及设定违法行为的救济机制。正是部门法对法律利益保障的具体化而使宪法从文本的形态走向现实的形态具有可能性。就此而言，部门法立法对利益的保障是宪法保障的延伸。因此，宪法不能全面保障环境利益体系中的全部利益形态，其只能对其中最重要和最基本的利益进行基础性分配。换句话说，宪法无法将所有的利益分配完毕，而本应该由法律进行分配的利益，需要部门法在宪法未分配完毕的基础之上进行补充分配和保障，为了全面保障法律关系，部门法应当穷尽至少试图穷尽对利益的法律分配。从这个角度而言，部门法对利益的保障是宪法保障的补充。而由宪法对社会利益进行原则性保障，再由部门法在宪法原则性保障的基础之上进行延伸性和补充性保障，由此构成了一国法律利益保障的完整体系。

民商法、行政法、经济法等传统的部门法选择了不同的角度和程度对法律调整范围内的利益谱系进行交叉和有层次的保护。一般说来，每个独立的部门法都有自身所侧重保护的独立的利益形态。虽然在社会发展的过程中，社会关系变得更加复杂，使得各部门法所调整的社会关系存在部分交叉和重叠，但从总体上看来还是有相对的侧重性和独立性。如民商法以个体利益的最大化为目标，侧重保障平等私主体之间的人身利益和财产利益；行政法以国家公共利益的最大化为目标，侧重于保障国家行政管理秩序利益；经济法是以社会利益最大化为目标，经济法并不关注某一个特定的主体的特定的利益，而是站在全局以优化全局经济资源配置、实现社会财富的最大化为目标，其侧重于保障社会整体经济利益。刑法是一国法律体系中的"最终保障法"。与其他部门法相比，刑法对利益保障的特点不在于利益的种类，而取决于利益的"根本性"的性质，即并非所有的法律利益均能纳入刑法的保障范畴，刑法只调整和保护人类社会最根本的利益形态；只有当这些根本性的社会利益遭到侵害并危及社会基本价值和生存秩序时刑法方才介入。在法律对利益的调整与保护中，刑法处于金字塔的最底部，即调整和保护人们需要的底限利益。目前，刑法学界通说认为刑法所保障利益范围应以宪法所确认之利益为依据，[①] 该标准的确定与刑法在法律体系中的地位以及刑法与宪法的密切关系是相匹配的。刑法保障最激烈的利益冲突，只有当利益冲突危及社会的基本价值和生存秩序时，刑法才会介入。

（二）整个法律体系的协同是环境利益得以全面保障的关键

环境利益是随着人类社会环境危机时代的到来而纳入法律保障体系范围的新的利益形态。根据上述利益与法律关系理论，只有法律体系内各部门法的协同才能实现对环境利益全面、有效的保障。具体来看，传统部门法并不以保障环境利益的实现为其本质追求，其原始制度的设置并未考虑到该种利益形态，因而必然无法全面、积极地对环境利益进行保护。但法律所保障的各种利益形态并不是绝对独立、毫无关联的，而是在系统内部纵横交错，即在特定的层面存在一定的冲突，也在一定范围内因利益而一直产生交叉重叠。因此，传统部门法在特定的情境下也对环境利益进行附带、间接地保障。以环境侵权为例，环境侵权是指因产业活动或其他人为原因，致使环境介质污染或破坏，并进而对他人人身权、财产权造成损害或有造成损害之虞，依法应当承担民事责任的行为。[②] 人们在追究环境侵权责任过程中，受害者出于对其自身的人身利益、财产利益进行保障之目的，对污染及/或破坏环境的主体采取救济措施，使其停止侵害、弥补损失。此类保障人的"人身利益""财产利益"的行为必然有益于对环境生态功能的维护，事实上也客观上顺带保障了环境利益。鉴于此，有的学者提出没有必要在法律体系中再另行增加新兴的法律部门——环境法，而只需要对传统部门法进行"绿化"，在保护人身利益、财产利益等利益的同时对

[①] 如[德]克劳斯·罗克辛：《德国刑法学总论（第一卷）》，王世洲译，法律出版社2005年版，第15页。[日]内藤谦：《刑法讲义总论》（上），有斐阁1983年版，第51页。[日]町野朔：《环境刑法的展望》，载《现代刑事法》2001年第24期。以上都持有这种观点。

[②] 邹雄：《环境侵权法疑难问题》，厦门大学出版社2010年版，第21页。

环境利益的保护进行综合考虑，便可以在其他传统利益得到保障的同时将环境利益作为一种"反射性的利益"进行附带性的保障。

人类利用法律手段应对环境问题的发展史印证了上述思路。在人类应对环境危机的早期，人们曾尝试利用传统部门法的延伸、优化来解决环境问题。20世纪中期，人们普遍认为环境危机主要是由于私法中的"所有权绝对化、契约无限自由化"所引发的自然资源的不合理利用导致的。在此种认知的影响下，20世纪70年代后，不少国家开始注重采用行政法等公法手段来管控环境问题，立法机关制定了一系列的环境行政法律制度，设置了专门化的环保行政主管机关并授予其各种管制权限。但随后，政府对环境问题的认知不足、决策失误、效率低下、权力滥用等"政府失灵"现象频现，由此说明了只依靠环境行政权力是无法全面解决环境问题的。[1] 再加上人们对环境问题的认识日益提高，自20世纪80年代以来，又逐渐重视采用民商法、经济法的经济激励手段来调整环境问题，促进了以环境污染和资源破坏本身为主的自主性刑法制裁的发展。

但随着环境问题的进一步恶化，人们又逐渐认识到，仅靠传统部门法无法完全解决环境利益保障的问题。首先，虽然通过传统部门法的"绿化"对环境利益进行保障是有必要的，传统部门法在保障自身主导利益的同时确实也应对新型利益形态进行综合考虑；但也应该承认，传统部门法并非为了环境利益而专门设定，在环境利益与传统法律利益形态重叠的情况下，通过对其传统制度进行"绿化"仅能实现对环境利益一定程度内的附带的保障，但该种保障也是不全面的。靠传统部门法保障环境利益的做法仅关注到了环境利益与其他传统法律利益存在价值一致性的情况，但却忽略了各类利益之间的冲突问题。环境利益与其他利益形态（特别是经济利益）在一定范围内是存在冲突的，经济利益的实现常以牺牲环境利益为代价。在出现冲突的情况下，传统部门法只能以自身侧重保障之利益为优先，牺牲甚至损害环境利益。在此种情况下，依靠以实现其他利益为本位的传统部门法对环境利益进行保障是不现实的。其次，传统部门法中的制度所保障的核心法律利益毕竟不是环境利益，这极大地限制了制度的效果。传统部门法的法律制度在保障环境利益方面本身存在局限性，使之无法很好地应对环境问题。对此，徐祥民教授曾经有过较为精辟的论述："以往法律"在面对保护环境利益的任务时，遭遇了僵局，出现了整体失灵，人类社会以往创造的法律武器似乎无法有效阻止环境利益被损害，这是因为

---

[1] 朱谦：《公众环境保护的权利构造》，知识产权出版社2009年版，第46～49页。

损害人类环境利益的不是什么异己的力量,而是那些为"以往法律"所确认的合法行为。传统部门法保障环境利益的上述不足,决定了必须以新的部门法对环境利益进行独立、系统的保障,①这也是环境法律应当作为独立部门法兴起的根源所在。对此,王树义教授也曾经指出:寻找超越传统法律手段的其他法律调整方式,不仅是解决环境问题的需要,也是环境法发展的动因和动力。②

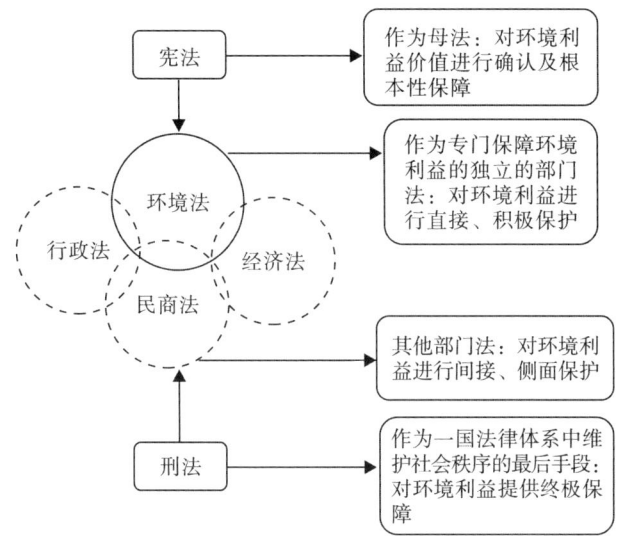

图 2-1 环境利益法律保障体系图

可以说,环境利益分化、竞争情况的出现以及传统部门法系统这种局限性的存在,加之经济发展与环境保护之间矛盾的日益激化迫使必须有一部新兴的部门法出现而专门对新型的环境利益进行保护。20 世纪 60 年代以来,因传统部门法无力应对日益加剧的环境危机,在此背景下,针对环境问题的立法应运而生并渐成体系。在此过程中,环境法逐渐从传统的部门法中分离出来形成一个新兴的独立部门法。环境利益需要独立部门法保护独立的利益形态,而环境法则能够承担这一任务。作为整个环境法产生和发展的基础性利益——环境利益,它的性质和地位决定了环境法在部门法中的性质和地位。

值得注意的是,自从环境法作为独立部门法兴起以来,各界又陷入仅单方面依靠环境法解决环境问题的误区。环境法律规范呈现出"体系化不足、协调性不强"的现象,立法分别化、制度碎片化、传统部门法"绿化"不

---

① 代杰:《环境法理学》,天津大学出版社 2020 年版,第 124 页。
② 王树义:《环境法系列专题研究》,科学出版社 2005 年版。

足、各部门法之间缺乏协作等现象突出。当下，在习近平法治思想、习近平生态文明思想的指导下，人们又逐渐认识到，虽然环境法是以保障环境利益为其本质追求的独立部门法，其是法律体系中保障环境利益的核心力量，①但其在保障范围、保障手段、保障方式等方面都存在一定的局限性，且制裁措施的力度也是有限的。因此，若想实现对环境利益的全面保障也不能忽略宪法及其他部门法的作用。宪法作为整个法律体系及所有部门法的价值和规范基础，应从基本价值层面将环境利益确认为法律所保障的利益形态，并将之作为整个法律体系认可、保障环境利益的价值基础。其他部门法应基于其自身特有的理念和机制，从多个层面和角度对环境利益展开间接保障，以促使环境利益在社会多个领域和环节得以具体化地实现。②

综上，从法律体系角度看，环境利益一旦纳入法律保障的范围，就应当获得我国作为母法的宪法的保护，同时也应获得以保障环境利益为根本性追求的环境法和其他部门法的保护，并且宪法、环境法、其他部门法应当从不同的层次和不同的角度对环境利益进行全面的保护。

（三）环境法是法律体系中保障环境利益的核心力量

现代环境治理是一个高度协同、体系化的过程。环境利益是环境危机时代新型的法律利益，如同其他传统法律利益，其被纳入法律保障范围之后应得到整个法律体系不同层次、不同角度的全面保障。如上文所述，宪法作为一国法律体系中的基本法，其只能对环境利益进行原则性、根本性的保障，而该保障的具体落实还有赖于各部门法的进一步细化。其他部门法在保障自身本位利益的基础上，对环境利益这一新纳入法律体系的利益形态进行综合考虑，通过自身之"绿化"（生态化），在不与其所保障的本位利益存在不可协调的冲突的情况下，对环境利益进行间接保障，然而此种力度显然不足以实现对环境利益全面而有效的保障。早期人们曾尝试利用传统部门法的延伸、优化来应对环境危机，但传统部门法天然便不以保障环境利益为其本质追求，其对环境利益的保障是存在内在之不足的。环境危机时代理应创设旨在保障环境利益的专门性的法律规范（即环境法律规范）并进而形成以保障环境利益为其本质追求的独立部门法（即环境法），以实现对环境利益的直接、积极的保障。20世纪中期以来，在传统部门法应对环境危机普遍呈现"弱力化"状态的背景之下，为能更好地解决环境问题，多数国家都创制了专门的环境法律规范并逐渐形成了新型独立

---

① 何佩佩：《论环境法律对环境利益的保障》，载《广东社会科学》2017年第5期。
② 何佩佩、邹雄：《论生态文明视野下环境利益的法律保障》，载《南京师大学报（社会科学版）》2015第2期。

的部门法，即环境法。现如今，直接、积极保障环境利益的任务需由新型独立部门法——环境法来承担，环境法是当代法律体系中保障环境利益之核心力量。

鉴于此，从部门法的角度看，环境法是以保障环境利益为其本质追求之部门法，其基于宪法之授权对环境利益进行直接、积极的保障。新时期纳入法律保障范围的环境利益是环境法产生和存续的基础，环境利益的固有属性决定了环境法的内在机理，也决定了环境法特有的调整对象和调整方法。对上述结论，目前我国已有学者从不同的角度给予了肯定，如徐祥民教授等指出：环境保护法是实现环境利益的法，环境保护法要保护或要实现的是环境利益。[1] 黄锡生教授等指出：环境利益的客观存在以及保护环境利益的需要是环境保护法之所以成为一个独立的法律部门的决定性的理由。[2] 钭晓东教授指出：环境法的产生及其功能运行，从根本上说是对处于弱势地位的环境利益保护的需求。[3] 从这一分析中可以看出，环境法以保障环境利益为其本质追求，原则上应该成为法律体系中保障环境利益的核心力量。

二、宪法对环境利益的原则性保障

环境利益事关人类生存、发展之大计，理应由法律给予全面、充分的保障。环境法是以保障环境利益为其本质追求的独立部门法，其是法律体系中保障环境利益的核心力量；[4] 但由于其自身固有特性的限制，环境法在保障范围、保障手段、保障方式等方面都存在一定的局限性，且制裁措施的力度也是有限的。因此，若想实现对环境利益的全面保障不能忽略宪法及其他部门法的作用。宪法作为整个法律体系及所有部门法的价值和规范基础，应从基本价值层面将环境利益确认为法律所保障的利益形态，并将之作为整个法律体系认可、保障环境利益的价值基础；其他部门法应基于其自身特有的理念和机制，从多个层面和角度对环境利益展开间接保障，以促使环境利益在社会多个领域和环节得以具体化地实现。[5] 在本部分，笔者拟针对"宪法对环境利益的保障"这一主题展开分析。

---

[1] 徐祥民、朱雯：《环境利益的本质特征》，载《法学论坛》2014年第6期。
[2] 韩卫平、黄锡生：《论"环境"的法律内涵为环境利益》，载《重庆理工大学学报（社会科学）》2012年第12期。
[3] 钭晓东：《生态文明、风险社会与环境法的功能进化》，载《学术月刊》2008年第1期。
[4] 何佩佩：《论环境法律对环境利益的保障》，载《广东社会科学》2017年第5期。
[5] 何佩佩、邹雄：《论生态文明视野下环境利益的法律保障》，载《南京师大学报（社会科学版）》2015第2期。

（一）宪法保障环境利益的理论基础

虽然目前学界就宪法中的相关基础理论还存在诸多争议，但通说认为"立宪意义上的宪法，是指通过限制国家权力以保障人权的法"[①]，"宪法所调整的是国家权力和公民权利之间的关系，其是法所调整的最根本和最重要的社会关系"[②]，"宪法是公民基本权利的保障书，是国家的总章程。宪法一贯的原则和精神是保障人权，而且也是人民制约国家权力、保障公民权利的法律形式，宪法是人类近现代民主、自由思想的制度化"。[③]"制定宪法的最终目标就是为了保障人权，因为从自然人权到宪法权利的确认和实现都离不开宪法。"[④] 根据上述分析可知，宪法是规范和制约国家权力的根本大法，宪法的根本任务和终极目标是保障人权，而"规范和限制国家权力"是宪法的手段。

宪法是一国的根本大法，其是整个法律体系及所有部门法的价值和规范基础，具有原则性、基础性和至高无上性的特征。所规定之内容的"重要性、根本性"是宪法的重要特征之一，即宪法通常从根本原则、根本制度出发来规范国家的活动。因此，也可根据某一问题是否被规定在宪法中来判断其是否具有根本性。此特征决定了宪法所调整的最根本、最重要的社会关系，宪法中所保障的公民权利也应当是公民所应享有的基本的、必不可少的权利。对于公民来说，基本权利是一个人为了有尊严地进行生产和生活所应当具备的权利，是公民不可或缺的权利。比如，人身自由权是基本权利中的一项权利，该项权利则是公民进行生产生活的先决条件。[⑤] 在整个权利体系中，这些公民所应享有的基本的、必不可少的权利具有重要的地位。

依据利益与权利的关系理论，权利的核心是利益，而保障利益的手段和方法是权利。回避这一事实，权利也就失去了存在的意义和追求的方向。[⑥] 对此，我国不少学者也做出了较为具体的分析，如北岳先生指出："法律权利是主体为追求或维护利益而进行行为选择、并因社会承认为正当而受法律和国家承认并保护的行为自由。"[⑦] 杨春福先生指出："权利是

[①] 黄达：《"公民环境权"入宪的疑问与反思》，广西大学 2018 年硕士学位论文。
[②] 殷啸虎：《公民基本权利司法保障的宪法学分析》，载《法学论坛》2003 年第 2 期。
[③] 李其瑞：《法学原理》，法律出版社 2009 年版，第 48 页。
[④] 张晓琴：《论宪法上的公民权利与国家权力》，载《武汉大学学报（哲学社会科学版）》2006 年第 3 期。
[⑤] 魏世婧、范兴嘉：《环境权入宪之冷思考》，载《西部法学评论》2020 年第 3 期。
[⑥] 杨春福：《自由、权利与法治》，法律出版社 2007 年版，第 86 页。
[⑦] 北岳：《法律权利的定义》，载《法学研究》1995 年第 3 期。

行为主体为或不为一定行为或要求他人为或不为一定行为以满足自己某种利益的能动的手段。在这里，权利追求的是某种利益，拥有的是选择的自由，权利本身是一种手段，它的行使可能带来权利人利益的实现。"① 权利是主体在谋取和实现利益的过程中所产生和拥有的并得到特定社会确认和保障的资源。② 毕可志先生指出：主体对利益的追求和维护是权利所蕴含的实质性要素，其行使权利的形式就是为了追求利益而实施的行为，该行为的动机和目的就是利益；权利是法律调整利益的有效机制；法律对利益调整功能的实现主要是通过权利机制实现的。③ 因此我们可以说，利益是法律的目的所在，权利是调整利益的机制和手段。据此可知，宪法中所确认和保障的公民基本权利的核心是法律利益，且宪法仅对一国社会中最重要的基础性利益进行价值层面的确认。④ 因为宪法是国家的根本大法，从宪法的内容上看，宪法规定一个国家的社会制度和国家制度的基本原则、国家机关的组织和活动的基本原则、公民的基本权利和义务等重要内容。宪法规定的是一个国家最根本性、最重要的事项。因此，宪法所保障的是公民最基本的、必不可少的权利，所确认的应是一国社会中最重要的基础性利益。

如前所述，环境利益是环境生态功能对人的生态需要的满足。由于生态需要是人类与生俱来的需要类型，其是人的需要体系中最低限度的自然生理需要或者生存需要，也即马克思哲学所指之"必不可少的需要"，此种需要关系到人作为独立生命物种的生存、繁衍及可持续发展，是人类最为根本性的需要。环境利益是根本性利益，其理应得到宪法这一根本大法的保障。从另一角度看，公民环境利益的保障事关人权，而对人权保护正是宪法的基本任务之一，其应当由宪法加以规定。⑤ 人生存于自然环境之中，人的生命健康时时刻刻都受到环境的影响，且不仅是环境权，人的生存权、发展权都与环境保护息息相关。公民环境利益的保障作为基本人权的内容之一，不仅体现了对人的生态需要的满足，也维护了人的尊严，体现了主权国家在人权保障方面与国际的接轨，有利于完善国家法律体系和制度。在宪法中对环境利益进行保障，体现了生态文明时代国家对公民根本利益的重视，此是社会主义国家的本质要求之一。基于对生态文明建设的法治

---

① 杨春福：《自由、权利与法治》，法律出版社2007年版，第86页。
② 张江河：《对权利与义务问题的新思考》，载《法律科学》2002年第6期。
③ 毕可志：《法律、利益与权利》，载《烟台大学学报（哲学社会科学版）》2005年第2期。
④ 殷啸虎：《公民基本权利司法保障的宪法学分析》，载《法学论坛》2003年第2期。
⑤ 代杰：《环境法理学》，天津大学出版社2020年版，第102页。

问题的思考,只有在宪法中对环境利益进行保障,为其提供根本性的依据和保障,才能从立法、行政、司法等方面全面实现生态文明建设。①

目前,我国学界就宪法中有关环境保护的规定的性质也存在争议。有的学者认为宪法层面有关环境保护的条款应纳入环境法中,即其应是作为独立部门法的环境法的一部分;而有的学者认为,宪法层面的有关环境保护的条款应独立于作为独立法律部门的环境法。这些争议究其实质还是根源于法理学层面的宪法究竟是不是独立的法律部门、宪法与部门法之间的关系等问题上。如上文分析,宪法是国家根本大法,是一国整个法律体系的核心及其间所有部门法的基础。从法律体系的角度看,宪法系"母法",而一切由之而出的部门法都是其"子法",因此宪法本身不可能又是普通部门法。此外,从法律利益角度进行分析,环境利益作为生态文明时代应纳入法律保障范围的独立的社会利益形态,理应由独立的法律部门进行调整。但我们在承认特定的利益应由特定的部门法进行调整的同时,也应注意到,若某项利益对一国公民来说是不可缺少、不可取代、不可转让的,对一国发展来说是根本性、本源性的,那理应上升到宪法层面。因此,承认环境法对环境利益的独立调整,并不排除作为母法的宪法对之进行规定;同时,也不因宪法中有相关规定便将宪法条款视为环境部门法的内容。宪法层面的规范是母法,是环境法的指导原则,其不能同时又纳入环境法。

(二)宪法保障环境利益的机制

"宪法是公民权利的保障书,是国家的总章程。宪法通过限制国家权力以此来保障公民权利,保障人权是宪法一以贯之的原则和精神,宪法是人类近现代民主、自由思想的制度化。"②宪法所规定的社会成员个体权利、国家权力以及与该两者相配套的各类主体的义务是宪法有效运作的内在机制,其也是宪法学研究的逻辑起点。宪法对一国社会基本利益的确认与保障通常是通过为社会个体成员(公民)设定基本权利以及为国家机关设定国家权力来实现的;公民基本权利和国家权力在外观上是社会整体利益的两个方面,即社会个体利益和社会公共利益的体现。同时,宪法还为社会各类成员设置了相应的义务以保障公民基本权利和国家权力的有效运行,即公民权利以及与之相配套的公民义务、国家义务与国家权力以及与之相配套的国家义务、公民义务是社会整体利益的两个方面,即个体利益与公共利益相区分的法律表现。从表层看,宪法对社会整体利益的保障是通过国家权力与公民权利的矛盾和协调的多次反复作用来实现的;而从本

---

① 吕忠梅:《生态文明建设如何选择法治路径?》,载《环境经济》2015年第24期。
② 李其瑞:《法学原理》,法律出版社2009年版,第48页。

质上看,国家权力是公民创造的物质财富的转化形式,其与公民权利有效协调的基础只能是以国家权力的运行实现公民权利及其所体现的利益为目的。① 宪法通过公民基本权利以及与之相对应义务形态(包括国家义务及公民基本义务)保障个体利益(包括公民、法人与其他组织),而通过国家权力以及与之相对应的义务(包括国家义务及公民基本义务)形态保障社会公共利益。

对上述理论的推断,可从各国宪法的行文中得到印证。目前世界多国的宪法从不同的角度对环境利益进行了确认,它们"或者是作为人的权利之一,或者是作为国家的职责,或者二者兼而有之,这些文件都或多或少地使用了修饰词,以人及其需要为中心"。② 对此,有部分学者对宪法所采用的规定模式进行了统计,如在汪劲教授等的译作中提及"从魏伊丝教授的统计中可以看出,在宪法中规定个人享有清洁、健康的环境的一般性权利的,在 20 世纪末共有 41 个国家。而把保护和改善环境作为国家的目的或义务的国家或地区有 62 个"。③ 2017 年,吴卫星先生在其文章中指出:据一些学者统计,至 21 世纪初,已经有 53 个国家的宪法规定了公民环境权。④ 陈海嵩先生在其文章中指出:魏伊丝教授的统计多少有些欠缺,据重新统计在宪法中确认环境权的国家至少有 88 个,而明确把环境保护作为国家目标或义务的有 105 个。⑤ 其中,保加利亚、巴西、韩国、南非、阿根廷、葡萄牙、哥伦比亚等 41 个国家宪法中不仅规定了环境权,也规定了环境保护的国家目标或义务。⑥ 上述学者的统计无论是否精确,都从一定层面上反映了各国以不同的方式在宪法中对环境利益进行了价值层面的确认的客观现状。

对各国宪法条文表述进行分析,各国宪法主要采用以下几种模式对环境利益进行确认,即有的国家宪法主要从公民基本权利的角度对环境利益进行了确认。在此部分国家中,有的国家宪法仅规定了公民的基本环境权利,如表 2-1 所列。

---

① 付子堂:《对利益问题的法律解释》,载《法学家》2001 年第 2 期。
② 亚历山大·基斯:《国际环境法》,张若思编译,法律出版社 2000 年版。
③ 魏伊丝:《公平地对待未来人类:国际法、共同遗产与世代间衡平》,汪劲等译,法律出版社 2000 年版,第 294~298 页。
④ 吴卫星:《宪法环境权条款的实证考察》,载《南京工业大学学报(社会科学版)》2017 年第 4 期。
⑤ 陈海嵩:《从环境宪法到生态宪法——世界各国宪法生态化趋势探析》,载《云南行政学院学报》2012 年第 3 期。
⑥ 陈海嵩:《环境权实证效力之考察:以宪法环境权为中心》,载《中国地质大学学报(社会科学版)》2016 年第 4 期。

表 2-1　国家宪法仅规定公民环境权利情况表

乌克兰宪法（1996年）	每个人均有享受有利于生命和健康的环境，以及要求赔偿因侵害上述权利所造成损失的权利。保障每个人均享有自由地了解关于环境状况的信息、关于食品和日常生活用品质量的权利，以及传播上述信息的权利。
南非共和国宪法（1997年）	第24条　每一个人皆有：（1）享受无害于其健康与幸福的环境的权利；以及（2）为了现世及后代子孙的利益，经由合理的立法及其他措施保护环境，以防止污染及生态恶化的权利，促进环境保护的权利以及在实现合理的经济与社会发展的同时，确保自然资源和生态环境用于发展和可持续使用的权利。

还有的国家宪法在规定了环境权利的同时，还规定了相对应的公民环境义务及／或国家环境义务，如表 2-2 所列。

表 2-2　国家宪法规定环境权利及规定公民环境义务及／或国家环境义务情况表

规定"公民环境权利-公民环境义务"	
俄罗斯联邦宪法（1993年）	第42条　每个人都有获得良好环境的权利，并享有了解环境状况的可靠信息，要求赔偿因实施生态违法行为而对其身体健康或财产造成损失的权利。 第58条　规定每个公民都有义务保护自然及周围的环境，珍惜自然财富。
玻利维亚共和国宪法（2009年）	第33条　公民有权生活在一个健康、受保护的与和谐的环境中。这一权利的行使被赋予个人和集体，当代人和后代人及其他生物，保护其正常繁衍、生生不息。 第34条　任何个人或集体均有权就捍卫环境、不损害公共资源，以抵抗环境破坏的名义提起法律诉讼。 第108条　玻利维亚人民的义务包括： （15）保护和捍卫自然资源，促进其可持续利用以及保护子孙后代的权利； （16）保护和捍卫环境用以维护各种生物的发展。
西班牙宪法（1978年）	第45条第1款规定所有人都有权利享受适于人发展的环境，并有义务保护环境。
规定"公民环境权利-国家环境义务-公民环境义务"	
大韩民国宪法（1988年）	第35条　①国民享有在舒适环境中生活的权利，国家和国民要努力保护环境。②环境权的内容和行使由法律规定。
土耳其共和国宪法（2010年修正）	第56条　每个人都有权在健康和生态平衡的环境中生活。改善自然环境、防止环境污染是国家和公民的义务。

续表

规定"公民环境权利 - 国家环境义务"	
智利共和国宪法（2011年修正）	第19条　宪法保障的所有人民：8.拥有生活于无污染环境中的权利。国家有义务监督此项权利受到保护，并保护自然资源。在行使一定权利或自由时，为保护环境，法律应规定具体规则。 第20条　第19条第8项所规定的保护生活于无污染环境中的权利，因政府当局或特定人渎职或不法行为而受到影响时，当追索补偿时，均可亲自或透过第三人，向上诉法院申诉，法院应立即采取为重建法治、确保被害人的合法保护所必需的行动。
墨西哥合众国政治宪法（2012年修订）	第4条　每个人都有权获得其发展和幸福的健康环境。国家将尊重和保障该等权利。环境的损害和恶化将由破坏环境的人承担相应的法律责任。

有的国家宪法通过将环境保护确定为该国的基本国策、政策目标的形式以授予国家机关环境保护的权力（职责），并通过此种形式在宪法层面对环境利益进行价值确认。在此类规定中，有一些国家的宪法仅规定了国家环境权力，如表2-3所列。

表2-3　国家宪法仅规定国家环境权力情况表

德意志联邦共和国基本法（2001年修订）	第20条之一　国家为将来之世世代代，负有责任以立法，及根据法律与法之规定经由行政与司法，于合宪秩序范围内保障自然之生活环境。
立陶宛共和国宪法（1992年）	第54条　国家关心自然环境、野生动植物、特定自然客体和对具有特别价值地区的保护，并对上述保护情况实施监督以利于自然资源的可持续利用、自然资源的再生和增长。法律禁止浪费土地、矿藏和水，禁止污染水和大气，禁止对环境施加辐射作用，禁止耗尽野生动物资源。
摩洛哥王国宪法（2011年）	第35条　国家努力实现人的可持续发展，并使社会正义、国家自然资源的维持和下一代人的权利得到保障。

而又有一些国家的宪法同时也规定了公民环境义务，如表2-4所列。

表2-4　国家宪法规定国家环境权力及公民环境义务情况表

印度共和国宪法（1976年）	第48-1条　国家应致力于保护和改善环境，并致力于保护本国的森林和野生动物。 第51-1条　7）所有印度公民均享有保护和改善森林、湖泊、河流以及野生动物在内的自然环境，珍惜生物的义务。

续表

芬兰共和国宪法 （2000年）	第20条 保护大自然及其多样性，保护环境和文化遗产，人人有责。政府应致力于保护人人有权拥有健康的生活环境并能够对涉及生活环境的决策施加影响。
古巴共和国宪法 （1976年）	第27条 为使人民生活更美好，保障人民的生存、福利，以及当代和子孙后代的安全，国家保护环境和自然资源，意识到经济和社会的可持续发展与其密切联系。相关国家机关执行相关政策。保护水、空气、土地、动植物等自然资源是每个公民的义务。

还有的国家在该国宪法中既规定了公民基本环境权利，同时也规定了国家的环境权力（职责），即同时从两个角度对环境利益进行了宪法层面的价值确认。其间也有部分国家附带地规定了相对应的公民环境义务和国家环境义务，如表2-5所列。

表2-5 国家宪法规定公民环境权利、国家环境权力及公民环境义务情况表

波兰共和国宪法 （1997年）	第74条 国家应当实行保证当代和后代人生态安全的政策。保护环境是国家机关的职责。人人均有权被告知环境质量和对环境进行保护的情况。国家应当支持公民实施的保护和提高环境质量的活动。 第86条 人人均应当关注环境质量，并应当为其造成的环境退化负责。此种责任的原则由法律规定。
法国环境宪章 （2005年）	法国人民，鉴于：资源和自然的平衡是人类产生的条件：人类未来及生存与其所处的自然环境密不可分；环境是全人类的共同财富；……，特宣告：第1条：每个人均有权利在平衡和有益于健康的环境中生活；第2条：所有人皆有保护和改善环境的义务；第3条：所有人均应依法预防或限制其可能对环境造成的危害；第4条：所有人均应依法对其造成的环境危害承担赔偿责任；第5条：环境危害可能造成严重的不可逆转的影响时，即便无法科学地确认状况，公权力机关也应适用预防性原则，在其职权范围内启动环境危害评估程序，采取临时而适当的措施以避免危害的发生；第6条：……。
西班牙王国宪法 （1978年）	第45条 第1款 所有人有权享受适于人发展的环境，并有义务保护环境。 第2款 政府当局为保护和改善生活质量、保持和恢复环境，应依靠必要的集合合作监督一切自然资源的理性使用。第3款……
厄瓜多尔共和国宪法 （2008年）	第二章 与生活相关权利 第14条 承认居民有权生活在健康且生态平衡的环境中，保证其生存和良好生活。保护环境、生态系统、生物多样性以及国家基因财产的完整性，防止环境破坏，修复恶化的资源，均属于公共利益。

续表

	第七章　自然权 第71条　生命由大自然或者"大地妈妈"生产并孕育，其存在有权受到完全的尊重和维护，包括其生命周期、结构、功能及进化过程。 第72条　自然有权休养生息。该休养生息不同于政府、自然人或法人因导致自然系统的破坏而对个人、集体进行补偿的义务……
秘鲁政治宪法（1980年）	第2章第123条规定：公民有保护环境的义务，有生活在一个有利于健康、生态平衡、生命繁衍的环境的权利，且国家有防治环境污染的义务。

目前各国宪法采用了上述不同的形式确认环境利益，足见"随着环境危机时代的到来，越来越多的国家从宪法层面对环境利益进行了确认"这一事实。目前，我国不少学者将上述各国宪法中确认环境利益的条款统称为"环境权条款"，即认为上述条款是直接或者间接对一国环境权进行确认的条款。如吴卫星先生便指出："权力及义务皆派生于权利……世界各国宪法中的环境问题条款，只要涉及公民权利、公民义务以及国家权力，都属于环境权的范畴。"[①] 笔者认为此是学者们在"泛权利主义思潮"[②] 的影响下，过分强调环境权的地位而忽略隐含于其后的本质性的环境利益造成的。但不可否认的是，环境权入宪确实是当代各国环境法确认环境利益的重要方式之一，因为相较于其他确认方式，只有基本人权才能获得司法救济并得到强制执行，而这也是个人能够以宪法进行诉讼而获得救济的先决条件。近年来，环境权的可诉性在许多国家逐步得到承认，[③] 对此目前我国学界不少学者也对环境权的发展展开了极有意义的观察。

（三）我国宪法保障环境利益的现状及完善

目前，我国正面临着百年未有之大变局。在此关键时期，应立足于本

---

① 张震：《宪法上环境权的证成与价值——以各国宪法文本中的环境权条款为分析视角》，载《法学论坛》2008年第6期。

② "泛权利主义思潮"是指：在法学"权利义务核心范畴"定位基础上的"权利本位"理念主导及影响下，学者们在对相关问题进行研究时会当然地以"权利"作为出发视角，此处的"权利"主要指的是一种平等的、横向的权利，并不包括权力。因而，在法理学界便出现了"重权利、轻义务、忽略权力研究"、"以权利作为义务研究的视角和根基"、"对法律义务的探讨或是隐含于或是附着于对法律权利的研究"和"只关注与权利相对应的私法上的义务，而忽略与权力相对应的公法上的义务"的研究现状。（参考：钱大军：《法律义务的逻辑分析》，载《法制与社会发展》2003年第2期；李牧、楚挺征：《我国法律义务定义观之检讨——以权利附带定义观为主线》，载《南京社会科学》2011年第7期。）

③ 吴卫星：《环境权入宪的比较研究》，载《法商研究》2017年第4期。

国国情,吸收域外有益经验,在环境宪法的构建上,选择适合我国国情的构建方向和道路。2018 年,《中华人民共和国宪法》修改,此次修改的一大特色就是新增了关于环境保护和生态文明建设的内容。① 值得注意的是,此次宪法的修改明晰、强化了环境保护的"国家目标"属性,也即其将生态环境保护作为国家的一项重要的客观法义务,设定了新的国家环境权力,并对环境利益宪法保障的诉求进行了强有力的回应。生态文明宣示条款阐释了党和国家建设生态文明国家的基本立场和基本方略,对于宪法中的所有的关于生态文明的条款均有基础性、统摄性的功能。② 这意味着,宪法中的生态文明条款的主要目标还是在"约束和引导国家权力"方面,即通过规范国家权力来贯彻和实现环境保护的国家目标。这种立法现状与我国环境法学界所倡导的"环境权入宪"存在一定的差距。很长一段时期以来,环境法领域的学者对构建超越部门法的环境宪法体系寄予了厚望。在此过程中,学界主张应以经典的"权利—义务"模式来加强环境保护规范的约束力,并认为环境权入宪则是不可忽略的有效形式。如吕忠梅教授便指出:在宪法的基本权利中规定环境权是环境权入宪的重要途径,生态文明建设的最高制度表达是环境权入宪。③ 张震教授指出:若能将环境权纳入宪法,完善该类权利的规范体系,其规范作用和社会功能均将能得到进一步提高,也能从根本法层面为环境权的法律保障提供依据。④

对于目前我国宪法并未规定公民环境基本权利的现状,有学者提出此实质上是环境利益在宪法价值层面确认的缺失。笔者认为,此种认识源于学者们在"泛权利主义思潮"的影响下过分强调"环境权"与"环境利益"的关系,即认为只有在公民基本权利中规定环境权才有可能在宪法层面确定环境利益。对此,笔者已在上文进行了论证,即公民基本权利、国家权力、公民基本义务、国家义务都是宪法保障社会基本利益的有效机制,只是公民基本权利及其相配套的义务主要以保障个体利益为主,而国家权力及其相配套的义务主要以保障社会公共利益为主。虽然本次宪法修改并未确立"环境权"这一基本权利,但宪法已经确认了环境利益并给予了保

---

① 此主要体现于宪法序言的"国家根本任务"中、体现于宪法总纲的"国家目标"中、体现于土地及其他自然资源保护的制度中以及国家机构职权划分的相关条款中,由此也共同构成了我国的"环境宪法"的规范体系。(张翔:《环境宪法的新发展及其规范阐释》,载《法学家》2018 年第 3 期。)
② 代杰:《环境法理学》,天津大学出版社 2020 年版,第 118 页。
③ 吕忠梅:《环境权入宪的理路与设想》,载《法学杂志》2018 年第 1 期。
④ 张震:《环境何以为权利之体系论——以环境核权利与环境束权利为视角》,载《吉首大学学报(社会科学版)》2020 年第 6 期。

障。具体来看：我国宪法对包括生态文明建设在内的"五位一体"的绿色发展布局及"建设美丽中国"进行了确认，其被视为我国发展的总目标，为国家发展指明了方向。值得注意的是，该目标的确定不仅具有宣示作用，其更是宪法中的义务规范；该种规范虽并不直接针对个人设定具体的义务，①但却能规制国家活动的原则和路线，并能够对国家权力产生约束力；即其确定了一个明确的发展方向，据此让国家权力对其负担义务，各个国家权力都应当对此保持足够的重视并积极履行义务。②从此种角度看，我国宪法对环境利益的确认已不再是宽泛的、象征性的，其侧重于从国家职责（权力）的角度对环境利益进行价值层面的确认。此与目前我国各界将环境利益定性为"公共利益"是密切相关的，当然不得不承认该条的行文并未对环境利益进行很好的表述。本书前文已经分析，环境利益是公共利益，但却不能因此否认个人对环境利益的享有。考虑到这一点，我国宪法对环境利益进行综合确认和保障时应当同时从公民环境权利和国家环境权力两个角度出发。

想要进一步加大我国宪法对环境利益的保障力度，在确立国家环境目标的基础上，还应将公民环境权作为独立条款写进宪法。此外，环境权入宪还有如下好处：(1)环境权与"给付型社会权"有共通之处，该类权利的设置将对国家课以相应的义务，以推动国家在环境保护方面的履责；③(2)环境问题的重要性、根本性及复杂性决定其具有独特的宪法价值，传统部门法的权利体系和保护模式难以应对上述问题，而环境权入宪则能够更加全面、更加协调地保护环境；(3)环境权入宪能促进环境法理学"权威性""本源性"的确认，④为环境法律制度的构建、环境法律的制定和实施提供上位法的支持；⑤(4)唯有将环境权作为独立的基本权利纳入人权体系并入宪，人们在良好的环境中生存的权利才能获得最充分和最完整的保障，并且能够为国家行使环境权力、公民享有环境权利并获得保障提供合法性基础和"基石"。鉴于此，笔者建议可将《宪法》第26条修改为"国家负有保护和改善环境生态功能以确保公民生态需要得到充分、公平满足的

---

① Vgl. Michael Kloepfer, *Umweltschutz als Verfassungsrecht: Zum neuen Art, 20a GG,* Deutsches Verwaltungsblatt, 1996, pp. 73-74.

② Vgl. Ulrich Scheuner, *Staatszielbestimmungen,* in: Roman Schnur (Hrsg), Festschrift für Ernst Forsthoff zum 70. Geburtstag, 2. Aufl, München: Verlag C. H. Back, 1974, p. 325.

③ 许庆雄：《宪法入门》，月旦出版社股份有限公司1992年版，第137～138页。

④ 吕忠梅主编：《环境法学概要》，法律出版社2016年版，第141页。

⑤ 吕忠梅：《环境权入宪的理路与设想》，载《法学杂志》2018年第1期；吴卫星：《环境权入宪的比较研究》，载《法商研究》2017年第4期。

职责"。同时还应在我国《宪法》第二章"公民的基本权利和义务"中规定"中华人民共和国公民享有在具有良好生态功能的环境中生活以确保其生态需要得到充分满足以维系其正常的生存、繁衍的权利；中华人民共和国公民具有将环境生态功能维持在良好状态的义务,任何组织和个人不得以任何方式减损、破坏环境生态功能"。

三、其他部门法对环境利益的间接保障

如前所述,若想实现对环境利益的全面保障,不能忽略宪法及其他部门法的作用。宪法作为整个法律体系及所有部门法的价值和规范基础,应从基本价值层面将环境利益确认为法律所保障的利益形态,并将之作为整个法律体系认可、保障环境利益的价值基础。其他部门法应基于其自身特有的理念和机制,从多个层面和角度对环境利益展开间接保障,以促使环境利益在社会多个领域和环节得以具体化地实现。[①] 在本部分,笔者拟针对"其他部门法对环境利益的间接保障"这一主题展开分析。

（一）其他部门法保障环境利益的理论依据

传统部门法对环境利益所展开的保障并不是毫无根据的,而是具有充分的理论基础的。

1. 利益复杂性理论

众所周知,人类社会关系错综复杂,而社会关系的本质就是利益关系,因而利益关系也通常是以互相交错的形态存在的,即此种利益与彼种利益往往存在着交叉重叠的情况。环境利益作为人类社会利益的一种,自然也不例外,其与其他社会利益交错存在,并形成巨大的利益网络。法律作为调整利益关系的重要手段,部门法之间调整的利益并不是相互隔绝的。而正是基于利益之间的联动关系,单个部门法无法对某一具体利益关系起到全面的调整作用,各部门法之间调整利益关系的权利义务规范会产生不同程度的相互交织和渗透,[②] 这种相互交织和渗透在解决利益冲突方面发挥极大的作用。

环境利益需要整个法律体系中各部门法的协同保障,这是由利益关系的复杂性所决定的。当代,环境利益与经济利益等传统利益形态在特定层面产生了冲突,[③] 并进而引发了环境危机。然而,这些利益冲突不能仅靠环

[①] 何佩佩、邹雄：《论生态文明视野下环境利益的法律保障》,载《南京师大学报（社会科学版）》2015年第2期。

[②] 钱大军：《法律体系理论的比较分析》,载《北方论丛》2009年第1期。

[③] 黄中显：《环境物权的法律构建基础》,载《法制与经济》2014年第7期。

境法的调控，还有赖于传统部门法的合力。不同的利益由不同的部门法所侧重调控，为协调环境利益与其他利益的冲突，需要扩大环境法与其他部门法的沟通渠道，通过各部门法的有效分工与合作来实现。综上，环境利益与其他利益之间发生冲突是环境利益存续的常态，而此种冲突的协调无法仅依靠环境法完成，故仅由环境法保障环境利益是不够的，各部门法分工合作的法律体系对于环境利益的调整才是全面而有效的。

2. 环境法与传统部门法沟通协调理论

环境法与其他传统部门法虽然有着各自不同的特点，但同作为法律体系内部的基本部门法，又有着一致的归属。[①] 这一特性决定了环境法与传统法律部门必然存在于同一发展过程中。纵观环境法的发展历史，环境法本身就是在与法律体系中其他传统部门法不断沟通、协调的过程中，推动了其自身与其他部门法的共同进步。[②] 在环境法尚未出现或成熟之前，环境问题是由传统部门法来解决的。然而，环境利益冲突的日益复杂化使得传统部门法难以完成全面保障环境利益的任务。20世纪中后期，在传统部门法应对环境危机普遍呈现"弱力化"状态的背景之下，为能更好地解决环境问题，多数国家都创制了专门的环境法律规范并逐渐形成了新型独立的部门法，即环境法。从环境法的理论渊源角度，环境法在其产生及不断壮大的过程中一直汲取、继承传统部门法中的相关理论资源。可以说，环境法生成和不断发展的基础就是传统法律部门法。同时，环境法在其自身的不断发展、壮大的过程中，又对其他传统法律部门有着巨大的反作用。传统部门法多以"经济人理性"为理论基础，致力于"物尽其用"，以实现资源利用的最佳配置，促进经济利益的最大化。但盲目索取的经济行为直接导致了生态环境的不断恶化和自然资源的枯竭殆尽。如何处理好人与自然的关系？此是生态文明时代整个法律体系必须要面对的问题——其不仅是当下环境法的政策追求目标，也是传统部门法时至今日改造和变革的方向。环境法所要保障的环境利益和所要实现的绿色目标，也对传统部门法提出了"生态化"的要求。通过与环境法不断地沟通与协调，传统部门法逐渐在既有的法律思维模式中融入了对环境利益的考量。这一相互作用、相互促进的过程，大大推进了法学理论的生态化进程，并推动了各法律部门的完善，有效地协调了人与自然共生共存的各种利益，促进了整个社会的可持续发展。[③] 也正是这一次次的沟通与协调，推动了环境法与传统

---

① 周珂：《我国民法典制定中的环境法律问题》，知识产权出版社2011年版，第14页。
② 吕忠梅：《论环境法的沟通与协调机制》，载《法学论坛》2020年第1期。
③ 吕忠梅：《中国民法典的"绿色"需求及功能实现》，载《法律科学》2018年第6期。

部门法在各自领域内的理论进步，同时二者在不断调整和完善的过程中逐步实现与相关领域法学理论、法律制度体系的衔接、印证和支持。因而可以说，传统法律规则产生了环境法，而环境法又发展、完善于其自身规则的变化中。① 正因为有如此深刻的渊源，传统部门法在调整环境法律关系、保障环境利益过程中也是必不可少的。环境问题的解决仅靠环境法并不够，需要各个部门法共同应对。②

3. 公私法融合理论

公法与私法的融合是社会发展的必然趋势。当下，诸多私法领域的调整方式被引入公法领域，私法原则也逐渐向公法领域延伸。从法律对利益的调控功能的角度看，③ 一般而言，公法对利益的调控常采用控制与被控制的方式，调整的通常是纵向的法律利益关系；而私法对法律利益的调控方式表现为平等主体的自治与协商，调整的通常是横向的法律利益关系。因此，对于某种法律利益的全面调整需要公法与私法的相互配合和支持。私法旨在保护社会个体的利益，而公法侧重于保护的是公共利益，但二者不是相互对立和割裂的，在公法规范和私法规范之间划定界限是不可能的。④

环境利益的内在属性，决定其必须由公法、私法协同保障。如前文所述，环境利益是典型的公共利益，其不可能同时又是私人利益（即由社会成员分别享有的排他性、非共享性利益），但却不能因此而否认个体对环境利益的享有。对此，蔡守秋教授也曾经指出：作为公众共用物的环境既关系到个人的直接利益，也关系到公众（不特定多数人）的共同利益。⑤ 环境利益作为公共利益并不是抽象的，而是由不同个体所享有的环境利益所共同形成的综合体。不能由于环境利益具有公共性，而据此否定私人主体享有环境利益的客观事实。生态环境风险不仅严重威胁着社会公共利益，而且直接损害的是处于危害范围内的个体的利益。⑥ 具体来看，一方面，环境利益具有公益性的一面。环境利益涉及人类社会生存和延续的根本利

---

① 吕忠梅：《环境法新视野》，中国政法大学出版社2000年版，第92页。
② 郭武：《层次性重叠，抑或领域性交叉？——环境法与其他部门法关系省思》，载《社会科学》2019年第12期。
③ 张淑芳：《私法渗入公法的必然与边界》，载《中国法学》2019年第4期。
④ Czech, Ewa Katarzyna, Pietrzyk, Marta, Interpretation of Administrative Legal Norms Demonstrating Strong Relations with Civil Law Which Aim Environmental Protection, Studies in Logic, Grammar and Rhetoric, 2013, p. 117.
⑤ 蔡守秋：《从环境权到国家环境保护义务和环境公益诉讼》，载《现代法学》2013年第6期。
⑥ 张淑芳：《私法渗入公法的必然与边界》，载《中国法学》2019年第4期。

益,需要公法尤其是发挥宪法、环境法对于环境利益的充分保障。而另一方面,环境利益终究是个人享有的利益组成的集合体,该利益都只有回归到个体上才是具有价值的,①因而仅由公法对之进行调整是远远不够的,需要私法手段。由此可见,环境利益的保障需要多部门法分工配合。

(二)环境利益为其他部门法所保障的现实需求

从社会实际运作角度来看,对于环境利益的全面保障来说,其他部门法是不容忽视的重要部分。

1. 环境侵害行为多系其他部门法中之合法行为

徐祥民教授曾指出:损害人类环境利益的大多并不是什么异己的力量,而是依照传统部门法规定的合法、正当的行为,如工农业生产、修建公路、铁路或水利设施的建设活动等。② 以民法为例,民事行为是社会中侵害环境利益的一类重要的原因行为,环境问题的产生与民事行为有着密不可分的联系。③ 民事行为对环境利益的侵害是在民事主体的日常生产、生活中形成的,很多污染环境、破坏生态的行为本身就是合法的民事法律行为。以2019年6月我国最高人民法院所颁布的"生态环境损害赔偿制度改革典型案例"为例,④ 其间大多数案件都与主体的民事活动密切相关。如在重庆两江志愿服务发展中心、重庆市人民政府诉重庆首旭环保科技有限公司、重庆藏金阁物业管理有限公司生态环境损害赔偿诉讼一案中,该案便是与藏金阁与首旭公司签订的《废水处理委托运行协议》的履行有关。传统的生产方式及与之相匹配的社会制度以"经济利益的最大化"为核心目标,而对环境资源本身的生态价值重视度不够,此在一定程度上加剧了民事行为的环境侵害性。⑤

可见,其他部门法的合法行为经常导致环境利益受损,然而这些行为本身又并不属于环境法的调整范围。根据现行法律规定,在没有充分的证据证明其他部门法的行为侵害了环境生态功能或者存在侵害之虞时,环境法并不能对该类行为进行干涉或者约束。实践中,环保主管部门无法对诸如民事行为等其他部门法的行为是否侵害环境生态功能损害的事实进行逐一排查,且即使发现了损害事实也无法逐一证明其他部门法行为与环境

---

① 张淑芳:《私法渗入公法的必然与边界》,载《中国法学》2019年第4期。
② 徐祥民:《论维护环境利益的法律机制》,载《法制与社会发展》2020年第26卷第2期。
③ 梅献忠:《环境问题与民法的生态化》,载《重庆社会科学》2007年第7期。
④ 案例来源于最高人民法院官网,http://courtapp.chinacourt.org/zixun-xiangqing-162312.html,2021年4月13日访问。
⑤ 梅献忠:《环境问题与民法的生态化》,载《重庆社会科学》2007年第7期。

损害事实或危险之间存在因果关系。这意味着环境法所规定的损害救济制度并不能及时启动,无法有效预防其他部门法行为对环境利益的损害。环境法对环境利益保障的此种"事后性""滞后性"的特征极大地限制了环境法保障环境利益的效用。虽然环境法确定了"预防为主"的原则,但事实上仅靠环境法是无法真正、彻底地实现预防效果的。但若通过其他部门法相关制度,在相关社会行为设计之初就进行干预,以确保其他社会行为尽可能以"环境友好"的方式进行,并在行为全过程中对损害行为或者可能造成损害的行为进行规制、干涉,则应能起到较好的预防作用。可见,尽管环境法是以环境利益为本位利益的独立部门法,① 但其无法独立实现全面保障环境利益的目的,需要其他部门法予以合作保障。

2. 其他部门法所规定的法律责任具有环境救济性

传统部门法所规定的法律责任及其追究机制在保障本部门法固有法律利益的同时,也会附带地对环境利益形成救济。以民事责任为例,如前文所述,环境污染、破坏行为在造成环境生态功能退化、环境利益损害的同时,也常会导致民法所保障的人身利益、财产利益的损害。如在山东省环境保护厅与山东金诚重油化工有限公司等土壤污染责任纠纷案件中[案号为:(2017)鲁01民初1467号],被告委托无危险废物处理资质的人员处理危险废物的行为不仅造成了土壤及地下水的污染,也造成了排放危险废物人员当场中毒身亡的人身侵害,对周边居民的生产生活活动造成严重影响。在此等情况下,民事主体通过民事法律制度对其所遭受损害的人身利益、财产利益展开救济的同时,客观上有利于对环境生态功能的维护,也对环境利益进行附带保障。具体来看,如"停止侵害、排除妨害、消除危险"的民事责任不仅可以使受损的民事利益恢复圆满的状态,同时也客观上制止环境污染、破坏生态的行为,附带实现了恢复和改善环境生态功能的目的;② 而"民事损害赔偿责任"一方面可以补偿受害者的损失,另一方面在一定程度上可以令污染者的外部成本内部化,对从事生产经营的民事主体形成负面激励,进而约束其污染和破坏行为;"恢复原状"责任的追究,对环境生态功能具有一定的补救功能。可见,传统部门法所规定的法律责任追究机制在保障本部门法固有利益的同时,也会附带地对环境利益形成救济。

由于环境生态功能损害具有潜伏性、滞后性,通常不会在短期内显现;而其他部门法利益的损害往往先于环境利益的损害表现,更容易得到及时

---

① 何佩佩:《论环境法律对环境利益的保障》,载《广东社会科学》2017年第5期。
② 肖建国:《利益交错中的环境公益诉讼原理》,载《中国人民大学学报》2016年第2期。

地救济。同时，诸如人身利益、财产利益等私益的损害与社会主体的关联更为直接、紧密，更容易得到各方主体的关注并展开积极的行动；而环境利益是公共利益，多数社会主体抱着"搭便车"的心理，对之展开救济的内驱力并不强。鉴于此可知，传统部门法所规定的法律责任及其追究机制是保障环境利益不可或缺的部分。

3.环境生态功能的载体具有多重客体性

如前所述，空气、森林、水体、动植物、矿物等环境要素是环境生态系统的重要组成部分，其也是环境生态功能的重要载体。然而，很长一段时间以来，人们往往只关注这些环境要素的物质资料供给功能以及各环境要素所对应的物质实体的使用价值和交换价值。从利益形成之角度看，各环境要素对应的物质实体所承载的使用价值对人类物质需要的满足，便形成了人与环境有关的物质利益；而当物质的使用价值与社会生产过程、社会经济活动过程相联系时，对人的物质需要的满足便形成了人与环境有关的经济利益，在此语境下各类具有经济效用的环境要素通常被称为"自然资源"。经济价值是人类对自然资源价值认识的缘起，也是迄今为止最为人们所关注的价值类型。自然资源是经济发展的起源，是人类活动的物质基础，也是人类社会开发的客体。民法中的物权制度是人们开发自然资源、实现经济价值的关键工具。

自然资源具有双重属性，其不仅是民法财产权上的客体，也是作为环境利益客体的环境生态功能的物质载体。民事主体对自然资源的开发、利用经常伴生着环境生态功能的减损，并进而造成环境利益损害。在自然资源的开发使用过程中，为了使环境利益不受侵害，需要对传统部门法的相关法律制度展开"绿化"。不同的属性意味着需要有不同的管理方式：环境利益具有公益性，环境生态功能属于公共资源，此要求对生态资源的管理侧重于公法手段；经济利益具有私益性，资产倾向于私人财产，此种资产化的管理要求侧重适用私法手段。因此自然资源的双重客体性决定其管理方式的复合性，需要融合生态资源化和资产化的管理方式，这自然离不开公法和私法的协作，[①] 更离不开多部门法的共同协作。

（三）其他部门法保障环境利益的机制

如前所述，其他部门法对环境利益的保障，无论是从理论层面看，还是从社会现实层面看都是十分必要的。然而，法律体系中各个部门法的分工不同，每个独立的部门法都有自身所侧重保护的独立的利益形态。虽然

---

① 邓海峰：《环境法与自然资源法关系新探》，载《清华法学》2018年第5期。

随着社会的不断发展，社会关系愈加复杂化，使得多部门法所调整的社会关系存在部分的重叠或者交叉，但从总体上看来还是有相对的独立性。其他部门法对环境利益的保障有别于对其核心利益的直接保障，其应是一种间接、有限的保障。① 以民法为例，民法是典型的私法，民法产生的目的是保障"私利益"，它的存在是为了解决民事主体在民事活动中产生的纠纷，而不是为了解决诸如福利问题、环境问题等社会问题。尽管民法在当代呈现出"社会化"的趋势，但民法的本质不会发生变化，其仍然是权利和自由之法；民法制度仍以私人利益作为立法本位，意思自治依然是民法中最基本的原理。民法对于环境利益的保障必须以不违反民法精神为前提，这也决定了民法保障环境利益的方式只能是间接的。民法的本质注定其不能成为保障环境利益的核心力量，它在保障环境利益方面所作的贡献注定是有限的。正是因为传统部门法对环境利益的保障是间接、附带的，因此无需在其间为环境利益构建全新的制度，而只需在遵循传统部门法精神和本质的前提下，在该部门法现有的框架下对相关具体制度进行"改造、绿化"便可，此也是环境法发展的客观需要。应清楚地认识到，此种"绿化"并没有改变传统法律制度的固有属性，因此不能将之视为一种新的法律调整方法。

传统部门法的法律规范分为基本原则和规则，其对法律利益的保障主要是在法律原则的指导下，通过具体法律规则来实现的。因此，传统部门法的绿化需要同时从原则和规则两个层面着手。此外，具体的法律规则要实现对法律利益的保障需要通过法律关系来完成，法律关系具有较强的媒介、工具性价值。因此，传统部门法的绿化需围绕着法律关系，以原则统领规则，从权利、义务、责任三方面入手。

1. 基本原则的绿化

虽然部门法的具体实施是通过法律规则来实现的，但是基本原则在部门法中也有着不可取代的作用。基本原则贯穿于各部门法，统领部门法中的各项制度及规范，其表明了部门法的价值取向，立法、执法、守法以及解释都要基于基本原则，把握部门法总体方向；基本原则体现了部门法的基本政策方针，是社会经济生活条件的本质要求。可见，部门法的绿化需要从法律基本原则着手，此一方面可奠定部门法保障环境利益的基调和指导思想；另一方面为设立保障环境利益的部门法规则作好铺垫。将环境利益保障的绿色内涵扩充至部门法基本原则中，这不但是生态文明时代对于部

---

① 吕忠梅：《论环境权的民法保护》，武汉大学出版社 2000 年版。

门法的要求，也有助于在不破坏部门法体系内在逻辑的前提下，令保障环境利益的精神在法律规则、法律活动和司法实践中贯彻和践行。

以民法为例。① 如前所述，民法对于环境利益的保障是间接的、顺带的，民法以保障私人利益为主，是以个体主义为基础的规范集合。② 环境利益的公益性与民事法律利益的私益性客观上存在差异，若将环境利益的保障直接规定于民法规则中可能会破坏民事法律制度和民法体系的内在逻辑。然而，法律以实现利益诉求为目标，如若民法不设立民法规则对环境利益予以保障，如何实现民事法律制度对环境利益的实质性保障？此外，现实中环境利益损害问题与民事行为息息相关，势必需要援引民事法律规范加以解决，若相关民事法律规范未与环境法律规范协调配合，也容易导致立法与现实的脱节。为了避免破坏民法体系的内在逻辑与和谐，也为了便于民法设计保障环境利益的民事法律规范，应对民法的基本原则展开绿化，以为民事立法、民事司法、民事行为等提供基本和一般性的指导和限制。当下，民事原则的绿化已经成为全球化的趋势——如《日本民法典》开篇第一条就确定了"私人权利应当服从于公共之利益"的原则；③《哈萨克斯坦民法典》和《越南民法典》将"生态环境保护和自然资源合理利用"的内容纳入到了民法基本原则中。④

我国《民法典》第 9 条也确立了"绿色原则"，该原则要求任何主体所从事的民事活动都应当有利于节约资源、保护生态环境；该条款与公平原则、诚实信用原则一样，是民法社会化的体现，⑤ 其表明了现代民法应当对资源短缺和生态环境功能退化问题给予关怀。⑥

2. 义务的附加

法律义务是指为实现对法律利益更好的保障，而由法律为相应主体设定的应当"为"或者"不为"的行为模式，若主体偏离法律所预设的行为模式，将可能引发法律责任。⑦ 法律义务作为沟通法律规范、法律关系和法律责任的要素，⑧ 是构成法律关系的核心、承担法律责任的依据。义务存在于立法、执法、司法等法律运行全过程中，其是法保障利益的重要手段，

---

① 限于篇幅的原因，本部分，笔者拟以民法为例，展开相关的论述。
② 徐以祥、李兴宇：《环境利益在民法分则中的规范展开与限度》，载《中国地质大学学报（社会科学版）》2018 年第 6 期。
③ [日] 日本国会：《日本民法典》，王书江译，中国法制出版社 2000 年版，第 3 页。
④ 徐国栋：《绿色民法典草案》，社会科学文献出版社 2004 年版，第 4 页。
⑤ 吕忠梅：《"绿色原则"在民法典中的贯彻纲论》，载《中国法学》2018 年第 1 期。
⑥ 王利明：《中华人民共和国民法总则详解》，中国法制出版社 2017 年版，第 47 页。
⑦ 钱大军：《法律义务的逻辑分析》，载《法制与社会发展》2003 年第 3 期。
⑧ 王春磊：《超越传统：环境法律义务理论的反思》，载《江汉论坛》2015 年 12 月。

"义务以其特有的利益约束和强制功能作用于人们的行为，与权利等其他保障机制有效结合影响人们的行为动机，引导人们的行为"。①

相关环境义务的设定是部门法绿化的直接方式。根据《环境保护法》第6条的规定，人人皆有保护环境的义务。这一规定的具体落实需要深入到各部门法中，此为各部门法中绿色义务的规定提供了直接的依据。因此，为了保障环境利益，可以在传统部门法中规定要求主体为了环境利益的保障或者避免环境利益的损害为或者不为一定的行为。当然，由于传统部门法对环境利益的保障是间接的，因而此类义务的设定不能出现损害其固有保障利益的情况。以民法为例。目前不少国家民事立法中都规定了主体保护环境的义务。如《西班牙民法典》第421条规定：某片土地如果存在物品堆积或者倾倒导致水流不畅，并进而危害第三方利益，土地所有人负有清除的义务。②第590条规定：建设对环境有较强影响的工程，都需要承担采取必要的防护措施的义务……如果相关法律法规没有规定，应当在工程建设前咨询有关专家，以此避免损害周边土地或建筑物。③《日本民法典》第220条规定：相对地理位置较高的土地所有人，出于干涸积水或排泄家用、农工业用的污水的目的，可以使水通过低地，但负有选择对低地损害最少的线路及方法的义务。④《瑞士民法典》第684条规定土地所有权人要在其土地上经营工业，就负有对邻人的土地所有权不造成过度侵害的义务；如果侵害是由不洁气体、音响或震动而造成的，依照当地习惯评定，突破邻人能够容忍的情况下，更应当严格禁止。第685条第1款规定：土地所有权人在施工挖掘时负有一定的义务，不得令相邻的土地产生动摇的风险甚至是动摇，也不能让相邻土地上的设施受到危害。⑤

我国最新颁布的《民法典》适应时代的要求也规定了不少环境义务条款。如《民法典》第288条至第296条对生活中常见的用水、排水、采光、通风、日照及污染物排放等环境问题进行了规定，确保其能够作为保护人们的良好的生活环境的底线。第274条、286条、287条是关于建筑物区分所有权的相关规定，从小区绿地的特别保护、小区公共环境治理、业主

---

① 张文显：《法理学》，高等教育出版社、北京大学出版社1999年版，第220页。
② ［西］西班牙议会：《西班牙民法典》，潘灯、马琴译，中国政法大学出版社2013年版，第147页。
③ ［西］西班牙议会：《西班牙民法典》，潘灯、马琴译，中国政法大学出版社2013年版，第182页。
④ ［日］日本国会：《日本民法典》，王书江译，中国法制出版社2000年版，第42页。
⑤ ［瑞］瑞士联邦议会：《瑞士民法典》，殷生根、王燕译，中国政法大学出版社1999年版，第189～190页。

合法权益保障请求权等方面构建了共有环境共同保障的新机制。此外，第326条规定了用益物权人应当遵循法律关于保护和合理利用资源的规定，有效协调处理自然资源利用和养护的关系，合理利用自然资源，避免浪费，以此确保经济可持续发展，兼顾民事法律利益和环境利益。第346条规定建设用地使用权的设立应当遵守"绿色原则"，符合节约资源和保护环境的要求。第350条规定建设用地使用权人不能擅自做主对土地用途进行变更，应当遵守相关规定，以保障周围居民的环境利益。① 同时，《民法典》在合同制度中也新增了合同当事人的环保义务：如第509条规定，合同当事人在履行合同的过程中应当避免污染环境、浪费资源和破坏生态。第558条规定了合同终止后的"旧物回收"义务，扩展了后合同义务的内容，避免资源浪费和污染。② 第619条规定了适当包装义务，新增了包装方式应当遵循绿色原则的要求，规定包装方式不明确时，要选择更有利于保护环境和节约资源的包装方式。

3. 权利的限制

权利是指主体享受特定利益之法律上之力，其是保障法律利益的重要手段。权利的本质和内在要求就在于确保权利人能够自由地行使其权利，并且能够在法律的保护下通过行使权利而获得利益最大化。然而，权利的任意行使，可能会对公共利益及他人利益造成损害，因而需对权利的行使进行合理、必要的限制，以使权利的行使符合正当要求，不侵害公共利益或者他人的利益。权利限制指的是为了保证权利人能够正当地行使权利，以法律的方法对其行使权利的方式、内容等进行一定的限制，实质上是对权利自由绝对化的纠偏。

如前所述，环境利益是典型的公共利益，且其是关乎人作为独立生命物种的生存、繁衍及可持续发展的根本性的利益类型，具有根本性的特征。环境利益的上述特征使之较之于其他利益类型，特别是经济利益来说处于弱势地位。长期以来，人们常为了攫取眼前的经济利益而牺牲处于弱势地位的环境利益，此也是造成环境危机的一大根源。环境利益与传统利益产生冲突、受到损害多出现于主体行使部门法权利的过程中，因此需要对部门法权利的行使进行合理、必要地限制。依照现行环境法的规定，只有在其他部门法的行为转化为侵害环境利益的损害行为之时，环境法才能采取措施，但此时损害多半已经造成了；而对某一部门法权利进行预先合理限

---

① 吕忠梅：《〈民法典〉"绿色规则"的环境法透视》，载《法学杂志》2020年第10期。
② 朱凡、张萌：《21世纪民法典的代表——中国的绿色〈民法典〉》，载《绿色中国》2020年11月，第16页。

制的工作,只能由该部门法完成。

权利的限制是对权利的范围和权利行使的方式所作的限制性规定,[①]因此可以从内容和行使方式两个面进行。以民法为例:民事权利以追求个人的人身利益、财产利益等合法利益为宗旨,如果不对民事权利加以限制,权利人极易采用权利滥用的方式追求个人利益的最大化,在此过程中极易造成环境利益的损害。鉴于此,目前多国民事立法都作出了限制性的规定。如《法国民法典》第544条便规定:以绝对方式享有物权的所有权,受制于法律或条例的禁止条款。第702条规定:土地用途的改动、耕地的整合及建筑工地的整理等都需要考虑公共利益,否则联邦和各州、乡镇有权制定相关法规以限制不动产上的权利。[②]我国《民法典》也展开了类似的条款设置,对相关民事权利进行了一定的限制:如第286条规定:业主的相关行为应当符合节约资源、保护生态环境的要求。第293条规定:建造建筑物……不得妨碍相邻建筑物的通风、采光和日照。第294条规定:不动产权利人不得违反规定弃置固体废物,排放有害物质,对所有权进行了一定的限制。第326条及第346条规定:用益物权人行使权利及设立建设用地使用权也应当遵守绿色原则。

4.责任的绿化

如前所述,传统部门法所规定的法律责任在保障本部门法固有利益的同时,也会附带地对环境利益形成救济。因此对法律责任展开合理的"绿化"是十分必要的。总体来说,法律责任的承担方式主要分为两种,一是预防性责任,二是救济性责任。[③]因此部门法责任的"绿化"应当从这两个部分着手。

首先,基于环境利益损害的"治理成本高""技术难度大""损害结果的不可逆性"等特点,部门法应更加重视对预防性责任的应用。实践表明,环境生态功能损害的治理成本通常十分高昂,[④]且其一旦遭到破坏,即使花费大量时间、支付高昂的成本,很多损害也很难逆转。鉴于此,预防性责任的适用在环境利益保障过程中,相比于惩罚性或补偿性措施更应当得到重

---

① 张晓阳、贾国发:《民事权利限制的时间界限》,载《当代法学》2009年第6期。
② [法]法国议会:《法国民法典》,罗结珍译,中国法制出版社1999年版,第172页。
③ 侯佳儒:《生态环境损害的赔偿、移转与预防:从私法到公法》,载《法学论坛》2017年第3期。
④ 我国环境污染治理投资总额2017年达到9539亿元,占国内生产总值1.16%。(数据来源于国家统计总局官网,网址:http://www.stats.gov.cn/tjsj/ndsj/2019/indexch.htm,2021年4月13日访问。)

视。预防性责任的目标在于消除潜在危险——防止损害结果或危险。[①] 而无论是惩罚性环境损害赔偿还是环境损害的补偿,都是以货币支付的形式对环境利益的损害承担责任,这需要假定对环境的损害是可以补偿的。但事实上对环境的损害很多情况下是不可逆的。此外,事后救济是环境利益保障的最后一道防线,其中填补性责任的适用在环境利益保障过程中也极为重要。环境利益是环境生态功能对主体生态需要的满足,只有受损的环境生态功能得以修复才能保证自然人的环境利益完满,才能真正实现对环境利益的保障。鉴于此,在救济性责任中,应重视填补性责任的适用。以填补损害为设立理念的救济性责任,是为了恢复受损害的法律利益,并使其恢复到还没发生时的状态,这种状态是应有之状态而不要求完全恢复原有的状态。[②]

近年来,其他部门法责任的绿化也受到越来越多国家的重视。以民法为例,民法中与环境利益保障最为直接相关的制度之一便是环境侵权责任制度。目前,不少国家都在立法宗旨中明确了侵权责任制度的预防性功能,并规定了预防性责任。如《波兰民法典》就将提供公平救济基础的预防性责任纳入环境污染的侵权责任中。[③] 我国《侵权责任法》第1条立法目的也明确该法的目的在于"预防并制裁侵权行为",并在第15条明确了停止侵害、排除妨碍、消除危险的预防性责任。2015年最高人民法院颁布的《关于审理环境侵权责任纠纷案件适用法律若干问题的解释》(法释〔2015〕12号)第13条再次重申了上述责任。此相关规定一定程度上可以有效地防止环境生态功能损害的进一步扩大,有利于环境利益的保障。同时,我国民事制度也对填补性责任做了安排,《侵权责任法》第15条以及上述司法解释第14条也规定了该类责任。此外,我国最新《民法典》也对环境污染和生态破坏的填补性责任做了进一步安排,根据《民法典》第七章第1234条规定,法定机关和组织有权请求造成生态环境损害的侵权人承担修复责任,若侵权人限期未修复,则相关主体可以自行修复或委托他人修复,最终再请求侵权人承担相应的费用。

[①] Krstinić, Dalibor & Bingulac, Nenadjoko Dragojlović. *Criminal and Civil Liability for Environmental Damage.* Economics of Agriculture, 2017. p. 1163.

[②] 黄萍:《预防性责任在环境污染侵权中的适用探讨——兼评〈侵权责任法〉的相关规定》,载《中国发展》2011年第5期。

[③] Cummings, Susan, *Environmental Protection and Privatization: the Allocation of Environmental Responsibility and Liability in Sale Transactions of State-Owned Companies in Poland*, Hastings International and Comparative Law Review Spring, 1994. p. 578.

(四)我国其他部门法保障环境利益的现状及完善——以民法为例

目前,我国各传统部门法生态化的趋势渐显。当然,相关部门法生态化程度显然是不够的。鉴于篇幅的原因,本书暂以我国传统部门法中生态化程度最高的"民法"为例展开相关分析。

1. 我国民法保障环境利益的现状

前文的论述已经涉及近年来我国民法保障环境利益所取得的进展,此部分,笔者主要针对其间的相关不足展开分析。

首先,民法固有的基本原则的"绿化"程度不够。如前所述,我国《民法典》第9条新增"绿色原则"作为生态文明社会下民法的基本原则,为正确处理民事活动与环境保护的关系,规范和指引民事活动提供了法律基础。事实上,仅通过新增一条民法基本原则,显然是无法影响到大部分的民事法律规范的。绝大多数的民事法律制度和规范早在绿色原则设立之前就已存在于民法之中并实施多年,新增基本原则对这些规则的影响是有限的。可以说,仅依靠绿色原则完成对民法基本原则的"绿化",指引具体的民事法律规则、制度来保障环境利益,显然还是不够的。民法基本原则"绿化"的进程不能仅止步于绿色原则,这不仅不能达到生态文明建设的要求,也会破坏民法体系的内在逻辑。[①] 相较于新增的绿色原则,固有的诸如诚实信用原则、公序良俗原则、禁止权利滥用原则等民法基本原则对民事法律制度的构建有着更为深远的影响,传统民事法律规范的设立多以这些固有的民法基本原则为基准。因此,想要推动民法基本原则的进一步"绿化",应将"绿色"内涵扩充至已有的民法基本原则。

其次,民法固有的权利限制制度"绿化"程度不足。虽然目前《民法典》设置了不少限制民事权利的新的制度,但民法中已有的那些权利限制制度生态化程度却不够。以相邻权制度为例,为防止所有权人滥用权利侵害他人利益,我国民法设立了该制度,以对所有权进行一定限制。但现有的相邻权制度构建的基础为"相邻的不动产"。而基于环境的整体性和交互性等特点,仅将对所有权限制的范围局限于"相邻的不动产"之间显然不足以保障环境利益。环境利益的保障需要在更大的范围内对所有权作出限制——所有权人在行使权利时需要顾及周边邻人的环境利益。可见,在基于环境保护而新增权利限制制度的同时,对民法已有的权利限制制度进行绿化也是十分必要的。

再次,未对民事制度的绿化设定相应的边界。民法的生态化是环境治

---

① 刘长兴:《民法典绿色化不能止于〈民法总则〉第九条》,载《中国环境报》2018年11月9日,第3版。

理现代化的趋势,但此种生态化不应当是毫无边界的。如前所述,法律体系中各个部门法的分工不同,每个部门法都有其所核心保障的利益。民法是以保障民事主体的人身利益、财产利益等相关合法利益为其本质追求的部门法,其对环境利益的保障是间接的,民法对于环境利益的保障必须以不违反民法精神为前提。鉴于此,我们应重视民法对环境利益的保障,但不能一味地要求民事法律利益向环境利益让步,而需要为民法的绿化设定合理的边界。

此外,立法的生态化尚不能完全落实到司法实践中。虽然从立法层面看,我国民事责任已经展开了绿化,但在司法实践中,环境污染所引发的侵权案件的责任承担方式依然以损害赔偿为主,预防性、恢复性责任适用率并不高。根据吕忠梅教授等人所著的《中国环境司法发展报告(2019年)》中的统计,在该课题组所选取的733件有效案件样本中,通过对环境侵权人的责任承担方式进行统计、梳理可知,其中"赔偿损失"适用最广泛,仅采用赔偿损失的共590件,占比为80.49%;同时采用赔偿损失和停止侵害的有26件,占比3.55%。单独采用预防性责任的案件仅有33件,其中"停止侵害"13件、"排除妨碍"20件。而采用"恢复原状",这一填补性责任的案件仅有4件,占比0.5%。[1] 可见,目前我国环境侵权案件中,"损害赔偿"仍是主要的责任承担方式,对符合环境利益保障、环境生态功能救济的预防性责任、填补性责任的适用重视度不够。

2. 我国民法保障环境利益的完善建议

基于上文论述,笔者对民法保障环境利益的完善提出如下建议:首先,应延伸民法固有基本原则的绿色内涵。具体来看:(1)"保护生态环境""促进可持续发展"应成为公序良俗原则的新内涵。公序良俗原则鼓励人们学习社会公德和良好行事风尚,其是对传统私法意思自治的一种限制。由于法律具有滞后性,立法者在立法时无法预测并穷及所有的情形,因此只能规定一般性的条款,并授权法官根据具体案件进行价值补充。时代的不断发展将赋予公序良俗原则新的内容,而该原则可以利用其自身的灵活性、包容性、时代性,在保护弱者权益、协调各种利益冲突和维护社会正义等方面发挥着更为重要的作用。[2] 如今,环境问题已经严重威胁到人类的生存和发展,保护环境理应成为新的社会公德和良好行事风尚。鉴于此,可将"保护生态环境""促进可持续发展"纳入社会公共秩序当中,使

---

[1] 吕忠梅等:《中国环境司法发展报告(2019年)》,法律出版社2020年版,第67~79页。
[2] 王泽鉴:《侵权行为法》,中国政法大学出版社2001年版,第187页。

环境道德成为现代社会善良风俗的一部分,①并以此为基础扩展公序良俗原则的绿色内涵。(2)"禁止权利滥用原则"应当绿化。禁止权利滥用原则要求民事主体在行使民事权利和进行民事活动时需充分考虑公共利益,其也是对民事主体行使民事权利的方式的一种限制。环境利益是典型是公共利益,其理应纳入该原则的考量范围。同时,禁止权利滥用原则也与节约、高效地利用资源有关。民事主体对于其享有的民事权利有正当行使的权利,但在行使权利的过程中应当秉承节约资源的理念,不得滥用自己的权利、增加环境负担。(3)应拓展"诚实信用原则"的内涵。诚实信用原则要求民事主体在行使权利时,需要考虑公众以及第三人的利益,不得作出侵害公众与第三人利益的行为,以保障社会的稳定和谐。在当前环境问题会引发个人利益损害以及个人利益与公共利益冲突的情况下,为达成利益保障与利益衡平的目标,应当在诚实信用的内涵中增加环境利益保障的要求。②

其次,在基于环境保护的考量而新增权利限制制度的同时,应对民法已有的权利限制制度进行绿化。以"相邻权制度"为例,建议应适应构建生态文明社会的需求,对该制度进行生态化。具体来看,应根据环境利益保障的实际要求,重新界定"相邻"的范围,将该制度范围扩张为"环境利益"上的相邻。

再次,应对"民法的绿化"设定合理的边界。如可以设定"环境影响容忍义务",该义务是指主体不能一味地以自己的环境利益受到影响为由,要求行为人承担损害环境利益的责任。当然,该容忍义务也是有限度的,若只一味强调邻人的容忍义务,将违反民事立法以个体作为本位的理念;反之,过分强调邻人的利益,则有可能发生以较大的经济发展利益的牺牲来保障比较小的利益的结果,不利于社会经济的发展。

四、刑法对环境利益的终极保障

刑法是一国法律体系中实现法律利益保障、维护社会秩序的最后手段,其在法律体系中发挥着十分重要的作用。生态文明时代,刑法理应在环境利益的保护中发挥重要作用。本部分,笔者拟针对"刑法对环境利益的保障"主题展开分析。③

---

① 侯佳儒:《环境法学与民法学的对话》,中国法制出版社2009年,第239~241页。
② 吕忠梅:《沟通与协调之途》,中国人民大学出版社2005年版,第100~101页。
③ 本部分内容,笔者发表于:何佩佩:《论环境利益的刑法法益化》,载《法学杂志》2021年第5期。

（一）刑法终极保障环境利益的理论依据

刑法以宪法为基础和依据，传承和发展了宪法的原则与精神；同时，刑法保障着宪法的实施。宪法对于国家的根本制度只进行了概括性的规定，而刑法则对于严重破坏制度的行为进行惩罚。① 此外，刑法与其他部门法之间也呈现出"补充与被补充""普遍实施与最后保障"的关系。② 当一般部门法对某种违法行为的处理不足以抑止该违法行为对某种法律利益的侵害时，立法者通过将此种违法行为确定为犯罪并采用刑罚这一最严厉的制裁措施的方法以实现对利益的最终保障。对此，知名法学家卢梭也曾认为：归根结底，与其说刑法是一种特别法，还不如说是其他法律的制裁力量，③"辅助性的法益保护才是刑法的任务"。④ 通过上文分析可知，刑法是法律体系中宪法及一般部门法的"最终保障法"，其以最严厉的制裁力量保障由宪法所确认的社会根本利益的实现。环境利益若想得到法律体系全面、有效、稳定的保障，绝不能忽略刑法的作用，即应将环境利益纳入刑法的保障范围中。如此，在使用其他法律手段无法实现对环境利益有效保障的情况下，刑法将介入并进行干预——通过将破坏环境生态功能的各类违法行为确定为犯罪并追究相关主体刑事责任的方式，打击污染、破坏环境的行为，维护、恢复环境生态功能，最终实现对环境利益的强有力的保障。生态文明时代，刑法理应在环境利益的保护中发挥重要作用。

近年来，学界就环境利益刑法保障的研究成果并不多见。⑤ 当然，这并不意味着学界未就"刑法的环境保护"展开研究，事实上刑法学界学者从"环境犯罪的法益"的角度展开了大量的研究。目前，在不同的生态观的引导下，学界就此问题的争议较大。⑥ 有的学者在"人类中心主义"的指导下提出环境自身不是法益，只有自然人的生命健康才是环境犯罪的保护法益；⑦ 而有的学者认同"生态中心主义"的生态观，提出环境犯罪的法益

---

① 宦吉娥：《宪法与刑法关系的三维思考》，载《理论月刊》2008年第7期。
② ［日］平野龙一编：《现代法与刑罚》，岩波书店1965年版，第21页。
③ ［法］卢梭：《社会契约论》，商务印书馆1962年版，第63页。
④ ［德］克劳斯·克罗辛：《刑事政策与刑法体系（第2版）》，蔡桂生译，中国人民大学出版社2011年版，第71页。
⑤ 笔者以"环境利益"（或"生态利益"）与"刑法"作为篇名关键词在CNKI中进行检索，截止至2020年6月6日，仅有8篇文献；且经查询，目前尚无直接相关主题的专著。
⑥ 张明楷：《污染环境罪的争议问题》，载《法学评论》2018年第2期。
⑦ ［日］金尚均：《危险社会与刑法：现代社会中的刑法的机能与限界》，成文堂2001年，第17页。

应是"与人类生存密切联系的环境"①或是"环境自身的利益";②还有学者在"可持续发展观"的影响下采取了折中说,提出环境犯罪的法益应是多重的,即与环境有关的各类法律利益均应纳入刑法保障的范围。③可见,目前我国学界对"环境犯罪的法益"的认知并不清晰;学界尚且如此,其他各界必将有过之而无不及。现有的争议隐含着目前我国各界并没有弄清"在法学之视野下,刑法展开环境保护工作所保护的究竟是什么?""生态文明时代新型的法律利益——环境利益的内在机理究竟是什么?"等相关问题,而此也是造成实践中我国刑事立法在环境保护中实效不彰④的主要原因之一。对上述问题的澄清不是刑法学一个部门法能解决的,必须同时回到环境法部门法理学层面展开根本性的探讨。鉴于此,下文抛开学界就"环境犯罪的法益"的现有争议,换一个视角,从环境利益的内在机理出发,尝试对刑法全面保障环境利益的路径展开研究,以期能从一个新的角度推进对问题的认知。

(二)刑法终极保障环境利益的基本路径:环境利益的刑法法益化

德国刑法学者李斯特曾指出刑法是一部"法益保护法",⑤保护法益是刑法的整体目的和首要任务。刑法中的任何一个具体的罪刑规范,都以保护特定的法益为目的。⑥正如我国《刑法》第 2 条规定:"本法的任务是用刑罚同一切犯罪行为作斗争",刑法对法益的保护方式主要是通过将严重侵害法益的行为规定为犯罪,然后再根据法律规定对其科以刑罚的方式进行的。⑦在传统刑法理论中,关于犯罪本质论的通说一直都是"法益侵害说",⑧而对犯罪行为展开刑罚制裁的目的在于以国家强制力为支撑展开对法益的保障,对刑法法益进行保护是刑法规范存在并赋予其强制制裁权力的正当依据。据此可知,某一特殊的法律利益若想要得到刑法的直接、有效保障,则必须将之法益化。

刑法法益是指由刑法保障并认可的,可能遭受侵害或威胁的人的根本性利益。⑨法益作为刑法学中的基本概念,是刑事立法和刑事司法的根基。

---

① 周光权:《刑法各论》,中国人民大学出版社 2016 年版,第 421 页。
② 马卫军:《论污染环境罪的保护法益》,时代法学 2017 年第 15 卷第 4 期。
③ 赵秉志、王秀梅、杜澎:《环境犯罪比较研究》,载《法律出版社》2004 年 6 月版,第 38 页。
④ 王树义、冯汝:《我国环境刑事司法的困境及其对策》,载《法学评论(双月刊)》2014 年第 3 期。
⑤ [德]李斯特:《德国刑法教科书》(修订译本),徐久生译,法律出版社 2006 年版,第 10 页。
⑥ 张明楷:《刑法目的论纲》,载《环球法律评论》2008 年第 1 期。
⑦ 杨春洗、苗生明:《论刑法法益》,载《北京大学学报(哲学社会科学版)》1996 年第 6 期。
⑧ [日]大冢仁:《刑法概说》(总论第 4 版),有斐阁 2008 年版,第 16 页。
⑨ 张明楷:《法益初论》,中国政法大学出版社 2003 年版,第 162~167 页。

在立法层面,其是确定具体犯罪类型和实质概念的基础;① 而在司法层面,其是司法机关动用刑罚的正当化根据,同时划定了处罚的界限。② 由此可见,某一社会领域若想得到刑法的有效保障,应当明晰相应的法益,此在环境保护领域自然也不例外。近年来,在环境危机日趋严峻的背景之下,环境保护已然成为全球所共同关注的主题,其中刑法是当代各界所公认的解决环境问题的关键。在此背景下,结合现实需要,将环境利益直接纳入刑法法益的体系,将破坏环境生态功能的违法行为"犯罪化"并科以符合环境利益性质、有利于环境生态功能恢复的刑罚手段是十分必要的。当然,值得注意的是,并不是说不将环境利益纳入刑法法益体系的范畴,刑法就完全无法在环境保护中发挥任何作用。由于各类法律利益并不是绝对独立、毫无关联的,而是在系统内部纵横交错,其即在特定层面存在一定的冲突,也在一定范围内存在交叉、重叠。因此,即使传统刑法仅对因为各类污染环境、破坏生态的行为造成"重大财产损害、人身伤亡"展开关注,但其在保障传统刑事法益(人身利益、财产利益)的同时,一定程度上也打击了污染环境和破坏生态的违法行为,当然也有利于环境生态功能的保护,间接地保障了人类的环境利益。然而,此种保障方式的范围、力度和适当性都是极其有限的。首先,此种间接性的保障无法覆盖实践中违法行为仅造成了"环境生态功能的损害",但没有致使"重大财产损害、人身伤亡"的情况。其次,此种方式仅是一定程度上遏制了污染环境和破坏生态的违法行为,但在环境生态功能修复上并没有发挥作用,不能对环境利益产生直接、强有力的保障。可见,若想通过刑法对环境利益展开全面、直接的保障,必须将环境利益作为独立的刑法法益纳入刑法法益体系。

(三)环境利益刑法法益化之可行性

如前所述,将环境利益纳入刑法法益体系之范畴是具有充分的理论依据的。但究竟其能否顺利纳入,还取决于纳入的可行性问题。

1. 刑法法益化的标准

对于判断刑法法益化范围的具体标准,目前刑法学界通说认为应以宪法所确认之利益为依据。如德国学者罗克辛指出"法益的概念应以宪法的描述为基础",③ 日本学者内藤谦指出"法益的概念必须以宪法作为基础进

---

① [日]中山研一:《刑事法小词典》(补正版),成文堂1996年版,第272页。
② [日]井田良:《讲义刑法学·总论》,有斐阁2008年版,第20页。
③ [德]克劳斯·罗克辛:《德国刑法学总论(第一卷)》,王世洲译,法律出版社2005年版,第15页。

行整体性考虑",①日本学者町野朔也指出"法益之内容需在宪法性目的的框架内"。②该标准的确定,与刑法在法律体系中的地位是密切相关的。如上所述,刑法是一国法律体系中的"最终保障法";与其他部门法相比,刑法对利益保障的特点不在于利益的种类,而取决于利益的"根本性"的性质;即并非所有的法律利益均能纳入刑法的保障范畴,刑法只调整和保护人类社会最根本的利益形态;只有当这些根本性的社会利益遭到侵害并危及社会基本价值和生存秩序时刑法方才介入——而此与宪法作为一国法律体系中的根本法的地位是相匹配的。宪法是整个法律体系及所有部门法的价值和规范基础,具有基础性、原则性和最高性的特征。此特征决定了宪法仅对一国社会中最根本、最重要的基础性利益进行价值层面的确认,并从根本原则和根本制度上规范着整个国家的活动。可见,宪法与刑法所保障的利益范围是相匹配的。对此,我国知名刑法学者张明楷教授也指出:将利益纳入刑法法益的范畴必须坚持五原则,即该利益必须与法关联、与社会利益关联、与人关联、与宪法关联且具有可侵害性。③

2.环境利益的内在属性符合刑法法益化之标准

刑法是法益保障法,环境利益想要得到刑法的全面保护唯有通过将环境利益纳入刑法法益体系之路径,而环境利益的内在属性使得该"法益化"路径成为可能。环境利益是各环境要素按照一定的规律组成的环境系统所客观具有的环境生态功能对人的生态需要的满足,其是存在于环境生态功能与人的生态需要之间的一种需要与被需要、满足与被满足的功利关系的范畴,其内在属性决定其可纳入刑法法益之体系。④

首先,环境生态功能的现状是将环境利益纳入法律体系关键性因素。环境生态功能是指各类环境要素按照特定的客观规律相互影响、相互作用所组成的环境系统对地球整个生命系统(包括人类生命系统)的维持、演变、进化并保持其动态平衡的支持功能,其是环境利益产生的客观基础。特定利益从一般社会利益转化为法律利益以寻求国家强制力保障的根本性原因在于生产力的发展及经济基础的相应变化引发特定社会利益出现了原有社会制度无法调和的分化、冲突。⑤当下,人类对自然的过度索取及其所伴随的环境污染和破坏已经超越了环境容量和负载阈限时,对环境

---

① [日]内藤谦:《刑法讲义总论》(上),有斐阁1983年版,第51页。
② [日]町野朔:《環境刑法の展望》,载《现代刑事法》2001年第24期。
③ 张明楷:《法益初论》,中国政法大学出版社2003年版,第162~167页。
④ 何佩佩:《环境法本位的反思及环境法多元化保障手段》,载《政法论丛》2017年第3期。
⑤ 周旺生:《论法律利益》,载《法律科学(西北政法学院学报)》2004年第2期。

生态功能造成了不可逆转的损害并致使人类生态需要得不到正常、充分的满足,此使得环境生态功能产生了"稀缺性",并最终引发了利益冲突。显然,原有的社会制度无法全面应对环境利益冲突的新形势,为了保障社会有序运转,必然需要将环境利益纳入法律范围予以保障。

其次,人的生态需要的性质决定应将环境利益纳入刑法法益之体系。人的生态需要是指人为了维持其作为自然生命物种的正常的生存、繁衍而对外部环境系统所具有的生态功能的摄取状态,其是环境利益产生的根源。生态需要是人类与生俱来的需要类型,其是人的需要体系中最低限度的自然生理需要或者生存需要,也即是马克思哲学所指之"必不可少的需要"。此决定了环境利益具有极强的"根本性",其是关乎人作为独立生命物种的生存、繁衍及可持续发展的根本性的利益类型。生态文明时代,宪法应从基本价值层面将环境利益确认为法律所保障的利益形态,并作为刑法法益体系接纳环境利益的基础。目前,全球多个国家的宪法已经完成了此工作。[1]

可见,环境利益作为生态文明时代纳入法律保障范围的新型的人的利益,其内在属性决定其可纳入刑法法益之体系,即环境利益的内在属性使得环境利益刑法"法益化"路径成为可能。

(四)刑法终极保障环境利益的具体机制

作为传统刑法学中的一个基本概念,刑法法益是刑事立法和刑事司法的根基,是对违法行为进行定罪、量刑所依据的标准。在将环境利益确定为刑法法益后,刑法应以环境利益固有的内在机理为基础,展开定罪、量刑标准的设定,并以对环境生态功能的恢复、救济为目的设计出符合环境犯罪特殊性质的刑事责任体系,从而最终实现对环境利益的强有力的保障。

1. 入罪标准的"生态化"

入罪,是指刑法将严重危害社会的行为纳入犯罪圈,即予以犯罪化。[2] 一般而言,判断某一项危害行为是否应予犯罪化的标准在于:该严重危害社会的行为严重侵害了法律所保障之利益,且经由其他部门法调整出现了无效的情况,此时应将该危害行为入罪。[3] 某一罪名的入罪标准应以该罪名所保障之法益为依据进行设定,即只有严重侵害了刑法所保护的法益之

---

[1] 吴卫星:《宪法环境权的可诉性研究——基于宪法文本与司法裁判的实证分析》,载《华东政法大学学报》2019 第 22 期。

[2] 刘沛谞:《出罪与入罪:宽严相济视阈下罪刑圈的标准设定——一个基于实证范例的考察》,载《中国刑事法杂志》2008 年第 1 期。

[3] 刘沛谞:《出罪与入罪:宽严相济视阈下罪刑圈的标准设定——一个基于实证范例的考察》,载《中国刑事法杂志》2008 年第 1 期。

行为才应被纳入该类犯罪的体系。刑法法益是一国在进行刑事立法时确定何种行为为犯罪的形象指导,[①]其是犯罪行为构成所形成的基石。[②]具体到环境类犯罪,如上分析可知,该类范围所保障的核心法益应当是"环境利益"。鉴于此,应当基于环境利益之内在机理将"环境生态功能受到严重损害或者存在损害之虞"作为环境犯罪的入罪标准。

2. 量刑规则的"生态化"

量刑,是指法院根据刑事法律的规定,对犯罪行为应判处何种刑罚以及判处刑罚的轻重进行裁量的刑事司法活动,[③]其是刑法实现法益保障的关键环节。量刑规则是指法官认定被告有罪之后,判处"宣告刑"时所依据的标准。[④]根据量刑规则的指导,行为人需承担的刑事责任被合理地具体化为不同种类和强度的刑事制裁措施,通过该些措施的执行进而发挥对行为人的惩罚以及对一般公众的预防作用,最终实现对特定刑法法益的保护。

我国刑法总则确定了基本的量刑规则,其中第5条[⑤]规定的罪责刑相适应原则;根据第61条[⑥]规定,裁量刑罚时,要尽量使刑罚与具体犯罪行为的社会危害性相适应,罚当其罪。[⑦]同时,刑法分则根据各罪名不同的特点,制定了符合该罪名特征的具体的规则,其中犯罪行为对该罪名所保障的刑事法益的侵害程度是量刑的重要标准之一。如在以保障财产利益为核心的罪名中,通常以财产损失的数额的多少作为量刑的标准;以保障人身利益为核心的罪名,也通常以行为所造成人身利益损害的程度为标准。鉴于此,环境法犯罪应当以保障环境利益为核心,具体以"环境生态功能损害程度的大小"作为量刑的主要标准。

3. 刑事责任实现方式的"生态化"

刑事责任是由犯罪行为所引发的应受谴责与非难的法律后果,[⑧]刑事责任是适用刑罚处罚、非刑罚处罚措施和其他刑事责任的先决条件,[⑨]可以说它的实现是刑法最终实现法益保障目的的关键环节。刑事制裁方式的性

---

① 杨春洗、苗生明:《论刑法法益》,载《北京大学学报(哲学社会科学版)》1996年第6期。
② 刘孝敏:《法益的体系性位置与功能》,载《法学研究》2007年第01期。
③ 李艳玲:《量刑方法论研究》,中国政法大学2006年版,第6页。
④ 吴景芳:《刑罚与量刑》,载《法律适用》2004年第215期。
⑤ 《中华人民共和国刑法》第5条规定:刑罚的轻重,应当与犯罪分子所犯罪行和承担的刑事责任相适应。
⑥ 《中华人民共和国刑法》第61条规定:对犯罪分子决定刑罚的时候,应当根据犯罪的事实、犯罪的性质、情节和对于社会的危害程度,依照本法的有关规定判处。
⑦ 王利荣:《论量刑的合理性》,西南政法大学2007年版,第44页。
⑧ 李永升:《刑事责任的概念和本质探究》,载《河南科技大学学报》2008年第4期。
⑨ 张明楷:《刑事责任论》,中国政法大学出版社1992年版,第152页。

质应与犯罪的性质相适应，这是罪刑均衡原则在实质层面的反映，[①] 因此某一罪名刑事责任实现方式设置应当与该罪名所保障的法益的内在机理相匹配。传统的刑事制裁方式只有刑罚一种，传统的刑罚措施如生命刑、自由刑、财产刑等，具有惩罚犯罪以及预防犯罪的功能。[②] 对于惩治破坏环境资源保护罪，传统刑罚措施在对环境污染、生态资源破坏的犯罪行为的遏制方面发挥了极好的作用。但是，刑法对于环境犯罪行为进行规制的最终目的在于保护和恢复生态环境功能，这要求在环境犯罪刑事责任的实现上，不应仅消极、单方面关注对犯罪行为人的惩罚，更应该通过环境犯罪刑事责任的实现方式来积极地寻求各种保护、恢复环境生态功能的方法。[③]

刑法学界的新发展为环境犯罪刑事制裁方式的多元化、生态化提供了可能。当代，在以预防、矫正为核心的"目的刑理念"的指引下，各界逐渐认可"刑罚的政策目标除了威慑、报应之外，还包括恢复"，[④] 并提出对刑法法益的保护并非必须以刑罚处罚的方式进行处罚，也可以采用其他合适的方式。在此背景下，各国刑法不同程度地规定了非刑罚化的刑罚措施，促进了全球刑法改革运动中的非刑罚化运动。[⑤] 在"目的刑理念"的确立过程中，非刑罚处罚措施逐渐得到了环境法学界的重视，其也成为当下环境刑事立法发展的新趋势。如美国部分州的法院便要求污染者对其所造成的环境损害采取恢复措施，并要求污染者就此恢复责任制定计划、定期向法院汇报进展并接受法院的询查，以确保环境恢复计划的有效执行。[⑥] 在环境刑法所具有的多元机能中，生态维护机能是特有的、首要的。[⑦] 非刑罚措施具有的矫正功能，使得其在环境犯罪中的应用符合刑法保护和恢复生态环境功能的最终目的。此外，非刑罚性处罚措施有利于实现处罚的个别化，为预防环境犯罪的发生和促进环境恢复提供了一种新的思路。引入非刑罚性处罚措施，与传统刑法措施结合起来将共同构成环境犯罪更加完

---

① 周少华：《刑罚在立法上的评价功能》，载《政法论坛》2007年第3期。
② 邱兴隆：《撩开刑罚的面纱——刑罚功能论》，载《法学研究》1998年第6期。
③ Ilona Görgényi: Protection of the Environment through Criminal Law Considering the European Standard, *Journal of Agricultural and Environmental Law*, 2018. p. 53.
④ Laura J. Kerrigan: Project: The Decriminalization of Administrative Lawpenalties, Civil Remedies, Alternatives, Policy, And Constitutional Implications, *Administrative Law Review*, 1993. p. 381.
⑤ 梁根林：《非刑罚化——当代刑法改革的主题》，载《现代法学》2000年第6期；孟昭武：《论正义与刑罚观念》，载《锦州师范学院学报（哲学社会科学版）》1996年第2期。
⑥ Haynsworth, Martin, McKay&Guerard, L.L.P: Federal environmental crimes—What They Are and How To Avoid Them (part 1), *South California Environmental Compiance Update*, 1997. p. 2.
⑦ 江海：《环境刑法的特有机能——生态维护》，载《环境保护》2008年第2期。

善严密的刑事处罚措施体系。

(五)我国刑法保障环境利益的现状及完善

如前所述,刑法对环境利益的保障应当是体系化的,因而应当从入罪标准、量刑规则以及责任承担方式多维度地考察我国刑法保障环境利益的现状,并提出相应的完善建议。

1. 我国刑法保障环境利益的现状

从理论上说,刑法的法益体系应由制定法承接,因此通过对我国刑事立法文件展开分析,应能够较好地了解我国刑法保障环境利益的现状。《中华人民共和国刑法》(以下简称《刑法》)第2条规定,① 刑法的目的在于惩罚打击犯罪,保护公民的人身权利和财产权利,法律权利是主体为确保利益实现而依其自由意志为或不为一定行为的法定资格,其是制定法确定、表达法律利益的重要手段。可见,该目的条款中"保护公民……其他权利"之表述,为环境法利益刑法法益化预留了足够的空间。如上文所述,应从入罪标准、量刑规则以及刑事责任实现方式三个方面着手,因此下文中笔者拟从这三个视角展开分析:

(1)从入罪标准角度分析

目前《刑法》将涉及环境类的犯罪列入分则第六章"妨害社会秩序管理罪"中的第六节"破坏环境资源保护罪",共9条(自338条至346条)。其中,最能体现环境利益刑法法益化趋势的便为该法的第338条。在《刑法修正案(八)》(2011年)出台前,原《刑法》第338条规定非法排放造成环境污染的,只有在污染行为致使公私财产遭受重大损失或人身伤亡时,相关主体才应当承担刑事责任。可见,当时该条仍主要体现了刑法对人身利益、财产利益等传统刑法法益的保护。随后,《刑法修正案(八)》将该条中"致使公私财产遭受重大损失或者人身伤亡的严重后果"修改为"严重污染环境",即只要非法排放的行为造成了环境的污染便可追究刑事责任。此修正是一个极大的突破,② 增强了对违法排污行为的打击力度,也极强地释放了将环境法益纳入刑法保障体系的信号。然而,根据最高人民法院、最高人民检察院于2013年颁布的《关于办理环境污染刑事案件适用法律若干问题的解释》(以下简称"《环境污染刑事案件司法解释(2013

---

① 《中华人民共和国刑法》第2条规定:中华人民共和国刑法的任务,是用刑罚同一切犯罪行为作斗争,以保卫国家安全,保卫人民民主专政的政权和社会主义制度,保护国有财产和劳动群众集体所有的财产,保护公民私人所有的财产,保护公民的人身权利、民主权利和其他权利,维护社会秩序、经济秩序,保障社会主义建设事业的顺利进行。

② 王敏:《生态环境的刑法保护研究——以环境刑法法益为视角》,载《人民论坛》2014年第11期中旬号。

年)》")可知,司法实践中对"严重污染环境"的判断仍是以传统人身利益、财产利益损害为标准的。2016年,两高修订并重新出台了该司法解释(以下简称"《环境污染刑事案件司法解释(2016年)》",其间将"造成生态环境严重、特别严重损害的"纳入到"严重、特别严重污染环境"的认定体系,进一步推动了环境利益刑法法益化的进程。而于2020年3月1日正式施行的《刑法修正案(十一)》在《刑法修正案(八)》的基础之上,保留了"严重污染环境"这一基本的入罪标准,进一步确认了前述法律文件对环境利益的保护。① 此外,《刑法》第341条第二款将非法狩猎行为的入罪标准设定为"破坏野生动物资源,情节严重的",第343条第二款破坏性采矿行为的入罪标准设定为"造成矿产资源严重破坏的",都一定程度上释放了对环境生态功能展开保障的信号。然而,除上述条文外,目前其他各条均未"绿化",仍保留对传统刑事法益(人身利益、财产利益)的关注。如第339条中规定的"非法处置进口的固体废物罪"和"擅自进口固体废物罪"都明确将"造成重大环境污染事故,致使公私财产遭受重大损失或者严重危害人体健康"作为入罪标准。其他各类型的犯罪,如非法捕捞罪(第340条)、非法占用农用地罪(第342条)、非法采矿罪(第343条)、盗伐林木罪(第345条)等,司法实践中仍简单地以特定环境资源要素(如鱼类、土地、林木、矿产等)被破坏所造成的经济损失、非法获利数额等作为定罪量刑的标准,而没有考虑到其背后所隐藏的环境生态功能的减损,这也是造成我国环境类犯罪打击面窄、打击力度弱的主要原因之一。

(2)从量刑规则角度看

如上文所述,我国《刑法》已有部分条文在入罪标准上展开了"绿化",释放了环境利益刑法法益化的信号,但目前环境犯罪的量刑规则尚未能实现生态化转变。首先,缺乏对环境犯罪的具体量刑工作的全国化、统一性指引。在于2013年、2017年先后两次出台的《最高人民法院关于常见犯罪的量刑指导意见》中,②均未有包含环境犯罪量刑的相关规则。而对现有较为分散的规则进行梳理后发现,目前大多数环境犯罪仍着重以传统的"人身利益、财产利益受损的程度"作为主要的量刑标准。

即使是最能体现环境利益刑法法益化趋势的"污染环境罪"(《刑法》第338条),其量刑规则也未完全绿化。如上文所述,该罪的量刑工作缺乏全国

---

① 赵睿英:《污染环境罪入罪标准及其认定——评两高2016年污染环境罪司法解释》,载《北京理工大学学报(社会科学版)》2021年第5期。

② 《最高人民法院关于常见犯罪的量刑指导意见》(法发〔2013〕14号)、《最高人民法院关于常见犯罪的量刑指导意见(二)(试行)》(2017年5与1日起试行)。

化、统一性指引。但目前,重庆市、江苏省以及辽宁省三个地方率先针对"污染环境罪"制定了具体的量刑规则,①对定罪之后的具体量刑幅度与档位在法定刑幅度内进行了进一步的划分。而在这些为数不多的文件中,又存在"生态化不够、操作性不强"的问题。如《重庆市高级人民法院关于污染环境犯罪的量刑指导意见实施细则》就仅对"污染环境罪"的部分犯罪情形设置量刑起点,并未涵盖《环境污染刑事案件司法解释(2016年)》中所规定的全部犯罪情形;同时,该文件也并未设置相应的增加刑罚量调节幅度,②这不利于量刑过程中基准刑的准确确定。③《辽宁省高级人民法院关于常见犯罪的量刑指导意见实施细则(三)》中虽然同时规定了"污染环境罪"部分犯罪情形的量刑起点和增加刑罚量的标准,但也存在着并未涵盖《环境污染刑事案件司法解释(2016年)》中所规定的全部犯罪情形的问题。如对该司法解释所涉及的第一条第(十)项"造成生态环境严重损害"的情况、第三条第(六)项"造成生态环境特别严重损害的"的情况,辽宁省的文件未就量刑起点和增加刑罚量展开具体的量化设计,④进而导致该犯罪情形的条款落入了"依照刑事立法的规定,严重损害生态的行为已构成犯罪,但是在量刑环节由于缺乏具体量刑规则而无法确立刑罚的轻重"的尴尬境地,司法实践中可操作性不强,显然相关规定生态化程度是不够的。

(3)从刑事责任承担方式角度分析

如上所述,刑法是通过刑罚的实施来实现对法益的保障的,因此设定与相应法益相匹配的刑罚措施,是刑法法益得以确立的最终保障。目前我国刑法对环境犯罪设置了"以自由刑为主、以财产性为辅"的纯刑罚式的刑事责任承担方案,具体包括管制、拘役、有期徒刑三种主刑,以及罚金和没收财产两种附加刑。此种刑事责任承担方式设计在惩治、预防环境犯罪方面发挥了很大作用,但对于环境生态功能损害的救济与恢复作用并不明显,有待于进一步的优化。即使是已经呈现出刑法法益化的第338条,也

---

① 袁逢曼、赵雷:《生态环境犯罪量刑规范化研究——以湖北省124份一审刑事判决书为样本考察》,载《黑龙江生态工程职业学院学报》2020年第4期。
② 详见《重庆市高级人民法院关于污染环境犯罪的量刑指导意见实施细则》(渝高法〔2018〕119号)第四条。
③ 基准刑是指在不考虑各种法定和酌定量刑情节的前提下,根据基本犯罪事实的既遂状态所应判处的刑罚。基本犯罪事实包括基本犯罪构成事实和其他影响犯罪构成的反映社会危害性的犯罪数额、犯罪次数、犯罪后果等犯罪事实。其中,基本犯罪构成事实对应基准刑中量刑起点的确定,其他影响犯罪构成的犯罪事实,包括犯罪数额、犯罪次数、犯罪后果等因素则对应基准刑中增加刑罚量的确定。
④ 详见《辽宁省高级人民法院关于常见犯罪的量刑指导意见实施细则(三)》(八)污染环境罪第1、2、3条。

没有对刑罚的方式展开任何优化。

这一缺陷逐渐为各界所认知,实践中,各界逐渐开始对具有环境生态功能恢复作用的非刑罚措施展开创新型探索。近年来,最高人民法院多次发声,强调环境司法应以生态环境修复为中心,创新探索适用补植复绿、增殖放流等环境修复司法举措,最大限度修复生态环境。① 在此司法政策的指引下,各地法院出台专门的意见,在原责任承担方式的基础上,积极创新适用增殖放流、补种复绿、劳务代偿、护林护鸟、分期履行、技改抵扣等形式多样的措施,并不断探索形式多样的生态修复方式。

为进一步展现环境修复责任在我国刑事司法领域中适用的实际状况,笔者以"生态修复"为关键词,在中国裁判文书网(网址:https://wenshu.court.gov.cn/)中对"污染环境罪"刑事一审判决书展开了全文检索。搜索自2016年1月1日至2020年12月31日五年有关案件共278件。其中,2016年案件数量为9件;2017年案件数量为23件;2018年案件数量为61件;2019年案件数量为100件;2020年案件数量为85件。总体看来,案件数量呈现出逐年增长的态势。

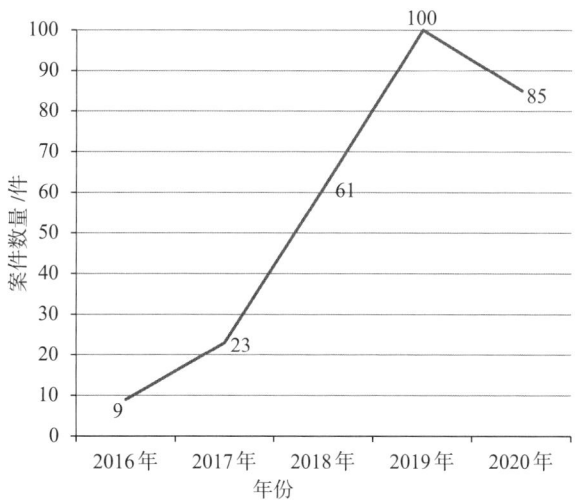

图 2-2 2016—2020 年适用生态修复的污染环境罪案件数量

---

① 2016年,我国最高人民法院发布《最高人民法院关于充分发挥审判职能作用为推进生态文明建设与绿色发展提供司法服务和保障的意见》提出:"落实以生态环境修复为中心的损害救济制度,统筹适用刑事、民事、行政责任,最大限度修复生态环境",至此,恢复性司法理念被正式引入生态环境保护领域。2019年3月,最高人民法院院长周强在第十三届全国人民代表大会第二次会议上指出:"完善生态环境损害赔偿程序规则,探索适用补植复绿、增殖放流等环境修复司法举措"。2020年5月8日,最高人民法院发布的《中国环境资源审判(2019)》(白皮书)总结道,2019年各地法院在环境资源案件审判执行方式方面立足于不同环境要素的修复要求,创新适用符合生态环境保护要求的修复方式。

同时，通过对判决书的内容进行分析可知，目前我国司法实践中环境修复责任措施呈现出"适用多元化"的特点：其中有 70.14% 的案件是由被告自愿实施环境修复行为，以换取法院的从轻从宽处罚，即法院将行为人自愿、主动承担环境修复责任视为一种酌定从轻处罚的量刑情节；① 而有 22.66% 的案件，环境修复责任是作为刑事附带民事公益诉讼中的一种民事责任出现；② 而仅有 7.2% 的案件，是通过刑事判决直接判罚的，即法院在判处行为人自由刑、罚金刑之外，还在裁判结果中明确要求行为人承担环境修复责任。③

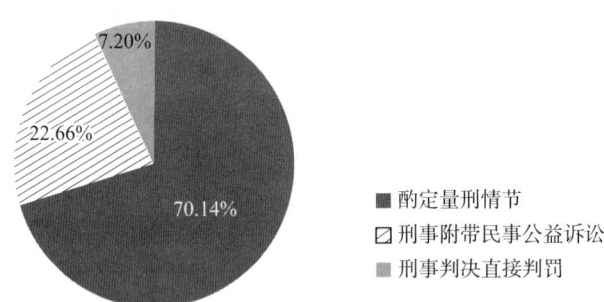

图 2-3 司法实践中环境修复责任的承担方式

由此可见，虽然目前我国对环境修复刑事司法展开了大胆的创新，但真正将之作为正式的非刑罚措施直接写入法院判决的案例并不多。此种现状很大程度上是与我国立法层面缺乏明确、具体的规定是直接相关的。我国《刑法》第 37 条第 1 款明确规定了五种非刑罚处罚措施，④ 然而其中并不包括环境犯罪非刑罚处罚措施。可以说，目前我国环境刑事责任在司法实践中生态化的程度远超于立法，这也造成了环境司法实践无法可依的尴尬境地。可见，目前我国的刑事立法已初现环境利益刑法法益化的趋

---

① 如福建省长泰县人民法院刑事判决书（2017）闽 0625 刑初 191 号杨法龙杨荣宗污染环境罪一案中，被告人到案后自愿缴交生态修复基金，有悔罪表现，污染设施现已整改完毕，法院酌情从轻处罚。

② 如浙江省缙云县人民法院刑事判决书（2018）浙 1122 刑初 345 号李某某非法捕捞水产品一案中，被告人的非法捕捞行为严重破坏了渔业资源和生态环境保护，考虑到被告人赔偿能力，对于附带民事公益诉讼起诉人要求李某某以劳务代偿生态修复费用的请求，法院予以支持。李某某被判决拘役一个月之外，还应于判决生效后至 2019 年 12 月底之前提供总计 421 小时的环境公益劳动，以弥补其渔业生态资源修复费用的不足。

③ 如四川省屏山县人民法院刑事判决书（2019）川 1529 刑初 191 号蔡某某非法捕捞水产品一案中，法院除了判决蔡某某拘役二个月之外，还责令蔡某某在判决生效后三个月内承担破坏渔业生态环境和渔业资源修复责任，购买人民币 300 元鱼苗向指定流域投放。

④ 分别为训诫或责令具结悔过、赔礼道歉、赔偿损失，或者由主管部门予以行政处罚或者行政处分。

势,但是其范围及力度仍是远远不够的,目前看来距离"将环境利益确立为独立的刑法法益之目标"还存在较大的差距。

2. 我国刑法保障环境利益的完善建议

如上文分析,近年来我国刑事立法已经呈现出环境利益刑法法益化之趋势,但要想真正实现"环境利益的全面法益化之目标",仍有较长的路要走。首先,如前所述,刑法是法律体系中宪法及一般部门法的"最终保障法",其以最严厉的制裁力量保障由宪法所确认的社会根本利益的实现。实践中,当采取其他法律手段仍无法实现对特定利益的保障时,刑法应介入并进行强有力的干预。但刑法本身并不确认某类法律利益及其具体内涵,刑事法益及其内涵均来源于宪法中所确认的根本性的法律利益。可见,宪法确认环境利益并明确界定其内涵是使环境利益刑法法益化的必要前提。宪法对环境利益的确认问题,在前文已经论述,此处不再展开。延续上文思路,建议从如下几个方面进行完善:

(1)明确将"破坏环境生态功能"作为定罪的标准

根据罪刑法定原则,法无明文规定不为罪。要想真正地实现刑法对环境利益的全面保障,应基于环境利益的内在机理,合理地确定该类犯罪的入罪标准。只有如此,才能有效、准确地实现打击犯罪、保障特定刑法法益之目的。如上所述,将环境利益纳入刑法法益体系的目的是想通过刑罚打击"破坏或可能破坏环境生态功能的行为",将环境生态功能维持在良好状态,从而确保人的生态需要的实现。鉴于此,应将"环境生态功能受到严重损害或者存在损害之虞"作为非法排放、违法开采自然资源等违法行为的入罪标准。如上所述,目前我国《刑法》第338条最为明显地释放了环境利益刑法法益化的趋势,但是该条采用的却是"非法排放严重污染环境的应追究刑事责任"的表述。事实上,污染环境仅是环境生态功能损害的一种状态,其并不能涵盖所有。其后,《环境污染刑事案件司法解释(2013年)》对"严重污染环境"的认定标准进行了细化,但不难发现,其间仍是以人身利益、财产利益的损害为准。虽然《环境污染刑事案件司法解释(2016年)》进一步将"造成生态损害"加入这一认定体系,但其仍然与原体系中的人身利益损害、财产利益损害并立。此种做法显然无益于环境利益独立刑法法益地位在立法层面的确认,因而也无法实现刑法对环境利益的全面保障。鉴于此,建议应将《刑法》338条污染环境罪中的"严重污染环境"的表述修改为"严重破坏环境生态功能",并在司法解释中对严重破坏环境生态功能的认定标准、鉴定方法、量化方法和程序等内容进行明确。而对于破坏了环境生态功能又同时侵害他人人身利益、财产利益的情况，笔者认为对人身利益、财产利益的损害不应作为环境类犯罪"罪与非罪"的判断标准，但可考虑将之作为量刑中加重处罚的情节之一。对此，《刑法修正案（十一）》中可以窥见立法对这一观点的认同，该修正案补充了污染环境罪人身损害后果的特别严重情节，即"致使多人重伤、严重疾病，或者致人严重残疾、死亡的"，作为结果加重犯来处理。而对于尚未"绿化"的其他罪名，建议可借鉴《刑法》第338条的修改思路展开修订。由于篇幅的原因，本书无法逐一展开论证。但总体看来，这些犯罪不能再仅以某类环境要素数量、经济价值的减少为定罪、量刑的标准，而应关注到其后隐藏着的环境生态功能的减损，并将之纳入到刑法的救济范围之中。

（2）以"对环境生态功能损害程度的大小"作为量刑的主要标准

根据上文，自《刑法修正案（八）》之后，我国刑事立法对污染环境罪的入罪标准、法定刑幅度和处罚范围等方面作出了越来越详细的规定，但其目光却一直未投射到污染环境罪的量刑规则上。虽然目前已经有少数地区先于立法制定出了污染环境罪的量刑实施细则，但是由于制定具体标准的地区并不广泛，各地标准存在差异；最重要的是，所制定的实施细则中并未完全实现"以环境生态功能受损程度"作为主要的量刑标准这一要求。立法上的缺失以及各地细则的匮乏混乱，综合导致了在量刑规则指导司法实践的过程中"环境生态功能受损程度"这一量刑标准未能完全发挥其效用。即使是最能体现环境利益刑法法益化趋势的"污染环境罪"（《刑法》第338条），其量刑规则也未完全绿化，而其他环境类犯罪在量刑规则上的"生态化"程度则更不必多说。

一般来说，量刑流程分为"基准刑的确立""量刑情节调剂"以及"宣告刑内容的确定"三个部分。基准刑指的是根据犯罪事实的既遂状态所应判处的刑罚，其不包括将各种法定和酌定的量刑情节考虑在内。基准刑的确定在量刑过程中处于首要位置，是刑罚裁量的参照基准，是量刑活动中最重要的一步。而其他犯罪事实则是直接决定了增加刑罚量，如影响犯罪构成的犯罪事实、犯罪次数、反映社会危害性的犯罪数额等犯罪事实。其间，"犯罪行为对该罪名所保障的刑事法益的侵害程度大小"应当是确定基准刑和增加刑罚量的重要的标准。具体到环境案件中，即应当以"对环境生态功能损害程度的大小"作为量刑的主要标准，并围绕该标准制定具体的量刑规则。

鉴于此，笔者建议在立法上应更进一步实现环境犯罪量刑标准的"生态化"，具体表现为，应围绕着"环境利益的保障"制定出全国内统一适用的环境犯罪的量刑标准，即以"对环境生态功能损害程度的大小"作为量刑的主要标准，并围绕该标准制定具体的量刑规则。

（3）增设符合环境利益性质的刑事责任承担方式

刑法是通过对犯罪行为展开刑事处罚的方式来实现对刑事法益的保障的。而刑事处罚方式的设定只有与其所保障的法益相匹配，才能实现其对刑法法益的有效保障，也才能使刑法法益得以最终确立。刑事处罚分为刑罚处罚和非刑罚性处罚，前者是刑事责任承担的主要方式，但后者的重要作用也不能忽略。将环境利益确立为刑法法益的目的，是希望通过对环境污染、破坏行为展开打击，并进而确保环境生态功能得以恢复。由于环境利益关乎人类的生存、发展，环境生态功能一旦减损将造成广泛的不良影响，其恢复成本巨大，仅靠对违法行为人的惩罚并不能实现保障环境利益的目的。而诸如财产刑、自由刑等传统的刑罚措施，确实能通过惩罚犯罪行为人的方式一定程度上实现遏制环境犯罪行为的效果，但却无法实现对生态环境的恢复。鉴于此，生态文明时代，应围绕着"环境生态功能的修复"，增设符合环境利益性质的刑事责任承担方式。其中，针对环境犯罪的非刑罚性处罚措施可对环境生态功能展开有效救济，更加符合"谁污染谁治理"的环境保护基本原则，也减轻了国家因环境污染和生态破坏而承担的修复治理责任，且其轻缓高效，体现了刑法谦抑性的特征。

对此，建议可以考虑在现有的自由刑、财产刑之外增设着力于"环境生态功能的保护"的刑事责任承担方式，如责令犯罪人采取补植复绿、增殖放流等补救措施，对遭受损害的生态环境展开修复等，以最大限度地恢复环境生态功能。[①] 对此，如上文所述，我国环境犯罪司法实践已经体现出恢复性司法理念，各地法院创新性地采取了很多生态环境修复措施。但由于缺乏统一的立法，导致实践出现了各界对环境修复责任性质认定不清、责任承担方式多元混乱的情况，客观上阻碍了恢复性司法举措的发展与适用。鉴于此，笔者建议在《刑法》第37条中增加"责令补救或恢复环境"的内容，以明确环境修复责任的承担方式的非刑罚性处罚措施属性。

此外，有必要对非刑罚处罚措施的适用条件作出适当调整。根据《刑法》第37条的规定，非刑罚性处罚措施仅适用于罪行较轻、社会危害小的案件，对于情节较为恶劣、危害性较大的重大犯罪案件和行为，应全面贯彻罪责刑相适应原则，[②] 此规定显然将成为环境犯罪适用非刑罚措施的障碍，

---

① 吴何奇：《风险社会环境犯罪治理模式的调整与补充》，载《大连理工大学学报（社会科学版）》2020年第2期。

② 余德厚、任洪涛：《环境审判非刑罚处罚措施的生成及完善路径》，载《行政与法》2017年第1期。

因此此类案件采用非刑罚措施是出于恢复环境生态功能之目的，而此类案件本身并不属于"罪行较轻、社会危害小"的范畴。事实上，目前司法实践也早已突破该立法。笔者在裁判文书网针对刑事一审判决书的判决结果以"赔礼道歉"为关键词，并同时在全文以"有期徒刑"为关键词，检索得到刑事一审判决书43篇（已排除附带民事诉讼要求赔礼道歉的情况），司法实践情况证明了"犯罪情节轻微不需要判处刑罚"并非判处非刑罚性司法措施的唯一情形，对已判处刑罚的被告人判处非刑罚性处罚措施并不突破罪责刑相适应的原则。故建议对《刑法》37条进行立法修改，删去"犯罪情节轻微不需要判处刑罚"的限制条件，规定在必要时均可以采用该类措施。因为环境犯罪的特殊性，要求环境犯罪刑事制裁刑罚措施和非刑罚措施的兼顾，以实现"惩罚与填补受损利益"的双重目的。因此，对于两种刑事制裁措施的同时适用，需要考虑到避免因为同时适用而导致刑事责任过重的问题，以及关注二者在适用上的衔接问题。

本章小结

环境利益是环境危机时代新型的法律利益，如同于其他传统法律利益，其被纳入法律保障范围之后应得到整个法律体系的不同层次、不同角度的全面保障。客观来说，宪法作为一国法律体系中的基本法，只能对环境利益进行原则性、根本性的保障；其他传统部门法可通过自身之"绿化"，在不与其所保障的本位利益存在不可协调的冲突的情况下，对环境利益进行间接保障。鉴于此，对环境利益这种应纳入法律保障范围但传统部门法却无法直接、全面保障的新型法律利益，理应由专门性的法律规范（即环境法律规范）及独立的部门法（即环境法）来实现对之的直接、积极的保障。环境法是以保障环境利益为其本质追求的独立部门法，其产生根源于环境危机时代围绕着环境利益的实现而客观存在着的各类利益冲突，其存续之本身系确认和规定为统治阶级所认可的环境利益以及为实现利益而应为之行为模式的规范体系。环境法的目的是为确保环境生态功能处于良好的状态，以使人的生态需要得到公平、充分的满足，从而确保人类的生存、繁衍及可持续发展。当代，直接、积极保障环境利益的任务理应由环境法来承担，其是法律体系中保障环境利益之核心力量。但从另一个角度看，环境危机时代，要实现对环境利益的全面保障有赖于整个法律体系的有机分工配合，其间既应肯定环境法之核心作用，也不能忽略宪法及其他部门法的功效，更应关注环境法与其他各部门法相互间的衔接、配合。

第三章 环境利益视野下的环境法

要弄清"环境法对环境利益的保障"这一主题，必须要首先从应然层面之环境法入手。只有从应然层面弄清"能有效保障环境利益的环境法"的内在机理，才能进一步对"环境法应如何实现对环境利益的有效保障"等后续问题展开进一步的探讨，才能对环境法调整环境利益的机制进行有效的设置，也才能对环境法调整环境利益的路径进行合理布局。同时，也才能以此为参照反思实然层面的环境立法的不足并提出完善建议。习近平总书记曾多次强调："生态环境的保护，应建立最严格的法律制度、最严密的法治，建章立制于建设生态文明而言意义重大"，[①] 其间之"法"应当是良法、善法，即应然层面的环境法。然而，究竟何为良法？何为善法？要弄清此问题，则必须要回归于对环境法根本性问题的探究，此应是环境法学者们的终极关怀。有关环境法学及其现象的根源与重心的全部问题，是环境法的根本问题。环境法根本性问题主要是围绕着"什么是环境法"这一关键而展开的各种问题的总括，其具体包括环境法的本原、本质、本体、理念、目的等内容。[②]

同时，对于有关环境法的根本性问题的进一步探索，对于一门正在逐步发展并完善的年轻法学学科——环境法而言，是必不可少的。环境法根本性问题是环境法部门法理学之重要内容。环境法理学，作为环境法这一独立部门法的基石，是以共同性的环境法律现象及法律规定为研究对象的理论学科，[③] 其是对有关环境法根本性问题的研究，主要是建立在法理学的分析方法及话语框架之上的。环境法理学是对环境法所进行的最高的理论抽象，其在内容上表现为探寻环境法现象背后的本质规律；在形式上表现为按照逻辑规则建立起来的环境法理论体系。[④] 然而，作为一门新兴的部门法，环境法相较于民法、行政法等传统部门法而言，不仅在历史积淀上较为匮乏，其自身的逻辑性、理论性也存在不足，且其产生具有极强的政

---

① 习近平：《习近平谈治国理政》，载《理论与当代》2014 年第 11 期。
② 代杰：《环境法理学》，天津大学出版社 2020 年版，第 3 页。
③ 卓泽渊：《法理学（第 2 版）》，法律出版社 2016 年版，第 1 页。
④ 代杰：《环境法理学》，天津大学出版社 2020 年版，第 4 页。

策性，缺乏法理积淀，急需部门法法理学的支撑。然而，目前看来，我国环境法学界还存在理论抽象不足、学术体系不成熟、核心概念尚未形成等问题，学者们"过于关注对实践问题的探讨而忽略对理论问题的研究"，[①] "理论研究停留在对法的解释上"，[②] "研究方法多采用在法理基础上加条文注释"[③]——而此现状"将会对我国环境法学的良性架构造成威胁"，且已经成为"滞碍我国环境法学理论发展的症结之一"。[④] 近年来，环境法学界逐渐认识到自身理论不坚实的突出问题，并正努力推进本部门法的学术升级。对此，吕忠梅教授曾明确指出："新时期，环境法学发展的核心任务应当是由'事理分析'转向'法理分析'，学者们应致力于构筑环境法学法理分析的逻辑框架和理论体系。"[⑤]

早期我国环境法学研究存在脱离法律思维、法学方法和法律语言的状况，导致"环境法学长期游走于法学话语体系的边缘"，[⑥] 环境法与其他部门法之间难以"对话"，更难以相互协作。对此，近年来，学者们开始倡导环境法应当"回家"，[⑦] 即应"回归法学本性"[⑧] 应"完成注释环境法学到理论环境法学的转变"[⑨]——这些倡导的本意在于希望中国环境法学研究回归法律思维、法学方法和法律语言，以便实现不同法部门之间或者不同法学科之间的对话。[⑩] 只有如此，环境法才能肩负得起"生态法治"的历史使命；才能科学地指导环境立法并与其他法学界顺畅对话；才能引领其他法域绿色化，并促成"诸法共治"的善治局面。[⑪] 鉴于此，本部分研究笔者以法哲学、法理学相关基础理论为基础，基于既有的法学基本理论展开相关研究。

同时，如前文所述，法律起源于利益的分化、竞争，也规范着利益斗争。利益是法律产生、发展的基础，也是法律实施、实现的动力及归宿，离

---

① 蔡守秋：《论环境资源法学理论体系的框架》，载《福州大学学报（哲学社会科学版）》2001年第4期。
② 代杰：《环境法理学》，天津大学出版社2020年版，序言部分。
③ 王树义等：《环境法基本理论研究》，科学出版社2012年版，第180页。
④ 王树义等：《环境法基本理论研究》，科学出版社2012年版，第180页。
⑤ 吕忠梅：《新时代环境法学研究思考》，载《中国政法大学学报》2018年第4期。
⑥ 代杰：《环境法理学》，天津大学出版社2020年版，序言部分。
⑦ 吕忠梅：《环境法回归路在何方？——关于环境法与传统部门法关系的再思考》，载《清华法学》2018年第5期。
⑧ 代杰：《环境法理学》，天津大学出版社2020年版，序言部分。
⑨ 王树义等：《环境法基本理论研究》，科学出版社2012年版，第178页。
⑩ 吕忠梅：《环境法回归路在何方？——关于环境法与传统部门法关系的再思考》，载《清华法学》2018年第5期。
⑪ 详见邹雄教授在2020年环境法年会上的讲话，2020年10月31日至11月1日。

开了利益关系，法律无从产生，也无从存在。若想实现对法律问题本质性的解释，则必须要追溯到法律问题产生的根源——社会利益上，而不能仅停留在法律的文字或立法者的主观观念上。由此可见，从利益角度出发对法律的根本性问题展开分析是十分必要的。如上文所述，生态文明社会，应将环境利益纳入法律的保障范围，得到一国整个法律体系的保障。而在法律体系中，环境法是以保障环境利益为其本质追求的独立部门法。从此种层面上说，在构建生态文明社会的背景下，只有以环境利益为基本视角，才能就"究竟什么是环境法""能有效实现保障环境利益目的的应然层面的环境法究竟是什么"等相关问题展开更为深入、清晰的研究。

鉴于此，本部分，笔者拟延续上文之逻辑思路，以既有法哲学、法理学相关基础为理论，以环境利益为视角，对环境法的本体、环境法的理念、环境法的目的等相关根本性问题展开研究，以求深化对生态文明社会背景下能实现"有效保障环境利益之目的"的应然状态环境法的认识。其中弄清环境法的本体问题是准确定位应然层面环境法的根本；弄清环境法的理念是准确定位应然层面环境法的价值基础；而弄清环境法的目的是准确定位应然层面环境法的核心。

此外，应强调的是，研究视角是指人们在理解和认识法律时所选定的研究和理解法律的逻辑起点、方向和路径。客观来说，在法学体系中并无绝对客观、唯一的研究视角，每个不同的研究角度和路径都有其他角度所不具有的独特的意义。从此种层面上看，提出新的基本视角去解释法律本身并无可非议，且应予以鼓励以促进人们更全面地认识法律现象。本部分，笔者拟着力于以"环境利益"这一崭新的视角对环境法的根本性问题展开研究以求推动认识的深化，而无意于对以其他核心为视角所展开的认识进行任何形式的贬损、否定。

一、环境法的本体

法哲学理论体系的核心或基础是本体论，其是从法哲学理论高度解答"法是什么以及其怎样存在"的问题，其中心内容是对法的本原、本质、本性等基本问题的认知。[①] 对"法的本体"系列问题进行研究涉及法起源的逻辑起点以及产生、存续、运行的根据，是对法的目的、法的原则、法的作用以及一切具体法律制度的出发点和归宿的研究，其解释的是一个法律体系的"终极关怀"是什么或应该是什么的问题，是整个法律体系中最本质、

---

① 文正邦：《法哲学研究》，中国人民大学出版社2011年版，第28页。

最根本、最具导向性的内容，其既是现行法律制度的根据，又引导着法律今后发展的方向。

生态文明时代，对环境法的本体问题展开研究具有十分重要的意义。只有透过环境法的现象探究"环境法的根源或实质性渊源是什么""环境法究竟是什么""什么才是构建环境法律制度的出发点"等问题，才能找到环境法存续和有效运行的根本性依据。因此，可以说准确认识环境法的本体问题是"正确认识环境法、准确定位一切具体的环境法制度"的出发点和归宿，其体现的是环境法这一独立法律部门的"终极关怀"。

本部分，笔者拟以法哲学本体论相关理论为基础，对环境法本体相关问题展开研究：首先，关注了环境法的本原问题，即着力于解决"环境法的根源或实质性渊源是什么"的问题；其次，关注于环境法的本质问题，即着力于解释"环境法究竟是什么"的问题；再次，关注了环境法的本位问题，即着力于解决"什么才是构建环境法律制度的出发点"的问题。上述问题是环境法学中最为根本性的问题，其是一切具体的环境法制度的出发点和归宿，体现的是环境法这一独立法律部门的终极关怀。对上述问题的认识决定了对环境法价值、环境法目的等重要基本问题的回答，也决定了对环境法学的基本对象（范围）、环境法学的基本范畴和环境法学基本分析框架等问题的定在。因此，可以说准确认识环境法的本体相关问题是正确认识环境法，解决环境法中诸多理论问题的关键。

（一）环境法的本原

环境法的本原着力于解决"环境法的根源或实质性渊源是什么"的问题。本部分，将基于法哲学中法的本原相关理论，以环境利益为视角展开对该问题的研究。

1. 法的本原相关理论

法的本原是法的根本性渊源问题，其主要揭示："何为法的真实基础"的问题。"正确认知法的本质的理论前提在于科学地揭示法的本原，因为法的本原揭示了法的最重要的属性——物质制约性，昭示了何为隐藏在复杂繁复的法律现象背后的决定性因素和力量。"[1] 在马克思主义法学诞生以前的法学理论中，学者们对法的本原提出了不同的观点，如西方自然法学派提出法的本原是"人类理性"；[2] 哲学法理学派认为法的本原是"自由意

---

[1] 文正邦：《法的本原、本质和本体的法哲学论析》，载《法制现代化研究》2001年第0期。
[2] 文正邦：《法哲学研究》，北京：中国人民大学出版社2011年版，第32页。

志";① 分析法学派将"主权者的命令""国家的权力"作为法的本原;② 历史法学派将"民族精神、民族风俗和习惯"作为法的本原;③ 我国古代也存在诸多有关法的本原的观点,如儒家主张仁学本体论、道家坚持道学本体论、法家认可功利主义本体论等。上述各种观点虽各不相同,但都带有浓厚的历史唯心主义的色彩,均脱离了一定的历史条件、物质生活条件来说明法的本原,认为法是先验的、超然的存在,是人的精神的主观创造。

马克思主义法学科学地界定了法的本原的含义,指出法律属于精神现象和上层建筑现象。它难以在其自身的范围内得到本源性的解释,它的存在和发展必须以更深刻、客观及物质性的原因和力量为基础。马克思主义经典作家从历史唯物主义科学方法论出发,也即从"社会存在决定社会意识,经济基础决定上层建筑"出发,明确地指出法根植于作为生产力和生产关系有机统一的生产方式,更确切地说是根源于以生产关系(经济基础)为中轴的人类社会物质生产方式系统,在作为上层建筑的法的存在和发展过程中,生产关系(经济基础)起着决定性作用,法的存在及发展、性质与内容、功能与价值的实现都取决于生产关系,此便是法的本原或实质渊源。

在目前流行的历史唯物主义教科书中,生产关系概念被定义为"人们在生产过程中所结成的人与人的社会关系",④ 而正如马克思主义经典作家指出"每一社会的经济关系,首先是作为利益表现出来",⑤ 社会关系究其实质无非是人们在追求各种利益的实践过程中所结成的人与人之间的利益关系,即人格化了的社会关系。从此种层面来看,"利益"是一种人格化的社会关系;同时,其也是一种对法发生本源性作用的桥梁,是生产方式的一种。人类在社会中之所以从事各种行为,其本质就是为了追求利益。法律的产生、存在和发展在一定程度上就是人们根据自身需要而形成的对某种利益的追求和维护。对此,马克思主义经典作家明确指出:"法的关系植根于物质的生活关系"⑥"法律必须以社会为基础。法律究其本质是社会共同的利益及需要的表现,且该利益和需要产生于一定物质生产方式"⑦"由他们的共同利益所决定的这种意志的表现,就是法律"。⑧ 近代英

---

① 文正邦:《法哲学研究》,中国人民大学出版社 2011 年版,第 32 页。
② 文正邦:《法哲学研究》,中国人民大学出版社 2011 年版,第 32 页。
③ 文正邦:《法哲学研究》,中国人民大学出版社 2011 年版,第 32 页。
④ 肖前等主编:《历史唯物主义原理》,人民出版社 1991 年版,第 120 页。
⑤ 石书臣、潘宁:《马克思主义中国化方法论探研》,上海三联书店 2013 年版,第 79 页。
⑥ 邝长策:《法理学》,华南理工大学出版社 2006 年版,第二章"法的概念"。
⑦ 《马克思恩格斯全集》(第 6 卷),人民出版社 1961 年版,第 292 页。
⑧ 《马克思恩格斯全集》(第 3 卷),人民出版社 1960 年版,第 378 页。

国功利主义法哲学家边沁提出:"法律一般的和最终的目的,不过是整个社会的最大利益而已。"① 因此,我们想要探究环境法的本原,必须要回归到作为其基础的环境利益。

2. 环境利益视野下环境法的本原

如上文所述,环境利益是指环境所客观具有的生态功能对人的生态需求的满足。人的生态需求是环境利益产生的前提,环境所客观具有的生态功能是环境利益产生的客观基础。人作为自然界长期发展而形成的独立的生命物种,其生命的维持、种群的繁衍有赖于与外部自然环境的物质要素、能量要素和信息要素进行直接有效的循环,以满足维持自身个体和种群的生存繁衍及可持续发展的最根本的需求。而环境所客观具有的多种生态功能天然的便能满足人类的需求,从而形成人类的环境利益。环境利益是人类与生俱来的利益,其具有自然性、基础性、根本性的特点。客观来说,人类环境利益的实现有赖于环境所客观具有的生态功能的正常的发挥。

然而,自人类产生以来,人类基于社会实践所取得的各类进步都影响着环境生态功能,甚至以侵害、牺牲环境生态功能为代价。人类文明早期,人们对环境的污染和破坏多仅是局部的,尚未超过生态环境的负载限额和忍受阈值。然而,进入工业文明后,人类社会科技及生产力飞跃式的发展助燃了人们对物质利益(特别是经济利益)极端不合理的盲目追求,人类对自然过度地索取及伴随的环境污染和破坏已经超越了各类环境要素及其构成的环境本身所具有的环境容量和负载阈限,对环境生态功能造成了不可逆转的损害并危及人类的正常生存、繁衍及可持续发展。环境生态功能的损害甚至丧失使得人类的生态需要得不到正常、充分的满足,此使得原本具有"共同性""公益性"的环境生态功能成了稀缺性资源。资源的"稀缺性"的产生必然使得不同社会集团、不同阶层根据自身实力对其进行争夺,此必然引发环境利益的分化。利益差别是构成利益冲突的基本原因,所谓利益冲突就是利益主体基于利益差别和利益矛盾而产生的利益纠纷和利益争夺。正如18世纪法国唯物主义者爱尔维修所认为:"不同的社会集团、社会阶层具有不同的利益,他们之间存在的冲突,究其本质就是利益冲突。"② 一旦社会原本的制度无法应对激烈的环境利益冲突以保障社会有序运转的时候,统治阶级便产生了一种需要,即需要有一种能有效调控环境利益冲突的新的社会制度。需要是人类实践的根源性力量,基于上述

---

① [英]罗素:《西方哲学史(下卷)》,马元德译,商务印书馆1991年版,第329页。
② 王肃元、魏清沂主编:《法理学》,兰州大学出版社2006年版。

需要,统治阶级便通过立法机关创制出能满足"有效调控环境利益冲突需求"的专门的制度,即环境法。法律作为一种客观实存,不同于自然物的存在,其是根据人类的需要而创制,有效地反映了人们的需求。可见,环境法自始是一种人为存在而并非自然存在,人类所创制的环境法所具有的特有的功能、属性能满足人们有效调控环境利益冲突的需求。从这一角度分析,环境法根源于人们在追求环境利益过程中所形成的人与人之间的社会关系,对存在冲突的环境利益关系进行有效调控以保证社会有序运行是立法者制定和实施环境法的直接诱因,具体而言其来源于统治阶级对环境利益关系稳定化、规范化、有序化的客观要求。环境法作为社会的上层建筑虽表现为立法者的主观意志,但从根本上说,其根源于环境危机时代环境利益稀缺以及环境利益关系冲突的现状。

(二)环境法的本质

环境法的本质这一主题,着力于解释"环境法究竟是什么"的问题,即着力于透过环境法的现象探究"应然环境法的固有属性",并关注环境法存续和有效运行的根本性依据的问题。

1. 法的本质相关理论

从哲学层面上看,本质(Essence)是指某类事物区别于其他事物的基本特质,是事物本身所固有的根本属性。[①] 环境法理性认识的核心内容是对于环境法本质属性及其内在联系的探讨,而此探讨也是我们认知其他环境法属性和机理的理论基础及依据。人类历史上对法的本质的认识是一个透过法现象逐步深入的过程。基于当时的历史条件,不同时期不同法律学派的学者揭示了法律某一方面的部分属性,不断促进了对法律认识的深化。总的看来,人类对法律本质的认识历史经历了一个否定之否定的过程,即从"客观主义倾向",经过"主观主义倾向",最终达到主客观的统一的过程。然而"主客观统一"又是从"黑格尔的客观唯心主义的主客观统一"到"马克思辩证唯物主义的主客观统一",完成了一个循环,获得了科学的认识。[②]

马克思主义法哲学科学地界定了法的本质,认为法既具有阶级意志性,又具有社会物质制约性。法律的物质制约性,也即法律对社会生产方式的依赖性,是指法律以社会生产方式为其客观物质基础和动力,其内容、性质和发展都由社会生产方式所决定。生产方式是指社会生活所必需的

---

① 百度百科:https://baike.baidu.com/item/%E6%9C%AC%E8%B4%A8/33073?fr=aladdin,2021年04月08日访问。

② 文正邦:《法哲学研究》,中国人民大学出版社2011年版,第41页。

物质资料的谋得方式,其是生产力和生产关系在物质资料生产过程中的能动统一。人们一般把物质资料生产的物质内容称作是生产力,而将人们在生产过程中所结成的人与人的社会关系界定为生产关系。由上文分析可知,生产力与人类所追求的利益密切相关,生产关系就是利益关系。而法的阶级意志性是指法反映了统治阶级的意志,只有在经济、政治方面占统治地位并且组成阶级或者阶级联盟的人们的共同意志的集中表现才能成为法,才能以国家权力为其中介和后盾,也即上升为国家意志的形式,使得全社会共同遵循。鉴于此,可以说法形式上虽然是一种共同规则,但其实质上是维护统治阶级所认同的社会利益。主体从事立法、执法、司法等社会实践活动的根源皆出于满足其自身之需要。法作为一种客观实存,自始便是依照统治阶级的需求而设定的,因此只有弄清统治阶级需要的实质性内容以及主体基于此对实践活动结果的主观预设,才能更好地指导人们的实践活动并据此以实践的最终结果——实在法的正当性进行衡量和评价。法的阶级意志性是以法的物质制约性为其基础建立起来的,也即法所体现的统治阶级意志是由它们生存的社会的物质生产方式所决定的。可以说法的物质制约性和阶级意志性的关系是决定和被决定、制约和受制约。在哲学层面,法律的物质制约性是首要的,其贯穿于法律的整个历史进程,具有基础、绝对、稳定的性质;法的阶级意志性是次要的,在不同的法的历史发展阶段,阶级意志的程度、范围甚至性质都会随着决定阶级意志的生产方式的条件和性质的变化而变化。它的特点是非基本性、相对性和变化性。①

2. 环境利益视野下环境法的本质

环境法作为法的一种,其不可能突破法的本质范畴,否则其便丧失作为"法"的根本性基础。鉴于此,只有从"社会存在与社会意识""经济基础与上层建筑对立统一的关系"角度展开探析,才能透过作为环境法外部表现形式的环境法渊源以及环境立法、环境执法、环境司法等环境法的现象,准确、全面地把握环境法的本质。根据马克思主义法学基本原理,环境法也当然地具有社会物质制约和阶级意志性的双重本质属性。具体来说,环境法作为一种立法者创立的社会规则,其在形式上是主观的,体现了统治阶级的意志,但也不能忽略环境法的客观性。人们在追求环境利益过程中所产生的社会关系(即环境利益关系)的客观现实状况才是环境法产生和存在的客观物质基础和动因,环境法的内容、性质和发展都由其决

---

① 文正邦:《法哲学研究》,中国人民大学出版社2011年版,第45页。

定。鉴于此，可以说环境法在形式上是人的意志的特定表现，然其内容和基础均是客观的。目前，环境法学界不少学者从"环境问题是全人类所面临的共同性问题""环境利益具有很强的公益性"出发，更加关注环境法的"社会性"，而忽略、弱化甚至否认其"阶级性"的属性，认为"现代环境法的产生并非阶级矛盾不可调和的产物，而是因为生产力发展严重危害了人类的生存环境，也就是说环境法产生的背景不是阶级矛盾，而是人同自然的矛盾……环境法的保护对象是人类赖以生存的自然环境，环境法的任务是保护与改善环境质量，保护人类健康。这一任务的实现，将给全体社会成员普遍带来恩惠……环境法并不表现阶级利益的根本对立和冲突"，①"从环境法的保护对象和任务来看，它不直接反映阶级利益的对立和冲突，而主要解决人类同自然的矛盾。环境保护的利益同全社会的利益是一致的，从此角度说环境法具有广泛的社会性和公益性，明显地体现了法的社会职能"，②"从人与自然的关系来看，法的共同性因素将随着社会生产力和自然科学的发展出现日益扩张的趋势。保护生态平衡、合理开发、综合利用自然资源、消除环境污染和各种公害等愈来愈引起人们的重视，迫使国家不得不用法规的形式来调整。这些调整自然关系的法规虽然会受到阶级利益的制约和影响，但也得承认，这些法规本身是没有阶级性的，是可以为各种社会所共同认可的。"③

笔者认为，上述观点是不妥的。环境问题的确是全人类面临的共同性的问题，环境利益从应然层面上看确实是一种应当为各主体所平等、共同享有的社会利益形态。统治阶级通过环境法功能的发挥也当然将普惠于各个阶级，此一切都使得环境法体现出很强的公益性。但我们不能因此而忽略隐藏于其后的"环境利益冲突"的客观存在，更不能忽略在阶级社会环境利益冲突本身的阶级性。社会关系，究其实质是人们之间的利益关系，也即人格化的生产关系。而在阶级社会中，其本质上是一种阶级关系，也即相互对立或者冲突的阶级之间的不同的利益关系。从根本上说，在这种阶级关系、利益关系中，法是其中最集中、最强烈的表现。当前，学界有部分学者肯定了环境法的阶级性，如吕忠梅教授便指出："环境法尽管在表现和实现国家意志方式上有自己独特鲜明的个性，但它作为任何一个国家的法律体系的组成部门都不能脱离本国的法律基础而存在，因而其具有阶

---

① 金瑞林：《环境法学》，北京大学出版社1994年版，第一编"环境法学总论"。
② 金瑞林：《环境法学》，北京大学出版社1994年版，第一编"环境法学总论"。
③ 金瑞林、汪劲：《20世纪环境法学研究评述》，北京大学出版社2003年版，第51~52页。

级性是不容置疑的。"① 但据现有文献资料分析，目前我国环境法学界很少有学者透过环境法的阶级意志性来分析其背后的物质制约性，反而将环境法的阶级性与物质制约性完全对立起来，并以环境法的物质制约性否定其阶级属性。如有学者便指出："环境法的有效性是通过社会因素和自然因素的交错关系而起作用的，它在一定程度上受经济规律的制约，但主要的、根本的是受自然规律的制约。当社会规律、经济规律同自然规律不一致的时候，最终起决定作用的是自然规律，而绝不是阶级意志和阶级利益。"②

正如上文所述，根据马克思主义法学原理，"阶级意志性"和"物质制约性"应是环境法两个不可或缺的属性。环境法是立法者制定的社会规则，其当然反映了在一个社会中起主导作用的统治阶级在权衡各阶级利益基础上所形成的共同意志，此是毋庸置疑的。但统治阶级的共同意志并非任意产生的，其也是社会物质生产方式决定的，该阶级意志性的内容、性质及其变化、发展都是由相应的利益关系所决定的。因此，由当代社会的生产力所决定的生产关系（即利益关系），特别是人们在追求环境利益过程中所产生的人与人之间的环境利益关系才是作为上层建筑的环境法的本质属性，其是客观的，受自然规律制约的。同时，通过环境法所体现出来的统治阶级主观意志本身也是由客观规律决定的，其当然也是遵照"自然规律"的。鉴于此，我们可以将环境法的本质抽象为是环境危机时代由一定生产方式所决定的社会主体的共同意志，就更能理解环境法的阶级性与社会性的对立统一。环境法从形式上看是一种共同规则，但其实质上是维护统治阶级所认可的环境利益；而统治阶级对环境利益的认可终归还是由环境危机时代一国生产方式客观发展现状决定的。

（三）环境法的本位

正如民法学界学者所指："民法本位是任何一个时代，任何一个国家的民法学人都必须首先思考和回答的问题"，③ 环境法本位问题也是环境法学界不可忽视的一个重要的理论问题。此问题是应然环境法的逻辑起点，对其展开探讨可有效解读环境法本位的实质，厘清环境法的基本范畴，且对于当前环境立法、执法，乃至司法实践的指导均是大有助益的。

1. 法的本位相关基础理论

若想弄清环境法的本位问题，应从法的本位相关理论着手。

---

① 吕忠梅：《环境法教程》，中国政法大学出版社 1996 年版，第 9～10 页。
② 金瑞林、汪劲：《20 世纪环境法学研究评述》，北京大学出版社 2003 年版，第 52 页。
③ 江平、张楚：《民法的本质特征是私法》，载《中国法学》1998 第 6 期。

（1）法的本位理论的历史沿革

中国传统文化典籍《大学》有云："物有本末"。"本"的释义是"事物的根基或主体"；① 而将"本位"释义为"某事或某物的基础、根源、出发点和逻辑起点"。② 有的学者认为本位"含有重心、基点、出发点或者着眼点等意思"。③ "法的本位"是我国原创性命题，最早见于1904年梁启超在《论中国成文法编制之沿革得失》一文中指出："夫既以权利为法律之本位，则法律者，非徒以为限制人民自由之用，而实以为保障人民自由之用"，④ 梁先生虽第一次使用了"法律本位"一词，但并没有对之进行内涵、外延的界定。新中国成立后，该主题在1988年召开的"全国首次法学基础范畴研讨会"上被再次重提。此后，该主题逐渐成为法学理论研究上的热点问题；且随着时间的推移，学术界不满足于仅在法理学领域探讨该主题，相关讨论扩展到了民法、经济法、行政法等其他部门法。⑤

目前，学者们基于不同的视角对"法本位"展开讨论。有的学者以"法律的服务对象或法律实施的受益对象"为视角对法的本位问题进行了讨论，具体提出了"国家本位""社会本位"和"个人本位"的不同观点。⑥ 有的学者在对不同法域、不同历史时期的法律思想、文化进行讨论的过程中使用了"法的本位"一词，提出人类社会迄今为止经历了"家族本位""集团本位""个人本位"等不同法本位。还有的学者着眼于同一历史时期，讨论不同部门法内部解决社会矛盾的基本立场，此是目前学界主要的研究视角。在此视角下，学者们又在不同的语境下对"法的本位"展开了讨论：

其中，有的学者以"应然法"为基点，以对"法律制度的设置具体应当以什么为基点"为研究核心，应用价值分析的方法提出了"权利本位说"。以张文显教授的观点为例，先生认为，"法的本位"问题是关于在既定的权利义务体系内，权利与义务何者处于轴心的问题，权利本位是社会主义法的核心要义。⑦ 除此之外，卓泽渊、葛洪义、郑成良、谢晖等知名学者也分别在其论著中坚定地认为法是以权利为本位的一切法学研究、法律制定及

---

① 章礼强：《民法本位研究述论》，载《深圳大学学报（人文社会科学版）》2003第6期。
② 《辞海》，上海辞书出版社2002年版，第48页。
③ 文正邦：《法哲学研究》，中国人民大学出版社2011年版，第51页。
④ 梁启超：《论中国成文法编制之沿革得失》，载《梁启超法学文集》，中国政法大学出版社2000年版，第174页。
⑤ 蒙禹诺：《环境法视野下的环境利益本位论》，西北政法大学2016年硕士学位论文。
⑥ 童之伟：《20世纪上半叶法本位研究之得失》，载《法商研究（中南政法学院学报）》2000年第6期。
⑦ 张文显：《"权利本位"之语义和意义分析——兼论社会主义法是新型的权利本位法》，载《中国法学》1990年第4期。

运行的逻辑起点均是权利。① 而有的学者以"实在法"（即具体法律规范）为基点，以"具体法律制度运营的实际效果"为研究内容，应用实证、规范分析的方法，提出了"义务重心说"（或"义务本位说"）。如亦鸣在《权利本位质疑》一文中旗帜鲜明地主张义务本位论，其认为权利的宣示作用需要义务实现，义务的履行才是权利的归宿。也有部分学者将"社会法"作为基点，将"法的动态、实际运作过程"为考察对象，应用社会分析方法，提出了"权利义务一致说"。除此之外，学者们还提出了其他观点。如童之伟教授主张应当注重权力在权利保障上的价值与作用，上述的"权利本位说"偏重于权利而轻视了权力，并以此为基础提出了"法权中心说"。② 刘旺洪教授在其文章中提到了一个不同的本位类型——职责本位，其认为职责本位也可成为法的价值选择。

（2）法的本位是价值层面的主题

欲澄清上述争议，应回归到法学基本理论中展开探讨。从法哲学本体论的层面出发，法的本位是指"一定历史条件下，法律制度或者法律文件的重心、基点、出发点或者着眼点。"③ "探究法的本位，就是探究法的逻辑起点和立法取向，就是探究法的价值标准和中心任务。"④ 法的本位作为一个上位概念，具有价值导向的特点，其表明了法律体系的终极关怀。⑤ 具体来看：在横向上，它指引着相关法律规则的建构，体现了不同部门法调整社会关系的具体领域和基本立场，并决定了不同部门法立法目的、立法任务的设定，也是衡量某一部门法基本功能及目的实现的基本标准；而在纵向上，其支配着法律运行轨迹及演进方向。⑥ 可见，从本体论层面对法的本位进行探究应当在应然层面展开，即对"一国法律制度具体应当以什么为重心进行设置""一国法律体系具体应当以什么为基点进行构建"等问题进行研究。而此视角与上述"权利本位说"是相吻合的。如上文所述，"权利本位"是一个有价值定向的概念，⑦ "权利本位说"主要从价值层面回

---

① 卓泽渊：《社会主义法治国家的基本特征》，载《重庆行政》2003 年第 4 期。
葛洪义：《法律·权利·权利本位——新时期法学视角的转换及其意义》，载《社会科学》1991 年第 3 期。
郑成良：《权利本位论——兼与封日贤同志商榷》，载《中国法学》1991 年第 1 期。
谢晖：《法学范畴矛盾辨思》，山东人民出版社 1999 年版。
② 童之伟：《权利本位说再评议》，载《中国法学》2000 年第 6 期。
③ 文正邦：《法哲学研究》，中国人民大学出版社 2011 年版，第 51 页。
④ 蔡恒松：《论法的利益本位》，载《前沿》2010 年第 23 期。
⑤ 王树义等：《环境法基本理论研究》，科学出版社 2012 年版，第 178 页。
⑥ 钭晓东：《论环境法功能之进化》，科学出版社 2008 年版，第 91 页。
⑦ 另外，张教授在其《从义务本位到权利本位是法的发展规律》《"权利本位"之语义和意义分析——兼论社会主义法是新型的权利本位法》等文献中亦指出。

答了"法的应然基点"的问题,虽然仍存在部分质疑,但其已逐步发展成为当代的主流学说。①

受千年来封建制度的影响,中国形成了一种以义务为价值核心的传统法律文化。该文化以个人义务的确立和强制履行为核心,长期以来此种价值观念束缚着人们的思想与行动。再加之新中国成立后,受早期计划经济时代"国家意志至上、国家权力统筹一切的国家本位观念"的影响,我国立法所强调的是"管理、服从、义务、守法",而忽视"权利、自由、权力控制"等方面。事实上在法律上更加凸显"主体意识""权利意识"是文明时代的必需。当下,应当培养并弘扬符合时代特征的公民意识,塑造符合中国特色社会主义的公民人格。法理学层面的"权利本位说"正是在此种背景下提出的。可以说,"权利本位"深刻地体现了新时代的特征和建设中国特色社会主义的客观要求。

据现有文献资料显示,"权利本位论"主张:根据现代的价值准则和社会主义原则,"义务来源于权利,义务服务于权利,义务从属于权利"②"在权利和义务的关系上,权利是目的,义务是手段,法律设定义务的目的在于保障权利的实现;权利是第一性的因素,义务是第二性的因素,权利是义务存在的依据和意义"。③ 具体来看,"权利本位说"的研究角度和方法是以"应然法"为基点,从研究"应有权利"开始,着重回答"应当是什么"的问题,应用价值分析的方法来说明自己的主张。应当注意的是,"权利本位论"中的"权利"并非意指为社会稳定、有序总目标服务的具体的手段,而是社会的自由价值在法律上的表现,权利本位意味着对自由社会的追求。传统"权利本位论"所提出的"义务来源于权利,义务服务于权利,义务从属于权利"的内容,实质上隐含着的是"义务设置的合理性来源于权利"的逻辑思路,此内涵解读意味着法律不再是(也不应该是)统治或奴役他人的手段。对此,马克思经典作家也曾指出:"法律上所承认的自由在一个

---

① 张文显教授以其专著《法哲学范畴研究》和系列论文如《从义务本位到权利本位是法的发展规律》《"权利本位"之语义和意义分析》等为代表,旗帜鲜明地提出了法应以权利为本位,且法的研究范式应从阶级本位研究范式转向权利本位研究范式;此外,还有卓泽渊教授的《权利本位:法治国家的明显特征》、郑成良教授的《权利本位论》、葛洪义教授的《法律·权利·权利本位——新时期法学视角的转换及其意义》、谢晖教授的专著《法学范畴的矛盾辨思》中均认为权利是法的逻辑起点和最终归宿。
② 郑成良:《权利本位论——兼与封日贤同志商榷》,载《中国法学》1991年第1期。
③ 张文显:《"权利本位"之语义和意义分析——兼论社会主义法是新型的权利本位法》,载《中国法学》1990年第4期。

国家中是以法律的形式存在的。法律不是压制自由的手段。"① "权利本位"作为一种法学范式把人文精神作为中国现代法治的精神要素,其意义就在于确立人文主义的法律观,破除国家主义的迷信,恢复人的尊严和法治对良法的追求。受中国传统思想文化的影响,我国的私法理念和文化较为欠缺,在此背景下确立并弘扬权利本位的理念意义十足。② 尽管随着改革开放的逐步深入,社会主义市场经济建立与完善,但总体说来,私权理念和私法精神仍处于比较薄弱的程度。权利本位将有利于弘扬追求权利、追求自由的自治精神,这也契合了现代法治精神的要求,也正是现代法律精神的要义。

但笔者认为,现有"权利本位论"学说的表述并不够完美。首先,其仅分析了权利的表象,将权利视为义务价值正当性的源泉,而并未透过权利的表象分析该"正当性"的真实来源。如上文所述,权利的核心在于隐含于该权利之后的特定的社会利益,对该社会利益有效地保障才是法律具体机制正当性、合理性的根本性来源。因此,可以说从价值层面强调以权利为本位的实质应是"以保障特定的利益为本位"。"权利本位论"中的"权利"并非意指为社会稳定、有序总目标服务的手段,而应指为权利所确认的特定的社会利益,它是自由价值在法律上的表现。其次,传统的"权利本位论"的观点集中于在"权利与义务"的范围内进行讨论,而忽略了对权力的讨论;更未将之上升到整个法律制度、法律体系的层面进行讨论。而事实上,"权利本位论"当然可以应用于权力的范畴;当然也可以为法律制度的设定和整个法律体系的构建提供价值指引。在权利与义务关系中,主张权利本位,意在弘扬人的自主意识和主体精神,认可与扩大人们的自由空间;③ 在权利与权力的关系中,权利本位意味着主体的权利是国家权力的源泉,也是国家权力配置、运作的目的和界限;权利的核心在于隐含于该权利之后的特定的社会利益,对该社会利益有效地保障才是法律具体机制正当性、合理性的根本性来源。鉴于此,笔者可以将价值层面的"权利本位论"解释为:法律权力、法律义务存在的必要性取决于法律权利所确认的特定的社会利益;而法律权利所确认并保障的特定利益是法律权力、法律义务存在的理由与合法性的判断标准;法律义务、法律权力的合理性、正当性源于对法律权利所确认的特定的社会利益的保障。此外,在法律制度设计、法律体系的

---

① [德]马克思:《马克思恩格斯全集》(第一卷),中共中央马克思恩格斯列宁斯大林著作编译局译,人民出版社2006年版,第71页。
② 张一粟:《环境法的权利本位论》,载《东南学术》2007年第5期。
③ 张文显:《20世纪西方法哲学思潮研究》,法律出版社1996年版,第507页。

构造中,都应当以特定利益出发来制定法律行为规范,配置法律权利、法律权力及法律义务。

2. 环境利益视野下环境法的本位

(1) 环境法的本位研究现状梳理

域外学界少有学者关注"法本位"这一主题,以至于有学者提出该问题是我国法理学界的原创性问题。① 早期不少学者在论及环境法本位问题时都直接引用"法本位"之概念,但并未专门就"环境法的本位"进行界定、探讨。近年来,开始有学者对"环境法本位"展开界定,如王树义教授将"环境法本位"视为环境法的逻辑起点和立法方向,认为环境法律制度必须以"环境法本位"为出发点和最终归宿,体现了环境法制的终极价值。②

进入21世纪,环境法学界逐渐展开了有关环境法本位的论战。我国环境法学界学者延续了法理学界的思路,提出了"环境权利本位""环境义务本位"等相关理论。

1982年,蔡守秋先生在其文章中肯定了环境权"是环境法的一个核心问题,是环境立法和执法、环境管理和诉讼的基础;也是一种新的法学理论,用它可以揭示许多环境法问题"。③ 随后,我国环境法学界不少学者如钱大清、张一粟、王彬辉、何凤鸣、段永清等都在其论著中明确肯定了"环境法的权利本位论"的主张。如钱大军教授认为:突出的环境问题是学者重新考量环境法本位问题的起因,构造法律体系、设计制度都应以权利为逻辑起点,实现对于法律权利义务的良好配置。④ 张一粟指出:环境法是权利本位的法,环境法律体系的构建应当以权利为本位。⑤ 王彬辉也支持权利本位的主张,其提出:我国环境法制的完善应以权利为本位。⑥ 据现有文献资料表明,"环境权利本位论"已经成为当代环境法学界的主流观点,但持该观点的学者对其内涵又有不同的理解:有的学者认为"环境权利本位论"是有关环境法价值层面的问题;而有的学者则在实证层面论证环境法律制度应强调环境权利的重要作用。

近年来,伴随着环境法学界理论研究工作的不断推进以及实践中环境问题的不断恶化,环境法学界有学者在对"环境权利本位论"进行反思的

---

① 蒙禹诺:《环境法视野下的环境利益本位论》,西北政法大学2016年硕士学位论文。
② 王树义等:《环境法基本理论研究》,科学出版社2012年版,第179页。
③ 蔡守秋:《论环境权》,载《金陵法律评论》2002年第1期。
④ 钱大军:《环境法应当以权利为本位——以义务本位论对权利本位论的批评为讨论对象》,载《法制与社会发展》2014年第5期。
⑤ 张一粟:《环境法的权利本位论》,载《东南学术》2007年第3期。
⑥ 李爱年:《环境法的伦理审视》,湖南师范大学2003年博士学位论文。

基础上提出了"环境法义务本位论"的主张。学者们提出,以"环境权"为基石范畴的环境法学具有逻辑上的漏洞,其只关注权利的配置,忽视了环境义务在环境保护中的价值,因此也就无法实现环境法的环境保护目的,难以完成维护环境公共利益的历史使命。以权利本位构建环境法学已经不能适应环境法的发展,为了实现环境保护的目的,环境法应主要设定义务性规范。申言之,"环境法义务本位"是指通过制定义务性规范,以实现环境保护、维护基本的生存条件。[①]"环境法义务本位论"这一学说以徐祥民教授为代表,先生认为:义务本位是取决于环境问题自身的复杂性,而非人类的自主选择,也即人类必须通过自我限制,才能在资源稀缺的时代生存,而自我限制就体现了义务本位的理念。[②] 此外,在《荀子的"分"与环境法的本位》一文中,徐教授主张荀子"分"的方法是用以应对环境问题的恰当之法,而这种"分"的方法的核心在于义务。[③]

(2)学界常见观点之评析

笔者认为,要厘清学界目前的争议,应回溯到法理学层面展开相关理论的探讨。虽然法理学层面的"权利本位说""义务重心说""权利义务一致说"等观点长期以来表现出"论战"的状态,但事实上,透过争议的表象进行分析会发现各种观点并不冲突,而只是从不同的基点出发,分别运用不同的理论方法、各有侧重地对问题进行了分析。对此,孙笑侠教授主张,上述观点没有对错之分,只是在研究的基点及方法上存在些许不同。[④] 具体看来,"权利本位说"的研究角度和方法是以"应然法"为基点,从研究"应有权利"开始,着重回答"应当是什么"的问题,应用价值分析的方法来说明自己的主张。"义务重心说"的研究角度和方法是以"实在法"(即具体法律规范)为基点,从研究"法定权利"开始,即从实在法的基点上作实证、规范分析,是对法的本体、实效进行考察的。"权利义务一致说"以社会法为基点,是对法的动态、法的实际运作过程进行考察。可以说,以应然法为基点进行价值分析的"权利本位说"是一种对法的本质进行研究的学说,而其他两学说均不涉及"法应当怎样"的问题,是一种较浅层次的关于法的本体的认识,而不是"关于法的深层本质问题"。[⑤] 而"应然"作为一种价值取向,人们通常以是否符合公平、正义为其衡量标准。可以说,"权

---

① 黄中显:《环境的公共性品格及其法律意义》,载《经济与社会发展》2015年5期。
② 徐祥民:《从全球视野看环境法的本位》,载《南京大学法律评论》2010年第1期。
③ 徐祥民:《荀子的"分"与环境法的本位》,载《当代法学》2002年第12期。
④ 孙笑侠:《"权利本位说"的基点、方法与理念:兼评"法本位"论战三方观点与方法》,载《中国法学》1991第4期。
⑤ 张恒山:《论法以义务为重心——兼评"权利本位说"》,载《中国法学》1990第5期。

利本位说"所崇尚与弘扬的法的民主精神,是另外两种学说所无法涵盖的,此也是时代精神的价值所在。权利本位论的提出在我国无疑具有重要的现实意义,它回应了时代的要求,反映了人们对权利的需求,适应经济、社会发展的需要,完成了所谓从"阶级斗争范式"到"权利本位范式"的转换。

可见,法理学层面的"权利本位论""义务本位论"以及"权利义务一致论"的学说分别以应然法、实在法和社会法为基点,且分别运用价值分析的方法、实证(规范)分析的方法和社会分析的方法,各有侧重地研究了权利义务关系的不同层面。"权利本位论"是一种精神和理念,其所强调的实质上是价值层面应以权利为逻辑起点,其并不关注并解决实体法层面的法律权利、法律权力以及法律义务的具体配置问题,而仅在逻辑上研究了如何配置才更为合理、正当的问题。而环境法学界"环境义务本位论"者所强调并主张的是"应通过在环境法中设置环境义务来实现环境法之目的",其并没有讨论应然层面正当性的问题。延续此思路可知,环境法学界所谓"环境权利本位"与"环境义务本位"的争议仅是假象,"环境义务本位论"对"环境权利本位论"的批驳仅源于对法理学层面"权利本位论"的误读。

如上文所述,"环境法的本位"是一个价值判断问题,它表明环境法应当以保障环境权利所确认的环境利益为终极价值关怀;而至于实证层面的法律文件具体采用授权性法律规范抑或是禁止性、命令性法律规范,则与法的本位问题并无直接关联。即使某一法律文件通篇都是义务性规范,也并不代表环境法就是义务本位型的,而这恰恰是目前环境法本位研究的一大误区,① 即学者们将"权利本位论"原本在价值层面的倡导理解为其在环境实体法层面只倡导权利,摒弃法律义务和法律责任。事实上,"权利本位论"并不关注实体法层面的法律权利、法律权力与法律义务的配置问题,更不存在否定实体法层面义务之说。笔者认为,环境法目前所存在的问题不仅不是由于权利本位对权利的倡导,而恰恰源于权利本位理论没有能够得到贯彻和落实。如果实证法中的环境权利、环境权力以及环境义务均能以保障环境利益公平、有序地实现为其存在并运行的目的,则环境法的功能必将得以有效发挥。

其次,"环境义务本位论"的观点本身也存在瑕疵。①"义务本位论"把实在法作为自己的理论基点,并在这一层次上分析和论证了实在法中的义务规范的作用和价值。其强调的是"法作为社会控制、规范手段,主要

---

① 张一粟:《环境法的权利本位论》,载《东南学术》2007第3期。

通过义务性规范来实现自己试图达到的目的"。① 但是,实在法的权利宣告和义务规定作为一个法律技术手段问题,与采用什么样的法律技术手段满足一定社会的价值需要相关,其与"法的本位"并非是一个层面的问题,自然不能做为否定权利本位或推崇义务本位的依据。所以说,从实在法角度讨论环境法的应然本位,将环境法本位的讨论范围局限在实在法的规范层面,这种立足点与方法使得义务本位说表现出一种较浅层的本体认识,而不是关于法的深层本质问题的认识。可以说,在实证层面,强调义务本位没有过多的意义,即仅以义务为本位无法实现环境法保障的目的。②"义务本位论"的论证逻辑是:只要主要以义务规范的形式来构造法律制度,该部门法则应体现为义务本位。从实证法角度分析,我国环境法律制度的确主要表现为权力性、义务性规范,义务性条款的数量绝对地多于权利性条款。但我们不能凭某一法律文件中规定权利的条款与设定义务的条款在数量上的差别做出该法律是"以义务为本位,还是以权利为本位"的断言。如上文所述,强调环境法的权利本位事实上是价值层面的主题,而"法律文件中规定中权利性法律规范、义务性法律规范的数量占比问题"是法律价值目标的实现方法和手段的问题,该两者不存在必然联系。任何国家,即使所有的法律都是义务性和禁止性的,但只要它以"法不禁止即自由"为价值取向,便可判断它是以权利为本位的;相反,即使所有的法律规范都是授权性的,只要其以"法不允许即禁止"为原则,则仍不能改变这种法的义务本位性。法律以权利为本位或以义务为重心归根结底是由时代的法律精神和法律的价值取向所决定的。③持环境义务本位论的学者否定环境权利本位观点的主要理由在于认为目前在学术中占主流地位的环境权利本位论对环境权的强调并没有解决我国的环境问题,其无法实现环境法的环境保护目的,难以完成维护环境公共利益的历史使命。而事实上,中国目前的环境法律恰恰就是以义务规范为主的,因此,若延续义务本位论的思路,环境法的失败应是"义务本位理论"的失效。

当然,持"环境权利本位论"的学者们的观点也并不完美。在实证层面,环境法必须实现环境法律权利、环境法律权力与环境法律义务的相互有效配置和运作,方能实现环境法的目的。换一个角度看,"环境权利本位理论"绝不能仅靠实体层面的法律权利来实现,而需要通过法律权利、法律权力以及法律义务的有机配合来完成。然而,在我国环境法学界,持"权利本位论"的学者要么直接在实证法层面理解环境权本位的内涵,强调实

---

① 张恒山:《论法以义务为重心——兼评"权利本位说"》,载《中国法学》1990第5期。

证法层面环境权利的核心地位；而即使在价值层面理解权利本位论的学者，在从应然分析转向实在法的过程中也未"顺利过渡"，也多是延续思路提出在实证层面也应强调环境权利的重要性。如有的学者提出：从价值层面看，环境法应以权利为本位，而我国环境法从实证层面上看是以义务为本位的，这是一种"应然法与实然法悖离的典型"，因而，我国应在实证层面强化环境权的建设并以环境权利为核心。[①] 而持"义务本位论"的学者多强调在实证层面应以环境义务为核心。可见，我国环境法学界学者并没有很好地解读实证层面作为法律调控利益手段的权利、权力以及义务机制之间的真实的关系。

（3）以环境利益为视角的分析

延续上文思路，本书所讨论的环境法的本位是有关"环境法的产生根源、存在的依据、终极关怀以及运行的出发点与落脚点"的问题。如上文所述，"权利本位"是当代法律制度的应然本位，环境法作为法的一种，从价值层面上自然也应以环境权为本位。权利的核心是该权利所保障的特定的利益，因此，从价值层面强调以环境权为本位的实质应是以保障该特定的环境利益为本位，即环境法应当以"保障环境权利所确认的环境利益"为其终极价值关怀。实证法层面的环境权利、环境义务取得合法地位的前提取决于其是否能对环境权利所确认的环境利益进行有效的保障；具体的环境法律制度的构建以及环境法律体系的安排都也应当以对环境利益的合理保障为出发点。环境法的环境权利本位作为一种价值观，它是对立法者、执法者以及守法者所提出的一种"应当怎样"的要求，带有极强的民主精神理念，其是社会进步的时代产物。

具体来看：首先，环境法的环境权利本位要求立法者在制定法律时应当以确认、保障环境利益为目标和出发点，在实证法律规范中设定特定的环境权利、环境义务以及环境权力，使法律真正体现公平、正义、效率的原则。其次，其要求执法者在执法过程中，应以"权利本位"为指导，即以保障环境利益的实现为己任，以树立环境执法的"环境利益保障"为目标。再次，于守法者而言，其要求每个守法主体应当珍重法律所认可的环境利益，既充分合理地运用权利、不滥用权利，同时又正确对待、自觉履行义务。只有这样才能充分调动和发挥广大群众保护环境的主动性和积极性。

在当代环境危机的背景下，在价值层面提倡环境权利本位，即肯定隐含于环境权利背后的环境利益才是实在法层面的环境权利、环境权力以及

---

① 王彬辉：《论环境法的逻辑嬗变——从"义务本位"到"权利本位"》，武汉大学2005年博士学位论文。

环境义务存在的理由和目的,对于推动生态文明社会的建立是意义重大的。值得注意的是,我们不能将环境法的"权利本位"完全理解为"以个人利益为本位、权利绝对化"的法本位,价值层面的环境权利本位事实上意指以保障法律所确认的环境利益为基点,其既包括环境公益也包括个人的环境利益。这种新的权利本位所要求的是既具有内在激励机制的个体性私权、又有公共利益属性的社会性公权,是能够重构权力—权利、社会—国家—个人、公法—私法关系的权利本位。[①] 此外,"应然"作为一种价值取向,人们通常以是否符合公平和正义为其衡量标准。可以说,"权利本位说"所崇尚与弘扬的法的民主精神,是其他学说所无法涵盖的,此也是"权利本位说"体现的时代精神的价值所在。"权利本位论"的提出在我国无疑具有重要的现实意义。它回应了时代的要求,反映了人们对权利的需求,适应了经济、社会发展的需要,完成了所谓从"阶级斗争范式"到"权利本位范式"的转换。

二、环境法的理念

法的理念对法的运行及法学研究具有极端重要的意义,其蕴含了统治阶级所追求的价值取向,是判断制定法正当性的标准,承担着从一个超越的层面审视、批判制定法的功能。为了实现法治现代化,必须要有适当的、符合时代的法的理念加以引导。环境法意义上的法的理念是准确定位应然层面环境法的价值指引,其是环境法这一独立法律部门得以确立和存续的观念基础,是环境法和环境法学的灵魂的最高原理。只有对此问题进行深刻、全面地把握,方能从根本上理解我们所追求的环境法的应然状态,并较好地开展环境法学的研究,也才能更好地进行立法、司法、执法的工作,更大程度地缩减"应然法"与"实然法"之间的差距。

(一)法的理念相关理论

1. 概念

"理念(idea)"一词源自古希腊文(eidos 或 idein),原意为"看到的东西""事物的外观、形象"。后由日本学者从德文"Idee"翻译(意译),并于20世纪20年代,随着西学东渐最终引入我国。经长期演化,学者们大多尝试从"观念""想法""思想"的角度将之理解为"一定世界观之下的某种基本观念、立场和追求"。[②] 据资料显示,目前在哲学层面,学者们通常

---

① 王彬辉:《论环境法的逻辑嬗变——从"义务本位"到"权利本位"》,武汉大学2005年博士学位论文。

② 史际春、李青山:《论经济法的理念》,载《华东政法大学学报》2003年第2期。

将理念理解为:"不仅是一种对事物或现象的理性认识,更应是通过人类经验与理性对事物或现象的存在的最全面、最深刻的把握……它是一种体现了人类对美好事物追求的理想,是一种指导实际行动的最高准则。它既包括人类对客观世界的认识论与方法论的理性思考,也包括对人类自身存在与价值目标的理想追求,是人类理性与理想的合称。"① "理念是对蕴含于事物之中的内在普遍性和必然性的一种抽象概括,代表着事物的一种理想属性……理念是蕴含于事物之中的一种价值性,即应然属性。"②

法的理念是将哲学层面的"理念"问题引入法学所产生的一个专门的概念,在学术史上也有着明显的学术系谱。在西方,康德是最早将"理念"引入到法学研究的重要学者之一,③但该概念是由黑格尔在其《法哲学原理》一文中首先明确提出的,该文指出"法的理念,即法的概念及其现实化""法的理念是自由……任何定在,只要是自由意志的定在,就叫做法"。④ 新康德主义法学家鲁道夫·施塔姆勒则在明确法律概念与法律理念的基础上提出:"法律理念乃是正义的实现。正义要求所有的法律努力都应当指向这样一个目标,即实现在当时当地的条件下所可能实现的有关社会生活的最完美的和谐。"⑤

与其他法学范畴相比,我国学界对"法的理念"并没有过多的专门性的论述,而多在相关论著中进行简要、附带性介绍,不少题名中含有"法的理念"的专著也仅在前言部分对法的理念进行了简要的概述,⑥ 而有的论著根本就没有涉及与之相关的内容。从现有文献看来,在我国较早对法的理念予以论述的是台湾地区法学家史尚宽先生,他指出:"法律之概念,谓'法律为何者';法律之理念,谓'法律应如何'……前者为存在之问题,后者为价值之问题"⑦ "法律制度及运用之最高原理,谓之法律之理念……法律之理念,为法律的目的及其手段之指导原则"。⑧ 此后,也有不少学者分

---

① 张书清:《金融法理念论纲》,西南政法大学2009年博士学位论文。
② 叶传星:《当代中国的法理念》,中国政法大学出版社2012年版,第2~3页。
③ [德]康德:《纯粹理性批判》,邓晓芒译,中国人民大学出版社2004年版,第272页。
④ [德]黑格尔:《法哲学原理》,范扬译,商务印书馆1961年版,第1页。
⑤ [德]博登海默:《法理学:法律哲学与法律方法》,邓正来译,中国政法大学出版社1999年版,第172~173页。
⑥ 叶传星:《当代中国的法理念:以构建和谐社会为背景的考察》,中国政法大学出版社2012年版,第2~3页。
⑦ 史尚宽:《法律之理念与经验主义法学之综合》,载刁荣华主编:《中西法律思想论集》,台湾汉林出版社1984年版,第259~272页。
⑧ 史尚宽:《法律之理念与经验主义法学之综合》,载刁荣华主编:《中西法律思想论集》,台湾汉林出版社1984年版,第259~272页。

别从认识论、价值论等不同角度对法的理念进行界定，如李双元先生主要从认识论角度提出："法律理念就是对法律的本质及其发展规律的一种宏观的、整体的理性认知、把握和建构，是一种理性的思想，是一种方法，是一种态度，是认识论、方法论和本体论有机结合的产物。"① 部分学者从价值论的角度展开了对法的理念的认识，如刘作翔先生指出"法律理念乃是指对一种法律目标指向的实现"。② 陈泉生教授指出："法的理念是指对具体法所凭以判断其正当性的原理，是法所蕴含的价值取向或精神导向。"③ 曹刚教授指出："法的界定，即是指作为社会规范形态之一的法律，在实现自己的调控社会的功能时，所致力追求的理想的伦理价值。"④ 谷德近博士提出："理念是法学界惯常使用的一个概念，就自然法而言，它一般指法所蕴含的价值取向或精神向导。如果部门法学失去或根本就没有自身特定的理念，那么它的整个理论体系就失去了基石和灵魂，制度构建也将成为无源之水、空穴来风。"⑤ 还有学者综合认识论和价值论两种视角来理解法的理念，比如叶传星先生指出："法理念是对法律制度的本质特点和价值取向的最高抽象，是法在理想状态下所呈现的一种本质的属性。法理念是对一种法律制度本质的价值判断和价值追求，是对与现实的法律生活实践本质的一种高度理论化的凝练概括和综合。"⑥

通过对上述学者们的观点进行梳理、分析可知，虽然目前学者们对"法的理念"的认识并不统一，但其间差异更多体现在认识视角的不同上，学者们的观点之间并没有实质的理论冲突。如前所述，法作为一种客观实存，不同于自然物的存在，其完全是根据立法者的需要而创制的，即法具有主观意志性，"法是人的创造物，人在创造法的时候就赋予或者确定了它应有的使命，也可以说法是在人的一定理念指导之下而创制出来的。法的一切因素、状况都与人的主观需求、预期有关。"⑦ 因此，对"理想、应然状态下的法律应当是什么样"的这一问题展开探究，就必须要探究立法者对于法这样一种特殊的制度性构成物有什么样的期待，这自然就涉及了价值论的问题。可见，法的理念是对理想状态的法的"认识论"和"价值论"的有机

---

① 李双元、蒋新苗、蒋茂凝：《法律理念及其现代化取向》，载《时代法学》1999年版第1期。
② 刘作翔：《法律的理想与法制理论》，西北工业大学出版1995年版，第27～28页。
③ 陈泉生：《环境法学基本理论》，中国环境科学出版社2004年版，第203页。
④ 曹刚：《法律的道德批判》，江西人民出版社2001年版，第33页。
⑤ 谷德近：《环境法学的自然法理念》，载《南京社会科学》2002年第5期。
⑥ 叶传星：《当代中国的法理念：以构建和谐社会为背景的考察》，中国政法大学出版社2012年版，第3页。
⑦ 卓泽渊：《法的价值论》，法律出版社2006年版，第51页。

结合，从该双重角度对法的理念展开理解是适宜的。因此我们可以将法的理念理解为是人们对法在理想、应然状态下所呈现的一种本质的属性的认识，其蕴含了人们对法律制度本质的价值判断的标准和价值目标。

此外，由于"价值"一词本身便具有多义性，本书此处将法的价值理解为法作为客体对于作为主体的人的积极意义。只有在法充分满足了人的需要的情况下，我们才可以说法对人产生了积极意义，即法是有价值的。法对人需要满足的意义包括两个层面：一是将人的需要法律制度化，使之具有合法的、为法律保护的性质；二是将已经法律制度化的人的需要现实化，为主体获得满足的法律实现。① 法的价值判断（评价）是指主体对于法是否有价值的一种判断，其实质是"评价主体根据价值主体的需要"来衡量价值客体是否满足其需要的一种判断"。② 价值目标是指法作为客体满足主体需求的终极追求，体现了主体对法的价值的追求和企盼。③ 可见，法的理念蕴含了人们对"什么样的法才是能充分满足人的需求的""符合什么样标准的法对主体才是有积极意义的"等问题回答的目标定位和判断标准。法的理念是指导并判断制定法"正当性"的原则和标准，体现了法的极致完美的"应然"状态。

2. 内容实质

目前学界对"法的理念"的具体内容存在诸多不同的看法，但学者们普遍认为"正义"是法的核心理念，如博登海默提出："法的理念是正义的实现，是判断具体法正当与否的原理"；④ 拉德布鲁赫提出："法的理念即价值，首先在于正义"⑤ "除了正义，法律的理念不可能是其他理念……正义就像真、善、美一样，是一个绝对的价值；⑥ 鲁道夫·施塔姆勒指出："正义要求所有法律努力都应当指向这个目标，即实现在某地某时的条件下所可能实现的有关社会生活的最完美的和谐，法律理念乃是正义的实现。"⑦ 史尚宽先生认为："只有正义为法之真理念（法律制度及运用之最高原理）。"⑧ 史际春教授认为："就法这一社会现象或事物本身而言，其基本规

---

① 卓泽渊：《法的价值论》，法律出版社 2006 年版，第 51 页。
② 冯平：《走出价值判断的悖论》，载《哲学研究》1995 年第 10 期。
③ 杨震：《法价值哲学导论》，中国社会科学出版社 2004 年版，第 172 页。
④ ［美］博登海默：《法理学——法哲学及其方法》，邓正来译，华夏出版 1987 年版，第 162～163 页。
⑤ 沈宗灵：《现代西方法理学》，北京大学出版社 1992 年版，第 47 页。
⑥ ［德］拉德布鲁赫：《法哲学》，王朴译，法律出版社 2005 年版，第 32～33 页。
⑦ ［美］博登海默：《法理学——法哲学及其方法》，中国政法大学出版社 1999 年版，第 173 页。
⑧ 史尚宽：《法律之理念与经验主义法学之综合》，载刁荣华主编：《中西法律思想论集》，汉林出版社 1984 年版，第 264 页。

定性或者说本质应当是实现正义的工具,法的最高理念应当是正义及其实现。"①李青山教授提出:"正义是最高层次、最基本的法理念,也是最抽象的法理念,而'平等''自由''效率''秩序'等则是正义的具体形式,是仅次于正义、稍为具体的法理念。"②尽管卓泽渊先生对法的理念做出了不同的解读,但他也承认:"正义具有很大的概括性,几乎所有的价值准则都可以在最后被归结为正义。"③

如上文所述,法的理念是主体对其所追求的理想状态的法所应当具有的本质属性的预设,同时其也蕴含了人们对于法所预设的价值目标。若从法的"价值目标"角度展开认识,则有更多学者肯定了"正义"的核心地位。从法哲学层面看,法所追求的价值目标是一个多元、多维度和多层次结构的体系,具体包含了自由、安全、平等、秩序、效率、公正等诸多内容。据研究资料显示,目前学者们对正义与该些基本价值之间的关系进行了广泛而深入的研究,并普遍认为正义是法的核心价值追求,是法的最高价值和终极价值;而秩序、平等、自由和效率是法的具体价值,是正义价值的具体体现。正义是实现法的其他价值的基础与保障。没有正义,或许也会暂时实现安全、平等、秩序、自由等价值,但是这样的价值是没有根基和保障的,是不能自我保护的、脆弱的,从而也是底气不足的。当然,法的正义价值也体现在社会的安全、平等、秩序、自由等方面。一般说来,法的正义价值与秩序、平等、自由、社会福利等价值是一致的,但也会有冲突,这时的取舍标准通常是正义。如罗尔斯在《正义论》开篇中指出的那样:"正义是社会制度的首要价值,正像真理是思想体系的首要价值一样……某些法律和制度,不管它们如何有效率和有条理,只要它们不正义,就必须加以改造或废除"。④ 周灵方教授指出:"该些价值均以正义为统摄、为灵魂,法只有体现了秩序、自由、平等和效率等具体价值,并且这些方面的价值只有在一定历史条件下并在正义价值的主导下实现内在统一,才是真正正义的。因此,对于人类社会而言,正义是法的化身,法是实现正义的手段。"⑤付子堂先生指出:"正义表现为一种法的价值目标。追求正义的实现,是法的理想,而且是首要的和最高的理想。正义所蕴含的公平、公正、公道、平等权

---

① 史际春、李青山:《论经济法的理念》,载《华东政法大学学报》2003年第2期。
② 史际春、李青山:《论经济法的理念》,载《华东政法大学学报》2003年第2期。
③ 卓泽渊:《法的价值论》,法律出版社2006年版,第46页。
④ [美]罗尔斯:《正义论》,何怀宏、何包钢、廖申白译,中国社会科学出版社1988年版,第78页。
⑤ 周灵方:《法的价值冲突与选择——兼论法的正义价值之优先性》,载《伦理学研究》2011年第6期。

利等价值内涵,是政治社会中所有价值体系所追求的最高目标。法作为一种最具权威性的价值体系和规范体系,自然也应将实现正义作为自己最终的理想目标……正义作为法的最高目的,作为区别良法恶法的标准,始终是法的进化的精神驱力。作为一种社会观念和社会准则,正义不是永恒不变的,不同时代的正义观念具有一定的差异。"① 周文华博士指出:"现实生活要求法具有多种价值目标。但是,无论在何种情况下,有一种价值是法的始终追求,那就是正义。正义应该是法的具有优先地位的价值,而且正义是法的根本价值。"② 马晶博士指出:"法的称谓来自于正义……偏离或忽视法的正义属性和法律理论本身的特质,并不能设计出真正有效的法律制度体系,其法的效果总难免差强人意。衡量'良法'的尺度,既在于法的实效,也在于法律制度的正义性。"③

鉴于此,本部分笔者拟以"正义"为视角切入对法的理念的具体内容的分析。然而,正义是一个相当模糊、不确定的概念,我们很难对其进行明确的界定。对此,凯尔森曾形象地描述道:"没有别的问题被如此激烈地争论过……也没有别的问题令从柏拉图直到康德的那么多卓越的思想家对之冥思苦想,而时至今日,此问题仍一如既往地没有答案。"④ 关于正义的丰富的界定,本书不再赘述。然通过对现有文献资料进行梳理可知,纵然目前学者们对正义内涵的理解并不相同,但学者们普遍认可正义并非客观存在的物质实体本身,世间没有一件具体的事物本身就是正义、代表正义或被叫做正义。"正义"与"非正义"是相对而言的,其仅是主体依据一定的标准对客体所进行的评价结果。"正义"的实质应是"被人及人类社会所珍视的一种价值目标或评价标准,是在价值主体(社会全体成员)和价值客体(人的行为或社会制度)之间的评价和被评价关系中形成的一种价值共识"。⑤ 其中,正义评价的主体是特定物质生活条件下的现实的人,而正义评价的客体则是多种多样的,正如美国当代政治哲学家和伦理学家约翰·罗尔斯所说:"许多不同的事物被说成是正义或非正义的:不仅法律、制度、社会体系是如此,许多种特殊行为,包括决定、判断、责难也是这样。"⑥ 延续此思路展开分析可知,在法的范畴内讨论正义其实质无非是作

---

① 付子堂:《法律正义引论》,载《河南财经政法大学学报》2001 年第 2 期。
② 周文华:《法的正义价值及其实现》,中国社会科学院研究生院 2003 年博士学位论文。
③ 马晶:《环境正义的法哲学研究》,吉林大学 2005 年博士学位论文。
④ [澳]凯尔森:《纯粹法理论》,张书友译,中国法制出版社 2008 年版,第 140 页。
⑤ 李爱年:《环境法的伦理审视》,科学出版社 2006 年版,第 77 页。
⑥ [美]罗尔斯:《正义论》,何怀宏、何包钢、廖申白译,中国社会科学出版社 1988 年版,第 78 页。

为主体的人对作为客体的法"正义与否"的一种评价。"正义"是主体所追求、预期的价值状态,也是人们据以对法进行评价的最终标准,笔者认为此也是学者们所界定的"正义是法的核心理念"的应有之义。对此,我们必须要补充回答两个问题:一是法所追求的正义的价值状态所指向的对象究竟是什么,二是主体据以评判正义与否的标准究竟是什么。

(1)作为法之理念的正义所指向的评价对象

如上文所述,"正义"与"非正义"是一种价值判断,此种判断必须有一定的对象。作为法之理念层面的正义,即立法者拟通过制定、实施法律以实现正义的价值状态,必然有一定的载体。因此需要我们探究立法者通过法律究竟要实现什么的正义,正义与否所评判的对象究竟是什么?对此问题的回答,必须要基于前文我们对法的本体的认识。如上文所述,法律是调整社会关系的工具,而社会关系究其实质为利益关系,即法律以利益的客观存在为前提。法律起源于社会利益的分化、竞争,也规范着利益竞争;离开了利益关系,法律无从产生,也无从存在。法律存在的核心意义便在于对统治阶级所认可的利益进行确认,并在此确认范围内进行有效调控。"人所追求的这种本性真实地存在于人的生活利益关系之中,人所追求的一切价值目的(正义、公平、自由、民主、平等)无一不与人的利益有关。"[①]从此层面进行理解,作为法的理念及其价值目标的"正义"是立法者希望通过法对利益进行调控所能达到的应然的效果;而人们对制定法"正义"与"非正义"的判断,实质上是人们对"法对利益的调控效果"的一种判断。

事实上,上述观点也可以从诸多学者论证中得到印证。孙国华在其《法的正义逻辑》一文中提到:"利益关系、经济关系是正义的实体,正义是人们对一定利益关系的评价。"[②]周灵方在《法的价值冲突与选择——兼论法的正义价值之优先性》一文中提到:作为法律而言,就是通过公正地调整社会各方面相互冲突的利益关系,来不断促进和实现社会正义的。[③]史际春在《论经济法的理念》一文中提到,"一定的利益关系就是公平、正义的客观实体,公平、正义是一定的人们对这种利益关系的评价"。[④]李爱年《在环境法的伦理审视》一书中提到:"众多的理论分歧背后实际上隐含着人们不容置疑的共识,这就是正义实际上就是寻求各种利益之间的均衡

---

① 胡海波:《正义的追寻:人类发展的理想境界》,东北师范大学出版社1997年版,第14页。
② 孙国华:《法的正义逻辑》,载《江淮论坛》2012年第5期。
③ 周灵方:《法的价值冲突与选择——兼论法的正义价值之优先性》,载《伦理学研究》2011年第6期。
④ 史际春、李青山:《论经济法的理念》,载《华东政法大学学报》2003年第2期。

与协调。"①

（2）作为法之理念的正义的评价标准

明确了"正义"判断的对象，我们还需要回答判断正义的标准的问题，事实上此涉及了"正义观"的问题。正义观是人们关于理论及事物或现象正义与否的评价标准的问题的主观认识。正义的标准是历史的、变化的、多元的和相对的。没有永恒的正义，这已经成为各界所公认之公理。正如西方法哲学家博登海默所说："正义有着一张普洛透斯似的脸（a Protean face），变幻无常、随时可呈不同形状并具有极不相同的面貌。"②

马克思主义经典作家提出正义的评判标准是由特定时代、特定社会的现实生活着的人们的生产方式所决定的。正义与生产方式内在关联，正如马克思在其《资本论》中指出："只要与生产方式相适应、相一致，就是正义的。只要与生产方式相矛盾，就是非正义的。在资本主义生产方式的基础上，奴隶制是非正义的，在商品质量上弄虚作假也是非正义的。"③ 社会正义是一定生产方式的神圣化，是一定生产方式在观念上的神圣形态。当一定社会的生产关系与生产力发展的要求基本适应时，能够反映一定社会生产方式的要求就是正义的。生产力的发展总要求有一定的生产关系与之相适应，一定的生产关系要求总体现在上层建筑，包括法律制度上。④ 生产力不断变化发展，而生产力与生产关系又总是处于辩证的发展和运动之中的，此推动着正义观也在不断更新变化。

法律作为上层建筑，其所追求的"正义"源于作为其根基的"经济基础"。"经济基础"作为哲学的范畴是指同物质生产力一定发展阶段相适应的占统治地位的生产关系各方面的总和；而生产关系是人们在物质资料生产过程中所结成的社会关系。马克思主义哲学认为："人们奋斗所争取的一切，都同他们的利益有关。"⑤ 社会关系究其实质便是人们在追求利益过程中所形成的人与人之间的关系，利益的社会本质和社会基础是生产关系。因此，我们要判断统治阶级拟通过法律这一工具所实现的"正义"的标准，就必须要依托其赖以存在的利益关系。"正义既是抽象的，又是具

---

① 李爱年：《环境法的伦理审视》，科学出版社 2006 年版，第 77 页。
② [美] E. 博登海默：《法理学：法律哲学与法律方法》，邓正来译，中国政法大学出版社 2004 年版，第 261 页。
③ 《马克思恩格斯全集》（第 25 卷），人民出版社 1974 年版，第 379 页。
④ 张小军、孙国华：《法与正义关系的再认识及其当代启示》，载《长安大学学报（社会科学版）》2011 年第 1 期。
⑤ 《马克思恩格斯全集》（第 1 卷），人民出版社 1995 年版，第 82 页。

体的,它在任何情况下都表现为对特定利益的追求和维护。"① 利益是客体所客观具有的功能对主体需求的满足,只有在客体所具有的价值功能出现"稀缺"无法充分满足主体需要的情况下(即利益出现分化、竞争的情况下),方需要法律对之进行调控,以确保各主体的需要得到尽可能充分、公平、有序的满足,此种"充分、公平、有序"的最优状态便为法所追求的"正义"的价值状态的具体表现。而此种判断最优的标准有赖于社会的统治阶级的设定,统治阶级根据一定历史阶段社会生产的共同需要,在人们积累的认识和调整各种矛盾的有价值的经验和智慧的基础上形成,是一种能为社会大多数成员所认可的原理、原则,② 此便是社会上占统治地位的正义观。法之"力",不仅仅代表一种外在的"力"、外在的强制人们遵守的力量,更为根本的是这种"力"本身源于法的社会正义性。"寻求不同利益之间的均衡与协调应当是正义的本质。法律发展既是一个自然的社会历史过程,又是人类能动地用来均衡不同利益以求实现人的价值和目标的过程。所以,以正义、公平、秩序等为标志的价值目标,既是人类法律理念进步的体现,又是推动法律发展的内在精神动力。"③ 从根本上说,当法律对统治阶级所认可的利益的确认、分配、调控是均衡、有效的则将被评价为"正义"的。④

(二)环境利益视野下环境法的理念

法律体系是由各部门法所构成的体系,与之相适应,"法的理念"也具有层次性,具体可分为"法律体系整体上的理念"和"部门法的理念"。其中,部门法的理念是某一部门法得以确立和存续的观念基石。"如果部门法学失去或根本就没有自身特定的理念,那么它的整个理论体系就失去了基石和灵魂,制度构建也将成为无源之水、空穴来风。"⑤ 环境法作为法律体系中的独立的部门法,其也具有特有的部门法理念。

环境法的理念,是主体对环境法在其所追求的理想、应然状态下所呈现的一种本质属性的认识,其蕴含了人们对环境法律制度本质的价值判断标准和价值目标;其是指导并判断立法者制定的环境法律法规"正当性"的原则和标准,体现了环境法的极致完美的"应然"状态。环境法的理念是环境法这一独立法律部门得以确立和存续的观念基础,是环境法和环境

---

① 史际春、李青山:《论经济法的理念》,载《华东政法大学学报》2003年第2期。
② 孙国华、黄金华:《法是"理"与"力"的结合》,载《法学》1996年第1期。
③ 李爱年:《环境法的伦理审视》,科学出版社2006年版,第78页。
④ 孙国华:《法的正义逻辑》,载《江淮论坛》2012年第5期。
⑤ 谷德近:《环境法学的自然法理念》,载《南京社会科学》2002年第5期。

法学的灵魂的最高原理,环境法学从总论到分则、环境法的各项具体制度都应当以之为价值导向。"环境法的基本原则、环境法的基本制度等问题,都只是为实现环境法的理念,并在此基础上由立法者在法的不同规范层次上确定法律规范的分类和方法。在一系列的立法过程中,立法理念的设定是第一重要的,它是立法者将一定的价值观在成文法上所做出的表现和反映。而法律规范的具体内容,则是在这种价值观的指导下制定的。价值观是制定和实施法律、解释和适用法律的指导原则和理论基础。"①

1. 环境法的核心理念:环境正义

如上文所述,正义是法的核心理念,即意味着"正义"应是主体理想状态下的法所应具有的本质属性,是主体对其所追求的法所预期的价值状态,也是人们据以对实在法进行评价的最终标准。环境法作为法的一种,其核心理念也可抽象为"正义"。"正义既是抽象的,又是具体的,它在任何情况下都表现为对特定利益的追求和维护。"②作为独立的部门法,环境法对于"正义"应有其独特的追求,否则它与其他法律部门没有分别,也就没有必要成为一个独立的法的部门。当下,环境领域发生的正义问题,已成为"国家生活中的公正和社会生活中的基本公正",是一种"适合或需要用法律来确认和保障"的基本正义问题。③随着时代的发展,环境正义理念逐渐从以自我为中心的利益价值扩展到人类社会和生态系统可持续发展的利益价值。

正如正义"有着一张普罗透斯似的脸"一样,学界对于环境正义存在诸多不同的理解。如曾建平教授主张:"环境正义"的核心在于对于安全、健康及可持续环境权利的同等享有,这种权利是为所有人类平等享有,任何人都无权对于这种权利进行破坏或者妨碍。蔡守秋教授基于美国国家环保局的定义,主张:环境正义是指在与环境有关的法律运行的全过程中,全人类得到公平对待并有效参与。④李培超、刘湘溶以伦理学为视角分析了环境正义,其认为:环境正义主要包括正义理念、正义规范、正义德行三个层次,故与之相呼应,环境正义具有价值、规范、主体三重属性。⑤同时蔡守秋教授还主张:环境正义表现为环境法应合乎规律,也即合乎自然生

---

① 汪劲:《环境法律的理念与价值追求》,法律出版社2000年版,第25页。
② 史际春、李青山:《论经济法的理念》,华东政法大学学报2003年第2期。
③ 周旺生:《论作为第三种规范的法律正义》,载《政法论坛》2003年第4期。
④ 蔡守秋:《环境正义与环境安全——二论环境资源法学的基本理念》,载《河海大学学报(哲社版)》2005年第2期。
⑤ 李培超、刘湘溶主编:《生态文明发展战略研究》,湖南师范大学出版社2013年版,第163页。

态规律、社会经济运行规律及环境规律;环境正义表现为环境法应尽力在代内、代际、区际层面实现公平。① 葛超学者旗帜鲜明地主张,所谓"环境正义"就是指在有关环境的法律规定的制定、实施过程中,无论人类存在任何形式的差别,均以公平的方式对待所有国民,并保障其在环境有关法律的订立及执行过程中及时有效地参与。② 刘小龙学者在其著作中主张:"环境正义"强调的是不同主体在分配环境利益和负担时得到公正的对待。③

虽然目前学界对环境正义的理解各有不同,但学者们多认同环境正义的核心是环境利益的公平分配。孙大伟认为:环境正义是以环境保护原则及环境权益原则为基础,使得环境生存空间、自然资源、环境权益为所有公民在平等的基础上共享,并对于相应的环境保护义务同等地负担。其表明虽然环境正义所涉及的领域是人与自然之间的关系,但从本质上来讲,其涉及的是人际间环境利益的享有及其负担的分配问题,是人与人之间的关系以环境为媒介表示出来的。故究其根本,环境正义是合理分配环境利益。④ 就环境正义与环境利益的关系,葛超学者有独特的看法,其认为:环境正义的本质是公平分配环境利益与负担,环境正义问题中最基本的维度就是分配正义。⑤ 苑银和主张:以罗尔斯正义论为依据,环境正义是对于环境利益的平等分配,也即"对环境利益的平等分配即为正义"。⑥《伦理学大辞典》也对环境正义(Environmental Justice)从广义以及狭义两个角度进行了界定,广义上的环境正义主要是指种际正义;狭义上的环境正义涉及两个层面的内容:其一是不遭受资源限制和环境伤害的权利是为所有主体平等享有的;其二在于环境权利的享有以及环境义务的承担具有统一性。申言之,环境利益上的社会公正是环境正义的内在要求。⑦ 法国著名的国际环境法学教授亚历山大·基斯也对环境正义的核心表达了自己的看法,其认为:环境正义的内容不应被视为仅具有单一的内容,其内容是丰富的,但是其核心在于环境利益在活着的人之间公平分配。⑧

---

① 蔡守秋:《中国环境资源法学的基本理论》,中国人民大学出版社2019年版,第115页。
② 葛超:《环境正义视角下环境利益和负担的分配》,载《环境保护与循环经济》2016年第4期。
③ 刘小龙:《当代中国人的社会关系发展与协调机制》,知识产权出版社2019年版,第156页。
④ 孙大伟:《环境正义的实质是合理分配利益》,载《党政视野》2016年第2期。
⑤ 葛超:《环境正义视角下环境利益和负担的分配》,载《环境保护与循环经济》2016年第4期。
⑥ 苑银和:《环境正义论批判》,中国海洋大学2013年硕士学位论文。
⑦ 朱贻庭主编:《伦理学大辞典》,上海辞书出版社2002年版,第161页。
⑧ [法]亚历山大·斯基:《国际环境法》,张若斯编译,法律出版社2000年版,第3页。

可见，环境正义并非是"环境"的正义，而是指对环境利益的分配正义，是对环境问题的深层次的正义价值判断。人类环境利益的实现有赖于环境所客观具有的生态功能的正常的发挥。然而，自人类产生以来，人类基于社会实践所取得的各类进步都影响着环境生态功能，甚至以侵害、牺牲环境生态功能为代价。人类文明早期，人类对环境的污染和破坏多仅是局部的，人类的影响尚未超过生态环境的负载限额和忍受阈值。然而，进入工业文明后，人类社会科技及生产力飞跃式地发展助燃了人类对物质利益（特别是经济利益）极端不合理的盲目追求，人类对自然过度的索取及伴随的环境污染和破坏已经超越了各类环境要素及其构成的环境本身所具有的环境容量和负载阈限，对环境生态功能造成了不可逆转的损害并危及人类的正常生存、繁衍及可持续发展。环境生态功能的损害甚至丧失使得人类的生态需要得不到正常、充分地满足，此使得原本具有"共同性""公益性"的环境生态功能成了"稀缺性资源"。资源"稀缺性"的产生必然使得不同社会集团、不同阶层根据自身实力对其进行争夺，此必然引发环境利益的分化。利益差别构成了利益冲突的基本原因，所谓利益冲突也即利益主体基于利益差别及利益矛盾而产生的利益纠纷和争夺。

学者于莹对利益冲突与正义之间的关系进行了简要的概括，她提出：稀缺性是环境正义的核心所在，同时稀缺性也是分配正义问题中的核心。若人类资源充沛，则无需借助分配的概念，也无所谓正义理念。但实际情况却刚好相反，环境物品存在稀缺，人们在环境物品的获得上存在一定的冲突，冲突的存在即是环境正义得以发生的沃土。环境物品存在匮乏，就产生了对于其分配的必要性。申言之，正义问题的出现是由于利益冲突的出现。[1] 也有学者认为：环境不正义的存在是由于在生态环境方面存在多种利益冲突导致的，如国家之间、群体之间、个人之间的利益冲突；当前利益与代际利益的冲突；局部利益与整体利益的冲突等等。利益冲突与正义之间的关系还可借助资源短缺这一媒介来阐释，如布莱恩·巴里认为：供应短缺东西的分配是正义的主要问题，若不存在短缺供应，正义的概念也就不复存在了。也即，由于存在供应短缺东西的分配，利益冲突才会产生，如果不存在利益冲突的概念，正义的概念也将没有任何用处。[2] 质言之，当社会原有的制度无法应对激烈的环境利益冲突以保障社会有序运转的时候，统治阶级便产生了一种需要，即需要一种"能有效调控环境利益冲

---

[1] 于莹主编：《法学微言：赵新华教授花甲纪念》，吉林人民出版社 2007 年版，第 61 页。
[2] ［美］布莱恩·巴里：《正义诸理论》，孙晓春、曹海军译，吉林人民出版社 2004 年版，第 196～197 页。

突、确保环境利益分配正义"的新的社会制度,可见,环境法是以保障环境利益为本质追求的部门法,环境正义是指对环境利益的分配正义。要对作为环境法理念的"正义"进行深入、确切地理解,就必须要根植于作为其基础本原的环境利益。

如上文所述,"正义"与"非正义"从本质上看是主体依据一定的标准对一定的客观对象进行价值评判的结果,而"正义"是主体所追求的理想状态下的事物应有的本质属性,是符合主体所追求的评价标准的价值状态。因此,要确切把握"正义",其间"评价的对象"和"评价的标准"的确定是至关重要的。具体到环境法理念的语境中的"正义",因为环境法是统治阶级为满足其自身"有效调控环境利益冲突的需求"而创设的,其评判的对象是"制定法层面的环境法对环境利益的调控的实际效果",而评判的标准是"是否能对统治阶级所认可的环境利益进行有效的确认、调控"。从根本上看,环境法的制定正是为了公正地实现环境利益,对环境利益正义的追求是环境法产生的基础和根本前提。当立法机关通过为相应的主体设定环境权利、环境权力以及相配套的环境义务,通过影响主体的行为模式,进而对环境利益进行了有效调控,即保证了各主体的生态需要得到了尽可能充分、公平、有序的满足,则可以说该环境法是"正义"的。

2. 环境法的具体的理念

如上文所述,"能对统治阶级所认可的环境利益进行有效确认、调控,以保证各社会主体生态需要尽可能得到充分、公平、有序的满足"是据以评判环境法是否正义的标准。然而,该标准是概括、抽象的,需要环境法的具体的理念对之进行细化方具有可操作性。环境法具体的理念是作为环境法最高理念"正义"的具体的体现,也是人们凭借其进行"正义"价值判断的具体标准。该具体评价标准需围绕评价对象即"制定法层面的环境法对环境利益的调控的实际效果"而设定,具体来说其是某一社会统治阶级在权衡社会各类利益冲突及各阶级利益的基础上设定的能够为大多数社会成员所接受的标准,此实质上便是统治阶级环境正义观的具体内容,也是环境法"有效性"的内在来源。基于"环境利益"的具体内涵,笔者认为作为环境法理念的"正义"具体可以从以下几个方面把握:

(1)环境利益公平分配理念

公平是在对多个主体或者多个事项相比较中得出的结论,公平其主要表现为对同时存在的同类主体或者事项采取相同的对待。公平是处理人与人之间社会关系的重要法则,其产生依赖于以下几个条件:①多元主体的客观存在;②多元主体存在不同利益;③人们需要处理多元乃至不同主体之间的利益;④人们对平衡协调各方关系具有相应的理性认识。每个社会基于自身认识能力和发展现状,自然会产生能为大多数社会成员所普遍接受的关于公平的认识和标准,并用以指导社会实践。①

如上文所述,人作为自然界长期发展而形成的独立的生命物种,其生命的维持、种群的繁衍有赖于与外部自然环境的物质要素、能量要素和信息要素进行直接有效地循环,以满足维持自身个体和种群的生存繁衍及可持续发展的最根本的需求。而环境所客观具有的多种生态功能天然地便能满足人类的需求,从而形成人类的环境利益。环境利益是人类与生俱来的利益形态,其具有自然性、基础性、根本性的特点,即从应然层面上说每个主体都应该公平、平等地享有环境利益。在人类文明早期,人类社会实践尚未对环境生态功能造成实质性的损害,环境生态功能能够充分地满足每个人的需求,从总体上看当时每个主体无论其是何国籍、何阶级、何身份,其环境利益都可以平等、公平地实现。随着生产力的发展,人类出于对其他利益(特别是物质利益)的追求而从事的污染、破坏环境的行为,对环境生态功能造成了严重超阈值,甚至是不可逆的损害,进而致使环境生态功能出现了稀缺的状态,导致人类生态需求无法得到充分的满足,从而出现了环境利益的分化、竞争。在环境危机时代,环境生态功能的稀缺已经成为不可回避的现实状况;在此背景下,多元主体环境利益之间的冲突及其间的不公平现象是客观存在的。近年来,社会强势群体和弱势群体在环境利益实现上的不对等问题日益凸显,越来越多的污染和破坏环境的行为向弱势群体集中的区域转移,致使弱势群体所享有的环境的生态功能资源更为稀缺,即他们的环境利益更难得到充分的满足。"无论是有毒物的倾倒,还是可耕地的减少,抑或是全球气候的变化,往往是世界上的那些贫穷的和被边缘化的人在污染和资源退化面前首当其冲,这仅仅是因为他们更为脆弱、选择更少。"②如果说在人类文明早期,环境利益还是可以为每个主体所平等共享的公共利益的话,人类社会进入环境危机时代后,环境生态功能的稀缺致使环境利益的公共利益属性成为了应然的状态。环境生态功能的稀缺性致使人类社会的强势群体必然会利用其享有的"强势手段"攫取更多的利益,可以说"环境领域的不平等只是其他领域之社会不平等的自然延续"。③面对此种在环境危机时代出现的新型的利益冲突,人

---

① 卓泽渊:《法的价值论》,法律出版社 2006 年版,第 413~414 页。
② PulidoLaura, *Environmentalism and Economic Justice*, University of Arizona Press, 1996. pp. XV-XVI.
③ 马晶:《环境正义的法哲学研究》,吉林大学 2005 年博士学位论文。

们需要法律对之进行有效调控,以解决环境利益实现不公平的问题。正义的环境法必须要正视环境利益冲突及实现不公的社会现状,并在此基础上利用法律特有的机制确保不同主体之间相同的环境利益等得到同时、同等的实现。当然,资源的稀缺是绝对的,因此公平是相对的,环境法应致力于保证尽可能多的主体的环境利益尽可能得到公平的实现。

（2）尊重自然、顺应自然、保护自然的理念

在正视环境生态功能稀缺现状并致力于保证环境利益尽可能公平的分配的基础上,正义的环境法还必须致力于从根本上解决现有的环境利益分化、冲突的问题。如上文所述,人们的生态需求无法得到充分满足的根本性原因在于人们污染、破坏环境的行为对环境生态功能造成了超阈值甚至是不可逆的损害,而此类问题出现的本质原因是人们对自然的轻视、对客观存在的环境生态规律的漠视和对生态价值的忽视。对此,正义的环境法必须要正视并尊重客观存在的生态科学的基本规律并通过为相关主体设定权利、权力以及相配套的义务以促使主体的行为模式遵从各类生态规律,有利于环境生态功能的保护与增益。生态规律是指生态运动过程所内含的必然性或本质联系,其主要包括生态演替规律、生态系统循环和再生规律、生态平衡规律等。正义的环境法必须正视这些规律并基于此来设定人们的行为模式及相应的法律制度。才能使环境法从根本上限制人们污染、破坏环境生态功能,激励人们保障环境生态功能的行为,并最终促使环境生态功能的稀缺性不断降低,从根源上解决环境利益竞争的问题。

近年来,上述环境正义的具体理念在我国各类政策、法规文件中有充分的体现,主要体现如下表所示：

表 3-1　我国环境正义理念在政策与法规文件中的体现情况表

文件	内容
中共十八大报告（2012 年）	必须树立尊重自然、顺应自然、保护自然的生态文明理念
《中共中央国务院关于加快推进生态文明建设的意见》（2015 年）	牢固树立尊重自然、顺应自然、保护自然的理念
《生态文明体制改革总体方案》（2015 年）	人与自然是生命共同体,人类必须尊重自然、顺应自然、保护自然。人类只有遵循自然规律才能有效防止在开发利用自然上走弯路,人类对大自然的伤害最终会伤及人类自身,这是无法抗拒的规律

续表

文件	内容
《生态文明体制改革总体方案》（2015年）	树立绿水青山是金山银山的理念，树立自然价值和自然资本的理念
《中共中央国务院关于加快推进生态文明建设的意见》（2015年）	良好生态环境是最公平的公共产品，是最普惠的民生福祉
中共十九大报告（2017年）	人与自然是生命共同体，人类必须尊重自然、顺应自然、保护自然。人类只有遵循自然规律才能有效防止在开发利用自然上走弯路，人类对大自然的伤害最终会伤及人类自身，这是无法抗拒的规律

目前，"尊重自然、顺应自然、保护自然"作为体现生态文明特色的基本理念，不仅贯穿于环境资源法治建设和生态文明建设的全过程，而且已经融入经济建设、政治建设、文化建设和社会建设的各方面。①

（3）确保环境利益实现秩序理念

秩序是指人和事物存在和运转中具有一定一致性、连续性和确定性的结构、过程和模式。秩序对于人类来说，是维系自身作为人类的存在的需要，是人类生存的必需、人类发展的要求，也是人的社会性的表现和需要。法所追求的价值意义上的秩序是有益于人类的社会秩序。法在一定意义上说，本身就是为了维护某种秩序而建立起来的。法是阶级社会的产物，是阶级社会建立并维护阶级秩序的工具。任何法的存在，都是为了追求并保持一定的社会有序状态。法对秩序的意义主要表现在可以为秩序提供预想模式、调节机制和强制保证。确保秩序的实现，是法实现正义最终价值目标的基础。②

环境危机时代，环境生态功能的稀缺所引发的环境利益的分化、冲突打破了社会原有的秩序，统治阶级需要通过设定新的法律制度以建立起新的社会秩序并保障社会的正常运转。从一定意义上说，环境法产生和存在的根本就在于建立并维护在环境危机背景下产生的新的社会秩序。人们所追求的"正义"的环境法本身应是能够保障社会有序状态的，具体来说环境法是通过划定环境利益、分配环境利益以及调整环境利益的方式来实现环境秩序。

---

① 蔡守秋：《中国环境资源法学的基本理论》，中国人民大学出版社2019年版，第112～174页。

② 卓泽渊：《法的价值论》，法律出版社2006年版，第413～414页。

划定利益是法为了实现秩序价值而对利益采取的首要措施。环境法通过对社会主体环境利益的划定，确定环境利益的范围、内容以及与其他各种利益形态之间的界限，以使得社会主体正确享有自己的合法环境利益，有利于社会主体正确对待他们的合法环境利益。分配环境利益也是立法者实现秩序价值的重要手段。统治阶级在衡量各方利益的基础上，通过立法确立环境利益分配的标准，使得社会利益分配有法可依，减少人们在环境利益分配上的冲突，使得利益分配有序化。环境利益是人类与生俱来应享有的利益形态，是维系人的生存、繁衍所必需的最根本的利益形态，因此对其分配的理想规则应是按需分配，即按照每个主体自身本能的需要对之进行分配。

此外，调整围绕在环境利益周围的各类利益冲突，也是立法者实现秩序价值的关键。环境生态功能成为稀缺资源后，围绕着环境利益的实现产生了一系列的矛盾，其既包括环境利益与经济利益等其他利益形态的矛盾，也包括不同主体同类环境利益之间的矛盾、不同主体不同环境利益之间的矛盾以及同一主体不同环境利益之间的矛盾。作为环境法，必须要协调各类矛盾之间的关系，减少冲撞和损害，保证其共存互补。环境法是保障环境利益实现的法，因此当在解决环境利益与其他利益形态冲突的情况下，应优先保障环境利益的实现。鉴于此，正义的环境法应是能有效协调围绕在环境利益周围的外部和内部的冲突的法律，即是能确保环境利益有序实现的环境法。

（4）可持续发展理念

法本身作为人类社会客观实存是人有意识的实践的产物，人类或者人类的某一部分（群体或个人）总是在特定的时代根据自身的需要及其对其所追求的法律应然状态的认识来确定法的价值目标。法是人调整社会关系的手段，而人通过法调整社会关系的最终目的在于实现人自身的生存、繁衍及发展，此也是法的正义理念的最核心的内容。"众多法的价值中，唯有人的全面发展才是最高价值，人的全面发展高于法的其他一切价值"。[1]

如上文所述，环境法是环境危机时代人们为了对出现冲突、分化的环境利益进行有效调控而产生的。主体所追求的"正义"的环境法应能够正视环境生态功能的稀缺性并确保各主体环境利益尽可能公平、有序地实现；同时，正义的环境法应致力于从根本上解决环境利益冲突的问题，即致力于恢复和保障环境生态功能，降低、弱化其"稀缺性"——然而，上述

---

[1] 卓泽渊：《法的价值论》，法律出版社2006年版，第413～414页。

所有内容的最根本性目的都在于能确保人类在正常生存、繁衍的基础上实现整个物种的可持续发展。因此，正义的环境法必须要以可持续发展为理念，此也是环境法正义理念的最核心的内容。

应注意的是，"可持续发展"一词事实上是在对"人类中心主义"与"生态中心主义"伦理观点折中的基础上被提出的。在《我们的共同的未来》一书中，可持续发展的概念是："既满足当代人的需要，又不对后代人满足其需要的能力构成危害的发展。"① 联合国环境与发展大会在1992年的《里约宣言》中对可持续发展作了进一步的阐述："人类应享有以与自然和谐的方式过健康而富有成果的生活的权利，并公平地满足今世后代在发展和环境方面的需要。"我国学者提出："可持续发展理念包含两层基本含义，一是强调人类追求健康而富有生产成果的生活权利应当是坚持与自然相和谐的方式的统一；二是强调当代人在创造与追求今世发展的同时，应承认并努力做到使自己的机会与后代人的机会平等。"② 环境保护理念提出后，得到了全世界各国法律的高度重视。"联合国要求每个国家都必须以该理论为标准，审视和评价本国的法律，找出差距并作出调整。"③ 但现有资料显示，环境法学者所做的并不是利用伦理领域的可持续发展理念"评价、审视"本国法律，而是直接将伦理学中可持续发展理念的内容加入了环境法，认为环境法应在其机制范围内确认"自然的权利"以及后代人的权利——笔者认为这种跨学科、超领域地直接引用是存在问题的。可持续发展的伦理理念对环境法当然是有影响的，但此影响必须要在环境法作为法律内生机制的范围内产生，即可持续发展的伦理理念应作为环境法理念的基础，而不能直接引用，笔者认为，对法律范畴内的可持续发展理念应理解为人类为了实现其作为一个生命物种本身的正常的生存、繁衍和持续发展。

（三）学界常见观点反思

就现有资料看来，目前环境法学者对环境法的理念已经展开了一定程度的研究。④ 对现有研究成果展开梳理、评析及反思，对我们准确认识环境利益的理念意义十足。

---

① 世界环境与发展委员会：《我们共同的未来》，吉林人民出版社1997年版。
② 杨朝飞：《环境保护与环境文化》，中国政法大学出版社1994年版，第41页。
③ 高利红：《环境资源法的价值理念和立法目的》，载《中国地质大学学报（社会科学版）》2005年第3期。
④ 笔者以"环境法"和"理念"为共同主题关键词在CNKI上进行查询，截止至2021年6月5日共查询到200多篇相关文献，目前有涉及环境法理念的专著有李爱年教授所著的《环境法的伦理审视》、陈泉生教授所著的《环境法学基本理论》等。

1. 学界研究现状梳理

据资料分析,目前我国学界关于环境法的理念的研究呈现出如下研究现状:首先,学者们从不同的角度对环境法的理念展开了论述,但在论述之前多均未对"理念""法的理念""环境法的理念"等相关基础法学理论进行深入分析论证,部分学者仅对上述理念进行了简单论述,有的学者甚至没有进行任何理论论述而径行阐述:"通常认为,** 是环境法的理念",这就使得目前环境法学界有关"环境法理念"的大部分论证缺乏坚实的法理基础。

其次,目前学界除了从本书所选视角对"环境法的理念"进行分析论证外,部分学者从"环境伦理观"的角度展开论述,即在对人类中心主义、生态中心主义和可持续发展等不同的伦理观进行甄别的过程中展开对环境理念的论证,如沈绿野、康宏强先生提出:从最初的"公害救济"到"环境权"理论,之后兴起的"尊重自然"学说到"可持续发展"思想,体现了人类对生态环境的基本认识从"人类中心主义"向"生态中心主义"嬗变的过程。① 宣海霞女士指出:"环境法的理念正是引导和影响环境法的发展,决定其立法目的、立法原则甚至内容体系等一系列基本问题的思想来源。环境法理念的核心在于如何看待人与自然的关系的问题……人类中心主义是传统环境法的理论基点……生态中心主义是当代环境哲学的主流……可持续发展是环境法理念的超越。"②

再次,对本书所论述的"环境法理念"的内容,不少学者在"环境法的目的"范畴内进行论述。如汪劲教授便提出:环境法的目的即环境法的理念、环境法的价值,是指立法者通过环境立法所表达的,为实现代际人类的权利及利益,保护生物圈的共同利益的思想和需求。它是立法者依靠环境立法来实现的一种伦理道德上所应有的基本价值,是环境立法的根本使命。③ 竺效博士指出:环境资源法之法律目的是指主体在公平观、正义观等法律理念的指导下,根据其对环境资源法部门和组成该部门的具体的环境资源法律规范的功能需求,从可供选择的法律价值名目体系中,为环境资源法部门和环境资源法律规范所选择并设定的价值目标。④ 王小萍、仇红星提出:环境法的基本理念在于回答环境法的目的是什么,当代可持续

---

① 沈绿野、康宏强:《论环境法理念的变迁对国际环境法的影响》,载《河北法学》2004年第12期。
② 宣海霞:《环境法理念的更新——兼论环境法目的的变迁》,载《西部法学评论》2004年第4期。
③ 汪劲:《环境法律的理念与价值追求》,法律出版社2000年版,第25页。
④ 竺效:《环境资源法之法律目的研究》,载《环境资源法论丛》2004年第0期。

发展是环境法的基本理念。①

此外，在与本书笔者所选取的论述视角相同的观点中，学者们的研究呈现以下特点：①暂未有统一的观点，学者们均各持己见，其中较有代表性的观点有：陈泉生教授指出：一般认为，环境法的基本理念包括但不限于可持续发展理念、环境秩序理念、环境安全理念和环境正义理念，②周辉女士也持该种观点。③李爱年教授指出：环境法的伦理理念可以分为可持续发展伦理理念、尊重生态规律伦理理念、正义的伦理理念。④竺效博士将环境法的理念称为环境法的目的，并指出："将以代内公平、代际公平、权利公平三要素为限制条件的'发展'、'生态正义'和'生态安全'作为环境资源法部门之法律目的(理念)的主要内容，这一环境资源法部门之法律目的具体内容与传统民法部门、行政法部门和经济法部门存在显著差异，环境资源法应当成为一个独立的法律部门。"⑤吴亚军先生指出：自然的属性是经济性、生态性、精神性的综合。环境法的理念之根在于自然的三种属性；环境法的理念之具体表现在于九个范畴："节制，持续，公平，生命，和谐，朴质，精神，仁爱，情性"⑥。罗丽女士指出："环境法的理念是环境立法、司法的思想或观念的出发点，是环境法的思想体系，将可持续发展理念贯彻于我国第二代环境法的发展之中。"⑦屈振辉认为："秩序、效率、安全、正义是环境法的理念。"⑧②多数学者并未剖析自身观点形成、提出的理论依据，即未对为何提出该类观点进行分析、说明。也正是因为大部分学者均"径直"对自己的观点进行了直接的论述，几乎没有学者对其他学者的观点进行评析，总体看来现有文献的观点之间并未形成理论交锋。③几乎所有的学者都均将"可持续发展"作为环境法的理念，有的学者甚至将之作为环境法的唯一理念，但学者们对可持续发展的具体内涵的理解又各不相同。④几乎所有的环境法学者在论述环境法理念的过程中都受到环境伦理学理论发展的影响，超越了传统法的理念的范畴，将"代际公平""种际公平""自然的价值"的要素加入环境法理念的论述中。

---

① 王小萍、仇红星：《环境法的可持续发展基本理念》，载《政府法制》2003年第7期。
② 陈泉生：《环境法学基本理论》，中国环境科学出版社2004年版，第203页。
③ 周辉、陈泉生：《环境法理念初探》，载《时代法学》2004年第2期。
④ 李爱年：《环境法的伦理审视》，科学出版社2006年版，第86～88页。
⑤ 竺效：《环境资源法之法律目的研究》，载《环境资源法论丛》2004年第0期。
⑥ 吴亚平：《论自然的属性及环境法的理念》，载《东南学术》2002年第5期。
⑦ 罗丽：《论生态文明理念指导下的环境法体系的完善》，载《环境与可持续发展》2014年第2期。
⑧ 屈振辉：《现代环境法理念的伦理诠释》，载《石家庄铁道大学学报（社会科学版）》2008年第4期。

如上文所述，学者们多直接对自己的理论观点进行评述，而极少提及支撑其自身观点的理论论据，因而笔者暂无法对其他学者的观点进行有效的评析。本部分，笔者拟对"应然"环境法更深层次的认识。对环境理论学影响下的相关观点展开反思。

2. 对环境伦理学影响下相关观点之反思

据现有文献资料表明，受环境伦理学在"现世代的人与人之间的关系""当代与未来世代人与人之间的关系"以及"人类与其他生命物种之间的关系"中寻求平等和正义的思潮的影响，环境法学界的学者们在讨论环境法理念的过程中都或多或少地加入了"代际公平""种际公平""自然价值"和"自然权利"等因素。如陈泉生教授在论述环境法的基本理念时提出：可持续发展理念应涵盖"人与自然的和谐"以及"当代人与后代人的机会平等"；环境秩序理念不仅涉及人类社会的秩序，也涵盖人类应尽其所能去维护和回复自然界的有序性；环境正义理念"是用正义的原则来规范人与人之间的社会关系和人与自然的关系，始终贯彻着自由和平等的理念……其间的自由和平等不仅涉及当代人在环境权益上的自由和平等，也涉及后代人在环境权益上的自由、平等。"[①] 刘建辉先生在论述环境法的价值目标过程中指出：正义和功利应是环境法追求的价值目标，但因为"环境法学对于传统法律权利主体和权利内容的突破，承认了自然的价值……且在利益分配上不仅考虑到当代人的利益，而且也对后代子孙的利益进行了分配"，因而其间的正义不仅包括人类正义也包括自然正义，功利不仅包括物质功利也包括精神功利。汪劲教授在论述环境法的理念和价值追求的过程中提出：法的理念是公平、正义……环境伦理是在人类与自然环境之间设立的具有新意义的伦理之一，环境立法在目的理念上应对环境伦理价值观予以充分考虑……环境法应以"衡平世代间利益，实现社会的可持续发展；保护人类的环境权和生态世界自然的权利"为其目的。[②] 李爱年教授在论述环境法的伦理理念的过程中，指出"价值是一个关系范畴，而不是一个实体范畴；自然价值的主体只是人，自然本身不能称谓价值主体；自然的价值只能以人的尺度进行衡量"，从而否定了自然的内在价值，也否定了自然成为法律权利主体的可能性。但其却提出，环境法正义理念不仅应包含代内正义的内涵，还包括了代际正义。[③]

笔者认为，法律作为人类社会上层建筑之一，不仅受经济基础决定，也

---

① 陈泉生：《环境法学基本理论》，中国环境科学出版社2004年版，第203页。
② 汪劲：《环境法律的理念与价值追求》，法律出版社2000年版，第17～235页。
③ 李爱年：《环境法的伦理审视》，科学出版社2006年版，第86～88页。

受到其他形式的上层建筑的影响。环境危机时代的到来,引起了人类社会经济基础的深刻变革并进而影响到上层建筑的各个领域。上层建筑的各领域在应对环境危机中所取得的成果之间是互相影响、互相推动、互为基础的,不同的领域共同推动着环境问题的解决。环境法作为应对环境危机的核心规范,自然应更广泛地吸纳其他学科的成果。鉴于此,学者们所提出的"环境立法应充分考虑环境伦理学中的最新成果"是值得肯定的。但笔者认为,伦理道德与法律是完全独立的客观实存,具有完全不同的运行机理,其间的相互影响应该是间接的,应由各自在其自身运行规律的范畴内同化后吸收借鉴,而不应跨学科直接引用,更不应认为伦理学的新发展"直接动摇了传统部门法的法理学基础"。①

环境伦理学旨在系统地阐释有关人类和自然环境间的道德关系。环境伦理学假设人类对自然界的行为能够而且也一直能被道德规范约束着。②20世纪50年代以来,随着对地球环境及其生态系统与人类关系的科学发现与认识的发展,西方环境学家及伦理学家对人本主义的哲学观予以了深刻的反思和批判,并在此基础上提出了新的以确立环境和自然固有价值和权利的环境伦理理论。伦理学家那什在《自然的权利》一书中曾指出:"现代伦理学的进展经历了如下三个时期,即在伦理以前的时代以人类自己为中心;在过去的伦理时代扩大到家族、部落、地域;而在现在伦理时代又扩大到国家、人种、人类兼顾动物;而在将来的伦理学中,则还要扩大到动物、植物、生物、岩石、生态系统、地球、宇宙等。"③ 从20世纪60年代开始,人口增长和过度消费成为环境问题关注的焦点,从而引发环境伦理学界对现代人及未来后代人责任的思考,进而出现了功利主义愉悦观、未来人权利观、关怀未来观等不同的伦理学学说,④这些学说在肯定未来人应与当代人一样平等地享有环境权益的基础上强调了未来人的权利。环境伦理学所强调的"自然的独立内在价值""自然的权利""后代人的利益"和"后代人的权利"很好地顺应了环境危机时代的需要,也深刻地影响了环境法学。在此种思潮的影响下,不少环境法学者认为也应在法学领域中肯定自然的独立价值并赋予动物、植物、地球等非生命体以独立的法律权利;不仅应考虑并保障当代人的权利,也应赋予并保障后代人的权利。至

---

① 汪劲:《环境法律的理念与价值追求》,法律出版社2000年版,第191页。
② [美]戴斯·贾丁斯:《环境伦理学》,林官明等译,北京大学出版社2002年版,第12页。
③ [美]罗德里克·弗雷泽·纳什:《环境伦理学史》,杨通进译,青岛出版社1993年版,第6页。
④ [美]戴斯·贾丁斯:《环境伦理学》,林官明等译,北京大学出版社2002年版,第12页。

此，法律不再仅是调整当代人与人之间社会关系的社会规范，而扩展到了对人与自然之间的关系进行调整，对当代人与后代人之间关系进行调整。在这种思潮的影响下，环境法学者自然也将环境伦理观中的因素渗入到环境法学的各个领域，包括环境法的理念问题中。

对此，笔者认为，法律作为人类社会的规则，其内在的运行机制是通过权利、权力以及相配套的义务为主体设定行为模式，从而对人与人之间的利益关系进行调控，人们以法律为工具拟实现的所有目标都不应超越此机理，突破或放弃此机理本身就等于放弃了法律这一客观实存本身。法学与伦理学还是存在着明显的界限，若将伦理学的内容直接引入法学，则将产生法逻辑的悖论、矛盾和法技术上的困难。尽管环境法是一个新兴的法律部门，与传统部门之间存在着较大的区别，但其仍属于法学的领域范畴之内。"法律是调整社会关系的，而社会关系是一种人与人之间的关系。环境法是法，所以环境法调整的是人与人之间的关系。这是一个没有什么逻辑问题的推理。"① 法律关系应是一种人际相互关系，"有些学者之所以把人对物、人与自然的关系也说成是法律关系，一个重要的原因恐怕就是忽略了法律关系的相关性、对称性、可逆性和双向性，没有注意到人对物、人与自然的关系实质上不具有严格意义上的相互性"。② "想让一切自然之物都成为权利主体，这是不可能的：一方面在司法上行不通——归根结底司法总与一些人与另一些人的冲突有关——另一方面在哲学上意义不大。"③ 鉴于此，笔者认为，诸如动物、植物、生态系统、地球等非人类主体都无法参与到法律调控机制中去，成为行为模式的遵从主体。此外，也正因为法律的运行需要通过行使权利、权力，履行义务来完成对行为模式的遵从，因而现实存在的当代人类社会是唯一的实践主体，无论是对未来世代的人类还是对于自然价值的保护都需要当代人类的践行，各种对于自然界的或未来世代的义务都将最终还原为当代人类社会的利益关系。后代人的利益以及自然的利益在伦理道德层面是应该得到保护的，但是在法律层面强调的还应是当代人的正义。

事实上，除了受到环境伦理学的影响，环境危机时代的环境法也受到环境生态学、环境经济学等其他学科的影响，难道我们也要因此在法律中把所有的结论数据化或进行定量分析？鉴于此，笔者认为，我们应肯定环境危机时代其他学科对法律特别是环境法的积极影响，但应认识到该类影

---

① 高利红：《环境法学的核心理念——可持续发展》，载《法商研究》2005 年第 1 期。
② 张文显：《法学基本范畴研究》，中国政法大学出版社 1993 年版，第 97 页。
③ ［法］R. 舍普等：《技术帝国》，刘莉译，生活·读书·新知三联书店 1999 年版，第 164 页。

响应该是间接的,不应突破法律本身特有的内在机制,而应由法律在其机制范围内体现。正义的环境法当然应符合新的科学规律、符合道德领域新兴的伦理成果,因为只有符合客观规律、社会道德的法律才能获得内生的普遍效力,但这一切都应该转化为法律的语言,以法律固有的机制进行表达。环境伦理学、环境经济学、环境生态学的成果可以作为我们确定环境法理念的基础,但不能直接作为环境法的理念。事实上,本书前文所确定的环境公平理念、遵循生态规律理念、环境秩序理念、可持续发展理念均是遵从科学规律和道德理念的,如"尊重生态规律理念"就是对环境自身的价值的肯定,而可持续发展理念本身也考虑了后代人的利益。

三、环境法之目的

德国法学家鲁道夫·冯·耶林在其《法的目的》一书中指出:"法律乃人类意志的产物,有一定的目的,受目的律支配……目的是全部法律的创造者。每条法律规则的产生都源于一种目的,即一种实际的动机……每个法律都是有特定目的的,我们要了解、掌握、运用一部法律,必须先搞清楚它的目的性。"法的目的对具体立法条款具有统帅作用,有什么样的立法目的,就会有什么样的立法规定、立法措施来保证目的的实现;科学、合理的立法目的条款对执法、守法具有不言而喻的决定力。鉴于此,涉法各方都对法的目的给予了较多的关注。"目的不但是决定法律创制成功与否的关键因素,也是我们研究某一部门法的起点,要夯实某部门法律研究的基础,对该法的目的研究必不可少。"① 环境法的理念支撑着环境立法对目的的规定,环境立法的目的则支撑着环境立法的指导思想以及法律原则和制度的确立。② 鉴于此,于环境法而言,环境立法中的各项基本原则、基本制度和基本措施的设定都是以实现环境法的目的为导向的;环境法的目的也决定着环境法的指导思想和调整对象。研究环境法的目的,有助于正确理解和执行环境法。③ 要深化对环境法本质的认识,就必须对"环境法的目的"这一基本问题进行探讨。

(一)法的目的相关理论

从词义解释的角度看,"目的"通常被解释为:"所追求的目标;希望实现的结果;想达到的境地。"④《现代汉语同义反义词典》将"目的"的反义

---

① 崔洁:《刑事证据法目的论》,中国政法大学 2009 年博士学位论文。
② 汪劲:《环境法律的理念与价值追求》,法律出版社 2000 年版,第 21~22 页。
③ 陈泉生:《环境法学基本理论》,中国环境科学出版社 2004 年版,第 58 页。
④ 在线新华字典,http://xh.5156edu.com/html5/332645.html,2021 年 4 月 27 日访问。

词定为"手段",目的是想要得到的结果,手段是为达到某种目的而采取的具体方法。《辞海》将目的解释为:人在行动之前根据需要在观念上为自己设计的要达到的目标或结果。① 西方牛津哲学辞典中将其翻译为"end"或"purpose",② 意指终点或目标。

目前学界在完全不同的两个层面上对"法的目的"这一法律术语进行使用,有的学者基于哲学层面对目的进行理解,提出"目的作为实践活动的前提和起点,它的意义在于它乃是实践活动所要创造的未来事物在观念上预先建立起来的主观形象……是在头脑中以主观观念的形式预先存在的实践的结果",③ 即在法的理念、法的价值目标层面展开了对法的目的的理解,将法的目的理解为主体所追求的应然状态的法应达到的目标,"依靠法来实现的基本价值和法的基本使命"。④ 而另外一部分学者基于"目的"的直白词义解释,将法的目的理解为主体通过制定和实施法律所希望实现的结果,是立法者拟依靠法律而达成的实际目的。如有学者提出:法的目的是法理学中的一个核心命题,所谓法的目的是指制定、实施某种法律所要达到的主要目标、实现的主要结果,其通常决定着立法的指导思想、调整方向以及调整手段。⑤ 延续法理学界的研究思路,环境法学者对环境法目的的研究也有如此的对应,即有的学者将环境法的目的理解为主体通过环境法所能实现的理想状态和价值目标,如汪劲教授在其著作《环境立法目的论:环境法律的理念与价值追求》一书中便在此层面上展开了对环境法的目的研究;而另外一部分学者则将环境法的目的理解为"是指国家在制定或认可环境法时希望达到的目的或实现的结果"⑥⑦"立法者通过制定或者认可法时所希望实现的对一定社会关系进行调整的结果"。⑧ 对于前一层面的环境法的目的与前文有关环境法理念的内容相似,本部分笔者拟对后一层面的环境法的目的展开论述。

本部分,笔者拟讨论的环境法的目的是指"国家在制定或认可环境法

---

① 夏征农主编:《辞海》,上海辞书出版社1999年版,第2014页。
② Simom Blackburn: *Oxford Dictionary of Philosophy,* Oxford University Press, 1994. p. 374.
③ 夏甄陶:《关于目的的哲学》,上海人民出版社1982年版,第188页。
④ 秦民华:《加藤新平:〈法哲学概论〉》,载《国外社会科学文摘》1983年第6期。
⑤ [美]罗斯科·庞德:《法理学(第三卷)》,廖德宇译,法律出版社2007年版,第17页。
⑥ 李爱年:《环境法的伦理审视》,科学出版社2006年版,第90~93页。
⑦ 高利红:《环境资源法的价值理念和立法目的》,载《中国地质大学学报(社会科学版)》,2005年第3期。
⑧ 陈泉生:《环境法学基本理论》,中国环境科学出版社2004年版,第42页。

时希望达到的目的或实现的结果"①②"立法者通过制定或者认可法时所希望实现的对一定社会关系进行调整的结果"③"制定某部法律的出发点及欲达到的目标"。④ 环境法的目的问题属于环境法的基本范畴,⑤决定着整个环境法的指导思想、法律的调整对象,也决定着环境法的适用效能。⑥ 环境法的理念是环境立法目的确定的基础,环境法的目的是"立法者对环境法所要追求的价值目标的最直接、最明确的表达",⑦"体现了该立法的基本功能、价值和使命,亦是指导法律的制定和法律的解释的最高精神实质",⑧研究法律目的是正确制定、理解、适用、执行法律的前提。⑨ 不同的法律部门以及处于不同发展阶段的同一法律部门,其基本目的或本位往往不同。⑩

(二)环境利益视野下环境法的目的

如前文所述,环境利益是环境法的本原,环境法的本质特性表现为统治阶级通过立法对环境利益获取方式的设定、许可。立法者所追求的理想状态的应然环境法,从根本上说是能够对环境利益进行有效调控的环境法。鉴于此,笔者认为以环境利益为视角对环境法的目的展开分析应更能接近问题的本质。汪劲教授曾指出:就实定法而言,法的目的就是保护和体现由宪法确立的人的既成权利和利益(天赋人权),具体地说主要是对人身权和财产权及其法益的保护和体现。⑪ 在特定社会历史条件下,为了确认社会关系、划分与配置利益、确认和保护不同主体的不同利益,立法者总是将法律对社会关系实施调整所期待达到和实现的应有状态作为其立法意图和目的反映在制定法中。

人作为自然界长期发展而形成的独立的生命物种,其生命的维持、种群的繁衍有赖于与外部自然环境的物质要素、能量要素和信息要素进行直

---

① 李爱年:《环境法的伦理审视》,科学出版社2006年版,第90~93页。
② 高利红:《环境资源法的价值理念和立法目的》,载《中国地质大学学报(社会科学版)》,2005年第3期。
③ 陈泉生:《环境法学基本理论》,中国环境科学出版社2004年版,第35页。
④ 李挚萍:《环境基本法比较研究》,中国政法大学出版社2013年版,第42页。
⑤ 陈泉生:《环境法学基本理论》,中国环境科学出版社2004年版,第33页。
⑥ 高利红:《环境资源法的价值理念和立法目的》,载《中国地质大学学报(社会科学版)》,2005年第3期。
⑦ 李爱年:《环境法的伦理审视》,科学出版社2006年版,第90~93页。
⑧ 李挚萍:《环境基本法比较研究》,中国政法大学出版社2013年版,第42页。
⑨ 王小钢:《对"环境立法目的二元论"的反思——试论当前中国复杂社会背景下环境立法的目的》,载《中国地质大学学报(社会科学版)》2008年第4期。
⑩ 王明远:《社会性、经济性应兼顾》,载《中国环境报》2006年第5版。
⑪ 汪劲:《论现代西方环境权益理论中的若干新理念》,载《中外法学》1999年第4期。

接有效的循环,以满足维持自身个体和种群的生存繁衍及可持续发展的最根本的需求。而环境所客观具有的多种生态功能天然地便能满足人类的需求,从而形成人类的环境利益。环境利益是人类与生俱来的利益,其具有自然性、基础性、根本性的特点,其需求的广泛性及利益的正当性不言而喻。客观来说,人类环境利益的实现有赖于各类环境要素按照一定的规律所构成的环境所客观具有的生态功能的正常的发挥。然而,环境危机时代人类污染、破坏环境的行为对环境生态功能造成了超阈值、不可逆转的破坏,使得人类的生态需求无法得到充分的满足,环境利益出现竞争、分化。环境法产生的根源在于环境利益的冲突与分化,环境法存在的目的便在于调控此种冲突,即为了确保在环境生态功能稀缺的现状下保证人们的生态需求得到公平、平等的满足,即确保环境利益得到有序、公平的分配;同时,通过为人们设定相应的行为模式,限制人们损害环境生态功能的污染、破坏环境的行为,激励人们采取有利于改善环境生态功能的行为,从而促使环境生态功能在保持"良好状态"的基础上不断增益,以确保能有更多、更丰富的资源满足人类的生态需求,从根本上化解环境利益的冲突。但我们应清楚地认识到,环境利益的实现(即人类环境需求的满足)并非人类实践行为的最终目的,人类对环境利益的追求的本质,还在于通过环境需要的满足以使得人这一个生物物种得以正常地生存、繁衍及可持续的发展。从这个角度,我们可以对环境法的目的进行分层次的理解:

环境法存在的最直接的目的是"保护环境",确切地说应是尽可能努力恢复受损的环境生态功能、确保环境生态功能处于"良好的"状态,并在此基础上不断改善其状态,使之增益。而此"良好的"标准,有赖于各国根据一国发展的实际情况,在对环境利益与经济利益等其他利益形态进行充分衡量的基础上设定出相应的标准。环境法将通过为主体设定权利、权力以及相对应的义务及责任为主体设定相应的行为模式,以限制人们污染环境、破坏环境的行为,激励人们保护、改善环境生态功能的行为。学者们所归纳的"防治污染和其他公害""保护和改善生态环境"实质上均是从此层面对环境法的目的所做的理解,但笔者认为"防治污染和其他公害"仅是手段、方法,并没有真正探究到其后的目的;而"保护和改善生态环境"仅是从表层描述了环境法的目的,但并没有回答环境法保护和改善的实质性内容是什么。

透过环境法这一直接目的展开进一步地思考:环境法"恢复、保障和增益环境生态功能"的目的又是什么呢?原因在于环境危机时代,人类对环境过度地索取及伴随的环境污染和破坏已经超越了各类环境要素及其构成的环境本身所具有的环境容量和负载阈限,对环境生态功能造成了不可逆转的损害,使得原本具有"共同性""公益性"的环境生态功能成了"稀缺性资源",进而使人类的生态需要得不到正常、充分的满足,并进而出现了环境利益的冲突。因此,环境法拟通过"恢复、保障和增益环境生态功能"以缓解资源的"稀缺性",并进而实现人类生态需求的充分满足,从根本上解决环境利益冲突的问题。此外,应当注意的是,环境生态功能"超阈值""不可逆"的损害已经是环境危机时代的现实状况了,此现状的改变并非一蹴而就的,有赖于人类长期的努力,环境法的制定、实施必须以对此现实状况的承认为基础。因此,在"恢复、保障和增益环境生态功能"以从根本上解决环境利益竞争冲突的同时,环境法也应致力于对稀缺状态下的环境生态功能进行公平的分配,以保障社会的有序运行。因此,笔者认为环境法的第二层目的是为了确保人的生态需要得到充分、公平的满足,即确保人的环境利益得到尽可能充分、公平的实现。

此外,环境利益的实现(即人类环境需求的满足)并非人类实践行为的最终目的,人类对环境利益的追求的本质,还在于通过环境需要的满足以使得人这一个生物物种得以正常地生存、繁衍及可持续地发展。因此,环境法的最深层次的目的在于保障人类正常的生存、繁衍及可持续发展。学者们所提出的"促进人与自然的和谐""保障后代人的权益"等目的总结,均是从此层面对环境法的目的进行理解。

(三)学界常见观点的反思

法学界常将"法"与"法律"两个术语并列、交叉甚至混同使用,但事实上两者之间存在差别。对此,德国著名哲学家康德认为,应从"应然"与"实然"的不同理解"法"与"法律"的区别;马克思主义经典作家认为:"法既有法的内容,也有法的形式,是内容与形式的统一。而法律则仅指法的形式。任何形式都是有内容的,但形式可以与内容不相适应。即法的形式(法律)可能与法的内容不相适应,甚至脱离其内容;但法的内容要称其为法,就必须有法的形式支撑,被奉为法律。"[①] 虽然"法"与"法律"不同,但两者联系紧密,鉴于此,基于法律条款展开对法的认识是较为有效的途径。

目前我国环境法学者对环境法目的的探究便采用了这一认识手段,即在对国内外现行法律中的目的条款进行分析的基础上得出结论。在大陆

[①] 孙国华:《马克思主义法理学研究:关于法的概念和本质的原理》,群众出版社2007年版,第77页。

法系国家立法中,承载环境立法目的的法律条文通常在一国环境基本法的第1条或者前言中,一般以高度概括、抽象的文字进行表述;英美法系国家立法目的条款较为复杂,通常在前言,既有以高度抽象的形式出现的目的描述,也有以列举方式出现的包含立法原因和立法任务在内的详细描述。①

现有研究文献表明,目前我国学者对环境法目的所展开的研究主要是基于对以下法律条款的分析:

表3-2 环境法目的之法律条文表述汇总表

名称	条款内容
《环境保护法》（2015年）	第一条 为保护和改善环境,防治污染和其他公害,保障公众健康,推进生态文明建设,促进经济社会可持续发展,制定本法。
《水法》（2016年）	第一条 为了合理开发、利用、节约和保持水资源,防治水害,实现水资源的可持续利用,适应国民经济和社会发展的需要,制定本法。
《野生动物保护法》（2018年）	第一条 为了保护野生动物,拯救珍贵、濒危野生动物,维护生物多样性和生态平衡,推进生态文明建设,制定本法。
《环境噪声污染防治法》（2018年）	第一条 为防治环境噪声污染,保护和改善生活环境,保障人体健康,促进经济和社会发展,制定本法。
《大气污染防治法》（2018年）	第一条 为保护和改善环境,防治大气污染,保障公众健康,推进生态文明建设,促进经济社会可持续发展,制定本法。
《水污染防治法》（2018年）	第一条 为了保护和改善环境,防治水污染,保护水生态,保障饮用水安全,维护公众健康,推进生态文明建设,促进经济社会可持续发展,制定本法。
《森林法》（2020年）	第一条 为了践行绿水青山就是金山银山理念,保护、培育和合理利用森林资源,加快国土绿化,保障森林生态安全,建设生态文明,实现人与自然和谐共生,制定本法。
《固体废物污染环境防治法》（2020年）	第一条 为了保护和改善生态环境,防治固体废物污染环境,保障公众健康,维护生态安全,推进生态文明建设,促进经济社会可持续发展,制定本法。

目前我国环境法学者多认为上述条款是环境保护相关法律的目的条款,并以此为依据从不同角度对环境法的目的做出了解释:韩德培教授提

---

① 李挚萍:《环境基本法比较研究》,中国政法大学出版社2013年版,第42页。

出"双重目的论",也即我国环境法的目的应包括两项,即"保护人体健康"和"促进现代化建设"。① 金瑞林教授认为我国环境法的目的有三个方面:一是保护和改善生态环境,防治污染和其他公害,此是环境法直接目的;二是保障人体健康,这是环境法的根本目的,最终目标之一,它强调人的利益;三是促进社会主义现代化建设的发展,即保障经济社会的发展,这也是其最终目标之一。② 蔡守秋教授提出应以《宪法》和《环境保护法》的规定为依据可以将环境法的具体目的概述为:"保护和改善环境"、"防治污染和其他公害"、"合理开发和可持续利用自然资源"、"保障人体健康"和"促进经济和社会的可持续发展"五个方面。③ 蔡教授还主张环境立法的目的并不是单一的,而是先对其直接目的("保护和改善环境")加以规定;其后,再基于立法机关的不同的价值偏爱,对于环境立法的间接目的或价值目的(如"推进生态文明建设""保障公共健康""促进经济可持续发展")进行规定,且各类目的相互关联。④ 陈泉生教授将环境法的目的概括为:"为谋求人与自然的和谐,保持环境清洁和维护生态平衡,以确保我国当代人及其子孙后代过健康而富有生活成果的生活。"⑤ 王灿发教授将环境法的目的概括为:"保护和改善生活环境和生态(或自然)环境;防治污染和其他公害;保护人体健康;促进社会主义现代化建设的发展(或经济社会的持续发展)。"张梓太教授将环境法的目的概括为:"一是保障人体健康,维护广大人民群众的环境权益;二是促进经济持续发展,以满足人民群众日益增长的物质和文化生活的需要。"汪劲教授指出:"法律是立法者依照一定目的制定的具有强制性、社会性的行为规范。制定一部法律,其首要的要求是该法律符合立法目的,也即制定该法律的意图或动机。以环境立法来说,它的立法意图应当是通过对环境的法律保护,从而达到世代间的人类利益的衡平和经济社会的可持续发展。"⑥ 同时汪教授在其专著中又提出环境法的目的规定主要包含两个方面的内容:"一是它的任务,就是保证在社会主义现代化建设中,合理地利用自然环境,防治环境污染和生态破坏,为人民创造清洁适宜的生活和工作环境;二是它的目的,就是保

---

① 韩德培:《环境保护法教程》,法律出版社1998年版,第34页。
② 金瑞林:《环境法学》,北京大学出版社2002年版,第14~15页。
③ 蔡守秋:《环境资源法教程》,高等教育出版社2010年版,第45~46页。
④ 蔡守秋:《析2014年〈环境保护法〉的立法目的》,载《中国政法大学学报》2014年第6期。
⑤ 陈泉生:《环境法学基本理论》,中国环境科学出版社2004年版,第113~114页。
⑥ 汪劲:《论现代西方环境权益理论中的若干新理念》,载《中外法学》1999年第4期。

护人体健康,促进经济发展。"① 王小钢博士提出了环境法"三层次立法目的观":将维护地球生态共同体利益,促进地球生物圈和谐称为环境法的终极立法目的;将维护和增进人类共同环境利益,提高人类生活质量称为环境法的中层立法目的;将保护环境称为环境法的直接立法目的。② 张宗岙提出:"环境立法应保证人类对生态系统和生物物种的持续利用,实现当代人与后代人之间利益平衡,促进社会、经济、环境的可持续发展,真正实现人与自然的和谐相处。"③

通过上述观点整理可以看出,我国环境法学者对环境法目的的界定多集中在对"保障人体健康"、"保护和改善生态环境"、"防治污染和其他公害"、"合理开发和可持续利用自然资源"、"促进经济和社会的可持续发展"、"提高人类生活质量"和"促进人与自然的和谐"等几类观点的不同组合。对此,笔者认为,从现有法律条文出发展开对现有法的目的的认识是较为直接的认识手段之一,但若过分依赖于对法律条文的释义而未从法理学角度进行相应的验证,则可能得到是表象的、感性的,甚至是错误的观点。本部分,笔者拟基于前文对环境法目的理论的分析对现有关于环境法目的的相关观点进行验证,以期加深理论认知:

首先,"保障人体健康"并非环境法的目的。

据现有资料显示,环境法学界的学者们普遍将"保障人体健康"作为环境法的目的之一。学者们多认为"环境保护是为了人类健康,这一点任何人也不会怀疑……从目前环境立法的现状看,将保障人类健康作为环境法之目的,是各国环境立法的最直接的要求,也是环境立法的最基本的出发点。在现代环境立法确立立法目标时,仍然应当将其作为环境立法的一般目的"。④

对此,笔者认为"保障人体健康"并非环境法的目的。从法律保障之利益角度进行分析,隐含于"保障人体健康"一词之后的利益形态是主体的人身利益。"环境法以保障人体健康为目的"的界定实质上意指环境法应以保障主体的人身利益为目的。然而,如笔者在前文论及,环境利益与人身利益是相互完全独立的利益形态。环境法是以保障主体的环境利益为其本质追求的部门法,对人身利益的保障并非其根本性目标。当然,应

---

① 汪劲:《环境法律的理念与价值追求》,法律出版社 2000 年版,第 2 页。
② 王小钢:《对"环境立法目的二元论"的反思——试论当前中国复杂社会背景下环境立法的目的》,载《中国地质大学学报(社会科学版)》2008 年第 4 期。
③ 张宗岙、刘传胜、付兴艳:《目的一元是环境保护法的基本价值取向》,2007 年全国环境资源法学研讨会。
④ 汪劲:《环境法律的理念与价值追求》,法律出版社 2000 年版,第 216~217 页。

客观地认识到,实践中人的环境利益常与人身利益相重叠。环境利益作为一种独立的利益形态,其因人们污染、破坏环境的行为所引发的环境生态功能的减损而受到侵害;而环境污染、破坏行为在造成人的环境利益受损的同时通常也会影响到人的健康,侵害其人身利益;由于长期以来,人们无视甚至否定环境利益这一独立的利益形态的存在,因此多数学者直接绕过环境利益将环境法的目的理解为对"人身利益的保障"。我们应承认环境利益损害与人身利益损害存在普遍的"伴生性",但绝不能因此把对"环境利益"的侵害与对人的"人身利益"的侵害相混淆,因为此种混淆将使我们忽略甚至否认环境利益的独立性,无法针对环境利益的损害提出有效的救济措施从而从根本上解决环境问题。此外,虽然环境利益与人身利益的重合致使人们在保障自身人身利益的同时也顺带保障了环境利益,人们对环境利益进行维护的同时也间接保障了人身利益,但若绕过环境利益而直接将环境法理解为对人身利益的保障,则没有考虑到实践中还存在着大量的仅侵害到了环境利益但未侵害人身利益的情况,即没有造成人身伤害的环境污染、破坏的情况;也没有考虑到人身利益与环境利益相互冲突的情况(虽说环境利益与人身利益的重合的情况较多,但也并非绝对不存在冲突)。鉴于此,笔者认为将"保障人体健康"理解为环境法的目的将削弱环境法对环境生态功能保障的效力,无法正视环境法的真正效用;也将混淆环境法与民法等其他部门法的界限,不利于环境法作为一个独立部门法的发展。

其次,"合理开发和可持续利用自然资源"并非环境法的目的。

长期以来,人们在社会生产、生活中只关注到各类环境要素所具有的物质资料供给功能及其在生产、流通、交换、消费等经济价值,即森林、水、风、地热、植物、动物、矿物等各类环境要素所对应的物质实体向人类社会系统输入有用的能量和物质的经济效用(如通过生态系统初级生产和次级生产为人类提供食物、木材、燃料、工业原料、药品等生产生活物质资料,并在社会物质生产、流通、交换等活动中为人类创造财富)。各环境要素所具有的此类以物质实体为载体的经济价值对人们需要的满足,便形成了经济利益;在经济利益的语境下,各类具有经济效用的环境要素通常被称为"自然资源"。经济价值是人类对自然资源价值认识的缘起,也是至今为止人们所最为看重的价值。经济利益作为人类对自然资源开发利用行为的根本驱动力,具有天然的扩张倾向。

"合理开发和可持续利用自然资源"的观点提倡了对自然资源的"合理的""可持续的"利用,一定程度上有利于环境危机的缓解,但笔者认为不能据此将之作为环境法的目的。因为从本质上说，"合理开发和可持续利用自然资源"所关注的仍仅是各类环境要素所对应的物质实体（即自然资源）给人类带来的使用价值及其所带来的经济利益，而并未关注到环境各要素按照一定规律所组成的环境（系统）对地球整个生命支持系统的维持、演变和进化并保持其动态平衡的生态价值，因此无法从根本上解决环境危机。客观来说，对自然资源的开发、利用无论"多合理"，都将对生态功能造成负面的影响，实践中许多冠以"绿色""可持续"的自然资源开发、利用项目都对环境生态功能造成了超阈值、不可逆的损害，我们应关注其间所存在的"绿色冲突"。如 20 世纪 90 年代建成的美国的 Bright Source Energy 太阳能热电厂选址于美国加利福尼亚州南部的莫哈韦沙漠边远地带。该电厂由相互独立的 9 个子电厂组成，总装机容量为 354 兆瓦。在面积达 130 平方千米的沙漠里，覆盖着无数块长条形的太阳能电板，转换率更是高达 78%。该工程总耗资约合 67 亿元人民币，年发电量可满足 400 万人使用，是目前世界上最大的太阳能热电厂。但为了建设此项目，项目区域范围内的所有土地被夷为平地并用混凝土进行了固化，区域内所有的植物被连根拔起，所有的野生动物无家可归。为了实现电能转化，该项目一年将使用掉大约 1233489 立方米的水，这在沙漠地区明显是稀缺资源。该项目破坏了许多动植物的栖息地，危及许多生物的生存，包括将濒临灭绝的沙漠龟，对当地的水土资源也造成了极为不利的影响。在项目建设早期，人们只关注到该热电厂的益处，近年来，人们才逐渐认识到该热电厂所带来的经济效益与其对生态环境所造成的不利影响相比，是微乎其微的。

自然资源法主要指各种自然资源的规划、合理开发、利用、治理和保护等方面的法律。① 合理、高效并可持续地利用自然资源是环境危机时代下自然资源法应有的目的，其本质还是保障人的经济利益的高效、可持续地实现。环境危机时代，环境利益被纳入法律调控范围后应得到整个法律体系的合力作用；自然资源法作为法律体系的组成部分之一，其在对作为其本位利益形态的资源的经济利益进行追求的过程中，也应兼顾对环境利益的保障，这也正是当代自然资源法"绿化"趋势的体现。但此种"兼顾"只能是间接的，即只能在环境利益与经济利益不存在冲突的情况下，在对经济利益进行保障的同时兼顾环境利益；此种"绿化"并未从根本上改变自然资源法以经济利益为本原追求的实质，当资源的经济利益与环境利益出现冲突的情况下，自然资源法仅能以其所追求的经济利益为优先而牺牲环

---

① 沈宗灵：《再论当代中国的法律体系》，载《法学研究》1994 年第 1 期。

境利益。因此,将"合理开发和可持续利用自然资源"作为环境法的目的是不恰当的。

在对此问题进行分析的同时,事实上也涉及一个相关的问题,即环境法与自然资源保护法关系的问题。据现有资料表明,目前环境法学界的学者对此问题主要存在"混同说"和"融合说"两种不同的认识。持"混同说"观点的学者们直接默认将环境法与自然资源法视为同一部门法,即将"环境资源法"当然地作为一个统一、独立的法律体系,并指出该体系主要由环境资源基本法、环境污染及公害防治法、自然资源法、生态环境保护法、涉外环境资源法五大部分构成,蔡守秋教授、金瑞林教授、[①]卢炯星教授、[②]马骧聪教授[③]均持有此类观点。而持"融合说"的学者们认为虽然环境法与自然资源法在调整对象、基本内容与中心问题等内容上截然不同,该两者应是完全独立的两个部门法,但同时又提出"这两种法律密切联系,也都涉及自然资源,因而可以结合成为部门法"[④]"自然资源权和环境权的关系紧密,要想真正把两个交叉性很强的法权完全分开也是很困难的……自然资源权和环境权较强的交叉性决定了自然资源法与环境法是两个相对独立而不是绝对独立的部门法"[⑤]"环境法与自然资源法在内容上互相渗透,在制度上相互衔接,在法律原理上相互影响,在法律发展上互相促进,因此,把环境法和自然资源法结合起来,发展出一个新的法律部门,已经具备了合理性和必要性"。[⑥]

对上述两种学说,笔者持有不同的看法。如前文所述,部门法的划分是对一国国内现行的所有的法律规范按其所具有的本质上的异同而做的一种法的系统分类。而法律从其本质上说是对特定利益形态进行有效调控的社会机制,法律部门法划分的实质是要揭示各部门法所赖以存在并区别于其他部门法的现实利益基础。学者们的"混同说"在未进行任何基本理论分析的情况下,直接将环境法与自然资源法视为同一部门法,显然如同"空中楼阁",缺乏理论基础。而部门法的"融合"应建立在部门法本质属性融合的基础上,即环境法与自然资源法的融合仅可能在作为环境法本原的环境利益与作为自然资源法本原的经济利益出现了真正的"同质化"

[①] 金瑞林:《环境法学》,北京大学出版社1990年版,第1~7页。
[②] 金瑞林:《环境法学》,北京大学出版社1990年版,第1~7页。
[③] 马骧聪:《论我国环境资源法体系及健全环境资源立法》,载《现代法学》2002年第3期。
[④] 沈宗灵:《再论当代中国的法律体系》,载《法学研究》1994年第1期。
[⑤] 常纪文:《论环境法与自然资源法的独立性与协同统一化》,载《自然资源学报》2000年第3期。
[⑥] 姜建初:《论我国自然资源法的几个问题》,载《法制与社会发展》1995年第1期。

的基础上才可能出现。而目前多数环境法学者仅基于"这两种法律密切联系""都涉及到自然资源""相互影响""相互促进""存在交叉",就得出该两者可以融合成一个法律部门是牵强的。当然,也有学者采用本质同质化论证的思路,提出"环境法与自然资源法共同构成我国法律体系中的一个法律部门,是由环境法与自然资源法共同具有的内在、本质的客观实在因素所决定的",[①] 但其用于支撑同质化的论据仅在于该两者"趋同的法律保护客体——环境和自然资源""共同的法律调整对象——生态经济社会关系""相互融合的法律调整方法——立法模式"。[②] 对此,笔者认为上述论述是不够充分的:首先将环境与自然资源视为统一性是不妥当的。如上文分析,自然资源是一个经济概念,其侧重点是它的经济效益,对自然资源的保护亦着眼于"量"的状态的维持(如回收利用、节源);而环境是一个生态概念,作为人类社会共同保护的客体,它的根本目标是维持人类生态系统的平衡,是保护自然界"质"的状态,关注的是社会效益、生态效益。该两者是完全不同且难以同质化的独立的利益形态。其次,将环境法的调整对象界定为"生态经济关系"的提法显然没有很好地把握环境本质,其实质上是认为环境法的本质利益形态仍是"经济利益",仅仅是因为环境危机时代使之带有生态化的色彩,而没有认识到环境利益也是一个独立的利益形态。从本质角度看,环境法是以调控环境利益为其根本性追求的部门法,而自然资源法所关注的是与环境资源有关的经济利益,虽然承载两种利益形态的载体很可能重叠但隐藏在统一载体之后的利益形态是完全独立,甚至是相互冲突的。若我们盲目地将环境法与自然资源法视为统一法律部门,则极有可能在追求环境资源的经济利益的过程中忽略甚至掩盖了对环境利益的保护。

再次,"促进经济和社会的全面协调发展"并非环境法的目的。

"促进经济、社会和生态的全面协调发展"是一国所有现行法律所组成的法律体系所欲实现的整体目的,此目的的实现需要作为整个法律体系及所有部门法的价值和规范基础的宪法从价值层面对之进行宣告和确认,并由立法者在整个法律体系内部将上述目的进行有效分解并分配给各个部门法。具体到法律体系内的每一个部门法,它们不可能独自达成整个法律体系所追求的目的,而只能通过有效完成其分工范围内的职责以实现其自身的目的并与其他部门法进行良好配合,以推动整个法律体系目的的有效实现。

---

① 杜群:《环境法与自然资源法的融合》,载《法学研究》2000年第6期。
② 沈宗灵:《再论当代中国的法律体系》,载《法学研究》1994年第1期。

环境法是法律体系内部以保障环境利益为本质追求的部门法，从本质上说环境法的目的在于保障各主体的环境利益的充分、有序地实现，其具体可以分解为：①保护生态环境，即恢复、保障环境生态功能并使之增益；②确保人的生态需要得到充分、公平的满足，即确保人的环境利益得到尽可能充分、公平的实现；③保障人类正常的生存、繁衍及可持续发展。"促进经济和社会的全面协调发展"的表述，从利益角度分析实质上意指一国整个法律体系应通过有效配合以保障所有为法律所确认的利益形态的充分、有效、有序地实现，其间不仅包括环境利益，更涉及经济利益等其他法定利益形态。环境利益是环境法的本原，环境法的所有条款和制度的设计都围绕着环境利益的保障而展开。当然，这并不是说环境法完全不关注经济利益等其他利益形态。正如环境利益纳入法律保障范围后，应得到整个法律体系的保障一样；经济利益等其他为法律所肯定的利益形态，也应得到包括环境法在内的整个法律体系的保障。在环境利益与经济利益等其他利益形态出现交叉、重叠的情况下，环境法应在保障环境利益的同时兼顾经济利益等其他利益形态；而当环境利益与经济利益等其他法定利益形态出现冲突的情况下，环境法应优先保障作为其本位利益形态的环境利益。鉴于此，笔者认为将"促进经济和社会的全面协调发展"这一作为整个法律体系的整体性的目的直接作为某一部门法的目的是不恰当的，超越了部门法的能力范畴；同时这种表述掩盖了环境法的实质目的，不利于环境法功能的有效发挥。

此外，"保障自然或后代人的利益"并非环境法的目的。

随着人类社会环境危机时代的到来，20世纪中后期，全球环境伦理学兴起。环境伦理学所强调的"自然的独立内在价值""自然的权利""后代人的利益"和"后代人的权利"很好地顺应了环境危机时代的需要，也深刻地影响了环境法学。在此种思潮的影响下，不少环境法学者认为也应在法学领域中肯定自然的独立价值并赋予动物、植物、地球等以独立的法律权利；不仅应考虑并保障当代人的权利，也应赋予并保障后代人的权利。至此，法律不再仅是调整当代人与人之间社会关系的社会规范，而扩展到了对人与自然之间的关系进行调整，对当代人与后代人之间关系进行调整。在这种思潮的影响下，环境法学者自然也将环境伦理观中的因素渗入到环境法学的各个领域，包括环境法的目的问题中。

目前我国不少环境法学者在对"环境法的目的"这一问题进行思考的过程中直接融入了环境伦理学的内容，即将"保护人类环境权和自然的权利"①"保护人类和生态的共同利益"②"实现人类与环境的和谐"等作为环境法的目的。汪劲教授指出：当代人类的伦理价值观只是处于转变时期，环境立法的目的应当是在不排除为了人类自身健康利益而保护环境这一最低限度的目的的前提下，确立"衡平世代间利益，实现经济社会的可持续发展"和"保护人类的'环境权'与生态世界的'自然的权利,"，这两大目标。也就是说，环境法的保护利益：一是保护人类环境和人体健康；二是维持世代间利益的平衡、实现经济社会的可持续的发展；三是保护人类的环境权和自然的权利。在这三方面的目的之中，现在更应当强调的是后二者，它们才是环境立法的终极目的。环境立法在原则上要树立"生态利益优先"的思想。理论上讲，在现实世界中人类传统的法益应当符合于自然的生态利益，而国家的利益也应当让位于全球的生态利益。③

对此，如笔者在前文所述，法律作为人类社会规则其内在的运行机制是通过权利、权力以及相配套的义务为主体设定行为模式，从而对人与人之间的利益关系进行调控，人们以法律为工具拟实现的所有目标都不应超越此机理，突破或放弃此机理本身就等于放弃了法律这一客观实存本身。伦理道德与法律是完全独立的客观实存，具有完全不同的运行机理，其间的相互影响应该是间接的，应由各自在其自身运行规律的范畴内同化后吸收借鉴，而不应跨学科直接引用，更不应认为伦理学的新发展"直接动摇了传统部门法的法理学基础"④。环境伦理学的成果可以作为形成环境法理念的基础，但其不能直接作为环境法的理念，更不能成为环境立法的直接内容。环境伦理学对环境法的影响是间接的，只能内化为法律本身所特有的机制进行运行，即环境法对环境伦理学优秀成果的吸纳，对道德层面的自然利益后代人的利益的保障，只能转化并落实到对当代人的行为的规制上。鉴于此，笔者认为将"保障自然的利益""保障后代人利益"直接作为环境法的目的是不妥的。

本章小结

对于环境法学这样一门正在逐步完善和发展的年轻法学学科而言，就环境法的根本性问题展开探索是十分必要的。环境法的根本性问题涉及对环境法这一独立的部门法的本体、理念以及目的的研究。只有从应然层

---

① 汪劲：《环境法律的理念与价值追求》，法律出版社2000年，第237页。
② 陈泉生：《可持续发展与法律变革：21世纪法制研究》，法律出版社2000年版，第207页。
③ 汪劲：《论现代西方环境权益理论中的若干新理念》，载《中外法学》1999年第4期。
④ 汪劲：《论现代西方环境权益理论中的若干新理念》，载《中外法学》1999年第4期。

面弄清有效保障环境利益的环境法的内在机理,才能对环境法调整环境利益进行有效设置,也才能对环境法调整环境利益的路径进行合理布局。鉴于此,本章的内容主要是以环境利益为视角,对环境法的本体、环境法的理念、环境法的目的、环境法的功能等相关核心根本性问题展开研究,以求深化对生态文明社会背景下能实现"有效保障环境利益之目的"的应然状态环境法的认识,以及在国家大力提倡生态文明的当下,切实发挥环境法在保护环境方面的坚实作用。

第四章　环境法保障环境利益的方式及其实现路径

前文对能有效实现"环境利益保障"之目的的环境法的应然状态进行了剖析，在此基础上，本部分将进一步分析环境法保障环境利益的方式及各方式发挥实效的具体路径。

一、环境法保障环境利益的方式

利益先于法律而客观存在，法律本身并不创设利益，而只是对社会生活中客观存在着的、需要为法律所保障的利益进行选择并以其固有的机制加以保障。对此，知名法学家庞德明确指出：法律是社会控制的一项工具，法律的功能并不是创造利益，而是承认、确定、实现和保障利益。[①] 立法者制定法律的目的无非是为了确保应当为法律所保障的社会利益能够公平、充分、有序地实现。而为了实现上述目的，法律应首先对"应为法律所保障之社会利益"进行识别、确认，承认某些利益并明确界定各利益的范围，并围绕着相关利益的保障设置相应的法律制度；同时，应着力于协调围绕着该利益的实现而产生的各类利益冲突，其间既包括不同利益之间的冲突，也包括同质利益之间的冲突；此外，法律还应具有对受损的利益进行救济的功能。

环境危机时代，人类污染、破坏环境的行为对环境生态功能造成了超阈值、不可逆转的损害，使得人类的生态需求无法得到充分满足，致使原本能得到充分实现的环境利益出现了竞争、分化。环境法产生的根源便在于环境利益出现了人类社会原有制度无法调和的冲突与分化。立法者制定环境法的目的便在于调控围绕着环境利益而产生的一系列的冲突，确保能在环境生态功能稀缺的现状下保证人们的生态需求得到公平、平等的满足，即确保环境利益得到有序、公平的分配；同时，环境法通过权利、权力以及义务机制为人们设定了相应的行为模式，限制人们损害环境生态功能的污染和破坏的行为，激励人们做出有利于改善环境生态功能的行为，从而促使环境生态功能在保持"良好状态"的基础上不断增益，以确保能有

---

① ［美］罗斯科·庞德：《法哲学导论》，商务印书馆2019年版。

更多、更丰富的资源以满足人类的生态需求,从根本上化解环境利益的冲突,保障人类环境利益的充分实现,并最终促使人作为一个独立的生物物种得以正常生存、繁衍及可持续发展。可以说,环境法是围绕着环境利益保障而设置的制度,其功能主要是通过确认环境利益、在保护环境利益的同时对其进行增益、协调环境利益之间的冲突以及在环境利益受损时进行救济等方式来实现的。

(一)环境利益的确认

立法只有明确地确认了环境利益,才可能对之进行有效的保障。利益先于法律而客观存在,[①]并非所有的利益都可以纳入法律的调整范围。利益从一般社会利益转化为法律利益以寻求国家强制力保障的根本性原因在于人类的社会利益出现了原有制度所无法调和的分化、冲突,法律就是为了适应社会发展、调节不同利益之间的冲突而产生的。通常,经法律确认、选择而被纳入"法眼"的利益才能直接或间接地受到法律的保障,学界通常将此部分利益称为"法律利益"或"合法利益"。[②]可以说,利益的确认是将利益纳入法律范围的逻辑起点,其对于利益的保护与增进、衡量与救济等都有着决定性的影响。具体来看,利益的法律确认具体又可以细化为"利益的识别""利益的评价与选择"和"利益规范表述"等步骤。为了实现全面保障环境利益的目的,环境法应首先将原先并未纳入法律体系保障范围的环境利益确认为合法的、应受法律保护的法律利益,并设定具体的界限以便整个法律体系在法律界定的范围内,通过法律固有的手段、机制对之进行保障。客观来说,对环境利益的法律确认"无疑适应了对利益需求的正当性加以界定的需要"。[③]

1. 确认的步骤

在全球环境危机的大背景下,环境利益显然应当被法律确认为合法利益,纳入法律保障之范畴,此做法亦已得到各界的肯定。从应然层面看,环境利益应得到法律明确的"类型化"确认,其中利益的识别是第一步骤。人类社会利益关系通常是以"互相交错"的形态存在的,即此种利益与彼种利益往往存在着交叉重叠。环境利益作为人类社会利益的一种,自然也不例外,其与其它社会利益交错存在,形成了巨大的利益网络。然而,在人类历史的长河中,环境利益极易被其它利益所掩盖,从而变得不易识别。环境生态功能以脱离环境要素实物载体的无形形式存在,且其是环境系统

---

① [美]罗斯科·庞德:《法理学(第三卷)》,廖德宇译,法律出版社2007年版,第17页。
② 周旺生:《论法律利益》,载《法律科学》2004年第2期。
③ 钭晓东:《论环境法功能之进化》,科学出版社2008年版,第49页。

本身所固有的、能充分满足人们生态需要的天然的功能与属性。从应然层面看，人们的各类生态需要均能从中自然地得到无竞争的满足，因此可以说，在环境生态功能未减损之情况下，环境利益具有较强的自然性、公共性，此使得在相当长的历史时期内，人们错误地将环境利益的实现视为是"大自然所馈赠之当然状态"，忽略了其存在的独立价值，只关注到自然资源的经济价值。对此，徐祥民教授也曾指出："环境利益因其载体的难以识别性而难以为人们所认知。"① 同时，先生还指出："认识主体在对环境利益进行理解过程中最大的障碍是其每时每刻均享受着的环境消费利益。"② 鉴于此，生态文明时代，立法者应在利益错综的平台上作出判断，对环境利益的独立属性予以肯定，将环境利益纳入法律保障体系，这个步骤也即利益清单的划定过程。

同时，利益的确认还需要经过"利益的规范表述"阶段，其是利益确认过程中关键的一步。"在某种程度上，立法者希望哪些受众接受法律，就会选择什么样的文字。"③ 因此，用于确认利益的法律语言应当充分反映立法者的价值取向并对其进行规范化表述。④ 同时，立法者应对环境利益的内涵及外延进行归纳，并对其法律保障机制及其救济方式进行明确规定。只有如此，该类利益方能在法律上得到强制执行，并在受到侵害时得到法律的有效救济，即法律实现了对该类利益的直接、有效的强保障。⑤

2. 确认的内容

如前所述，利益是客体（即客观事物所具有的特定的功能、属性）对主体的需要的满足，其是一个以"人的社会实践"为基础的主观客观相统一的关系范畴。由此，法律对利益的确认应当从"主体的需要"以及"客体所客观具备的能满足主体需要的功能、属性"这两个要素入手。如上所述，环境利益是环境系统所客观具有的生态功能对人的生态需要的满足。由此，法律要完成对环境利益的确认，要分别从"确认人的生态需要的正当性"与"肯定环境生态功能的独立性及价值性"两个角度着手。其中，环境生态功能以一种脱离环境要素实物载体的无形形态存在，其既不同于各类环境要素所对应的物质实体对人类社会的物质资料供给功能，也有别于各

---

① 徐祥民：《论维护环境利益的法律机制》，载《法制与社会发展》2020 年第 26 期 2 卷。
② 徐祥民：《论维护环境利益的法律机制》，载《法制与社会发展》2020 年第 26 期 2 卷。
③ 强世功：《文本、结构与立法原意——"人大释法"的法律技艺》，载《中国社会科学》2007 年第 5 期。
④ 杜健勋：《环境利益分配法理研究》，中国环境科学出版社 2013 年版。
⑤ 何佩佩、邹雄：《论生态文明视野下环境利益的法律保障》，载《南京师大学报（社会科学版）》2015 年第 2 期。

类环境要素及其组合对人类社会的精神享受资源的供给功能。而人的生态需要所关注的是环境系统本身所具有的生态价值功能,即其所摄取的对象既非指向各环境要素所对应的物质实体的使用价值、交换价值,也非指向环境要素及其组合所具有的舒适性、可观赏性等精神价值。而环境危机正是根源于对人类正常生态需要的忽视、对环境生态功能独立价值的蔑视以及对不合理的物质性(经济性)需求的放纵。工业文明时期,人类社会超出环境生态功能阈值的环境污染和破坏行为频发,最终导致环境生态功能不可逆转的减损甚至丧失,从而致使人类的生态需要得不到正常、充分的满足,环境利益的实现受到威胁。

在相当长的历史时期内,人类错误地认为环境生态功能是大自然赠予的,是取之不尽、用之不竭的,因而忽略了其独立性及其存在的重要意义,环境利益也并未得到法律的明确确认。土地、森林、水体、矿物等环境要素是环境生态系统的重要组成部分,同时也是环境生态功能的重要载体。然而,传统法律制度仅确认了这些环境要素的"物质资料供给功能"以及"各环境要素所对应的物质实体的使用价值和交换价值",在此语境下各类具有经济效用的环境要素通常被称为"自然资源"。换一个角度看,即传统法律制度仅肯定了人的"物质需要",仅保障了人的"物质利益和经济利益"。此外,基于社会现实的需要,传统法律制度也肯定了环境对人类的精神享受资源的供给功能,即各类环境要素及其组合在特定的状态下给人类所带来的舒适性、享受性、愉悦性等精神性的价值,即法律也肯定了人的"精神需要",保障了人与环境有关的"精神利益"。

生态文明时代,通过立法确认环境利益、肯定环境利益的独立价值,是十分关键的。实践中,环境利益和与环境有关的物质利益、经济利益常产生冲突,在环境利益尚未得到立法明确确认的时代,其常成为人们追求物质利益、经济利益过程中的"牺牲品",此也是环境危机产生的根源之一。同时,在立法未肯定环境利益的独立地位的情况下,其很容易与人与环境有关的精神利益混为一谈。事实上,较之于精神利益,环境利益更为根本;如若人的生态需要无法得到满足、环境利益无法实现,将最终威胁到人类正常的生存、繁衍。两者的混同将掩盖环境利益的基础性、根本性和重要性,不利于人们认识引发环境危机的真正原因。事实上,实践中就存在着不少"过于关注环境优美性之实现,而忽略了对更为重要的生态问题之解决"的情况。

3. 确认的形式

环境利益是环境危机时代新型的法律利益,如同其他传统法律利益,其被纳入法律保障范围之后应得到整个法律体系不同层次、不同角度的全面保障。而环境利益得到法律保障的前提条件是其被明确地确认，而此工作主要由宪法和环境法来完成。宪法作为整个法律体系及所有部门法的价值和规范基础，应从基本价值层面将环境利益确认为法律所保障的利益形态，并将之作为整个法律体系认可、保障环境利益的价值基础；而环境法作为以保障环境利益为核心追求的独立部门法，应当在宪法的指导下，对环境利益的内涵及外延进行归纳。

宪法对环境利益的确认方式本书已经在第二章进行了介绍，而就环境法来说，首先其可以通过环境立法（特别是环境基本法）的目的条款来宣示对环境利益的确认。目的条款是关于法律目的的专门性法律规定，一个法律部门的法律目的集中体现在该部门法基本法的法律目的条款上。环境基本法是环境法治的基石，目的条款是环境基本法的原点。[①] 环境法的目的是"立法者对环境法所要追求的价值目标的最直接、最明确的表达"。[②] "环境法的目的不仅是对立法的基本功能、价值以及使命的一种体现，同时也是在立法和释法过程中具有指导意义的最高精神实质。"[③] 正因如此，研究法律目的是正确制定、理解、适用、执行法律的前提。

在环境法律的目的条款中对环境利益进行确认是衔接宪法对环境利益的价值确认与环境法具体法律规则、制度对环境利益的具体确认的重要环节。其次，其可以通过在相关立法中为相应的主体设定环境权利、环境权力以及环境义务的方式来实现对环境利益的确认。沿此思路，笔者认为，可以在环境法律中规定"为确保环境生态功能处于良好的状态，以使人的生态需要得到尽可能充分、公平、有序的满足，从而确保人类正常的生存、繁衍及可持续发展而制定本法"（目的条款）来宣示对环境利益的确认。也可以通过在具体的环境法律中规定"自然人享有在具有良好生态功能的环境中生活以确保其生态需要得到充分满足并维系其正常的生存、繁衍的权利"（环境权利）、"自然人具有将环境生态功能维持在良好状态的义务，任何组织和个人不得以任何方式减损、破坏环境生态功能"（环境义务）、"国家负有保护和改善环境生态功能以确保自然人生态需要得到充分、公平满足的职责"（国家环境权力）来实现对环境利益的主体、内涵及其合法性的确认。

---

① 任国威、段凯丽：《环境基本法目的条款的修改动因与方向——兼论生态文明的内在统一性》，载《中国环境管理干部学院学报》2013年第23期第4卷。
② 李爱年：《环境法的伦理审视》，科学出版社2006年版，第90～93页。
③ 李挚萍：《环境基本法立法目的探究》，载《中山大学学报（社会科学版）》2008年第6期。

事实上，上述思路已经在不少国家环境立法文件中得以实现。具体到各国环境立法实践中来看，目前域外已经有不少国家的环境法律通过其间的目的条款、政策宣示条款来确认环境利益的内涵及其合法性。如美国《国家环境政策法》在其第4331条国家政策宣言条款中明确该法的制定是"鉴于环境质量的恢复和保持对全人类的福利和生存发展之必要性"。加拿大也在其《环境保护法》的前言部分明确："鉴于生态系统路径的重要性……尽力达到所有加拿大人民的最高环境质量水平和最终实现可持续发展的重要性"而颁布该法。[1] 韩国《环境基本法》第2条则明确规定："鉴于环境质量及其保持……是持续发展所必不可少的要素，国家、地方和国民应当努力维护和促使环境的良好状态。"[2] 瑞典《环境法典》第1条规定："法典的目的是推动可持续发展，以确保当代人和后代人有一个健康和健全的环境。"[3] 法国《环境宪章》前言部分明确："资源和自然的平衡是人类产生的条件……保护环境应该和其他国家基本利益一样受到重视"。[4]

同时，域外多国环境法律也通过对主体的环境权利进行规定的方式来对环境利益进行确认。具体规定如下表所示：

表 4-1 域外国家环境法律确认环境利益的法律条文汇总表

名称	条款内容
《国家环境政策法》（美国）	"国会认为，每个人都应当享受健康的环境，同时每个人也有责任对维护和改善环境作出贡献。"
《东京都公害防止条例》（日本）	"不能因公害而使市民的健康、安全和舒适生活的权利受到侵害。"
《生态平衡和环境保护基本法》（墨西哥）	"人人均有权对健康的环境进行享有。"
《联邦环境保护法》（俄罗斯）	"每个公民均有权享受良好的环境、保护环境免受经济活动和其他活动、自然的和生产性的紧急状态所引起的不良影响，获得可靠的环境状况信息以及得到对环境损害给予的赔偿"。

---

[1] The History of CEPA. EEPA. http://www.ec.gc.ca/CEPA Registry/gene info/CEPA1988.cfm. 2020，2021年3月11日访问。
[2] 李挚萍：《环境基本法立法目的探究》，载《中山大学学报（社会科学版）》2008年第6期。
[3] 竺效译：《瑞典环境法典》，法律出版社2018年版，第6页。
[4] Chart de environment de 2004.

续表

名称	条款内容
《环境法典》（法国）	"每个人人均有权生活在一个平衡且健康不受妨害的环境里"； "每位公民都有享有一个有益健康的良好环境的权利，同时他们也应确保城市和乡村地区间的发展能够尽可能平衡和协调，这是有关的法律和法规所明确规定的。"
《环境管理法》（南非）	"人人都有权享有一个无害于其健康和福利的环境。"
《环境保护法》（越南）	"确保人人都有权生活在健康的环境中。"

同时，在环境法律中规定环境义务也是域外多国确认环境利益的重要方式。如美国《国家环境政策法》第 1 篇第 3 条规定："每个人在享受健康的环境的同时，也有责任对维护和改善环境作出贡献。"[1] 法国的《环境宪章》也规定："人人都负有参与环境的维护和改善的义务。"[2] 荷兰《环境管理法》第 1.1A 条规定："每一个公民都有责任关心环境，即若任何人知道或者有理由怀疑某人行为或者过失会造成环境受损的后果，他必须在合理要求下制止其行为，或尽可能要求其防止该后果发生，如果该后果不能阻止，应尽可能将损失减少至最小程度。"[3]

此外，还有不少国家的环境法律采用了规定国家环境权力、职责的形式来确认环境利益，此也是目前各国环境法律较为常用的形式。如美国《国家环境政策法》从总体上明确了联邦政府的环境保护职责，其在立法目的中也明确规定国家应当："保证为全体国民营造在美学和文化令人愉悦，并且富有生命力、安全、健康的环境。"[4] 同时该法还在其他条文中列举了政府提供环评文件、加强国际国内合作、提供环保咨询和建议等方面的职责。加拿大《环境保护法》第 2 条规定："加拿大政府应当采取预防和救济措施，以保护、提高和恢复环境；在做出社会和经济决定时，考虑到保护环境的必要性……确定全国一致的环境质量标准……保护包括生物多样性

---

[1] 吴卫星：《环境权法律化实证研究——兼议我国环境权研究的几个误区》，载《青海社会科学》2006 年第 3 期。

[2] 李挚萍：《公民环境权的实质及地位再思考》，载《中山大学学报（社会科学版）》2004 年第 1 期。

[3] 赵国青主编：《外国环境法选编》（第 1 辑），中新环境管理咨询有限公司编译，中国政法大学出版社 2000 年版，第 10 页。

[4] 李挚萍：《环境基本法立法目的的探究》，载《中山大学学报（社会科学版）》2008 年第 6 期。

在内的环境……致力于为加拿大全国达到最高环境质量水平之目的。"

虽然上述法律条款的行文表述不一,但其间对环境所做出的"适宜生存和发展的""良好的""无害于健康和福利的""和谐可持续的"和"健康和生态平衡的"等描述以及"恢复、保持环境质量""使环境保持最高质量水平""维护和促使环境的良好状态""修复退化的环境""保障人的正常繁衍、生生不息"等用语事实上都可以理解为对环境生态功能的独立价值的肯定以及对良好环境生态功能应受法律保障、自然人享受良好生态功能的正当性的肯定并以此来确认环境利益的合法性。当然,上述各环境利益的确认方式并不是"非此即彼"的,也非"排他的",即一国环境法律可采用上述任何一种或多种方式的组合来确认主体的环境利益。此外,为了确认环境利益,环境法律还需对环境生态功能以及认定良好环境生态功能的标准进行确认,而此有赖于立法者根据该国发展的实际情况,在对环境利益与经济利益等其他利益类型进行充分衡量的基础上为各类环境要素及各类型的环境系统设定合适的环境标准。

(二)保护和增益的制度

1. 主要制度内容

当代,环境法律制度应当围绕环境生态功能的保护、增益展开,具体来看主要包括污染防治法律制度、生态保护和改善法律制度、环境管理法律制度。

(1)污染防治法律制度

污染防治法律制度着眼于环境污染的防控,是针对环境污染的预防/治理或者污染物控制所确立的一系列制度。生态保护与污染防治是环境保护不可或缺的两个方面,对于一个健全的环境法律制度体系来说,污染控制法律制度是必不可少的。总体而言,其又可以分为以污染发生源为基点、旨在预防污染发生而建立的"预防性控制制度"和为治理业已发生的环境污染而建立的"治理性控制制度"。

预防性控制制度包括清洁生产和循环经济制度、"三同时"制度、企业环境保护责任制度、排污总量控制制度、排污许可管理制度、禁止污染转移制度、环境污染责任保险制度等相关制度。其中:(1)清洁生产和循环经济制度是指通过实施整体预防的环境战略,从而提高资源利用效率、降低危害人类健康以及环境的风险,将减量化、再利用和资源化活动运用于生产、流通和消费等过程中的一项法律制度。该制度通过合理利用自然资源,并使其在不断循环的经济中得到合理持续的利用,使环境效益和经济效益同时得到实现,具有很强的可持续性。(2)"三同时"制度是指对一切新建、改建和扩建的可能对环境有害的工程建设项目，其环境保护设施必须与主体工程同时设计、同时施工、同时投产的法律规定。该制度通过贯彻预防为主的基本原则，有效避免或减少环境污染的隐患，以此符合保护环境的要求。（3）企业环境保护责任制度是指依据环境法律的规定，在责任制的要求下，以订立合同的方式规定企业在环境保护方面所具有的权利和义务的法律规范的总和。该制度通过规定排污者的环境污染防范义务、排污单位负责人的责任和重点排污单位的环境污染监测义务等事项，以打击企业事业单位和其他生产经营者实施的违法排污行为，追究其责任，从而预防环境污染的发生、蔓延。（4）排污总量控制制度是指国家环境管理机关依据所勘定的区域环境容量以决定区域中的重点污染物质排放总量，并根据排放总量削减计划，向区域内的企业分配各自的重点污染物排放总量额度的一项法律制度。该制度将某一控制区域作为一个完整的系统，通过控制排入这一区域的污染物总量，以使该区域的环境质量符合要求。此方法比浓度控制法更能合理控制污染，因此作为一种有效的环境管理方式在实践中广泛适用。（5）排污许可证制度是指单位或个人在向环境排放污染物前，需先向环境保护部门办理申领排污许可证手续，经环境保护主管部门批准并获得排污许可证后，方可实施排污行为的一项法律制度。该制度有效推动了企业守法、政府执法和社会监督，形成了系统完备、权责分明、监管有效的环境管理新格局，提升了我国的环境治理能力和管理水平。（6）禁止污染转移制度是指禁止区域内的主体直接或间接污染区域外的环境，或将因自己污染环境所需承担的治理责任推卸给他人，从而使自己免于或较少承担治理污染损害责任的制度。污染转移现象在各国普遍存在，严重破坏了环境污染的治理程序，故我国设立该项制度，从禁止国内污染转移和禁止国外污染转移两方面防止污染转嫁，以强化对环境污染的治理。（7）环境污染责任保险制度是指在被保险人因环境侵权而侵害他人人身财产利益时，把其所应承担的赔偿责任作为一种保险对象的一项保险制度。该制度最早由公众责任保险发展而来，国际社会先后在各个领域建立了一系列环境责任保险机制，现如今相关机制仍在不断完善之中。该项制度能有效实现环境污染侵权社会化救济，同时也能实现责任承担的社会化效果。

治理性控制制度具体包括污染物排放税、费制度、危险物品污染防治制度、突发环境事件应急制度。（1）污染物排放税、费制度是指国家为了保护环境，筹集环境资源保护资金，依据法律规定要求环境污染者和资源利用者承担环境污染和环境破坏治理费用的一项制度。我国目前实行排污收费制度，该制度有助于促进排污者严格经营管理，节约利用资源，防止污染发生，从而保护环境资源。（2）危险物品污染防治制度是指针对具有燃烧、爆炸、腐蚀、毒害、放射的性能，在生产、储存、运输、销售、使用、处置过程中，易引发环境污染、人身伤亡、财产损害的危险物品，规制其在以上过程中可能造成环境污染的行为的法律制度的总和。随着我国经济高速发展，人们对化学品生产和使用的需求不断加大，该制度通过加强对化学品在生产、加工、储存、运输、使用、回收和废物处置多环节中的环境风险防控管理，以同时实现保护环境和保障人群健康的双重目标。（3）突发环境事件应急制度是指针对可能或已经发生的造成重大人员伤亡，重大财产损失和对全国或者某一地区的经济社会稳定、政治安定构成重大威胁和损害，有重大社会影响的涉及公共安全的环境事件，需立即采取一些超正常程序的行动，以避免事件发生或减轻事件后果的一项制度。现如今我国环境污染事故高发，故需尽快完善环境事件的应急制度，以有效防控环境污染突发事故的严峻形势。

（2）生态保护和改善法律制度

生态保护和改善法律制度着眼于环境生态功能的保护和增益，是指为防止生态破坏、维持生态系统的平衡、保护生态环境、改善环境要素和质量，从而实现对自然资源的可持续利用和生态平衡之法律制度的总称。早期，各国的环境法律制度主要是以对废弃物的管理和对污染的防控为核心的，多未直接关注到对环境生态功能的保护与增益。而近年来，越来越多国家的环境法律开始直接针对环境生态功能的保护、增益设置相关的具体制度。该制度具体又可以分为生态保护制度和生态改善制度。

生态保护制度包括生态保护红线制度、自然保护区制度、生物多样性保护制度、生态补偿制度、环境要素的评估和修复制度等。（1）生态保护红线制度是指为实现国家生态安全，推动社会经济的可持续发展，保障人民生活环境和身体健康，在保证生态良好、环境质量达标和资源的利用效率等各方面必须实行严格的空间边界和数量限值的一项制度。对"生态保护红线"进行政策上的确认和强调，体现了国家正对生态红线区域实施最严格的管控制度，以着力构建坚守生态安全底线、保障国家生态安全、促进经济社会持续发展的长效机制。（2）自然保护区制度是指对有代表性的自然生态系统、珍稀濒危野生动植物物种的天然集中分布区、有特殊意义的自然遗迹等保护对象所在的陆地、陆地水体或者海域，依法划定一定面积予以特殊保护和管理的一项制度。自然保护区为人们留下了完整的天然生态系统，其对于保护自然资源和环境、维持生态平衡、研究自然规律和合理利用资源的方式、推动经济与环境共同发展都具有重要意义。（3）生物多样性保护制度是指对包括陆地、海洋和其他水生生态系统及其所构成的生态综合体在内的所有来源的活的生物体中的变异性进行保护的一种制度。生物多样性不仅为人类生存提供条件，也为经济社会的可持续发展奠定基础，因此设立该制度有助于保护和拯救生物多样性，在使当代人利益最大化的同时，保持满足后代需要的潜力，以实现人类社会的可持续发展。（4）生态补偿制度是生态补偿的法定化，是明确生态补偿目的、主体、补偿对象、补偿标准、补偿方式、补偿程序的法律、法规、规章的总称。该制度以生态环境的受益者支付恢复和重建生态系统的相应费用给生态环境保护者的方式，在使外部经济性内部化的同时，也能让双方形成良性互动，从而真正调动全社会保护生态环境的积极性。（5）环境要素的评估和修复制度可以细分为环境要素评估制度和环境要素修复制度。其中，环境评估是指对一定区域范围内的环境质量按照一定的评价标准和方法进行说明、评定和预测，环境要素评估制度是环境评估法定化的结果，该制度的设立有助于全面开展大气、水、土壤的环境监测工作，从而更为准确地反映环境质量状况，以有效防治污染，改善环境质量。环境修复是指环境的某个特定的受损对象，在外界作用力的帮助下，以使其部分或全部恢复为原来初始状态，环境要素修复制度是环境修复法定化后的产物，只有该制度与环境要素评估制度相衔接，才能更好地保护环境，实现环境法的立法目的。

生态改善制度包括绿色消费制度、环境与健康保护制度等。（1）绿色消费制度是指人类在生产、流通和消费过程中，应保护环境、合理消费、节约资源，以减少资源消耗和废物产生的一项制度。随着环境危机的日益严峻、人类消费观念及需求的变化，绿色消费制度的确立使一种全新的消费理念和生活模式成为我国乃至世界消费发展的大趋势，这同时也有助于全球环境保护目标的实现。（2）环境与健康保护制度是指通过采取相关措施控制环境污染物的转移途径和暴露时间，切断污染物侵入人体的通道，使人类免受或少受因环境污染所造成的健康损害的法律规范的总和。该制度的核心在于将风险预防的原则落实到具体的制度安排，通过建立风险评估制度将环境污染对人类的危害降至最低，采取有效的措施对特殊人群进行保护，尽可能避免对人类健康造成严重损害，以解决环境污染问题，保障人类的健康权益。

（3）环境管理法律制度

环境管理制度是环境法基本原则的制度化，是国家环境管理职能在环境法上的体现，该制度调整在环境管理过程中形成的社会关系。环境管理制度又分为源头控制基本制度和过程控制基本制度。

源头控制基本制度是指对影响环境行为的抽象性、预防性管理,其作用是对可能影响环境生态功能的行为事先进行有效的监督和指导,其具体包括环境规划制度、环境标准制度、环境资源承载力监测预警制度、环境保护目标责任制度和环境影响评价制度等相关制度。(1)环境规划制度是环境规划的法定化,环境规划规定了某一特定时间段内的环境保护目标及措施,同时在时间和空间上具体安排了相应的环境决策。该制度通过事先安排环境资源的开发利用和对环境的保护措施,科学确定了环境可被开发利用部分的最大限值,从而在源头上对人类相应的环境行为进行限制,以有效预防环境问题的产生,同时也有助于解决已出现的环境问题。(2)环境标准制度是从法律方面对环境标准的制定、实施等的具体要求。伴随着环境法制的建立,环境标准制度逐步发展起来。该制度的确立从法律层面上保障了环境标准中相应的技术要求和各种量值规定,为实施环境法的其他规范提供严格、准确的范围限制和为认定行为是否合法提供法定的技术支撑,有助于实现保障人民身体健康、维持生态平衡和促进社会经济可持续发展的目标。(3)环境资源承载力监测预警制度是指在确保生态环境良性循环和自然资源合理开发利用的前提下,以法律规定的形式对一定时空范围内的环境承受的人口数量和相应的社会经济活动总量的能力和容量进行监测预警的一项制度。环境资源承载能力作为一个动态的概念,会受到多重因素的影响,因此必须建立严格的监测预警制度,以便于掌握当前的环境资源承载力,部署相应的决策,制定相关政策,避免发生不可逆的损害后果。(4)环境保护目标责任制度是一项行政管理制度,需要具体落实地方各级政府和有关污染单位负责环境质量的情况。该制度是基于我国国情,为改善生态环境质量,有效实现国家设定的环境保护目标而设立的一种实施机制,有效解决了"谁对环境质量负责"的这一首要问题,有利于协调环保部门和相关政府部门齐抓共管环境保护工作,同时也明确了企业及其负责人的环保义务,对环境保护具有重要意义。(5)环境影响评价制度是指对拟定的政策和规划以及实施建设项目后将会造成的环境影响进行分析、预测和评估,提出避免或削弱不良环境影响的相关对策和措施,以及进行跟踪监测的方法和制度。我国在2003年颁行了专门的《环境影响评价法》,此后国务院又在2009年颁布了《规划环境影响评价条例》,此外还通过各种单项环境立法对环境影响评价制度作了规定,以有效实施环境影响评价制度,进一步加强对建设项目环境保护的管理。

过程控制基本制度是指对影响环境行为的具体性、干预性管理,以避免或者减少人类活动对环境生态功能造成不良的影响,其具体包括环境监测制度、联合防治协调制度、激励制度、环境监察制度等。(1)环境监测制度是环境监测工作的制度化、法定化,是通过立法形式形成的有关环境监测工作的一套规则。该制度通过法律保障环境质量监测、环境污染监测以及环境科研和服务监测工作的顺利开展,并需要将取得的相关环境监测数据作为排污申报核定、排污费征收、环境统计、环境执法、目标责任考核等环境管理的依据,以助推我国环境保护工作的顺利开展。(2)联合防治协调制度又称联防联控机制,是同级别行政区域协同运用组织和制度等资源综合实施相关生态保护、污染防治措施的一项制度体系。该制度的主体是地位平等的行政区域,其横向联系机制以协议的形式构建,其联防联控的治理对象具有流动性、区域性的特点,且该制度要求以综合治理的方式处理污染,这有助于各个地区共同治理环境污染,保证整个区域内的环境质量不受损害。(3)激励制度又称激励机制,是指国家根据生态规律和经济规律,综合运用各种经济方法,向具有相应利益的主体提供一种方式以限制其实施破坏环境的经济活动,由于这种方式不具有强迫性,且可灵活选择,故可以有效激励相关主体实施有助于改善环境的经济活动。鉴于环境保护动力不足是因为环境保护一直都以行政手段为主进行监管,没有进行合理的制度安排,故该制度的设立就是为了解决这一问题,进而实现既能有效激励企业行为,又能有效激励监督者和公众的激励兼容模式。(4)环境监察制度是指环境监察权的授予及行使、环境监察任务与程序、环境监察效力等相关法律规范的总和。现如今,我国环境执法的形势严峻,不可持续的经济增长方式对环境造成了十分严重的危害,故需要通过环境监察这种"微观"的、具体的、直接的环境执法行为,以进一步加大执法力度,严厉打击环境违法行为,使生态环境得到有效保护。

(三)环境利益冲突的协调

社会生活的多样性导致了利益之间差别的深化,利益之间的矛盾和冲突也在差别深化的过程中加剧。"冲突"(conflict)是指彼此之间相互对立的一种互动行为方式,[1] 其是一个能促进社会实现高效协调和整合的过程。在利益关系的众多表现形式中,最为常见的即为利益冲突。同时,在各种利益关系中,利益矛盾关系因其具有高度的稳定性,发挥着影响并决定一切利益关系具体形式的基本作用。[2] 利益法学的代表耶林认为,法律是社会治理的重要方式,而不是一种规则构成的形式制度,[3] 其正是通过对利益

---

[1] 张曼莉主编:《法律社会学》,中央广播电视大学出版社2012年版,第206页。
[2] 王伟光:《利益论》,人民出版社2001年版,第134页。
[3] [英]丹尼斯·罗伊德:《法律的理念》,张茂柏译,新星出版社2005年版,第165页。

的矛盾、冲突加以约束的方式实现对社会的治理的。法律不仅应当对各社会主体应享且可享的利益进行承认与保护，同时还应当对各类利益之间的冲突进行衡量并加以调整。具体来看，法律应当重视确定解决各类可能发生的利益冲突的途径和方法，以对追求利益时将遭遇的各类冲突矛盾加以抑制并有效解决；同时，也应关注确定利益分配的结构和原则，以便各社会主体更好地获取并享有利益，使理性和效益贯穿于利益配置的全过程，最终实现社会的正义与公平。"通过建立系统化的标准以及规范化的规则，以对社会各类法律利益冲突进行调控，从而实现社会的有序发展"是法律的核心功能。① 如前所述，环境法存续及发展的根本性目的在于保障环境利益尽可能充分、公平、有序地实现，因此当环境利益与其他社会利益出现不可协调的冲突时，环境法当然地应具有协调利益冲突以确保环境利益有效实现的功能。

1. 利益冲突的类型

环境危机时代，围绕着环境利益的充分、公平、有序地实现，存在着多类利益冲突。目前，学界学者多将此利益冲突的表现总结为"环境利益与经济利益间的冲突、环境公益与环境私益间的冲突、个体间的环境利益冲突、个体与公共环境利益冲突、群体间的环境利益冲突、当前与长远环境利益冲突、整体与局部环境利益冲突"等多种形态。② 对于学界现存观点，笔者认为：①如前文所述，环境利益是典型的公共利益，其具有很强的共享性、均享性（消费的不排他性）、普惠性、共益性等特征，环境利益不可能同时又具有私益性，因此不存在所谓环境公益与环境私益的冲突。②同时，环境利益的公益性（非私益性）并不能成为否认个人对环境利益享有的理由。由于环境公共利益无非是个人所享有的环境利益的抽象与集合，因此个人环境利益与公共环境利益通常表现出很强的一致性，其间的冲突少有可能存在。③此外，由于每个地区的环境系统状况都具有很大的差异性，且环境生态功能的减损常表现出局部性、区域性的特征，因此确实存在着区域间、群体间、个体间的环境利益冲突。但事实上，由于环境系统具有整体性的特征，若对局部环境生态功能减损不加以控制，随着损害程度的加深、范围的扩大，必将出现整体性的环境利益共损的现象。鉴于此，笔者认为，区域间、群体间、个体间的环境利益冲突都只是暂时的、表象的，就长远看来，其具有趋同性的特征。④围绕着环境利益的冲突集中、突出地表

---

① ［美］博登海默：《法理学：法律哲学与法律方法》，邓正来译，中国政法大学出版社1999年版，第398页。
② 杜健勋：《环境利益分配法理研究》，中国环境出版社2013年版，第25页。

现为环境利益与经济利益等不同质的社会利益类型之间的冲突;该类冲突亦可以表达为"不断扩大的对社会进步、科技振兴的利益需求"与"不断扩大的对良好环境生态功能保有、享有的利益需求"之间的冲突。前一种需求是正当性的需求,其旨在对现有的生存水平进行维持并加以改善,从而对生活品质进行提升;而后一需求同样作为正当性的需求,也旨在对现有的生存水平进行维持并加以改善,从而对生活品质进行提升。因此在追求目标和本质属性方面,两种需求实质上是趋同的,都提到了如何享有并获得安稳、富足并受尊重的品质生活,即享有选择提高生活品质的自由。可以说,本质上"不断扩大的对社会进步、科技振兴的利益需求"与"不断扩大的对良好环境生态功能保有、享有的利益需求"之间的冲突是两种正当利益之间的冲突,这种利益冲突具有非对抗性的特点,因此只能对两种利益加以"权衡",而不能以限制或排除某一种利益的方式化解冲突。"非对抗性"是环境法领域中利益冲突所具有的特点,其为环境法领域内利益冲突的协调提供了指引,同时也为在利益平衡过程中引入协商协作机制、公众参与机制提供了正当性基础。①

2. 利益冲突协调的原则

环境利益冲突的协调应遵循一定的原则,该相关原则的确定对于有效解决各类环境利益冲突是十分关键的。本部分,笔者依据环境利益及环境利益冲突的特点,在结合各国相关立法经验的基础上,总结出如下原则:

(1)环境利益优先保障原则

在环境危机的背景之下,环境利益具有突出的弱势性,即环境利益较之于其他传统的利益类型,特别是经济利益来说处于弱势地位。长期以来,人们为了攫取眼前的经济利益而损害甚至牺牲了处于弱势地位的环境利益。在新的社会背景下,弱势群体及弱势利益的产生,必然要求法律的社会控制功能作出积极的回应以矫正失衡的利益。环境法作为生态文明时代重要的社会控制手段,首先面临的任务就是矫正工业文明时期"效率优先,兼顾公平"政策所带来的环境利益保护失衡的问题,并展开对环境利益的侧重、优先保障。对环境法而言,其产生与运行从根本上说是出于对处于弱势地位的环境利益保护的需求,实现对处于弱势地位的环境利益的倾斜保护是环境法功能、效用运行的起点,②此也是环境正义的实质内涵所在。

---

① 李启家:《环境法领域利益冲突的识别与衡平》,载《法学评论》2015年第33期第6卷。
② 吴卫星:《从协调发展到环境优先——中国环境法制的历史转型》,载《河海大学学报(哲学社会科学版)》2008年第3期。

近年来，越来越多的国家的环境立法实践肯定了"环境优先"的原则。如日本早期的《公害对策基本法》规定了"环境保护必须与经济健全发展相协调"的内容；随后，此条款在日本学界受到了广泛的批判，人们认为其反映了工业优先的思想。在 1970 年修改《公害对策基本法》时，该条款被删除；其后日本 1993 年的《环境基本法》再未出现过此类表述，学界学者也多将该法中的"环境协调发展原则"解释为环境优先之内涵。而韩国《环境基本法》第 2 条则直接规定："在从事利用环境的行为时，应当对环境保持予以优先考虑。"加拿大《环境保护法》前言部分也强调通过污染预防以有助于实现可持续发展是该法的首要目的。俄罗斯《联邦环境保护法》第 3 条规定各类法律主体在从事可能会对环境产生影响的经济活动和其他活动时，应遵守"自然生态系统、自然景观和自然综合体的保全优先"的原则。

当然，环境优先的原则并非单方面牺牲经济发展来实现对生态环境的保护，而是要求在生态环境可承载的范围内发展经济，其所强调的是尽可能地平衡、协调环境利益与经济利益之间的关系，只有在两者出现严重的、不可协调的矛盾冲突时，优先考虑环境利益。从另外一个角度分析，环境法以保障环境利益公平、有序地实现为其本质追求，但这并不意味着环境法不对其他合法利益类型进行保障。事实上，正如其他部门法能对环境利益进行间接、附带的保障一样，环境法也可以对纳入法律保障范围的其他利益类型进行间接保障，即当其他形态的利益与环境利益不相冲突时，环境法应对之进行附带、间接保障；当其他利益类型与环境利益出现冲突时，环境法应尽可能兼顾、协调；而当其他利益类型与环境利益出现不可协调的严重冲突时，环境法应优先确保环境利益的实现。

（2）多元利益共生共促原则

如前所述，生态系统稳定发展的根本原因在于该系统的对外开放性、内部机制的循环性、运行机制的增进性。"多样性共生、制衡性共进、循环性再生"是生态系统和谐运行的基本特征与重要保障。因此，生态文明社会中，环境利益与人类其他利益并不是你死我活的关系，应当实现多元主体的利益自给自足与竞争中的利益共同增进。生态文明社会应实现在多元目标、多元主体共存中的利益和谐与共生。在多元利益时代，法律的功能仅限于"利益的公平分配"是不够的，如何在利益"分配正义"的基础上，实现法对利益的共享、共进也是十分关键的。如果说环境法对环境利益的优先保障、倾斜保护是为了矫正失衡利益，以实现分配正义；那么"借助功能互助以实现利益共进"将是在分配正义基础上的进一步改良。环境利益的根本性、弱势性，环境问题的复杂性，环境利益与经济利益载体的重合性等特性，决定了各类利益共生、共进的重要意义，对其的保障和增益也更应从主体合作与利益互助的视角寻求突破。鉴于此，在对利益进行保护并保证能实现衡平发展的过程中，应当强调遵循具有开放性的"一体化"原则，将保护环境与发展科学技术融为一体，而不应过分追求具有排他性的所谓机械绝对"优先"安排原则，这样才能有效避免割裂、封闭二者现象的发生。而只有在发展科学技术的过程中可能对或已对环境造成不利影响时，才应优先对环境进行保护。① "多元利益的共生、共促"原则也为当今的生态文明观所倡导。当今的生态文明观主张，环境利益与人类其他利益之间并非是一种"零和博弈"关系，而是一种相互包容下的共生、共促关系，这也就是生态文明观所倡导的环境利益与人类其他利益的多元共生。生态文明观既不漠视、忽略人类其他利益，也不虚化、泛化环境利益，而是主张环境利益与人类其他利益保持适度张力。在全面推进依法治国的新时期，多元利益之间的共生、共促具有了特殊的法治意蕴，亦需要法治的力量去培育。

（3）紧缺利益优先保护原则

利益的表达具有时空性的特点，这是由人类需求的多样性和层次性所决定的。这种时空性往往表现为利益需求的阶段性和位序性。"紧缺"一词不仅在利益供给方面具有可获得性和可提供性，同时其自身也具有很强的位序性、阶段性和时空性。② 如果说"环境利益优先保障原则""多元利益共生共促原则"是处理环境利益与经济利益等不同质利益之间冲突的重要原则，那么"紧缺利益优先保护原则"所关注的则是区域间、群体间、个体间的同质性的环境利益的冲突，其所处理的是"如何对环境利益进行内部分配"的问题。利益供给不足是造成环境利益紧缺的一方面原因，但其主要原因还在于环境利益分配的不均。利益的紧缺性并非一成不变的，其具有较强的时代性。因此，在判断"环境法领域中的某种利益是否属于紧缺型利益、是否应对其进行更高程度的优先保护"时，不能简单地一刀切，而应将其置于具体的阶段和时空中进行理解和区别对待。如前所述，环境利益具有根本性的特点，其是与人类生存和发展紧密相关的利益形态。在环境危机的背景下，人类的环境污染和生态破坏行为对环境生态功能造成了超阈值的减损，此带来了巨大的环境利益损耗，甚至威胁到了人类最基本的生存和发展的条件。在此种背景下，相较于经济利益等其他人类传统利益形态，环境利益体现了较强的紧缺性。因此，为了有效应对日趋严

---

① 李启家：《环境法领域利益冲突的识别与衡平》，载《法学评论》2015年第33期第6卷。
② 李启家：《环境法领域利益冲突的识别与衡平》，载《法学评论》2015年第33期第6卷。

峻的环境形势,更高效地解决正在发生或潜在的环境问题,对处于紧缺状态的环境利益采取紧急和严格措施予以保障是环境法发展过程中的必由之路。

（四）环境利益损害的救济

法谚有云"无救济便无权利"。法律救济是指法律关系主体的合法权益受到侵害时,使之获得恢复和补救的法律制度。① "损害即为法益所受之不利益",② 法律利益受损是实践中无法回避的客观现象,因此法律救济是利益保障过程中不可或缺的必要环节。具体来看,法律对利益的确认、保护增益以及对利益冲突的协调,均不意味着实现了对利益的全面保障。而只有同时在利益受损时给予充分、及时的救济,方能确保主体所享有的利益的全面的实现。总的看来,法律对某种利益的救济主要包括"对利益减损行为设置相应的法律责任"以及"为责任的追究设定相应的法律程序"两个部分。环境利益作为一种新型的法律利益,其自身的弱势性使之在利益体系中的话语权甚微。客观来说,环境利益极易在利益实现和利益冲突中被减损,这也决定了以保障环境利益为核心追求的环境法应当确立完备的环境利益救济机制,以确保对环境利益的全面保障。总体上看,环境利益的保障有赖于环境法对环境利益损害设定相应的法律责任,并以国家强制力为保障,对与环境损害法律责任相关的各项法律程序进行完善落实,对受损的环境生态功能进行修复,从而对环境利益形成强有力的保障。当下,建立、健全环境生态功能损害救济制度不仅是推进我国生态文明建设的重要环节,也是国家治理体系和治理能力现代化的内在要求。

1. 环境利益损害的界定

要想实现对环境利益损害的救济,首先要弄清环境利益损害的内涵。环境利益的损害是指因人们污染、破坏环境等行为致使环境生态功能减损或有减损之虞而进而导致或者可能导致人的生态需要得不到充分的满足,从而侵害或可能侵害人的环境利益的情况,亦可谓之为环境生态功能损害。该种损害直接表现为对环境自身所具有的"系统结构、功能和内外部关系"所造成的损害。③ 当下,学者们在论及该种类型的损害时多使用"纯环境损害""环境本身的损害"等措辞,以表达出其不同于"由于人们的环境污染、破坏行为而致使他人的人身利益、财产利益受到侵害"的环境侵权的特性。此外,值得注意的是,此种损害主要表现为因环境要素损害而

---

① 于宏:《权利救济方法研究》,吉林大学 2005 年硕士学位论文,第 3-4 页。
② 汪劲:《环境法学》(第三版),北京大学出版社 2014 年版,第 306 页。
③ 李挚萍:《环境修复法律制度探析》,载《法学评论》2013 年第 2 期。

导致生态系统遭受价值和功能双重退化的。因此，在对生态环境损害进行救济时应首先考虑到生态系统的整体性，从而确定最有利于受损的环境生态功能恢复的修复范围。

纵观当前全球环境立法实践，不少国际公约及国家立法文件已经对环境生态功能的损害进行了专门、明确的界定：如欧盟《关于预防和补救环境损害的环境责任指令》（2004）第2条将环境损害界定为："物种、自然栖息地、水和土地的可测量的不利变化及其服务功能的可测量的损伤，同时该指令还分别对各种类型的损害进行了规定。"[①] 俄罗斯《环境保护法》第1条规定："环境损害是指因环境污染而造成的引起自然生态系统退化和自然资源衰竭的环境不良变化。"[②] 马其顿《环境法》第5条也明确规定："环境损害是指就保护物种和自然栖息地而言，对取得和维护有益于这些物种和栖息地保护的状况产生了实质性的有害影响。"[③] 近年来，连长期坚持只对因环境污染造成的人身损害和财产损害进行赔偿的德国环境立法也对环境生态功能损害之救济做出了系列规定，如德国于2007年制定了《避免和修复环境损害法》并构建了对水体损害（《水平衡管理法》第90条）、土地功能损害（《联邦土地法》第2条、第3条）、种群和自然生活空间损害（《联邦自然保护法》第19条）的保障体系。[④]

近年来，我国法律文件也开始关注环境生态功能损害及救济的问题，并展开了一系列的实践。对此，笔者进行粗略统计如下：

表4-2 我国规定环境生态功能损害及救济的法律条文汇总表

法律名称	内容
《中华人民共和国海南自由贸易港法》（2021.06.10发布/2021.06.10实施）	第三十七条 海南自由贸易港实行生态环境损害责任终身追究制。
《中华人民共和国长江保护法》（2020.12.26发布/2021.03.01实施）	第九十三条 因污染长江流域环境、破坏长江流域生态造成他人损害的，侵权人应当承担侵权责任。 违反国家规定造成长江流域生态环境损害的，国家规定的机关或者法律规定的组织有权请求侵权人承担修复责任、赔偿损失和有关费用。

---

① *Directive of the European Parliament and of the Council on Environmental Liability with Regard to the Prevention and Remedying of Environmental Damage,* Brussels, 10 March 2004.
② 杨振东、王海青：《浅析环境保护公众参与制度》，载《山东环境》2001年第5期。
③ 李挚萍：《环境基本法比较研究》，中国政法大学出版社2013年版。
④ 马骏主编：《国际绿色金融发展与案例研究》，中国金融出版社2017年版，第3页。

续表

法律名称	内容
《民法典》 （2020.05.28 发布 / 2021.01.01 实施）	第一千二百三十四条　违反国家规定造成生态环境损害，生态环境能够修复的，国家规定的机关或者法律规定的组织有权请求侵权人在合理期限内承担修复责任。 第一千二百三十五条　违反国家规定造成生态环境损害的，国家规定的机关或者法律规定的组织有权请求侵权人赔偿下列损失和费用：……
《中华人民共和国森林法》 （2019年修订） （2019.12.28 发布 /2020.07.01 实施）	第六十八条　破坏森林资源造成生态环境损害的，县级以上人民政府自然资源主管部门、林业主管部门可以依法向人民法院提起诉讼，对侵权人提出损害赔偿要求。
《中华人民共和国核安全法》 （2017.09.01 发布 /2018.01.01 实施）	第九十条　因核事故造成他人人身伤亡、财产损失或者环境损害的，核设施营运单位应当按照国家核损害责任制度承担赔偿责任，但能够证明损害是因战争、武装冲突、暴乱等情形造成的除外。
《中华人民共和国环境保护法》 （2014年修订） （2014.04.24 发布 / 2015.01.01 实施）	第五十八条　对污染环境、破坏生态，损害社会公共利益的行为，符合下列条件的社会组织可以向人民法院提起诉讼： 　　（一）依法在设区的市级以上人民政府民政部门登记； 　　（二）专门从事环境保护公益活动连续五年以上且无违法记录。 　　符合前款规定的社会组织向人民法院提起诉讼，人民法院应当依法受理。 　　提起诉讼的社会组织不得通过诉讼牟取经济利益。 第六十四条　因污染环境和破坏生态造成损害的，应当依照《中华人民共和国侵权责任法》（现为《中华人民共和国民法典》）的有关规定承担侵权责任。

2. 环境利益损害责任

延续上文思路，环境法对环境利益的救济主要体现在对环境利益减损行为设置相应的法律责任（即环境利益损害责任，也称"环境生态功能损害责任"）及救济程序（即环境利益损害救济程序，也称"环境生态功能损害救济程序"）上。其中，法律责任是由专门国家机关认定并归结于法律关系的有责主体、带有直接强制性的义务,其是国家对某类行为所作的谴责和否定性评价。从本质上看,法律责任是一种对侵害行为侵害特定社会利益的纠错机制,是对利益进行法律调整的关键所在。因此,也可以将环境利益损害责任理解为通过对受损的环境利益的补救来否定利益侵害行为,即通过法律责任的惩罚、救济和预防功能,实现对环境利益损害的事前预防、事中控制和事后恢复。具体来看,环境利益损害责任是指因人们污染、破坏环境等行为导致环境生态功能减损或存在减损之虞并进而损害或可能损害主体的环境利益而依法应承担的不利法律后果。如上文所述,生态环境受到损害后,可能在结构上发生物理、化学及生物学性质的多种复杂变化,导致生态系统功能受损。故而,相应的生态环境修复的类型和方式也应该多种多样,可以根据环境损害的具体情况采取生物修复、物理修复、化学修复等多种修复手段。① 此种责任主要是针对环境生态系统本身的健康和平衡受损的情况,重在考虑对环境生态功能的修复、保护,是环境危机时代新型的法律责任。该类责任的责任承担方式不仅包括生态恢复和生态重建,还包括替代性修复手段,如采取异地补植、缴纳生态环境修复费用、退耕还林还草、植树造林等。

环境修复的理念源自西方现代对生态恢复学进行研究所取得的成果,其中,恢复环境生态系统功能和价值的是该研究关注的重点。近年来,不少国家的环境立法凸显了对环境生态功能的修复、保护的重视,如格鲁吉亚《环境保护法》第 5 条规定了"环境恢复原则";② 保加利亚《环境保护法》第 3 条规定了"对环境质量受到污染和损害的区域进行修复和改善"的原则。③ 同时,各国环境法律在责任追究方面也呈现出"关注环境损害赔偿及损害补偿,重视环境恢复与再生"的趋势。近年来,我国也在立法层面对"生态环境修复责任"作出了相关的规定。对此,笔者进行粗略统计如下:

表 4-3　我国规定生态环境修复责任的法律条文汇总表

法律名称	具体条文
《民法典》	第 1234 条
《环境保护法》	第 5 条、第 32 条

---

① 康京涛:《生态修复责任的法律性质及实现机制》,载《北京理工大学学报(社会科学版)》2019 年第 5 期。
② 李挚萍:《环境基本法比较研究》,中国政法大学出版社 2013 年版。
③ 李挚萍:《环境修复目标的法律分析》,载《法学杂志》2016 年第 3 期。

续表

法律名称	具体条文
《长江保护法》	第 5 章
《水污染防治法》	第 3 条、第 16 条
《水土保持法》	第 2 条、第 12 条、第 16 条、第 4 章
《海洋环境保护法》	第 20 条、第 22 条、第 28 条
《土地管理法》	第 19 条、第 31 条、第 35 条、第 39 条、第 41 条、第 42 条、第 75 条
《海岛保护法》	第 21 条、第 25 条
《农业法》	第 16 条、第 59 条、第 60 条、第 61 条、第 62 条
《森林法》	第 8 条、第 11 条
《草原法》	第 1 条、第 3 条、第 18 条、第 39 条、第 40 条、第 46 条、第 47 条、第 48 条
《渔业法》	第 30 条、第 32 条、第 36 条
《水法》	第 9 条、第 29 条、第 31 条、第 40 条
《防沙治沙法》	第 3 条、第 23 条、第 24 条、第 5 章
《矿产资源法》	第 21 条、第 32 条

当然，上述部分法律文件的效力等级较低，且只做出了原则性、概括性的规定，且内容主要集中于民事责任的承担方式，此是不足的。环境利益损害责任具体性质上看其是一种独立的法律责任类型，该类责任按照责任的承担方式具体可以分为环境民事责任、环境行政责任、环境刑事责任及其他创新性的责任承担方式。值得注意的是，环境责任承担方式的多元化不能作为否定环境责任是独立责任的理由，上述内容笔者将在后续第五章进行详细叙述。

3. 环境利益损害救济程序

如前所述，环境法对环境利益的救济，不仅应明确相应的责任，还需明确相应的救济程序。现阶段，我国在环境利益损害的救济程序主要分为两大类，一类是诉讼救济机制，如环境公益诉讼和生态环境损害赔偿诉讼；另一类是非诉机制。通过多种不同的救济手段，实现我国环境生态功能的正常运作，更好地保护环境利益，更加契合我国建设美丽中国的理念。

(1)诉讼程序

目前学界凡提及对环境生态功能损害的救济程序必指向环境公益诉讼。公益诉讼作为与私益诉讼相对应的诉讼模式,其最早可以追溯到古罗马时期并最终在 20 世纪中叶在西方国家得到空前的发展。① 从诉讼法学角度看,公益诉讼最大的特点在于对传统诉讼"诉的利益"观念的突破,即突破了传统诉讼对原告必须是"自身合法权益受到侵犯的直接利害关系人"的资格要求。② 实践证明,仅依靠利害关系人来解决社会所面临的利益损害问题有时是不充分的,特别是在社会公共利益遭受侵害的情况下,③且此种不足随着风险社会的到来愈发凸显。公益诉讼是各国起诉资格不断放宽甚至取消的产物,④ 其是一种与原告资格认定相关的诉讼方式和手段。⑤ 由此可以将公益诉讼理解为是原告并非出于自身利益受到侵害而提起的诉讼,即原告对诉讼标的并没有直接的利害关系,其与传统的必须以原告存在"诉的利益"为行使诉权要件的私益诉讼是相对应的。鉴于此,可以将环境公益诉讼理解为以维护具有公共利益属性的环境利益为目的,由与诉讼请求无法律上利害关系的机关、组织或个人,针对造成或者可能造成环境生态功能减损之行为,依法所提起的诉讼。从此种角度看,"以保护环境公共利益为目的"以及"原告与诉争案件之间没有直接利害关系"是环境公益诉讼的两大特征,两者也是判断环境公益诉讼的标准,缺一不可。据现有文献资料显示,目前部分学者直接仅以"诉讼中受到损害的利益是不是公共利益"为单一标准对公益诉讼进行判断,即认为若以侵害公共利益为诉由提起的诉讼,则为公益诉讼;而以侵害私人利益为理由提起的诉讼则为私益诉讼。笔者认为此种理解并不恰当,不仅违背了公益诉讼产生的初衷,还容易引发理论上的误解。

如前所述,环境利益是典型的公共利益,它是不可独占、排他享有的利益,但此种定性并不能排除自然人个人对环境利益现实的享有。以生命的延续为本质追求的自然人是环境利益的主体,其真真切切地享有着具有公共利益属性的环境利益,周边环境生态功能的减损必然会侵害到自然人的

---

① [意]莫诺·卡佩莱蒂:《福利国家与接近正义》,法律出版社 2000 年版,第 65~66 页。
② [美]彼得·G. 伦斯特洛姆:《美国法律辞典》,贺卫方等译,中国政法大学出版社 1999 年版,第 235 页。
③ 曾宪佳、朱同同:《论公司社会责任的司法实践——从公益诉讼角度谈我国公司社会责任司法实践的完善》,载《行政与法》2011 年第 7 期。
④ P. Monaghan H. Third Party Standing. *Columbia Law Review*, 1984. pp. 227-280.
⑤ 汪劲:《中国的环境公益诉讼:何时才能浮出水面?》,见:别涛主编:《环境公益诉讼》,法律出版社 2007 年版,第 42 页。

切身利益,即具有直接的利害关系。鉴于此,当面对周边环境生态功能减损或有减损之可能时,自然人当然可以以自身的环境利益受到侵害,通过提起传统的民事诉讼或行政诉讼,以保障自身所享有的环境利益。虽然此时自然人的行为客观上保障了环境公共利益,但这种"主观为自己,客观为公益"的情况完全可以为传统诉讼所吸收,而无需纳入公益诉讼的范畴。①此目前已经为不少国家司法实践所承认,如在美国联邦最高法院所处理的"塞拉俱乐部诉莫顿"(Sierra Club V. Morton)一案中,法院则认为原告是具有诉讼资格的,因为被告的行为确实给塞拉俱乐部的成员造成了"事实上的损害",而此"事实上的损害"并不仅局限于经济上的损害,美学上、环境舒适度上等非经济性的损害也包括在其中。②而对于那些不以生命的延续为本质追求的法律拟制主体来说,他们自身并不享有环境利益,因环境生态功能减损而导致的环境利益的损害与他们没有直接的利害关系。因此,此类主体以及那些自身权益未受到直接影响的自然人,为了保障环境公共利益依法提起的诉讼,则应是典型的环境公益诉讼。自20世纪末始,各国通过专门性的立法、司法解释等多种形式,确立了环境公益诉讼制度。如美国在20世纪70年代通过《清洁空气法》《清洁水法》等一系列成文环境法律文件确立了公民诉讼制度,且目前司法实践中已存在大量的案例。《胡奥斯公约》确立了环境公益诉讼制度,欧盟多国于20世纪90年代通过加入该公约,确立了环境公益诉讼制度;此后,澳大利亚、新西兰、菲律宾、巴西、印度、南非、马来西亚等多国都通过立法建立了各具特色的环境公益诉讼制度。

近年来,我国也通过立法确立了独具特色的环境利益损害救济的诉讼程序。2012年8月,新修订的《民事诉讼法》正式确立了民事公益诉讼制度(第55条);③随后,2015年《环境保护法》对环境民事公益诉讼进行了规定。④据此,符合条件的社会组织获得了提起环境民事公益诉讼的法

---

① 梁慧星:《关于公益诉讼制度的对话》,见:吴汉东主编:《私法研究》(第1卷),中国政法大学出版社2002年版,第71页。
② Michael S.Greve. The Private Enforcement of Environmental Law. *Tulane Law Review*, 1990. p. 339.
③ 《中华人民共和国民事诉讼法》(2012)第55条:"对污染环境、侵害众多消费者合法权益等损害社会公共利益的行为,法律规定的机关和有关组织可以向人民法院提起诉讼。"
④ 《中华人民共和国环境保护法》(2015)第58条:"对污染环境、破坏生态,损害社会公共利益的行为,符合下列条件的社会组织可以向人民法院提起诉讼:(一)依法在设区的市级以上人民政府民政部门登记;(二)专门从事环境保护公益活动连续五年以上且无违法记录。符合前款规定的社会组织向人民法院提起诉讼,人民法院应当依法受理。提起诉讼的社会组织不得通过诉讼牟取经济利益。"

律资格,并有权要求被告承担包括但不限于"将生态环境修复到损害发生之前的状态和功能"的法律责任。[1] 同年,最高人民法院发布了《关于审理环境民事公益诉讼案件适用法律若干问题的解释》,对提起环境民事公益诉讼的具体程序进行了细化,[2] 此规定使环境民事公益诉讼进入了标准化轨道,有利于改善环保案件在立案、审理、执行等方面的困境,破除地方保护主义的顽疾。2017年,全国人大常委会再次修订了《民事诉讼法》,赋予了检察机关提起民事公益诉讼的资格;[3] 同年,《行政诉讼法》得以修订,确立了行政公益诉讼制度。[4] 为确保该相关制度的顺利实施,最高人民法院于2017年出台了《关于审理环境公益诉讼案件的工作规范(试行)》,并于2018年与最高人民检察院联合发布了《关于检察公益诉讼案件适用法律若干问题的解释》。2020年,最高人民法院对《关于审理环境民事公益诉讼案件适用法律若干问题的解释》进行了修订,其间最大的变化在于以"生态环境修复"这一责任形式替代了原有的"恢复原状";[5] 同时对与生态环境修复费用相关的内容进行了细化规定,[6] 生态环境功能损失的赔偿范围增加了"永久性损害造成的损失",[7] 为环境公益诉讼案件裁判适用环

---

[1] 最高人民法院《关于审理环境民事公益诉讼案件适用法律若干问题的解释》(2015)第20条:"原告请求恢复原状的,人民法院可以依法判决被告将生态环境修复到损害发生之前的状态和功能。无法完全修复的,可以准许采用替代性修复方式。"

[2] 最高人民法院《关于审理环境民事公益诉讼案件适用法律若干问题的解释》(2015)第2条~第5条明确了环境公益诉讼起诉主体的问题;第9条及第14条赋予法院释明诉讼请求和调查取证的权力;第10条及第25条规定了公告程序,第11条规定了支持起诉方式,第16条规定了限制原告自认的内容。

[3] 《中华人民共和国民事诉讼法》(2017)第55条第2款:"人民检察院在履行职责中发现破坏生态环境和资源保护、食品药品安全领域侵害众多消费者合法权益等损害社会公共利益的行为,在没有前款规定的机关和组织或者前款规定的机关和组织不提起诉讼的情况下,可以向人民法院提起诉讼。前款规定的机关或者组织提起诉讼的,人民检察院可以支持起诉。"

[4] 《中华人民共和国行政诉讼法》(2017)第25条:"……人民检察院在履行职责中发现生态环境和资源保护、食品药品安全、国有财产保护、国有土地使用权出让等领域负有监督管理职责的行政机关违法行使职权或者不作为,致使国家利益或者社会公共利益受到侵害的,应当向行政机关提出检察建议,督促其依法履行职责。行政机关不依法履行职责的,人民检察院依法向人民法院提起诉讼。"

[5] 最高人民法院《关于审理环境民事公益诉讼案件适用法律若干问题的解释》(2020)第18条:"对污染环境、破坏生态,已经损害社会公共利益或者具有损害社会公共利益重大风险的行为,原告可以请求被告承担停止侵害、排除妨碍、消除危险、修复生态环境、赔偿损失、赔礼道歉等民事责任。"

[6] 最高人民法院《关于审理环境民事公益诉讼案件适用法律若干问题的解释》(2020)第20条第3款:"……生态环境修复费用包括制定、实施修复方案的费用,修复期间的监测、监管费用,以及修复完成后的验收费用、修复效果后评估费用等。"

[7] 最高人民法院《关于审理环境民事公益诉讼案件适用法律若干问题的解释》(2020)第21条:"原告请求被告赔偿生态环境受到损害至修复完成期间服务功能丧失导致的损失、生态环境功能永久性损害造成的损失的,人民法院可以依法予以支持。"

境修复责任提供了法律依据。同年，两高修订了《关于检察公益诉讼案件适用法律若干问题的解释》，从司法实践的层面对检察机关提起公益诉讼作出细化规定，除了诉讼地位、案件管辖、证据收集、文书送达等一般规定外，还分别就民事公益诉讼和行政公益诉讼规定了适用范围、起诉条件、公告程序、法院释明权、刑事附带民事公益诉讼、行政公益诉讼判决类型等内容。

此外，在我国生态环境损害赔偿制度建立、部署的过程中，生态环境损害赔偿民事诉讼也逐渐演变成为我国环境利益损害救济的诉讼程序之一。经过两年的试点，2017 年，中共中央办公厅联合国务院办公厅正式颁布了《生态环境损害赔偿制度改革方案》，确立了生态环境损害赔偿民事诉讼制度，规定经国务院授权的省级、地市级人民政府系相应行政区域内的生态环境损害赔偿权利人，有权在与赔偿义务人就生态环境损害需要修复或赔偿磋商未果的情况下，提起生态环境损害赔偿民事诉讼。2019 年，最高人民法院发布了生态环境损害赔偿制度改革典型案例，总结了司法实践中的经验并对后续审理形成了较好的指导作用。2020 年 8 月，两高会同生态环境部、司法部、财政部、自然资源部等多个环境资源行政管理部门，联合制定了《关于推进生态环境损害赔偿制度改革若干具体问题的意见》，对启动索赔、调查生态环境损害、鉴定评估、赔偿磋商、司法确认、与公益诉讼的衔接、生态环境修复、资金管理等 18 项问题作出细化规定，①并附上七种生态环境损害索赔文书示范文本，推动解决地方在试行工作中发现的问题。

（2）非诉程序

当代，多元化的纠纷解决机制日趋成为解决纠纷的时代潮流，在环境领域也不例外。诉讼机制作为解决纠纷的最后一道防线，其是环境利益损害最主要的救济程序。然而，由于诉讼资源的有限性及环境类案件的复杂性，导致此类案件的诉讼程序呈现出周期长、程序复杂、成本高等特点，鉴于此，若一味依赖诉讼途径解决环境利益损害的救济，并不利于纠纷的解决。从另外一个角度看，对环境利益损害展开救济的核心在于修复受损的环境生态功能，此项系统、复杂的工程有赖于当事人主观能动性的充分发挥，以及灵活多样方案的实施。相较于程序化、强制性的诉讼程序，协商、

---

① 具体包括：具体负责工作的部门或机构、案件线索、索赔的启动、调查生态环境损害、鉴定评估、赔偿磋商、司法确认、鼓励赔偿义务人积极担责、与公益诉讼的衔接、生态环境修复、资金管理、修复效果评估、公众参与、落实改革责任、人员和经费保障、信息共享、奖惩规定、加强业务指导等问题。

调解、仲裁、磋商等非诉讼救济程序更为灵活，也更能激发当事人的主观能动性。鉴于此，当代环境利益损害的救济需要借助多元化的纠纷解决机制，即环境利益的保障不仅需要借助诉讼机制，也有赖于非诉机制（ADR）的支撑。当下，多元司法的理念在全球环境法领域得到了极大的重视，目前各国较为常见的主要有协商、调解、磋商、仲裁等程序。具体来看：①协商机制是近年来备受各国推崇的，解决环境利益损害纠纷的新机制，其试图通过谈判的路径找寻解决环境纠纷的最佳模式。该制度强调"自愿原则"，程序简便且省时省力，有利于生态环境损害修复、赔偿方案的达成和自愿履行。协商解决环境纠纷对实现环境法治，推进生态文明建设及完善环境法律制度具有重要意义。②调解制度作为我国解决纷争的重要途径之一，其在解决环境利益损害纠纷过程中也发挥着弥足轻重的作用。鉴于环境利益损害救济涉及对公共利益的保障，因而常采用司法调解或行政调解的方式。① 在调解过程中，双方当事人在司法机关或环境行政机关的主持下进行自愿协商，在分清事实和责任的基础上达成协议，从而有效实现纠纷化解效果。调解不仅能高效解决环境纠纷、节约所投入的司法资源、降低相关案件的积压率、提高环境纠纷的解决率，同时还能在一定程度上促进当事人之间关系的和谐发展。调解制度基于自愿、诚信的原则，在有权机关的主持下，由双方当事人就生态环境修复问题达成合意；相对于被动化的诉讼制度，该程序更能够更大限度的调动人们参与环境保护与治理的意识，对于环境利益的保护而言，是有利于生态环境功能的修复的途径。③此外，在我国生态环境损害赔偿制度建立、部署的过程中，形成了独具特色的环境损害救济非诉程序——磋商。如前所述，2017年中共中央办公厅联合国务院办公厅正式颁布了《生态环境损害赔偿制度改革方案》，确立了生态环境损害赔偿民事诉讼制度。该方案规定经国务院授权，省级、市地级政府系相应行政区域内的生态环境损害赔偿权利人，有权与赔偿义务人就生态环境损害需要修复或赔偿进行磋商。磋商是生态环境损害发生后，提起生态环境损害赔偿诉讼前的一个前置程序，该方案规定赔偿权利人应组织并开展对于生态环境损害的调查、鉴定评估、修复方案编制等工作，并以此为基础主动与赔偿义务人就已发生的生态环境损害进行磋商。同时，应在达成赔偿协议后组织生态环境的修复工作；而在磋商未达成一致时，依法提起诉讼。② ④因不仅具有程序上灵活、便利的特点，同时还兼

---

① 邹瑜：《法学大辞典》，中国政法大学出版社1991年版，第12页。
② 董正爱、胡泽弘：《协商行政视域下生态环境损害赔偿磋商制度的规范表达》，载《中国人口·资源与环境》2019年第29期第6卷。

具法律所认可的终局性和权威性,仲裁才得以成为一种高效且公平的纠纷解决方式。仲裁不仅能有效弥补诸如调解和协商等其他环境纠纷解决方式存在的缺陷,同时还能就环境诉讼成本高昂和程序复杂等问题进行有效的回避,是一项能保证环境纠纷得到有效化解的制度。正因如此,仲裁制度在美日等国家的生态环境问题的纠纷解决中占据着关键的地位,近年来我国环境纠纷领域的仲裁制度也得到了长足的发展。[①] 综上,多元化的救济手段是保护我国环境利益的必需途径,通过多种不同的救济手段,实现我国环境生态功能的正常运作,更好地保护环境利益,更加契合我国建设美丽中国的理念。

二、环境法保障环境利益方式的实现路径

如前所述,环境法是围绕着环境利益的保障而设置的制度,其功能主要是通过确认环境利益、在保护环境利益的同时对其进行增益、协调环境利益之间的冲突以及在环境利益受损时进行救济等方式来实现的。环境法的上述保障方式需要通过法律概念、法律规则及法律原则所构建起来的各项环境法律制度才能实现,而这些法律制度都仅是抽象层面之规范性要求,其如何才能与特定的社会现象相结合以发挥其实效,即"环境法究竟需通过何种路径方能实现对环境利益的具体保障",是另外一个亟待解决的问题。

"路径"(Path)一词在不同的领域及语境下有着不同的含义,通说认为其是指"到达目的地的路线",可引申为某项制度、措施为实现其目的、发挥其功能的途径。鉴于此,可将环境法保障环境利益方式的实现路径理解为环境法为实现"保障环境利益"这一目的、发挥保障环境利益各方式实际效用的途径。如前文所述,环境法主要是通过对环境利益的确认、环境利益的保护增益、环境利益冲突的协调以及环境利益损害的救济等方式来实现对环境利益的保障的。而环境法究竟通过何种途径确保上述利益的保障方式作用的发挥,是后续需要解决的问题。具体来看,环境法的上述保障方式需要通过法律概念、法律规则及法律原则所构建起来的各项具体的环境法律制度才能实现。然而,环境法对上述保障方式的设定均仅表现为抽象层面之规范性要求,此些保障方式如何才能与特定的社会现象相结合以发挥其实效,即环境法究竟需通过何种路径方能实现对环境利益的

---

① 2007年在江苏省东台市设立了我国国内首个环境纠纷仲裁庭,不仅成立东台市环境纠纷仲裁委员会,同时还颁布实施了《东台市环境纠纷仲裁暂行办法》,成功使得该市的部分环境纠纷得以有效解决。

真切保障,是急需解决之问题,亦是本部分研究主题所在。

(一)环境法保障环境利益方式实现路径之实质:环境法律关系

想要准确把握法律关系对社会利益保障的媒介、工具性价值,必须要回归到法理学中对法律关系理论予以理解。作为现代法学理论中的一个基本法律概念,法律关系对于构建完善的学科体系具有非常重要的意义。从法理学层面看,"法律关系"(legal relationship)源于罗马私法中"债"之概念,但据现有文献资料表明,传统西方法学界并不十分关注对这一主题的研究,而苏联法学家才真正将法律关系提升到法学基本范畴的地位。就我国来看,受德、日、苏等国影响,我国法学界自20世纪初便十分关注法律关系这一主题,至今方兴未艾。

一直以来,法学界在理论上对法律关系存在着不同的定性,主要有"规范说"和"关系说"两种。萨维尼是规范说的主要代表,其首次系统地对法律关系进行了理论阐述,将法律关系定义为"由法律规则所决定的人和人之间的关系"。[1]温德雪德作为关系说的代表,其认为法律上规定的关系即是指法律关系,由法律所设立的关系和法律追究法律其所产生的法律后果的事实状态这两部分构成。对以上两种学说,比尔林进行了整合,他提出:"法律关系的内容包括一方的权利和另一方的义务",之后的法学家在对法律关系进行探讨时通常以比尔林的解释为基础展开。[2]我国学界也对法律关系理论展开了较为丰富的界定,其中张文显教授认为:"法律关系是一种特殊的权利、义务关系,是社会关系中的一种特殊形态。"[3]周旺生教授认为:"依法存在的对一定主体间的权利和义务进行反映、对一定的意志进行体现的特殊社会关系即为法律关系。"[4]张正德、付子堂认为:"法律关系作为一种法律上的权利义务关系,是各主体之间依据法律规范所形成的一种特殊社会关系。该种关系反映了一定社会关系的要求,同时符合了一定社会关系的发展规律,是法律规范对一定社会关系进行调整的结果,其作用在于影响、制约或推动一定社会关系的发展。"[5]时显群教授认为:"在法律规范对社会关系进行调整的过程中,形成的以权利、义务为内容的一种社会关系即为法律关系。"[6]虽然学者们对法律关系还存在着不同的理解,

---

[1] 徐永康主编:《法理学》,上海人民出版社2003年版,第349页。
[2] 时显群主编:《法理学》,中国政法大学出版社2013年版,第146~147页。
[3] 张文显主编:《法理学》(第四版),高等教育出版社,北京大学出版社2011年版,第129页。
[4] 周旺生主编:《法理学》,西安交通大学出版社2006年版,第288页。
[5] 张正德、付子堂主编:《法理学》,重庆大学出版社2003年版,第174页。
[6] 时显群主编:《法理学》,中国政法大学出版社2013年版,第146~147页。

但学者们普遍认可：作为一种经法律规定并加以调控的社会关系，法律关系实质上是社会生活关系的内容和法律的形式统一的结果。①客观存在着的社会关系是法律关系的本原、内容，而法律关系是法律对为其所确认的社会关系进行规范、调整后的结果，是派生性的社会关系。而在此"本原"与"派生"之间发挥介质、工具作用的便是抽象的法律规范。由此，想要对某种具体的法律关系进行分析，则必须要从作为其实质内容的社会关系入手。以利益为视角，社会关系究其实质无非是人们在追求某种社会利益过程中所形成的人与人之间的利益关系。立法者制定法律调控某类社会关系的根源在于确认特定的社会利益并确保各方主体尽可能充分、公平、有序地实现相关利益，从而维护社会的正常秩序和发展。由此可见，特定社会利益是具体法律关系的实质性构成要素，法律保障特定的社会利益是特定法律关系产生的根源。

延续上述思路可知，环境利益关系是人们在追求环境利益过程中所客观形成的社会关系。环境法律关系是法律确认、规范、调控环境利益关系的结果，其是环境利益关系的内容和法律的形式的统一，法律调整环境利益关系的目的在于保障各类主体的环境利益尽可能公平、有序地实现，其是环境法作用于环境社会关系的从静态到动态的过程和结果。在环境社会关系中，人通过实施与追求环境利益有关的行为或活动而与他人结成社会关系。可以说，环境利益关系是构成环境法律关系的实质性要素，实现对环境利益关系的有效调控、保障是环境法律关系产生及存续的本原，也是理解环境法律关系的最根本性的出发点和归属。而也正因为如此，使得环境法律关系具有极强的"媒介"价值，其一方面连接着社会生活关系（环境利益关系），而另一方面又连接着环境法律规范及环境法律制度。具体来看，环境法律规范及环境法律制度的形成是对环境法律关系的抽象，而抽象的环境法律规范、制度又支配着具体的环境法律关系，是形成各具体的环境法律关系的指引。由此，从一定层面上看，环境法律关系是对抽象的环境法律规范、制度的具体化，只有通过各类具体的环境法律关系将"抽象化的环境规范、制度"转化为社会生活中"主体的具体行为"，才能真实地实现对环境利益的保障并进而实现立法者所追求的社会秩序。由此可见，正如德国法学家比尔林所指：所有的法律规范、制度都是为表述并处理某类法律关系而存在的，每一种法律规范及其由之构建的法律制度的目

---

① 夏勇主编：《法理讲义：关于法律的道理与学问》（下册），北京大学出版 2010 年版，第 631 页。

的都是要为法律关系的存在创造形式条件。① 抽象的法律规范、制度必须要通过建立一定的具体法律关系才能对一定社会关系的发展施加影响并进而实现其保障特定社会利益的目的。法律关系在利益的法律保障过程中具有极强的工具性价值和意义,对此,陈金钊教授也曾经指出:"法律关系的概念在本来意义上就是作为一种工具、方法而产生的。"②

环境法是以保障环境利益为其本质追求的独立部门法,其间设定环境法各具体保障方式的环境法律规范及由之进一步形成的各类环境法律制度均仅为抽象层面之要求,相关环境法律权利、环境法律权力以及环境法律义务的规定也仅针对不特定的人或事,即其本身并不能直接、具体地完成保障特定主体的环境利益之任务。而此些抽象层面的规定想要与社会生活中的具体现象相结合以达到保障特定环境利益之目的,则必须要通过具体的环境法律关系的形成来完成。对此,梅迪库斯也曾经指出:"法律制度总是在抽象意义上使用;而我们在使用法律关系的概念时,往往指向某种具体的买卖行为或某项所有权等。"③

沿此思路可知,环境法作为法律体系中以保障环境利益为其本质追求的独立部门法,其"有效保障环境利益"的核心目标的实现必须要通过具体的环境法律关系来完成。实证法层面的环境法律规范、制度是抽象性的规定,其间的各类环境法律权利、环境法律权力及环境法律义务的内容本身所针对的仅是不特定的人或事,只有通过具体的环境法律关系方能实现各类抽象之规定与具体的社会现象的相互对应、关联并进而实现对特定主体的环境利益的有效保障。环境法律关系本身作为社会制度构建之产物,其自产生伊始便是作为"调控主体间客观存在的环境利益关系、维持社会秩序"的工具、方法而存在的,环境法要实现对环境利益的现实性保障,环境法保障环境利益的方式发挥实效必须通过具体环境法律关系的构建来完成。因此,想要准确把握环境法保障环境利益的具体路径并以此为线索进一步探究出环境法有效保障环境利益的手段及其配合机制,就必须首先在环境利益的视野下对环境法律关系进行剖析。

(二)环境法保障环境利益方式实现路径之构成要件

如上文所述,环境法律关系根源于法律对环境利益的保障,客观存在

---

① 张文显主编:《法理学》(第四版),高等教育出版社、北京大学出版社2011年版,第110、215页。
② 陈金钊、侯学勇:《法律关系及其逻辑模型的建构》,载《重庆工学院学报》2006年第10期。
③ [德]梅迪库斯:《德国民法总论》,邵建东译,法律出版社2004年版,第56页。

着的环境利益是构成具体环境法律关系的实质性要素。鉴于此,基于前文对环境利益研究所取得的认知展开对环境法律关系的分析应该能较好地剖析其内在机理。本部分,笔者拟在环境利益的视野下,对环境法律关系的构成要件进行分析并基于此展开对环境法律关系的界定。环境法律关系是众多法律关系中的一种。正如前文所述,作为一种特殊的社会关系,法律关系本质上其实是一种权利义务关系,该种关系产生于法律规范对人们的行为进行调整的过程中。其以社会关系为起点,作为经法律规范调整而形成的产物,本质上由社会关系"派生"而来,在界定与把握某一类法律关系时,应回归至其作为本源的相应的社会关系上。因此,对环境法律关系进行界定时,需要回归到环境社会关系上进行探索。所谓环境社会关系,是指人们在实施保护和改善环境的行为或活动中所形成的人与人之间的社会关系,是为环境法所确认和调整的、各主体在享有、保护和改善环境生态功能过程中所形成的权利义务关系。[1]想要准确把握环境利益的内在机理,应当从其构成要件角度展开:

1. 客体:环境生态功能

据现有文献资料显示,学界多将法律关系的客体理解为法律关系主体的权利及/或义务所指向的对象,其通常又被称为"权义客体"、"权利客体"。从此角度看,以"法律权利"为视角入手,应能够较好地对法律关系客体的内在机理进行剖析。目前学界对法律权利的界定存在诸多争议,但学者们普遍认可利益是构成权利的核心基本要素,法律确认并保障的各类社会利益"既是权利的基础和根本内容,又是权利的目标指向,还是权利的目的及其起始动机"。[2]显然,作为权利内在核心要素的利益本身不可能又成为作为权利外部定在的客体。利益是客观对象所具有的功能、属性对主体需求的满足,作为客观实存,其必然有自己的载体,也必然表现于各类有形或无形的事物之上。具体看来,权利的客体是对权利设立在何种基础之上的说明,承载各种利益的客观事物既是权利所指向的目标,又是权利努力所要改造之对象,还是足以使权利明确定位、清晰分类的要素。由此,笔者认为,可以将权利的客体(即法律关系的客体)理解为是承载着各种利益的、能满足主体需求的客观事物,其是具体社会利益的载体。事实上,基于目前法理学界学者对法律关系所做出的理论描述,也可得出上述结论。据现有文献资料显示,虽然目前学者们对有关法律关系的具体描述并不相同,但却普遍认可法律关系的客体与"对主体需要的满足"、"承载、表现各

---

[1] 金瑞林、汪劲:《20世纪环境法学研究评述》,北京大学出版社2003年版,第59页。
[2] 文正邦:《法哲学研究》,中国人民大学出版社2011年版,第91页。

种利益"密切相关,如谢晖、陈金钊①沈宗灵②张志铭③等学者都在其研究中对之进行了明确的肯定。

由此可推知,环境法律关系的客体是环境生态功能。首先,环境利益是环境生态功能对人的生态需要的满足。环境利益源于人对环境生态功能的天然、原始的生态需要,这种需要激发、引导着人的实践行为;而环境生态功能天然地便可以满足人类的生态需要,其是环境利益产生的客观基础,承载着主体的环境利益。同时,环境法律关系是基于对良好环境生态功能的追求而产生的,"实现对环境生态功能的保护、增益"是各类环境法律权利、法律权力以及法律义务设立的基础及其所指向的目标(对象),且环境生态功能是各类环境法律制度所要作用之对象。

2. 主体:环境利益享有者、环境生态功能破坏者、环境利益维护者

基于前文分析可知,环境法律关系根源于法律对环境利益的保障,其是由法律所规范、调整的,以环境生态功能为客体的,为确保人的环境利益尽可能充分、公平、有序地实现而形成的各类人与人之间的社会关系的总称。围绕着上述客体及目标,环境法律关系将在环境利益享有者、环境生态功能破坏者、环境利益维护者之间展开——即环境法律关系的主体主要有环境利益享有者、环境生态功能破坏者、环境利益维护者三类。

环境法律关系的第一类主体是环境利益的享有者。环境利益的享有者即环境利益的主体,具体指天然具有生态需要并以生命延续为其本质追求的生物人。对应于法律层面,其具体可表现为自然人、公民、人类等多种形态,但不包括法人、国家、其他社会组织等没有生态需要的法律拟制主体。从根本上说,环境法律关系是围绕着确保环境利益享有者的生态需要得到尽可能充分、公平、有序的满足而展开的,以生命的延续为其本质追求的人及其所具有的生态需要是环境法律关系产生的前提,环境利益享有者是环境法律关系中最为核心的主体,一切环境法律关系从根本上说都是围绕着该类主体的生态需要的实现而展开的。

环境法律关系的第二类主体是环境生态功能破坏者。如上文所述,人类环境利益的实现有赖于环境生态功能的正常的发挥。然而自人类产生以来,人们基于社会实践所取得的各类的进步都影响着环境生态功能,甚至以侵害、牺牲环境生态功能为代价。环境危机时代,环境生态功能的减

---

① 谢晖、陈金钊:《法理学》,高等教育出版社 2005 年版,第 248 页。
② 张文显主编:《法理学》,高等教育出版社、北京大学出版社 2011 年第 4 版,第 394~398 页。
③ 夏勇主编:《法理讲义:关于法律的道理与学问》(下册),北京大学出版社 2010 年版,第 640~641 页。

损甚至丧失使得人类的生态需要得不到正常、充分的满足并进而引发了环境利益的分化及冲突，此乃是将环境利益纳入法律保障范围的根本性动因，也是环境法律关系形成的根源。在此种背景下，若想要保障环境利益享有者的生态需要得到充分的满足以确保其环境利益的实现，就必须要限制、规范各类污染、破坏环境的行为，即将各类能导致环境生态功能减损的行为纳入法律调控范围，鉴于此，环境生态功能的破坏者必然成为环境法律关系的一类主体。客观来说，在人类发展的历史长河中，任何主体都可能污染、破坏环境，因此从法律主体类型角度看，诸如自然人、法人、国家、社会组织等各类形态的法律主体都可以成为环境生态功能破坏者。

环境法律关系的第三类主体是环境利益的维护者。环境法律关系以保障环境利益为其目标，因此环境利益维护者当然是其中的一类主体。在环境法层面，环境利益为以生命的延续为本质追求的自然人所享有，自然人本身当然是其自身所享有环境利益的维护者。但显然，自然人仅靠自己的力量并不足以保障环境利益，而必须借助其他各方主体的力量。首先，由于环境利益具有突出的公共利益属性，此使得其必须要由具有国家强制力支撑的国家环境权力（特别是环境行政权力）进行维护，可以说国家及相应的国家机关是当代环境利益核心维护者。同时，随着时代的发展，由于环境问题本身的复杂性、特殊性以及国家环境权力固有的有限性等各类因素的影响，仅靠国家环境权力的运作无法完全实现环境法对环境利益的有效保障，而必须要借助各类社会非政府组织的力量，诸如环保NGO等各类非公权力社会组织是当代环境利益的维护者的重要辅助部分。综上，从法律主体类型角度看，环境利益的维护主体包括自然人、国家及其权力机关、各类非公权力社会组织。

3. 内容：环境权利、环境权力及环境义务

在法理学中，学界就"法律关系的内容"这一主题的认识存在一定的争议。据现有文献资料显示，早期学者们多将法律关系界定为由法律规范确认或调整的、基于主体特定行为而产生的、具有权利义务内容的社会关系，即普遍将权利、义务视为法律关系的内容。近年来，越来越多的学者认为此种学说过于片面，即认为将法律关系的内容仅总结为权利与义务并不足以涵盖所有。如美国法学家Hohfeld博士则明确指出法律关系内容权利义务说"将成为人们清晰表述、深刻理解以及正确解决法律问题的最大障碍之一"。① 对此，我国童之伟、章戎等学者也指出此种理解是片面的，

---

① ［美］霍菲尔德：《基本法律概念》，张书友译，中国法制出版社2009年版，第26页。

其致命性的缺陷在于"无法体现权力—职责之内容"①"无法涵盖公法关系中的权力因素""也无法合理解释公法关系"。② 客观来说，虽然上述学者们有关法律关系的认识仍并不一致，但均将"权力"纳入到法律关系内容的范畴之内。而那些仍坚持法律关系内容"权利义务说"的学者近年来也有所松动：如有的学者对权利做了广义的解读，即认为权利本身便包含了"狭义的权利、权力、特权、豁免等内容"；③ 而有的学者根据有关权利本质的"法力说"，提出权利自身便蕴含着"权力"之因素。对目前学界的争议，本书无从精确辨析孰是孰非，但至少可以从中推知法律关系内容中确实包含了"权力"的部分，无论其定位及表现形式究竟具体如何。基于此，笔者拟从描述的角度将环境法律关系的内容理解为包括环境权利、环境权力（当代主要包括国家环境权力及社会环境权力）以及环境义务，对于其具体内涵，笔者将在下文中进行详述。

综上，笔者认为可以将环境法律关系界定为：是由法律所规范、调整的，以保障良好环境生态功能为客体的，围绕着"确保人的环境利益尽可能充分、公平、有序地实现"之目的而在环境利益享有者、环境生态功能破坏者、环境利益维护者之间所形成的各类社会关系的总称。通过分析可知，环境法律关系是一个由多个行为主体相互在其中进行沟通互动的多层次互动模式，④ 其具有很强的多样性、综合性及生态型的特征。首先，环境法律关系涉及多元主体。由于生态环境与社会中每个人密切相关，因此参与环境法律关系的主体具有多元性的特点，这些主体中既包括国家和国家机关，同时也包括公民、企业、事业单位和其他社会组织。其次，生态性也是环境法律关系所具有的一个重要特征，其体现在环境法律关系多是围绕保障并增强环境生态的功能而展开，这也决定环境法律关系是体现一定意志并符合自然和生态规律的思想社会关系。⑤

（三）环境法保障环境利益方式实现路径之具体形态

如上文所述，唯有通过具体的环境法律关系，环境法保障环境利益的各类方式才能得以具化落实并真正实现对特定环境利益的保障。可见，通过对环境法保障环境利益过程中所形成的各类环境法律关系的具体形态进行分析，应能够较好地理解环境法保障环境利益的具体路径。由上文分

---

① 章戎：《行为在法律关系中的地位辨析》，载《云南法学》1998年第4期。
② 童之伟：《法律关系的内容重估和概念重整》，载《中国法学》1999年第6期。
③ 沈宗灵：《对霍菲尔德法律概念学说的比较研究》，载《中国社会科学》1990年第1期。
④ 朱春玉：《环境法律关系新解》，载《郑州大学学报（哲学社会科学版）》2018年第51期。
⑤ 汪劲：《环境法律的解释：问题与方法》，人民法院出版社2006年版，第133页。

析可知,环境法律关系是以"环境生态功能"为客体,围绕着"确保人的环境利益尽可能充分、公平、有序地实现"所形成的法律关系的总称,各类环境法律关系的具体形态主要取决于不同的环境法律主体及其各异的环境法律关系内容。鉴于此,本部分,笔者拟以此为线索对环境法律关系的具体形态进行大致的梳理,以求较为全面地展现环境法保障环境利益的路径。

1. "环境利益享有者"与"环境生态功能破坏者"间的环境法律关系

主体对良好环境生态功能需求的客观存在是各类环境法律关系形成之前提,而保障主体环境利益的正常实现是各类环境法律关系存续之目的。如上文所述,环境利益的享有者是具有内在生态需要的、以生命延续为其本质追求的人,其在环境法层面表现为自然人。在环境法中,自然人对良好环境生态功能的保有、享受应被确认为环境权利,即"自然人享有在具备良好生态功能的环境中生活以确保其生态需要得到充分满足并维系其正常的生存、繁衍的权利"。只有以权利的形式在法律层面确认自然人所享有的环境利益,才能更好地以法律手段确保其生态需要得到尽可能充分的满足并进而推动其环境利益实现,此是各项环境法律制度设置、展开的基础。而自然人对良好环境生态功能的保有、享有的环境权利的实现首先有赖于环境生态功能破坏者之环境义务的履行。人类社会早期,环境生态功能天然地便能够充分地满足人的生态需要。而正是由于环境危机时代,各类环境生态功能破坏者所从事的环境污染、破坏等行为导致环境生态功能出现了大范围的超阈值、不可逆之减损,方才致使自然人无法正常地保有、享有良好环境生态功能并进而威胁到人类正常的生存、繁衍及可持续发展。因此,为确保自然人环境利益的正常实现,各类环境生态功能破坏者应首先"停止侵害",即应履行不得从事污染、破坏环境等可能造成环境生态功能减损之行为的义务;同时,在此基础上,各类环境生态功能破坏者还应履行积极保护环境之义务,即在其能力范围内尽可能保护环境生态功能并使之增益。

2. "环境利益享有者"与"环境利益维护者"间的环境法律关系

环境危机时代,环境生态功能的减损已然成为不可回避之客观现实。在此现状下,仅靠环境生态功能破坏者义务之履行来确保自然人环境利益的正常实现是远远不够的,其还有赖于各类环境利益维护者对环境生态功能进行积极的保护、增益。

任何社会组织为实现对其内部各类利益的有效协调都必须靠一定的权威力量来规范其内部运行秩序、维护其外部社会关系。环境利益是典型的公共利益，自然人对环境利益的保有、享受的正常实现的关键还在于能得到具有强制力支撑的国家及其权力机关的积极的供给和保障。而此类对权利供给、保障的需要，对应着相应国家义务的产生。根据法哲学之相关理论，保障权利的需要是国家义务产生的根源，"权利的存在创设了国家义务，基本国家义务的存在正是权利需要被满足的必然逻辑"。[①] 由此可知，出于保护自然人保有、享受良好生态功能权利之需要，必然将产生相应的国家积极保障、供给之环境义务，即国家及其权力机关对环境利益享有者负有保护环境生态功能处于良好状态并不断使之增益的义务。

如上文所述，在环境法层面，环境利益为以生命的延续为本质追求的自然人所享受、保有，作为环境利益享有者的自然人本身当然也是其自身所享有环境利益的维护者，享有相应的环境权利。权能是实现权利的方式和范围，其可以分为实体性权能和程序性权能，环境权利也不例外。一般看来，当自然人作为环境利益享有者时，环境权利更多表现的是其实体性的权能，主要为对良好环境生态功能的保有权、享受权；而当实体性权能的实现受到阻碍时，作为环境利益享有者的自然人本身又可以以环境利益维护者的身份出现，行使环境权利中的程序性权能，以确保其环境利益的实现，其主要包括环境参与权、环境知情权、环境请求权等。[②③] 自然人作为环境利益维护者所享有的此类环境权利应得到其他环境利益享有者的尊重，即其他环境利益享有者应承担不得侵害之义务。同时，此类环境权利的实现还有赖于同样作为环境利益维护者的国家及其权力机关的积极保护义务的履行。

此外，随着环境危机的日益加剧，人们发现由于环境问题本身的复杂性、特殊性以及国家环境权力固有的有限性等各类因素的影响，仅靠国家环境权力的运作无法有效地实现对环境利益的保障，必须要有相应的机制加以补充、辅助——即通过非公权力社会组织的社会环境权力的行使以实现对环境利益的辅助性维护，此种社会环境权力效用的发挥主要通过对国家环境权力的影响、制约来实现，因此其主要对应着国家及其权力机关的积极保护义务、不得侵害义务；同时，所有环境利益享有者及各类环境利益维护者对之也应承担不得侵害之义务。

[①] 杜承铭：《论基本权利之国家义务：理论基础、结构形式与中国实践》，载《法学评论》2011年第2期。

[②] 邹雄：《论环境权的概念》，载《现代法学》2008年第5期。

[③] 邹雄：《环境权新论》，载《东南学术》2005年第3期。

3."环境利益维护者"与"环境生态功能破坏者"间的环境法律关系

由上文分析可知,当代环境利益维护者主要包括国家及其权力机关、自然人以及各类非公权力社会组织。其中,自然人作为其自身所享有的环境利益的维护者,其享有并行使着诸如环境参与权、环境知情权、环境请求权等环境权利中的程序性权能。对此类环境权利,各类环境生态功能破坏者不仅承担着不得妨害之义务,还应承担积极配合、提供便利之义务。

由于环境是公共物品,且由于环境问题本身的复杂性、特殊性使得自然人仅靠自己的力量并不足以保障环境利益,特别是随着人类社会的社会化程度的不断提高以及各类利益冲突的不断激化,使得此种"无力性"更加凸显。在此种背景下,人们必将把个人的权利聚合起来委托给具有强制力支撑的国家权力机关统一行使,即形成了国家环境权力。而事实上,社会成员将自身权利交付于国家以形成国家权力的目的是得到国家的服务(即国家义务的履行),人们首先根据自身权利的需要确定国家应提供服务(应履行义务)的质与量,再根据可从国家处所得到的服务来确定向国家交付的权利份额。[①] 由此可见,自然人环境权利的客观存在产生了对国家及其权力机关积极保护义务的需要,为了满足这一需要进一步形成了相应的国家环境权力。而此类强制性、权威性的国家权力主要体现于对各类环境生态功能破坏者的环境污染、破坏等行为的制约和限制,其对应着各类环境生态功能破坏者的服从义务。由此也可见,与环境利益享有者的环境权利相对应的是国家环境义务,保障自然人环境权利的需要决定了国家环境义务的范围并进一步决定了国家环境权力的产生及其行使范围。而国家环境权力通过对各类环境生态功能破坏者的影响、控制,服务于国家环境义务并进一步服务于自然人的环境权利,此方为国家环境权力正当性之最终来源。

此外,非公权力社会组织也是当代极为重要的环境利益维护者,该类主体主要通过社会环境权力的行使以形成对国家环境权力的影响、制约,从而间接地实现其对自然人环境利益的维护。通常情况下,此类环境利益维护者并不直接作用于环境生态功能破坏者,因此对其所享有的社会环境权力,环境生态功能破坏者应承担不得侵害之义务以及在法律规定范围内之积极配合之义务。

上述分析虽无法穷极环境法律关系所有的具体类型,但却对各主体间主要的环境法律关系类型进行了大致的梳理。通过分析可知,环境法保障环境利益的具体路径表现为环境利益享有者、环境生态功能破坏者、环境

---

① 陈醇:《论国家的义务》,载《法学》2002年第8期。

利益维护者之间的各类环境权利、环境权力和环境义务的相互关联、配合。

(四)环境法保障环境利益方式实现路径之内在结构:环境多元共治

通过上文对环境法律关系的分析,我们不难发现环境法保障环境利益路径呈现一种"多元共治"的态势:各社会治理主体在不同的环境法律关系中,通过各司其职、各履其责、各享其权,在环境治理工作中分工协作、各尽所能,从而促成保障环境利益的法律秩序的有效形成,以确保人类环境利益的高效、全面、公平的实现。

"多元共治"是在环境危机时代提出的一种环境治理理论,其发源于奥斯特罗姆的多中心治理理论和哈肯的协同理论之中。在20世纪70年代,哈肯在其提出的协同理论中指出,环境中的各个系统均处于相互影响、相互利用的关系之中。协同作用作为系统结构有序形成的动力,不仅存在于社会系统中,在千差万别的自然系统中也有存在。在任何复杂系统的子系统间,当物质聚集后到达某个临界值或是外来能量发挥作用时,均会发生协同作用。奥斯特罗姆在经过理论分析与实践分析之后提出了多中心治理的理论,该理论认为:多元的治理主体彼此之间不仅相互独立,同时还存在着紧密的联系,这种联系体现在各主体均有责任对一定范围内的公共事务进行治理。"多元共治理论"不仅具有协同性,同时还兼具多中心性,通过使多个主体在某个节点上进行联结,以达到高于单个受割裂主体的目标。① 共治是多个参与者经过对话、竞争、妥协、合作等步骤后,最后采取集体行动的过程,而不是自上而下的指挥管理过程。多元主体在进行融合时,通过相互协商、博弈与合作的方式不断对彼此之间的利益和边界进行突破,最终获得可代表各方共同利益的结果。该结果不仅为所有主体所共享,同时还影响所有主体,事关所有主体的利益,可使得如"搭便车"和"公地悲剧"等情况得到有效避免。社会经济快速发展的过程中,涌现出诸多复杂且不确定的因素,诸如大气污染、水土流失、资源短缺、生物多样性丧失等环境问题不仅危急私主体的利益,更有甚者将造成激化社会矛盾的严重后果。面对当前的环境治理困境,单一的治理模式已无法有效解决人类所面临的严峻环境问题。因此,环境治理应探索具有"多元化"治理主体的新型治理模式。

环境利益的内在构造决定了环境法对环境利益保障方式实效的发挥应采用"多元共治"的路径。环境利益是各环境要素按照一定的规律组成的环境系统所客观具有的环境生态功能对人的生态需要的满足。其中,环

---

① 张文明:《"多元共治"环境治理体系内涵与路径探析》,载《行政管理改革》2017年第2期。

境生态功能是指各类环境要素按照特定的客观规律相互影响、相互作用所组成的环境系统对地球整个生命系统（包括人类生命系统）的维持、演变、进化并保持其动态平衡的支持功能，其是环境利益产生的客观基础。可见，环境生态功能的形成有赖于环境系统各内在要素的协同。根据系统理论，协同作用是系统有序结构形成的内驱力；据此，各环境要素的协同作用促使生态系统发生了协同效应，也进而促使了环境系统内各类物质可有序循环、能量可有序流动和信息可有序传递，并进而形成了环境生态功能这一足以维持人的个体及其种群正常生存、繁衍及可持续发展的生态系统的内在属性。为实现可持续发展以及环境生态系统的良性循环的目标，则应由多元主体参与进行治理。在共同追求公共利益过程中，多元主体之间产生了和谐的良性互动。多元性、公共性和开放性作为"多元共治"的基本特征，充分体现在多元主体经对话竞争到合作妥协，最终采取集体行动并作出决策的过程中。鉴于此，对环境利益展开保障，必须尊重生态系统的整体性、系统性及内在规律，采用协同的理念展开综合治理。

环境利益的固有属性决定环境法对其所展开的保障应采用"多元共治"的路径。环境系统是人类共同生存之空间，环境生态功能为人与生俱来所平等共享，任何人都无法将之据为己有也无法排除他人对环境利益的共同享有，此使得环境利益成为了典型的公共利益。环境利益的该种特性，使得实践中"公地悲剧"现象频发，市场无法在该领域发挥有效的资源配置功能。在此背景下，长期以来政府被视为弥补市场机制失灵、保障环境利益的核心主体。然而，近年来，实践证明政府治理也存在对环境问题认知不足、决策失误、效率低下、权力滥用等问题，而此种"失灵"主要是由于行政主体自身理性有限、中立有限、行政权力运行僵化、成本高昂所致，而此却恰好激发了环境公众治理的发展。然而，从环境公众治理运行的内在机理和特点出发进行分析，其同样存在着一定的缺陷和不足。[1] 如其运行多依靠自愿而没有强制力约束、资金不足、资源缺乏、一定程度的自利性、外部强制力的普遍缺失，而此又少不了政府力量的规制和市场机制的激励。可见，要达成保障环境利益这一目标，不能仅把政府、社会或市场作为唯一的主体，而应当促成三方之间的良性互动与合作。不论是政府调控、社会自治还是市场机制，各自都具有其优势与劣势，因此，应当优化整合这三种机制，从而对管理机制进行创新。这不仅有助于发挥各方优势，也有助于填补机制单一所带来的缺陷，从而实现对公域的良好治理，最终

---

[1] 姚迈新：《公共治理的理论基础：政府、市场与社会的三边互动》，载《陕西行政学院学报》2010年第24期第1卷。

使协同多元共治发展成为新时代环境利益冲突治理的基本趋势。

当下,顺应国际化发展趋势,我国正推动构建"多元共治"的环境治理体制,且其已被视为国家环境治理能力提升的重要标志。在立法上,"多元共治"也已成为环境法律秉持和体现的重要思想和原则,如《环境保护法》第5条便规定了"环境保护坚持保护优先、预防为主、综合治理、公众参与、损害担责的原则";在该原则的指导下,《土壤污染防治法》《大气污染防治法》《水污染防治法》等相关法律均设置了有关公民的环境知情权、环境参与权、环境监督权、环境举报权的相关法律制度。在政策层面,我国"十三五"规划明确提出应构建"政府、企业、公众共治的环境治理体系",指明了我国环境治理工作"多元共治"的发展方向。推动构建多元主体共同参与的现代环境治理体系是现代环境治理体系构建过程中的重点内容。我国在生态文明建设领域,对国家治理能力和治理体系现代化的推进正是体现在这一体制的改革目标之中。在学术研究领域,不少学者肯定了"多元共治"环境治理体制的价值,指出其是"建设现代化环境治理体系的必然选择和发展趋势";同时,学者们对多元共治环境治理体制的概念、特征、产生原因、理论基础、内部结构等相关基础性理论展开了相应的研究,并主要侧重从"环境公众参与制度"的角度提出了若干建制的意见,此对于后续全面、系统建制意义十足。当然,客观来说,目前我国多元共治环境治理体制的构建尚处于起步阶段,国家政策仅指明了发展方向;现行立法虽明确了建制的原则,但目前仅主要围绕着"环境公众参与制度"展开了部分的建制工作;而学界尚未着眼于相关基础理论研究,可以说目前全面、系统的建制工作尚未完全展开,此有碍于后续各界进一步努力。

本章小结

综上可见,环境法主要是通过对环境利益的确认、环境利益的保护增益、环境利益冲突的协调以及环境利益损害的救济等方式来实现对环境利益的保障的。鉴于确定环境法保障方式之环境法律规范及环境法律制度均为抽象层面之要求,环境法各保障方式需经由具体的环境法律关系方能与特定社会现象相结合以发挥其实效。可见,环境法律关系是环境法保障环境利益之路径,其是指由法律所规范、调整的,以环境生态功能为客体的,围绕着"确保人的环境利益尽可能充分、公平、有序地实现"之目的而形成的各类社会关系的总称,其主要表现为在环境利益享有者、环境生态功能破坏者、环境利益维护者之间的各类环境权力、环境权利以及环境义务的相互关联、配合。

第五章　环境法保障环境利益的多元手段及其配合机制

如前文所述，法律是通过对环境利益的确认、环境利益的保护增益、环境利益冲突的协调以及环境利益损害的救济等方式来实现对环境利益的保障并实现维护法律秩序之目的。然而，法律并非仅通过原则性地确认或宣示就足以实现对法律利益的保障的，法区别于道德、宗教、习惯等社会规范的主要之处便在于其是以权利、权力以及义务作为调整社会关系的手段，因而法律利益的法律保障也必然强调法律权利、权力和义务等手段的运用。现代社会利益结构极其复杂，加之在强调保障个体自由的现代法治精神下，违反法律义务、超越法定权利或滥用法定权力的情况不可避免。因此，为了保障法律的有序运行、法律利益的有效实现，各国在制定法律的过程中都特别注重规定相应的保障机制——法律责任的设定。

鉴于此，除了研究环境法保障环境利益的方式及各保障方式实现之具体路径外，对环境法保障环境利益的具体手段及各手段间的配合机制展开讨论也是弄清"环境法应如何实现对环境利益的有效保障"这一主题之关键。对此，徐祥民教授也曾经指出要建构"经得起辩难的"环境法学理论体系，就必须先行确定维护环境利益的法律手段这一基本判断或命题。[①] 环境法作为以保障环境利益为其本质追求的独立的部门法，应利用法律所固有的内生机制对环境利益进行全面而有效的保障。解决"维护环境利益的法律手段"这一问题的意义在于为环境法的立法设计选择用以维护环境利益之具体法律手段的法律构件。[②]

一、环境法"单一化"保障手段观点之再审视

（一）学界相关观点呈现"单一化"趋势

目前，环境法学界不少学者围绕着"环境法究竟应采用权利、权力抑或者义务中的哪种手段来实现其目的"这一主题进行研究，置于本书的语境下即是对"环境法应通过何种手段来实现对环境利益全面而有效的保障"

---

① 徐祥民：《论维护环境利益的法律机制》，载《法制与社会发展》2020年第2期。
② 徐祥民：《论维护环境利益的法律机制》，载《法制与社会发展》2020年第2期。

展开探讨。学者们就此主题争议较大,据现有文献资料显示,具体存在"权利手段说""法益手段说""义务手段说"和"行政权力手段说"等不同观点。

1. 权利手段说

权利系当代法治之核心,传统法理学普遍认可对法治的追求在很大程度上即是对权利的追求。同时,在"泛权利中心主义思潮"[①]及当代法治权利本位观念的影响下,学者们多将权利视为法律保障利益的主要手段。在此惯性思维的影响下,不少环境法学者主张环境法要实现环境保护之目的应主要采用权利之手段。其间部分学者提出无需另行创设新型权利类型,而只需延伸传统人格权、财产权便可实现其目的;[②] 而另一部分学者提出应通过新设环境权利的方式来实现环境法对环境利益的保障。[③]

2. 法益手段说

近年来,越来越多的学者认为环境权利并不能达到"学者们所期望的那种如意效果",[④]部分学者基于此提出了"法益手段说"之观点。他们指出由于存在着"个人对整体环境的不对称"以及"权利之自由意志性对环境的不可任意支配性的不对称",使得个人不可能享有以整体环境为客体的环境权利,权利手段不可能很好地应对环境问题。[⑤] 权利并非法律保障利益的唯一手段,对于无法权利化的特殊利益(如环境利益),则应以法益的方式加以保障。[⑥]

3. 义务手段说

还有的学者在对"权利手段说"进行批驳的基础上提出了"义务手段说"的观点。他们指出环境权利并不能成为构建环境法律体系之基石,生态文明时代环境法的目的必须通过环境义务的手段加以实现。维护环境利益的法律手段只能是义务。此类观点又分为两种,一种是"绝对义务手段说",另一种是"相对义务手段说"。前者完全否定了环境权利在保障环境利益过程中的作用,认为"权利这个法律手段在维护环境利益上似乎难

---

① 对"权利泛化"现象的评价与反思可参见钱大军、尹奎杰、朱振:《权利应当如何证明:权利的证明方式》,载《法制与社会发展》2007年第1期。

② 刘长兴:《环境利益的人格权法保护》,载《法学》2003年第9期;吕忠梅:《环境法学》,法律出版社2004年版,第93~94页。

③ 韦联春:《环境权的立法保护》,载《法学》1994年第6期。

④ 巩固:《私权还是公益?环境法学核心范畴探析》,载《浙江工商大学学报》2009年第6期。

⑤ 郭英华:《环境权还是环境法益?——权利泛化背景下对环境权的反思》,载《内蒙古社会科学(汉文版)》2008年第6期。

⑥ 柯坚:《环境法的生态实践理性原理》,中国社会科学出版社2012年版,第47页。

担大任……环境和环境利益是权利所无法承载的对象"①"环境权利手段无法应对环境危机,普遍负担环境义务才是实现环境保护的法律手段。"②后者并未完全否定环境权利在保障环境利益中的作用,而是提出环境法目的的实现应当以环境义务为主,环境权利仅是辅助、补充手段。③总的看来,"义务手段说"批驳"权利手段说"的主要理由在于:一方面环境权利主体日趋泛化加之环境权利内容日趋模糊化使其极易被滥用,从而根本不可能为法律所承认;另一方面环境权利的个人主义取向与环境的整体性、环境利益的公益性相违背。

4. 行政权力手段说

此外,还有不少学者基于对世界各国环境立法实践的实证分析,得出"现阶段国家环境行政管理权力是实现环境法目的的主要手段"的结论。但近年来,此类观点的合理性遭到不少环境权利主张者的质疑,他们提出:环境问题不断恶化的根本性原因在于过分依赖国家环境权力而忽略了公众环境权利。其中,有的学者提出通过环境行政权力保障环境利益具有很大的局限性,当代环境保护的模式应当转型,即应转为利用环境权利的手段来实现对环境利益的保障;④而有的学者认为,政府和公民都是环境公共利益的代表,对环境利益的保障应同时采用国家环境权力与公众环境权利的手段;⑤有的学者主张环境行政权力在环境保护中处于主导性地位,公众环境权利则是一种从属性、补充性的手段;⑥还有学者提出,早期环境保护主要依靠环境行政权力,而在当代环境危机已经严重威胁到公民生存的背景之下,环境公共利益维护应由"过去的公权力控制为主转向私权利保护为主"。⑦

通过上文分析可见,目前我国学界有关环境法保障环境利益手段的研究成果总体上呈现出"单一化"的趋势,深陷"非此即彼"的论证怪圈。前

---

① 徐祥民:《论维护环境利益的法律机制》,载《法制与社会发展》2020年第2期。
② 持有此类观点的主要有,朱雯:《论环境利益》,中国海洋大学2014年博士学位论文;胡中华:《环境保护普遍义务论》,法律出版社2014年版,第69~75页;叶媛博:《污染者负担原则对环境公共利益的保护》,载《中山大学法律评论》2014年第1期。
③ 孟庆垒:《环境责任论——兼谈环境法的核心问题》,法律出版社2014年版,第264页。
④ 吴卫星:《从环境公共利益到环境基本权利——环境保护基本模式的转型》,载《绿叶》2012年第5期。
⑤ 王小钢:《从行政权力本位到公共利益理念——中国环境法律制度的理念更新》,载《中国地质大学学报(社会科学版)》2010年第5期。
⑥ 朱谦:《论环境保护中权力与权利的配置——从环境行政权与公众环境权关系的角度审视》,载《江海学刊》2002年第3期。
⑦ 竺效、丁霖:《国家环境管理权与公民环境权关系均衡论》,载《江汉论坛》2014年第3期。

述各类观点仅单方面关注环境权利、环境义务或是环境权力在实现环境法目的中的作用,而忽略了其他手段的功效,更未关注各手段间的配合。即便是在如此"非此即彼"的争议中,学者们也多未对环境法保障手段进行系统化的整合研究,即他们的争议通常围绕着某种或者某两种手段间展开,如"法益手段说"并未突破"权利手段说"之实质,而仅是对"权利手段说"的补充、拓展,其间并未考虑到环境义务、环境权力之内容;"义务手段说"主要是在对"权利手段说"进行批驳的基础上提出的,其间并没有考虑到环境权力的问题;而围绕着"环境行政权力手段说"的争议主要是在环境权力主张者与环境权利主张者之间展开,其间也没有涉及环境义务的内容。可以说,目前学界尚未关注环境法的多元化保障手段,更未就环境权利、环境权力、环境义务等各手段应如何有效地分工、配合展开研究。

(二)"单一化"观点成因解读

造成目前学界对环境法保障手段"单一化"解读的原因是多样的,但最为主要的原因之一便在于学者们对环境权利、环境权力以及环境义务三者间的关系缺乏清晰的认识。客观来说,目前环境法学界少有学者直接对该三者间的关系进行探讨,现有讨论主要集中在环境权利与环境义务的关系上,对此学者们又分别提出了"环境权利本位论"与"环境义务本位论"的不同观点。"环境权利本位论"是早期环境法学界的主流观点,[①] 其主张环境法的构建应以环境权利为核心,环境法中的一切法律制度均应围绕着环境权利的实现展开。环境权利是实现环境法目的的最为核心的手段,环境义务当然地从属、服务于环境权利。近年来,随着环境法律实效不彰的"弱力化"状态的凸显,环境法学界不少学者对"环境权利本位论"进行了反思并在此基础上提出了"环境义务本位论",[②] 该学说指出"环境权利本位论"只单方面地关注了对环境权利的安排,而忽略了环境义务在解决环境问题过程中的独立价值,难以完成维护环境公共利益的历史使命。[③] 同时,该学说主张实体层面的环境法律应通过为国家、社会、个人等各类主体普遍设定环境义务的模式来实现环境保护的目的。[④] 虽然在该两种学说中,学者们的具体观点各不相同,但总体上看,持"环境权利本位论"的学者普遍肯定了环境权利的核心作用,弱化甚至否定环境义务的作用;而持

---

① 如蔡守秋、张一粟、王彬辉、何凤鸣、段永清等学者均持有此类观点。
② 如徐祥民、李艳芳、胡中华等学者均持有此类观点。
③ 顾爱平:《权利本位抑或义务本位——环境保护立法理念之重构》,载《苏州大学学报(哲学社会科学版)》2010年第6期。
④ 徐祥民:《极限与分配——再论环境法的本位》,载《中国人口资源与环境》2003年第4期。

"环境义务本位论"的学者则强调环境义务的作用,弱化甚至否定环境权利的作用;且该两学说都忽略了对环境权力的讨论。

笔者认为,环境法学界的上述争议根源于学者们对法理学中有关"法的本位"的讨论的误读。就"法的本位"这一主题,目前法理学界主要有"权利本位论""义务重心说""权利义务一致说"等多种观点。其中,"权利本位论"根据现代法治价值准则主张:权利是目的,义务来源、服务、从属于权利,是保障权利的手段。[①]"义务重心说"则是通过对法律产生、发展历史的回顾以及法律任务的阐释得出:法律的重心是赋予义务,法律主要以义务的方式去实现社会自身的目的,与权利相比义务更具有决定性和实用性。[②]"权利义务一致说"基于法律的实际运行状态主张权利、义务在社会运行过程中并无轻重、主次、先后之分。透过上述"论战"表象分析可发现,事实上,各观点并不冲突,而只是从不同的基点出发,分别运用不同的理论方法、各有侧重地对问题进行了分析。具体看来,"权利本位说"以"应然法"为其研究视角,采用价值分析的研究方法,从研究"应有权利"出发,着重回答了"法应当是什么"的问题。"义务重心说"以"实在法"(即具体法律规范)为其研究视角,采用实证、规范分析的研究方法,从考察法的实效出发,着重回答了"法是什么"(而非"应当是什么")的问题。"权利义务一致说"以"社会的法"为其研究视角,采用社会分析的方法,对法的实际运行过程进行了动态分析。[③]可见,法理学中"权利本位论""义务重心说"以及"权利义务一致说"的争议乃是"伪争议"。而环境法学界目前所展开的"环境法究竟是以环境权利为本位还是以环境义务为本位"的争论很大程度上源于对上述"伪争议"的误读,即直接从表象上将各观点对立起来并进而将权利与义务对立起来,而此又是造成目前环境法学界对环境权利与环境义务"非此即彼"的争议的主要原因之一。此外,造成目前环境法学界部分学者单方面强调"环境行政权力"而忽视其他保障手段的主要原因之一在于学者们的研究多基于对各国环境立法实践的实证分析而展开,并未注重从法理学层面展开全面论证。同时,近几年学界对公民环境权利、环境公众参与制度的推崇是促使学者们单方面强调环境权利而忽略甚至否认环境权力作用的原因之一。

---

① 郑成良:《权利本位论——兼与封日贤同志商榷》,载《中国法学》1991年第1期;张文显:《"权利本位"之语义和意义分析——兼论社会主义法是新型的权利本位法》,载《中国法学》1990年第4期。
② 张恒山:《论法以义务为重心——兼评"权利本位说"》,载《中国法学》1990年第5期。
③ 孙笑侠:《"权利本位说"的基点、方法与理念——兼评"法本位"论战三方观点与方法》,载《中国法学》1991年第4期。

(三)环境法"多元化"保障手段之证成

事实上,如同其他部门法,环境法不可能仅靠法律权利、法律权力以及法律义务中的某一种手段来实现其目的,即若想通过法律手段解决环境问题,不是仅靠诸如环境权利的享有、环境权力的执行抑或是环境义务的履行单一手段效用的发挥所能完成的,而必须有赖于多元手段之间的相互分工、配合。对此,笔者拟从以下几个方面展开论证:

1. 系环境利益的内在属性使然

环境利益的内在属性决定了环境法对环境利益所展开的保障应采用"多元化"的保障手段。环境利益是各环境要素按照一定的规律组成的环境系统所客观具有的环境生态功能对人的生态需要的满足。其中,环境生态功能是指各类环境要素按照特定的客观规律相互影响、相互作用所组成的环境系统对地球整个生命系统(包括人类生命系统)的维持、演变、进化并保持其动态平衡的支持功能,其是环境利益产生的客观基础。[①] 可见,环境生态功能的形成有赖于环境系统各内在要素的协同。近年来,以生态环境为研究对象的生态学、环境科学等自然科学的研究成果已充分表明,"整体性"是生态环境最大的特性。相应的,这些学科也超越了还原主义的简单线性思维研究模式,开始从系统科学角度出发、基于"协同论"展开对生态环境的探究。[②] 生态系统内部各环境要素的相互关联以及有机组合会在一定节点上使生态系统发生协同效果,从而促使环境系统内各类物质可有序循环、能量可有序流动和信息可有序传递,并进而形成了环境生态功能这一足以维持人类个体及其种群正常生存、繁衍及可持续发展的生态系统的内在属性。地球自然条件千差万别,组成各具体环境系统的环境要素及其所遵照的客观规律也各不相同,这也使得不同的环境系统必然对应着不同的环境生态功能。诚然,环境法学与环境科学、生态学等自然科学属于完全不同的学科领域,但以"保障环境利益、将环境生态功能维护在良好的状态"为目标,决定了环境法的发展始终离不开自然科学研究成果的支撑。唯有如此,方能确保环境法律制度的设计符合生态环境的特性。相应地,以协同论的视角来观察,环境法仅凭"单一化"保障手段难以满足保障不同的环境系统的特定需要,环境生态功能的多样态性、复杂性决定须由多元主体采用多元手段方能实现各环境要素的有效协同。鉴于此,对环境

---

① 何佩佩:《论环境法律对环境利益的保障》,载《广东社会科学》2017年第5期。

② 协同论主要研究远离平衡态的开放系统在与外界有物质或能量交换的情况下,如何通过自己内部协同作用,自发地出现时间、空间和功能上的有序结构。徐保根、陈佳骊:《论农村集体土地统筹流转》,载《经济论坛》2011第4期。

利益展开保障,必须尊重生态系统的整体性、系统性及其内在规律,应采用协同的理念展开综合治理,并关注各主体环境权利、环境权力以及环境义务的有效分工、配合。

2. 由环境法的本位决定

环境法的本位决定环境法构建环境利益保障机制时应采用"多元化"的保障手段。基于前文有关"法的本位"的理论介绍可知,对法律权利、法律义务以及法律权力之间的关系的探讨可以分别从价值和实证两个层面展开:价值层面的分析主要关注为整个法律体系的设立、实施、运行确认价值目标和标准,以确保其合理性;而实证层面的分析,则主要关注对作为法律调整社会关系手段的法律权利、法律权力以及法律义务的具体配置及其分工配合的问题进行探讨。

在价值层面上,环境法应当以环境权利为本位,即应当以为环境权利所确认的环境利益为其本位。此意味着:环境法应以保障环境利益为其终极的价值关怀;所有的环境法律规则、体系、制度的构建均应以对环境利益的全面保障为目标;隐含于环境权利背后的环境利益,其才是实证法层面作为保障环境利益手段的环境权利、环境权力以及环境义务存在合法性、合理性及正当性之根源,并作为实证法层面对该三者进行合理化配置的最终依据。① "环境权利本位论"确定了环境法律体系设立、运行的价值目标并指明了环境法律的制定、实施以及遵守的应然方向,具体来看:首先,其要求立法者在制定环境法律时应当以确认、保障环境利益为其出发点和目标;其次,其要求执法者、司法者在环境法律实施过程中应以保障环境利益的实现为己任,树立环境法律实施的"环境利益保障"之目标;再次,其要求每个自然人应珍惜其所享有的环境利益,合理行使环境权利,自觉履行环境义务。当代,在价值层面肯定环境权利本位,对于推动我国建设生态文明社会之进程具有十足的意义。

而在实证法层面讨论"环境法的本位"问题则过于浅表,② 即单纯地讨论实证法律规范中环境权利、环境权力以及环境义务之间"究竟谁源于谁""究竟谁为目的、谁为手段"等内容并没有太大的意义。在实证环境法律中具体采用何种性质的规范是立法策略的问题,③ 其并不涉及价值层面

---

① 王小钢:《义务本位论、权利本位论和环境公共利益——以乌托邦现实主义为视角》,载《法商研究》2010年第2期。
② 王彬辉:《论环境法的逻辑嬗变》,武汉大学2005年博士学位论文。
③ 钱大军:《环境法应当以权利为本位——以义务本位论对权利本位论的批评为讨论对象》,载《法制与社会发展》2014年第5期。

的判断。一部环境法律,即使通篇都采用义务性规范,也不意味着该法在价值层面就是义务本位型的。[①] 客观来说,法律是调整人的行为的社会规范,法律最为核心的任务在于为人们的行为设定界限以保障社会秩序,而这种目的究竟是通过法律权利、法律权力还是法律义务的方式来实现并不是那么重要。从本质上说,实证法层面的法律权利、法律权力以及法律义务都具有很强的"工具性",该三者均为法律发挥其实效、实现其特定目标的重要手段。环境权利相对于环境权力和环境义务来说并不具有根本性和目的性,而为法律所确认的环境利益才是它们共同之终极目的。

反观我国环境法学界,持"环境权利本位论"的学者多在实证法层面强调法律权利的核心作用;而持"环境义务本位论"观点的学者则多提出环境法律制度的构建、环境法律的制定应以环境义务为核心。可见,我国环境法学界并没有很好地解读实证层面作为法律调控利益手段的环境权利、环境权力以及环境义务机制之间的真实的关系,其很大程度上根源于对法理学层面有关法的本位的"伪争议"的误读。事实上,作为环境法保障环境利益手段的环境权利、环境权力以及环境义务之间呈现出"三角对应、相互关联、互相配合"的关系:从环境权利角度看,环境权利的实现有赖于环境义务的履行,也离不开环境权力的保障;从环境权力的角度看,环境权力应以环境权利为"权源"及其行使界限,也需要以特定主体环境义务的履行及环境法律责任的承担为支撑;从环境义务的角度看,环境义务既与环境权利相关,也与环境权力相关。在环境法律体系中,一部分环境义务(多为相对义务)通常与环境权利相对应以支撑环境权利的实现,而另一部分环境义务(多为绝对义务)通常与环境权力相对应以保障环境权力强制性意志得以履行。环境权利与环境权力的有效运行均需要环境义务对之进行支撑,而环境义务需要以环境权利为界限并需要环境权力对之进行支持和监管。可以说,在实证层面,环境法是通过环境权利、环境权力与环境义务间"多元化"手段的相互分工、配合来实现对环境利益的保障。

3. 由环境法保障环境利益的方式及其实现路径决定

通过前文分析可知,环境法是围绕着"环境利益的保障"而展开的具体的制度设计,其功能主要是通过环境利益的确认、环境利益的保护和增益、环境利益冲突的协调以及环境利益损害的救济等方式来实现。而正是环境权利(环境权力)、环境义务以及环境法律责任等多元手段支撑了实

---

① 张一粟:《环境法的权利本位论》,载《东南学术》2007年第3期。

现过程。传统法理学普遍认可法律权利、法律义务对法律利益的保障功能。对此,有论者提出,法律通过设定法律权利与义务对利益进行确认,相应地,权利与义务也就构成了法律调整利益的基本机制。①"权利、义务存在最基本的价值便在于对主体需要的满足,即利益的实现。"② 同时,由于"权力本源于权利,并最终本源于利益",③ 即权力为保障权利而设,而权利又是保障利益的重要手段,因而法律权力也是法律保障利益所不可或缺的机制。此外,法律责任作为法律运行的保障机制,也是保障环境利益不可缺少的重要手段。社会实践生活中,违反法律义务、超越法定权利或滥用法定权力的情况不可避免,当保障利益的原有手段失灵时,需要法律责任以其固有惩罚、补偿的内在机理,保障法律的有序运行、法律利益的有效实现。可以说,环境法保障环境利益的方式决定了环境法对环境利益所展开的保障应采用"多元化"保障手段。具体来看,环境法通过权利、权力以及义务机制为人们设定相应的行为模式,限制人们损害环境生态功能的污染、破坏环境的行为,激励人们做出有利于改善环境生态功能的行为。同时,法律责任又通过对偏离这一行为模式的主体科以不利的法律后果,以救济受损害的环境生态功能。通过多元手段的相互作用,从而促使环境生态功能在保持"良好状态"的基础上不断增益,以确保能有更多、更丰富的资源满足人类的生态需求,从根本上化解环境利益的冲突,保障人类环境利益充分实现,并最终促使人作为一个独立的生物物种得以正常地生存、繁衍及可持续发展。

环境法保障环境利益的路径也决定了环境法对环境利益所展开的保障应采用"多元化"保障手段。如前所述,确定环境法保障方式之环境法律规范及环境法律制度均为抽象层面之要求,环境法各保障方式需经由具体的环境法律关系方能与特定社会现象相结合以发挥其实效。环境法律关系是环境法保障环境利益之路径,其是指由法律所规范、调整的,以环境生态功能为客体的,围绕着"确保人的环境利益尽可能充分、公平、有序地实现"之目的而形成的各类社会关系的总称。环境法律关系以环境社会关系为起点,是环境社会关系的"派生"。而环境社会关系区别于其他社会关系的关键在于其是一种以生态环境为媒介而形成的一种人与人之间的社会关系,这样一种社会关系不仅仅单纯指向人与人之间的关系,还高度关

---

① 白金凤:《我国农业节水的法制化建设研究》,西北农林科技大学 2008 年硕士学位论文,第 12 页。
② 陈云生:《权利相对论》,人民出版社 1994 年版,第 68 页。
③ 漆多俊:《论权力》,载《法学研究》2001 年第 1 期。

注入与自然的关系。在环境社会关系中，人所扮演不仅是通过人际交互而形成社会性角色，同时也是生态环境中与其他所有生物一样是自然存在的一环。因此相较而言环境法律关系比其他社会关系更为复杂，其客体是环境生态功能，主体包括环境利益享有者、环境生态功能破坏者、环境利益维护者，内容为环境权利、环境权力、环境义务及环境责任。通过前文分析可知，环境法律关系具有又可细分为"环境利益享有者"与"环境生态功能破坏者"间的环境法律关系、"环境利益享有者"与"环境利益维护者"间的环境法律关系以及"环境利益维护者"与"环境生态功能破坏者"间的环境法律关系。环境法保障环境利益各路径具体表现为在环境利益享有者、环境生态功能破坏者、环境利益维护者之间各类环境权利、环境权力以及环境义务的相互关联、配合。从此角度也可将环境权利、环境权力以及环境义务理解为环境法保障环境利益的手段，环境法保障环境利益的各方式的实现、环境法目的的最终达成均有赖于"多元化"手段间的相互分工配合。

当然，想要准确把握法律保障环境利益的有效路径，还必须回归到法理学层面来探究权利（权力）、义务以及责任等各手段的内在机理，以及各手段之间的相互关系。本部分，笔者拟延续此思路对环境法保障环境利益的应然路径展开思考，并对目前我国环境法保障环境利益的实然路径展开反思和分析，并提出相应的建议。

二、环境利益视野下的环境权利

就现有文献资料来看，"环境权"可谓是环境法学界公认的重大理论问题之一。自 1969 年美国的萨克斯教授依托"公共信托理论"首次提出公民环境权后，各类国际环境会议及宣言从不同角度肯定了环境权的价值并进而引发了各国学术研究热潮。然而，域外法学界在 20 世纪六七十年代对环境权展开了如火如荼的研究，此后有关该主题的研究便复归沉寂。而就域内法学界来说，蔡守秋教授于 1982 年发表的《环境权初探》可谓是国内法学界关于环境权研究的滥觞，此后，学者们围绕着"环境权"这一主题展开了多角度的研究。对此，笔者以"环境权"为主题关键词在 CNKI 进行检索，截止至 2021 年 6 月 30 日，得到超过 7095 条结果。就学界现有研究成果来看，尽管国内展开环境权理论研究已有数十载，然而有关环境权的权利结构至今仍未达成基本的共识，有关环境权利的概念、性质、构成要件、实现及其救济方式等基本问题争议较大，并未得到法律的正式确认。虽然关于环境权具体内容的争议很大，但长期以来，我国大多数学者均将环境权视为环境法学研究中最为核心、最为基础、最为本质的范畴，并认为其是

"环境法的基石范畴"。① 然而,面对愈辩难明的环境权理论,本世纪以来,朱谦、巩固、王小钢等学者开始对"环境权研究热"展开了"冷"思考,他们对我国"似乎只有研究了环境权才算真正进入了环境法研究领域"的现状进行了反思,并提出"环境权利似乎并未对环境法治带来直接的推动效果""环境问题的解决主要是靠具体、实在的制度保障,抽象的环境权只是一句空话"。② 但新近以来,随着生态文明建设的推进及环境法理论的进一步发展,"环境权"再度迎来了环境法学界的研究热潮。③ 环境权理论对生态文明建设的稳步推进具有重要的理论支撑作用。

笔者认为,我国环境法学界过分夸大了环境权在环境法研究中的重要性,曲解了环境权应有的地位,同时也掩盖了学者们对环境法应有的核心基础范畴的把握。而此正是造成目前"环境权理论混乱、立法上的迟延和司法实践中的被排斥"④ 以及"对环境法本质把握不清"⑤ "环境立法愈发完善但环境问题仍愈演愈烈"的不可忽视的原因之一。利益是权利的核心,鉴于此,本部分作者拟以环境利益为视角,还原环境权利的真实面貌。

(一)理解环境权利的理论基础

事实上,若不能准确把握权利及其与利益之间的关系实质,将无法科学地定位环境权利并认识权利的本质。

1. 权利的内涵

"法学之难者,莫过于权利也。"⑥ 自"权利"一词在罗马法中被提及以来,不同时期的法学家以及同一时期不同的法学家对"权利"一词的界定都有所不同。但每一种界定方法都在一定层面上揭开了"权利"的面纱,但同时又因其不能一次性探清"权利"的全貌而给其他学者留下了批判、质疑的余地,以至于有关于权利概念或者内涵的共同认知至今尚未确立。西方知名学者范伯格甚至认为权利是一个原始概念也即其是简单的、不可

---

① 王曦、唐瑭:《对"环境权研究热"的"冷"思考》,载《上海交通大学学报(哲学社会科学版)》2013年第2期。
② 王曦、唐瑭:《对"环境权研究热"的"冷"思考》,载《上海交通大学学报(哲学社会科学版)》2013年第2期。
③ 曾哲、李轩:《通过环境共治走向生态文明》,载《湖南工程学院学报(社会科学版)》2020年第30卷第3期。
④ 邹雄:《论环境权的概念》,载《现代法学》2008年第5期。
⑤ 何佩佩、邹雄:《环境法的本位与环境保障利益研究》,载《福建论坛(人文社会科学版)》,2015年第3期。
⑥ 程燎原、王人博:《权利及其救济》,山东人民出版社1998年版,序第2页。

定义的、不可分析的。① 事实上,关于权利本质的争鸣自其产生伊始就没有停止过,这种争论至今仍在继续,目前国内外存在资格说、自由说、意思说、利益说、法力说、可能说、规范说、选择说等多种学说。② 不同的学说从不同的角度探究了权利的内在本质,可以说每一种学说都在一定程度上深化了人们对权利问题的理解。但各观点均从特定的角度倾向于权利属性的一元论,因而没能全面揭示权利的基本属性。尽管如此,各学说均没有否定利益对于权利的本源性的意义。对此,有学者指出:"虽然有关法的本质的各种学说各不相同,但各种学说的出发点均是利益。"③

当然,用某一固定的特性来解释权利的本质难免绝对、僵化,事实上,权利是由多种要素构成的社会现象,也是多种属性的统一体,仅强调权利的一种要素或属性,而忽视对其他与权利息息相关的要素或属性的研究,将难以全面厘清权利的涵义。因此,十分有必要对权利的基本要素和属性展开全方位的研究。④ 鉴于此,自20世纪90年代初,学者们又转道行之,采用分析主义路径,尝试从"权利的构成要素本身"这一角度去认识权利,目前存在二要素说、三要素说、四要素说、五要素说等不同观点,且在同类观点中学者们对其间具体要素的把握还有不同。二要素说认为"利益"与"正当、应得"是唯二的权利的构成要素。⑤ 三要素说主张权利的构成要素表现为"行为""利益"以及"国家的认可与保障"。⑥ 四要素说认为权利的基本构成要素有"权力""利益""自由"和"主体地位"四个部分。⑦ 而五要素说则主张"利益""力量(包括权威和能力)""主张""资格"以及"自由"是权利的五大要素。⑧ 由此可见,虽然学者们对权利的构成要素的理解各异,但他们普遍都把"利益"纳入其中,这也反映出利益是权利不可或缺的、核心的构成要素。

鉴于此,综合各方观点,笔者认为对权利做如下描述应是可以得到普

---

① [美]J. 范伯格:《自由、权利和社会正义》,王守昌、戴栩译,贵州人民出版社1998年版,第91页。

② 有关权利理论的具体内容可以参见张文显:《法学基本范畴研究》,中国政法大学出版社1993年版,第65~120页。

③ 详见叶延玺:《基于利益分析对权利本质的再思考》,载《云南大学学报法学版》2012年7月第4期,第14页。吕世伦、文正邦主编:《法哲学论》,中国人民大学出版社1999年版,第544页。

④ 菅从进:《权利四要素论》,载《甘肃政法学院学报》2009年第2期。

⑤ 北岳:《关于义务与权利的随想》,载《法学》1994年第8期。

⑥ 舒国滢:《权利的法哲学思考》,载《政法论坛》1995年第3期。

⑦ 葛洪义:《论法律权利的概念》,载《法律科学》1989年第1期。

⑧ 夏勇:《权利哲学的基本问题》,载《法学研究》2004年第3期。

遍接受的：法律权利是法律赋予特定主体的，为谋求特定的利益而得以在主体自由意志支配下作为或不作为的一种行为选择的资格，是因社会承认为正当而受国家和法律承认并保护的行为自由。这一定义有助于揭示出法律权利所拥有的"体现统治阶级国家意志""由国家强制力保障实现"等特性，该些特性使法律权利与道德权利相区分。同时，也表明权利是法律赋予主体实现其特定利益的一种可由其自由意志支配的资格，是实现利益的一种法律手段。

2. 权利与利益

利益与法律及权利有着密切的联系。法律起源于人类社会的利益分化，依照一定的价值标准对社会关系中客观存在着的各种利益进行评估、界定，在此基础上进行确认选择、分配协调、平衡取舍。可以说，保护并扩展经法律确认的正当的利益是法律所追求的目的，对利益进行调节、再分配并保障利益的最终实现是法律的核心职能。[①]

在法律实现对利益的调整功能的过程中，权利作为最重要、有效的机制存在。权利从本质上看是人们实现利益的手段，通过这一手段实现对利益的追求，并且这一追求过程有国家强制力予以保障。权利以其特有的利益导向和激励机制作用于人们的行为，影响人们的行为动机，引导人们的行为方式，使复杂的利益关系简单化和固定化，并用法律符号来表示人与人之间的利益关系，构成对利益进行调整的有效机制。人们不管如何界定权利这一概念，其追求的方向是不变的，即满足人们的现实需要。"需要的满足"（即利益的实现）是社会规则体系追求的最终目的，而权利仅仅是一种追求的方式。表面看来，在社会规则体系中，人们遵守规则，行使权利，履行义务，通过自己积极或消极的行为以求权利的实现；但权利的实现并不是终点，人们实现权利为的是需要的满足，不管这一需要是精神上的还是物质上的。相对于权利来说，需要及其实现更具有终极性的意义。人类历史上无论哪种权利理论的提出，无不是以一定的社会需要为最终支撑。如果一种权利的提出，不是为了一定需要的满足，那无异空中楼阁，没有存在的根基。可见，权利归根到底不过是人们实现自身利益的工具，法律权利具有极强的工具性价值，即法律权利的终极目标无非在于使统治阶级认可人的需要并创设各种条件促使这种需要得到满足（即利益得到实现）。立法者通过法律权利及其相配套的义务为社会关系参加者设定了行为模式，行为主体按法定行为模式享受权利、履行义务，实际上也就使其利益得

---

① 杜江、邹国勇：《德国"利益法学"思潮述评》，载《法学论坛》2003年第6期。

到了满足。法律通过权利为主体设定行为模式，权利以其特有的利益导向机制、激励机制、能动机制以及灵活的自行调节机制引导人们自由行动选择，当主体依法行使了其法律权利，便实现了法对利益的保障。

权利虽与利益密切相关，但权利本身不等同于利益，其实乃主体用以实现特定利益的工具性手段。对此，我国不少学者也做出了较为具体的分析，杨春福教授认为："权利是行为主体为或不为一定行为或要求他人为或不为一定行为以满足自己某种利益的能动的手段。在这里，权利追求的是某种利益，拥有的是选择的自由，权利本身是一种手段，它的行使可能带来权利人利益的实现。"[①] 如徐祥民教授认为："权利没有终极性意义，其追求的利益才是本质。"[②] 通过上文分析可知，利益是权利的目的，权利是获得利益的手段，但两者本身并不是合二为一的。然而目前学界也有不少学者将权利与利益视为同质化的事物，甚至将利益等同于权利。此种现象突出反映在法益理论的研究现状中。法益（Legal Interest）这一概念并非自古就有，而是西方刑法学者在探讨犯罪的概念、犯罪本质的过程中，随着"法益侵害说"被提出来、并逐步得到公认的。首先将法益引入犯罪实质概念中并对其犯罪客体予以明确确认的学者是德国学者 Michael Birnbaum。[③] 自此之后，法益逐渐发展成为刑法学的核心研究范畴之一，并在二战前传到日本并逐渐影响到我国台湾地区。[④] 20 世纪中后期，为了解决传统社会危害性理论的空洞性问题，我国刑法学界逐渐引入了法益理论并对法益理论展开了一系列的研究。[⑤] 近年来，法益理论开始影响其他部门法学界，如民法学界学者、行政法学界学者在本学科研究中也对法益理论展开了积极的探索。[⑥] 虽然没有像刑法学界那样将法益作为学科基本范畴进行系统化理论研究，但也产生了较为深远的影响。自 20 世纪末以来，我国环境法学界也开始有学者关注到此问题，提出了"环境法益""生态法益"等概念，并对之加以研究。虽然刑法学学者对"法益"一词的阐释不一，但总体

---

① 杨春福：《自由、权利与法治》，法律出版社 2007 年版。
② 徐祥民、孟庆垒等：《国际环境法基本原则研究》，中国环境科学出版社 2008 年版，第 32 页。
③ 高志明：《刑法法益概念学说史初探——以德国学说为主》，台北大学 2003 年硕士论文网络版。转引自李岩：《民事法益研究》，吉林大学 2007 年博士论文，第 10 页。
④ 陈志龙：《法益与刑事立法》，台湾大学丛书编辑委员会 1992 年版；张明楷：《法益初论》，中国政法大学出版社 2000 年版。
⑤ 主要成果有：张明楷所著《法益初论》、丁后盾所著《刑法法益原理》、台湾地区学者陈志龙所著《法益与刑事立法》。除此之外，另有多篇学术论文对具体刑法法益展开论述。
⑥ 曾世雄：《民法总则之现存与未来》，中国政法大学出版社 2001 年版；董兴佩：《行政法域的法益理论研究》，黑龙江大学 2004 年硕士学位论文。

而言都是围绕着"法律与利益的关系"这一维度所展开的讨论。如德国法学家李斯特认为:"经法律保护的生活利益即为法益"。① 我国知名刑法学家张明楷主张:"法益是根据宪法基本原则确立的、由法律所保护的、客观上存在受到侵害可能性的人的生活利益。"② 还有学者提出"法益即受法律保护的利益和价值"。③ 然而,随着研究的不断深入,"法益"一词也逐渐跳脱出刑法的"研究大门",为民法、行政法等其他法律部门所广泛研究运用,从而出现了学者们对"法益"的多元化的理解,且其间不少学者将"法益"与"权利"进行了密切的结合。目前,其他部门法学者对"法益"的理解主要有以下几种观点:有的学者认为法益即为受法律所保护的利益;④ 有的学者认为法益即为除权利外应受法律所保护之利益;⑤ 还有部分学者认为

---

① "由法律保护的利益,我们称之为法益。法益就是合法的利益。所有的利益,无论是个人利益,还是集体的利益,都是生活利益,这些利益的存在并非法制的产物,而是社会本身的产物,但是法律的保护将生活利益上升为法益。"[德]李斯特:《德国刑法教科书》,徐久生译,法律出版社2004年版,第14页。

② 张明楷:《法益初论》,中国政法大学出版社2005年版,第167页。

③ 杨春洗、苗生明:《论刑法法益》,载《北京大学学报(哲学社会科学版)》1996年第6期。

④ 持此种观点的学者主要有曾世雄,其认为:"法益者,法律上主体得以享有经法律消极承认之特定生活资源。"(曾世雄:《环境法总则之现在与未来》,中国政法大学出版社2001年版,第62页);史尚宽认为,"法益乃法律间接保护之个人利益"(史尚宽:《债法总论》,三民书局1983年版,第127页);洪逊欣认为"法益为法律之反射作用所保护之利益"(洪逊欣:《中国民法总则》,三民书局1979年版,第50页);梁慧星认为,"生活利益本来很广,其中受法律保护者,称为法律利益,简称法益"(梁慧星:《民法总论》,法律出版社2001年版,第77页);李宜琛认为:"法律所保护的利益,谓之法益。"(李宜琛:《民法法总则》,中国方正出版社2004年版,第37页);董兴佩认为:"法益,即法承认、实现、保障的利益;可以说,所有的权利都是法益,但并不能反过来说所有的法益都是权利,法益除在法律上表现为权利外,还表现为权力以及弱保护法益。利益还包括放任利益。"(董兴佩:《法益:法律的中心问题》,载《北方法学》2008年第3期。)

⑤ 持此种观点的学者主要有:李岩指出:"法益是于权利之外存在的,法律主体享有的受法律保护的利益……法益在本质上是一种利益,法益具有可保护性,法益是具有法律属性的利益。"(李岩:《民事法益研究》,吉林大学2007年博士论文,第11页);龙卫球提出:"权利仅限于指称名义上被称为权利者,属于广义法益的核心部分,其余民法上的利益均称其他法益。"(龙卫球:《民法总论》,中国法制出版社2002年版,第121页);张驰、韩强提出:"所谓法益,指于法定权利之外,一切合乎价值判断,具有可保护性的民事利益。"(张驰、韩强:《民事权利类型及其保护》,载《法学》2001年第12期);郭英华从环境法学角度提出:"法益概念本身就表征了法律在处理利益问题上的消极性,法益概念提出的目的就是为了调和权利体系的不周延性。就法益与权利之间的关系而言,法益是权利与利益之间的中间状态,法益在形式上游离于权利体系之外,但却同时是诞生权利的母体。"[郭英华:《环境权还是环境法益?——权利泛化背景下对环境权的反思》,载《内蒙古社会科学(汉文版)》2008年第29卷第6期;张俊浩提出:"权利是不可剥夺的正当利益在法律上的定型化。"(张俊浩主编:《民法学原理》,中国政法大学出版社2000年版,第67页。)

法益便为权利,任何权利均可称权益、法益,但权利外无权益、法益;[①] 还有的学者认为法益的内涵完全可为利益的内涵所包容,即其没有提供新的规范机能和解释机能,因此根本没有必要再构建出"法益"的概念来徒增烦扰。[②] 从上述有关"法益"界定的表述中我们可以看出,刑法学界的学者以及域外的学者对"法益"的界定、理解多仅从法律与利益的关系角度展开。而我国国内其他部门法的学者对"法益"的理解多与"权利"相挂钩,将权利视为与利益"同质化"的事物,他们对"法益"概念理解的差别仅在于"法律所保障的利益""法益""权利"三者在范围上的差异,即是在"法律所保障利益=法益>权利""法律所保障利益=法益+权利""法律所保障利益=法益=权利"等不同定量角度的认识。可见,从"法益"产生的本源角度判断,学者们没能准确地把握权利、法律与利益之间的辩证关系,将权利与利益"同质化",甚至将利益与权利看作是内涵与外延完全相同的两个概念,此不利于相关研究的展开。

(二)环境权利的内在机理及其立法层次

1. 环境权利的内在机理

延续上文的研究思路,我们可以将环境权利界定为主体为谋求环境利益而由法律确认并保障实现的为或不为一定行为的自由。

首先,环境权利存在的前提是环境利益为立法者确认为合法的利益形态。如上文所述,法律权利具有极强的工具性价值,利益是权利的目的,而权利是利益的手段。从某种层面上看,某一法律权利是否应存在客观上取决于法律是否认可并保障某种社会利益。若立法者在衡量各方利益的基础上认可某种客观存在的社会利益形态并将之纳入法律保障的范围,则自然需要通过为相应的主体设定法律权利以确认主体的利益,并通过为主体设定行为模式以最终促成利益的实现。环境利益作为生态文明时代为法律所保障的独立的社会利益形态,应由相应的独立的权利——环境权利对之进行保障。此外,环境利益是独立于人身利益、财产利益的独立的利益形态,因此与此相对应的环境权利也应独立于传统的人身权、财产权。

其次,环境权利存在的目的在于确认环境利益的合法性,并通过为主体设定行为模式以最终促进环境利益的实现。如前所述,环境利益是指环境系统的生态功能对主体生态需要的满足。法律首先通过权利肯定主体

---

① 漆多俊将权利界定为:"权利乃是经过社会权衡、协调、界定而得到公认和一定保障应受分配之利益。"漆多俊:《论权力》,载《法学研究》2001年第1期。

② 于飞:《"法益"概念再辨析——德国侵权法的视角》,载《政法论坛》2012年第30卷第4期。

的生态需要,并通过为主体设定行为模式来实现对环境利益的保障。具体来看,权利以其特有的利益导向机制、能动机制以及灵活的自行调节机制引导人们进行自由的行为选择,激励人们将环境生态功能维持在良好的状态。一般而言,主体只要依法行使其权利便能在一定程度上实现制定法对环境利益的保障。环境权利是一种法律权利,因此法律通过环境权利保障、调控环境利益不应超出法律权利本身所固有的本质。从本质上看,环境权利是主体为或不为一定行为或要求他人为或不为一定行为以实现自身环境利益的能动的手段。

再次,环境权利本身应是一个学理层面的概念,其应是围绕着环境利益的保障所形成的权利体系。在理论研究中,以"权利所要实现的特定利益"为标准是对权利分类的主要的形式,如财产权是为了保障主体经济利益的权利,而人身权是为了保障主体人身利益(人格利益、身份利益)的权利。环境利益作为生态文明时代独立的社会利益形态,与其所对应的环境权利也应是独立于人身权、财产权并与之处于同一位阶的独立的权利类型。近年来,不少环境法学者都在不断地研究、探讨应如何在环境法律规范中规定一条或数条具体的条文来确定环境权。[①] 而反观民事法律规范,其间并没有某条行文规定了具体的"人身权"或"财产权",即法条中并没有某项具体的权利被称为"人身权"或"财产权"。事实上,"人身权"或"财产权"只是在学理层面对民事法律规范中专门保障主体的"人身利益""财产利益"的一系列具体的法律权利的总称,如民法中的人身权就包括生命健康权、姓名权、肖像权、名誉权、荣誉权、婚姻自主权等;而财产权则包括所有权、地上权、抵押权、质押权、著作权、商标权、专利权等。人身权、财产权的实质应是一个围绕着其所保障的核心利益形态而形成的权利体系。延续此思路可知,环境权也不应是环境法律规范中所规定的某一项具体的权利,而应是围绕着环境利益的保障所形成的一系列权利的总称,其是一个权利体系。

2. 环境权利的立法层次

随着环境权理论研究的不断深入,环境权入法的问题逐渐为学者们所广泛关注。就现有资料看来,学者们对环境权应在何种立法层次上进行规定存在很大争议。有的学者认为环境权应为宪法层面的权利,应规定在宪法中,并由此否认环境权归入部门法的必要性,此部分学者多从人权、公

[①] 杨朝霞:《论环境权的性质》,载《中国法学》2020年第2期;吕忠梅主编:《中华人民共和国环境保护法释义》,中国计划出版社2014年版,第27页。

民的基本权利角度展开研究。①而有的学者仅从部门法层面对环境权展开研究,其中多数学者认为环境权应作为独立法律部门的环境法中的权利。②还有一部分学者认为环境权应为多层次的权利,其既应在宪法层面进行宣告式的规定,也应作为具体层面规定在部门法中。③而对于环境权应具体规定在哪个部门法,不同学者也持有不同观点:有的学者认为环境权应在独立法律部门的环境法中进行规定;④而有的学者认为环境权只有在民法中进行确认才能通过启动民事救济程序以有效地救济环境权。⑤

对此,笔者认为,环境权是多层次的权利,应出现在不同层次的立法之中。环境权作为新一代人权应在国际法层面的人类权利中得到确认,也应在国内法层面作为公民的基本权利在宪法中得到确认。而宪法层面宣告性的抽象的规定,应在部门法层面得到具体化才能使环境利益得到有效的保护。环境利益作为独立的利益形态,应由作为独立部门法的环境法进行规定,而环境权利作为环境法调整环境利益的有效的机制,自然应规定在环境法中。

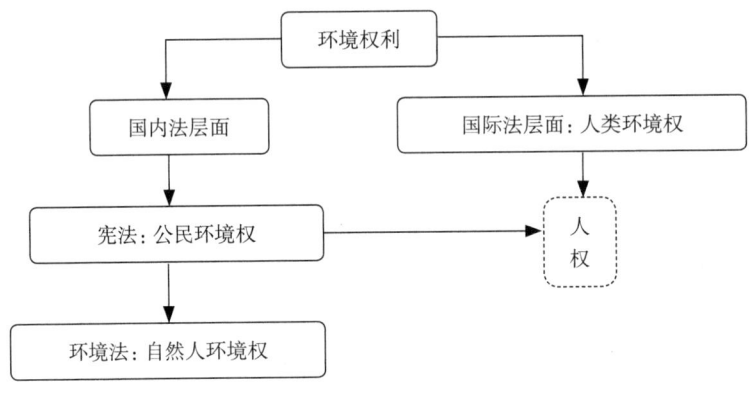

图 5-1 环境权利立法层次图

---

① 朱谦:《环境权问题:一种新的探讨路径》,载《法律科学(西北政法学院学报)》2004年第5期;王锴:《环境权在基本权利体系中的展开》,载《政治与法律》2019年第10期。
② 吕忠梅主编:《中华人民共和国环境保护法释义》,中国计划出版社2014年版,第27页;蔡守秋:《环境权初探》,载《中国社会科学》1982年第3期。
③ 周训芳:《环境权的立法困境与出路》,载《时代法学》2004年第2期;杨朝霞:《论环境权的性质》,载《中国法学》2020年第2期。
④ 邹雄:《环境权新论》,载《东南学术》2005年第3期。
⑤ "只有在将公民环境权确立为一种宪法权利的同时,肯定它的私权性质,使其能够得到民法和民事诉讼程序的保护,才能起到保护环境,保护公民环境利益的作用。"吕忠梅:《环境法新视野》,中国政法大学出版社2000年版,第132~133页。另有部分学者主张通过民法典人格权编实现环境权的法定化,参见刘长兴:《环境权保护的人权法进路——兼论绿色原则在民法典人格权编的体现》,载《法学评论》2019年第3期;吴卫星:《环境权的中国生成及其在民法典中的展开》,载《中国地质大学学报(社会科学版)》,2018年第6期。

(1) 人类环境权是国际法层面上的权利

目前学界不少学者主张人类应成为环境权的主体。① 人类环境权属于人类权利的一种，因此要了解人类环境权应从人类权利角度入手。人类权利的提出始于人们对二战的反思，得益于人权理念的不断进步，而又随着科学技术的发展和经济全球化不断丰富、发展。② 两次世界大战给全球带来了毁灭性的灾难，使得二战结束后国际社会开始进行反思，人们认识到只有世界整体得到安宁才有个人幸福和发展可言，并逐渐开始考虑全人类的福祉。这种思索首先反映在对人权的确认上，自1945年的《联合国宪章》、1948年的《世界人权宣言》对人权做出明确的肯定后，世界各国均在努力推动对人权的确认和维护，发展至今，人权无疑是迄今为止得到最大多数人共同认可的社会政治原则。③ 但人权终究是一个个体性或局部区域性的概念，随着科技发展和经济全球化的推进，诸如地球污染、全球气候恶化、世界金融风暴、核战争等一系列跨种族、跨国家、超地区的全球性事件产生，而此直接威胁到人类作为一个生物物种的安全，这些问题和事务单靠一个国家是难以解决的，必须依赖全球各类型的主体的一致性的共同行动。人们逐渐意识到必须将人类的这种整体性的利益与个人、民族、国家等利益独立出来才能更好地实现每个人的利益，而当人类利益作为一个独立的利益形态存在时，便需要法律赋予独立的权利进行调整保障，人类权利至此产生。

正如马克思指出："人的本质并不是单个人所固有的抽象物……它是一切社会关系的总和"，④ 人具有很强的社会性，任何人均不可能脱离社会而以孤立的个体形式获得生存和发展，群体是人存在的必要方式和发展的必要手段，人类为了生存和发展的需要必然要结成全局性的共同体。当此类客观存在的共同体所享有的利益得到法律的确认时，便出现了以人类整体为主体的法律权利。人类整体作为一个生物物种，天然地需要全球的环境要素所客观具备的环境生态功能处于良好的状态以保障其可持续性的发展。人类对环境生态功能的需求以及环境所客观具有的生态功能对人类需求的满足，便形成了人类的环境利益。而对人类环境利益的确认和保障不是单个或者数个国家能实现的，其需要人类社会各类型的主体进行全

---

① 如陈泉生：《环境权之辨析》，载《中国法学》1992年第2期；张文显：《法学基本范畴研究》，中国政法大学出版社1992年版，第103页。
② 李拥军、侯学宾：《谈人类的权利》，载《法学杂志》2006年第1期。
③ 韩荣和：《人权与国权的冲突与和谐》，载《襄樊职业技术学院学报》2006年第4期。
④ 《马克思恩格斯选集》第1卷，第18页。

球性的一致协同的努力，此绝不是一个由某国国内的某个部门法可以解决的问题，而需要在全球范围内在国际层面进行立法方可实现，如设定国际公约、国际条约等。目前看来，国际法更适合于承载此任务，有的学者甚至指出："国际法的终极目标便是保障人类权利"，其中自然应包括人类环境权。

可见，随着人类社会的发展，人类作为一个整体所享有的环境利益逐渐被作为一种独立的利益形态得到确认，而人类环境权也随之作为一项独立的法律权利出现。笔者认为，我们应肯定人类环境权是一项独立的法律权利，但应认识到其是一个国际法层面的权利，即包括但不限于"人类环境权的主体的具体形态是什么？应由何种机构来表达全人类的共同意志？人类环境权具体包含哪些内容？应如何促使人类环境权的实现？"等问题都是应在国际性立法层面完成的制度设计，此是作为国内部门法的环境法所无力承载的。当然，从立法角度将人类环境权纳入国际法的范畴并不影响环境法学对有关人类环境权主题的相关问题进行研究，因为从法学角度研究人类环境权，本身应是一个国际法学和环境法学交叉的范畴。

（2）公民环境权是宪法层面的权利

目前国内不少学者将环境权界定为"公民环境权"，即将环境权的主体界定为公民。"公民"这一概念源自西方，它包含了丰富的政治学、法学和伦理学内涵，在法学领域其通常被理解为宪法学上的概念，即是指具有某个国家国籍并有权参与该国公共权力行使与监督的人。[①] 目前，尽管学界关于公民的研究还存在诸多争议，但学者们普遍认为公民实质上是自然人的一种身份或资格，自然人因自然出生而成为人，但只有在满足一国法律所设定的条件而取得该国公民之身份后，自然人才能转变为公民。公民身份是指由一国法律所设定的，兼具政治性和市民性的身份。

谈到公民的基本权利，人权是一个不可回避的概念。"人权"一词揭示了这样一种含义：一个人，不论其社会身份和实际能力是否有差别，仅因为其是人，便应当享有某些基本权利。这些权利与主体的"人的属性"相伴随，不能为外在强制力所剥夺，不可为自由意志所转让；该类权利是人类权利谱系中最基础，同时也是最高位阶的权利形态。[②] 从理论上说，人权具有应有的权利、法定权利和现实权利三种不同状态。应有人权绝不是解决人类问题的根本手段，其只能提供某种道德原则，而无法规范人们的

---

① 馨元：《公民概念在我国的发展》，载《法学》2004年第6期。
② 夏勇：《人权概念起源》，中国政法大学出版社1992年版，第213页。

行为,更无法通过其解决纠纷。① 因此,人权作为应有的权利,必然要向法定权利转变,② 而此种转变有赖于宪法对相应的公民基本权利的确定。

宪法是一国法律体系中规定公民基本权利与国家权力分工及监督制约机制的根本大法,其间所规定的任何国家权力都不得侵犯公民的基本权利。③ 宪法作为最高法所具有的权威性并非由于其无所不包地调整一切法律关系,而是源于它对公民最基本的权利进行了规定,国家的其他法律均不得与之相抵触。可以说,基本权利是宪法学的基本范畴,④ 保障基本权利是宪法的根本宗旨。⑤ 宪法中所规定的基本权利是那些对于公民不可缺少、不可取代、不可转让、稳定、具有母体性的平等的共同权利,其是人权在宪法中的具体化。

虽然目前学界还存在一些不同的看法,⑥ 但将环境权视为一种新型的人权已经为学者们所广泛接纳。1972年《人类环境宣言》原则1对环境权的人权属性进行了确认,⑦ 而在其后的40年间环境权的人权性质也不断得到一系列国内和国际法文件的肯定,以至于有学者认为"环境权已被视为人权历史发展阶段中的第四个里程碑",⑧ "是第四代人权"。⑨

以生命为其本质追求的生物人对环境生态功能的追求、享有是每个人之所以为人所与生俱来、平等享有并不可被剥夺的应有的权利,其需要在宪法层面将之确认为公民的基本权利方可进而转化为现实的权利。宪法意义上的环境权之所以存在是因为环境权自身具有人权属性。环境权作为每个人与生俱来享有且终身不可被剥夺、不可或缺的自然权利,理应

---

① 夏勇:《人权概念起源——权利的历史哲学》,中国政法大学出版社2001年修订版,第257~258页。
② 黄华弟、欧阳光明:《论环境权的人权属性》,载《河北法学》2004年第9期。
③ "宪法之所以成为最高法规范,乃因为其内容是以保障公民的基本权利不受任何国家权力之侵犯的规范为中心而构成。"[日]芦部信喜、高桥知之:《宪法》(第三版),林来梵等译,北京大学出版社2006年版,第10页。
④ 韩大元:《基本权利概念在中国的起源与演变》,载《中国法学》2009年第6期。
⑤ 徐显明:《"基本权利"析》,载《中国法学》1991年第6期。
⑥ 有的学者认为环境权并非一项人权,如[英]R.J.文森特:《人权与国际关系》,凌迪等译,知识出版社1998年版,第13页;[日]富井利安等:《环境法的新展开》,法律文化社1995年版,第54页以下。而有的学者认为环境权是其他人权的基础,不是一项独立的人权。环境权可以包含在其他人权之中,似乎没有必要成为一项专门的人权。蔡守秋:《环境政策法律问题研究》,武汉大学出版社1997年版,第116页。
⑦ 《人类环境宣言》原则1宣称:"人类有在一种能过尊严和福利的生活中,享有自由、平等和充足的生活条件的基本权利,并且负有保护和改善这一代和将来世世代代的环境的庄严责任。"
⑧ [日]松本昌悦:《环境权》,载《法律时报》1977年,第49页。
⑨ Scholler H:《人权之变迁》,陈春生译,载《月旦法学杂志》2002年第1期。

在宪法中作为公民的基本权利加以确认。目前我国宪法并未将环境权作为公民的一项基本权利加以确认，但我国环境法学者也在积极地从理论研究、立法等各个层面倡导环境权入宪。①

可见，公民环境权作为宪法层面一项独立的法律权利存在，其是一国公民依据宪法而平等享有的公民的基本权利，是作为人权的环境权在宪法中的具体体现。自 20 世纪中后期以来，环境权入宪成为一种趋势。吴卫星教授在其 2018 年出版的《环境权理论的新展开》一书中指出，已经有 87 个国家在其宪法中有专门的环境权条款。②陈海嵩教授在其 2016 年发表的论文中表示已有 90 余个国家的成文宪法规定了环境权条款。③虽然目前学者们关于环境权入宪的统计还存在些许差别，但却很好地反映了环境权入宪的趋势。从内容上看，宪法主要调整的是公民与国家之间的关系，其确认公民基本权利的主要作用在于要求国家利用公权力为保障公民基本权利提供积极的服务或者给付；同时在于对抗国家公权力，预防国家公权力对公民基本权利的不法侵害。

（3）环境权利是环境法中的权利

如上文所述，目前我国不少学者都在积极倡导环境权入宪，其中有部分学者便据此以"环境权应是宪法上的权利"这一论断推导出"环境权并非部门法上的法律权利"这一结论，并进而否认了环境权作为环境法的一项独立的权利而存在。而事实上，仅靠宪法层面对环境权宣示性的规定根本无法实现对环境利益的有效保障。在各国的司法实践中，大量以宪法中的环境权为诉由的判决均遭到了否定，如美国的 Detroit Edison Co. v. Pacific Ins. Co. 案件④、Common-weatlh.v. National Gettsberg Battefield Torwer, Inc. 案件、日本的伊达火力发电站案件（札幌地方法院 1980 年 10 月 14 日判决）⑤、名古屋新干线公害诉讼、阪神高速公路诉讼、琵琶湖综合开发事业停止诉讼⑥等等，其中一个重要的原因便是各国法院均对直接将宪法所规定的抽象的、宣示性的环境权作为权利主张依据持谨慎的态度，

---

① 如吕忠梅教授认为"环境入宪已经成为各国宪法发展的趋势，我国也理应在这点上顺应潮流，将环境权的保护提升到宪法的高度，并且重点关注宪法的实施和监督"。吕忠梅主编：《环境法导论》（第三版），北京大学出版社 2015 年版，第 78 页；吕忠梅：《环境权入宪的理路与设想》，载《法学杂志》2018 年第 1 期。

② 吴卫星：《环境权理论的新展开》，北京大学出版社 2018 年版。

③ 陈海嵩：《环境权实证效力之考察：以宪法环境权为中心》，载《中国地质大学学报（社会科学版）》2016 年第 16 卷第 4 期。

④ 齐树洁、林建文：《环境纠纷解决机制》，厦门大学出版社 2005 年版，第 102 页。

⑤ 汪劲：《论现代西方环境权益理论中的若干新理念》，《中外法学》1999 年第 4 期。

⑥ 朱谦：《环境权问题：一种新的探讨路径》，载《法律科学》2004 年第 5 期。

此也表明若环境权只停留在宪法层面上，该权利的"非可诉权性"将使其实现生态环境保护的目标成为一纸空文。

事实上，我们可以从基本权利和法律权利的关系角度理解上述问题。该两类权利向来同时存在于法治国家中，只是两类权利处于不同的层面和位阶。如林来梵先生在谈及财产权时便对"宪法上的财产权"和"民法上的财产权"作了明确的区分，其提出"宪法上的财产权"是公民所享有的对抗国家权力并直接反映公民与国家权力之间在宪法秩序中的关系的权利；而"民法上的财产权"是公民享有的对抗其他公民并直接反映平等主体的私人之间的财产关系的权利。① 基本权利是根本性的权利，其主要的作用是对抗和制约国家权力；而法律权利是辅助性权利，是自然人与其他各类法律主体之间的关系，反映了自然人在社会生活中的地位。二者性质上的差异决定了基本权利与法律权利具有如下交互关系："法律权利由基本权利所决定，基本权利以法律权利为保障"；② 而从基本权利对法律权利角度看，基本权利是法律权利行使的底线。法律权利的具体内容可以与基本权利不同，但决不能超越基本权利的底线，更不能与之相抵触。部门法中所规定的法律权利往往来源于基本权利，是基本权利的具体化和实操化，基本权利为法律权利的制定提供合理性和正当性来源。而宪法所规定的基本权利是抽象的，其需要一系列由其引申出来的部门法规定的具体的、可直接操作的法律权利来保障，与基本权利有关的法律权利的不少内容都是出于保障基本权利的需要而设置的。

可见，宪法层面所规定的环境权与部门法中所规定的环境权利并非"非此即彼"的关系，而是相辅相成、共生互促的关系。宪法对作为公民基本权利的环境权的确认是在部门法中创设作为法律权利的环境权利的依据；而只有在部门法中创设了具体的、可操作的法律权利，才能保障宪法所规定的抽象的权利的实现。可以说，想要实现对生物人的环境利益的全面、有效的保障，就需要在宪法和部门法的不同层面同时确立环境权。具体到环境权来说，宪法中所规定的"公民环境权"是对作为公民基本权利的环境权的确认，其并不影响环境权利作为环境法这一独立的法律部门上的法律权利的存在。对宪法层面作为公民的基本权利的环境权进行确认是对环境法层面作为法律权利的环境权利的依据，而环境法层面自然人

---

① 林来梵：《针对国家享有的财产权——从比较法角度的一个考察》，载《法商研究》2003年第1期。

② 蒋德海：《基本权利与法律权利关系之探讨——以基本权利的性质为切入点》，载《政法论坛》2009年第2期。

环境权利的确立是对公民基本环境权有效的保障。宪法层面的环境权具有较强的"宣示性",鉴于此,若环境权只停留在宪法层面上,该权利的"非可诉权性"将使实现生态环境保护的目标成为一纸空文。由此可见,若想对自然人的环境利益进行完整的保障,需要在宪法和环境法层面同时确立"环境权"。在法治国家,公民的环境权与自然人的环境权利同时存在,只是公民环境权是一个宪法层面的权利,而自然人的环境权利由作为独立部门法的环境法所规定。因此只有自然人才能成为环境权利的主体,其是自然人享有适宜自身生存和发展的良好生态环境的法律权利。

环境利益是随着环境危机时代的到来而应当纳入法律保障体系的利益形态。法律对环境利益的有效保障需要通过整个法律体系即宪法、环境法以及其他部门法的有机配合来完成。环境法是以保障环境利益为其本质性追求的独立的部门法,即一切以保障环境利益为其本质追求的法律条款均可以纳入环境法的范畴。而环境权利是法律为了保障环境利益的实现而为主体设定的一系列权利的总称,从部门法意义层面上看,规定环境权利的条款应纳入环境法范围之内。

(三)环境权利的性质

在国内法中,环境权是一个多层次的概念。首先,被确认为新一代人权的环境权应作为公民的基本权利在宪法中得到确认;其次,宪法层面宣告性的抽象规定需要在部门法中通过法律权利得以具体化。鉴于此,应当分层次对环境权利的性质展开讨论。

1. 宪法层面环境权的性质

本部分,笔者拟借鉴德国宪法中的"主观权利"与"客观法"的理论对宪法层面环境权的性质进行分析。

(1)宪法上的基本权利的性质

基本权利是宪法中规定的公民得以向国家提出"积极给付"或"消极不干预"请求的资格,是公民要求国家为一定行为或不为一定行为的权利。各国通过将关乎公民生存和发展的至关重要的权利纳入宪法而使其上升为基本权利,并肯定其"法律权利"的属性。传统宪法学对基本权利做出了"自由权—社会权"的基本分类:自由权是指公民所享有的要求国家不可侵犯其利益的权利,其具有预防功能,可排除和对抗国家的干预,保存个人活动的自由空间,如人身自由权、言论自由权等。社会权是指公民要求国家提供直接的、实体性最低限度的给付的权利,如生存权、劳动权、受教育权等,其所体现出的是基本权利的受益功能。与自由权相比,社会权更侧重于保护弱者、维护社会公平、关注人类尊严。①

一般而言，社会权表现出主体利益的满足需要国家予以特定物质资源给付的外在形式，而自由权的核心在于国家对主体自由意志行为的消极的不干预。在当今的宪法理论与实践中，若没有国家履行积极的义务，社会权可能完全无法实现；但是国家主动介入公民的生活也易产生政治国家挤占市民社会自我建构之自由的问题。从这一角度看，要求国家积极作为的社会权与要求国家消极不干预的自由权存在着尖锐对峙。诚然不同的权利有着不同的功能面向，但它们都具有指向人类所需利益的正当性。因此不应以"非此即彼"的硬性思维模式探究权利的性质，而需要具体问题具体分析，"就权利的性质作柔软地思考"。② 现如今，传统的"自由权—社会权"的二分法已经被逐渐模糊化了，基本权利的分类之间却出现了相互叠加，各基本权利的性质呈现出融合性的特质，即社会权兼具自由权之表征，自由权在秉持要求国家消极不干预的核心的同时也具有了要求国家积极给付以保障特定自由之实现的社会权的属性。同时，随着时代的发展，自由权的侧面或社会权的侧面已经不能涵盖基本权利的全部属性了，基本权利的作用也已不仅限于自由权所对应的预防功能和社会权所对应的受益功能了，而显示出更多的功能。

在当代德国宪法中，基本权利被视为具有"主观权利"③和"客观法"④的双重属性，⑤该理论可以用来解释基本权利的发展现状。其中，"主观权利"之属性具有如下含义：一是主体可以依据基本权利条款要求公权力主体积极作为或消极不侵害，二是基本权利可以作为个人寻求司法救济的请求权基础。⑥ 基本权利的"主观权利"的侧面在强调公民基本权利的自由

---

① 夏正林：《从基本权利到社会权利》，载《法学研究》2007年第6期。
② ［日］芦部信喜：《宪法》，李鸿禧译，元照出版公司2001年版，第243页。
③ 所谓主观权利指的是主体所享有的已为制定法所明确规定的权利的总和，基本权利作为可请求的"主观权利"的规范依据，在《联邦德国基本法》上非常明确，该法第19条第4款规定："任何人的权利受到公权力的侵犯，都可以向法院起诉"。
④ 所谓客观法是指所有现行的、实证的法律规范的总和，基本权利作为"客观法"在《联邦德国基本法》上的直接依据是第1条第3款，该款规定："下列基本权利是约束立法、行政和司法的直接有效的法律"。按照这一规定，基本权利就是可以直接约束公权力运作的规则，也就是公权力主体要时刻以维护保障基本权利作为自己的基本考量。
⑤ 应注意的是，我们说基本权利具有"主观权利"和"客观法"的双重性质，并不意味着将基本权利等同于主观权利及客观法。
⑥ See, Helmut Goerlich, *Fundamental Constitutional rights: Content, Meaning and General Doctrines*, in *The Constitution of the Federal Republic of Germany*, Ulrich Karpen ed. Nomos Verlagsgesellschaft(1988), pp. 49-50. 转引自张翔：《基本权利的双重性质》，载《法学研究》2005年第3期。

权侧面及社会权侧面的同时,注重了对基本权利本身的救济。主观权利外在表达的是主体可以要求国家作出一定行为或不得为一定行为,这在具体实践中表现为个人得以向司法机关寻求司法救济。

与此同时,基本权利还被认为具有"客观价值秩序",指的是所有基本权利都应作为直接有效的法律,约束国家权力。国家公权力须尊重和维护这一"客观价值秩序",即国家应通过方式和手段促进基本权利的实现。①在这种意义上,基本权利不仅是规定在宪法中的、位于权利谱系高位阶的根本性权利而且具有直接适用性,同时基本权利也成为国家基本制度建构的价值考量,并成为国家权力作用的方向以及形成法律秩序的出发点。可见,基本权利客观上构成对国家公权力的直接约束并强调国家要积极推进基本权利的实现。

可见,当代的基本权利在防御功能和受益功能之外,还发展出客观价值秩序的基本功能,其中防御功能、受益功能与基本权利的"主观权利"性质相对应;而客观价值秩序功能与基本权利的"客观法"性质相对应。具体来看:首先,基本权利的防御功能是指能够免予国家侵犯的功能。当个体为了自身更好的生存与发展而将其自然权利让渡给政治国家时,基本权利就首先内含了国家不得影响或侵害个体在将其权利让渡前所具有的"随心所欲"的自由,亦即个体让渡权利并不意味着其同时让渡他们的自由。因此在国家获得个体出让的权利的同时,每一个个体也都获得了以防御国家侵害为基本功能的基本权利。其次,基本权利的受益功能是指公民可以为实现其特定利益而要求国家积极为某种行为的功能。即在公民与国家的关系中,公民是利益的需求者,国家则是利益的提供者,国家具有给付满足公民基本权利实现所必需的物质、机会等条件的义务。当然基本权利的客观价值秩序功能除了公民得以基本权利之防御功能主张国家承担消极不侵犯义务和以基本权利之受益功能要求国家履行积极给付义务外,还要求国家遵照基本权利所蕴含的法之价值观念,通过各种机制和手段让基本权利真正为公民所享有,即利用立法、司法、执法等任何可行的手段在制度上、程序上、组织上实现对基本权利的最大限度的保障。

(2)公民环境权的性质

延续上文思路,当新型人权环境权作为公民的基本权利入宪后,其也应具有"主观权利"与"客观法"的双重性质,本部分笔者拟以此为视角对宪法层面环境权的性质进行分析。

---

① 张翔:《基本权利的双重性质》,载《法学研究》2005年第3期。

首先，宪法层面的环境权具有"主观权利"的属性。公民可以直接依据宪法中有关环境权的条款要求国家公权力主体不能侵犯其保有、享受适宜其自身生存和发展的良好生态环境的权利。同时公民可以依据宪法上的环境权条款要求国家公权力主体积极履行一定的给付义务，为其保有、享有适宜其自身生存和发展的良好生态环境提供其所必需的物质、程序或者服务；若公权力主体未依法"为"或者"不为"相应的义务，个人可以请求进行司法救济。这种宪法赋予个人的得以请求国家公权力机关"作为"或"不作为"的请求权、国家必须依据公民的请求"作为"或者"不作为"的义务及不履行该义务所要承担的责任便反映了宪法层面环境权的"主观权利"性质。

其次，宪法层面的环境权还具有"客观法"的属性，即其应被视为宪法所确立的"客观价值秩序"，各公权力机关在立法、执法、司法过程中都必须自觉遵守这一价值秩序，积极地为公民环境利益的最终实现提供一切可能性。宪法层面的环境权所具有的客观价值秩序，可以指导各项基本环境法律制度的构建及执行。宪法层面所规定的作为公民基本权利的环境权系较为原则、抽象性的规定，可操作性较差，其具体实现需要立法机关通过在部门法（环境法）中构建具体的法律制度，以进一步明确宪法上基本权利的具体内涵、各方主体的权利义务及责任等，以保障基本权利的实现。如同宪法中的财产权的实现必须依赖一国法律体系中良好私法层面的民法物权制度和公法层面行政征收征用制度一样，为确保公民环境权的具体实现，立法机关需要在部门法中同时利用公法规范及私法规范来构建和维护具体环境法律制度：如利用公法规范建立国家环境管理体制、明确国家环境管理职能权责、规定公民参与国家环境管理、获取有关环境管理信息的权利等。同时，也需要利用私法规范赋予自然人私法上的环境权及其保护救济方式，以使自然人可依此对抗其他平等主体对其保有和享受适宜自身生存和发展的环境权利的侵害。如果没有这些"制度性保障"，单纯宪法层面的环境权的规定将毫无意义。立法机关对部门法中的各项具体环境法律制度的构建需要以宪法层面的环境权为指导，行政机关和司法机关在执行和解释环境法时也需要将宪法层面的环境权作为上位指导原则。同时，仅从实体性权利层面在环境法中确定环境权并不能有效保障环境利益的最终实现，环境权的具体落实不仅需要实体层面的保障，更需要程序性保障，特别是司法救济程序的保障。因此，立法机关在环境法中确认环境权的同时，也应确立例如行政许可程序、各种听证程序、公众参与程序、环境信息披露程序等内容，以从程序角度保障环境权的具体化。由此宪法上的环境权便具有相当的指导意义。

2. 环境法上环境权利的性质

环境法上的环境权利具有双重属性，其既有公权性质也有私权性质，与对法的公法、私法划分相对应，学界对权利也做了公权与私权地划分；同公、私法划分理论的混乱相对应，学界关于公权、私权的理解也较为混乱。有的学者认为，公法上确认的权利为公权利，而私法上确认的权利为私权。① 还有的学者认为，为保护国家、公共利益而设定的权利是公权利，为保护私人利益而设定的权利是私权利。② 笔者认为，公权利与公权力相对应，是自然人、法人以及其他组织等私主体根据公法规范所享有的权利，是在政治国家中用以抵御国家公权力的权利；私权利则是指私人主体根据私法规范所享有的权利，是在市民社会中用以制衡其他私主体的权利。但无论是公权利还是私权利均为私人主体享有的权利，即公权利是公民在政治国家中享有的对抗统治阶级国家的权利，如选举权、言论自由权等；而私权利则是自然人在市民社会中享有的对抗其他平等主体的权利，如物权、债权等民事权利。③

目前环境法学界对"环境利益是公共利益""保障和促进环境公益，预防和减少对环境本身的损害是环境法的目的"形成了较为一致的看法，有的学者便因此而认定环境法是公法，环境权是一种公法上的权利，私法中不存在环境权。④ 部分学者认为环境法在总体属性上归属于公法范畴，⑤ 据此，具有公法权利属性的环境权应由公法规定。⑥ 然而，有的学者提出："环境权可以区分为公法上的环境权和私法上的环境权，但却认为两类权利在本质上均属于私权"。⑦

如上所述，环境利益是独立的利益形态，其应由独立的法律部门设定独立的权利进行保障。环境权是与人身权、财产权处于同位阶的新型的权利，因此其也应是一个抽象的属概念，即自然人享有适宜自身生存和发展

---

① 转引自上官丕亮：《论公法与公权利》，载《政法论丛》2007年第5期。
② 转引自上官丕亮：《论公法与公权利》，载《政法论丛》2007年第5期。
③ 转引自上官丕亮：《论公法与公权利》，载《政法论丛》2007年第5期。
④ 朱谦：《对公民环境权私权化的思考》，载《中国环境管理》2001年第4期；朱谦：《环境权问题：一种新的探讨路径》，载《法律科学》2004年第5期。
⑤ 辛帅：《论民事救济手段在环境保护当中的局限》，中国海洋大学2014年博士论文，第20～21页。
⑥ 邹雄、庄国敏：《论民法典绿化的边界——以民法典对环境权的承载力为视角》，载《东南学术》2017年第6期。
⑦ 侯怀霞：《私法上的环境权及其救济问题研究》，中国海洋大学2008年博士论文，第94页。

的良好生态环境的所有的权利均应纳入环境权的范畴，无论其是私法上的权利还是公法上的权利。同一权利具有多重性质是符合法理学中的权利理论的。日本著名公法学家美浓部达吉曾指出：单一的权利亦可以有两重的性质，即一面为私权（当其为对抗一般私人的权利时），而同时又为公权（当其为对抗国家的权利时）。[①] 与人身权、财产权等传统权利一样，环境权也具有双重性，即作为"公权利的环境权"以及作为"私权利的环境权"。前者是指为公法规范所规定的，用于对抗政府等公权力主体对其所享有的适宜自身生存和发展的良好生态环境的法律权利的侵害的权利；而后者是指为私法规范所规定，用于对抗其他平等主体对其所享有的适宜自身生存和发展的良好生态环境的法律权利的侵害的权利。环境法上的环境权具有双重性，既要对抗公权力、也要对抗私权利。对于环境法上的环境权的双重属性，吕忠梅教授提出：环境法即是典型的公法与私权的结合体，环境权是一种由私权与公权共同构成的内容丰富的权利体系。[②]

值得注意的是，环境权虽然是环境法学界甚至是整个法学界的热点议题，有关环境权的研究成果层出不穷，但在实操层面上却出现了理论与实践相背离的弊病。实践中，不管是在宪法抑或是环境保护基本法中明确确立了环境权的国家，还是尚未在立法中明确规定环境权的国家，都普遍存在着仅是将环境权作为一种抽象性价值宣告的状况，而不认可其同财产权、人身权等法律权利一样可以作为诉讼救济的实体性请求权的根据。然而一项权利之所以被称为法律权利，不仅仅在于其抽象地规定着主体可为的某种行为模式，更重要的在于主体可实际性地通过为或不为一定行为去实现特定利益需求，并能够在权利运行受阻时得以请求体现国家强制力的司法救济，唯有如此，法律权利才能真正起到保障法律利益的作用。现有制定法将环境权规定得过于原则、空泛，与其说其是一种法律权利，不如将其形容为是一种宣告式的原则。由于其缺乏法律权利的实质性内涵，主体在环境利益受到损害时就会由于缺乏规定实体请求权的法律条文而难以寻求司法救济，环境利益也没法得到实质的保障。由于环境权立法上的缺陷，致使其在司法实践中的救济困难重重。鉴于此，建议应在立法中尽快规定明确、详细的环境权利制度体系，才能真正地起到保障环境利益的作用。

---

① ［日］美浓部达吉：《公法与私法》，黄冯明译，中国政法大学出版社2003年版。转引自上官丕亮：《论宪法上的生命权》，载《当代法学》2007年第1期。

② 吕忠梅：《沟通与协调之途——论公民环境权的民法保护》，中国人民大学出版社2005年版，第44页。

三、环境利益视野下的环境权力

权力现象伴随着人类的诞生而产生,并随着人类社会的进化而不断变化发展。法律权力是保障利益的核心手段,因此我们在讨论环境利益的保障手段时,绝不能忽略对环境权力的关注。

(一)理解环境权力的基本理论

想要对环境权力有较为深刻的认识,必须首先从权力、权利与利益之间的关系等相关理论着手。

1. 权力的内涵

权利与权力,是人类社会生存必备的内容。只有有了"权利",人类才能更好地享受"自由";而只有有了"权力",人类才能建立有序的社会,可以说权利与权力共同构成了人类社会制度之构架。"权力"这一概念是法学、经济学、军事学等人文社会科学领域的基础性概念范畴。然而,事实上,法学对权力的关注远远逊于对权利、义务的关注。如英国著名学者马丁指出:"权力是一个使用频率颇高,凭直觉去理解,很少有严格定义的词。"[①] 在经过数百年的争议后,学界仍没有就权力的界定达成统一的认识,据现有资料统计,目前有能力说、力量说、可能说、关系说、职权说等不同的观点。通过对上述各观点的内容进行分析可知,虽然学界对权力的界定并不一致,但他们认识的最大的区别在于对权力的属性及运行具体方式的不同理解上,而均没有否认权力的力量、能力的本质。这些观点也都集中反映出权力之"强制性""压迫性""意志强加性"以及"支配性"等色彩,这从本质上抓住了权力的属性。延续此思路,可以对权力做如下理解:

权力是指在社会关系中,一方主体凭借其所占有的物质资源而得以影响其他人或物的控制力。对于权力的理解,我们首先需要了解权力的各种构成要素,具体而言:首先,只有社会中存在的人才能成为权力的主体,社会关系的最基本构成要素是人,人的意志性和主观能动性决定了人以外的受动性存在的自然存在物仅能是为其所支配、利用的一种资源,而不可能是权力的支配者、所有者。其次,权力以人与人之间的社会关系为产生和运作的前提条件,权力作为一种影响力或控制力,其必然存在着施加权力的一方与受权力作用的一方,权力得以产生的意义与价值也就在该双方间的社会关系中彰显出来。如果两者之间不存在一种交互性的社会关系,那

[①] [英]罗德里克·马丁:《权力社会学》,丰子义、张宁译,生活·读书·新知三联书店1992年版,第80页。

么权力施加者就无法对另一方形成控制力;如果二者间是一种纯粹的自然规律性关系,那么就不会存在权力滋生的土壤。再次,社会行为是权力的表现形式,权力要对他方主体形成控制力或影响力就必须通过一定外在行为表现出来,权力的拥有者如果仅有通过权力影响他人的意志而不将这种意志表现出来,他人就无从感知到权力的"强制支配力",也就无从服从权力支配者的意志;权力所追求的是对其作用对象形成一定的控制力,即权力可以对其行为对象的意志或者行为起到特定的支配、限制、调适等作用。最后,权力直接来源于主体占有他人所不具有的以各种形式表现出来的社会资源,这些资源可以表现为一定的金钱、房屋、土地等物质性资源,也可以表现为一定的政治地位、参政议政资格、能力等政治性资源,还可以表现为一定的智识、情感等精神文化性资源。

2. 权力与权利

权利(right)与权力(power),乃构架人类社会制度之脊梁,两者相互联系、相互依存。权力的建立、存在和作用,不仅是为了平衡、协调、界定、肯定和保障权利的实现,而且还依赖于相应的权利,并以相应的权利为基础。[①] 权力是保障权利实现的重要手段,缺乏权力的保障,权利就无法实现,从这种层面上来说权利与权力之间是目的与手段的关系。权力是权利得以主张、实现的强制力保障;而权利是权力得以存在的正当性基础,权利的实现既是对权力手段实效性的验证又为权力的进一步拓展、完善创造了前提。具体来看:

"权力"与"权利"是手段和目的的关系,两者是相互补充、相互制衡、相辅相成的。一方面,权利是构成一切权力形态存在的正当性基础,作为目的的"权利"是作为手段的"权力"的前提。权利不仅决定权力的存在和运作形态还决定权力的属性。权力的正当性外观来自于权利通常代表着"正当的利益(利益关系)"。反之,为谋求某种违背社会一般观念或普世价值观的不良利益而产生的权力,其存在与发展既不具备正当性也不具备合法性。可以说,权利是构建一切权力形态存在正当性的基础;另一方面,权力对权利的保障与实现具有决定性作用。一般说来,权利与权力是正相关的关系,权力的影响力和支配力越大,便越能更好地保障权利的实现。如果一个人缺乏以其实际力量行使、实现其所享有的权利的能力,那么这项权利对其而言就形同虚设。同样的,如果统治阶级无法为其公民的权利的实现提供资源、创造条件并提供救济,那么集中体现该统治阶级意志的

[①] 漆多俊:《论权力》,载《法学研究》2001年第1期。

法律对权利的任何规定都是纸上谈兵,此外这个统治阶级也极易被被统治阶级所推翻。

权利虽然与权力密切相关,但从本质上说两者是不同的事物,其生成和作用规律都有其特殊性,它们分别以各自独立的形态存在着,存在较大区别。权力之实现权利之手段不仅在于其为某一权利提供强制力保障、创造实现条件,还在于其对义务主体形成了一种直接的意志强迫,迫使其积极主动为实现权利主体的权利而为或不为。因此权力以其强制力更有利于强化义务的履行、解决利益冲突,建构社会秩序;而权利作为主体获得利益的一种作为或不作为的自由或者要求他人作为或不作为的资格,其通过给予主体一种可自由选择的行为模式更有助于解放人性、实现自由。

综上,我们既要看到权利与义务之目的与手段的紧密联系性,也要看到二者不同的功能面向。

3. 权力与利益

如上文所述,权力乃为权利而设,而权利与利益密切相关,这样就致使权力不可能与利益脱离关系。对此,漆多俊教授也指出:利益乃权利之本,权利乃权力之本,利益则可谓权力之根也。① 可以说,任何权力的存在都有其自身的意义,即权力是以维护和实现特定利益或利益关系而存在的,任何权力都必然直接指向某种利益。

但权利和权力毕竟属于不同的范畴,其具有不同的内在机制和作用规律,故它们与社会利益的关联也存在不同的特点,对此学界已有论证。如沈宗灵认为,权利对应着的是个人利益,但职权(权力)与国家利益或集体利益相对。② 谢晖则指出,权利是个体对自由需求的法律界定,而权力则是个体为更好地实现自身利益而集合起来的力量。③

权利与权力在实现利益的过程中具有价值的统一与功能的互补性。权利和权力都是需求的产物。从本质上看,权利是人们对私人利益自由追求的产物;而权力源于人们对其利益实现的安全性和秩序性的追求。权力的正当行使与义务的适当履行是实现社会有序运行的重要手段;权利的有

---

① 漆多俊:《论权力》,载《法学研究》2001年第1期。
② "权利一词通常是与个人利益相联系的,但职权一词却只能代表国家利益或集体利益,绝不意味着行使职权者的任何个人利益。"沈宗灵:《权利、义务、权力》,载《法学研究》1998年第3期。
③ "所谓权利,是主体自由的普遍实现受到困扰时,对自由需求的法律界定。而权力同权利一样,也是一个历史的范畴……无论是古代权力,还是近代权力,从发生意义上讲,均是单个主体无法抗拒强大的自然力量和社会力量对自身利益的破坏时对集体力量的寄托和借助。"谢晖:《法制现代化研究论权力与权利界分及其对我国改革的意义》,载《天津社会科学》,1994年第2期。

效行使则是人类谋求解放、实现自由的强有力机制。季秀平指出："权利主要指向社会成员的个体利益；而权力则指向社会成员的集体利益、国家利益。"换言之，增进和维护社会公共利益是权力运作的出发点和落脚点。原始人类或基于抵御自然灾害的需要，或基于绵延后代的需求抑或是基于情感联结的意志而从单个存在的生命体联结成具有共同利益需要的共同体，这种利益共同体具有一定的组织结构，并且拥有以融合个体让渡的自然权利而形成的公共权力。而每个公民个体之所以达成赋予共同体以公共权力的共识，不是为了通过公共权力实现共同体中某一成员的利益，而是为了实现所有成员共同的诉求和某种人人得以受益的普惠性的利益。

4. 权力的形态

作为权力运作目的的权利具有多样态性，相应地，作为权利实现之手段的权力之形态也是丰富多样的。以权力主体的不同为划分依据，从宏观层面权力可以分为三种形态，即国家权力、社会权力、个人权力。

（1）个人权力

在社会形态从原始社会转向文明社会的社会化初期，个人权力是最常见、最成熟的权力形态，此时，人们熟稔地运用个人权力谋求自身的利益，在实现自我发展的同时也推动了人类社会化向更高层次发展。社会权力与国家权力都是以个人权力为基础发展形成的，并且随着人类社会利益复杂多样、社会矛盾日益激化，社会权力与国家国家权力逐渐取代了个人权力在人类实现利益中的作用，成为权力的两种主要形态。这是因为将个体的人作为权力主体具有天然的局限：一方面，从生命本身来说，或许人的肤色、毛发多少等并不会对人的生存与发展产生实质性的生物学意义上的影响，但是人的心智、体格、年龄等却会对每个人占有、支配社会资源的能力产生实质性影响，比如一个20岁的青壮年与一个80多岁的古稀老人，他们都可以运用个人权力去增进自身的权利，但在实际效果上显然是有巨大差别的。可见，个体生物学上的差异性就决定了个人权力之间具有不同等性。另一方面，即便两个生理条件完全相同的人，也会因自然资源禀赋等自然因素以及政治地位等社会因素的不同，而使其个人权力存在强弱、大小之分。为了克服个人权力因人与人之间的不同而呈现出巨大的差异性，避免"强者"的个人权力成为吞噬"弱者"个人权力的工具，或者说为了让"弱者"可以超越自身的局限性获得与"强者"等同的个人权力，人们选择了将个人权力集合起来，形成社会权力和国家权力。

（2）社会权力

如前所述，社会权力是人类为了克服个人权力所存在着的巨大差异性而聚合起来以更好实现每个人的权利的权力形态。虽然个体之间的利益需求以及实现利益的能力千差万别，但每一个个体之所以能够搭成让渡自己的个人权力以集合成社会权力的契约，是因为他们意识到某些利益具有公共性特征——社会成员对这种利益有着共同的需求以及任何个体运用个人权力实现了这种利益时其他个体也能从中获益。而要最大化地实现这些利益就必须得让每一个个体无差别地享有实现该利益的能力以及平等地享有利益实现的结果，如此，社会权力便应运而生了。这种由个人权力聚合起来而形成的社会权力可以被每一个个体用以实现某些利益，但是社会权力本身并不能被某一个个体所"私有化"，亦即社会权力不能再被拆分为个人权力划拨给每一个个体。与此同时，具有公共性特征的社会权力决定了每一个成员既不能以社会权力谋求私利，也不能打着保障社会公共利益的旗号而滥用该权力，否则社会权力就会违背社会成员间达成的契约，失去社会权力得以形成的正当性与合规性前提。

社会权力虽然是个人权力的有机整合，但并不意味着社会权力是对个人权力的替代。社会权力与个人权力始终是相互独立的权力存在形态，二者各有其不同的特征：首先，从权力主体来看，个人权力的主体是现实存在着的生命体、是实实在在存在着的人；而社会权力的主体是人的集合，但这种集合并不是将个人权力的主体物理性捆绑起来，而是表现为承载着人的集合意志的组织、机关或是公众、社群等。其次，从权力的运作范围来看，个人权力主要作用于空间范围较小、私密性以及封闭性较强的私人生活领域；而社会权力主要作用于具有高度开放性、高度关联性的社会公共生活领域。最后，从权力的逻辑起点与目的来看，个人权力旨在保障每一个个体的个人利益，这种利益对于该个体而言可能是一种益处，但利益的实现可能会对其他个体产生不利；而社会权力旨在保障和实现社会团体利益，这种利益的实现对于每个成员都是一种好处。

即便如此，社会权力与个人权力仍是紧密联系着的。如前所述，个人权力是社会权力得以形成的本源，没有个体对其社会权力的让渡，社会权力就无从产生。而社会权力作为社会成员为克服个人权力在实现权利方面存在着的个体差异性而形成的权力形态，既缓解了社会成员日益严峻的利益冲突，有利于社会关系的稳定，同时其也凭借着更为强大的支配力和影响力而强化了人们实现利益的能力和力量。个人权力与社会权力这种紧密联系又互异的关系，决定了二者在保障权利与增进利益的功能上各有其面向，但在整体上又是相互配合、相辅相成的。

(3) 国家权力

社会权力的形成可以在一定程度上满足部分人的利益需求、增进其权利的实现,但却无法对于某一政治共同体内的所有公民的利益需求和权利实现提供完全的保障。因此,一个可以提供更广泛的利益保护与权利实现的权力形态——国家权力的存在必不可少。社会主义经典作家认为,国家权力是由在社会权力斗争中取得胜利的社会权力转化而来,国家权力同社会权力一样,均为社会发展某一阶段特定经济和社会条件的产物,是由某一特定生产力发展阶段占主导地位的生产方式所产生的。[①] 如果说社会权力是社会实实在在存在着的人将他们的个人权力让渡给集体、公众等抽象的"人的集合"的结果,那么国家权力则是在社会发展与阶级斗争的过程中,"具体的人"或抽象的"人的集合"将个人权力与社会权力的全部或部分让渡给人类为了自身的生存与发展而有意识组织形成的政治共同体——国家的结果。

一般认为国家权力是一种特殊的社会权力,但是二者具有明显的差异:

首先,从权力主体来看,国家权力的主体主要是依据宪法组织形成的具有严密的组织体系和法定职权与职责的国家机构,这些国家机关分工而治、各司其职,为了保障国家机器的有效运作和人民主权的有序实现,国家权力一般不会集中交由某一个国家机构统一行使,而根据权力制衡理论将国家权力具体划分为立法权、行政权以及司法权,并将其分别交由立法机关、行政机关和司法机关统一行使。同时这些机关根据宪法及组织法所赋予的职权大小不同,又可以进一步划分为中央与地方两个层级。相较于国家权力主体的法定性,社会权力的主体多是自发自觉而形成,在人类社会早期社会权力主体一般是氏族、宗族、村落等;随着社会的发展以及国家、国际法的出现,行业协会、NGO(非政府组织)、社团、阶层等逐渐成为最为常见的权力主体。社会权力主体的行为主要受到这些"社会体"内部规程的约束。

其次,从权力的内容和层次来看,国家权力内容全面、层级多样。国家权力涉及立法、行政与司法这三个现代民主社会最为重要的权力内容,并且具有中央和地方两个层级。而社会权力仅是部分让渡其个人权力的人的意志之体现,其无法直接运用对全体社会成员都具有影响力的立法权、行政权以及司法权,其仅能依照法律规定或授权为国家权力提供辅助性支撑。

---

① [德]恩格斯:《家庭、私有制和国家起源》,中央编译局译,人民出版社1972年版,第105~106页。

再次,从权力主体所占有、支配的资源来看,国家权力拥有最广泛、最丰厚的资源。就物资资源而言,一国范围内的一切矿藏、河流、森林等都为国家所有,甚至对于公海、外太空等不设国家主权的地域,国家也可以根据有关国际公约而展开利用。就政治资源而言,国家可以以主权者的身份参与一切国际政治、经济以及文化活动。而社会权力仅能够占有和使用部分资源,在主权国家范围内,社会权力与个人权力所能支配的资源都由法律明文规定,对一些法律没有明确规定的资源,一般推定为国家所有。应当说明的是国家权力利用强制力限制或禁止社会权力介入某些资源是社会权利占有、支配资源有限性的核心原因。

最后,国家权力与社会权力在目的与归宿上存在差别。尽管国家权力和社会权力均不仅仅是为了维护个人利益而生,他们的运作都以维护公共利益为逻辑起点与归宿,但是国家权力对资源的全面占有以及由此决定的全局影响力与社会权力对社会资源的部分占有以及由此决定的有限影响力的区别,决定了国家权力所保障实现的"公共利益"之"公共"范围更广,不仅包括了统治阶级国家范围的全体公民,在某些时候甚至还会超越国家的政治性疆界辐射至全人类;而社会权力所保障的"公共利益"局限于能受该权力所影响支配的通过彼此意志联结起来的一定数量的社群成员或公众的公共利益,更确切地说是团体利益。

(二)环境权力的内涵及形态

通过前文论述可知,权力形态大致呈现出这样一种发展轨迹:个人权力是随着人类这一生命体的出现而产生的权力形态,其是社会权力与国家权力得以形成的母体。随着人类智识的不断提升以及劳动工具的迭代更新,早期人类开始不断拓展自己的生活与劳动范围以满足其更大的利益需要,基于实现共同利益的需要,原本游离、分散的个体开始有意识地组合成一定规模的集合体——部落、群体等,并将自己的个人权力让渡出来集合成更强大的社会权力。随着阶级社会的发展,社会权力成为阶级斗争的主要力量,在阶级斗争中取得胜利的阶级便获得了更强大、更完全的权力形态——国家权力。

但是权力形态的变化发展,并不意味着原初权力形态的消亡,即社会权力的出现并没有完全挤占或取代个人权力作用的领域,国家权力的强大性也不意味着其完全取代了社会权力。事实上,随着阶级国家的不断深化,人类已经不再运用个人权力去谋求自身利益的实现和保障了,但这并不意味着个人权力已经成为一种"死去"的权力形态,客观来说,个人权力始终是一切权力得以孕育形成的母体。当人类社会随着科技的发展进入新的纪元，有可能产生新的权力形态仍需以个人权力为本源。同时，现阶段随着民主政治的不断发展，国家权力始终在宪法规定的框架内运作，国家权力被"规训"为实现人民民主的工具。因此，现代民主、法治国家都特别注重明晰政治国家与市民社会的边界，以法律明确界定政治国家的作为范围，避免其挤占市民社会对自由的建构。相应地，社会权力也成为现代民主国家制衡、监督国家权力的重要机制，同时社会权力也在国家权力所不宜介入的一些市民生活领域发挥着重要的作用。可以说，社会权力是现代国家建构多元化治理以及基层治理和实现人民民主的重要辅助力量。

依照前述理论，可将环境权力理解为在社会关系中，权力主体为实现对具有公共利益属性的环境利益进行保障，而利用其所拥有的社会资源促使行为对象按其意志和价值标准作为或者不作为的能力。环境权力的本质是对行为对象的强制力、影响力以及支配力，其源于权力主体所掌握的各类社会资源，实现对作为公共利益的环境利益的有效保障是环境权力设置的逻辑起点，也是其运行的终极目标与归宿，由此也可将环境权力理解为法律保障环境利益之手段。从特征角度看，环境权力具有权威性、强制性、不可放弃性、极易滥用性、扩张性的特征。第一，环境权力具有权威性，权威性是指具有使人信服的力量和威望的性状，让人对结果深信不疑。现代社会的权威来源于人们对权威的自觉服从和尊重，环境权力作为社会权力的一种，必然具有权威性。第二，环境权力具有强制性，社会环境权力不同于个人的权力，是一种类似于国家权力的强制性权力，是权力主体凭借其所占有、支配的资源而对其作用对象形成的控制力。第三，环境权力具有不可放弃性，正如环境权力具有强制性一样，它不同于个人的权力，是一种不可以放弃的权力，环境权力的主体不能自主放弃其所拥有的环境权力。第四，环境权力具有极易滥用性，因为环境权力由社会权力主体行使，然而在当代社会对于社会权力主体的法律规定及其他规制尚未完善，极易导致环境权力主体在行使环境权力时滥用其所享有的职权范围内的权力。第五，环境权力具有扩张性的特征，由于环境因素的范围之大，随之产生的环境问题也是复杂多样，因此社会主体对于环境权力的行使就会涉及各个方面。

如前所述，权力可以依主体的不同划分为国家权力、社会权力和个人权力。根据此标准，从理论上说，环境权力可以分为个人环境权力、社会环境权力和国家环境权力。尽管权力的最初形态是个人权力，但在社会化程度较高的当下，个人权力在保障与实现权利时却具有先天局限，其通常以联合国家环境权力及社会环境权力的形态表现。

自20世纪中期以来,国家环境权力已成为保障环境利益的主要手段。但随着环境问题的日益加剧、生态环境问题的全球化趋势增强,人们发现,环境治理领域始终充斥诸如"要保护还是要发展""国家主权与人类命运共同体""当代人与后代人"和"城市与农村"等严峻的利益冲突问题,解决这些利益冲突不能仅依靠"自上而下"的命令服从性的国家环境权力,更要注重广泛吸纳涉及环境利益的各类、各方主体参与国家环境管理事务,充分发挥多元主体在环境保护中的积极性和能动性。在此背景下,多国宪法、环境保护基本法都确立了环境公众参与制度。事实上,国家权力与社会力量的相互配合,已成为近年来各国环境保护法改革的一个趋势。20世纪70年代,西方国家掀起了公共行政社会化的浪潮,在这次浪潮中,原来由政府垄断的一部分公共事务转由社会执行和管理,公共事务管理中逐渐形成了由政府、社会公共组织和私人分担公共事务的格局。环境公共事务也在此次浪潮中逐步实现了部分社会化,社会力量的参与极大地提高了这些国家公民环境保护意识,增强了国家环境权力在增进环境利益、保障公民环境权的效果。

(三)社会环境权力内在机理

延续上文思路,社会环境权力是指各类非公权力社会组织、民间团体、社会阶层等(本书统称"非公权力社会组织")为保障环境利益,而利用其所拥有的社会资源对国家、政府等所产生的影响力。具体来看:(1)该类权力中的"社会"专指自然人社会,具体表现为独立于国家、政府体系之外的非公权力社会组织,其不包括国家、政府及具体的个人。(2)一般来看,社会权力以维护和增进通过让渡个人权力而集合成该社会权力的人员的共同利益所构成的团体利益(即团体私益)为产生和运作的逻辑起点,但也有部分社会权力是完全建立在公共利益基础之上的,即该共同体成员主要是为了国家、社会甚至是人类整体之公共利益而集合个人权力以限制、影响国家权力的。如前文所述,法律拟制主体对环境生态功能没有内在需求,因而自然也不可能存在独立的团体性环境利益。由此,社会环境权力多表现为对环境公益的保障,此是社会权力运行的起点、目标及终极归宿。(3)社会环境权力的本质是对国家(政府)的影响力,即其主要是通过对政府环境权力施加影响、制约来实现对环境利益的保障的。值得注意的是,此种制约前期是柔性的,其通常是通过沟通协商、批评建议、游说申诉等形式来影响环境行政权力的,若无效方才诉诸舆论的压力、群众性的抗争,直到社会革命。(4)社会环境权力并非天赋,其需要具备一定的前提性要素才能形成,而组成社会组织的个体成员所享有的权利(特别是自然人环境权利)正是形成社会环境权力的主要前提性要素。(5)社会权力构建的基础性能源在于该组织所掌握的各类社会资源,其间除了经济资源、政治资源外,在法律层面则主要表现为法律赋予该相关组织的各类权利,掌握了这些社会资源,社会组织便可以形成影响、限制国家权力的巨大力量。

虽然在各国环境立法实践中社会环境权力通常被具化为该组织所享有的环境知情权、环境监督权、环境参与权、环境救济权等多项权利,但笔者认为不能因此而简单地将社会环境权力理解为是权利的组合。首先,环境权利通常是为了保障主体自身的环境利益而设置,而环境利益只为以生命延续为本质追求的自然人所享有,各类非公权力社会组织本身并不享有环境利益,其自然也不应享有相应的环境权利。其次,社会环境权力的运作机理并非简单地采用那种"依主体的自由意志为或不为"的权利路径,而是通过聚集特定群体以共同行使其权利从而形成可以对国家、社会产生强制性、支配性影响的权力路径。再次,虽然社会环境权力不像环境行政权力那样具有强烈的"职责性",其对外行使表现出一定的自主性和自由性,但此种自由也绝不同于环境权利的那种绝对自由。具体来看,以保障环境利益为其存续之根本性目标的非公权力社会组织在环境利益受到侵害或有侵害之虞的状况下,依照其章程采取必要措施及行动是此类组织的职责,若不履行相应的职责,根据章程相关主体应承担相应的责任,甚至面临整个组织被解散的结果,可见其具有一定的职责性。

(四)国家环境权力内在机理

基于前文对环境权力的界定可知,国家环境权力是指国家各权力机关为实现对环境利益的保障而利用其所拥有的社会资源对行为对象产生影响的能力,以促使行为对象按其意志和价值标准作为或者不作为并最终实现对环境利益的保障。一般情况下,可将国家环境权力划分为环境立法权、环境行政权和环境司法权。通过环境立法权的有效行使以构建目标明确、定位清晰、可操作性强且与其他部门法协调性好的环境法律体系,是实现环境法对环境利益有效保障的前提;通过环境行政权的有效发挥以确保环境法律规定得到严格执行,是实现环境法对环境利益有效保障的关键;而通过环境司法权严格追究环境违法者的法律责任是实现环境法对环境利益有效保障的最后保证。本部分,笔者主要针对已为立法者所确认的具体法律手段之间的分工、配合进行探讨,因而将主要针对在保障过程中起核心作用的环境行政权力进行分析,暂不涉及作为保障前提的环境立法权和作为后续支撑的环境司法权。

沿上文思路可知,环境行政权力是指行政主体为了实现对环境利益的保障而利用其所拥有的社会资源对行为对象产生影响以促使对方按其意志和价值标准作为或者不作为的能力。其是行政主体依法进行的环境规划、制定环境标准、划定生态保护红线、开展环境质量监测、环境处罚、环境强制等诸多权力的总称。当代,环境行政权力已扩展到环境保护的各个领域,其不仅包括实质意义上的环境行政管理权力,还包括准环境立法权和准环境司法权,且逐步从单一的"强制—命令"模式向"服务—激励"的管理模式发展。具体来看:

首先,从本质角度看,环境行政权力是环境法保障环境利益的具有强制力的手段。该权力是行政主体依托其所掌握的各类社会资源对行为对象(主要是行政相对人的环境污染和破坏等行为)的强制性的支配力、影响力,其运行的目标在于通过对良好环境生态功能的保护进而实现对作为公共利益的环境利益的有效保障,其是环境法保障环境利益的具有强制力支撑的有效手段。换一个角度看,确保环境利益最大化的实现是环境行政权力运行的出发点及其归宿,也是评判其正当与否的核心标准。

其次,从起源角度看,环境行政权力是当代政府在环境危机时代的一项基本权力,其是在环境问题凸显,环境保护的公共需求高涨的背景下产生的。20世纪60年代,在风起云涌的公众环境运动的推动下,各国政府纷纷将环境职能独立出来,设立专门的环境保护行政管理机构负责对全国的环境保护工作进行统一的监督、管理并以法律的形式赋予该专门机构行使专门的环境职责的权力,环境行政权力自此取得了独立的法律地位。

再次,从内涵角度看,环境行政权力隐含着义务的属性,其服务于环境行政义务并进一步服务于环境权利。① 具体来看,环境行政权力是权利主体在通过个体的力量仍无法保障其自身环境利益的情况下,共同让渡其权利汇聚而成的一种公权强制力。而人们向政府让渡其权利的目的是得到政府相应的服务(即政府环境义务的履行)并根据政府能提供服务的数量、范围、程度等具体情况授予相应的权力。因此,从此种角度看,主体对环境权利的需要决定了环境行政义务并进一步决定了环境行政权力;环境行政权力服务于环境行政义务并进一步服务于自然人的环境权利。可见,环境行政权力的正当性源于其间所隐含着的义务属性,其目的及范围也由

---

① 周海华:《政府环境公共权力初探》,载《重庆科技学院学报(社会科学版)》2010年第17期。

之决定。

此外，从特点角度看，环境行政权力具有权威性、强制性、不可放弃性、主动性、扩张性的特征。具体来看：（1）环境行政权力从本质上说是一种对行为对象的支配力、影响力，此使得环境权具有了权威性、强制性的基本特征。（2）环境行政权力具有不可放弃性，其对于权力行使者而言是一种职责，依法行使权力是权力者的义务。（3）环境行政权力是主动性的权力，国家可通过禁止、激励、引导等措施对个体侵害环境的行为进行积极的影响、干预。（4）此外，环境行政权力有扩张性的特征。权力天然地具有被滥用、扩张的本质，环境行政权力也不例外。通过合理机制约环境行政权力以促进对环境利益的更好的保障是生态文明时代的内在要求。

四、环境利益视野下的环境义务

如前所述，环境法对环境利益的保障有赖于环境权利（环境权力）、环境义务以及环境法律责任之"多元化"手段的相互分工配合。为能更好地理解各手段之间的配合机制，十分有必要以环境利益为视角对环境义务的内在机理展开讨论。

（一）理解环境义务的基本理论

对环境义务的准确理解有赖于法理学中义务理论的支撑，若想弄清环境义务的内在机理首先应从法理学中相关理论着手。

1. 义务的内涵

据现有资料表明，目前学界学者基于不同的立场对法律义务进行了多元化的界定，其中较有影响力的学说有资格说、主张说、自由说、利益说、法力说、可能说、规范说、选择说、责任说等不同观点。[1] 通过对现有的研究成果进行分析可知，目前学者们的研究呈现出"无一例外地都在对权利进行界定的基础上附带地解释了义务"且"均仅从不良分子的角度考察和研究法律义务概念及其定义"的特点。[2] 具体来看：

首先，从现有关于法律义务的研究成果来看，学者们多是先剖析有关法律权利的理论而后再展开法律义务的研究，以至于法律义务理论成为法律权利理论的简单衍生或附庸。可以说，目前学界对法律义务没有独立的定义，更没有充分的研究。权利与"自由""利益"等价值紧密联系，更加契合了人与生俱来的追求与捍卫自由的心理，因此权利也成为现代法律建

---

[1] 张文显：《法哲学范畴研究》，中国政法大学出版社2001年版，第300~305页。
[2] 钱大军：《法律义务研究》，吉林大学2005年博士论文，第31页。

构的出发点与落脚点,相应地,将权利作为研究法律义务的切入点也就无可厚非了。但权利与义务同为法学的基石范畴,如果仅依附于法律权利展开对法律义务的研究则难免有消解法律义务之于法学的独立价值之嫌,且此种研究思路也因欠缺中立性而难以揭示法律义务的真正含义。目前学界有学者从价值因素角度以及历史因素角度分析了此种研究现状产生的原因——从价值因素角度看,权利意味着自由、平等,人人皆向往之,因此人们研究得较多;而义务意味着不利、负担,人人皆避之而不及,因此人们研究得就少。而从历史因素角度看,由于法律权利与义务的严格对立始于西方近代社会,但在长达几百年的这一历史时期内,追求自由解放及人权一直是社会的主流意识,义务必然沦为权利的附庸。[1] 笔者认为,除上述原因外,此种研究现状在我国"蓬勃"的主要原因还是根源于20世纪80年代在法理学中占主导地位的"法学权利—义务核心范畴"的定位及在此基础上所形成"泛权利思潮"。在个人主义和自由主义思潮的影响下,近代传统法理学将"权利—义务"理论作为法学最基本的核心范畴,学者们普遍认为权利和义务是最重要的法的现象,是"法律现象中最普遍、最常见的基本粒子","是法律关系的核心甚至全部内容",[2] 以至于有的学者将今天居于主流地位的法理学称之为"权利义务法理学"。[3] 而在此基础上,法学界多数学者在对相关问题研究的过程中通常会以"权利"作为当然的出发视角(此处的"权利"主要指的是一种平等的、横向的权利,而不包括权力)。[4] 可以说,在法理学界出现了"重权利、轻义务、忽略权力研究""将义务作为权利的附庸""只关注与私权利相对应的私法上的义务,而忽略与权力相对应的公法上的义务"[5] 的"泛权利思潮"研究现状。

其次,从学者们的上述界定可知,目前学者们多将义务理解为一种"负担、约束、不利益、限制"。然而,事实上,义务是法律调控利益的有效机制,其本身并不带着此种"不良"的价值取向,而只是学者们选择了此种价值预设角度来理解义务。客观看来,尽管在立法逻辑中法律义务多是为实现权利主体的特定利益需要而要求义务承担者积极作为或消极不作为,但是在社会关系的转变和长久的利益流动中,对法律义务主体也不是

---

[1] 孟庆垒:《环境责任论——兼谈环境法的核心问题》,法律出版社2014年版,第148页。
[2] 张文显:《法学基本范畴研究》,中国政法大学出版社1993年版,第18页。
[3] 刘日安:《法学绪论》,台湾三民书局1966年版,第136页。
[4] 李牧、楚挺征:《我国法律义务定义观之检讨——以权利附带定义观为主线》,载《南京社会科学》2011年第7期。
[5] 李牧、楚挺征:《我国法律义务定义观之检讨——以权利附带定义观为主线》,载《南京社会科学》2011年第7期。

完全"不利益",而是有利。北岳先生指出:义务的此种强制性限定,确实可能使主体丧失对某种利益的自主选择,但此不一定就构成对主体的"不利益";相反,正是由于存在此种限定,才能更有效地保障义务承担着的利益。① 且事实上,在法律中还存在一种"自利义务",即为义务人的利益而规定的义务。即义务主体之所以接受他人的权利给自己带来的"负担",纯粹是义务人经过价值衡量后主动选择承担为实现他人和社会的利益而遭受的"不利"以换取自身的等同的或更大的利益的实现。

2. 义务与利益

虽然目前学者们对义务的理解角度并不统一,但学者们均没有否认义务隐含着"利益""应当""为或不为的行为模式"以及"引起法律责任的可能性"等要素。从本质上看,义务是为了对经由统治阶级共同价值判断而被立法者确认为是"法律保障之利益"进行更好的保障,而由法律为相应主体设定的应当"为"或者"不为"的行为模式,若主体偏离法律所预设的行为模式,将可能引发法律责任。② 具体来看:首先,目前学者们对法律义务的界定虽不相同,但均没有否定、割裂法律义务与利益的关系。法律义务是法律保障利益的有效机制,法律义务存在的目的便是通过对主体行为模式的设定来实现对利益的保障,然而当主体依法履行了相应的义务也一定程度上实现了法对利益的保障。尽管法律义务的履行表面上并不是为了保护义务承担者的利益,而多是为了保护他人和社会的利益,但从根本上说也最终维护了自身的利益。其次,法律义务意味着"应当",其是立法者所期待的"应当为"或"应当不为"的行为模式。再次,法律义务对利益的保障实现有赖于义务主体按照法律义务设定的行为模式实际行为。然而,这样一种可供主动自由选择的、指引性的行为模式并不能确保每一个义务主体都能"不失之毫厘"地遵照践行,为此,各国法律普遍注重为偏离这一行为模式的主体设置一定的预防和救济机制——法律责任。由此可见,我们可以把法律义务理解为:法律主体为了促进他人或自身利益的实现,按照具体法律规制设定的行为模式并以一定法律责任为后果的,应当为或不为某种行为的状态。法律义务也是法保障利益的重要的手段,"义务以其特有的利益约束和强制功能作用于人们的行为,与权利等其他保障机制有效结合影响人们的行为动机,引导人们的行为"③。

---

① 北岳:《关于权利与义务的随想(上)》,载《法学》1994年第8期。
② 钱大军:《法律义务的逻辑分析》,载《法制与社会发展》2003年第3期。
③ 丁珊:《谈法律的作用之利益导向性》,载《河南财政税务高度专科学校学报》2011年第1期。

（二）环境义务的内在机理

基于上文分析，我们可以将环境义务描述为在生态文明时代，为了保障他人、义务主体及社会公众的环境利益的有效实现，而由法律规则为相应主体设定的应当"为"或者"不为"的行为模式，若主体偏离法律所预设的行为模式，将受到国家制裁，引发法律责任。环境法律义务是国家或社会对环境法律关系主体在生活中根据环境法律规范应当为或不为某种行为的要求。这一定义包括以下要点：第一，环境义务是法律保障环境利益的有效机制。环境义务存在的目的便是通过对主体应当"为"或"不为"的行为模式的设定来实现对环境利益的保障，当主体依法履行了相应的义务也一定程度上实现了法对环境利益的保障。第二，环境义务意味着"应当"，其是立法者所期待的"应当为"或"应当不为"的行为模式。这种"应当"意味着在法律义务所保障的特定利益得以实现前，义务主体按照法律规则设定的指示行为具有该当性，同时法律规则对义务主体设定一定的要求也具有正当性。第三，环境义务是一种关于主体何以行为的要求。环境义务首先源于社会对主体的要求，即随着环境问题的日渐严重以及围绕着"生态环境"产生的矛盾日渐频繁，社会成员为了解决环境危机、保障环境利益实现而对法律主体应当为或不为某种行为的要求，这样的一种要求蕴含着社会成员在不断深化人与自然关系的认知的基础上提出的关于保护生态环境的道德性义务，构成了环境义务得以产生的根源。但作为一种以国家强制力保障实现的法律义务，这种要求还须得上升为统治阶级国家的要求，体现出统治阶级国家的国家意志。第四，环境义务是强制性法规范。生态环境的公共性决定了环境利益的公共性，同时也决定了环境义务不能同民事法律义务一样可以根据主体的意思自治而自由变更，其要求义务主体要严格按照环境行为设定的行为模式行事，在必要的时候国家可以通过强制力量直接迫使义务主体承担义务。此外，当主体违反环境义务之规定，其就必须负担国家规定的相应的不利法律后果。第五，环境义务是法律保障环境利益的独立的机制。尽管学界多将法律义务阐释为实现法律权利的工具性机制，但对于环境法而言，环境义务往往并不直接对应具体个体的环境权利。这是因为一方面环境权利在环境立法中仍具有模糊性或不确定性，另一方面在于环境权利并不是对于环境资源的开发、索取的权利，而是在良好环境生态功能中生存和发展的权利，而良好生态环境功能不能仅靠义务主体予以维持或促进，其需要依靠每个人都履行环境保护义务实现。在这个意义上，环境权利与环境义务都共同指向环境利益的保障与增益。因此，环境义务是法律保障环境利益的独立的机制，环境义务并不必然与环境权利相对应,更不是环境权利的"附属"。

如上所述,法律义务与法律权利、法律权力一样,具有很强的工具价值,其也是法律保障利益的重要手段。"义务以其特有的利益约束和强制功能作用于人们的行为,与权利等其他保障机制有效结合影响人们的行为动机,引导人们的行为。"① 在环境法律实证领域,环境义务与环境权利、环境权力一起,共同构成环境法保障环境利益的有效机制。具体来看,环境义务为环境权利、环境权力机制的顺利运行提供保证和支持,即环境权利机制与环境权力机制的有效运行均需要法律义务机制对之进行支撑。在环境法律体系中,一部分环境义务(多为相对义务)通常与环境权利相对应以支撑环境权利的实现,而另一部分环境义务(多为绝对义务)通常与环境权力相对应以保障环境权力强制性意志得以履行。环境法只有借助环境权利、环境权力与环境义务之间的有机配合方能实现对社会整体环境利益的有效保障。总体来说,法律通过"环境权利—环境义务—环境责任"的路线以保障个人利益层面的环境利益;而通过"环境权力—环境义务—环境责任"来保障公共利益层面的环境利益。

从一定层面看来,环境法律义务代表着社会以及国家的要求,指示着环境义务主体应当"作为"或"不作为",否则将对义务主体加以惩罚或制裁。环境法律义务作为一种强制性的要求,对义务人而言确实限缩了其自由行为的空间和可能,但减少义务主体自由选择的机会乃是为了保证其行为始终符合生态环境的规律,克服长期以来过分追求经济利益而肆意破坏环境的行为惯性,从而建立一种人与自然和谐的可持续的行为模式,实现环境保护和经济社会的可持续发展。从总体上看,环境义务的履行既保障了环境公益的实现,也保障了个人环境利益的实现;既保障了社会公众、他人环境利益的实现,从本质上也保障了义务主体本人环境利益的实现。

(三)环境义务的分类

对环境义务进行分类研究的目的是对环境义务能有更为深刻、系统地理解。分类标准不同,对环境义务的分类内容自然也不同。而在法理学层面,根据实证法层面权利、权力与义务的关系,可以将义务分为四种,即"权利与权利之间的义务""权利与权力之间的义务""权力与权利之间的义务"以及"权力与权力之间的义务"。② 据此,我们也可以将环境义务做类似的分类。此种分类可以很好地展现环境义务与环境权利与环境权力

---

① 丁珊:《谈法律的作用之利益导向性》,载《河南财政税务高度专科学校学报》2011年第1期。

② 胡旭晟、蒋先福主编:《法理学》,湖南人民出版社、湖南大学出版社2001年版,第60~61页。

之间的关系。首先,"环境权利"对"环境权利"的义务,即是平等地享有环境利益的权利主体之间的法律义务。在环境法领域,此种义务更多地表现为一种对世的义务,即环境权利主体行使权利时不得侵犯其他主体的环境利益的义务。一般说来,此种义务更多地表现为一种对个人环境利益的保障。其次,是"环境权利"对"环境权力"的义务,此多表现为一种服从义务。即当环境权力(特别是国家环境权力)在法律许可的范围内正常地运作时,公民必须尊重环境权力的权威性,服从环境权力的管制,以保证环境权力的有序运行与环境利益的实现。在环境法领域,虽然此种环境义务更多地表现出"增进公共利益"的内涵,但从本质上说,其也包括环境义务主体自身个人环境利益自我保护的成分。再次,是"环境权力"对"环境权利"的义务。这样一种义务表现为享有环境权力的主体应当切实履行职责,环境权力应以保障公民环境利益的实现为终极目标。此种环境权力产生于个体为了增进社会的整体环境利益而对自身权利的让渡,因此环境权力始终以保障环境权利的享有和实现为依归。最后,是"环境权力"对"环境权力"的义务。一个权力对另一个权力负有义务,其纵向原因在于其中一个权力的影响力大于另一个权力,这就导致低阶级的环境权力负有须遵从而不得违抗、僭越高位阶的环境权力的义务。而其横向原因在于为了防范环境权力的恣意及保证其有效运作,从而要求任一环境权力都有配合或牵制其他等同控制力的环境权力的义务。此外,权力的扩张性及其强制性决定了有权必有责,对于环境权力主体而言,其具有运用权力进行环境监督管理等职权,同时这样一种职权也是必须严格依法运行的义务即职责——必须依法而为且不得肆意变更、放弃。由此进一步印证了,环境义务绝不仅仅与环境权利单方面相对应,而是同时与环境权利与环境权力相对应的。

此外,目前我国学界还有学者将环境法律义务理解为一种普遍义务——"是对人类社会整体利益负有的保护、维护和不得侵害的义务"。[①]"普遍义务"之"普遍"主要通过如下特征体现:首先普遍义务不在于保障个人利益而是以保护作为共同体的人类的整体利益为宗旨;其次普遍义务的主体是一切可以成为法律关系主体的"人",不论是国内法中的自然人等还是国际法中的国际组织等都要受到普遍义务的约束;最后普遍义务要求普遍的义务主体必须充分且忠实地履行该义务,不得随意减损义务之内容。普遍义务的概念强调了"主体的广泛性、普遍性"以及"所保护

---

① 胡中华:《论环境保护之为普遍义务》,中国海洋大学2011年博士学位论文,第19页。

利益的重要性"。笔者认为,将环境义务视为一种普遍义务突出了生态文明时代保障环境公益的重要性,很好地解释了生态文明时代环境义务在保障环境利益过程中的"重要性""广泛性",也顺应了我国《环境保护法》第6条关于环境保护义务的规定。[①] 但该类学者将环境法律义务理解为一种"普遍义务"的前提是将环境理解为一种公共利益,忽略甚至彻底否认了个人环境利益的存在。如上文所述,环境义务与环境权利、环境权力一样,具有很强的工具价值,是保障环境利益的重要手段。环境义务不仅保障环境公益也保障个人环境利益,保障一切主体个人层面的环境利益是所有社会成员的"普遍义务",也是环境义务的主要内容。但依照该有关学者的论述逻辑:首先,普遍义务所保障的是人类社会的整体利益,那就意味着保障个体层面的环境利益并非环境义务的内容,此观点显然存在一定的问题。其次,该学者仅就"普遍义务"而论"普遍义务",并未论述"普遍义务"与"非普遍义务"的区别与联系,更未突出"普遍义务"与"非普遍义务"相区别的价值与意义。这样的方式似乎仅能达到论述环境义务部分特点的效果,而并不能全面展现环境义务。再次,该学者论述环境义务的另一个前提是"环境权利的路径不能有效地实现环境保护的目的,因此必须要靠环境义务的路径来完成"。笔者认为该学者仅就义务而论义务,割裂了法律义务与法律权利、法律权力之间的有机关联。事实上,任何一部法律,不可能仅靠某一机制完成对特定利益的保障,而必须将各类机制有机协调配合起来,方可实现对特定环境利益有效保障之目的。

五、环境法律责任

如上文所述,环境法律责任与环境权利、环境权力以及环境义务一样,具有很强的工具价值,也是保障环境利益的重要手段。为进一步深入讨论环境法保障环境利益各手段之间的配合机制,应先以环境利益为视角对各手段的内在机理展开讨论。

(一)理解环境法律责任的基本理论
1. 法律责任的内涵

法律责任是法学范畴体系中的核心要素,也是法理学研究中的一项重

[①]《中华人民共和国环境保护法》第6条规定:"一切单位和个人都有保护环境的义务。地方各级人民政府应当对本行政区域的环境质量负责。企业事业单位和其他生产经营者应当防止、减少环境污染和生态破坏,对所造成的损害依法承担责任。公民应当增强环境保护意识,采取低碳、节俭的生活方式,自觉履行环境保护义务。"

要内容。多数主流法理学著作将法律责任置于"运行论范畴"予以阐述,① 亦有少数学者将法律责任置于"本体论范畴"进行研究。② 对于部门法而言,法律责任更是各具体法律制度得以遵守、落实的重要保障机制。目前,法理学界对法律责任的界定尚不统一,大致存在义务说、③ 后果说、④ 手段说、⑤ 状态说、⑥ 负担说、⑦ 责任能力说、⑧ 处罚说、⑨ 否定性评价说等多种观点。各学说之具体内容虽不相同,但从不同的角度反映了法律责任的某一或某几个方面的特性。当然,关于各种学说的不足之处学界也多有评述,本书暂不对此展开论述。

虽然学者们的观点各不相同,但均从一定层面上强调了法律责任的"外在强制力"以及"惩罚性后果"的特征,并从一定层面上反映了法律责任的本质属性——"统治阶级国家对违反法定义务、超越法定权利界限或滥用权力的违法行为所作的法律上的否定性评价和谴责,是国家强制违法者作出一定行为或禁止其作出一定行为,从而补救受到侵害的合法权益,恢复被破坏的法律关系(社会关系)和法律秩序(社会秩序)的手段",⑩ 从一定层面上看,"法律责任是由专门国家机关认定并归结于法律关系的有责主体、带有直接强制性的义务",⑪ 其具体包括"因侵害特定利益而承担不利后果的应当性"和"具体的责任承担方式"两个层面的内容。

首先,透过表象分析可知,法律责任实质上是维护法律利益的工具,是

---

① 如张文显:《法学基本范畴研究》,中国政法大学出版社1993年版;沈宗灵主编:《法理学》(第四版),北京大学出版社2014年版;葛洪义主编:《法理学》(第四版),中国人民大学出版社2015年版。

② 如郑成良主编:《法理学》,高等教育出版社2021年版;孙国华、朱景文主编:《法理学》(第四版),中国人民大学出版社2015年版。

③ 张文显:《法学基本范畴研究》,中国政法大学出版社1993年版,第187页;付子堂主编:《法理学初阶》(第五版),法律出版社2015年版,第178页;金秀丽:《法律责任的法理学研究》,辽宁师范大学2006年硕士学位论文,第4页。

④ 如林仁栋:《马克思主义法学的一般理论》,南京大学出版社1990年版,第186页;郑成良主编:《法理学》,高等教育出版社2012年版,第105页。

⑤ 赵震江、付子堂:《现代法理学》,北京大学出版社1999年版,第481页;高其才:《法理学》,清华大学出版社2015年版,第138页。

⑥ 周永坤:《法理学:全球视野》,法律出版社2000年版,第264页;杜飞进:《试论法律责任的若干问题》,载《中国法学》1990年第6期。

⑦ 刘作翔、龚向和:《法律责任的概念分析》,载《法学》1997年第10期。

⑧ [苏]Л.В.巴格里——沙赫马托夫《刑事责任与刑罚》,法律出版社1984年版,第2页。转引自刘作翔、龚向和:《法律责任的概念分析》,载《法学》1997年第10期。

⑨ 哈特:《责任》,引自J.费因伯格,H.格拉斯编:《法律哲学》(英文版),维兹沃思出版社1980年版,第397页。

⑩ 张文显:《法律责任论纲》,载《吉林大学社会科学学报》1991年第1期。

⑪ 张文显:《法学基本范畴研究》,中国政法大学出版社1993年版,第187页。

对特定利益的损害行为的纠错机制,其是法律对利益形成有效保障的关键所在。法律责任作为一种不利的法律后果,乃是对特定利益减损的预防和救济机制。法律责任产生于行为人对特定法律利益的侵害,其目的并不在于为责任主体规定一种应为的法律义务以保障权利主体原有权利的实现,而是基于实现"分配的正义、风险分担"的需要所确定的一种必为的不利法律后果,以救济、恢复受侵害的法律利益以及受到破坏的法律关系和法律秩序。因而可以说,"因侵害特定利益而承担不利后果的应当性"是认定法律责任性质、判断法律责任独立性的核心标准。特定的法律责任制度以特定的法律利益为逻辑起点,当我们尝试探究某一法律责任的性质时,有必要回溯到法律责任所维护的法律利益这一逻辑起点上。

其次,"法律责任的承担方式"是指承担或追究法律责任的具体形式,总的看来主要包括惩罚(法律制裁)和补偿两种形式。法律责任的承担方式具有极强的工具性,其是在法律责任认定和归结后使法律责任得以落实(承担)的工具性手段,其事关有责主体具体应采用何种方式承担其依法所应承受的不利法律后果。法律责任的承担方式对于法律责任及时、充分且有效的实现具有重要影响。只有根据某一法律责任的性质、归责原则、构成要件以及导致该责任产生的具体案情等因素为其规定一个恰当的责任承担方式,才能充分发挥出法律责任的惩罚、救济和预防功能,从而使受侵害的法律利益、受破坏的法律关系和法律秩序得到充分救济,最终实现法律责任的目的。

可见,法律责任是法律利益的重要保障机制,其旨在为法律利益减损提供预防和救济。相应地,作为实现法律责任工具性机制的法律责任的承担方式也必须围绕着对"特定法律利益的保障"展开设置。对此,孙笑侠教授曾述道:法律责任的第一层次即责任关系,可分为功利关系和道义关系两类;法律责任的第二层次即责任方式,也因责任关系的不同而有所区分——由功利关系派生出来的责任形式,是以补偿为核心目的的;而由道义关系派生出来的责任形式,是以惩罚为核心目的的。①

2. 法律责任的分类

尽管法律责任是法学范畴中十分重要的要素,但相较于法律权利与法律义务而言,学者们对其所展开的研究还是较为有限的。从现有研究成果

---

① 学者孙笑侠认为法律责任包含两个层次,一曰责任关系,一曰责任形式。法律责任首先表现为责任关系的存在,其次表示责任形式。在责任关系的方面存在着功利性与道义性两种法律义务关系——功利关系和道义关系。参见孙笑侠:《法的现象与观念——中国法的两仪相对关系》,光明日报出版社2018年版,第167~179页。

来看，法律责任理论的发展主要集中于责任的概念、构成要件、归责原则和责任的承担方等方面，目前学界有关法律责任分类的研究着墨甚少，且现有研究成果较为固化。[①] 通过对现有文献资料的分析可知，目前学界对法律责任的分类主要是以"行为所违反的规则所属之部门法的不同"为标准而展开的，一般认为可分为民事法律责任、刑事法律责任、行政法律责任等。当我们在使用此类术语时，实际上已经无意识地落入了"法律部门名称+法律责任"这一法律责任分类领域的习惯性法则中，这也从侧面反映出以部门法为标准对法律责任进行划分已经潜移默化地影响了人们对法律责任类型的认知。同时，此种分类标准也是确立某一新型法律责任之独立性必须祛魅的分类标准。

  前文已论述，划分法律部门的实质性标准是纳入法律保障体系的特定的社会利益，此标准不仅是确定的、唯一的，而且能从根本上区分不同法律规范的本质上的异同。延续此思路可知，学界以"行为所违反的规则所属之部门法不同"为标准对法律责任所展开的分类，实际上也可以解读为以"行为所侵害的特定的利益"作为责任划分的标准。不同的部门法所核心保障的法律利益不同，因而不同法律部门中的法律责任具有一定的独立性。如民法以保障民事主体的人身利益和财产利益为核心，相应地，民事法律责任是民法这一独立部门法所固有的，旨在对侵害他人人身利益、财产利益的行为科以不利后果的责任类型。经济法责任是经济法这一独立部门法所固有的，对偏离国家宏观经济管控和市场规制秩序的调制主体（经济管理主体）和调制受体（经济活动主体）科以的不利法律后果，其核心在于维护国家对于社会主义市场经济秩序的宏观调控和规制，从而保障社会整体经济利益。行政法责任是行政法固有的，对违反国家行政管理规范的行政主体和行政相对人科以不利后果，以保障国家行政管理秩序这一法益为目标的责任类型。刑事法律责任则是对侵害社会重大利益的犯罪

[①] 关于法律责任的分类理论多见于法理学教材中，但主流法理学教材多局限于简单论及按照不同标准对法律责任进行划分，具体而言：根据责任承担的内容不同将法律责任分为财产责任和非财产责任；据法律责任主体的不同可以将法律责任分为个人责任、组织责任和国家责任；按照责任主体承担责任的限度不同（或曰以责任的程度为标准）可以分为有限责任和无限责任；根据行为人的主观过错对法律责任的影响（或曰按归责条件不同、根据主观过错在法律责任中的地位），将法律责任分为过错责任、无过错责任和公平责任；以责任实现形式为标准（或曰按照责任主体接受非难的程度不同），可以分为惩罚性责任和补偿性责任；以引起责任的法律事实与责任人的关系为标准，可以分为直接责任、连带责任和替代责任；按照确定责任的依据是否为国内法，可以分为国内法律责任和国际法律责任；根据违法行为所违反的法律的性质可以分为公法责任和私法责任，其中私法责任主要是指民事责任，公法责任主要是指行政责任、刑事责任、诉讼责任、国家赔偿责任和违宪责任；根据行为主体的名义，可以分为职务责任和个人责任。

行为规定的否定性法律后果，旨在当其他部门法无法对该部门法所保障利益形成有效保护时，为各类根本、重大的合法利益提供兜底性保障的责任类型。

值得注意的是，在各类独立的法律责任中，行政法律责任、刑事法律责任常与其他类型的法律责任产生交叉。当某一部门法所保障的特定的法律利益受到侵害时，也可能同时造成行政法所保障的行政管理秩序利益的侵害，引发行政法律责任。此时，在对"行政管理秩序利益"进行保障的同时，也会同时对该部门法所保障的特定的法律利益形成保护。该行政法律责任既可以视为是行政法这一部门法中的责任，也可以视为是该特定部门法中的法律责任。而若此受损的利益是为宪法所确认的"重大的、根本性的"社会利益，当此利益损害是普通部门法所不能救济时，也会促发刑事法律责任。此时，刑事法律责任对特定的法益也形成了救济，其也可以被视为是该特定部门法中的法律责任。上述各类法律责任存在交叉，但我们却不能因此否认不同类型责任之间的独立性。

（二）环境法律责任的内在机理

综合前文有关法律责任含义和法律责任分类理论的剖析，本书将环境法律责任描述为因行为人违反法律义务、超越法定权利或滥用法定权力等行为造成或可能造成环境生态功能损害或由于法律特别规定而依法应承担的不利后果，其具体包括"因侵害环境利益从而承担不利后果的应当性"和"具体的制裁手段或惩罚措施"两个层面的内容。如上文所述，环境法通过环境权利、环境权力以及环境义务来确认、保障环境利益。然而，实践中违反环境法律义务、超越环境法定权利或滥用环境法定权力的情况不可避免，因而需要设定相应的环境法律责任，通过使当事人承担不利的法律后果，保障环境权利、环境权力以及环境义务的效力得以有效发挥，以确保环境法对环境利益的有效保障。具体而言，环境法律责任具有惩罚、预防、救济三种功能。环境法律责任的惩罚功能主要是通过国家强制力以使行为人承担不利的法律后果，从而达到惩戒违法行为者的目的。环境法律责任的预防功能是指国家通过迫使有责主体赔偿损失或对其科以惩罚，表达出统治阶级国家对此类侵害环境利益的行为的否定态度，以对社会成员起到教育、震慑作用。环境法律责任的救济功能是法律责任通过强制使责任人采取一定的补救机制，使得受损的环境利益恢复到被侵害之前的状态。

1. 环境法律责任以环境利益为逻辑起点

如前所述，法律责任实质上是保障法律利益的有效手段，是对侵害特定社会利益的违法行为的纠错机制,其是法律对利益形成有效保障的关键所在。法律责任作为一种不利的法律后果,乃是对特定利益减损的预防和救济机制。特定的法律责任以特定的法律利益为逻辑起点,当我们尝试探究某一法律责任的性质时,有必要回溯到法律责任所维护的法律利益这一逻辑起点上。沿此思路可知,环境法律责任是维护环境利益的工具,是对侵害环境生态功能的环境污染、生态破坏行为的纠错机制,是环境法保障环境利益的核心手段之一。对于环境利益而言,环境法律责任作为一种不利法律后果,是对环境生态功能减损的预防和救济机制。但其对环境利益的保障不能像环境权利、环境权力和环境义务一样积极适用,而须以"环境生态功能的减损"这一法律事实为产生前提,并围绕着环境生态功能的保障展开制度设置。可以说,环境法律责任以环境利益为逻辑起点。

学界对环境法律责任的逻辑起点的认识是一个渐进的过程。早期,学者们只注重研究由于环境污染、破坏而对他人的人身利益、财产利益造成的损害及其救济。此阶段,学者们所理解的"环境责任"即环境侵权责任,其是一种特殊的民事侵权,对此学者们普遍认为可以通过传统民事侵权责任予以救济。近年来,受国外先进立法及司法实践的影响,在诸如福岛核泄漏事故、日本货轮"若潮号"漏油事故等案件的推动下,我国各界愈加认识到"生态环境损害"不同于因环境污染、破坏而对他人人身、财产权益造成损害的"环境侵权",对生态环境本身损害的救济进行独立研究具相当的重要性、必要性和紧迫性。在此背景下,环境法律责任作为一种新型的法律责任逐渐得到各国立法的关注。

2. 环境法律责任是独立的责任形态

目前,学界常根据环境法律责任的具体形式不同,将环境法律责任区分为环境民事法律责任、环境刑事法律责任和环境行政法律责任。[①] 事实上,这种以"部门法名称A+部门法名称B+法律责任"的表述方式,在传统的"以部门法为标准"划分法律责任类型的思维习惯中,不禁使人疑惑:环境法律责任是不是独立的法律责任?环境民事法律责任、行政法律责任与

---

① 如吕忠梅在其主编的《环境法学概要》一书中将环境法律责任分为环境民事责任、环境行政责任、环境刑事责任。其中"环境民事责任,是指单位或个人因污染环境或破坏生态导致他人人身、财产损害而引发的民事责任,包含了物权责任、合同责任与侵权责任。环境行政责任,是指环境行政法律关系主体违反环境行政法律规范所应承担的法律上的不利后果。环境刑事责任是刑事责任的一种,它是指由环境刑事法律规定的,因实施违反环境法律法规造成或可能造成环境严重污染或破坏所构成的犯罪行为而产生的,由司法机关强制犯罪者承受的刑事惩罚或单纯否定性法律评价的负担"。吕忠梅主编:《环境法学概要》,法律出版社2016年版,第195~233页。

刑事法律责任究竟归属于哪个法律部门？加上一贯以来，环境法学界对环境法"杂糅式"地理解，即认为"环境法律体系具有开放性、规范协调性和部门边界模糊性"等特点，①有学者便据此提出环境法律责任并非独立的责任形态，②而是一种糅合了多种法律责任类型的综合性的法律责任，③其具体包括传统的民事责任、行政责任和刑事责任这三种基本责任形式。④对此，笔者认为特定的法律责任以特定的法律利益为逻辑起点，判断某一法律责任是否独立的关键在于应回溯到其是否有"应承担不利法律后果应然性"的独立原因，即是否侵害到独立的法律利益，而并非从具体的责任承担方式角度判断。目前学界关于环境法律责任的上述观点实际上混淆了"责任独立性的判断标准"和"责任承担方式的具体内容"两个不同层面的内容。⑤

　　责任承担方式是在以诉讼机制解决纠纷过程中不断总结、发掘出的智慧成果，其很大程度上根据司法实践的需要而不断发展、充实。在民事、行政、刑事三大诉讼程序统领的背景下，既有的和在司法实践中新发展出的责任承担方式也就不可避免地被民事责任承担方式、行政责任承担方式、刑事责任承担方式所"垄断"。如前文所述，在各类独立的法律责任中，行政法律责任、刑事法律责任常与其他类型的法律责任产生交叉。因而将行政责任承担方式、刑事责任承担方式应用于其他部门法并不会产生过多的疑惑；然而，将民事责任承担方式应用于其他部门法中时，常会导致人们对"该部门法中的原有法律责任是否独立"问题的疑虑。具体来看，民事责任承担方式源于民法这一传统、独立部门法中的民事法律责任，其旨在对受损的利益进行恢复、补偿，常用的具体责任方式有恢复原状、赔偿损失等。上述责任承担形式虽起源于民法，但随着时代的发展，也多为其他部门法所借鉴，用于补偿、恢复其他部门法利益所受到的损害。法律责任的

---

① 吴继刚：《论环境法律责任》，载《学术交流》2004年第2期。
② 张梓太：《环境法律责任研究》，商务印书馆2004年版，第42页。
③ 刘超、林亚真：《试论专门环境法律责任的理论基础与具体构建》，载《昆明理工大学学报（社会科学）版》2008年第3期。
④ 吴继刚：《论环境法律责任》，载《学术交流》2004年第2期。
⑤ 前面所列举的观点将环境法律责任划分三种责任形式，而从他们的表述来看，"环境民事责任"这一责任形式其实质是环境侵权这一特殊的民事责任，可见这些学者实际上是将"责任形式"等同于"责任类型"或"责任性质"这一区分不同法律责任的定性概念。而本书论述的基本立场是：法律责任的性质实际上由其所保障的法律利益决定，责任形式实乃法律责任承担的具体形式亦即法律责任的承担方式。因此从这一角度理解，在环境法语境内即便使用环境民事责任、刑事责任、行政责任概念也本不应存在责任性质的争议，所谓环境民事责任、行政责任、刑事责任形式实质上应当是对环境法律责任归责后的依有责主体实际采用的具体责任承担方式的不同而作的一种实用性指称或概括。

承担方式具有极强的工具性价值，其是在法律责任认定和归结后使法律责任得以落实的工具性手段，它的存在是为了满足"权利得以实现、义务得以履行、权力得以执行"之目的，以实现利益保障之目的。责任承担方式作为法律责任归责后实现法律责任的工具，其本身并不能用于判断某一法律责任的独立性及其部门法属性。

鉴于此可知，目前学界"环境民事法律责任""环境刑事法律责任"和"环境行政法律责任"称谓中的"民事"、"行政"以及"刑事"部分仅是指环境法律责任的具体承担方式，而不是用以判断环境法律责任独立性及其具体属性的标准。如前所述，环境法律责任所保障环境利益的独立性决定了其是一种区别于传统责任类型的独立责任类型。因此，纵然实践中为了保障环境利益而采用了"停止侵害、赔偿损失、排除妨碍、消除危险"等传统民事责任承担方式，也不能就据此否认环境法律责任的独立性，认为其仅是民事法律责任中的特殊形态；更不能据此否定环境法作为独立部门法之明晰的边界。

此外，正是由于法律责任的承担方式是落实法律责任的工具性手段，因而从理论上而言，某一部门法的法律责任为了救济为该部门法所核心保障的法律利益，完全可以根据实际需求设置多元化的责任承担方式，而无需囿于传统的民事、行政、刑事责任承担方式，如新近发展的修复生态环境、补种树木、接受环境教育等创新性的责任形态就是很好的证明。可以说，责任主体具体采用何种责任形式落实其法律责任并不具有首要意义，关键是要实现"对特定利益有效保障"的效果。

3. 环境法律责任是一种公法责任

尽管长期以来学界关于公法、私法的划分标准众说纷纭，但学者们普遍认可"凡涉及公共权力、公共关系、公共利益和上下级服从关系、管理关系、强制关系的法即为公法，如宪法、刑法、行政法、诉讼法；而凡属个人利益、个人权利、自由选择、平权关系的法即为私法，如民法、商法"。① 据此，法律责任也可分为公法责任和私法责任。② 然而，对于经济法、环境法等公、私法融合的"第三法域"而言，似乎很难以当事人"行为所违反的规则所属部门法性质的不同"为标准，来判断此类责任是公法责任抑或是私法

---

① 张文显主编：《法理学》，高等教育出版社1999年版，第56～57页。
② "公法责任是居于统治地位的阶级或社会集团适用公法标准对当事人违反公法中的规范的行为给予的否定性评价，主要包括行政责任、刑事责任和违宪责任；私法责任则是当事人因违反私法中的规范行为承担的不利法律后果，主要包括民事责任、商事责任等。"张秉民、陈明祥：《论我国公法责任制度的缺陷与完善》，载《法学》2006年第2期。

责任。

鉴于此,学者们又对公法责任和私法责任的区分标准展开了新的探讨。孙笑侠教授曾指出:公法责任是破坏法律上"道义关系"而产生的以惩罚为责任形式的不利后果,私法责任是破坏法律上"功利关系"而产生的以补偿为责任形式的不利后果。① 此外,他还对布莱克斯通的"私错"与"公错"理论进行了解读,认为"公错"与"私错"之分在于它们分别侵害了两种不同的社会关系而非因为他们所侵害的对象不同,亦即"私错"是对功利的违背,"公错"是对道义的违背。② 如前所述,社会关系本质上是一种利益关系,所谓功利关系实则指向的是"私益"、道义关系则指向的是"公益",这也是为何其认为道义关系比功利关系更关注人的社会性以及公众评价。③ 由此可见,从利益的角度分析,以保障公益为宗旨的法律责任是公法责任,而以保障私益为宗旨的是私法责任。法律责任适用的被动性和末端性决定了其制度设计必须慎重,即其必须最贴合、最有利于救济其所依归的部门法所保障的法律利益。如是,即便是公私法融合的部门法也能通过其所保障的法律利益的内在机理区分出该法律责任是公法责任还是私法责任。

据上述分析可以判断,环境法律责任是一种公法责任。具体来看,环境法律责任作为环境利益减损的预防和救济机制,其以保障环境利益为逻辑起点,因而对环境利益属性的把握直接决定着该责任的公私法定性。正如前文分析,环境利益是典型的公共利益。由此,以保障环境利益为目的的环境法律责任也就理所应当是一种公法责任。环境法律责任的公法责任属性取决于其所核心保障的环境利益的公共利益属性,而非取决于在落实环境法律责任的具体操作上是运用私法规范还是公法规范。在客观立法技术易导致公私属性混淆不清的情况下,明确环境法律责任的公法责任性质是十分重要的。只有如此方能明确其有别于民事责任等私法责任所具有的自治处分性,避免在诸如生态环境损害赔偿磋商等程序中随意将环境法律责任任意协商、随意"私了",最终使得这一环境利益减损的救济机制反倒成为环境利益缺损的帮凶。

---

① 孙笑侠:《法的现象与观念——中国法的两仪相对关系》,光明日报出版社 2018 年版,第168~179 页。

② 孙笑侠:《公、私法责任分析——论功利补偿与道义性惩罚》,载《法学研究》1994 年第6 期。

③ 孙笑侠:《法的现象与观念——中国法的两仪相对关系》,光明日报出版社 2018 年版,第168~179 页。

4.环境法律责任注重预防功能

一般而言,法律责任具有惩罚、救济(亦有学者称为补偿功能)、预防三大功能。[①] 其中,惩罚功能是指通过国家强制力役使责任主体承担不利法律后果,以此惩戒有责主体从而彰显正义;救济功能主要是指要求责任主体通过采取一定行为、给付一定数量的金钱等补救手段,弥补、恢复受到侵害的法律利益从而彰显效率;预防功能则是通过有责主体或自行性或强行性承担法律上的不利后果,表达出国家和社会对其实施的侵害行为的否定立场,从而对其他社会成员起到教育、震慑、预测等"以儆效尤"之作用。传统的法律责任在制度设计上偏重于通过法律责任的惩罚与救济功能实现其目的,而预防功能往往仅是前述两种功能的间接反射、并不具有直接作用性,"是寄生、散落于其他责任制度之中,而且具有辅助性、次要性的特点"。[②]

环境法律责任所保障的环境利益是环境生态功能对人的生态需要的满足,其是关乎人作为独立生命物种的生存、繁衍及可持续发展的根本性的利益类型,具有根本性的特征。而环境生态功能有赖于各环境要素稳定地参与整个生态系统物质循化、能量流动、信息传递的过程;某一环境要素受到污染、破坏会"牵一发而动全身"地影响作为整体存在的生态系统的稳定性,并进而直接威胁人类的生存与发展。即便事后能够要求责任主体采用补种、复种等恢复治理措施,但漫长的修复周期以及有限的科学技术水平也会使得受损区域范围内的环境质量水平不仅不能在短时间内得到改善,而且还会因环境容量的限缩而持续恶化。环境利益的上述特征要求在研究、建构环境法律责任制度时应摆脱传统法律责任"现实化利益损害—事后法律责任惩罚、补偿—受损利益完全恢复"的简单线性思维模式,而应注重环境利益损害的积极预防并形成"利益损害风险—事前法律责任预防—损害现实化—事后法律责任惩罚、补偿—受损利益最大化恢复"的环境利益损害救济理念。此理念应当指引环境法律责任承担方式的构建。

5.环境法律责任强调责任承担的社会化

长久以来,法律责任的承担一直奉行"责任自负"的原则,即凡是实施了违法行为或违约行为的人,应当对自己的行为负责,独立地承担法律责任。[③] 然而,随着公害事件的频发、风险社会的到来,学者们逐渐意识到在

[①] 沈宗灵主编:《法理学》(第四版),北京大学出版社2014年版,第339页。
[②] 李友根:《论产品召回制度的法律责任属性——兼论预防性法律责任的生成》,载《法商研究》2011年第6期。
[③] 张文显主编:《法理学》(第五版),高等教育出版社2018年版,第175页。

涉及重大公共利益等领域，固守"自己责任原则"诚然可以通过惩罚有责主体以实现法律责任所追求的公正价值，但在这些领域"对有责主体科以惩罚"并不具有首要意义，如何能"迅速且充分地实现对受损利益的填补、恢复和预防"更为关键。在此背景下，19世纪末英、美、法、德、日本、瑞典等国家纷纷开始探讨损害责任的社会化救济问题，即在责任主体无力承担责任或者责任主体无法确定的情况下，基于特定原因的考量并通过特定的方式，将责任转移给社会上多数人承担，从而实现受损法律利益的及时、充分且有效救济。

如前所述，环境利益具有根本性，对其进行有效保障关系到人类的正常生存、繁衍和可持续发展。因此，在环境利益受损后，相较于"对污染环境、破坏生态的行为人进行惩罚"这一目的，如何使受损的环境生态功能得到快速、有效的恢复更为关键。然而，环境生态功能损害所造成的损失通常数额巨大、过程历时长久、评估救济程序复杂，常非责任人单方的责任承担所能负担；[1]且环境损害具有复杂性、复合性、缓释性等特征，实践中易出现责任主体难以明确的情况。因此，当责任主体无法明确或虽明确但其无力补救环境生态功能损害的情况下，亟须将相关责任社会化、政府化以确保最大化解决环境生态功能减损的问题。为了弥补前述个体环境损害责任填补存在的问题，不少国家通过制定环境税费制度、生态补偿制度、环境责任保险制度、环境基金制度和企业资金预提制度（提存金制度、同业互助基金制度）来弥补传统私人救济之不足。如美国《综合环境反应、赔偿和责任法》（亦称超级基金法）设立了"危险物质响应基金"和"宣告关闭责任基金"，规定在责任主体不能确定或责任主体无力或不愿承担治理费用的情况下，可先行使用超级基金中的资金支付环境治理费用。埃及、叙利亚、智利、马来西亚、土耳其等国家建立了具有公共基金或者信托基金性质的环境基金，由政府部门专门管理，用于填补污染治理和环境修复所需要的资金。此外，不少国家或地区还规定了政府对环境事件的应急处理、优先支付以及承担补充责任等职责，如台湾地区"环境基本法"（2002年）第4条规定："当环境污染者、破坏者不存在或者无法确知时，应由政府对环境危害及环境风险负责。"智利《环境基础法》（1994年）第54条第2款规定："任何人均可以请求政府代为采取相应的环境保护行动，若政府未在45日内起诉的且未提出合理解决方案的，应就该环境事件

---

[1] 诸如"江苏泰州1.6亿天价环境公益诉讼案""南京胜科水务有限公司4.7亿生态环境修复案""广州1.3亿天价环境公益诉讼案"等实践案例所示，对受损环境生态功能的修复需要投入巨大的资金和技术成本，环境污染或者生态破坏的责任主体常难以承担。

造成的损害赔偿承担共同责任。"鉴于实践中绝大部分严重的环境污染和生态破坏案件都是由于企业的生产经营行为所致，为了平衡环境保护和正当的经济生产发展，不少国家的法律明确规定企业应投保相应的环境责任保险、提供财务担保。如日本《矿业法》（1950年）第197条第3款规定：以获得矿物为目的的矿业权所有人或者承租人应当按照所采掘的数量，每年委托保管一定金额的国债以担保损害赔偿。① 德国在建构环境法律责任社会承担机制方面兼采责任保险与财务担保制度，如德国《环境责任法》第19条特别规定了特定设备的所有人必须采取一定的预先保障义务履行的预防措施。②

近年来，我国也开始探索环境损害社会化救济机制的构建。如2014年修订的《环境保护法》第52条明确规定："国家鼓励投保环境污染责任保险。"随后，《生态文明体制改革总体方案》（2015年）中也要求"在环境高风险领域建立环境污染强制责任保险制度"。而《关于构建绿色金融体系的指导意见》（2016年）则对环境污染强制责任保险作了进一步的政策规定与指引。③ 此外，2017年修订的《中华人民共和国海洋环境保护法》第66条规定要建立船舶油污保险、油污损害赔偿基金制度。④《环境污染强制责任保险管理办法（草案）》（2018年）则对环境污染强制责任保险制度作了进一步的规范与完善。前述一系列法律文件的颁布、实施表明了国家对环境损害社会化承担救济机制建构的重视，此为后续制度进一步构建奠定了坚实的基础。但不难看出，目前我国相关政策主要集中于环境责任保险方面，缺少对西方发达国家普遍实施且颇具成效的环境损害赔偿基金制定以及财务保证制度的规定；且现有相关规定过于原则，更多的仅是宣示性规定，缺乏实际操作性。未来需要进一步制定更加具体化、多元化、体

---

① ［日］原田尚彦：《日本环境法》，于敏译，载梁慧星主编：《民商法论丛》（第7卷），法律出版社1997年版，第362页。

② 这些预防措施包括：(1)责任保险，即与在该法适用范围内有权从事营业活动的保险企业签订损害赔偿责任保险合同；(2)由联邦或某个州证明免除或保障赔偿义务的履行；(3)由在该法适用范围内有权从事营业活动的金融机构提供免除或保障义务履行的证明，但以该金融机构保证提供类似于某种责任保险的担保为限。王明远：《德国〈环境责任法〉的基本内容和特色介评》，载《重庆环境科学》2000年第4期。

③ 《关于构建绿色金融体系的指导意见》对发展绿色保险作了详细规定，包括在环境高风险领域建立环境污染强制责任保险制度、鼓励和支持保险机构创新绿色保险产品和服务以及鼓励和支持保险机构参与环境风险治理体系建设。

④ 《中华人民共和国海洋环境保护法》第66条规定："国家完善并实施船舶油污损害民事赔偿责任制度；按照船舶油污损害赔偿责任由船东和货主共同承担风险的原则，建立船舶油污保险、油污损害赔偿基金制度。实施船舶油污保险、油污损害赔偿基金制度的具体办法由国务院规定。"

系化的环境法律责任社会化承担机制，以更好地保障环境法律责任目的的实现。

（三）环境法律责任的责任承担方式

如前文所述，法律责任具体包括"因侵害利益从而承担不利后果的应当性"和"具体的制裁手段或惩罚措施"两个层面的内容，而后者即体现为法律责任的承担方式，是指在法律责任认定和归结后，对有责主体具体应采用何种方式使其承担其应依法承受的不利的法律后果的具体安排，其是使法律责任得以落实（承担）的工具性手段，对于法律责任及时、充分且有效的实现具有重要影响。只有根据某一法律责任的性质、归责原则、构成要件以及导致该责任产生的具体案情等因素，为其规定一个恰当的责任承担方式，才能充分发挥出特定法律责任的惩罚、救济和预防功能，从而使受侵害的法律利益、受破坏的法律秩序和社会关系得到充分救济，最终实现法律责任的目的。如前所述，法律责任是法律利益的保障机制之一，旨在为法律利益的减损提供预防和救济。相应地，作为实现法律责任工具性机制的法律责任的承担方式，也应当紧紧围绕着对特定法律利益的保障展开设置。鉴于此可知，环境法律责任的承担方式应以环境利益的保障为核心、贯彻风险预防理念、以环境生态功能的修复为宗旨展开相应的设置。具体来看，其可以包括如下责任承担方式：

1. 民事责任承担方式

民事责任承担方式旨在对受损的利益进行恢复、补偿，其常用的具体责任方式有停止侵害、排除妨碍、消除危险等。上述责任承担形式虽起源于民法，但随着时代的发展，其也多为其他部门法所借鉴，用于其他部门法所保障之利益的救济。在此种背景下，可将民事责任承担方式理解为以对某一特定的法律利益进行恢复、补偿为核心追求的责任形式。该类责任形式在环境法律责任中的应用旨在对受损的环境生态功能予以恢复、补偿，并关注于预防损害的产生或进一步扩大。近年来，各类民事责任承担方式在环境法律责任追究中的适用已经得到了各国广泛的认可。如马其顿《环境法》第157条规定："环境损害法律责任是基于污染者负担的原则确定的，包括防止和救济对环境所造成的所有损害；恢复环境状况；采取措施和行动将环境损害的风险降到最低。"[①] 蒙古《环境保护法》第37条规定："公民、法人和其他组织应该赔偿因其违法行为而给环境和自然资源造成

---

① Article 157（1）of Environmental Law of Republic of Macedonia. 转引自李挚萍：《环境基本法比较研究》，中国政法大学出版社2013年版，第157页。

的直接损害。"① 欧盟《罗加诺公约》(1993年)第2条第7款将"因环境损伤所造成的损失或损害赔偿"及"因采取预防、恢复等措施所耗费的费用以及由此所造成的任何损失或损害"纳入了赔偿的范围。加拿大《环境保护法》第二章规定：当发现环境违法行为时，在加拿大居住且年满18岁的自然人有权要求法院对当事人发布一项修复受损环境的计划，该计划至少应包括"损害的预防、减少或者消除；环境的恢复；金钱赔付；具体执行措施"等内容。近年来，我国法律文件也开始关注民事责任承担方式在环境法律中的适用。如《最高人民法院关于审理生态环境损害赔偿案件的若干规定(试行)》(2021年修正)第11条便具体规定了被告应承担包括修复生态环境、赔偿损失等在内的民事责任承担方式。②

如前所述，"法律责任的承担方式"是落实法律责任的工具性手段，其应围绕着该法律责任所保障的利益展开设置。可以说，采用何种责任形式并不重要，关键是要实现"对特定利益有效保障"的效果。本书认为除了适用赔偿损失等传统民事责任承担方式，环境法律责任的承担方式还应基于环境利益的内在机理展开相应的创新。目前，国内外环境立法已经展开了积极地创新，经整理，主要有如下几种方式：

(1)排除损害风险。在前述传统的民事责任承担方式中，较能契合环境生态功能损害的预防和恢复性救济需求的有"停止侵害、排除妨碍和消除危险"三种。然而，该传统民事责任承担方式仅适用于具有实质性损害危险的情况，无法有效应对环境生态功能损害的潜伏性、累积性以及滞后性等特性。实践中，针对具有高度实害化可能的环境损害危险行为，要求行为人立即停止损害行为以及消除眼前的危险都无法确保同步消除环境生态功能损害的潜在的风险。环境风险作为风险社会的典型场域，要求我们要采取更为前瞻性的视角、以更加谨慎的心态看待环境损害，将环境法律责任制度设计为应对环境损害危险的同时也注重研究对环境损害风险的规制，以彰显环境法注重预防的特点。鉴于此，环境法律责任除了关注眼前的现实性的生态损害外，还应当对潜在的生态环境风险展开全面评估。在该类风险具有转化为环境损害危险的高度可能性的情况下，应责令行为人停止其正在进行或将要进行的环境损害行为，并通过排除妨碍、消

---

① Article 37 of Environmental Law of Mongolia. 转引自李挚萍：《环境基本法比较研究》，中国政法大学出版社2013年版，第157页。
② 《最高人民法院关于审理生态环境损害赔偿案件的若干规定(试行)》(2021年修正)第11条规定："被告违反国家规定造成生态环境损害的，人民法院应当根据原告的诉讼请求以及具体案情，合理判决被告承担修复生态环境、赔偿损失、停止侵害、排除妨碍、消除危险、赔礼道歉等民事责任。"

除危险等预防性责任形式消除其对未来可能发生的环境损害风险。考虑到实践中停止侵害、排除妨碍等执行力较弱等弊病，美国在其环境公民诉讼中广泛建立了具有强制执行力的同具排除损害风险功能的禁止令制度，根据禁止令启用的时间不同，可分为预备性禁止令、临时性禁止令和永久性禁止令。①

（2）清除污染。该责任承担方式主要适用于因排放废水、废气、废渣及其他固体废物造成的紧急暴露性环境损害的情形，旨在将污染性物质与环境要素分离，以便后续修复治理。考虑到有害环境反应的复杂性机理和有责主体有限的技术水平，在司法实践中，法院可以视具体情况委托专业机构制定具体的清除污染计划并判令责任主体令按照清除污染计划在规定的期限内完成，责任主体也可以委托具有资质的第三方代为清除污染。同时应建立专门的验收队伍在规定的时间对被告清除污染的效果进行验收。

（3）生态修复。生态修复不能简单地等同于民事责任中的恢复原状，②而是应在充分考虑生态系统的整体性、系统性、复原力以及环境要素固有特性的基础上，采取技术手段，旨在使受到损害的环境生态功能恢复到原有状态的一种责任承担方式。对此，我国《生态环境损害赔偿制度改革方案》明确要求造成生态环境损害的责任者（包括单位和个人）应做到应赔尽赔并对受损的生态环境进行修复。《民法典》第1234条也规定造成生态环境损害的责任者应在合理期限内承担修复责任。③ 实践中，除了对业已发生的环境损害进行生态修复外，不少国家法律还规定了预防性生态修复责任。如澳大利亚法律要求企业在提交采矿许可申请时，除应提交《开采计划和开采环境影响评价报告》外，还需一并提交生态环境修复治理协议书，④并由政法相关部门对修复治理计划的履行情况进行核验。此外，实践中对于一些穷尽现有技术都无修复可能的环境损害，可以采取异地修复方法，将本应对涉案环境损害区域的生态修复责任转移到其他特定区域

---

① 禁止令的强制执行力在于其"严格的执行责任，即对违反所有类型禁令的行为，法院都可能适用'藐视法庭'处理，包括民事藐视（civil contempt）和刑事藐视（criminal contempt）"。巩固、陈瑶：《以禁令制度弥补环境公益诉讼民事责任之不足——美国经验的启示与借鉴》，载《河南财经政法大学学报》2017年第4期。

② 吕忠梅、窦海洋：《修复生态环境责任的实证解析》，载《法学研究》2017年第3期。

③ 《中华人民共和国民法典》第1234条规定："违反国家规定造成生态环境损害，生态环境能够修复的，国家规定的机关或者法律规定的组织有权请求侵权人在合理期限内承担修复责任。侵权人在期限内未修复的，国家规定的机关或者法律规定的组织可以自行或者委托他人进行修复，所需费用由侵权人负担。"

④ 王江、黄锡生：《我国生态环境恢复立法析要》，载《法律科学》2011年第3期。

履行。

（4）生态损害赔偿。由于环境损害的认定需要高度发达的科学技术条件作为支撑，因此责任主体除了修复治理环境要素本身外，还应当支付生态环境损害调查、鉴定评估等费用以及因环境损害的发生导致该地区的环境承载力在一定期间内降低，该区域内的居民为了受损生态环境的修复而丧失发展机会成本所产生的生态补偿费用等。我国《民法典》第 1235 条规定明确列举了生态环境损害赔偿的具体范围，为法院判处有责主体支付生态损害赔偿费用提供了具体法律依据和标准。①

（5）接受环境教育责任。实践中，不少环境损害事实的发生是因行为人缺乏足够的环境意识和环境知识所致。因而，环境法律责任作为一项新型的法律责任，同样应发挥引导、教育之作用。实践中，常见的具体责任承担方式有"接受环境教育"和"环境义务宣传"等方式。如巴西亚马孙州建立了一个特别的夜校，该夜校旨在为那些违反巴西环境法律规定而造成环境污染以及生态破坏的主体开展环境保护宣传、讲授有关环境保护的科学知识以及相关法律规定，从而提升这些环境违法者的生态意识。② 除了对环境污染、破坏者本人进行环境教育外，法官还可以根据案件具体情况责令被告支付环境教育课程的书本印刷费、派发或者张贴环境保护宣传传单以及相关公益广告投放费用等，从而提升整个社会的环保意识。③ 我国环境司法中也有应用该类责任承担方式的实例，如在中华环保联合会诉华宇公司等水资源污染一案中，原被告双方经法院主持调解达成了调解协议，被告承诺制作环保宣传单、宣传手册等两百余份，并在九龙江流域派发该环保宣传手册，以"现身说法"这一直观的方式呼吁漳州民众爱护环境、尊重环境、保护环境。④

2. 行政责任承担方式

如前所述，行政法律责任与其他法律责任容易产生交叉，在环境法律责任领域也不例外。当为环境法所核心保障的环境利益受到损失时，在一

---

① 《中华人民共和国民法典》第 1235 条："违反国家规定造成生态环境损害的，国家规定的机关或者法律规定的组织有权请求侵权人赔偿下列损失和费用：（一）生态环境受到损害至修复完成期间服务功能丧失导致的损失；（二）生态环境功能永久性损害造成的损失；（三）生态环境损害调查、鉴定评估等费用；（四）清除污染、修复生态环境费用；（五）防止损害的发生和扩大所支出的合理费用。"
② ［美］乔治（洛克）·普林、凯瑟琳（凯蒂）·普林：《环境法院和法庭：决策者指南》，周迪译，王树义审订，中国社会科学出版社 2017 年版，第 35 页。
③ ［美］乔治（洛克）·普林、凯瑟琳（凯蒂）·普林：《环境法院和法庭：决策者指南》，周迪译，王树义审订，中国社会科学出版社 2017 年版，第 35 页。
④ （2015）彰民初字第 406 号判决。

定的情况下，也可能同时造成行政法所保障的环境行政管理秩序利益的侵害，引发行政法律责任。此时，在对"行政管理秩序利益"进行保障的同时，也会同时对环境利益形成有效保护。此时，行政法律责任既可以视为是行政法这一部门法中的责任，也可以视为是行政责任承担方式在环境法律责任中的适用。

国家行政权力是保障环境利益的核心力量，环境行政责任是救济环境生态功能减损的重要措施。国家履行保护生态环境这一法定行政职责进行环境行政管理时，其所追求的行政管制秩序恰好也是环境法在运用"环境权力"这一手段保障环境利益的过程。诚然，行政法与环境法所要保障的法律利益分别是行政管制秩序与环境利益，而在面对环境保护这一主题时这两种法律利益实质上是一体的，区别仅在于我们选择从哪个部门法角度看待。从行政法的角度看，环境行政法律关系主体违反环境行政法律规范所侵害的是以保护生态环境为建构起点的国家环境行政管制秩序，构成行政法律责任；而从环境法的角度看，行为人违反环境行政法律规范妨害的是环境法运用环境权力保障的环境利益，构成环境法律责任，可以理解为行政责任承担方式在环境法律体系中的应用。此"交叉性"的存在，决定环境行政责任的追究不能仅简单地以保障国家环境行政管理秩序为目标，也应考虑对环境生态功能的救济。因此，此类责任承担方式应当考虑环境利益的特性予以适当创新。

我国于2014年修订的《环境保护法》的亮点之一便在于规定了建立严格的责任追究机制，既规定了企业与生产经营者的责任，也明确规定了行政管理者的责任，实现了"环保督企"与"环保督政"相结合。通过梳理我国现行相关立法可知，目前行政主体的环境行政法律责任承担方式主要包括：（1）行政处分。具体包括开除、撤职、降级、记大过、记过、警告；（2）补救性责任。具体包括返还权益、恢复原状、行政赔偿、赔礼道歉、消除影响、恢复名誉、履行行政职责、确认违法等。值得注意的是，传统的行政补救性责任所关注的是对行政违法行为所侵害的人身利益、财产利益等传统利益损害的补救；而在环境法律责任的语境下，此类补救性责任更多的是关注因行政违法行为对环境生态功能的补救，主要体现为其应积极履行环境保护职责、增益环境利益，如开展培训、修建公共设施、发展公共事业等。

而环境行政相对人的环境行政法律责任承担方式主要包括：警告、罚款、责令停产停业、暂扣或者吊销许可证（执照）、没收违法所得、没收非法财物、责令恢复原状、责任恢复生态、行政拘留。且该类行政责任常与行政强制、行政命令等措施配合使用。我国于 2014 年修订的《环境保护法》对环境行政相对人的责任承担方式作了一些创新,如在罚款的基础上创新出了按日连续计罚这一责任承担方式。此外,该法第 25 条还规定:对违反法律规定排放污染,造成或可能造成严重污染的企业,有关环境行政主体可以查封、扣押其造成污染排放的设施、设备。可见我国环境行政法律责任也开始尝试将环境行政强制措施与环境行政处罚相衔接,以更好地制止环境违法行为,预防环境生态功能损害。

近年来,不少国家对环境行政责任展开了积极的创新。如巴西《环境犯罪法》第 9 条规定了应根据环境损害程度确定行政罚款的幅度、破坏环境者应在环境退化地区从事恢复性工作等内容;而阿尔巴尼亚《环境保护法》第 50 条则规定应将罚款、没收等财产性行政处罚所得资金纳入当地的环境保护基金。事实上,目前我国不少环境行政法律责任条款亦体现了生态环境修复的理念,具体表现为环境行政机关可以责令违反有关环境行政管理规定的环境行政相对人修复生态环境。① 如《森林法》第 74 条第 2 款规定了违反有关林木管理规定造成林木损毁的责任者应当在原地或异地补种一定数量的树木;②《草原法》第 66 条对非法开垦草原者规定了限期恢复植被这一修复生态环境的责任承担方式;2020 年修订的《固体废物污染环境防治法》第 117 条规定非法进口固体废物造成环境污染的责任者应采取措施消除污染。此外《海洋环境保护法》《放射性污染防治法》等环境保护单行法也有类似规定。③ 同时环境行政法律责任日趋严厉并注重与环境刑事责任的衔接。如《草原法》第 65 条规定:"……非法使用草原,构成犯罪的,依法追究刑事责任;尚不够刑事处罚的……恢复草原植被,并处草原被非法使用前三年平均产值六倍以上十二倍以下的罚款";《土壤污染防治法》第 89 条规定了对违反特定土壤管理规定的责任者处 10 万至 100 万元罚款;④《固体废物污染环境防治法》第 116 条规定对越境转移危险者处 50 万至 500 万元罚款。

---

① 也有个别环境单行法将生态环境修复作为一种民事责任加以规定,如《固体污染物防治法》第 85 条;还有个别环境单行法中生态环境修复责任性质不明,如《矿产资源法》第 32 条。

② 《中华人民共和国森林法》第 74 条第 2 款规定:"违反本法规定,在幼林地砍伐、毁苗、放牧造成林木毁坏的,由县级以上人民政府林业主管部门责令停止违法行为,限期在原地或者异地补种毁坏株数一倍以上三倍以下的树木。"

③ 《海洋环境保护法》第 76 条规定,由海洋环境监督管理部门责令行为人采取补救措施;《放射性污染防治法》第 50 条规定,由环境保护行政主管部门责令行为人恢复原状。

④ 《中华人民共和国土壤污染防治法》第 89 条规定:"违反本法规定,将重金属或者其他有毒有害物质含量超标的工业固体废物、生活垃圾或者污染土壤用于土地复垦的,由地方人民政府生态环境主管部门责令改正,处十万元以上一百万元以下的罚款;有违法所得的,没收违法所得。"

3. 刑事责任承担方式

如前所述,若某一受损的特定利益是为宪法所确认的"重大的、根本性的"社会利益时,当此利益的受损害程度达到了原部门法所不能救济的程度时,将会引发刑事法律责任。正因为如此,以国家强制力为支撑的刑事责任方式被视为法律利益保障的"最后一道防线"。由于刑事责任追究的根本目的也是围绕着环境利益的保障展开的,因而其也可以被视为是环境法律责任中的一种;从环境法的角度可理解为是刑事责任承担方式在环境法律责任中的适用。

近年来,不少国家都规定了因污染、破坏环境行为致使环境生态功能减损而应承担财产刑、人身刑等传统的刑事责任处罚方式;并同时展开了"着力于恢复受损的环境生态功能"的恢复性刑事处罚措施的创新。当代,在以预防、矫正为核心的"目的刑理念"的指引下,各界逐渐认可"刑罚的政策目标除了威慑、报应之外,还包括恢复",[①] 并开始重视环境生态功能恢复性刑事处罚措施。如《波兰刑法典》总则于第五章第47条第2款对环境犯罪的非刑罚处罚措施作出规定,赋予了法院要求环境犯罪行为人向专业环保组织缴纳费用以保护环境的决定权。[②] 同时,在刑罚执行方面,对缓期执行的行为人做出强制履行义务的规定,要求行为人必须履行的义务中包括了向法院报告缓刑期间的改造情况以及从事补偿性工作。上述规定可适用于环境犯罪中。《俄罗斯联邦刑法典》在生态犯罪中规定强制性社会公益劳动、社会改造和剥夺担任一定职务或从事某种活动的权利三种非刑罚处罚方式的适用。[③] 德国在其刑法中创设了非刑罚处罚方法,并在有关环境犯罪案件中将其与刑罚处罚方法结合适用,彰显出其将环境利益作为一项为刑法所独立保护的法益。美国《联邦量刑指南》中对行为人的刑事制裁类型的规定包含了恢复原状,部分州在环境犯罪中采取的刑事处

---

① Laura J. Kerrigan:Project: The Decriminalization of Administrative Lawpenalties, Civil Remedies, Alternatives, Policy, And Constitutional Implications, *Administrative Law Review*, 1993. p. 381.

② 梁根林:《非刑罚化——当代刑法改革的主题》,载《现代法学》2000年第6期;孟昭武:《论正义与刑罚观念》,载《锦州师范学院学报(哲学社会科学版)》1996年第2期。

③ 《俄罗斯联邦刑法典》第246条规定,工程施工中违反环境保护规则,在工业、农业、科学和其他项目的设计、布局、建设、投入使用和使用过程中,负责遵守环境保护规则的人员违反这种规则,并造成放射性环境的重大改变,人员健康受到损害、动物大量死亡或者其他严重后果的,处数额为10万卢布以下或被判刑人1年以下的强制社会公益劳动;或1年以上2年以下的劳动改造;或处5年以下的剥夺自由,并处或不并处3年以下剥夺担任一定职务或从事某种活动的权利。

罚中，就要求环境犯罪的公司对其造成的环境损害采取恢复措施，[①]并要求公司应制定出一份防止违反环境法行为的合规计划，定期向法院报告计划进展情况，并接受法院对公司雇员的突击检查和询问，[②]以保证对环境恢复的有效执行。

目前，我国环境司法实践也对此类责任承担方式展开了积极的创新，如近年来便出现了补种复绿、增殖放流、护林护鸟、劳务代偿、技改抵扣、分期履行等体现修复性理念的新型责任承担方式。但在立法上，我国对刑事责任恢复性司法的立法尚未有进展。我国刑事立法对环境犯罪刑事责任追责方式的设计上，仍局限于传统的刑罚措施，包括管制、拘役、有期徒刑三种主刑以及罚金和没收财产两种附加刑。法定刑体系的设计以自由刑为主，财产性为辅。虽然现有的刑罚设计在一定程度上可以抑制环境犯罪，但发挥的实际威慑作用却相当有限：自由刑对实现对环境犯罪行为人的惩罚功能较为突出，但无法有效弥补受损环境功能；而财产刑对于具有雄厚资产的大企业来说，通常被视作经营成本的一部分，威慑力极低，难以发挥其高效性。总之，这些刑罚措施在对环境利益的救济与恢复方面所发挥的作用并不明显，无法实现恢复性司法理念。而非刑罚处罚措施在环境犯罪的刑事立法上还处于空白状态。《刑法》总则第37条第1款明确规定了五种非刑罚处罚措施，分别为训诫、责令具结悔过、赔偿损失、赔礼道歉或者由主管部门予以行政处罚或者行政处分。其中，训诫、责令具结悔过、赔礼道歉三种措施只适合在行为人犯罪情节轻微，不需要判处刑罚的情形下适合使用，目的在于对行为人的行为违法性予以肯定，使犯罪人在思想上认识到行为的社会危害性，从而起到促使行为人自我评价、自我谴责的约束作用。对于环境犯罪来说，并不能实现环境生态功能保障的目的。赔偿损失是指通过责令犯罪人向受害者支付一定数量的金钱以弥补其因环境犯罪行为所遭受的财产损失，该措施的目的是赔偿经济损失，与恢复环境生态功能并不相匹配；由主管部门予以行政处罚或者行政处分，是指法院向有关主管部门提出司法建议，由主管部门对行为人作出具体行政处罚与处分决定，目的在于惩戒违法。纵览行政处罚与处分的种类，并无可以实现"环境生态功能保障目的"的措施。显然，目前刑法所规定的非刑罚措施与环境生态功能保障并不能匹配。专属于环境犯罪的非刑罚处罚措

---

① Mark B. Harmon, Harry T. Gower: Prosecuting Marine Pollution Crimes, *University of San Francisco Maritime Law Journal*, pp. 274-275.

② Haynsworth, Martin, McKay&Guerard, L. L. P: *Federal environmental crimes—What They Are and How To Avoid Them (part 1)*, South California Environmental Compiance Update, 1997. p. 2.

施在刑事立法上目前仍处于相对空白的状态,有待进一步完善。

六、环境法保障环境利益多元手段之配合机制

经前文分析可知,环境法对环境利益的保障需要通过环境权利、环境权力、环境义务以及环境责任多元手段配合完成。基于环境利益之视角,在了解了各多元手段内在机理的基础上,探讨各多元手段的协同配合机制是十分必要的。本部分,笔者将基于前文之分析,进一步对环境法保障环境利益各手段间的配合机制展开研究。

(一)环境法保障环境利益之核心手段

当代,政府依法积极展开环境管制是应对环境危机的最为重要的手段。[①] 可以说,环境行政权力是环境法保障环境利益"最起决定性作用"的核心手段。[②]

1. 环境行政权力核心手段之证成

首先,环境利益的内在机理决定其必须主要通过环境行政权力加以保障。具体来看:(1)环境利益的公共利益属性决定其必须通过环境行政权力加以保障。在人类社会早期,公共利益的保障主要依靠传统社会习俗来实现。而此类社会习俗显然无法应对激烈的阶级冲突,因而在阶级社会中,社会公众将自己的权利通过政治契约的方式让渡给了政府,由其来代理行政,从而形成公共权力以实现对公共利益的保障。可见,国家及其政府的权力最终来源于社会成员之委托,而委托之根本目的在于保障全体社会成员的公共利益。[③] 公共利益既是权力的逻辑起点,也是其运行的终极目标与归宿。环境利益是典型的公共利益,在当代民主社会对其进行保障理应依靠政府公共权力来完成。(2)环境生态功能的保护、增益需主要依赖政府公共权力来完成。环境利益的实现有赖于良好环境生态功能的维持,然而环境生态功能的保护、增益是一项具有高技术含量、高成本、综合性的系统工程,其绝非个人力量所能完成,而需具有强制力、权威性且能调动各方资源、力量的环境行政权力来组织完成。

其次,从实证角度分析,环境行政权力是保障环境利益的核心力量。具体来看:(1)随着环境危机的不断深化,目前域外多国普遍强调环境行政管理机构的独立化以及环境行政管理职能的专门化。环境行政权力已

---

① 李挚萍:《环境基本法比较研究》,中国政法大学出版社2013年版,第150页。
② 李挚萍:《略论政府在环境保护中的主导地位》,载《法学评论》1999年第3期。
③ 齐明山、李彦娅:《公共行政价值、公共利益与公共责任——政府公共权力科学运作的三维构架》,载《学术界》2006年第6期。

涉及环境保护的各个领域,而不像公众环境权利那样所涉及的领域是具体、有限的。(2)域外多国的环境法律文件普遍是围绕着国家环境权力展开制度设计的,其间有关环境行政权力的法律规定的数量占到绝对多数,而有关环境权利的规定数量明显较少且相关规定较为概括使之在实践中难以得到落实。如美国的《国家环境政策法》(1969年)共27条(即美国法典第55卷第4321条至4347条)几乎全文均是对美国联邦政府及相关部门的环境行政职责所做出的规定;日本《环境基本法》(1993年)共46条,其中与环境行政权力相关的条文有33条(占比72%),而与环境权利相关的条款仅有2条(占比4%),两者占比差距达到17倍;瑞典《环境保护法》(1995年)共有69条,其中与环境行政权力相关的条文有34条(占比49%),而与环境权利相关的条款仅有3条(4%),两者占比差距达到11.25倍。虽然上述数据统计并不一定精确,但却足以凸显环境行政权力在环境保护中的重要地位。

再次,利用经济学理论分析,环境利益的保障需主要通过政府公共权力来完成。具体来看:(1)通过前文对环境生态功能特征描述可知,环境生态功能属于经济学中的公共物品。由于环境生态功能本身所具有的消费的无偿性、非排他性以及非竞争性等特征使得理性的市场主体缺乏主动提供之动力。[①]因此,当环境危机时代环境生态功能出现减损时,将因缺乏供给动力而导致供给不足,从而影响到人的生态需要的充分满足及其环境利益的正常实现,并进一步影响到人类的生存、繁衍及可持续发展。根据经济学理论,政府是公共物品的提供者,因此,环境危机时代的此种"生存必需"与"供给不足"之间的矛盾只能通过政府来解决,政府公共权力是环境利益的主要提供者。(2)从另外一个角度看,根据经济学外部性理论,环境问题的实质是私人生产的外部成本由社会承担的结果,内化外部成本是政府的职责。环境保护具有明显的正外部性特征,市场之外的其他人获得了环境保护的良好效果却无需付费,此也导致市场主体对提供此种产品缺乏积极性。市场对这种结果无法自我矫正,只能由政府采取措施将外部成本内化。政府最主要的作用在于弥补市场的缺陷,即在于提供公共物品以及内化外部成本,可见保障环境公共利益必然需要依靠政府环境权力加以实现。

此外,值得一提的是,20世纪70年代以来,西方国家掀起了公共行政权力社会化的浪潮。虽然在此过程中,政府将环境行政权力的部分职能

---

① [美]保罗·萨米尔森:《公共部门经济学》,中国人民大学出版社2000年版,第29页。

让渡给了社会组织,但此社会化的运动并未动摇环境行政权力在环境保护领域的核心、决策地位。① 客观来说,当代环境行政管理手段愈发地多元化、高效化,主导着各国环境保护工作的进程,而近年来环境行政服务、环境行政指导等非强制手段的综合运用更提升了环境行政管理的效率,进一步强化了其核心地位。

2. 环境行政权力核心保障之实现

环境行政权力主要是通过将环境生态功能保持在良好的状态并使之增益来实现保障环境利益之目的的。具体来看:(1)行政主体应制定出环境质量指标和标准体系并根据实际情况及时对之进行修正。"良好环境生态功能"是一个抽象的概念,其需要诸如环境改善指标、环境质量标准、污染物排放标准、环境基础标准、环境方法标准等一系列的指标、标准将之量化,此类量化标准的制定必须根据一国具体国情,在对经济、社会、环境等因素全盘考虑、统筹兼顾的基础上制定并完善。(2)良好环境生态功能的实现有赖于对环境生态功能破坏者污染、破坏环境等行为的限制,就此政府应采取"命令—强制性"措施治理并预防环境生态功能的减损;此外,还应采取"激励—服务性"措施来促进环境生态功能的增益。(3)行政主体应关注有关环境生态功能保护、增益过程中的诸如利益、政策、措施等各方面的协调,在解决环境问题过程中应优先保障环境利益公平、有序地实现,但又不能仅孤立地考虑环境利益。(4)环境行政权力的行使应当以保障确认自然人环境利益的环境权利的实现为其权力正当性来源的依据及其行使的目标与界限;同时,环境行政权力应保障公众环境参与权的实现,以确保环境决策的科学性、民主性。(5)此外,当环境利益受到侵害时,环境行政权力应对之提供救济;当出现突发环境事件时,环境行政权力应给予优先应急处理;当环境损害面临救济不能或救济不全的状况时,环境行政权力应负责优先支付费用或承担补充赔偿责任。(6)建立和完善对环境行政权力运行的制约和监督机制。相关行政主体应按规定向同级人大报告其环境状况和环境保护目标完成情况,接受人大及其常委会对其环境行政权力运行的监督。此外,相关行政主体还应当通过社交平台、举行听证会等方式建立常态化的环境信息公共机制,接受社会公众的监督。(7)最后,确保环境行政权力自身依法行政也是保护、增益环境生态功能的重要内容。② 为此需要建立完善的、严格的"行政问责"制度,明确规定环境行

---

① 朱谦:《论环境行政权与公众环境权关系》,载《中国环境管理》2001年第6期。
② 钭晓东、肖雪珍:《国家环境给付义务》,载《成都理工大学学报(社会科学版)》2014年第3期。

政主体超越法定权力所应承担的不利法律后果,确保环境行政权力真正为保护生态环境而用,而不是成为追求经济发展的工具。

众所周知,目前我国面临着环境问题解决"效果不佳"的现状。对此,我国部分学者将造成此种现状的本质原因总结为"过分强调国家环境行政管理权,而忽略了公众的环境参与制度"并提出解决环境问题的关键应在于弱化对环境行政管理权的依赖,同时突出公众环境权利并强化公众参与等机制。[①] 对此,笔者认为造成目前我国环境问题解决效果不佳的原因并非在于过分依赖环境行政权力,反而是因为环境行政权力构建不够完善,从而导致其解决环境问题的可依赖度并不强。客观来说,在以风险生产为特征的环境危机时代,为了有效地控制生产的不确定性带来的社会风险,必须要强化政府行政权力干预社会的能力,当然,也需要对政府环境权力进行必要的限制和约束。可以说,在生态文明时代,保障环境利益的关键在于加强对环境行政权力的优化与监管,以确保环境行政权力的合法性与合理性。

(二)环境法保障环境利益之辅助手段

如上文所述,环境行政权力是保障环境利益的核心力量。但事实上,环境行政权力天然地具有局限性,其本身不可能解决环境保护中的所有问题,需要相关手段对之予以辅助。

1. 辅助手段是确保环境利益得以全面保障之关键

环境行政权力的有限性是公权力机制失灵在环境领域的集中体现,其主要表现为行政主体对环境问题认知不足、决策失误、效率低下、权力滥用等,而此种"失灵"主要是由于行政主体自身理性有限、中立有限、行政权力运行僵化、成本高昂所致。此外,环境问题本身的复杂性、特殊性、高科技性、潜伏性、缓释性与不确定性等特征,也决定了仅依赖环境行政权力解决环境问题是不足的,[②] 必须要有相应的机制加以补充、辅助。对此,目前各界普遍认为该补充机制非环境公众参与制度莫属。环境公众参与制度是指公众通过各种方式直接或间接地参与并影响政府的环境治理、决策的各类制度。该制度是现代民主行政的重要方式,其为公众参与环境保护提供了合法性、正当性的渠道,对于提高行政决策的科学性,促进民主政治进程有着重要意义。环境行政权力的有限性,要求提倡环境民主,发挥公众

---

① William A. Tilleman. Public Participation in the Environmental Impact Assessment Process: A Comparative Study of Impact Assessment in Canada, the United States and the European Cummunity. *Columbia Journal of Transnational Law*, 1995. pp. 337-341.

② 朱谦:《公众环境保护的权利构造》,知识产权出版社2009年版,第46~49页。

参与制度的作用;环境问题本身的复杂性、特殊性要求在政府的环境治理、决策中引入公众参与机制与以确保其科学性、合理性。

据现有文献资料表明,目前学界多关注环境公众参与制度的建制研究,而少有对支撑该制度的内在权利(权力)机理展开研究者。想要科学构建环境公众参与制度并有效发挥其功能,仅关注环境公众参与制度的概念、特征、具体内容、具体制度的构建是完全不够的,而必须要回归到支撑该制度的内在机理上去。当然,目前学界也有少部分学者关注了此问题并将建制的基础归纳为"公众环境权利"。[1] 然而,事实上,公众并非纯粹的法律主体的类型,而是偏向于政治学层面的概念,其主要强调的是与公权力相对应的非公权力主体。《奥胡斯公约》(1998年)中,"公众"一词所指称的是"一个或多个自然人或法人,以及按照国家立法或实践,兼指这种自然人或法人的协会、组织或团体"。[2] 可见,公众是一个集合性的概念,其对应到法律主体层面,包括了自然人、法人、其他组织等多类非公权力主体,直接将公众作为某项具体法律权利的主体并不是很恰当。同时,如前文所述,环境权利是权利主体为了维护其自身的环境利益而基于其自由意志为或不为一定行为的资格。环境法层面的环境权利的主体是自身具有生态需要、以生命延续为其本质追求的自然人,诸如法人、其他组织等多类非公权力主体系法律拟制主体,均不享有环境利益,因此也不可能享有环境权利。鉴于此,笔者认为,"公众环境权利"的提法并不是很恰当。当然,客观来说,在环境保护过程中,自然人和非公权力社会组织都有权介入环境公权力管理、决策的全过程,但其间的内在机理是完全不同的:自然人的参与多因为其自身对环境利益的享有,其具体表现为自然人所享有的环境权利;而非公权力社会组织的参与系当代"环境行政权力社会化"之产物,其具体表现为社会环境权力。鉴于此,本书中笔者将支撑环境公众参与制度的内在机制具化为自然人的环境权利和非公权力组织的社会环境权力。其中,有关自然人个人的环境公众参与制度由自然人的环境权利来支撑构建,而有关社会组织的环境公众参与制度由社会环境权力加以支撑。总的来说,该两机制都是通过对国家环境权力的限制、补充来间接实现对环境利益的保障的,但"权利"与"权力"具有完全不同的内在机理和运行模式,分别以之为基础所构建的具体制度必然也存在着较大的差异,应予以区分。

---

[1] 朱谦:《公众环境保护的权利构造》,知识产权出版社2009年版,第46~49页。
[2] 李慧明:《环境治理中的公众参与:理论与制度》,载《鄱阳湖学刊》2011年第2期。

2. 社会环境权力对环境利益的保障

生态文明时代，社会环境权力是保障环境利益的重要机制，其主要是通过对环境行政权力的制衡与补充来实现其保障目标的。具体来看，首先，社会环境权力是环境行政权力的有益补充。尽管环境行政权力是环境法保障环境利益的核心手段，但其却很难做到事无巨细、事事奏效，在某些特定情况下其还会出现"权力空白"的状况。此时，社会权力作为一支治理社会、维护秩序的力量正是填补此空白的必要补充；具体来看，社会权力主要通过分权、参权与监权等模式来完成对国家权力的补充：一是分权，社会环境权力可采用"分权"的方式直接承担该"有益补充"的角色，即将那些可以不由环境行政权力管辖的事项分离出来，交由社会组织自治管理，以减少国家权力的负担，并使权力适度分散，改变国家权力过度集中的局面。近年来，不少国家都通过改革将部分环境纠纷的处理、跨地域环境监督和治理等事项转移于各类环保非政府组织处理。二是参权。对于那些无法直接承担的环境管理事项，社会环境权力可采用"参权"的方式间接承担该"有益补充"之角色，具体包括直接参与有关环境立法、环境行政管理与执法以及环境司法等过程，或接受国家环境权力的委托、授权从事一些环境管理活动。三是监权。环境行政权力是一种扩张性的力量，其极易被滥用，虽然国家立法权、司法权一定程度上能实现对之监督、制约，但由于其间存在着利益的关联性，使之不免偏袒。为此，有必要寻找一种新型的权力对之进行监督与制衡，而社会环境权力正可承担此职责。[①] 通过制造社会舆论、游说等形式对公权力机构施加压力；通过公民集体行使公权利，监督国家权力。

但值得注意的是，社会环境权力效能的有效发挥还有赖于对其本身进行制约。客观来说，若社会环境权力发挥得好，则将有利于为政府拾遗补阙，可以成为国家与社会环境秩序的共同维护者、国家环境权力的有效监督者以及环境公共利益的服务者。但若疏于监督、引导，则其也可能成为扰乱社会的消极、破坏因素。因此，在探索社会环境权力保障环境利益的制度设计的同时，也应注重对社会环境权力本身进行监督和制衡。具体而言：首先，对可赋予社会权力管辖的事项予以类型化，对不同类型的事项设置不同的"赋权"标准，同时提高环境社会权力资质获得的准入门槛，以确保社会组织具备足够的能力且在法治框架内行使社会环境权力，从而更好地实现其对环境利益的保护和增益之功能。其次，社会权力作为权力谱

---

① 郭道晖：《法的时代挑战》，湖南人民出版社2003年版，第204~208页。

系中的一支，其同样具有权力之"强制性""支配性"以及"压迫性"等色彩，同样也是"滋生腐败""越轨"的高风险领域。因而有必要建立、健全社会环境权力的监督机制。为此，首先需要通过相关立法明确有关社会组织的法律地位和相应的权力和义务，从而使其"行权"于法有据、"担责"有法可依。此外，应加强对社会环境权力运行的指导、监督和检查，对怠于行使权力、不当行使权力的社会组织进行处罚，必要时可限制社会环境权力的行使，甚至取消其社会组织的资格。最后，社会环境权力保障环境利益这一机制本身便是环境法多元共治精神的体现，其自然也应当接受社会公众对其组织构成、权力运行、制度参与等各方面的监督。对此，建议建立有关社会组织与公众间的常态化的沟通平台：一方面有利于某些环境保护事业基层治理的实现；另一方面便于接受社会公众的监督，预防社会环境权力对国家环境权力的超越以及对自然人环境权利的侵蚀。

3. 自然人环境权利对环境利益的保障

权利从本质上看是保障利益的手段，而要理解权利对作为其核心要素的利益所进行的保障过程，则必须从"权能"这一概念着手。对"究竟什么是权能"目前学界有不同的认识：有的认为权能即是权利的内容；[1] 有的学者认为权能是实现其利益的手段；[2] 有的学者认为权能是权利内容和功能的概括；[3] 还有学者认为权能是实现权利的方式和范围。[4] 对此，笔者认为，虽然上述学者们观点的表述并不一致，但各类观点从本质上看并不冲突，而只是从不同的角度对权能展开了理解。事实上，若从一个角度将权能理解为"是权利实现其所保障特定利益的手段"，自然可以从另一个角度将权能理解为"其体现了权利自身的功能""是实现权利的方式"，也可以将之视为"是权利内容的另外一种总结方式"。由此，可将环境权利的权能理解为环境权利保障环境利益的具体手段，其是环境权利实现的方式和范围，既体现了环境权利自身的功能，又体现了环境权利的具体内容。

一般看来，权能可以分为实体性权能和程序性权能。其中，实体性权能是指在权利依照其本旨正常实现并足以确保其所保障的利益得以正常实现的情形下所具有的权能，其主要表现为权利人保有、享受等行为的方式；而程序性权能是指在权利不能得以正常实现并进而影响到其所保障利益实现的情形下所具有的保全权能和救济权能，其主要表现为权利人的保

---

[1] 王利明：《民法》，中国人民大学出版社2005年版，第309页。
[2] 李开国、张玉敏主编：《中国民法学》，法律出版社2002年版，第377页。
[3] 徐兴祥：《知识产权权能结构法律分析》，载《法治研究》2014年第7期。
[4] 邹雄：《环境侵权法疑难问题研究》，厦门大学出版社2010年版，第13页。

护请求、保全、救济等行为方式。基于此可知,环境权利本身既包括自然人对良好环境生态功能的保有权、享受权等实体性权能,也包括自然人的环境事务参与权、环境信息知情权、环境利益损害请求救济权等程序性权能。当自然人作为环境利益享有者时,其环境权利更多表现的是其实体性的权能;而当自然人对环境利益享有受阻或者有受阻之虞时,作为环境利益享有者的自然人本身又可以以环境利益维护者的身份出现,行使环境权利中的程序性权能,以确保其环境利益的实现。

如前所述,环境权利是围绕着环境利益的保障所形成的权利体系,从内容角度看,其包括良好生态功能的享有权、环境状况知情权、环境事务参与权以及环境救济请求权、环境检举权、环境诉讼权等一系列权利。目前学界对环境权利的内容的认识还存在诸多争议,有的学者认为上述环境权利的程序性权能虽然对于保障公民的环境利益十分重要,但"这些权利毕竟不是环境权特有的、本质的权利",因而不应包括在环境权利的实质性内容之中。[①] 而有的学者却认为,上述环境权利的实体性权能并非对权利的确认,而只是在环境危机日益严峻的背景下的一种"呐喊、宣示",[②] 因此环境权利并不包括实体性权能的内容,而应直接将上述环境权利的程序性权能理解为环境权利的整体。[③] 从实证立法层面观察,目前世界各国环境立法的共同趋势似乎正是以在立法上设置上述环境权利的程序性权能为重点来构建环境权利的实现机制的,[④] 而实体性权能部分却并不为立法所关注。

对此,笔者认为,环境权利的实体性权能是环境利益实现之根本,而其程序性权能是环境利益实现之保障,该两者密切相关,缺少任何一项都无法构成完整的环境权利。虽然环境权利的实体性权能似乎并不能起到保障环境利益的直接效用,显得较为"宣示性",但其确认了环境权利的主体及其核心内容,使得环境权利的程序性权能的存在有了依据。而若缺少程序性权能,则环境权利的实现将无法得到保障,环境权利的实体性权能将真正沦为"宣示性"内容。具体来看:自然人要实现对具有良好生态功能的环境的保有、享受,则必须要首先通过环境知情权的行使来了解环境生态功能的客观现状以及社会中环境立法、执法、司法、守法的状况。而只

---

① 李挚萍:《环境基本法比较研究》,中国政法大学出版社2013年版,第102页。
② 王世进、刘恣宏:《环境权理论的发展与环境权入宪的反思》,载《江西理工大学学报》2012年第4期。
③ 朱谦:《论环境权的法律属性》,载《中国法学》2001年第3期;叶俊荣:《环境政策与法律》,台湾元照出版公司2002年版,第1页。
④ 李挚萍:《环境基本法比较研究》,中国政法大学出版社2013年版,第109页。

有通过行使环境参与权、环境监督权以全面参与、监督环境管理、决策的过程，才能真正掌握上述环境信息并根据这些信息通过行使环境检举权、控告权对其间的环境违法行为向有关部门进行检举、控告和举报。而当自然人发现其所享有的环境权利以及环境公共利益受到损害时，则应通过行使环境救济权提起相应的救济。[①] 可见，自然人对良好环境的保有、享受权利的正常行使很大程度上有赖于各程序性环境权能效用的发挥。值得注意的是，目前世界上不少国家的环境法律普遍存在对自然人程序性环境权能的规定不完整、不完善的现状，[②] 此很大程度上是由于立法者并没有弄清向自然人赋予这些权利的真实基础究竟是什么，即相关环境法律对环境权利的实体性权能规定不清，其间多没有以权利的形式确认自然人对具有良好生态功能的环境保有、享受的资格。

具体来看，环境权利是主体通过为或不为一定行为或要求他人为或不为一定行为以实现对环境利益的有效保障的。法律首先通过环境权利肯定了自然人对环境利益的享有并以权利特有的利益导向机制、激励机制、能动机制以及灵活的自行调节机制引导人们的行为选择，促使人们积极主动地去保护、增益环境生态功能。环境权利对环境利益的保障隐含着"自由""可能性""资格"的因素，权利主体可以自由地选择为或者不为，其间并没有强制性。而也正是由于这种自由性、随机性，加上环境保护本身容易出现"搭便车"的现象，使得以环境权利保障环境利益这一机制显得较为"随机化""弱势化"，但却不能因此忽略其基础性的意义。

（三）环境法保障环境利益各手段之支撑

如前文所述，当代环境行政权力是环境法保障环境利益的核心手段；社会环境权力和自然人环境权利是环境法保障环境利益的两大辅助手段。事实上，上述手段本身并不能独立实现对环境利益的保障，各手段效用的发挥最终还有赖于各类环境义务的履行以及各类环境责任的追究。

1. 环境义务的负担

环境权利以及环境权力等各手段效用的发挥最终还有赖于环境义务的支撑，即只有通过环境义务与各类环境权利、环境权力的相互配合、作用，方能实现对环境利益真实、具体的保障。对此，笔者认为，基于前文中关于环境法保障环境利益路径的具体形态之研究成果展开进一步的分析，应能够较好地展现环境义务的支撑效用。具体来看：

[①] 蔡守秋：《从环境权到国家环境保护义务和环境公益诉讼》，载《现代法学》2013年第6期。
[②] 如我国现行环境法律便没有赋予自然人环境诉讼权、环境救济权等权利。

首先，自然人环境权利的实现主要有赖于如下义务之支撑：（1）环境行政权力主体"积极保障、供给义务"的履行及其不得侵害义务的履行。自然人所享有的环境权利的实现，无论是其对环境利益的保有、享有的权利（即环境权利的实体性权能）的实现，还是为确保其对环境利益的正常享有而由法律赋予的环境知情权、环境参与权、环境请求权、环境救济权等权利（即环境权利的程序性权能）的实现，都有赖于具有国家强制力支撑的环境行政权力主体"积极保障、供给义务"的履行及其"不得侵害义务"的履行。此类义务是一种职责义务，该义务的有效履行是环境行政权力存续正当性之源泉，且进一步决定了环境行政权力的行使范围。（2）社会环境权力主体不得侵害义务的履行。社会环境权力的本质是对国家、政府的影响力，即其主要是通过对政府环境权力施加影响、限制以间接实现对环境利益的保障的，其着力的重点并不在于自然人所享有的环境权利。因此，对于自然人所享有的环境权利，社会环境权力主要承担消极不得侵害之义务。（3）环境生态功能破坏者不得侵害义务以及积极配合义务的履行。环境生态功能破坏者污染、破坏环境等造成或可能造成环境生态功能减损的行为是侵害自然人环境权利最为主要的力量。鉴于此，环境权利的实现很大程度上有赖于此类主体不得侵害义务的履行。同时，自然人环境权利中部分程序性权能的实现也有赖于环境生态功能破坏者积极配合义务的履行。（4）其他平等享有环境权利的主体之不得侵害义务的履行。在环境法领域，此种义务更多表现为一种对世的义务，即环境权利主体行使其环境权利时不得侵犯其他主体的环境权利的义务，而权利主体环境权利的实现也有赖于其他权利主体消极不侵害义务的履行。

其次，环境行政权力实效的发挥主要有赖于如下义务之支撑：（1）环境生态功能破坏者服从义务的履行。环境行政权力主要是通过将环境生态功能保持在良好状态并使之增益来实现保障环境利益之目的的，而其间最为核心的任务便在于对环境生态功能破坏者污染、破坏环境等造成或可能造成环境生态功能减损的行为进行管控。鉴于此可以说，环境行政权力实效的发挥首先有赖于环境生态功能破坏者服从义务的履行。（2）环境权利主体积极配合义务的履行。当环境行政权力在法律许可的范围内正常地运作时，环境权利主体应当承担服从并积极配合环境行政权力合理支配的义务以及增进环境权力所代表的环境公共利益的义务，从而保证环境权力的正常运行与社会秩序目的的实现。（3）社会环境权力主体服从义务的履行。如前所述，社会环境权力是弥补环境行政权力"有限性""不足性"的重要力量，而社会环境权力效用的发挥本身也有赖于环境行政权力对其的监督、制衡。从此角度看,社会环境权力主体对环境行政权力机关应履行积极服从监管之义务,此也是确保社会环境权力辅助作用充分发挥的关键。

再次,社会环境权力效用的发挥主要有赖于如下义务之支撑:(1)环境行政权力主体积极保障、不得侵害义务的履行。社会环境权力主要是通过对环境行政权力的影响、限制来实现对环境利益的保障的。因此,社会环境权力效用的发挥将主要依赖于环境行政权力主体积极保障、不得侵害义务的履行。(2)环境生态功能破坏者积极配合、不得侵害义务的履行。社会环境权力虽通常不直接作用于环境生态功能破坏者,但其间相关社会权力的执行还有赖于环境生态功能破坏者的积极配合,同时环境生态功能破坏者对之也应承担不得侵害之义务。(3)环境权利主体不得侵害义务的履行。社会环境权力效用的发挥一定程度上也有赖于环境权利主体消极不得侵害义务的履行。社会环境权力的正当性来自其对环境公共利益的维护,此也是环境权利主体此类义务的根源所在。

综上可见,当代环境法保障环境利益各类手段效用的发挥均有赖于环境利益享有者、环境利益维护者以及环境生态功能破坏者相应义务的支撑。

2. 各类环境责任的追究

近代以来,为滥用法定权利、超越法定权力、违反法律义务等"越轨行为"设定一种预防和救济机制已成为法律有效调整社会关系的必需。因此,为了保障法律的有效运行,各国在制定法律的过程中都特别注重规定相应的保障机制——法律责任。对于受到侵害的社会关系而言,法律责任本质上是以对"受损利益"的补救来否定侵害行为的,并通过对受到损害的利益的加强来限制侵害者的任性,是对合法的社会利益系统的维护。[①]"权利(权力)—义务—责任"的立法格局是近现代法律有效调整社会关系的范式。

相应地,环境法律要有效实现对环境利益的保障,除了依赖环境行政权力、社会环境权力和自然人环境权利以及环境义务等制度安排外,还需要环境法律责任予以"兜底"保障。环境法律责任则通过使当事人承担不利的法律后果,一方面能够保障主体在绝大多数情况下能够按照环境权利、环境权力以及环境义务的指引正当行为;另一方面能够对个别主体的"越轨行为"所致的环境生态功能损害采取救济和恢复措施,从而确保环境法对环境利益的有效保障。具体而言,环境法律责任具有惩罚、预防、救济

---

① 张文显:《法学基本范畴研究》,中国政法大学出版社1993年版,第190～191页。

三种功能。环境法律责任的惩罚功能主要是通过国家强制力以使行为人承担不利的法律后果,从而达到惩戒违法行为者的目的。环境法律责任的预防功能是指国家通过迫使有责主体修复生态或对其科以惩罚,表达出统治阶级国家对此类侵害环境利益的行为的否定性评价,告知社会成员当依法切实履行保护环境的义务,从而起到预防责任者和其他社会成员重复此类应担环境法律责任的行为之目的。环境法律责任的救济功能是法律责任通过强制使责任人采取一定的补救机制,使得受损的环境利益恢复到被侵害之前的状态。

环境法律责任作为一种不利的法律后果,其不能像环境权利、环境权力以及环境义务那样主动适用,该类责任的承担需具备一定的构成要件:(1)需存在环境损害之事实或者损害之可能,此是该类责任适用的前提条件。所谓环境损害即环境系统的生态功能发生了退化或者不利变化。由于环境损害具有一经发生便不可彻底恢复的特性,因此在环境法律责任认定的过程中,"环境损害"的确认不应仅局限于"环境生态功能损害结果的客观发生"或"确有发生环境生态功能损害的高度可能性"之情形,还应当将某些环境风险视为一种损害之可能,此与落实环境治理的风险预防理念是相一致的。(2)存在"造成或者可能造成环境生态功能损害的行为"或者"对环境生态功能损害的发生具有控制状态"。传统法律责任理论一般将"违法行为"作为法律责任的追责依据。然而,随着时代的发展,违法形式逐渐多元化,人们发现,如果机械地贯彻传统标准,则会大大地缩小违法行为认定的范围,进而把大量应负法律责任的情况排斥在外。① 由于人与自然环境的密切交互性,实践证明能够造成环境生态功能损害的并非只有违法行为,合法排污行为也可能造成环境生态功能的损害。同时,随着现代科技的发展所导致的环境风险的特殊性,使得某些物体(如核反应堆)的存在本身就存在损害生态环境的风险。为此,德国在土壤污染防治中创造性地引入了"状态责任"概念,突破了以往只有实施了环境损害行为才可能导致环境法律责任承担的"行为责任"局限。"状态责任"意指为保障公共秩序或安全,危险的物之所有人(或管理人)应承担该物所带来的不利后果。② 该类责任形式既克服了在行为责任人难以确定的情况下环境损害难以救济的难题,也有助于物之所有人(或管理人)形成高度的环境风险防范意识。(3)上述"损害环境生态功能的行为或者状态"与"环境生态

---

① 杜飞进:《试论法律责任的若干问题》,载《中国法学》1990年第6期。
② 秦天宝、赵小波:《论德国土壤污染立法中的"状态责任"及其对我国相关立法的借鉴意义》,载《中德法学论坛》2010年第8期。

功能损害或损害可能性"之间具有因果关系。传统民事责任在认定因果关系时，一般要求达到认定责任主体的违法行为与损害后果之间应当具有直接、必然的引起与被引起关系。然而，生态系统所具有的"牵一发而动全身"的整体性、系统性的特性决定了环境损害的原因追溯十分困难，因此环境法律责任应当放宽因果关系的证明标准——即只要能够推定"损害环境生态功能的行为或者状态"与"环境生态功能损害或损害可能性"之间具有表象的关联性即可。当然，满足了前述环境法律责任的构成要件仅意味着主体具有了承担不利法律后果的应然性，还需要通过具体的归责程序使有责主体实际承担环境法律责任。此外，如前所述，法律责任的承担方式是多元的，前文已对此展开了详述，此处不再另行论述。

七、保障"弱保障环境利益"的手段

如前文所述，"弱保障环境利益"意味着该类利益处于受保护不确定性、保障效力有限性的状态，其不应当是一国环境利益存续的主要状态。从应然层面上看，"强保障环境利益"是环境利益存续的主要状态，因而"环境权利（环境权力）—环境义务—环境责任"之间有机衔接便足以形成对环境利益的全面保障。但事实上，如前所述，我们不能忽略"弱保障环境利益"的客观存在。对"弱保障环境利益"予以肯定并给予充分的保障，也是实现生态文明建设的核心环节。特别在当下，我国环境利益的保障总体处于"弱保障"状态，更应当对保障"弱保障环境利益"的手段进行讨论。

（一）以司法救济为主要手段

如上文所述，"弱保障环境利益"并未得到成文法的公示，其应受法律保障的正当性来源于对现行实在法律有关规定的推定或对特定时期的社会观念提炼，呈现出间接性、不稳定性以及不确定性的特征，仅受法律的消极承认；同时，"弱保障环境利益"的内涵和外延并不清晰，不一定能归入某个确定法律范畴，内容较为零散复杂、识别难度较大。"弱保障环境利益"无法获得如同"强保障法律利益"一样直接、有效的救济，而更多地表现出一种"被动性"色彩，即此类环境利益只有在遭受到实际侵害时，主体才得而意识到它的存在，也方能得而主张此类环境利益，而在其受到侵害得到救济之前它的存在并不明显。"弱保障环境利益"是在个案中得以认定的利益，司法救济是保障"弱保障环境利益"的重要机制，该类利益是否能得到现实性的保障有赖于法官自由裁量权的行使。近年来，环境司法审判实践已经成为推动我国环境利益保障的重要力量。

(二)以司法解释为依据

如上文所述,实践中,对"弱保障环境利益"的确认、保护、促进、协调有赖于法官在个案中自由裁量权地发挥。鉴于法官主观认知的局限性及差异性,加上环境利益这一新兴的利益类型本身较为零散复杂、识别难度较大,使得实践中环境司法的遗漏性、差异性较大。鉴于此,很有必要借助司法解释推动对其的保障。司法解释是法定司法机关在处理案件的过程中,对立法没有明确规定但又为解决个案所必需的如何具体应用法律等问题所作的说明,包括最高人民检察院所作的"检察解释"、最高人民法院所作的"司法解释"以及两个机关所作的"联合解释"。司法解释不仅仅是一种具体的法律方法也是现代各国法律之正式渊源之一,其对于维护个案正义、保障法律的安定性以及推动依法司法审判等方面具有重要作用。环境问题层出不穷、形态多样,并始终具有极强的科学不确定性,实践中大量的环境污染与生态破坏案件在原因行为、作用机理、暴露机制以及防治措施等方面往往超出了人类现阶段的认知能力。正因如此,法律的滞后性在环境立法中显得尤为突出,换言之,即环境立法与环境实践严重脱钩,一方面环境立法的滞后性导致其难以为环境实践提供明确有效的指导;另一方面环境实践的前沿性又不断要求环境立法做出回应,以保障环境司法有法可依。因此,对于存在于"法律没有明确规定"或"尚不具备立法条件"、"尚未制定有关法律"等地带的"弱保障环境利益",就有必要从实践判例中积极总结经验,以司法解释的方式尽可能地对"弱保障环境利益"的类型予以总结,并对之保障条件予以阐明,通过司法实践的经验总结完成对成文法的解释修正,从而使法官在审判这类案件时有更具体明确的标准。

(三)以立法的原则性条款为保障

法官在个案中自由裁量权的发挥是实践中确认、保护、促进、协调"弱保障环境利益"的核心手段。而法官自由裁量权的行使不仅仅根据正义感进行判决,更有赖于对法律原则和法律理念的概括性理解。[①] 由于"弱保障环境利益"系新型的利益类型,其并未得到法律的类型化,法官在个案中对之加以识别的难度较大;同时,由于法律没有为该类环境利益设定具体权利、义务,也就难以明确其应受保护的射程与尺度,相应地也就难以明确侵害该类环境利益的责任者的追责范围及其赔偿标准,为此法官在裁判过程中需要对环境利益的内在机理,以及环境法的目的、价值、原则有深入、准确的理解,方能确保其在个案中自由裁量权行使的公正性、正当性;

---

① 何勤华:《西方法学史》,中国政法大学出版社1996年版。

同时，也离不开运用法律推理、法律发现以及价值衡量等方式弥补现有法律的不足，在强调对"弱保障环境利益"予以法律救济的同时也兼顾其他利益的保障。而这一切，均有赖于立法的推动。虽然"弱保障环境利益"并未得到现行立法的肯定，但应尽可能通过立法中的原则性条款来推动实践中对"弱保障环境利益"的保障。首先，环境法中一般性条款对环境利益的概括性确认，是一种立场鲜明的法律态度，将有助于法官在审判中对"弱保障环境利益"予以判断；同时，该环境法一般性条款可作为"弱保障环境利益"的损害请求权基础；再次，环境法的目的条款和原则性条款，对环境法核心保障利益的确认和利益衡量原则的确认，将有助于法官在裁判过程中进行利益衡量。

（四）以转化为"强保障环境利益"为根本目标

实现对"弱保障环境利益"直接、有效保障的最为根本的途径便在于把他们转化为"强保障利益"，以便通过权利、权力及义务对之进行全面的、强有力的保障。此种转化通常需要通过司法实践不断推动来完成：司法机关以法律理念、原则为指导，在诉讼中对"弱保护利益"提供救济，通过判例将隐藏在成文法背后，人们只能在观念中感受到的环境利益在国家法律体系中稳固化。虽然司法判例并无拘束力，而仅有参照或借鉴的效果，而此也为"弱保障环境利益"的法定化的诞生播下了种子。环境司法作为解决环境问题的重要机制之一，其直观地反映着环境利益的现实动态与好坏趋势，环境立法必须深刻总结并汲取环境司法中总结出的保障环境利益的实践经验与理论，如此才能保障环境立法的科学性、正当性。逐渐推动立法机关运用立法的形式对这种利益加以确认，用精确的文字对这种利益的内涵、外延加以界定，其成为社会法律制度中的一个基本概念并通过赋予相关主体以权利、权力及义务加以保障。此是保障环境利益的最强有力的手段。

同时，司法解释也是推动"弱保障环境利益"法定化的不可或缺的重要途径。当某一种特定的"弱保障利益"依据有关司法解释获得司法救济成为一国司法实践的"惯例"，并且该个案救济成为今后类似案情须参照处理的指导性案例时，其实际上反映出全体社会成员对这类利益的渴求与关切，体现出他们欲将此类利益法定化的立法要求。此时立法者须及时将此种全社会带有倾向性的立法要求通过制定或修改有关法律在实在法层面反映出来，使实在立法与社会立法要求相适应，保障实在法的稳定性。如果立法机关面对社会成员频频要求通过司法解释对某种"弱保障利益"予以司法救济的事实无动于衷，这不仅是对现有法律秩序的破坏，更是对人民主权的蔑视。事实上,对"弱保障利益"提供司法救济时就已经意味着这类利益未来必然演化为一种新兴的法定化的法律利益,因此对经由司法解释而获得司法救济的体现全体社会成员一般要求的"弱保障环境利益"通过立法途径将其上升为法定化的法律利益既是其发展的必然,也是民主立法的要求。

总体来说,"弱保障环境利益"应构建起以司法救济为主要手段、以司法解释为依据、以立法的原则性条款为保障以及以转化为"强保障环境利益"为根本目标的消极保护模式。

本章小结

综上,环境法实现对环境利益的保障主要是通过在环境利益享有者、环境生态功能破坏者、环境利益维护者之间的各类环境权利、环境权力以及环境义务的分工、配合来完成的。对于各手段间的配合机制,笔者认为可以形象地将之描述为"一体两翼一支撑":环境行政权力是环境法保障环境利益的核心手段;自然人环境权利、社会环境权力是环境法保障环境利益的辅助手段;环境义务是环境法保障环境利益各手段的支撑。具体来看,其中:(1)环境行政权力是环境法保障环境利益的核心手段,其本身具有义务属性并最终服务于环境权利,此是环境行政权力正当性的最终来源。环境行政权力效用的发挥,有赖于环境生态功能破坏者、环境权利主体、环境社会权力主体的积极配合、服从义务的履行。(2)社会环境权力是环境法保障环境利益的重要辅助手段,其来源于环境行政权力的社会化分权。社会环境权力主要是通过对国家行政权力的影响、制约来实现对环境利益的保障的,其效用的有效发挥有赖于国家环境权力机关积极保障、不得侵害义务的履行,同时也离不开环境生态功能破坏者积极配合、不得侵害义务的履行以及环境权利主体不得侵害义务的履行。(3)环境权利是环境法保障环境利益的基础性辅助手段。环境权利确认了自然人对环境利益的保有、享受的资格并确认了主体为或不为一定行为或要求他人为或不为一定行为以满足自己环境利益的能动的手段。对环境权利的保障是环境行政权力正当性的来源,也是社会环境权力运行的最终目标。自然人环境权利的实现主要有赖于环境行政权力主体积极保障、供给义务及其不得侵害义务的履行;社会环境权力主体不得侵害义务的履行;环境生态功能破坏者不得侵害、积极配合义务的履行;以及其他平等享有环境权利的主体之不得侵害义务的履行。

第六章　我国环境法保障环境利益的立法现状及其完善

在展开本章论述之前，必须要弄清作为独立部门法的环境法与一国立法者所制定的环境法律之间的关系。环境法是指一国部门法体系中以保障环境利益为其本质追求的独立的法律部门，其是由一系列以保障环境利益为目标的法律规范按照一定的原则和形式所组成的有机统一体，组成环境法的最小结构是环境法律规范。而环境法律是指由一国立法机关所制定的全部现行的规范性环境法律文件构成的具有法律效力等级的有机统一体，构成该有机体的最基本的要素是规范性环境法律文件中的法律条文。环境法与环境法律密切相关，环境法律中的具体的法律条文及由之所构成的规范性法律文件是环境法中的环境法律规范的外在表达形式和表述方法：一个环境法律规范既可以在一个法律条文中表达，也可以表达在几个法律条文中；既可以在一个规范性法律文件中表现，也可以在几个规范性法律文件中表现。由此，从一定程度上可将环境法律理解为环境法的外在表现形式。虽然由环境法律规范组成的环境法的内在机理从根本上说是由其所调整的环境利益所客观决定的，但其最终还需要通过立法者所制定的环境法律的形式体现、表达。而环境法律的制定，虽很大程度上取决于立法者的主观因素，但其根本上还是具有社会制约性的，即其作为环境法律规范在实然层面的"外在表达方式"应尽可能地客观反映出作为其实质内容的环境法的本质特征，而其最终取决于隐含于其后的环境利益的内在机理。由此可见，一国实证层面的环境法律的制定及完善应当以保障环境利益为其本质追求的环境法律规范及由之组成的独立部门法——环境法为指引。鉴于此，本部分，笔者拟基于前文研究所取得的关于环境法的理论认知，对我国实证层面环境法律保障环境利益现状进行分析并对其间之不足提出相关完善建议。

一、我国环境法律保障环境利益的困境

如上文所述，从一定层面上看，环境法律是作为独立部门法的环境法的外在表达形式和表述方法。环境法律的制定、完善应以环境法律规范及

由之组成的环境法为依据、指引。但值得注意的是,由于一国环境法律毕竟很大程度上出自于立法者的主观创制,而立法者对环境法的相关理论及其内在机理的认知并不一定准确;且立法者在立法过程中,除考虑环境法之理论及机理外,必然也会综合考虑整个法律体系的目的及政策需求,将一些与环境法无关的内容规定进环境法律。因此,不能将环境法律中的所有的条文都理解为是环境法的内容,而具体应以其是否"以保障环境利益为核心追求"作为判断标准,否则将"混淆视听",使人们无法通过环境法律条文真正把握环境法的本质所在。

自改革开放以来,我国便顺应国际化趋势,十分注重通过制定环境法律来推动环境问题的解决。目前看来,我国环境法律的数量在整个法制建设中增长最快,截至 2021 年 5 月,已制定相关法律和行政法规近 200 件、地方性法规及行政规章近 1500 件,此外还有国家环境标准 1700 余件。[①]可以说,目前我国生态环境保护法律体系已经基本建立。然而值得关注的是,虽然目前我国环境法律的数量充足,但其实施效果却并不尽如人意,环境形势不断恶化且呈愈演愈烈之势。如上文所述,环境法是以保障环境利益为其本质追求的独立部门法,然作为环境法外在表达形式的我国现行环境法律并未能很好地保障环境利益,即实在法层面的环境法律与应然层面的环境法之间存在一定程度的偏差,此也是造成目前我国环境法律实效不彰的主要原因之一。具体来看,存在如下问题:

(一)未以保障环境利益为其核心目的

通过前文论述可知,法的目的对整个部门法的设置具有统帅作用,立法者对某一部门法的定位与其对该部门法目的的认识是密切相关的,且通常集中地反映在相应的法律文件的目的条款中。在我国现行的环境法律中,《中华人民共和国环境保护法》(以下简称"《环境保护法》")最为根本也最具有代表性,其较能反映我国实证层面环境法律的整体状况。从应然层面上说,该法的制定应以环境法之相关理论及其内在机理为指引,且该法中的大部分法律条款应是环境法的核心法律规范的典型表达,其是构建作为独立部门法的环境法的最为重要的支撑性法律文件。一般看来,从《环境保护法》的法律条文中应能够提炼出作为独立部门法的环境法的本质特征;同时,对《环境保护法》的内容进行分析应能够很大程度上反映我国现行环境法律保障环境利益的实际情况。鉴于此,本部分将以该法第一

[①] 该数据是由笔者以"标题:环境"为关键词,在北大法宝中进行检索统计得来,详情请参照:http://fggi9979c516bea6498b89be4eb02f86e266sw0ow6okv9pv56bnp.ffiz.res.gxlib.org.cn/law/,2021 年 6 月 6 日访问。

条目的条款为例展开阐述。总的看来,《环境保护法》的目的条款顺应当代趋势将"可持续发展""生态文明建设"的内容纳入其中,但却并未反映出该法对环境利益的保障。具体来看:

首先,该条中"保护和改善环境、防治污染和其他公害"的行文并未表明该法以保障环境利益为其核心目的。在新《环境保护法》的行文中,"保护和改善环境"以及"防治污染和其他公害"分别单列为该法的第三章、第四章,可见该两者本身便是环境法的任务、手段,而并非其最终目的。而至于隐含于该手段后的真实目的究竟如何(是为了更好地维护公众健康?或是为了促进经济社会协调发展?抑或是为了将环境生态功能维持在良好的状态?)并不得而知,即无法从该条行文表述推断出该法是以保障环境利益为其核心目的。

其次,该条中"保障公众健康"的行文并未表明该法的制定以保障环境利益为其核心目的。从法律保障之利益角度分析,隐含于"保障公众健康"行文之后的是主体的人身利益,其是与环境利益具有完全不同的内在机理的独立的利益类型。应客观地认识到,实践中人的环境利益损害与人身利益损害存在普遍的"伴生性":环境利益因人们污染、破坏环境的行为所引发的环境生态功能的减损而受到侵害;而环境污染、破坏行为在造成人的环境利益损害的同时通常也会影响到人的健康,侵害其人身利益。笔者认为,应承认并正视此种"伴生性",但却绝不能因此把"对环境利益的侵害"与"对人身利益的侵害"等同起来,因为此种混淆将使我们忽略甚至否认环境利益独立性并无法针对环境利益的损害提出有效的救济措施,从而从根本上解决环境问题。此外,虽然环境利益与人身利益的"伴生性"使得人们在保障自身人身利益的同时也顺带保障了环境利益,人们对环境利益进行维护的同时也间接保障了人身利益,但若绕过环境利益而直接将环境法理解为对人身利益的保障,则没有考虑到实践中还存在着大量的仅侵害到环境利益但未侵害人身利益的情况,也没有考虑到人身利益与环境利益相互冲突的情况。由此可见,从此条"保障公众健康"的行文表述中并不能直接推导出该法是以保障环境利益为其核心目的。此外,值得注意的是,目前我国学界不少学者将环境法律中所规定的"保障公众健康"的内容直接作为环境法的目的。对此,笔者认为将"保障公众健康"理解为环境法的目的将削弱环境法对环境生态功能保障的效力,无法正视环境法的真正效用;也将混淆环境法与民法等其他部门法的界限,不利于环境法作为一个独立部门法的发展。

再次,该条中"促进经济社会可持续发展"的行文也无法表明该法是以保障环境利益为其核心目的。"促进人类社会的可持续发展"是一国法律体系所欲实现的整体性目的,此目的的达成需要宪法及各部门法的有效分工、配合。客观而言,任何一个部门法都不可能独自达成整个法律体系所追求的目的,而只能通过有效完成其分工范围内的功能以实现其自身的目的并与其他部门法进行良好配合,从而推动整个法律体系目的的有效实现。从利益角度分析,"促进人类社会全面可持续发展"实质上意指对法律所确认的所有利益类型的保障,其间不仅包括环境利益,更涉及经济利益等其他法定利益类型。虽然说环境法也关注对除环境利益外的其他法律利益类型的保障,但此种保障仅是间接的、附带的,环境法无法实现对各类法律利益的全面、直接的保障。可见,该条中的"促进经济社会可持续发展"的行文并未直接表明该法的制定是以保障环境利益为其核心目的。此外,值得注意的是,目前学界不少学者将环境法律中所规定的"促进人类社会全面可持续发展"的内容直接视为环境法的目的。对此,笔者认为将这一作为整个法律体系的整体性的目的直接作为某一部门法的目的是不恰当的,超越了部门法的能力范畴;同时这种表述掩盖了环境法的真实目的,不利于环境法功能的有效发挥。同时,当代,"促进人类社会全面可持续发展"的内涵所关注的应是经济、社会和生态环境三者间的平衡,生态环境本身也是可持续的内容。而新《环境保护法》中"促进经济社会可持续发展"的表述只强调了经济和社会的可持续发展,此也是不够恰当的。

  此外,该条中的"推进生态文明建设"的行文也并未表明该法是以保障环境利益为其核心目的。生态文明建设是一个系统、综合的过程,其也应是一国整个法律体系的任务,而并不是环境法所特有的任务。虽然当代环境法在推进社会生态文明建设中起到十分关键的作用,但此任务绝不可能仅靠环境法来完成。因此,将"推进生态文明建设"列入环境法律的目的条款,是对一国整个法律体系目标的宣示,其并不能体现环境法本身所应有的内涵,即此表述也无法表明该法是以保障环境利益为其核心目的。

  通过对新《环境保护法》目的条款的分析一定程度上可以得知,该法并未以保障环境利益为其核心目的,此与以保障环境利益为其本质追求的环境法显然是存在较大的偏差的。而事实上,目前诸如《水污染防治法》《大气污染防治法》《固体废物污染环境防治法》等其他相关环境法律文件中的"目的条款"也都做出了类似的表述。通过分析可知,目前该相关法律的表述方式基本相同,大致的表述公式为:"为了保护和改善环境+防治某类环境要素的污染+保障公众健康+推进生态文明建设+促进经济社会可持续发展",因此可以推断目前各单行立法都存在类似的问题。由此,从一定程度上可以说，我国现行环境法律并未明确肯定环境利益的独立价值，也未围绕着环境利益的保障展开制度的设计，更未对环境利益形成优先、倾斜保障。但可喜的是，目前已经有部分立法的目的条款释放出了对环境利益关注的信号，比如《水污染防治法》的目的条款中就提到了"保护水生态"的内容；《野生动物保护法》的目的条款提到"维护生物多样性和生态平衡"；《森林法》的目的条款提到"保障森林生态安全"；《固体废物污染环境防治法》的目的条款提到"维护生态安全"。

（二）未形成对环境利益的全面保障

如前所述，环境法应通过对环境利益的确认、环境利益的保护增益、环境利益冲突的协调、环境利益损害的救济来实现对环境利益的保障。而我国现行的环境法律虽然从一定程度上起到了保障环境利益的作用，但却未形成对环境利益全面、强有力的保障。具体来看：

1. 未明确确认环境利益

为了实现全面保障环境利益之目的，环境法应首先对环境利益的主体、内涵及其合法性进行确认，作为环境法表现形式的环境法律应在实证层面完成此任务。目前看来，域外多国环境法律或通过该法中的目的条款、政策条款等来宣示对环境利益的确认，或通过在该法中为相应的主体设定环境权利、环境权力以及环境义务的形式来完成对环境利益的确认。然我国现行环境法律体系中并未有任何条款对环境利益进行任何形式的明确确认。客观来说，其似乎并未关注到环境利益的独立价值，也未围绕着环境利益的保障展开制度设计，更未关注对环境利益的优先、倾斜保障。

相较于环境利益，相关法律条文似乎更关注对人身利益、财产利益的保障，如：《环境保护法》第13条规定了我国国家环境保护规划要根据国民经济和社会发展规划来编制；第16条规定污染物排放标准的制定除应以国家环境质量标准为依据外，还应着重参考国家经济、技术条件；在法律责任部分，也主要是对因污染环境、破坏生态造成人身利益、财产利益损害的环境侵权责任的追究进行规定。《大气污染防治法》第8条第9条规定大气环境质量标准和大气污染物排放标准的制定都应当与经济社会发展相适应。《水污染防治法》第13条至第15条规定：水环境质量标准、水污染物排放标准的制定和修改应以国家经济、技术条件为依据。《固体废物污染环境防治法》第14条规定固体废物鉴别的标准、程序和国家固体废物污染环境防治技术标准的制定应当考虑国家经济、技术条件。《水法》第26条规定了在开发、利用水能资源过程中，应当进行多目标阶梯级开发。

该条表达了我国鼓励多目标梯级水能开发的价值追求,体现了对水资源经济价值的追求。但事实上梯级开发很可能会超过河流生态系统的承载能力,破坏河流生态系统的完整性,该条的规定显然与环境保护优先理念存在价值上的冲突。

2. 对环境生态功能的保护力度不强

我国现行环境法律的相关规定一定程度上实现了对环境生态功能的保护、增益。对此,笔者做了如下整理:

表 6-1 涉及环境生态功能保障的环境法律条款汇总表

法律名称	涉及环境生态功能保障的内容
《环境保护法》（2015 年）	该法明确了地方各级人民政府保障辖区内环境质量的职责（第 6 条、第 28 条）。同时,该法规定国家统一制定环境质量标准（第 15 条）及污染物排放标准（第 16 条）并应对环境质量进行实时监控（第 17 条）、建立环境资源承载能力检测预警机制（第 18 条）,以确保环境生态功能维持在良好的状态。此外,该法还要求各主体在开发、利用自然资源的同时,制定、实施生态保护和恢复治理方案,以确保自然资源的开发、利用不至于导致环境生态功能的减损（第 30 条）。特别值得关注的是,《环境保护法》第 29 条还确定了生态红线制度;同时在该法第 31 条确立了生态补偿制度。此外,该法除关注采用"三同时"制度（第 41 条）、污染物排放总量控制制度（第 44 条）、排污许可管理制度（第 45 条）等"限制-命令"类措施控制污染环境、破坏生态的行为外,还鼓励采用财政、税收、价格、政府采购等"鼓励-激励"类措施促进对环境生态功能的增益（第 21、22 条）。
《水污染防治法》（2018 年）	该法明确提出应以"保护水生态"为其目的（第 1 条）,并提出应建立"水环境生态保护补偿机制"（第 8 条）;同时明确水环境质量标准的制定应考虑水体的使用功能（第 13 条）,并规定相关主管部门"在开发、利用和调节、调度水资源时,应维护水体的生态功能"（第 27 条）;此外,还规定了有关部门"根据对公众健康和生态环境的危害和影响程度,实行风险管理"的职责（第 32 条）。
《森林法》（2020 年）	该法明确提出应"建设生态文明"（第 1 条）;确定了"生态优先"的原则（第 3 条）;并规定各级人民政府"应当保障森林生态保护修复的投入"（第 5 条）;在森林生态系统的修复方式的选择上应当采取以自然恢复为主、自然恢复和人工修复相结合的措施进行科学保护修复（第 46 条）;同时,该法也对林业经营者提出了"提高森林生态功能"的义务要求（第 16 条）;此外,该法还关注对天然林资源的保护,规定了全面保护制度以实现其生态功能的提高,严格限制其采伐,加强管护能力建设（第 32 条）。

续表

法律名称	涉及环境生态功能保障的内容
《固体废物污染环境防治法》（2020年）	该法明确了"保护和改善生态环境""维护生态安全"、"推动生态文明建设"的立法目标（第1条）；并规定了在需要进行特别生态保护的区域内禁止建设生活垃圾填埋场；同时禁止建设危险废物及工业固体废物集中贮存、利用、处置的设施、场所等有破坏环境生态功能可能的（第21条）；此外，还规定了"国家鼓励产品的生产者开展生态设计"的职责（第66条）。
《大气污染防治法》（2018年）	该法明确提出应以"推进生态文明建设"为其目的（第1条）；并规定了"应当依据大气环境质量标准及国家经济、技术条件，制定大气污染物排放标准"（第9条）。
《海洋环境保护法》（2017年）	该法明确提出了以"维护生态平衡"为其立法目的（第1条）；提出了国家应"建立健全海洋生态保护补偿制度"以及"严格遵守生态保护红线"（第24条）；并明确规定对划定生态保护红线的特殊海域实施严格保护（第3条）；此外，为改善海洋生态，对发展生态渔业建设，推广多种生态渔业生产方式持鼓励态度（第28条）。

但客观来说，目前环境法律体系中的相关规定对环境生态功能的保护、增益的力度却并不强。我国现行环境法律相关条款的设置主要是针对"污染防治"而展开的，呈现出"以污染防治为中心""重污染防治、轻生态保护"的局面。事实上，我国环境法律所着重控制的"超标违法排放"行为不必然会造成环境生态功能的减损，合法的排放也可能造成环境生态功能的减损；且污染物超标仅是环境生态功能质量中的一个指标，只单一关注将污染排放行为限制在符合标准的范围内并不能直接实现对环境生态功能的保护、增益，甚至一定程度上将加剧环境生态功能的减损。只有透过"污染防治"的表象而认识到其后所隐含的保障环境生态功能的实质并利用综合生态系统管理的方法，方能真正实现污染防治为生态安全所用；只有不仅限于污染防治，才能将注意力放在更为宽广的领域，以最终达到对整个环境生态功能的关怀。早期域外多国的环境保护法普遍是污染防治法，但随着时代的发展，环境法的任务已经不再局限于防治污染这样消极的使命了，而是着眼于整个生态的保全和可持续发展，着眼于生物多样性和气候变化这样具有全球性的环境问题，在生态环境的承载力和持续供应能力的范围内谋求发展才是其最终目的。而反观我国现行环境法律，以新《环境保护法》为例：该法共70条，其中真正直接针对环境生态功能保护、增益的条款只有9条，而直接针对污染防治的条款有20余条。特别值得

注意的是，该法中诸如"按日连续处罚""行政拘留""查封、扣押""限制生产、停产停业"等较有"力度"的行政处罚、强制措施的规定都主要是针对污染防治的。此从一定程度上反映出目前我国新《环境保护法》实施的重点仍在于污染的防治。同时，在直接针对环境生态功能保护、增益的条款中，多数条款较为宽泛、可操作性有待于进一步加强，如对"如何制定符合良好环境生态功能要求的环境质量标准？如何对环境质量及其承载能力进行检测？如何预防生态失调现象？如何对受损的环境生态功能进行调查、检测、评估和修复？如何对环境生态功能损害进行救济？其间责任如何承担？"等内容都是空白，有赖于后续进一步具体规定。

此外，价值上的不一致与冲突在"污染防治类法律"与"资源保护类法律"之间仍然存在，使得整个法律体系保障环境利益的有效性在一定程度上被削弱。如以《水污染防治法》为核心的水污染防治体系侧重保护水的生态价值，维护其生态功能；而以《水法》为核心的水资源保护体系，则通过干预影响水资源利用价值的各种行为来实现对水资源及其经济功能的可持续利用。"污染防治类法律"与"资源保护类法律"因其价值追求不同，在实施手段上存在一定的差异。此将有损于法律保障生态环境的力度。如秉持不同价值追求的《水法》与《水污染防治法》就同一事项——"入河排污口监管"所做出的规定有着明显的差异，《水法》规定的污染物总量控制制度的污染物种类及适用范围明显大于《水污染防治法》的重点水污染排放总量控制制度。

3. 环境利益损害责任体系不完整

如前所述，近年来，越来越多国家的环境法律开始关注对环境利益损害责任（即环境生态功能损害责任）进行规定。我国学界对此类新型责任的认识是一个渐进的过程，早期学者们只关注到由于环境污染、破坏而对他人的人身利益、财产利益造成损害所引发的环境侵权责任。近年来，在国外先进立法及司法实践的影响下，在国内诸如"塔斯曼海轮"海洋油溢生态损害、蓬莱19-3油田溢油事故等案件的推动下，我国学者逐渐认识到由于环境污染、破坏行为而对环境生态功能本身所造成的损害并不同于环境侵权，对之进行独立研究并科以独立的责任具有相当的重要性、必要性和紧迫性。而我国现行的环境法律并未完全建立起环境生态功能损害责任制度，以在我国环境法律体系中最为根本也最具代表性的《环境保护法》为例：该法第六章"法律责任"部分共11条（即自第59条至第69条），其间大部分条款（共7条）是有关于行政主管机关对排污者等行政相对人的环境行政处罚措施的规定以及对违法行政人员的内部环境行政处分措施的规定：其中第59条对排污者违法排放污染物而应受的罚款的行政处罚进行了规定；第60条对排污者超标准、超总量排污所应受的"限制生产、停产整治""责令停业、关闭"的行政处罚措施进行了规定；第61条对建设单位未提交环评文件或者提交但未经批准而擅自开工所应受的"责令停止建设""罚款""责令恢复原状"的行政处罚措施进行了规定；第62条对排污者违反环境信息公开要求所应受的"责令公开""罚款"的行政处罚措施进行了规定；第63条对在排污者违反相关行政法规但尚未构成犯罪的情况下，对直接负责的主管人员和其他直接责任人员所应受的"拘留"的行政处罚进行了规定；第67条规定了行政机关内部的监督管理权以及对行政违法行为的处分权、处罚权及纠正权；第68条规定了对违法环境行政行为直接负责的主管人员和其他直接责任人员的"记过、记大过或者降级"以及"撤职或者开除处分引咎辞职"的行政处分进行了规定。可见，我国新《环境保护法》所规定的行政责任多是针对"违反环境行政管理秩序"设置的，而并没有直接针对主体造成或可能造成环境生态功能损害设置任何形式的行政责任。我国现行环境法律体系中诸如《水污染防治法》《大气污染防治法》等其他相关立法也呈现出如是的状态。以《水污染防治法》为例，该法第7章"法律责任"部分共22条（即自第80条至第101条），其中有12条是有关行政主管机关对排污者等行政相对人的环境行政处罚措施的规定以及对违法行政人员的内部环境行政处分措施的规定，占比54.5%；再如《大气污染防治法》第7章法律责任部分共30条（即自第98条至第127条），其中有27条是规定了对行政人员的行政违法行为的内部处分的规定以及行政主管机关对排污者等行政相对人的环境行政处罚措施的规定，占比90%。

同时，新《环境保护法》没有针对环境生态功能损害设立独立的责任。该法涉及环境民事责任的条款有第64条、第65条两条，其中第64条规定因污染环境和破坏生态造成损害的，应依照《侵权责任法》承担民事侵权责任，而根据我国《民法典》第1164条规定，侵权责任篇仅用于"调整因侵害民事权益产生的民事关系"，即其调整范围仅限于主体的人身利益、财产利益受到损害的情况。由此可见，《环境保护法》第64条所规定的是因污染环境和破坏生态对他人人身利益、财产利益造成损害的环境侵权责任，而并未涉及环境生态功能损害责任。此外，该法第65条规定了环评、监测等环境中介服务机构在其"环境服务活动中弄虚作假，对造成的环境污染和生态破坏负有责任的……应当与造成环境污染和生态破坏的其他责任者承担连带责任"，但此条并未明确连带责任的具体内容。而根据最高人民法院《关于审理环境侵权责任纠纷案件适用法律若干问题的解释》(法释〔2015〕12号)的相关内容可推知,该法第65条所规定的环境中介服务机构应承担的连带责任的内容也应是环境侵权责任。可见,我国新《环境保护法》并未针对环境生态功能损害设立独立的责任,更未建立该类责任的社会化填补机制。而我国现行环境法律体系中,诸如《土壤污染防治法》第96条和《水污染防治法》第125条也呈现出相类似的状况。可见,我国相关环境立法所规定的责任仅限于民事侵权责任,并未就环境生态功能损害设立独立的责任。当然,我国也并非完全没有对该类新型民事责任进行规定,但目前看来其主要规定于相关司法解释中,如最高人民法院《关于审理环境侵权责任纠纷案件适用法律若干问题的解释》(法释〔2020〕17号)第14条以及《关于审理环境民事公益诉讼案件适用法律若干问题的解释》(法释〔2020〕20号)中的第18条至第24条均做出了相关的规定;2021年实施的《民法典》第1229条至1235条规定了因环境污染和生态破坏而应承担的责任,但在相关环境立法中尚未展开正式的规定。

此外,我国环境法律体系中的相关法律大多没有规定环境生态功能损害刑事责任,多在责任条款规定:"违反本法规定,构成犯罪的,依法追究刑事责任。"具体来看,目前我国环境刑事责任主要规定在《刑法》第六章第六节以及最高人民法院、最高人民检察院所颁布的《关于办理环境污染刑事案件适用法律若干问题的解释》(2013年首次颁布并于2016年重新修订颁布)中。其中《刑法》第338条规定了污染环境罪,即明确了对违法排放、倾倒、处置毒害物质严重污染环境的犯罪的刑事处罚。此条以"严重污染环境"为定罪标准,似乎跳出了仅对人身利益、财产利益的关怀,而直接关注对环境利益的保障。然而,上述司法解释2013年版的第一条对认定该"严重污染环境"的标准进行了细化,其间14项认定标准却多以对人身利益、财产利益造成损害为内容。而上述司法解释2016年版在前述基础之上,结合司法实践,增设符合"严重污染环境"的犯罪情形,明确规定将"造成生态环境严重损害"这一犯罪情形纳入考量范畴,实现了刑法在生态保护中的重要突破。但是,由于缺乏相配套的量刑规则,导致这一项犯罪情形在司法实践中并没有得到广泛应用,未实现立法初衷。除污染环境罪之外,《刑法》第六章第六节中的其他各条,绝大多数都以"造成重大环境污染事故并致使他人人身利益、财产利益受到严重损害"作为处罚标准。可见,该些规定大多不是以保护生态环境、预防生态损害为目的而附加的刑事责任。同时,对因相关行政人员违法、失职等行为导致环境污染损害构成犯罪的,应根据我国《刑法》追究其渎职之刑事责任。然而,我国《刑法》第 408 条有关"渎职罪"的相关规定中却也明确以"造成重大环境污染事故并致使他人人身利益、财产利益受到严重损害"为其构成要件。此种规定显然也是以对人身利益、财产利益的保障为其本质追求的，不能充当预防生态损害的最后一道堤坝。

4. 环境利益损害救济程序尚未完全建立

如前文所述，环境利益损害救济（即环境生态功能损害的救济）程序应是一个体系，既要关注新型环境公益诉讼对具有公共利益属性的环境利益的救济，也要关注传统诉讼模式对个人环境利益的保障。即当遭遇周边环境生态功能减损或有减损之可能时，自然人可以以自身的环境利益受到侵害为由，通过提起传统的民事诉讼和行政诉讼，以保障自身所享有的环境利益。而对那些并不享有环境利益的法律拟制主体以及自身环境利益未受到直接侵害的自然人来说，为了保障环境公共利益所依法提起的诉讼，则应是典型的环境公益诉讼。据此分析我国现行环境法律体系可知：我国现行环境法律体系并没有确认自然人对环境利益的享有，没有赋予自然人保有、享受环境利益的权利，也未规定自然人就其周边环境生态功能减损而可以提起诉讼的相关权利，即自然人通过传统诉讼模式保障环境利益在我国尚属于立法空白。

而至于环境公益诉讼，我国新《民事诉讼法》第 55 条以及新《环境保护法》第 58 条都进行了原则性的规定。为了解决相关规定过于宽泛笼统、操作性较弱的问题，最高人民法院、最高人民检察院颁布了一系列的文件，如《关于检察公益诉讼案件适用法律若干问题的解释》（2018 年）、《最高人民法院关于审理生态环境损害赔偿案件的若干规定（试行）》（2019 年）、《关于审理环境民事公益诉讼案件适用法律若干问题的解释》（2020 年修正）。这些文件对环境公益诉讼的立案条件、管辖法院、调解、和解与撤诉等相关具体程序进行了细化，一定程度上强化了环境公益诉讼的操作性。此外，不少地区的法院还自行颁布了有关于环境公益诉讼的内部审判规则并依此展开了相关环境公益诉讼的司法实践，此更进一步加强了环境公益诉讼的操作力度。

然而，上述制度仍然存在问题。以检察公益诉讼为例，在当前的法律体系下，检察机关可以通过"支持起诉"或"直接提起诉讼"的方式介入环境民事公益诉讼。根据《民事诉讼法》第 55 条和《环境保护法》第 58 条的规定，只有在没有适合的环保组织或环保组织没有提起诉讼的前提下，检察机关才能为了环境利益提起民事诉讼，该立法确立了检察机关通过行使起诉权直接介入环境民事公益诉讼的补充性地位。可见，根据立法本意，符合法律规定的环保组织是代表环境利益提起公益诉讼的核心力量,[①] 而检察机关支持环保组织提起环境民事公益诉讼则是其介入此类诉讼的首选方式。然而,自 2017 年最新修订的《民事诉讼法》确立检察机关直接提起民事公益诉讼的主体资格以来,各界的关注度几乎都聚焦于该制度之上,支持起诉制度几近被"雪藏":从立法角度看,诸如《关于检察公益诉讼案件适用法律若干问题的解释》等新颁布的法律文件多围绕着检察机关直接起诉展开制度安排,而对支持起诉制度少有关注;从司法实践的角度看,环保组织提起的环境民事公益诉讼较少,而检察机关又仅支持了其中部分环保组织的起诉;从学术研究的角度看,目前学界将研究的焦点集中于建立检察机关直接提起公益诉讼的制度上,鲜有对于检察机关支持环境民事公益诉讼制度的探讨。[②] 可以说,目前检察机关介入环境民事公益诉讼的方式常为直接提起诉讼,但这样的方式将会产生一定的弊端,也即将本属于补充性的制度变成了主导性的制度,导致了立法本意与司法实践产生了一定的偏差。造成此种现状的原因是综合的,其中"环保组织的发展困境"和"检察机关支持民事公益诉讼制度不健全"是不容忽视的主要原因。目前,环保组织提起环境民事公益诉讼仍处于较为艰辛的尴尬境地,虽然全国具备起诉资质的社会组织大约有 700 余家,但是由于收集证据困难、诉讼耗费时间较长、诉讼成本投入过高、相关专业人才紧缺、案件审判结果胜诉率较低等原因,这些组织在提起环境民事公益诉讼时仍然面临着诸多阻碍,"起诉难、举证难、胜诉难"的现象并未得到根本改观,极大地抑制了环保组织提起环境民事公益诉讼的积极性和可能性。实践表明,目前我国环保组织提起的环境民事公益诉讼数量有限且出现下降趋势,许多环保组织缺乏相应的动机和能力来维护环境利益,面临着较大的困难和阻力。[③] 此外,目前环境民事公益诉讼与生态环境损害赔偿诉讼之间的衔接不畅问题,也较为突出。

可以说,虽然目前我国环境公益诉讼的程序已经基本构建,但尚不能认为该制度已经在我国全面建立。环境公益诉讼作为一项诉讼制度,其构

---

① 全国人大常委会法工委编:《中华人民共和国环境保护法释义》,法律出版社 2014 年版,第 200 页。

② 以笔者在 CNKI 数据库查询结果为例:笔者以"检察机关"+"支持起诉"为篇名关键词进行搜索,自 2002 年有文献记录以来,共查询到 26 篇文献,其中自 2015 年以来仅有 5 篇。而以"检察机关"+"民事公益诉讼"为篇名关键词进行搜索,自 2003 年有文献记录以来,共有 267 篇文献,其中自 2015 年以来有 127 篇。

③ 王凌凌:《保障社会组织开展公益诉讼需精准施策》,载《中国环境报》2018 年 3 月 14 日,第 8 版。

建并不仅仅在于诉讼程序的设置,更重要的在于明确该制度所要保障、救济的环境公共利益的内在机理并确立该制度所要追究的环境生态功能损害责任的承担方式,若无法明确该两点,则再完美的程序设计也将成为空中楼阁。此外,我国现行相关法律文件将环境公益诉讼所要保障、救济的利益表述为"社会公共利益",但对该"社会公共利益"的具体内涵却并没有更为深入的界定。对此,学界存在诸多争议:有的学者认为其是指传统的人身利益、财产利益;有的学者认为其是一个广义的概念,应包括与环境有关的经济利益、健康利益、娱乐利益、美学利益等多种形态;还有学者认为环境公益诉讼保护的公共环境利益并非私益诉讼上的私权(传统人身利益、财产利益),而是大多数人在良好的环境中生存和发展的权利不受侵害的普遍状态。对此,笔者认为,当主体与环境有关的人身利益、财产利益等传统利益受到损害时,环境侵权责任法便可对之予以保障,无需再另行借助新型的环境公益诉讼。事实上,目前我国也已有规范性法律文件明确排除了因人身利益、财产利益受损而启动环境公益诉讼的可能性,如最高人民法院《关于审理环境民事公益诉讼案件适用法律若干问题的解释》第10条明确:"公民、法人和其他组织以人身、财产受到损害为由申请参加诉讼的,告知其另行起诉。"然而,非人身性、非财产性社会公共利益的范围仍然十分宽泛,可以说我国现行环境公益诉讼的构建前提仍是不明确的,这与我国现行环境法律未明确环境利益的内涵是密切相关的。而就目前已经基本构建的环境公益诉讼程序来说,其也存在操作性较差、诸多环节亟待完善的问题。

(三)保障环境利益的手段尚不健全

1. 基本形成了"一体两翼一支撑"的机制

以在我国环境法律体系中最为根本也最具代表性的《环境保护法》的体例结构为例:新《环境保护法》分七章,共70条。第一章"总则"是该法的基础性条款。"总则"部分共12条(即从第1条至第12条),其中除第1条立法目的条款、第2条环境定义条款、第3条法律适用条款和第5条立法原则条款等基础性条款外,在其余的8条中,有7条都原则性地确定了国家及相应行政部门的环境保护职责;而只有1条(即第6条)部分规定了一切单位和个人的环境保护义务。总则部分的规定奠定了整部法律文件的基调,即该法是以环境行政权力为主要力量来实现其目的的。而除第六章法律责任、第七章附则外,该法其他各章的内容更是主要围绕着环境行政权力及各方主体相应的义务而展开的:

第二章"监督管理"共15条(即从第13条到第27条),其中除第19条部分规定了建设单位的环境影响评价义务外,其他各条均围绕着各级政府及环境行政主管部门在环境监督管理中的职责展开:其中第13条规定了政府制定环境发展规划的职责;第14条规定了政府在制定各类经济、技术政策时综合考虑环境因素的职责;第15条规定了政府制定环境质量标准的职责;第16条规定了政府制定污染物排放标准的职责;第17条规定了政府环境监测的职责;第18条规定了政府建立环境资源承载能力检测预警机制的职责;第20条的规定确立了跨区域、跨流域的环境污染和生态破坏联合防治协调机制及政府的相关职责;第21条规定了国家支持环保产业发展的职责;第22条规定了国家采取各种措施支持企业事业单位和其他生产经营者节能减排的职责;第23条规定了国家支持污染耗能企业关停并转的职责;第24条规定了政府在环境执法中的现场检查的职责;第25条规定了政府在环境执法中查封、扣押造成污染物排放的设施设备的职责;第26条规定了国家的环境保护目标责任制和考核评价制度;第27条规定了政府就环境执法接受权力机关监督的义务。

第三章"保护和改善环境"共12条(从第28条到第39条),其中仅有第38条规定了公民"遵守环境保护法律法规""配合实施环境保护措施""垃圾分类"和"减少日常生活对环境造成的损害"的义务。同时,第30条概括性地规定了各方主体保护生态多样性的义务,其间间接涉及了除国家机关以外的其他各方主体的义务。除此之外,其余各条都规定了政府保护和改善环境的职责:如第28条原则性确认了政府保护、改善环境质量的职责;第29条确立了生态红线制度并规定了政府在其间相应的职责;第31条规定了生态补偿制度及政府在其间的职责;第32条原则性地规定了国家生态调查、监测、评估和修复制度;第33条规定了政府在农业环境保护及农村环境综合治理中的职责;第34条规定了政府在海洋环境保护中的职责;第35条规定了政府在城乡建设中环境保护的职责;第36条规定了国家引导节能环保及其产业发展的职责;第37条规定了政府引导垃圾分类、循环利用的职责;第39条规定了国家建立环境与健康监测、调查和风险评估制度的职责,以及引导相关研究、采取相关措施的职责。

第四章"防治污染和其他公害"共13条(从第40条到第52条),其中有7条涉及政府在其间的相应的职责:如第40条第1款、第2款规定了国家促进清洁生产和资源循环利用的职责;第44条规定了国家污染物排放总量控制制度及环保行政部门在其间的职责;第47条的部分内容规定了政府应对突发环境事件的职责、政府建立环境污染公共检测预警机制的职责、政府对环境事件组织评估及公告的职责；第49条第1款规定了政府指导发展生态农业及防止农业污染的职责；第50条规定政府财政支持相关环境保护工作的职责；第51条规定了政府建设城乡环境保护公共设施的职责；第52条规定国家鼓励投保环境污染责任保险的职责。而有部分条款（共10条）涉及了对公民、企事业单位和其他生产经营者相应的义务的规定：如第40条第2款对企业的清洁生产义务进行了规定；第41条对各类建设主体的"三同时"义务进行了规定；第42条对相应主体合法排污、防治污染的义务进行了规定；第43条对相应主体依法缴纳排污费或环境保护税的义务进行了规定；第44条第1款规定了企事业单位遵守本单位重点污染物排放总量控制指标的义务；第45条规定了相应主体取得排污许可证并按照排污许可证的要求排放污染物的义务；第46条规定了任何单位或个人不得违反国家工艺、产品和设备的强制淘汰义务；第47条规定了企业在应对突发性环境事件中的义务；第48条概括性地规定了各类主体在生产、储存、运输、销售、使用、处置化学物品和含有放射性物质的物品中防止污染环境的义务；第49条规定了农业生产经营者防治农业生产经营中的污染的义务。

第五章"信息公开和公众参与"共6条（即从第53条至第58条），其中第53条第1款规定了公民、法人和其他组织获取环境信息的权利、参与环境保护的权利以及参与环境监督的权利；第57条规定了公民、法人和其他组织向有关部门进行举报的权利；第58条规定了符合一定条件的社会组织提起公益诉讼的权利。而其他各条的内容主要涉及了政府保障上述权利的职责以及相关各方主体的义务：如第53条第2款原则性地规定了各环境行政管理部门依法公开环境信息、完善公众参与程序、为环境参与权的行使提供便利的职责；第54条规定了各环境行政管理部门的信息公开义务；第55条规定了重点排污单位的信息披露义务；第65条第1款规定了建设单位在编制环境影响报告书时应充分征求公众意见的义务，而第2款规定了各环境行政管理部门公开环评报告的义务。

从对上述条款的分析可知，我国新《环境保护法》的目的及任务主要是通过环境行政权力的力量来实现、完成的。如前所述，环境利益具有很强的公益性，环境生态功能是典型的公共物品，国家环境权力（特别是国家环境行政权力）是保障环境利益的最为核心的力量。事实上，目前世界多国有关环境保护的基本立法文件中普遍是围绕着环境行政权力展开设置的，其间也不乏对各类主体相对应的义务进行规定（即"一体"及其"支撑"），鉴于此可以判断新《环境保护法》的主干路径设置是合理的。同时，由于环境问题本身的复杂性、特殊性以及国家环境行政权力固有的有限性等各类因素的影响,仅靠环境行政权力无法实现对环境公益的全面保障,而必须要依靠"社会环境权力""自然人环境权利"以及与之相对应的义务的密切配合(即"两翼"及其"支撑"),此也是近年来各国环境保护法改革的一个趋势。而在我国新《环境保护法》的 70 条的条文中,只有 6 条涉及"社会环境权力""自然人环境权利"的相关内容,仅占全文的 8.6%;而涉及国家环境权力及相关主体对应环境义务的条款有 46 条,占全文的 65.7%,两者占比差距高达 57.1 个百分点。可见,从新法的条文数量、结构角度看,该法似乎并未顺应上述趋势。但从具体内容角度来看,事实上,新法对此环境权力民主化、社会化的改革趋势也并非绝无感知,如其间专章设置环境公众参与制度便是其印证。

我国现行环境法律体系中的诸如《水污染防治法》《大气污染防治法》《海洋环境保护法》等相关法律也呈现出类似的状况。其中,在我国《水污染防治法》的 103 条的条文中,只有 1 条涉及"社会环境权力""自然人的环境权利"的相关内容,而涉及国家环境权力以及相关主体的环境义务的条款有 76 条。而在《大气污染防治法》中,并没有明确涉及"社会环境权利""自然人的环境权利"的相关内容,而涉及国家环境权力、行政机关职责以及相关主体义务的条款有 94 条。此外,《海洋环境保护法》全文共 97 条,涉及"自然人的环境权利"的条款只有 1 条(第 4 条),而涉及国家环境权力、行政机关职责以及行政相对人的义务的条款有 70 条。通过上述数据的罗列可以判断,我国相关环境法律一定程度上顺应了国际趋势,基本构建了"一体两翼一支撑"的机制,但客观来说相关构建并不健全,该不健全具体表现在对于有关"社会环境权利""自然人环境权利"的规定较少甚至在有些具体的环境法律规范中并未提及自然人以及社会的环境权利,更多是对于政府、环境行政部门以及企业事业单位义务与职责的规定。可见,我国"一体两翼一支撑"的机制有赖于后续进一步完善。

2. 环境行政权力仍需继续优化

"建立并加强对有关环境的政府行为的规范和制约"是当前环境法改革的重点,以在我国环境法律体系中最为根本也最具代表性的《环境保护法》为例:首先,较之旧法(1989 年《环境保护法》),新法强化了环境行政权力的义务、职责属性。旧法中的环境行政权力多单纯以具有强制力、命令性的权力的形式出现,而未考虑到其间的义务、职责属性。而新法一定程度上扭转了这一状况,该法通过对环境行政权力的 53 处的"应当"的措辞,强化了环境行政权力的职责、义务属性。其次,新法突破了旧法全面采用环境管制方式的模式，增加了政府环境指导、服务、激励等方面的措施，同时也关注采用市场、经济手段来提高环境行政执法效率。如旧法只有1处提到了政府鼓励，而新法中涉及政府鼓励、引导、奖励、服务的条款有12条之多，大大增加了该法的灵活性、服务性。再次，新法一定程度上强化了对环境行政权力的问责机制。新法第26条规定了各级政府的"环境保护目标责任制"和"考核评价制度"并在该法第六章法律责任中的第67条、第68条中规定了对违法行政机关的主管人员、直接负责人的行政处分措施，建立了行政人员的问责制度。最后，新法还增加了不少政府直接针对保障环境生态功能的职责，如规定了政府规划的环境影响评价制度（第19条），明确了政府改善环境质量并确保环境质量限期达标的职责（第28条），规定了政府在生态红线（第29条）、生态补偿（第31条）等相关制度中的职责。客观来说，新法的规定一定程度上优化了环境行政权力，但其间相关设置仍不够完善，有赖于后续进一步的完善，具体来看：

首先，新法的相关规定并没有反映环境危机时代政府环境行政权力应有的本质追求，即其应着力于"保障环境生态功能处于良好状态并进而保障人的环境利益尽可能充分、公平、有序实现以确保人类可持续发展"。其次，新法虽建立了"环境保护目标责任制""考核评价制度"及相关人员"问责制度"，但却并未从根本上改变长期以来我国环境法律"有权力、没责任""重企事业单位责任、轻政府责任"的状况。如新法第六章法律责任中共11条，其中只有2条（第67条、第68条）规定了政府的环境责任，其余条款则主要是针对企事业单位、生产经营者、环境中介服务机构等其他相关主体的各类责任展开。而此仅有的两条也只对行政人员的内部行政处分措施进行了规定，其间的责任主体并不包括违法行政机关本身；追责范围并未涵盖各行政主体在环境保护中的各类不合法、不合理环境行政行为；责任内容也并不包括行政主体造成环境生态功能减损所应承担的各类责任。此种政府环境责任制度缺失的状况，将阻碍政府环境职责的有效履行，此也与目前域外多国环境立法实践所关注的对政府环境生态责任的追究趋势相冲突。再次，虽然新法对环境行政权力的运行构建了包括权力机关监督、行政内部监督、公众监督以及司法监督等监督机制，但客观来说，目前的监督机制还较为"弱力化"。如新法第27条规定了人大及其常委会对各级人民政府环境职责履行的监督，但此种监督是消极、被动的监督，即以行政机关的报告为前提，缺乏主动监督机制；且立法缺乏相应的监督程序和相应的问责手段，常会导致问责流于形式。同时，新法第9条规定了媒体监督的权利，第53条规定了公民、法人和其他组织监督的权利，但却未对此类社会公众监督的程序及其启动司法救济程序进行规定,而仅在第 57 条规定了"有权向其上级机关或者监察机关举报"的权利,相关规定较为原则,操作性并不强。此外,新法在第 67 条、第 68 条规定了行政机关内部监督的权利,但其间追责程序有待进一步细化。权力天然地就有被滥用的本质,监督不力将使得环境行政自由裁量空间过大,滋生权力权利化、权力寻租等不良现象,因此应尽快完善相关监督体系。又次,保障环境公众参与的行政职责不够完善、可操作性不强。环境公众参与制度的实施有赖于环境行政权力的支持、推动,而我国新《环境保护法》仅在第五章中原则性地规定了各级政府及相关行政部门的环境信息公开、完善公众参与程序、为公众参与提供便利等职责,相关规定过于简单抽象,实施范围较为模糊,实现路径有限且没有程序性制度保障。上述缺陷又进一步造成了实践中我国环境公众参与制度所存在的形式主义严重、参与效果较差、参与障碍多以及参与能力差等诸多现实障碍。最后,法的生命在于执行,再完善的制度设计要发挥其应有的作用最终还有赖于其全面的实施、执行。因此,在继续完善环境行政权力构建的同时,还必须要建立一套制约与激励并存的环境行政权力实施机制。我国现行环境法律体系中诸如《水污染防治法》《大气污染防治法》等相关法律也呈现出类似的状况,即相关立法虽然强调并强化了政府在污染防治、生态保护中的职责,但有关环境行政权力的相关规定仍然不足,有待进一步完善。

3. 自然人环境权利的构建不够全面

我国现行环境法律较为关注公众参与。如新《环境保护法》第 53 条、第 57 条规定了公民的环境知情权、环境参与权、环境监督权、环境举报权等相关权利,其他相关单行法也有类似的规定:

表 6-2 我国环境法律对公众参与权的规定汇总表

名称	条款内容
《大气污染防治法》（2018 年）	规定制定大气环境质量标准、大气污染物排放标准、城市大气环境质量限期达标规划等,应当征求公众意见(第 10 条、第 14 条);并规定了上述标准应当向公众公开,供公众免费查阅、下载(第 11 条);此外还要求行政机关公布举报电话、电子邮箱,以便于公众行使环境举报权(第 31 条)。
《土壤污染防治法》（2019 年）	规定相关行政机关应当公开土壤污染状况和防治信息以及风险管控、修复目标、修复名录等信息(第 81 条、第 66 条);此外,还规定了人民政府应将土壤污染重点监管单位名录及建设用地土壤污染风险管控和修复名录向社会予以公布(第 58 条、第 21 条)。

续表

名称	条款内容
《海洋环境保护法》（2017年）	规定环境保护行政主管部门、海洋行政主管部门和其他行使海洋环境监督管理权的部门，根据职责分工依法公开海洋环境相关信息（第6条）。
《固体废物污染防治法》（2020年）	规定制定生活垃圾处理收费标准，编制危险废物集中处置设施、场所的建设规划时应当充分征求公众意见（第58条、第76条）；此外，该法还要求行政机关公布举报方式以便于公众行使环境举报权（第31条）。

然而，我国现行环境法律却并未规定自然人对良好环境生态功能保有、享受的权利，也未对自然人的环境起诉权、救济权进行规定。可见，我国现行环境法律就自然人环境权利的规定并不完整，即只规定了其中的程序性权能，但却并未对实体性权能进行规定，且对程序性权能的规定也并不完整。而如前所述，环境权利分为实体性权能和程序性权能。实体性权能是环境权利实现环境利益的基础，而程序性环境权能是环境权利实现环境利益自身的保障，两者密不可分。虽然实体性环境权能似乎并不能起到保障环境利益的直接效用，显得较为"宣示性"，但其确认了环境权利的主体、客体及其内容，使得程序性环境权能的存在有了依据。而若缺少了程序性环境权能，则环境权利的实现无法得到保障，实体性环境权能的存在将真正沦为"宣示性"内容。客观来说，我国现行环境法律虽顺应了国际上建立环境公众参与制度的趋势，赋予了公民程序性的环境知情权、环境参与权、环境监督权、环境举报权等权利，但客观来说，这些权利的赋予是没有"权源"的。而此也是造成我国现行环境法律中自然人程序性环境权利构建不完整（如环境起诉权缺失）及缺乏可操作性的原因之一。

4. 对社会环境权力的认知不够清晰

如前文所述，不以生命延续为其本质追求的法律拟制主体本身并不享有环境利益，法律赋予其所享有的环境知情权、环境参与权、环境监督权、环境举报权、环境救济权等一系列程序性权利的目的在于保障环境公共利益，而此类程序性权利的权源在于他们所享有的"社会环境权力"。社会环境权力是指各类非公权力社会组织为保障环境利益，而以其所拥有的社会资源对社会与国家（政府）所产生的影响力。"社会环境权力"的本质是权力，其运作机理并非简单地采用那种"依主体的自由意志为或不为"的权利路径，而是通过聚集特定群体以共同行使其权利从而形成可以对国家、政府产生影响力、制约力的权力路径。客观来说，虽然社会环境权力不像国家环境权力那样具有强烈的"职责性"，其对外行使表现出相当的自主性和自由性。但此类社会组织以保障环境利益为其存续的根本性宗旨，因此在面对需要保障环境利益的情况下，依照其章程采取必要的行动是此类组织的职责，若不履行相应的职责，根据章程相关主体应承担相应的责任，甚至面临整个组织被解散的结果，因此其也具有一定的对内"职责性"。目前我国环境法学界系从环境公众参与制度的角度将自然人的环境权利与社会环境权力进行混同研究，而并未关注其间的差别，更未基于两者不同的性质分别建制。而此也是造成目前我国环境公众参与制度构建不完善、操作性弱的原因之一。

（四）未形成对环境利益的体系化保障

21世纪以来，我国环境立法体系趋于完备，[①] 然而体系内部结构性欠缺的问题却凸显。[②] 总览环境法律体系，体系的结构性设置不合理，立法的连贯性不足，法律体系内部存在许多重复、冲突与不一致的地方，这些问题导致环境法律既有的规范难以成为严密法律推理的载体，影响环境法保障环境利益的效力。具体来看，主要存在如下问题：

一是环境立法的体系设置与生态系统的整体性相悖。我国环境立法的体系设置总体上呈现"模块化""事项化"的特征。首先，我国环境法律体系大致可以区分为"污染防治法""生态保护法"和"自然资源法"三大模块，在每一模块项下又以各个环境要素（如土地、大气、水、森林和物种等）为标准进一步划分并进行单独立法，各模块间缺乏有机联系。此种设置并未充分体现生态系统"物物关联"的客观规律，即与生态系统的整体性、系统性是不匹配的，[③] 不利于对环境生态功能的整体性保障。例如，在保护水体的立法中，不同的法律规范所关注的重心并不相同：《水法》只对"从水体中索取水资源"的行为进行规范；而《水污染防治法》只规范"向水体排放污染物"的行为；二者都未能综合考虑前述行为对整体环境生态功能的不利影响。其次，除模块式划分外，我国环境立法还体现出"事项化"的特征，即环境法体系中也存在围绕着不同的环境问题（如生物多样

---

① 若从1979年《环境保护法（试行）》开始计算，我国环境法治已经经历了近40年的实践。先后制定和修改了环境保护方面的法律30余部、行政法规和地方性法规200余部、部门规章600多部。

② 张梓太、李传轩、陶蕾：《环境法典化研究》，北京大学出版社2008年版，第193页；孙佑海：《环境立法问题研究》，载周珂主编：《环境法学研究》，中国人民大学出版社2008年版，第108页。

③ 钭晓东、杜寅：《中国特色生态法治体系建设论纲》，载《法制与社会发展》2017年第6期。

性破坏、气候变化等)所展开的单行立法模式。然而,此种"问题式"立法模式与上述"模块式"立法模式又存在交叉、重叠的情况。例如,明显属于"问题式"立法的气候变化立法与"模块式"立法中的《森林法》《大气污染防治法》等,不论在立法目的上还是立法内容上都存在一定的相关性。在此种情况之下,若分别单独立法而又未能有效协调各法律规范之间的衔接问题,将不利于气候变化问题的有效解决。①

二是不同模块间的环境立法发展不均衡,立法漏洞较多。前述环境法律体系的三大模块法律规范之间的发展局面呈现出不平衡的特征:② 自 20 世纪 70 年代起,污染防治法就已成为我国环境法律体系的重要组成部分,经过多年立法发展,整体上比较全面和细致,发展水平较高。同时,我国也早已出台多部自然资源法,但早期的自然资源法并未真正融合生态保护的价值,其发展水平与污染防治法相比,较为落后。而至于生态保护法,目前这一模块还处于制度探索、立法规划的初级发展阶段,与污染防治法、自然资源法相比,发展水平最低。而从生态系统的整体性出发,不论是污染防治法、自然资源法或者是生态保护法,都属于环境保护的重要环节。不均衡的发展格局将导致环境保护的整体性效果大打折扣。鉴于此,针对整个环境法律体系中较为薄弱的模块,立法上要予以积极加强和完善。

三是环境法律体系内部的制度协调性有待加强。首先,环境基本法的全局性、综合性和协调性应当加强。各类环境要素按照特定的客观规律相互影响、相互作用所组成的环境生态系统具有整体性特征,因此,在污染防治法、自然资源法和生态保护法这三个领域中的环境问题也并非泾渭分明,不论是其产生的成因还是后续的影响,都是互相关联、互相影响的。部分跨领域的问题单凭各领域内部立法无法妥善处理,需要环境基本法来加以规定。③《环境保护法》是环境法律体系中的基本法,但目前看来其规范主要以污染防治法作为参照抽象提炼而成,整部法的调整重心局限于环境污染防治方面,而对自然资源法和生态保护法这两大领域缺乏关注,涉及的内容较少,面对现实情况中不断暴露出来的跨领域环境问题,不能实现有效回应;也未能通过及时的立法修改来预防、协调和消除环境法律体系

---

① 例如,我国《森林法》已将"调节气候"作为立法目标之一,同时《森林法》确立的限额采伐、植树造林、扩大森林面积等森林保护制度都对增加森林碳汇、减缓气候变化具有积极的作用。参见李艳芳:《论中国应对气候变化法律体系的建立》,载《中国政法大学学报》2010 年第 6 期。
② 张梓太、李传轩、陶蕾:《环境法法典化研究》,北京大学出版社 2008 年版,第 194 页。
③ 张梓太、李传轩、陶蕾:《环境法法典化研究》,北京大学出版社 2008 年版,第 200 页。

中①各具体法律规范之间的割裂、冲突和不协调现象。例如,在水体保护这一领域,《环境保护法》应积极协调与之相关的各项环境法律规定,统一规范《水法》中"从水体索取水资源"的行为和《水污染防治法》中"向水体排放污染物"的行为,以期现有水体保护的环境法律规范可以形成保护水体的合力。但是,目前来看,《环境保护法》尚未有效发挥这一作用。其次,环境基本法与各单行法(特别是污染防治法)之间存在着大量的规范重复、冲突、不一致的情形。有学者统计,在《环境保护法》修订前,至少有31个条款与6部单项污染防治法重复,重复率高达66%;②其中,在基本原则、基本程序、适用条件、管理机关、处罚主体等方面,修改前的《环境保护法》中至少存在7个条款与单项法的规定存在冲突、不一致的情形。③而在2014年该法修订后,问题虽然有所改观,但依然尚未完全根除。再次,各单行法之间也存在着矛盾、冲突的情况。由于各个污染单行法的内容具有同质性,除法律规范的名称不同之外,基本可以相互替代,对于同一问题经常可在多部单行法中寻找到法律依据,但是由于立法时间不同、跨度较大,导致在面对同一问题时,不同单行法的法律规定常有互相矛盾和冲突的情形,这在法律适用以及后续的执行上都带来困难。④例如,《固体废物污染环境防治法》第2条关于防止固体废物污染海洋环境的规定与《海洋环境保护法》《海域使用管理法》等其他法律的衔接上存在一定的问题。⑤在污染防治法与自然资源法之间,以《水污染防治法》和《水法》为统领的水污染防治法体系和水法体系存在较严重的不协调,甚至矛盾与冲突。⑥《水污染防治法》与《水法》在入河排污口的监督管理上,都确立了

---

① 张梓太、郭少青:《结构性陷阱:中国环境法不能承受之重——兼议我国环境法的修改》,载《南京大学学报(哲学·人文科学·社会科学)》2013年第2期;张梓太、李传轩、陶蕾:《环境法法典化研究》,北京大学出版社2008年版,第199页。

② 这里所指的6个污染防治专项法指《水污染防治法》《大气污染防治法》《固体废物污染环境防治法》《环境噪声污染防治法》《放射性污染防治法》和《海洋环境保护法》。

③ 别涛:《环保领域的适度法典化建议》,载中国法学会环境资源法学研究会公众号2017年11月5日,https://mp.weixin.qq.com/s/-f3npw8nO_IqvuCsoqYUJw,2019年1月7日访问。汪劲教授持相似观点,认为《环境保护法》所有47条规定中,除立法目的规定、立法解释规定、适用范围规定、对自然保护的原则性和准用性规定、对诉讼时效的规定以及国际环境条约在我国的适用规定、法的施行日期规定等固有规定外,其他具有实质性和可操作性的条款已全部重复规定于单项环境与资源保护法律之中"。参见汪劲:《从环境基本法的特征论我国〈环境保护法〉的修改定位》,载汪劲著:《环境法治的中国路径:反思与探索》,中国环境科学出版社2011年版,第67页。

④ 吕忠梅:《将环境法典编撰纳入十三届全国人大立法计划》,载《前进论坛》2017年第4期。

⑤ 张梓太、李传轩、陶蕾:《环境法法典化研究》,北京大学出版社2008年版,第196页。

⑥ 杜群、杜寅:《水保护法律体系的冲突与协调——以入河排污口监督管理为切入点》,载《武汉大学学报(哲学社会科学版)》2016年第1期。

污染物总量控制制度,但它们在污染物的种类、适用范围等方面的规定不尽相同,两者在逻辑上存在明显的矛盾冲突问题。例如,在污染物种类方面,"十二五"期间,原环境保护部依据《水污染防治法》公布的重点控制水污染物范围小于水利部依据《水法》所控制的水污染物;①在适用范围上,《水污染防治法》仅适用于重点控制的流域、区域,而《水法》则适用水功能区划所涉及的所有水域。

马克斯·韦伯认为现代法律应采取形式理性的立场。②形式理性要求环境法体系在结构上具备融贯性、实现体系化,其中体系化是环境法实现形式理性的最终表现,而融贯性则是环境法体系化追求的目标。融贯性赋予环境法律体系以"在体系内部完成自我证明"的能力,有效排除法律之外政治与意识形态的干扰,从而实现法的确定性与可预测性。在形式理论的要求下,通过整合所有环境法律规范,搭建出内容完备、逻辑顺畅、互不冲突的规范体系,从而把所有可预见的事实都涵摄于体系之中,最终实现环境法律体系的体系化。为此,国内环境法学界的许多学者提出编纂环境法典,希望通过对环境法规范的分类、梳理和整合来解决环境法的结构性问题。③融贯性是分类、梳理和整合环境法规范的目标追求,也是未来环境法典的灵魂所在。

二、完善我国环境法律之相关建议

基于前文分析可知,我国现行环境法律并未能很好地保障环境利益,即实在法层面的环境法律与应然层面的环境法存在一定程度的偏差,此是造成我国现行环境法律实效不彰的根本性原因之一。环境法律是作为独立部门法的环境法的外在表达形式和表述方法,其制定、完善应以环境法为依据、指引,即应尽可能地客观反映出作为其实质内容的环境法的本质特征。鉴于此,本部分,笔者拟基于前文对环境法本质特征的认知,对完善我国法律体系提出若干建议。

---

① "十二五"期间,原环境保护部依据《水污染防治法》公布的重点控制水污染物是氨氮和化学需氧量,而水利部依据《水法》所控制的污染物则是氨氮、化学需氧量、总磷、总氮。

② Max Weber, *Economy and Society*, edited by Guenther Roth and Claus Wittich, New York, Bedminister Press, 1968, p. 853.

③ 吕忠梅:《将环境法典编撰纳入十三届全国人大立法计划》,《前进论坛》2017年第4期。此外,2017年1月6日,在北京举办的"环境立法法典化高端研讨会"上,来自法理、民法、刑法、行政法等学科的著名学者,来自国家环境立法与行政机关的高级官员,以及来自全国各地的三十余位中青年环境法学者,共聚一堂,热议环境法典的必要性和可行性。李松:《环境立法法典化高端研讨会举办》,法制日报2017年2月15日,载新华网http://news.xinhuanet.com/legal/2017-02/15/c_129479611.htm,2019年1月7日访问。

（一）确立环境法律体系的整体性理念

如前所述，我国现行环境立法并未对环境利益进行明确确认，也未形成对环境利益有效、体系化的法律保障体系。对此，笔者建议应当秉承整体性理念，对环境法律体系展开优化。环境法是以保障环境利益为核心的部门法，环境利益的自然性、客观性、根本性的内在机理决定了环境法必须秉承整体性、综合性的理念。

首先，整体性理念要求环境法律体系的构建应注重其内部结构的优化。一般认为法律体系指的是：一国的全部现行法律规范，按照一定的标准和原则，划分为不同的法律部门而形成的内部和谐一致、有机联系的整体。[①] 由此可以看出，每一个独立法律部门也都是由各种法律规范系统构成和运行的具有内在结构性的整体。结构是指系统内履行特定功能的各要素的组合和排列及其相互关系，功能则是结构产生的特定影响。[②] 结构的不同会导致功能的不同，亦即特定结构会产生特定功能。环境法律作为由一国立法机关所制定的全部现行的规范性环境法律文件构成的具有法律效力等级的有机统一体，其功能的有效发挥取决于其内在结构的合理性和系统性。因此，建构和完善环境法律体系，不应局限于微观层面上点面性的具体环境法律制度构建，更为重要的是要以整体性视角对环境法律体系内部结构进行体系化设置，即由环境保护基本法做出保障环境利益的根基性、统领性的基本原则和基本制度的规定，在环境保护基本法的基本原则和基本制度的框架内，各环境要素保护单行法律结合相应环境要素的特质展开具体的法律建构。其次，整体性理念要求环境法律体系内部各项法律制度始终围绕着"环境利益保障"这一目标展开结构性的设置。如前所述，环境法体系的本质属性是环境法系统，它是由一系列存在互赖互动关系的环境法规范所组成的有机整体。为确保环境法律体系内部各规范、制度之间的互赖互动，应围绕着统一的目标展开制度设置。《环境保护法》第1条规定的立法目的，[③] 其不单单是该法的制度目标同时也是各环境单行法律的制度目标。只有统一了制度目标，污染防治、资源保护、生态保护等各环境保护单行法律的具体立法目的和制度才不会偏离"保障环境利益"这一核心。明确的制度目标也有助于各环境法律文件内部能够"有的放矢"地设计具体法律制度，从而保障各具体法律制度间的有机协调和配合，增强实效性。

[①] 高其才：《法理学》，清华大学出版社2015年版，第57页。
[②] 张守文：《经济法理论的重构》，人民出版社2004年版，第77页。
[③] 《中华人民共和国环境保护法》第1条：为保护和改善环境，防治污染和其他公害，保障公众健康，推进生态文明建设，促进经济社会可持续发展，制定本法。

再次，整体性理念强调环境法律体系地构建应当关注污染防治、生态保护与资源开发利用的并重，而且重视它们相互之间的联系、协作。① 环境保护和经济发展同具有法律上的正当性，环境法律不应也不能通过限制一切经济发展活动实现其保障环境利益的目的，而是以可持续发展的理念谋求环境保护和经济发展的平衡。《环境保护法》以及《森林法》、《渔业法》等环境单行法律已做出相关的原则性规定。② 此外，整体性理念还要求环境法律体系的构建应当超越"仅关注单个环境要素或单一环境行为"的局部性视野，而应采用"关注生态系统的整体性、系统性"以及"不同环境行为之间互动性"的整体性视野。最后，整体性理念要求环境法律制度的设置应当充分考虑环境要素的自然属性，并尊重生态规律；避免依照行政区划等因素对之进行不科学的分割管理。此外，整体性理念强调应当以对环境生态功能的保障、恢复、增益作为各项环境法律制度设置的最终目标。③

自20世纪以来，环境危机愈演愈烈，尽管各国普遍制定了大量保护水、空气、土壤、动物、濒危物种以及森林、湿地等特定自然要素的单项立法，但全世界范围内的生态环境依然在不断恶化。④ 其原因在于，"这些单行法律制定的时代不同、目的各异，无法有效地调整具有整体性、生态性、开放性特质的环境资源关系；大量单项立法没有统一的立法宗旨与精神指引，容易形成矛盾与冲突"。⑤ 20世纪60年代后，各国开始反思分散性、碎片化的环境立法思维的弊病，意识到生态系统的整体性决定了环境立法必须树立整体性、系统性的立法理念。综合生态系统管理理论在此背景下应运而生，其是建立在深刻认识生态系统性质、特点和规律的基础上，与法律调控紧密结合的理论。⑥ 基于此，不少环境立法发达国家普遍制定了"对

---

① 王灿发：《论生态文明建设法律保障体系的构建》，载《中国法学》2014年第3期。
② 如《中华人民共和国环境保护法》第1条规定："为保护和改善环境，防治污染和其他公害，保障公众健康，推进生态文明建设，促进经济社会可持续发展，制定本法"；《中华人民共和国森林法》第1条规定："为了践行绿水青山就是金山银山理念，保护、培育和合理利用森林资源，加快国土绿化，保障森林生态安全，建设生态文明，实现人与自然和谐共生，制定本法"；《中华人民共和国渔业法》第1条规定："为了加强渔业资源的保护、增殖、开发和合理利用，发展人工养殖，保障渔业生产者的合法权益，促进渔业生产的发展，适应社会主义建设和人民生活的需要，特制定本法"。
③ 蔡守秋：《从综合生态系统到综合调整机制——构建生态文明法治基础理论的一条路径》，载《甘肃政法学院学报》2017年第1期。
④ M.J.G. Van Eeten and E. Roe, *Ecology, Engineering and Management: Reconciling Ecosystem Rehabilitation and Service Reliability*, Oxford University Press, 2002, p. 21.
⑤ 吕忠梅：《环境法导论》，北京大学出版社2015年第3版，第26页。
⑥ A. Trouwborst, *Evolution and Status of the Precautionary Principle in International Law*, Kluwer Law International, 2002, p. 28.

一国环境法律秩序的建立、确认和保障发挥基础与核心作用"的环境保护基本法,① 如美国的《国家环境政策法》、俄罗斯的《联邦环境保护法》等。而《环境保护法》从地位与作用来看无疑是我国环境法律领域中的基本法,各环境保护单行法律应接受其指导,根据其理念、原则、基本制度等加以制定和实施。总之,"生态本身就是一个有机的系统,生态治理也应该以系统思维考量、以整体观念推进,这样才能顺应生态环保的内在规律"。②

(二)应使目的条款准确反映环境法的目的

环境法的目的是指在将环境法确认为一国法律体系中独立的部门法时所希望达到的目标或实现的结果,其是环境法学的核心范畴,从根本上指导着具体环境立法的方向。通过上文分析可知,我国诸如《环境保护法》《水污染防治法》《大气污染防治法》等相关环境法律的目的条款并未反映环境法的目的。对此,笔者建议应对以《环境保护法》为代表的相关环境法律的目的条款进行修改,使得至少要能在其中提炼出"为确保环境生态功能处于良好的状态,以使人的生态需要得到尽可能充分、公平、有序的满足,从而确保人类的生存、繁衍及可持续发展"的内容,并以之作为修改、完善该法的指引、方向。事实上,近年来,域外多国环境立法实践都或多或少地反映出"生态化"的趋势,即在环境法律中承认环境系统的独立生态功能价值,肯定环境系统的整体性、系统性、基础制约性及其承载能力的有限性并更多地关注对环境质量的改善、对生态平衡和生态安全的维护,同时也关注在环境法律中更多地纳入和运用生态系统方法和综合生态系统管理。

而此种趋势首先突出地反映在各国环境基本法的目的条款中:

表 6-3 各国环境基本法的目的条款反映"生态化"的趋势内容整理表

法律名称	法律条款
俄罗斯《环境保护法》	"本联邦法确立环境保护领域国家政策的法律基础,以保证平衡地解决各项社会经济任务,保持良好的环境、生物多样性和自然资源,其目的是满足当代人和未来世世代代的需要、加强环境保护领域的法律秩序和保障生态安全。"

---

① 吕忠梅:《环境法导论》,北京大学出版社 2015 年第 3 版,第 36 页。
② 《山水林田湖草是生命共同体——共同建设我们的美丽中国》,载中华人民共和国国家改革和发展委员会官网,https://www.ndrc.gov.cn/fggz/hjyzy/stwmjs/202008/t20200817_1236179.html,2020 年 8 月 17 日访问。

续表

法律名称	法律条款
美国《国家环境政策法》	"本法的目的在于促进人类与富有生产力和舒适的环境之间的和谐;努力防止或者减少对环境与生物圈的损害,增进人类的健康与福利;充分了解生态系统以及自然资源对国家的重要性。"
加拿大《环境保护法》	"鉴于加拿大政府寻求达到可持续发展,而这有赖于生态性地有效利用自然的、社会的和经济的资源,以及政府和私人实体在做出所有决定时,认可将环境的、经济的和社会的因素综合予以考虑的必要性……"
德国《环境法典》	"为了环境的持久安全,法律的保护目标是:一、生物圈的生存能力和效率,以及二、其他自然资源。"
日本《环境基本法》	"本法的目的是就为环境保护规定基本理念,并明确国家、地方公共团体、企业者以及国民的责任,规定作为环境保护基本对策的事项,从而综合且有计划的推进环境保护对策,以确保现在及将来国民健康、文化的生活,为人类的福利作贡献。"

上述域外多国环境法律目的条款的规定,虽然在具体的内容上存在差异,但其在深层次上具有一定的共性,即其均在环境法律中承认了环境系统的独立生态功能价值,并通过条文的规定给予了环境利益一定程度地倾斜、优先保障。以韩国《环境基本法》为例,其在法律条文中明确表明了在从事利用环境行为时应当对环境保持予以优先的考虑。

相较于上述国家的环境法立法目的而言,我国的环境法立法目的条款既未明确对环境利益的保障,更谈不上对于环境利益的倾斜保护。环境法律规范中目的条款的规定,对于整部法律而言具有统领作用,应承认的是,一部法律规范应当是紧紧围绕目的条款展开的,故若环境法规范中未明确对于环境利益的倾斜保护,甚至是未确立环境法律规范对于环境利益的保障,是不利于实现使环境自身生态功能保持在良好状态这一目标的。故欲在环境危机时代,实现对环境利益的有效保障,使环境自身生态功能保持在良好状态,应首先使目的条款准确反映环境法的目的,使得法律规范都紧紧围绕着环境利益保障这一目的展开,尽可能地实现对于环境利益的倾斜保障。

值得注意的是,虽然环境法的应然目的从根本上指导着具体环境立法的方向,其是环境法律所要实现的最为核心的目的,但并非唯一的立法目的——通常情况下,某一具体法律文件中的目的条款也会在一定程度上兼顾其他合法利益类型,并对整个法律体系的目的及国家政策进行倡导。可见，应当从一国环境法律的"目的条款"中提炼出作为独立部门法的环境法的目的，但不能将"目的条款"中的所有内容都视为环境法的目的，否则如此"混淆视听"将使得无法通过环境法律真正把握环境法目的的实质所在。换言之，在环境法律的目的条款中强调基本国策及整个法律体系的目的并兼顾其他相关合法利益是当下各国环境法律的常态，但在如此操作的同时至少要保证在其目的条款中能提炼出该部门法的应然目的，并以之作为该法修改、完善的指引。鉴于此，如前文所提及的诸如"保障公众健康""促进经济社会可持续发展""推进生态文明建设"等均非作为独立部门法的环境法的核心目的，但却不能排除将之写入环境法律文件的目的条款中。而就域外环境立法实践来看，目前不少国家都将"保障人体健康""促进经济发展"等作为环境法律目的条款的内容。由此可见，目前我国大多数环境法律的目的条款只完成了"兼顾""倡导"的任务，但却未准确反映环境法的目的，更未以之为指引进行制度构建。鉴于此，笔者建议可对相关立法的目的条款进行修改，如可以将《环境保护法》第1条目的条款修改为："为确保环境处于适宜人类正常生存、繁衍的良好状态，保障人体健康，推进生态文明建设，促进人类社会全面可持续发展，制定本法。"

（三）应确认环境利益并确立环境利益保护优先原则

如前所述，我国相关环境法律并未对环境利益进行明确确认，也未注重对环境利益的优先、倾斜保障。明确确认环境利益的主体、内涵及其合法性是有效保障环境利益的前提。鉴于此，建议我国相关环境法律可借鉴域外多国环境立法经验，在其目的条款中宣示对环境利益的确认（上文已论述），也可以通过为相应的主体设定环境权利、环境权力、环境义务以及环境责任的形式来忠实地记录得到承认和保护的环境利益及其获得承认的限度。鉴于此，笔者认为可在作为环境法律体系基本法的《环境保护法》中明确确认环境利益，如通过在该法中规定"自然人享有在具有良好生态功能的环境中生活以确保其生态需要得到充分满足以维系其正常的生存、繁衍的权利""自然人具有将环境生态功能维持在良好状态的义务，任何组织和个人不得以任何方式减损、破坏环境生态功能"和"国家负有保护和改善环境生态功能以确保自然人生态需要得到充分、公平满足的职责"以实现对环境利益的主体、内涵及其合法性进行确认。

"环境保护与经济社会发展相协调的原则"一直被视为我国环境法的首要原则，但事实上，该原则并不能很好地完成"确保环境利益尽可能充分、公平、有序地实现"的目标。一方面，从措辞上看，这一原则体现的是环境保护工作要主动适应经济社会发展的需要,即在环境保护与经济社会发展的关系中处于被动性的地位,要为实现"协调发展"主动做出妥协、让步。另一方面,"协调发展原则"过于强调环境利益与经济利益的统一性,而忽视了两者间的冲突性、矛盾性。围绕着环境利益的实现存在诸多冲突,而其间最主要的冲突表现为环境利益与经济利益的冲突,而在此过程中环境利益明显处于弱势地位。事实上,环境问题愈演愈烈的根源正是在于人类社会过度追求经济利益,而轻视甚至无视环境利益对人类生存的重要性。鉴于此,相关环境立法应在肯定"环境保护优先"原则的基础上,尽可能地将该原则贯彻到立法的各个环节并修改与该原则相冲突的内容,如应将其中"使经济社会发展与环境保护相协调""促进经济社会可持续发展"等相关表述修改为"在环境可承载的限度内促进经济社会的发展"。

(四)应围绕着环境生态功能的保护展开建制

如上文分析,当代环境问题解决的根本在于将环境生态功能维持在适宜人类正常生存、繁衍及可持续发展的良好状态,此也是应然环境法之目的。虽然我国现行环境法律一定程度上实现了对环境生态功能的保护、增益,但客观来说,相关法律事实上并未将保障良好环境生态功能作为其建制的目标,即其并未从根本上改变我国环境立法实践长期以来"以污染防治为中心""重点源污染轻面源污染""重污染防治、轻生态保护""重城市、轻农村""重事后补救、轻事前预防"的局面。且在"重污染防治、轻生态保护"的环境立法格局下,有关"污染与否"的判断也仅局限于"是否超标准排放"这一标准。而事实上,超标准排放未必会造成环境生态功能的减损,而达标排污也不必然就不会造成环境生态功能的减损;且污染物超标仅是环境生态功能质量中的一个指标,只单一地关注将污染排放行为限制在符合标准的范围内并不能直接实现对环境生态功能的保护、增益,甚至一定程度上将加剧环境生态功能的减损。鉴于此,笔者建议,立法者对各项环境法律制度地设置应"跳出"单纯的污染防治的范畴,而直接以"保障环境生态功能处于良好状态"为其制度设置的目标,使得环境治理不单单是满足于对环境污染进行治理从而实现环境质量达标,还应通过制定诸如"划定生态保护红线""建立自然保护地"等生态保护制度推进环境数量稳步增长。此外,生态系统"牵一发而动全身"的复杂结构性决定了环境损害具有累积性、滞后性以及不可逆转等特性,这也决定了对于环境保护而言,事前预防永远优先于事中控制和事后补救。尽管2014年修订的《环境保护法》第 5 条规定了"预防为主"的基本原则,[①]但学者们普遍认为其所规定的"预防原则"实质上乃是对具有科学确定性的环境损害危险的防止,同《里约环境与发展宣言》所规定的针对科学不确定性场合的风险预防原则相去甚远。基于此,建议我国环境保护基本法应尽快且明确纳入风险预防原则,如此才能为整个环境法律体系的"事前预防性"法律制度的设计提供法律原则指引。同时,应对有关环境生态功能保护的前端性管理制度展开更进一步的优化,如尽管我国规定了环境影响评价制度,将有关开发利用规划和项目建设纳入了环境影响评价范围内,但这更多体现的是中端性和末端性的环境治理色彩。为此,有必要借鉴美国、加拿大、荷兰等国广泛开展战略环境评价,将政府及政府相关部门制定的公共政策作为环境影响评价的内容,对处于决策链源头的宏观政策进行环境影响评价。[②]只有如此才能真正实现应然环境法之目的,而相关具体制度设计是一个丰富的体系,有赖于后续进一步构建、完善。

(五)应构建环境法律责任体系

如前所述,环境法律责任是因行为人违反法律义务、超越法定权利或滥用法定权力等行为造成或可能造成环境生态功能损害或由于法律特别规定而依法应承担的不利后果。环境法律责任是维护环境利益的工具,是对侵害环境生态功能的环境污染、生态破坏行为的纠错机制,是环境法保障环境利益的核心手段之一。客观来说,想要对环境利益展开有效的保障,应当在现行环境立法中构建环境法律责任体系。具体来看,环境法律责任体系的构建包括"因侵害环境利益从而承担不利后果的应当性"和"具体的制裁手段或惩罚措施"两个层面的内容。

对于前者,笔者认为可在相关环境立法中明确:"环境法律责任是指因导致环境生态功能减损或存在减损之虞并进而损害或可能损害自然人对良好环境的保有、享受的权利,而依法所应承担的各类责任。"同时可原则性地规定:"环境生态功能减损之事实的判断应依据各类环境标准进行。国家应根据国情制定并及时更新各类环境标准。"

对于后者,笔者认为可在环境立法中明确环境法律责任的各种承担方式。法律责任的承担方式是落实法律责任的工具性手段,具体是指在法律责任认定和归结后,对有责主体具体应采用何种方式使其承担其应依法承受的不利的法律后果的具体安排,其是使法律责任得以落实(承担)的工

---

① 《中华人民共和国环境保护法》第 5 条:"环境保护坚持保护优先、预防为主、综合治理、公众参与、损害担责的原则。"

② 吕忠梅:《环境法导论》,北京大学出版社 2015 年第 3 版,第 110 页。

具性手段，对于法律责任及时、充分且有效地实现具有重要影响。对于环境法律责任民事责任承担方式，笔者建议可在相关立法中明确："对造成或可能造成环境生态功能减损的环境污染、生态破坏等行为，即使没有对他人的人身、财产造成损害的，也应当承担停止侵害、排除危险、修复和补救受损的环境生态功能以及赔偿因环境生态功能减损而造成的损失等责任。"对于环境法律责任行政责任承担方式，笔者建议可在相关立法中明确："对造成或可能造成环境生态功能减损的环境污染、生态破坏等行为，即使没有违反环境行政管理规定，环境行政主管部门也可依法对其处以责令停止侵害行为、责令停产停业、吊销营业执照及/或许可证、责令采取补救修复措施、责令缴纳罚款等责任。"对于环境法律责任刑事责任承担方式，笔者建议可在相关立法中明确："对造成或可能造成环境生态功能减损的环境污染、生态破坏等行为，即使没有对他人的人身、财产造成损害，构成犯罪的，也应依法追究刑事责任。""对负有监督管理职责的国家机关及其工作人员的严重失职行为，即使没有造成公私财产遭受重大损失或者造成人身伤亡的严重后果，但导致或者可能导致环境生态功能减损，构成犯罪的，应依法追究刑事责任。"同时，应对刑事立法中相应的规定进行修改，以明确因污染、破坏环境等行为致使环境生态功能减损或可能减损所应承担刑事责任的构成要件和处罚类型。此外，正是由于法律责任的承担方式是落实法律责任的工具性手段，因而从理论上而言，某一部门法的法律责任为了救济该部门法所核心保障的法律利益，完全可以根据实际需求设置多元化的责任承担方式，而无需囿于传统的民事、行政、刑事责任承担方式，如新近发展的修复生态环境、补种树木、接受环境教育等创新性的责任形态就是很好的证明。鉴于此，笔者认为除了规定各类传统的责任承担方式外，环境立法还应基于环境利益的内在机理对环境法律责任的承担展开相应的创新。

同时，相关环境法律也应对环境法律责任社会化、政府化填补措施进行原则性的规定。如可规定："为应对环境法律责任主体无法确定或者虽主体能确定但其却责任承担不能的情况，国家应负有先行负担的职责。此外，国家应建立环境责任保险制度、环境损害基金制度、企业资金预提制度等环境法律责任社会化的制度。"

（六）应构建环境利益损害救济程序

如前文所述，环境利益损害的救济程序（即环境生态功能损害的救济程序）应是一个体系，当代环境法律既要关注新型环境公益诉讼对环境利益的救济，也要关注传统诉讼模式对环境利益的保障，具体来看：

在肯定了自然人对具有良好生态功能的环境的享受、保有的权利的基础上，相关环境法律应赋予自然人救济该权利的权利。前文已述，环境利益虽为公共利益，但不能排除个人对其享有。鉴于此，当面对周边环境生态功能减损或有减损之可能时，自然人当然可以以自身的环境利益受到侵害为由，通过提起传统的民事诉讼和行政诉讼，以保障自身所享有的环境利益。对此，相关环境法律可规定："当自然人认为他人的环境污染、生态破坏等行为造成或可能造成环境生态功能减损并进而侵害或可能侵害到其对良好环境的享受、保有的权利时，可以以自己的名义向人民法院提起民事诉讼，请求法院判令侵害行为人停止侵害、排除危险、采取必要的措施修复环境并承担相应的费用、赔偿因环境生态功能减损而造成的损失。""当自然人认为行政主体的行政行为造成或可能造成环境生态功能减损并进而侵害到其对良好环境的享受、保有的权利时，可以以自己的名义向人民法院提起环境行政诉讼，以请求人民法院判令行政主体履行给付义务、判令变更或撤销行政主体的行政行为、判令确认行政主体行政行为违法或无效并责令其采取相应的补救措施、赔偿相应损失或进行相应补偿。"同时，鉴于环境利益的公共利益属性，应明确在环境民事诉讼、环境行政诉讼中所产生的赔偿、补偿等资金不能归原告个人所享有，而应纳入专门资金账户用于环境生态功能后续的修复。

而对于不直接享有环境利益的主体，当其有证据证明他人的污染、破坏环境等行为造成或可能造成环境生态功能减损并进而侵害或可能侵害到环境公共利益时，可依法提起民事或者行政环境公益诉讼，以保障环境公共利益。目前各国对环境公益诉讼原告的范围规定不一，如印度的判例确定了任何个人和民间团体都有权提起公益诉讼，而不必证明与案件有直接的利害关系。而英国的公益诉讼立法模式则比较保守，其规定检察长是唯一能在法院代表公众的人，其他私人一般不允许直接提起公益诉讼。目前，我国在考虑对滥诉的防范以及各方主体的诉讼能力的基础上规定只有"依法在设区的市级的民政部门登记的、专门从事环境保护公益活动连续五年以上且无违法记录的社会组织"方可提起公益诉讼。鉴于此，相关环境法律可以规定："符合法定条件的社会组织，当其有证据证明因为他人污染、破坏环境等行为造成或可能造成环境生态功能减损并进而侵害或可能侵害到环境公共利益时，其有权依法提起民事公益诉讼，请求法院判令侵害行为人停止侵害、排除危险、采取必要的措施修复环境并赔偿因环境生态功能减损而造成的损失。""符合法定条件的社会组织，认为行政主体的行政行为造成或可能造成环境生态功能减损并进而侵害到环境公共利益时，其有权依法提起行政公益诉讼，以请求人民法院判令行政主体履行给付义务、变更或撤销行政主体的行政行为、确认行政主体行政行为违法或无效并责令其采取相应的补救措施、赔偿相应损失或进行相应补偿。"同时应规定环境公益诉讼中所获得的赔偿金、补偿金、罚金等相关款项应纳入公共资金账户用于环境生态功能后续的修复。

（七）应解决"一体两翼一支撑"机制不健全的问题

对我国现行环境法律"一体两翼一支撑"机制不健全的问题，应在相关环境法律中予以原则性的完善：

第一，对于上文所提出的环境法律中的相关规定并没有反映环境危机时代政府环境权力应有的本质追求的问题，相关环境法律可进一步明确："政府负有保障环境生态功能处于良好的状态，以使人的生态需要得到尽可能充分、公平、有序地满足，从而确保人类正常的生存、繁衍及可持续发展的职责。"对于目前"行政主体环境责任缺失"的问题，相关环境法律应具体地规定："行政主体因其行政超越权力、滥用权力等不合法、不合理行为造成或可能造成环境生态功能减损所应承担的各类责任"，此具体在前文已经论述。而对于"环境行政权力监督机制、环境公众参与支持机制不健全、不完善、可操作性弱"的问题，有赖于其他配套的相关法律文件的后续进一步细化、完善。

第二，针对自然人环境权利构建不完善的情况，笔者建议，应在相关环境法律规范中对自然人对良好环境功能的保有、享受的权利予以确认，如可规定"自然人享有在具有良好生态功能的环境中生活以确保其生态需要得到充分满足以维系其正常的生存、繁衍的权利"，并可围绕着此构建环境知情权、环境参与权、环境监督权、环境诉讼权等一系列程序性的权利。此种安排具有十足的意义：首先，权利是确认被法律所认可之利益的最佳方式，通过立法对环境权利的实体性权能进行确认，可以明确环境利益的主体、客体及其内涵，有利于准确认知环境利益的内在机理，也有利于人们准确把握环境法的内在本质。其次，通过权利的形式确认主体对环境利益的保有、享受，有利于充分发挥权利特有的利益导向和激励机制以作用于主体的行为，使得权利主体更明确自己行使环境知情权、环境参与权、环境监督权等相关程序性权利的最终目的是保障其自身享有之环境利益，从而有利于充分发挥公民的积极、主动性，以增强环境法的实施效果。再次，此种规定明确了自然人的环境知情权、环境参与权等相关程序性权利的"权源",使得自然人可以在没有法律明确规定的情况下也可以以"保障自身所享有环境利益的实现"为原则灵活地行使相关权利,增强相关制度的可操作性。最后,有利于从根本上规制、确保环境行政权力的合法性、合理性。从价值层面上说,人基于自然本性和社会本性的需要,与生俱来地便具有权利。而"权力"根源于社会成员个体权利的让渡、汇聚,可以说环境权利是环境权力产生的根源,环境权力应以环境权利为其界限,而不得超越它赖以产生的环境权利的范围。只有确定了环境权利的具体内容,才能明确环境权力存在的目的及其运行的范畴,从根本上保证国家环境权力的合法性、合理性。否定公民的基本环境权利,不仅抽掉了公众维护其基本环境权利的法律依据,也抽掉了国家环境保护职责的前提和基础,也就不可能真正建立严格、有效的国家(政府)环境保护责任制度和问责机制。此外,此种安排有利于构建完整的环境法律关系。如前文所述,环境法要实现对环境利益的保障,必须通过具体环境法律关系的构建来完成。而环境法律关系是指由法律所规范、调整的,以保障环境生态功能为客体的,围绕着"确保人的环境利益尽可能充分、公平、有序地实现"而在环境利益享有者、环境生态功能破坏者、环境利益的维护者之间所形成的各类社会关系的总称。而我国现行环境法律并未确认自然人对环境生态功能的保有、享受的权利,即未确认"环境利益享有者"这一方主体,因此可以说目前我国环境法律中的环境法律关系体系是不完整的,此必然会造成围绕着环境利益享有者而形成的各类具体法律关系的缺失,不利于环境法效用的发挥。

第三,各国环境法律普遍赋予各类环境非公权力社会组织以环境知情权、参与权、监督权、请求权等相关程序性环境权利。由于非公权力社会组织所享有的上述相关权利是以保障环境公共利益为其本质追求的,其间必然存在着"利他主义"理想与"利己主义"现实之间的鸿沟,因此目前世界多国都在为推动此类社会组织积极行使相关程序性环境权利而设计激励机制,如为了推动社会组织积极行使公益诉讼的起诉权,美国设置了"诉讼费、律师费败方负担""公益诉讼提起奖励金"("赏金猎人"制度)等相关激励机制,此可为我国所借鉴。而事实上,对非公权力社会组织享有的上述程序性环境权利的"权源"(即社会环境权力)进行准确把握,才是促使相关制度有效发挥效用的根本。因此,对此类社会组织环境权利的行使,除依照目前路径设置外部激励机制外,还应关注其权力的本质及职责性的属性。鉴于此,可考虑对此类非公权力社会组织进行考核,若出现严重之不作为,则说明该组织违反其"保障环境公共利益"的存续目标及宗旨,则应给予相应的处罚,甚至可解散该组织。对此,相关环境法律可做建制性规定。

本章小结

综上,环境法律是环境法的外在表达形式和表述方法,环境法律的制定及完善应以环境法律规范及由之组成的环境法为依据、指引。本部分通过分析指出我国现行环境法律并未能很好地保障环境利益,存在未以保障环境利益为其核心目的、未形成对环境利益的全面保障、保障环境利益的手段及其配合机制尚不健全等问题,此很大程度上反映出我国实证层面的环境法律与应然环境法之间存在一定程度的偏差。针对此些不足,建议可以从完善其目的条款、确认环境利益、确立环境利益保护优先原则、围绕着环境生态功能的保护展开建制、构建环境利益损害责任体系、构建环境利益损害救济程序、完善"一体两翼一支撑"机制等方面进行完善。

第七章　我国环境利益的司法保障及其完善

　　如前文分析，环境利益是生态文明时代应纳入法律保障范围的利益。从应然层面看，大部分的环境利益应属于"强保障环境利益"，其应得到法律明确的"类型化"确认，即立法应对其内涵及外延进行归纳并对其法律保障机制及其救济方式进行明确规定；该类利益可以在法律上得到强制执行，并在受到侵害时得到法律的有效救济，即法律实现了对该类利益的直接、有效的强保障。同时，也不能忽略还客观地存在着另外一部分"弱保障环境利益"，其虽根据社会的一般观念或者经由法律的推定而被确认为"应得到法律的保障"，但其因尚未得到法律的"类型化确认"或"难以类型化"，而缺乏明确、具体的法律外观（即内涵、外延不明），立法无法提供法律权利、法律权力以及法律义务等机制对之展开直接保障。对此类环境利益的保障通常只能通过司法力量展开个案救济，此种间接、不确定的保障必然导致保障效果的弱化。以法律手段推动生态文明建设的核心在于实现法律对环境利益的全面、有效保障，此需要对环境利益的存续状态加以区分并有针对性地设置相应的调整机制。

　　通过本书上一章的分析可知，从立法层面看，虽然我国现行环境法律从一定程度上起到了保障环境利益的作用，但尚未形成全面、有效的保障体系，即环境法对环境利益尚未形成强有效的保障状态。首先，并未有任何法律条款对环境利益进行明确确认，不少法律条款似乎并未关注环境利益的独立价值。其次，现行立法条款的设置仍呈现出"重污染防治、轻生态保护"的格局，法律制度的设置总体看来并未围绕环境利益的保障展开，更未关注对环境利益的优先、倾斜保障。[①] 再次，保障环境利益的法律手段尚不健全。如目前环境行政权力仅浮于执行环境法令，而并未着眼于保障环境生态功能处于良好状态；有关自然人环境权利的规定并不完整，虽然法律从公众参与的角度规定了公民的环境知情权、环境参与权、环境监

---

　　① 以新《环境保护法》为例：该法共70条，其中真正直接针对环境生态功能保护、增益的条款只有9条，而直接针对污染防治的条款有20余条。特别值得注意的是，该法中诸如"按日连续处罚""行政拘留""查封、扣押""限制生产、停产停业"等较有"力度"的行政处罚、强制措施的规定都主要是针对污染防治的。

督权、环境举报权等程序性权利，但立法并未将自然人对良好环境生态功能保有、享受的权利进行确认，也未对自然人的环境起诉权、救济权进行规定；同时，与上述环境行政权力、自然人环境权利相配套的环境法律义务也并未构建；此外，我国现行立法也并未完整地构建起环境生态功能损害责任制度。

与立法现状的不甚尽如人意不同，目前我国的环境司法实践十分积极、活跃，且近年来逐渐成为重要的政治议题。司法作为中央事权，在环境保护领域的角色变得越来越重要，目前我国正试图通过法律规范的建构和组织机制的建设探索环境问题和涉环境纠纷的统一性司法解决机制。据统计，2020年我国全国法院审结各类环境资源案件共256905件（详见下表），[1] 相关数据一定程度上表明环境司法已发展为我国实践中保障环境利益的核心力量。

表7-1　2020年我国法院审结环境资源案件数量统计

单位/件

	环境民事案件	环境行政案件	环境刑事案件	环境公益案件	生态环境损害赔偿案件	合计
收案数	159070	53854	37641	4181	73	254819
结案数	162411	53092	37783	3557	62	256905

同时，司法解释也已经成为审理环境案件的主要依据。近年来，我国最高人民法院、最高人民检察院围绕着环境司法颁布了很多解释性法律文件，如《审理环境民事公益诉讼案件适用法律若干问题的解释》（2015年发布、2020年修订）、《审理环境侵权责任纠纷案件适用法律若干问题的解释》（2015年发布、2020年修订）、《办理环境污染刑事案件适用法律若干问题的解释》（2017年）、《检察公益诉讼案件适用法律若干问题的解释》（2018年发布、2020年修订）、《审理生态环境损害赔偿案件的若干规定（试行）》（2019年发布、2020年修订）等。虽然这些文件仅是我国环境司法实践经验的阶段性总结，不少制度尚不完善、法理基础尚不扎实，但其却已成为目前我国环境案件审理的主要依据。此一方面反映了我国环境司法及其经验总结的进步，另一方面也凸显了目前环境立法的薄弱。此外，环境司法呈现出"专门化"的发展态势，专门性的环境审判机构数量快速增加，"三审合一"的审判模式初步确立。由此可以判断，目前我国环

---

[1] 吕忠梅：《环境司法2020：推进中国环境司法体系不断成熟定型》，载《中国法律评论》，https://mp.weixin.qq.com/s/B5HjLgZiKr1SW0qc380apA，2021年3月12日访问。

境利益在总体上仍处于弱保障状态,这显然与我国生态文明建设的进程是不匹配的,直接导致了环境利益保障的不确定性、滞后性。

如前文所述,理想状态下的环境法应构建以环境利益的"强保障"状态为主、"弱保障"状态为辅的分层次、有针对性的环境利益法律保障体系。而若想缩小我国实然现状与应然状态之间的差距,需同时从立法和司法两个层面着手。① 对于环境立法方面的完善,笔者已在前文论述。而环境司法是实现环境利益弱保障的核心机制,也是当下我国环境利益保障现实、有效的手段,更是我国积累立法经验、推动环境利益实现强保障的关键环节,因此对之加以完善是相当紧迫的主题。鉴于此,本部分,笔者拟针对环境法保障环境利益的司法实现及完善展开论证。

一、环境司法应围绕着环境利益的保障展开

要弄清环境司法与环境利益的关系,首先应从法理学中利益保障与司法的关系理论着手。

(一)司法与利益保障

一般意义上看,国家司法机关以法定职权和法定程序为依据,解决社会纠纷的活动就是司法。② 司法是社会历史发展的产物,不同的国家和地区由于其社会制度、历史背景、文化传统和经济发展的程度不同,其现行的司法制度也不甚相同;即使是同一国家、地区在不同的时代背景下,其司法制度也存在着较大的差异。然而,不管差异多大,"司法"这一概念都包括"司法机关依法居中裁决社会纠纷"这一核心要素。③

司法与法律利益的保障密切相关,其是通过法律的适用以解决纠纷,并通过纠纷的解决来保障其所追求的利益的活动。具体来看:首先,司法是对法律的实施和适用,能起到实现立法目的、发挥法律功能的现实作用。而司法所司之"法",是保障利益的重要手段。法律运行的整个过程都是在为利益服务,即法律的产生、发展、内容及其本质属性在很大程度上都是基于对利益的配置和固化的结果。④ 因此可以说,司法的最终目的就是要将法律对社会利益的此种保障效果实现于社会之中。其次,司法的本质功能

---

① 何佩佩、冯莉:《论环境利益的存续状态及其调整机制》,载《社会科学家》2020年第11期。
② 丁邦开、何俊坤等:《社会信用法律制度》,东南大学出版社2006年版,第283页。
③ 丁邦开、何俊坤等:《社会信用法律制度》,东南大学出版社2006年版,第283页。
④ 周旺生:《论法律利益》,载《法律科学》2004年第2期。

是解决纠纷、裁判案件。① 从法学的视角看，"纠纷"意味着主体对既定社会制度和秩序的违反或破坏，是一种消极的社会行为。② 纠纷是一般法律关系出现紊乱时的一种事实状态，是对法律预设秩序的破坏。③ 以保障社会基本秩序为宗旨的法律，自然要对纠纷中的法律关系加以调整。这些能够被纳入法律规制范畴、受到法律调整的社会纠纷，在司法实践中通常称之为"案件"。法律关系是法律纠纷的实质内涵，④ 鉴于此，可依法律关系的性质准确框定纠纷的性质和案件的类型，不同的法律关系将导向不同的法律纠纷。目前，无论是从学术研究还是从司法实践的层面，划分案件类型、解决法律纠纷首先就是要厘清争讼案件中的法律关系，而作为法律关系核心内容的法律权利及法律义务的交叉点就是利益和利益的具体表现形式。⑤ 利益才是法律关系的核心，因追求利益各异而形成了不同的法律关系。

（二）环境司法应以环境利益的保障为核心

续上文思路，环境司法是指独立且中立的环境审判机关运用证据认定环境损害事实，通过解释和适用法律裁判环境案件，以解决环境纠纷、惩罚环境违法行为、恢复环境生态功能和社会秩序的活动。环境司法以解决环境案件为出发点，正是因为环境案件与其他类型案件存在本质差异，才对司法提出了分工、专门对待的需求，环境司法专门化应运而生。而环境案件是指能够被纳入法律规制范畴、受到法律调整的环境纠纷，其实质内涵是环境法律关系。如前文所述，环境法律关系是指法律所规范、调整的，以环境生态功能为客体的，围绕着"确保人的环境利益尽可能充分、公平、有序的实现"之目的而形成的各类社会关系的总称，其主要表现为在环境利益享有者、环境生态功能破坏者、环境利益维护者之间的各类环境权利、环境权力以及环境义务的关联、配合。环境法律关系根源于法律对环境利益的保障，客观存在着的环境利益是构成具体环境法律关系的实质性要素。

---

① 如贺卫方教授指出，"司法的主要功能是解决纠纷和给刑事犯罪以应有的惩罚"（贺卫方：《司法的理念与制度》，中国政法大学出版社1998年版，第140页）；陈光中教授主张将司法界定为诉讼，即"国家解决纠纷、惩罚犯罪的诉讼活动"（陈光中、崔洁：《司法、司法机关的中国式解读》，载《中国法学》2008年第2期，第78页），还有学者将司法界定为"独立而中立的法庭，针对案件争议，运用证据认定事实，解释和适用法律，做出权威性法律决定的活动"（于浩：《当代中国司法改革的话语、实践及其反思——以"司法"定义切入》，载《山东社会科学》2015年第10期）。
② 吕忠梅：《环境法导论（第三版）》，北京大学出版社2015年版，第220页。
③ 谢晖：《论规范分析方法》，载《中国法学》2009年第2期。
④ 黄志荣：《中国互联网立法研究》，中共中央党校2017年博士学位论文。
⑤ 麻昌华、李明等：《论民法中的客体利益》，载《法商研究》1997年第2期。

司法从根本上说以保障受损的法律利益为核心，延续此思路，环境司法应当以修复受损的环境生态功能、保障环境利益为核心。

早期，我国各界多将环境司法理解为"传统司法的绿化"，此阶段的环境司法主要着力于解决环境侵权纠纷、维护国家环境资源管理制度以及打击环境犯罪。[①] 然而，遗憾的是这种"传统司法的绿化"所着重保护的是基于环境的人身利益、财产利益，而环境生态功能的状态、环境利益的保障并不在其直接的考量范围内，此种层面的环境司法在维护社会公益、塑造环境秩序方面的收效甚微。当然，这与环境利益在实体法上缺乏对应的实体权利，也欠缺完备的公法规制规范是密切相关的。然而，令人欣慰的是，司法对于社会中环境利益保障的需求具有极为敏锐的感知力，传统司法在保障环境生态功能、推动生态文明建设方面的不足很快得到了重视，环境司法改革得到了积极地开展。目前，在我国环境公益诉讼制度及生态环境损害赔偿磋商和诉讼制度的构建，以及环境司法专门化的趋势都释放了保障环境生态功能的信号。

二、"专门化"是确保环境利益司法保障效力的关键

"专门化"是司法机制为回应社会现实而采取的改革措施，当前社会环境矛盾突出、环境纠纷频发，亟需司法机制创新应对。时代和社会的变革发展对司法提出了新的要求，构成了环境纠纷解决制度设计的法理基础。[②] 环境司法迈向现代化的应然路径是环境司法专门化。

（一）司法专门化及其成因

根据《中华大词典》释义，"专"是指单纯、独一、集中在一件事上；[③]"专门"意指动作、工作集中指向特定范围。[④] 在组织中，将一定的工作任务切割成具体的步骤，以此达到完成工作的目标，这种细化程度就是工作专门化（work specialization），合理的专门化能提高工作或生产效率。[⑤] 鉴于此，从说文解字的角度来看，司法专门化是指司法机关根据案件的特殊性将案件予以类型化，并对类型化后案件的裁判团队、裁判程序、裁判规则和处理结果进行特殊的制度安排，对该类案件进行集中、专门化

---

① 杜辉：《环境司法的公共治理面向——基于"环境司法中国模式"的建构》，载《法学评论》2015年第4期。
② 杨凯：《关于建构"三审合一"审判模式的法理学思考》，载《环境保护》2014年第16期。
③ 苏力：《法律活动专门化的法律社会学思考》，载《中国社会科学》1994年第6期。
④ 刘国有：《浅论专门法院出现的原因及对法律现代化的意义》，载《天津市政法管理干部学院学报》2004年第2期。
⑤ 转引自程国萍、秦志华：《组织行为学》，东北财经大学出版社2018年版，第230页。

的处理的过程。社会纠纷类型多元、日益复杂，司法机关为应对这一现实情况采取了分庭治理的措施，①此种对策理论上将其概括总结为"司法专门化"。②司法权的展开以争讼案件为基础和起点，案件类型影响着司法权分工和作用领域的特殊性，即司法专门化的问题。③

司法是法的适用，司法的专门化是法律专门化的必然结果。司法活动的专门化与社会劳动分工细化、社会生活复杂化紧密相连，具有历史必然性。④就一定层面来说，司法专门化是在解构和重构传统司法机关和司法体系。从环境保护的发展趋势和解决环境纠纷的现实需求出发，环境司法现代化的目标之一就是环境司法专门化。

通过梳理现有文献可知，目前学界从法理学角度专门针对"司法专门化"的研究较少，大多数文献是在讨论某一部门法的司法专门化。对此，笔者在中国知网数据库（https://www.cnki.net）中，以"司法专门化"为主题进行检索，共检索到相关文献313篇。从时间上看，2009年及以前研究成果较少，仅有6篇文献，且以外文文献为主；2010年至2013年间，文献数量略有增加，每年约10篇以内；自2014年后，文献的数量总体上呈现增长态势且走势平稳。具体数据统计如下：

表7-2 中国知网以"司法专门化"为主题检索文献统计（按年份）

单位/篇

统计年份	2014年	2015年	2016年	2017年	2018年	2019年	2020年	2021年6月
文献数量	28	33	36	43	45	47篇	44	19

而从内容上看，大部分文献（约90%）是围绕着环境法领域内的司法专门化所展开的讨论，而以其他部门法为视角所展开的讨论仅有23篇。具体统计如下（含所有年份文献）：⑤

表7-3 中国知网以"司法专门化"为主题检索文献统计（按内容）

研究方向	环境	税务	知识产权	金融	家事及未成年人	旅游法庭	国际贸易	海事	其他
数量/篇	278	4	7	2	6	1	2	1	12
占比%	88.8	1.3	2.2	0.6	1.9	0.3	0.6	0.3	3.8

---

① 刘忠：《论中国法院的分庭管理制度》，载《法制与社会发展》2009年第5期。
② 韩晓明：《环保法庭"无案可审"现象再审视》，载《法学论坛》2019年第2期。
③ 张璐：《环境司法专门化中的利益识别与利益衡量》，载《环球法律评论》2018年第5期。
④ 苏力：《法律活动专门化的法律社会学思考》，载《中国社会科学》1994年第6期。
⑤ 本文以"司法专门化"为主题，检索日期为2021年7月2日，检索文献类别包括期刊、博士论文、硕士论文、国内会议、国际会议、报纸、图书、成果、学术辑刊，共11类。

学界掀起的"环境司法专门化"的研究热潮回应了 2014 年最高人民法院设立环境资源审判庭的实践，可以说环境司法专门化改革使学界对环境司法专门化的研究热情更为高涨。

总的看来，现有文献从学理角度对"司法专门化"所展开的研究较少，学者们对司法专门化的理解大多以"部门法"为视角，且多围绕着狭义的"司法专门化"——"审判专门化"展开，即多结合各部门法的特质，从审判机构、审判模式、审判人员等外在表现层面来定义司法专门化，多将其含义理解为：审判机关根据社会纠纷所呈现出的类型化的特点，组建专业化的审判机构，对特定类型的案件进行专门化的审判活动。① 比如张宝教授便指出："环境司法专门化是从学理层面对近年来地方法院专设审判机构来负责审理环境案件这一实践情况的提炼和概括，其内容涵盖了组织载体的专门化、审判模式的统合化以及审判人员的专业化。"② 王树义教授认为："环境司法专门化是指由专设的环境审判机构、组织负责专门审判环境案件⋯⋯可基本等同于环境案件审理专门化。"③ 于文轩教授认为："环境司法专门化是指由环境法庭依专门的环境司法程序对环境案件进行审理的制度和过程"④。学者们的解读从一个角度很好地展现了司法专门化的内涵及特点。然而，"司法专门化"并不完全等同于"审判专门化"，其应当是整体的、系统的、全过程的专门化。对此，我国最高人民法院也明确应从审判机构、机制、程序、团队和理论五个维度建构环境司法的专门化。⑤ 可见，我国司法专门化的实践发展步伐优先于理论发展，十分有必要加强相关理论的后续研究，以期能达到理论指导实践的优势效果。

尽管目前司法专门化的法学理论尚不十分完备，但对司法专门化的原因，学者们持有比较一致的观点，即认为"某一类案件的特殊性"是司法有必要对其作出专门化处理的主要原因。如姜红教授提出：案件数量的增加、案件类型的复杂使得原有审判模式难以应对，这为司法专门化奠定了

---

① 姜红：《"共建共治共享"理念下司法专门化的反思——从旅游法庭的实践出发》，载《法治论坛》2019 年第 4 期。

② 张宝：《环境司法专门化的建构路径》，载《郑州大学学报（哲学社会科学版）》2014 年第 6 期。

③ 王树义：《论生态文明建设与环境司法改革》，载《中国法学》2014 年第 3 期。

④ 于文轩：《环境司法专门化视阈下环境法庭之检视与完善》，载《中国人口·资源与环境》第 2017 年第 8 期。

⑤ 《第一次全国法院环境资源审判工作会议召开》，载中国法院网，2015 年 11 月 8 日，https://www.chinacourt.org/article/detail/2015/11/id/1742578.shtml。

实践基础。① 李浩教授指出：设立专门法院管辖特定类型案件，该类案件的特殊性是重要考量因素，如某类案件内容专业、主体特殊，为妥善处理案件、解决纠纷，此需要法官在特定的法律领域拥有专门的知识和技能。② 丁冬博士认为：处理对于某一特定类型的案件，需要采取不同于其他类型案件的方式，也就是司法专门化问题。③ 然而，"案件的特殊性"这一标准较为抽象，需要进行进一步的剖析、具化。鉴于此，笔者拟针对实践中司法已经实现专门化的领域（如知识产权、海事、金融、家事和未成年人案件等领域）进行考察，并在此基础上进一步对司法专门化的成因进行总结：

1. 案件类型的特殊性是司法专门化的基本支点

通过对已有的司法专门化领域的司法实践进行实证分析可知，"一定规模的案件数量"是司法专门化发展的支撑；"案件本身具有广泛、长远社会影响"是司法专门化发展的基础。换句话说，即使某类案件再专业、再复杂，但如果案件数量特别少，且对社会的危害性不大，出于节约司法资源的考虑，也不会将其纳入专门化的轨道。因此"案件数量多"和"案件社会影响力强"共同构成了某一类案件司法专门化的现实推动力。如"知识产权司法案件专门化"是因为社会中侵害知识产权的案件频发，长此以往会削减权利人创作的积极性，对整个社会的创新创造造成负面影响；"金融案件司法专门化"首先是以"实用主义"为立足点，④ 既要考虑如何公正、高效地裁判一定时期内涌现的金融案件，也是为了应对现在以及未来金融纠纷数量的增加的趋势；"家事和未成年人案件司法专门化"的发展是因为此类案件与公民的生活密切相关，专门化审理有利于家庭和谐和社会稳定。

此外，在满足上述条件的前提下，案件本身的特殊性是促成该类案件司法专门化的关键。现有司法实践证明，正是因为某一类案件具有特殊性，才要求司法对其作出不同于其他类型案件的专门回应，对待此类案件，应由专门的裁判人员依据特殊的审判机制、审判程序和审判理论作出裁判，也就是说，司法专门化的基本支点在于案件类型的特殊。当然，对此"案件本身的特殊性"的理解是多维度的，通过对现有司法专门化案件进行梳理，可以总结如下几点：一是由于案涉专业技术领域。以知识产权案件

---

① 姜红：《"共建共治共享"理念下司法专门化的反思——从旅游法庭的实践出发》，载《法治论坛》2019年第4期。
② 李浩：《管辖错误与再审事由》，载《法学研究》2008年第4期。
③ 丁冬：《金融司法的逻辑》，华东政法大学2019年博士学位论文。
④ 丁冬：《金融司法的逻辑》，华东政法大学2019年博士学位论文。

为例，该类案件常涉及多领域的专业技术问题，[①]使得此类案件在法律和技术层面都不同于其他案件，必然要求审判层面的专门化。[②]具体而言，知识产权案件所具有的鲜明的科学性和技术性，无疑增加了案件事实认定的难度，此需要法官在法律外掌握一定的其他学科知识，而且这种专业知识并非短期内在个案中能够习得的，需要长期系统的专业知识学习和审判经验的积累。因此，对于此类纠纷，需要设置专门的审判机构、由具有相关知识的法官审理，并在司法实践中继续积累。二是由于案涉多个不同性质的法律纠纷。同样以知识产权案件为例，该类案件常存在"私权与公权相交叉""民事、行政、刑事纠纷相结合"的复杂性特点。[③]为应对传统三大诉讼分立背景下司法救济延迟的问题，对知识产权案件采取集中审理的方式，着力一次性解决纠纷，而不再一味区分不同诉讼程序类型，既有利于提高诉讼效率，也能推动司法资源的效益最大化，符合司法专门化的初衷。[④]三是由于纠纷的解决肩负其他社会义务。这一点在家事和未成年人案件中表现得尤为明显。未成年人是社会中的特殊群体，在案件审理中需要着重考虑保护其隐私、并关注发挥法律的教化作用、促进未成年人回归社会并改过自新、健康成长。而家庭案件涉及家庭成员之间的矛盾，与普通纠纷不同，此类纠纷发生在有着血缘关系和情感联系的家庭成员之间，除了一般人身和财产利益外，可能还涉及伦理道德等社会公共利益；同时，该类案件在证据收集和事实认定上也有困难，因此裁判家事案件不仅是纠纷内容和认定过程复杂，且在案件裁判中还要关注对家庭关系的修复。这些案件的特点，是普通审判程序难以兼顾，因此要通过司法专门化实现。

2. 诉争利益的特殊性是区分案件类型的标准

如前文分析可知，案件类型的特殊性是司法专门化的基本支点。而案件是指司法实践中能够被纳入法律规制范畴、受到法律调整的社会纠纷。与社会分工精细化相匹配，社会纠纷也呈现越来越专业、复杂的趋势，此使得传统司法制度难以应对一些新型的专业领域内的纠纷。诸如知识产权、环境保护、劳动、金融、海事等领域的新型纠纷，有着不同于传统纠纷的特点，该相关纠纷的解决有着自身特殊的目的，要求特殊的程序、机制和具

---

① 冯晓青、王丽：《从专门法庭到专门法院：我国知识产权司法的最新进展透析》，载《南都学坛》2015年第3期。
② 姜艳菊：《知识产权案件的专门化审判》，载《电子知识产权》2008年第1期。
③ 冯晓青、王丽：《从专门法庭到专门法院：我国知识产权司法的最新进展透析》，载《南都学坛》2015年第3期。
④ 郭寿康、李剑：《我国知识产权审判组织专门化问题研究——以德国联邦专利法院为视角》，载《法学家》2008年第3期。

备专业素质的法官予以处理。而这些需求是传统的司法机制无法应对的。可以说，日益复杂而精密化的社会纠纷呼唤司法的专门化，而专门化司法制度的建构，也应以社会纠纷的种类、特点为逻辑起点。

纠纷，究其本质是指一般法律关系出现紊乱时的一种事实状态，是对法律预设秩序的破坏。① 法律关系是法律纠纷的实质内涵，不同的法律关系将导向不同的法律纠纷。鉴于此，案件类型的划分首先应厘清争讼案件中存在纠纷的法律关系性质。而如前所述，法律关系实质上是社会生活关系的内容和法律的形式统一的结果。② 客观存在着的社会关系是法律关系的本原、内容，而法律关系是法律对为其所确认的社会关系进行规范、调整后的结果。由此，想要对某种具体的法律关系进行分析，必须要从作为其实质内容的社会关系入手。以利益为视角，社会关系究其实质无非是人们在追求某种社会利益过程中所形成的人与人之间的利益关系。由此可见，特定社会利益是具体法律关系的实质性构成要素，法律保障特定的社会利益是特定法律关系产生的根源。法律关系的核心内容就是利益，追求利益各异而形成了不同的法律关系。延续此思路可知，"诉争利益的特殊性"是司法专门化的深层次原因。利益的特殊性从源头上深刻影响着司法专门化，是司法逐渐走向专门化的重要原因。现代社会中利益类型日益丰富，利益关系纵横交错，为适应现代法治的发展，专门化方向是司法发展的必由之路。③

（二）专门化是环境司法的必然选择

环境司法专门化是司法专门化的下位概念，其目的在于突出司法对象的特殊化或诉讼标的非一般化。④ 如前所述，环境司法是指拥有司法权的国家机关按照诉讼程序的要求，运用法律规范处理环境案件的活动。而环境案件是指能够被纳入法律规制范畴、受到法律调整的环境纠纷，其实质内涵是环境法律关系。因此，延续上文思路，可以将环境司法专门化界定为司法机关根据环境案件的特殊性将案件予以类型化，并对类型化后的案件在裁判团队、裁判程序规则和裁判结果等方面作出特殊的制度安排，对该类案件进行集中、专门化处理的过程。环境司法专门化是对生态文明时

---

① 谢晖：《论规范分析方法》，载《中国法学》2009年第2期。
② 夏勇主编：《法理讲义：关于法律的道理与学问》（下册），北京大学出版2010年版，第631页。
③ 宋宗宇、陈丹：《环境司法专门化在中国的机制障碍与路向转换》，载《重庆大学学报（社会科学版）》2013年第6期。
④ 杨军：《我国环境司法专门化研究》，中国石油大学（华东）2015年硕士学位论文。

代我国环境司法实践创新活动的一种概括与提炼,其是当代解决环境纠纷的必然选择:

1. 环境案件的发展现状为环境司法专门化提供了土壤

如上所述,"一定规模的案件数量"和"案件本身具有广泛、长远社会影响"是司法专门化的前提。而近年来,随着环境危机的日益加剧、人民环境意识的觉醒以及目前环境司法制度的不断发展,我国环境案件数量激增。以近几年《中国环境司法发展报告》为蓝本进行统计可知,自2017年至2019年,全国法院受理的一审环境资源案件数量分别为146553件、162325件、165070件,结案量分别为148425件、150802件、165448件,总体上均呈增加态势。[1] 其中,与环境利益保障密切相关的一审案件受理数也显著增长,详见下表:[2]

表7-4 与环境利益保障密切相关的一审案件受理数量统计

单位/件

时间	社会组织提起环境民事公益诉讼	检察机关提起环境公益诉讼				生态环境损害赔偿诉讼
		环境民事公益诉讼	环境行政公益诉讼	环境刑事附带民事公益诉讼	合计	
2015年1月—2016年6月	93	11	12	/	/	/
2016年7月—2017年6月	153	71	720	/	/	3
2017年7月—2018年6月	65	113	376	1248	1737	20
2019年全年	179	312	355	1642	2309	49
2020年全年	103	/	/	/	3454	62

同时,环境是每个人赖以生存的场所,与人们的生产和生活息息相关,环境保护关乎民生。环境纠纷的妥善解决关乎人民生活质量,对于人类和社会的发展至关重要。环境利益是关系到人类作为独立物种生存的根本性利益形态,有效地处理环境案件对于维系社会的可持续发展具有深远影响。因此,构建完善的环境纠纷解决机制,对于及时、有效地解决环境纠纷、建设生态文明、实现绿色发展、推进社会和谐、提高人民生活福祉都极

---

[1] 吕忠梅:《中国环境司法发展报告2019》,法律出版社2020年版,第22页。
[2] 表格中的数据均来源于历年最高人民法院发布的《中国环境资源审判》(白皮书)。

具意义。上述客观现状,奠定了环境司法专门化的现实基础。

2. 环境案件的特殊性决定了环境司法应当专门化

"唯有案件专业方可成为环境司法专门化的理论支点。"① 如前所述,案件类型特殊是司法专门化的基本支点,环境司法专门化作为司法专门化在环境法领域的延伸,正是建立在环境案件具有特殊性的基础之上,这一点也受到了学界的认可,如张宝教授认为,环境司法专门化建构应立足于环境案件迥异于其他案件类型的特质。② "案件"是指那些能够被纳入法律规制范畴、受到法律调整的社会纠纷。环境案件是指在一方实施的环境污染和生态破坏等行为侵害了环境生态功能时,环境利益直接受损方或者法律规定的有权为维护公共利益起诉的适格主体,依法向法院提起诉讼、寻求救济而进入司法程序的纠纷。因为环境案件具有与科技高度关联、时空跨度大、内容广泛、救济更侧重修复等诸多不同于其他类型案件的特征,纠纷解决难度较大,也更强调对环境利益的保护和救济,有必要在司法实践中针对其特殊性进行"专门化"审理。具体来看,环境案件的特殊性表现为:

一是环境案件的处理需要多学科专业技术支撑。环境纠纷的产生常以环境为媒介,此特征决定了该类案件的处理需要综合运用法学、生态学、环境学、社会学等多学科知识,具有很强的专业性和跨学科性。同时,案件损害事实的确定、因果关系的认定、环境生态修复方案的制定都需要借助科学技术手段,体现了高度科技关联性。

二是环境案件具有高度的复杂性。首先,环境案件时空跨度大。一是在时间维度上,环境侵害行为的实施及其结果的显现具有长期性与潜伏性,环境案件可能不全是因为一次重大环境损害所致,实践中很多案件是在日积月累中突破环境生态功能的"红线"才发生的,同时环境案件损害结果多非立即显现,然而待结果显现之时已经与损害行为的实施相隔很久,证据收集和因果关系认定难度大。另一方面在空间维度上,环境侵害可能存在于多种介质之中并在不同介质间传播、迁移、转化,因环境要素具有流动性(如空气、水流等)还会对某一地区、国家甚至全球产生广泛影响,具有跨介质、跨区域的特征。而时空二维之间通常相互交错、相互影响,又进一步加剧了环境纠纷的复杂性。其次,环境案件的内容具有复合

---

① 宋宗宇、郭金虎:《环境司法专门化的构成要素与实现路径》,载《法学杂志》2017年第7期。

② 张宝:《环境司法专门化的建构路径》,载《郑州大学学报(哲学社会科学版)》2014年第6期。

性。与知识产权案件一样,环境案件也具有"私权与公权相交叉""民事、刑事、行政法律关系相结合"的特点,基于同一环境污染、生态破坏事实,可能同时涉及受害者和污染者之间的民事争议行政相对人、对行政行为的异议、环境犯罪行为,甚至还涉及环境公益诉讼。在传统民事、行政及刑事案件审判职能分轨并行的情况下,诉讼周期较长,重复审理环节较多,在程序上增加了解决环境纠纷的复杂程度。此外,环境案件往往涉及多重利益冲突。环境损害的原因行为可能是环境污染或生态破坏行为,这种原因行为往往伴随着经济活动而发生,常常是创造社会财富、追求经济利益过程中的附带行为,这就引发了保护环境与发展经济之间的冲突,如何平衡二者的关系成为了社会治理的重点和难点。

三是环境案件的主体特殊。环境纠纷的发生通常不是点状的,而是片状的,甚至不局限于一时一地。这也是由环境要素的地域性、流动性所决定的,因此,环境纠纷一旦发生,受害者往往呈现群体性,有时甚至是不特定的多数人群体,因此纠纷人数众多。另外,随着环境公益诉讼制度的发展,提起诉讼的一方还有可能是检察机关或社会组织,并非传统诉讼中的直接利害关系人,且救济的是公众的利益。因此环境纠纷在主体上具有特殊性。

四是环境案件的纠纷解决方式特殊。一般来说,民事纠纷中的人身利益和财产利益受损,可通过物质量化的方式去计算并弥补;刑事司法侧重惩罚犯罪,但对于所涉及的民事纠纷也会通过附带民事诉讼的方式予以解决,因此与民事纠纷中受损利益的填补方式一致。而环境纠纷与之不同,环境案件多伴随着环境本身被污染、破坏,因此应当更侧重对生态环境及其功能的恢复,法院在裁判环境案件时,除了惩罚犯罪嫌疑人、弥补受害人损失外,更需要对生态环境功能的减损进行弥补,注重适用生态修复责任。

可见,"环境司法专门化是一种突破传统的司法机制体系的桎梏、契合环境纠纷解决的司法程序规则体系需求的环境司法机制体制"①。

3. 环境案件的特殊性根源于环境利益的特殊性

吕忠梅教授曾经指出,环境司法的对象是因环境资源利益而产生的各类纠纷,而环境纠纷背后的利益关系、法律关系具有复合性、复杂性,因此对其进行专门化审理具有必要性。② 根据前文分析可知,环境利益具有客观性、弱势性、公益性、自然性、根本性等特征,此使得以保障环境利益为

---

① 吕忠梅:《环境司法专门化:现状调查与制度重构》,法律出版社2016年版,第122页。
② 吕忠梅、焦艳鹏:《中国环境司法的基本形态、当前样态与未来发展——对〈中国环境司法发展报告(2015—2017)〉的解读》,载《环境保护》2017年第18期。

核心的环境法律关系以及实践中围绕着环境法律关系而产生的环境纠纷及案件显现出专业技术性、内容复杂性、主体特殊性、责任承担方式特殊性等特征。这也就对法官裁判此类案件、救济环境损害提出了特殊的要求，具体来看：

首先，环境利益的根本性促发了解决环境纠纷的强烈的现实需求。如前所述，环境利益具有根本性，其根源于人为延续生命而产生的最为根本的生态需要，是人必须要实现的利益类型，关系到人作为独立生命物种的生存、繁衍及可持续发展。[①] 此种根本性利益的损害决定了解决环境问题的现实必要性和紧迫性。进入法治社会，更多人在环境生态功能受损时选择诉诸法律，客观上增加了环境案件的数量；另外也由于环境要素具有地域广泛性、流动性等，环境生态功能一旦减损，其负面影响会波及一定范围内的群体，导致环境案件数量增多。

其次，环境利益的自然性决定环境案件的责任方式应以生态修复为主。环境利益是人类与生俱来的利益类型，其具有很强的自然性。自人类产生伊始，其便天然地具有生态需要，而环境各要素所构成的环境系统也天然地具有满足人们生态需要的功能、属性，即人的环境利益自始便客观存在。环境利益的实现方式不可被其他方式替代，必须有赖于环境系统的环境生态功能的正常发挥。鉴于此，环境纠纷的解决、环境利益的保障必须以"将环境生态功能恢复至可供人类生存、发展的良好状态"为主要目标，此也决定了环境案件的责任方式突出生态修复。

再次，环境利益具有客观性，此决定环境案件的裁判需由多学科、跨专业的专业知识的支撑。如前分析，环境利益具有客观性的根本原因是其以环境要素及环境系统为载体的环境生态功能为核心。"环境"本身是一种客观存在，其所具有的环境生态功能之产生、存续、运行不以人的意志为转移，人类对环境的认识、利用都不可避免地受到客观条件和主观认识局限性的制约，需要借助科学技术，结合环境学、生态学等其他学科加深对环境的认知和理解。这种高度科技关联性和学科交叉性不仅表现在人们开发利用环境的过程中，一旦发生环境纠纷诉诸法院，法官也需要借助多学科的科学技术手段以确定责任主体、查明案件事实、认定因果关系，综合考虑环境和生态等要素制定合理责任承担方案。这就对法官提出了更多除法律外其他专业知识的要求，使得环境案件显现出专业性。

此外，环境利益兼具公共利益性和个人享有性，此导致环境案件法律

---

① 基于生态需要的这一特征，本书的环境利益不包括环境要素作为资源时所具有的经济价值这种物质利益，也不包括环境作为景观时给人带来审美享受等精神利益。

关系复杂,涉及多方主体。如前所述,环境利益是典型的公共利益,但同时其又是每个以生命延续为本质追求的人为维持其正常生存、繁衍及可持续发展而必须享有之基本利益,其确实为每一个自然人真真切切地享有,因此强调环境利益的公益性的同时,不宜忽略、否认个体对具有公共利益属性的环境利益的现实享有。上述特征导致环境案件具有"主体多元性"和"公权与私权交叉结合"的特征。在全球视野下,有权提起环境诉讼的主体相当多元,既有自然人,也有检察机关、行政机关和符合条件的社会组织,他们或基于自身利益受损,或基于自身职权,或代表公共利益,各主体提起诉讼的方式、类型、适用的程序及规则都不尽相同,这种主体的特殊性也增加了环境案件的复杂程度。

最后,环境利益的弱势性,决定了在环境案件的审判过程中,需侧重保障环境利益。如前所述,环境生态功能以一种无形的方式存在,在环境良好的时代人们的环境利益通常都能得到充分的满足,因而很容易出现忽视环境利益的独立价值,为攫取眼前经济利益而破坏环境、牺牲环境利益的情况。而即使在面临着环境危机的当下,人们也通常更关注自身人身利益和财产利益的损害。如前所述,环境案件十分复杂,同一个环境污染、破坏行为,不仅会造成环境生态功能的损害,而且还可能同时导致私主体的人身利益、财产利益损害,即环境利益的损害通常与人身利益、财产利益的损害具有伴生性。因此,在现实案件的审判过程中,审判人员应对不同的利益进行区分,根据利益的性质使用不同的审判规则,同时应侧重保障公益性、弱势性的环境利益。

三、实现环境司法专门化的应然路径

司法现代化要求司法顺应时代要求,将实质正义和程序正义进行制度统合,通过司法改革弥补传统司法机制之不足,以应对新型社会纠纷的解决。现代法制和司法的发展趋势之一就是司法专门化,此也是一种常态化的司法现象。① 为了应对在数量和裁判难度上不断增加的环境案件,十分有必要对环境案件司法专门化的路径展开进一步的讨论。

(一)环境司法专门化的基本准则

1. 应围绕"环境利益保障"展开

如前所述,环境司法专门化的必要性深深植根于环境案件的特殊

---

① 王树义:《我国环境司法专门化之必要性及可行性分析》,2011年首届环境司法论坛,第59页。

性,①② 而环境案件的特殊性并非仅源自于"与环境有关",而是基于其所保障的环境利益之特性。具体来看,正是在环境利益众多特质的综合作用下,才使得环境案件的裁判具有了专业技术性强、案件复杂性程度高、案涉主体的多元化、群体性等多方面的特征,由此对环境司法提出了更高标准、更专业化的需求——环境案件的审判不仅需要具备更加专业,甚至跨学科领域的审判团队,还需要有专门的审判机构、机制、程序和理论予以支撑。可以说,环境案件的特殊性是环境司法专门化的表层原因,而环境利益所具有的特殊性才是实质性、根本性的原因。环境利益从源头上影响环境案件的特殊性,进而要求对环境案件在司法上采取专门化处理。环境司法要向实质性的专门化纵深发展,首先应立足于环境司法"解决环境纠纷"的基本属性,以保障环境利益的现实需求与机制诉求为指引,在制度设置中充分考虑环境案件及环境利益的特质,建立起能够满足环境利益保障需求的专门的司法制度体系。具体来看,在环境司法专门化的进程中,应围绕环境利益的特性展开路径设计和制度安排,充分考虑环境利益的特质,在裁判案件时充分运用恢复和救济受损的环境生态功能的思维,如此才能"推演环境司法专门化的构成"。③

2. 应构建体系化的专门化

环境司法专门化已成为全球环境司法改革的发展方向和趋势之一。④然而,目前学界对此概念所展开的理解多以"审判机构的专门化"为着眼点。如王树义教授指出:"所谓环境司法专门化,是指国家或地方设置专门的审判机关、机构对环境案件进行专项审理……环境司法专门化亦可称环境案件审判专门化。"⑤ 对此,笔者认为环境司法的专门化是一个渐进的过程,设置专门性的审判机构既是这一进程的起点也是外显特征,但绝不仅限于此,其内部的有效运转还需依托更为体系化的专门性环境审判机制、程序。换言之,完备的、深入实质的环境司法专门化不仅包括专门环境审判机构的设置,还包括专门化的审判队伍、受理司法对象、审判模式、司法理念、审判程序机制与配套体系的建立和完善,是一个完整的系统工程。

---

① 张宝:《环境司法专门化的建构路径》,载《郑州大学学报(哲学社会科学版)》2014年第6期。
② 宋宗宇、郭金虎:《环境司法专门化的构成要素与实现路径》,载《法学杂志》2017年第7期。
③ 宋宗宇、郭金虎:《环境司法专门化的构成要素与实现路径》,载《法学杂志》2017年第7期。
④ 代表性文章有Gorge Pring的Specialized Environmental Courts and Tribunals at the Confluence of Human Rights and the Environment, *Oregon Review of International Law*, Vol.11, 2009)。
⑤ 王树义:《论生态文明建设与环境司法改革》,载《中国法学》2014年第3期。

从流程角度看，其应是从最初需要专门性审判的案件类型的确认，到裁判过程中依据的审判规则设定，再到审判结果上责任方式的确定与落实的全过程都体现符合环境案件特质的专门化。

（二）环境司法专门化的具体路径

如前所述，环境司法专门化应当是实质性的专门化，而不是形式上的专门化；应当是全面的专门化，而不是局部性的专门化。据2019年《中国环境司法发展报告》显示，目前我国环境司法实践中的专门化已从"审判机构、审判机制、审判程序、审判团队和审判理论"这五个维度体系化地展开。本部分，笔者拟在"实质性专门化"和"全流程、全体系专门化"的理念的指导下，对环境司法专门化的具体路径展开探讨：

1. 审判组织的专门化

司法专门化首先应当是审判组织的专门化，其不仅包括审判机构载体的专门化，也包括审判人员的专业化。审判机构的专门化，是指通过建立专门性的审判组织的方式，以实现对环境案件的专属管辖、专门化一审理的机制。它是环境司法专门化的重中之重，是环境司法专门化得以实现的组织基础，更是探索和凝练审判机制和审判程序、形成和打造审判队伍的前提和必要。其意义在于通过专业化法官对案件的审理，以确保环境案件能够得到妥善、高效的解决，并避免类似案件间的冲突。域外在20世纪70年代就已经出现了环境审判机构专门化的现象和趋势，即由专门的环境审判机构负责审理各类环境资源案件。据专家统计，目前全球有近五十个国家设立了约三百余家的环境审判机构（含环境法院及环境法庭），其中有些国家设立了环境法院，如澳大利亚、美国等；而有些国家设立了环境法庭，如菲律宾、南非等；此外，还有一些国家只设环保合议庭或环境法官，如比利时等。①

同时，环境司法专门化的实现不仅局限于审判机构专门化，还有赖于环境审判人员的专业化。环境案件往往涉及环保、生化、医学等领域的具体的科学知识，具有高度的科技关联性。为准确认定因果关系和损害后果、科学公正地判断和采信证据，就必须要借助通晓环境科学技术人士的专业力量。对此，域外司法实践也相当重视，如新西兰环境法院便设置了较为完备的专业人员体系，以确保审判的专业化。该国的司法制度规定审理环境案件的合议庭依法必须由环境法官和环境专员组成，其中前者包括

---

① ［美］肯尼士·F.麦克卡林、H.瑞加·莎玛：《环境司法无国界》，载《研究生法学》2001年第1期。

环境法官、候补环境法官，后者包括环境专员、副环境专员；同时，前者须以符合法官的任职条件为前提，而后者则应要求兼具相关环境专业知识和环保工作经验。在司法实践中，该合议庭通常由一名环境法官以及两名环境专员组成，其中环境法官负责案件的法律审，而环境专员负责案件的专业审。此外，若案件涉及复杂、疑难问题，还可以采取专家咨询的方式，由专家向合议庭提供专业性的书面意见，以帮助认定案件事实、解决环境纠纷。

2. 审判案件类型的专门化

应当明确需要专门化审判的案件的范围及该范围的判断标准。环境案件是环境司法得以展开的基本逻辑起点，只有设立明确、具体、可操作性强的案件标准，才能在审判过程中筛选出确有必要通过专门化司法来裁判的环境案件，并将其纳入到专门的环境审判机构中，由专业的审判人员依据案件特质按照专门的规则和程序去审理和裁判。如前所述，环境利益的特殊性是环境司法专门化的内在推动力，因此此类案件的范围及其标准的设定应当围绕"是否侵害环境生态功能"展开，这样一方面可以保证侵害环境利益的案件能够进入到专门化审判的轨道中来，提高此类案件的审判质量；另一方面排除了一些看似带有环境要素但实则为传统民事、行政法律纠纷，如环境侵权纠纷。可以说，判断某一案件是否能纳入环境司法专门化范畴的关键并不在于"案件与环境相关"，而在于案件背后纠纷实质涉及的利益类型。诸如环境侵权纠纷等案件虽然与环境相关，但案件纠纷所涉及的利益是人身利益、财产利益，其只需适用传统的民事诉讼程序、规则便可解决，无需纳入司法专门化的范畴。这种区别适用有利于提高环境审判机构的效率，避免处于弱势的环境利益因私益的保障而被掩盖，有利于实现真正的针对环境案件的司法专门化。依据上述标准判断可知，应当纳入环境司法专门化的案件大致涵盖以下几类：从内容上看，应当包括因环境污染、生态破坏、气候变化等原因导致环境生态功能减损的环境案件；从类型上看，应包括为维护环境公共利益提起的各类诉讼，具体包括环境民事公益诉讼、环境行政公益诉讼、针对损害环境利益提起的环境刑事诉讼、生态环境损害赔偿诉讼等。

当然，笔者这样的建议并不是对我国司法实践中的操作一概、全面的否定。事实上，笔者认为，是否把"与环境有关的案件"并入环境法庭进行审理与"对专门的环境案件进行专门化地审理"是两个层面的问题。即使出于简化流程、提高效率的原因，将"与环境有关的案件"并入环境庭，也只应当对其中需要专门化的特殊案件实施专门化，而对于传统司法制度便可以解决的，无需再耗费成本设置专门的制度，最多只需通过传统部门法的"绿化"便可以解决了，无需再进行彻底的司法专门化改革。

3. 审判规则的专门化

环境司法专门化构建的关键在于审判规则的专门化，只有以专门性的审判程序和机制作为依托才可能构建起实质性的环境司法专门化，否则其只能停留在形式上。考察域外环境司法专门化的运行的实际情况可知，除了设置专门化的审判组织和专业化的审判人员外，其还会配备专门性的环境审判程序及机制。如美国佛蒙特州最高法院便专门出台了《环境法院程序规则》以适应环境案件专门化审理的需要。如前所述，环境司法专门化的目的在于维护和保障环境利益，因此整个审判程序和相关的审判规则都应围绕着最大限度、最有力度保障环境利益及妥善处理相关问题来进行构建。具体来看，可以考虑包括如下方面：其一，在诉讼时效方面，考虑到环境损害的潜伏性和环境利益的根本性、公益性，建议无需在原告请求权主张的诉讼时效方面做过于严格的限制。其二，在启动诉讼方面，应充分发挥广大公民群体的力量和优势。基于环境利益的公共利益性和个人享有性，自然人一般是环境生态功能减损的直接或间接受害者及最终损失的承担者，往往其也是最先发现环境污染和生态破坏行为的主体，因此也更了解案件事实，救济环境利益的愿望也更为迫切。因此，除了在传统民事诉讼和行政诉讼中合理"绿化"，使公民有权请求法院判处侵权人承担环境修复责任外，在环境司法专门化领域也应当为公民维护其个人享有的环境利益提供渠道。然而，考虑到环境公益诉讼的诉讼成本和时间成本对个人而言过高，加之出于防止滥诉和保证诉讼质量的考量，不少国外现有法律制度都将自然人排除在环境公益诉讼原告范围之外，我国也不例外。但这并不意味着自然人无权保护环境利益，通过公开有资格提起环境公益诉讼主体的联系方式，保证公民有渠道向相关主体提供环境生态功能受损的线索，也是保障公民权益的方式之一。其三，在举证责任上，环境司法专门化对公益保护的侧重使得原告证明负担的降低成为必要，但这种降低也应在合理限度内，要符合诉讼的公平、正义以及效率的基本价值。其四，在诉讼费用分担上，由于专门化的环境司法是为了保护环境公共利益，且通常涉及高额的诉讼费、鉴定费、律师费用等，若完全依照传统诉讼中"败诉方承担诉讼费用"的原则将会阻碍原告起诉的积极性（特别对缺少经费支持的主体更是如此）。长此以往，此将不利于环境利益的保护，因此有必要在诉讼成本的分摊方面做适当调整。其五，在裁判过程中应防止损害结果的进一步扩大。环境利益的弱势性、环境生态功能的脆弱性等原因使得环境损害具有不可逆性且恢复期长,这就要求越早叫停破坏环境行为越好,《环境保护法》也以预防为主作为基本原则。① 因此在裁判过程中,应适当运用禁止令,及时制止环境破坏行为,尽量使环境生态功能的减损最小化,这也为后续实施环境修复打下基础、降低难度。

4. **责任方式的专门化**

如前所述,环境利益是人类与生俱来的利益类型,其具有很强的自然性。自人类产生伊始,其便天然地具有生态需要,而环境各要素所构成的环境系统也天然地具有满足人们生态需要的功能、属性,即人的环境利益自始便客观存在。环境利益的实现方式不可被其他方式替代,必须有赖于环境系统的环境生态功能的正常发挥。鉴于此,环境纠纷的解决、环境利益的保障必须以"将环境生态功能恢复至可供人类生存、发展的良好状态"为主要目标,此也决定了环境案件的责任方式突出生态修复。而传统诉讼模式下往往忽略生态环境需要,而将重心更多放在人身利益和财产利益的救济上,传统的责任方式并不能从根本上解决环境纠纷。因此,环境司法专门化应落实在裁判过程中和结果上,应当以保障环境利益为出发点,在责任方式更多体现"生态化",适用环境生态修复责任,从源头上弥补受损的环境生态功能,这才是环境案件的治本之策。

四、我国环境利益司法保障现状

近年来,在党中央"建设生态文明"的宏观政策的指引下,我国环境司法蓬勃发展,其间环境司法专门化的趋势渐显。本部分,笔者拟针对我国环境司法专门化进程中已经取得的成就及仍存在的不足展开分析,以为后文提出完善建议奠定基础。

(一)我国环境司法专门化的成就

2007年贵州省清镇市设立了中国第一个环保法庭,迈出了我国探索环境司法专门化的第一步,至今也已有十多年时间;2014年,最高人民法院设立环境资源审判庭,此后全国各地积极响应,专门的环保法庭在国内大规模推广。与国外相比,我国环境司法专门化虽起步较晚,但也取得了不小的成就,具体看来:

1. **环境审判组织建设稳步推进**

在机构设置方面,"截至2020年底,全国共有环境资源专门审判机

---

① 《中华人民共和国环境保护法》(2015)第5条:"环境保护坚持保护优先、预防为主、综合治理、公众参与、损害担责的原则。"

构 1993 个,其中环境资源审判庭 617 个,合议庭 1167 个,人民法庭、巡回法庭 209 个";① 在层级方面,不少省份已经建立起三级环境资源审判组织体系。

在案件地域管辖方面,考虑到环境生态功能的整体性、系统性,在"建立与行政区划适当分离的司法管辖制度"这一改革方向的指引下,各地积极开展环境案件的集中管辖和跨区域管辖制度改革。② 目前改革所取得的成果具体表现为:以生态系统或者生态功能区为单位的管辖模式、③ 以地级市为单位的管辖模式、④ 地域管辖和重点流域区域集中管辖相结合的管辖模式、⑤ 特定案件集中管辖的模式⑥ 和跨省级行政区划集中管辖的模式。⑦ 上述几种集中管辖的具体运行模式,在不同程度上突破了依照行政区划确立管辖法院的传统管辖制度,有效地适应了环境要素的"地域性、流动性、广泛性"的特点以及环境利益的公益属性。

在案件专属管辖方面,各地法院根据当地实际情况,踊跃推动环境资源案件统一归口审理。目前共有 22 家高院及新疆生产建设兵团分院实现了环境资源刑事、民事、行政、执行案件"三合一"或"四合一"归口审理。⑧

---

① 《中国环境资源审判(2020)》,载中国法院网,https://www.chinacourt.org/article/detail/2021/06/id/6079502.shtml,2021 年 6 月 4 日访问。

② 吕忠梅、张忠民:《环境司法专门化与环境案件类型化的现状》,载《中国应用法学》2017 年第 6 期。

③ 如江苏、甘肃、海南等地,其中江苏的"9+1"模式较为典型。江苏实行"9+1"模式,其中"9"是指以江苏省政府确立的生态功能区规划为基础,以生态功能区为单位,在相关基层人民法院设立 9 个环境资源法庭,跨行政区划受理环境资源案件;"1"是指在南京市中级人民法院设立的南京环境资源法庭,其集中管辖江苏省中级人民法院管辖的一审环境资源案件以及不服 9 个生态功能区环境资源法庭审结案件的上诉案件。江苏已形成以江苏省高级人民法院环境资源审判庭为指导、南京环境资源法庭为核心、9 个生态功能区法庭为依托的环境资源集中管辖审判体系。

④ 如浙江湖州市南太湖新区法院集中管辖湖州全市由基层人民法院管辖的环境资源一审案件;安徽省蚌埠市、河南省濮阳市等地环境资源一审案件确定由所在市的一到两家基层法院集中管辖。

⑤ 如江西、湖南省。江西省在"五河一江一湖"流域和部分重点区域设立 11 个环境资源法庭,对涉流域、区域生态环境案件集中管辖。湖南省在全省已设立湘江、洞庭湖、东江湖环境资源法庭的基础上,2019 年又新设立资水、沅水、澧水和湘中环境资源法庭,7 个专门环境资源法庭跨行政区划集中管辖流域内水污染、生物多样性保护和土壤污染等第一审环境资源案件。

⑥ 如湖北、广东、河北、青海等高级人民法院及新疆维吾尔自治区高级人民法院生产建设兵团分院确定辖区内部分中级人民法院就环境民事公益诉讼案件实行跨行政区划集中管辖;天津市高级人民法院实行全市生态环境损害赔偿案件由一家中级人民法院集中管辖;云南省高级人民法院指导昆明市中级人民法院将昆明辖区内的重点环境资源案件指定到盘龙、安宁、寻甸人民法院集中管辖。

⑦ 自 2017 年 10 月 26 日起,北京市第四中级人民法院受理天津铁路运输法院审理的环境保护行政上诉案件,成为中国环境资源案件跨省级行政区划集中管辖制度改革的重要探索。

⑧ 《中国环境资源审判(2020)》,载中国法院网,https://www.chinacourt.org/article/detail/2021/06/id/6079502.shtml,2021 年 6 月 4 日访问。

这在一定程度上有助于统一环境资源案件的司法尺度、提高审判效率、节约司法资源，有利于维护当事人权益，① 提升环境案件的裁判质量，推动环境正义的实现。

除审判机构外，专业化的环境资源审判团队也取得一定的进展。近年来，我国努力培养了一批既精通法律又熟悉环境专业知识、既能审理案件又能开展理论研究、既了解国内立法司法情况又具有国际视野的环境资源审判团队。一方面，高度重视法官的培养，连续五年举办全国法院环境资源审判工作培训班，每年开展全国优秀环境资源裁判文书评选活动，积极开展国际交流与合作，先后选派十余批环境资源法官赴国外学习，审判队伍专业素养极大提高。另一方面，也十分关注发挥环境资源专家学者的作用，如江苏、云南等省建立了环境司法专家库，库内专家既可以为案件的审判提供专业化的意见，也可以以专家证人的身份出庭作证。此种措施有效提升了环境资源案件的裁判质量，为案件裁判提供强有力的专业支持。②

2. 环境审判机制有效运行

在案件的审判机制上，考虑到环境利益的根本性、弱势性，我国重视采用强调职权主义的审判模式，构建并实施了法院主动调查取证、提早介入、司法建议函和意见书等制度。为提高审判力量的专业性，我国以司法责任制改革为目标建设了专业化的审判团队，对法官进行了广泛而深入的业务培训；通过成立环境资源审判咨询专家委员会、聘任环境专业人士为人民陪审员等方式，组建了专业化的审判支持队伍。③ 同时，我国坚持以"恢复性司法""预防性司法"等全新理念指导审判，通过运用诉前司法令、司法约谈、创新责任方式、附整治方案的判决、建立生态公益修复基金和专项资金、探索司法主导下的综合调处机制等途径，追求对环境生态功能的实质保护。同时，我国还打造了由环境司法宣传、环境整治第三方监督等构成的公众参与机制。建立了由"联席会议、信息共享、司法服务"等制度为支撑的环境司法联动机制，完善环境审判信息公开机制；并通过发布典型案例和指导性案例的形式完善案件指导机制。④

3. 环境审判程序可操作性增强

自 2000 年以来，最高人民法院发布了一系列涉及环境资源审判的法

---

① 陈海嵩：《环境司法"三审合一"的检视与完善》，载《中州学刊》2016 年第 4 期。
② 陈海嵩：《环境司法"三审合一"的检视与完善》，载《中州学刊》2016 年第 4 期。
③ 吕忠梅、张忠民：《环境司法专门化与环境案件类型化的现状》，载《中国应用法学》2017 年第 6 期。
④ 吕忠梅、张忠民：《环境司法专门化与环境案件类型化的现状》，载《中国应用法学》2017 年第 6 期。

律文件，以尝试增强环境审判程序的可操作性；并在实践的检验下及时修订，以保持该相关法律文件的与时俱进性。具体来看：（1）2015年最高人民法院颁布了《关于审理环境民事公益诉讼案件适用法律若干问题的解释》，规定了环境公益诉讼在起诉资格、受理条件、证据制度、责任方式、诉讼费用负担等方面的程序规则；该文件于2020年被修订，相关规则得到了进一步的细化。2017年，《关于审理环境公益诉讼案件的工作规范（试行）》出台，该规范规定了社会组织提起环境公益诉讼案件的起诉、受理、审理前的准备（公告程序）、开庭审理、裁判和执行等具体程序；此外，对于检察机关提起环境公益诉讼的相关工作也做出了规定。①（2）2018年最高人民法院、最高人民检察院发布了《关于检察公益诉讼案件适用法律若干问题的解释》，其间对行政公益诉讼的提起、立案、撤诉、变更诉讼请求、判决等程序性内容进行了详细的规定；该规定于2020年被修订，使行政公益诉讼的相关规则得到了进一步的细化。（3）2016年，两高发布了《关于办理环境污染刑事案件适用法律若干问题的解释》，对刑法分则第六章第六节"破坏环境资源保护罪"中部分罪名的认定作出细化规定，为打击环境犯罪、追究刑事责任提供有力依据。2018年，两高出台了《关于检察公益诉讼案件适用法律若干问题的解释》并于2020年进行了修正，其中除了规定人民检察院"公益诉讼起诉人"的身份及职责、管辖法院等一般事项外，明确将"破坏生态环境和资源保护"这一损害社会公共利益的行为纳入检察机关提起民事公益诉讼和行政公益诉讼的范畴，并对公告程序、起诉条件、禁止反诉、法院的释明权、撤回起诉、刑事附带民事公益诉讼等程序作出了详细规定。（4）2020年，最高人民法院对《关于审理环境民事公益诉讼案件适用法律若干问题的解释》进行了修订，规定了省市级政府及相关部门提起生态环境损害赔偿诉讼的起诉条件、管辖法院、审判组织形式、受理条件、原被告双方举证责任、证据制度、责任方式、生态环境修复费用及其他诉讼费用的确定、与环境民事公益诉讼的衔接、赔偿协议等环境诉讼程序的内容。

除了上述全国范围内出台的法律文件外，地方各级人民法院内部工作流程的自我完善也得到了极大的发展。一些地方法院设立环境审判机构起步较早，运行时间较长，积累了较为丰富的环境审判实践经验，并基于此总结和制定了一些环境审判的工作流程，此为全国性环境审判程序的可操作性的增强提供了有效的蓝本。比如，昆明中院环境资源审判庭、重庆万

---

① 吕忠梅、张忠民：《环境司法专门化与环境案件类型化的现状》，载《中国应用法学》2017年第6期。

州区环境资源审判庭、贵阳清镇环保法庭等积极推动并制定了裁判文书制作规则、证据规则、庭审规则等工作流程。① 此外,司法机关还十分注重发挥典型性案例的指导作用,共发布了19批共计191个环境资源审判典型案例,有力地指导了环境司法实践。②

4. 环境审判理论发展迅速

最高人民法院成立了环境司法研究中心,设立了学术委员会和专家库,围绕环境司法实践亟待解决的问题以及具有基础性、全局性、前瞻性的理论问题开展研究。同时进一步发挥了中国人民大学、武汉大学、天津大学3家理论研究基地及21家实践基地的作用,有效地推动了理论研究和司法实践成果的互相转化,完善了理论研究和司法实践的交流机制,为环境资源审判提供理论支撑。多家高中级人民法院也建立了审判专家库,以为审判工作提供专业智力支持。在理论研究方面,据现有文献资料显示,已经在民法典"绿化"、环境公益诉讼、环境司法专门化、生态环境损害赔偿诉讼、环境司法鉴定等领域形成了一批有影响力的理论研究成果。③

5. 构建环境纠纷多元共治机制

环境纠纷解决的重心最终还是要落实到环境生态功能的修复上,只有这样才能从根本上救济环境利益。而根据"谁污染谁治理"的原则,由实施环境污染、生态破坏的主体实施环境修复行为,更能起到惩罚、教育、警示作用。为了提高环境修复行为的履行效果,则需要充分发挥行为人的主观能动性,因此除了通过法院裁判的方式确定强制性责任,还要运用调解、仲裁等非诉讼纠纷解决机制,并做好诉讼和非诉讼纠纷解决机制的衔接配合工作,给环境资源纠纷提供多元化、有效的解决渠道。对此,近年来我国在如下几个方面进行了努力:一是注重矛盾的基层化解、就地化解,协同政府部门、动员人民群众参与环境治理。二是加强诉讼和非诉讼纠纷解决机制的衔接配合,如对生态环境损害赔偿诉讼中经磋商达成的协议进行司法确认,在一方拒绝履行或未全部履行时,另一方当事人可通过向人民法院申请强制执行的方式,确保生态环境得到修复。三是区分了私益诉讼与公益诉讼权益救济方式的不同特点,针对私益诉讼特别是社会影响较大的群体性案件,注重调解优先;同时,在立案、审判、执行各阶段全程开展调

---

① 吕忠梅、张忠民:《环境司法专门化与环境案件类型化的现状》,载《中国应用法学》2017年第11期。
② 江必新:《环境资源审判的理念、政策与机制》,人民法院出版社2019年版,第107页。
③ 江必新:《环境资源审判的理念、政策与机制》,人民法院出版社2019年版,第111页。

解工作,有效促进矛盾纠纷化解。针对公益诉讼,在不损害国家利益和社会公共利益、遵循公开原则的前提下,适时开展调解工作。

(二)司法专门化有待进一步实质性推动

在肯定我国环境司法专门化取得了令人惊喜的成就的同时,也要保持冷静、客观的态度,正确认识其实际运行中的问题。如前所述,目前我国环境司法的专门化仍然受制于三大传统诉讼的固有的程序和机制,我国环境司法专门化存在的最大的问题还在于其主要停留在形式上,未能深入到保护环境利益的实质。

1. 案件筛选标准流于形式

如前所述,为了提高环境司法的审判效率和质量、推动环境司法专门化,法院将环境案件集中到环境法庭来专门审理。截止至2020年,我国已有22家高级人民法院及新疆生产建设兵团分院实行环境案件的"三合一"或"四合一"归口审理模式。作为环境资源类案件的专门审判机构,各地环境法庭自成立之时就设定了具体的受案范围。通过对目前各地法院的受案范围的统计可知,现有操作只是简单地将"与环境有关的案件"一概划归环保法庭受理,其是对涉及环境要素的民事、刑事、行政案件的简单相加。具体来看,主要包括如下案件:

表7-5 我国各地法院环保法庭收案范围统计

案件类型	具体内容
刑事案件	《刑法》分则第二章"危害公共安全罪"中规定的与污染、破坏环境有关的犯罪案件;第三章"破坏社会主义市场经济秩序罪"中涉及生态保护的案件;第六章"妨碍社会管理秩序罪"第六节"破坏环境资源保护罪"犯罪案件;第八章"贪污贿赂罪"和第九章"渎职罪"中规定的与污染、破坏环境有关的案件
普通民事案件	因大气、土壤、水、林地、滩涂等自然环境被污染进而引发的民事侵权纠纷案件;因土地使用、海域使用、矿产勘探开采、取水、养殖、捕捞等自然资源开发、利用而引发的权属争议纠纷、合同纠纷案件
普通行政诉讼案件	因行政相对人不服行政机关有关生态环境保护、资源行政管理等行政行为或行政不作为引起的行政诉讼案件;因行政机关落实环境政策、进行环境治理等行政行为引发的行政赔偿案件;行政非诉强制执行案件
公益诉讼	环境民事公益诉讼案件;环境行政公益诉讼案件;生态损害赔偿诉讼
执行案件	上述案件的执行案件

通过上表整理可知，尽管目前被归入环境审判庭的各类案件存在一定的共性，即"与环境相关"，但透过案情具体分析会发现，不少所谓的环境案件，其纠纷的实质并不涉及环境利益，而只是传统人身利益、财产利益的冲突，只是案情或多或少与环境有关。事实上，这些案件只需通过传统的诉讼程序、规则便可以解决，无需纳入环境司法专门化的范畴。以被纳入环境审判"多审合一"体系的"环境侵权案件"为例：此类案件的实质是侧重对受害者的人身利益、财产利益进行保障，虽案件与侵权人的环境污染、生态破坏行为有关，但其通过适用民事诉讼既有程序、规则便足以解决。再如，通常被视为环境案件的"涉及自然资源的行政诉讼"，此类案件虽与森林、土地等环境要素密切相关，但原告起诉的本质原因是认为行政机关的具体行政行为侵害了其对某类自然资源所享有的所有权、管理权等合法权益。此类案件争议的核心在于具体行政行为的合法性问题，并不涉及环境利益保障，适用传统行政诉讼程序、规则对之加以审理足矣。由此可见，目前我国司法专门化的案件归口标准过于形式化。

实践中，这样简单的归口审理标准虽然在一定程度降低了环境案件进入专门化审判的门槛，提高了立案庭分案效率，扩大了环境法庭的案源，平衡了各审判庭业务量，但也有较大的弊端：在案件归口的过程中，由于没有重点识别案件的争讼焦点是否为环境法律关系、是否围绕保护环境利益展开，而将各类与环境有关的法律纠纷不加区分地糅杂在一起处理，很容易使本身就处于弱势的环境利益被忽略。在此背景下，即使当事人在诉讼中提出救济环境利益的诉求，也多处于从属地位或被附带而已。另外，由于缺少相关的配套措施和程序，这种不加区别的笼统纳入，使得裁判人员在审理过程中也难以区分和识别"争议焦点是环境法律关系、争讼核心是环境利益"的环境案件，并给予特殊处理；而是将此类案件与虽涉及环境要素但本质是传统民事、刑事、行政案件一道，沿用传统的审判思路、按照传统程序加以审理。此种做法"更未把环境法上利益的实现作为己任"，[①]有违环境司法专门化的初衷，不利于环境利益的保障。

上述问题在近几年我国环境资源一审案件数量分布上也有所体现，详见下表：

[①] 张璐：《环境司法专门化中的利益识别与利益衡量》，载《环球法律评论》2018年第5期。

表 7-6 2017—2020 年我国环境资源一审案件数量统计

单位/件

环境案件类型		2017 年[1]		2018 年[2]		2019 年[3]		2020 年[4]	
		收案数	结案数	收案数	结案数	收案数	结案数	收案数	结案数
民事案件		187753	151152	192008	182691	202671	189120	159070	162411
行政案件		39746	29232	42235	41725	47588	42078	53854	53092
刑事案件		16373	13895	26481	25623	39957	36733	37641	37783
公益诉讼	民事公益诉讼	224	106	178	88	491	306	4181	3557
	行政公益诉讼	720	360	376	231	355	277		
	刑事附带民事公益诉讼	/	/	1248	949	1642	1370		
生态环境损害赔偿案件		3	1	20	8	49	36	73	62
合计		244819	194746	262546	251315	292753	269920	254819	256905

注：

1. 数据来源于《中国环境资源审判（2016—2017）》，案例数量统计时间范围是 2016 年 7 月至 2017 年 6 月。

2. 数据来源于《中国环境资源审判（2017—2018）》，案例数量统计时间范围是 2017 年 7 月至 2018 年底。

3. 数据来源于《中国环境资源审判（2019）》，案例数量统计时间范围是 2019 年全年。

4. 数据来源于《中国环境资源审判（2020）》，案例数量统计时间范围是 2020 年全年。

通过上述数据整理可见：2020 年，全国各级法院受理一审环境资源案件共 254819 件，但真正直接涉及环境公益诉讼保障的案件只有 4254 件（其中环境公益诉讼 4181 件，生态环境损害赔偿诉讼 73 件），仅占其中的 1.7%。而以往数年情况也类似，如 2019 年，全国法院受理一审环境资源案件共 292753 件，包括环境公益诉讼 2488 件（环境民事公益诉讼 491 件，环境行政公益诉讼 355 件，刑事附带民事公益诉讼 1642 件）和生态环境损害赔偿诉讼 49 件，二者合计占比 0.87%。通过数据分析可知，环境审判力量多花在传统诉讼上，真正花在涉及环境利益保障的环境案件上的资源并不多。

上述问题也体现于目前环境类案件的案由确定上。虽然根据现行法律规定,与环境、资源有关的条件统一划归环境法庭受理,但相关案件的案由仍套用传统的案由规定。根据现行《民事案件案由规定》(2011年修订),目前可能关涉环境污染、生态破坏的案由主要有:

表7-7 现行案由规定下涉及环境污染、生态破坏的案由统计

第二级案由	第三级案由	第四级案由
五、物权保护纠纷	35.消除危险纠纷;37.恢复原状纠纷	
七、用益物权纠纷	49.海域使用权纠纷;50.探矿权纠纷;51.采矿权纠纷;52.取水权纠纷;53.养殖权纠纷;54.捕捞权纠纷	
十、合同纠纷	114.中外合作勘探开发自然资源合同纠纷;115.农业承包合同纠纷;116.林业承包合同纠纷;117.渔业承包合同纠纷;118.牧业承包合同纠纷	
三十、侵权责任纠纷	352.环境污染责任纠纷(仅包括其中7项第四级案由)	(1)大气污染责任纠纷;(2)水污染责任纠纷;(3)噪声污染责任纠纷;(4)放射性污染责任纠纷;(5)土壤污染责任纠纷;(6)电子废物污染责任纠纷;(7)固体废物污染责任纠纷

通过上述罗列、分析可知,目前环境审判庭所审理的案件是多元的。但案件多集中在物权、合同领域,缺少对环境生态功能的关怀。就连在关联度最大的"侵权责任纠纷—环境污染责任纠纷"的三级案由中,也无一生态破坏的情形。由此也可见,目前我国环境司法专门化仅是形式的专门化,并非深入到环境利益保障的实质。

2. 审判程序缺少专门的规则设置

审判程序和机制的专门化是环境司法专门化向"实质性专门化"转变的关键,没有专门的审判机制和程序的依托,环境司法专门化只能停留在形式上。如前所述,目前我国相关司法机关围绕着"环境生态功能的保障"开展了积极的创新,但在审判程序方面还有所不足。当下,不少学者将此问题等同于我国环境审判"多审合一"的司法改革中的诉讼程序规则合一的问题。学者们提出,我国从2013年起开始试点环境司法"多审合一"的

模式,近年来各级规范性法律文件所关注的重点在于"多审合一"的基础性内容,如其理念、原则、概念、特征、管辖、受案范围等,而对于应如何进一步开展环境审判"多审合一"的具体内容,尤其是内部程序构建的讨论则较少涉及。① 可以说,目前虽然确立了"三审合一""审执合一"等模式,但并未实现真正的并案审查。司法实践中,在具体的环境案件审判操作上,所谓"专门化"的环境诉讼仍主要适用传统的诉讼审判方式,② 即案件的审理程序与审理规则与原有传统三大诉讼并无实质性区别。③ 各级人民法院依旧按照传统三大诉讼程序分别进行审理,并未形成一套独立的、系统的、符合环境保护需要的诉讼程序。对此现状,张宝教授指出:"环境司法的核心和内涵在于诉讼程序的整合,专门审判组织仅是它的外化和载体。"④ 陈海嵩教授也指出,若仅是笼统将环境资源案件简单汇总,交由独立的环保法庭审理,而非实质性地整合环境诉讼的程序和规则,就无法从根本上冲破传统司法模式的束缚。⑤

然而,笔者认为目前学界所讨论的上述问题并不成立。如前所述,目前环境审判"多审合一"所纳入的很大一部分案件都仅是"与环境相关"的传统的诉讼案件,其按照传统固有的司法机制、程序就可以解决,并没有进行司法专门化的必要性。虽然各个案件都与环境有关,但其所涉及的案件性质、纠纷实质并不相同,其背后的法律利益基础也不相同,因此也没有进行司法专门化的基础。目前,各界在环境审判"多审合一"的司法改革背景下谈诉讼程序合一的问题,是没有准确对"什么是环境司法?什么是司法专门化?为什么要进行环境司法专门化?"等相关问题进行清晰、准确的认知。根据前文的思路,只有以"保护环境生态功能"为核心的环境司法才需要、也才有可能进行司法专门化;目前的"多审合一"仅是形式的司法专门化,其无法实现程序的真正合一。鉴于此,笔者认为,应该把程序专门化建设的注意力和精力放在"以解决环境生态功能损害纠纷、保障环境利益为核心"的环境案件上。目前我国环境司法专门化仅停留在形式上,缺少与环境案件特质及需求相匹配的程序设置,保障环境利益的专门性程序规则有所欠缺。虽然目前我国已在法律层面明确规定了公益诉讼,

---

① 黄锡生:《我国环境司法专门化的实践困境与现实出路》,载《人民法治》2018年第4期。
② 郭武:《层次性重叠,抑或领域性交叉?——环境法与其他部门法关系省思》,载《社会科学》2019年第12期。
③ 杜谦:《环境司法专门化的困境与破解》,载《人民法院报》2014年9月17日,第8版。
④ 张宝:《环境司法专门化的建构路径》,载《郑州大学学报(哲学社会科学版)》2014年第6期。
⑤ 陈海嵩:《环境司法"三审合一"的检视与完善》,载《中州学刊》2016年第4期。

但现有立法体例关于环境公益诉讼的地位不甚合理,进而导致缺乏专门的程序规则。以环境民事公益诉讼为例,目前立法者将其规定于《民事诉讼法》中。而事实上,环境公益诉讼具有独特的调整对象——环境利益法律关系,而该法律关系的基础是环境利益,这与传统民事法律关系并不相同,也是环境公益诉讼与民事诉讼的核心差异。① 因此有必要以环境利益为基点,构建符合环境利益特质的诉讼规则,而不是简单、完全沿用传统民事诉讼规则,由此才能达到实质意义上的环境司法专门化。

3. 判决适用环境修复责任混乱

如前文所述,"环境修复责任"是指在环境案件中,某一主体实施了环境污染和生态破坏等减损生态环境功能的行为,则该主体应通过采取一系列措施,承担最大限度修复受损环境生态功能的法律责任。环境利益具有根本性、自然性的特征,环境利益的实现必须有赖于环境系统的环境生态功能的正常发挥。鉴于此,环境纠纷的解决、环境利益的保障必须以"将环境生态功能恢复至可供人类生存、发展的良好状态"为主要目标,此也决定了环境案件的责任方式应关注生态修复,且此类责任应当广泛地适用于各类环境案件之中。目前,在以相关司法解释作为依据的背景下,环境民事公益诉讼、环境生态赔偿之诉中围绕着环境生态功能保障的相关责任得到了很好的贯彻,但仍然存在一些问题:

首先,环境修复责任覆盖不全,直接适用较少。笔者通过对相关判决书进行梳理可知,目前在环境民事公益诉讼和生态环境损害赔偿之诉中,法院常以判决被告支付一定数额的环境修复费用来替代被告本应承担的环境修复责任。如在徐向念与中华环保联合会、李衡东等环境污染责任纠纷一案[案号:(2018)苏民终75号]中,法官直接判决:"李××、付××、徐××共同承担生态环境修复费用291060元,三人互负连带责任;李××单独承担生态环境修复费用152460元,上述费用应支付至市环保公益金的专用账户内"。此案便体现出目前我国环境司法判决中"强化赔偿责任,弱化修复责任"的现状,而此类判决无助于环境修复目标的实现。同时,在此类判决中,法院通常并未对修复费用的使用方案进行明确的规定,如在北京首例刑事附带民事污染环境公益诉讼案——北京市石景山区人民检察院诉闫×、邹××污染环境一案[案号:(2018)京0107刑初126号]中,法院最终仅要求被告人赔偿修复土壤等其他费用共21万余元,并将赔偿款项交到法院的指定账户,于日后专项用于环境修复、治理,而未明确该

---

① 刘显鹏:《环境民事公益诉讼证明责任分配研究》,中国社会科学出版社2019年版,第2页。

笔费用在今后应如何使用。

其次,即使是在那些直接判决被告承担修复责任的案件中,法院也仅在判决书中笼统地要求被告承担修复责任,而并没有附带提出切实可行的修复责任履行方案,此往往会导致"空判"的后果。如在保定市生态环境局与刘××环境污染责任纠纷案[案号:(2020)冀06民初81号]中,法院在判决中仅笼统要求被告对被污染土壤承担生态环境修复责任,如未按期履行修复义务,应承担生态环境修复的费用。但对"应如何承担修复责任""履行修复责任的期限"以及"因未按期履行修复义务应承担的生态环境修复费用的具体金额"等内容都未进行具体规定。再如在山东省烟台市人民检察院与王某、马某环境污染公益诉讼案[案号:(2017)鲁06民初8号]中,法院判决被告应制定对污染进行治理的修复方案,并据此进行修复,若逾期未履行修复生态环境的义务或是修复结果未达到使环境公共利益受到保护之标准的,则应赔偿对生态损害进行修复的费用到市环境公益诉讼的基金账中。该案中的修复方案由被告自行制定并实施,缺少专门机构对修复方案的审核和公众对修复效果的监督,将使得修复方案在效率上和结果上都很难如期实施,生态环境持续恶化的可能性进一步增大。而在福建省南安市人民检察院诉李×非法采矿刑事附带民事公益诉讼案[案号:(2020)闽0583刑初370号]中,法院判决被告于本判决生效后十日内承担生态环境修复费人民币65500元、生态环境修复方案编制费人民币30000元。然而该判决对方案的编制主体以及审核主体均未明确,导致在实践中不具有可操作性,这无助于修复生态环境责任的实际履行。

再次,生态修复的目标设定片面,导致"修复"效果难以有效实现。通过判决书的梳理可知,目前法院在处理生态环境损害案件时,普遍较为片面化地认定修复目标,未将整个生态环境看作一个有机联系的整体,也未对受损的生态环境提出切实可行的修复要求。基于生态环境的整体性,环境修复过程的系统性和复杂性,这一审判模式难以使生态环境在被破坏后的功能和价值恢复到原有状态。如在广东省环境保护基金会与被告焦×水污染责任民事环境公益诉讼一案[案号:(2016)粤01民初51号]中,被告人所排放的废污水,不仅影响了河水的水质,也会对排污周围的土壤造成污染。但在该案中,法院仅判令被告针对河流进行修复,而未考虑周边其他生态环境的损害。在山东聊城市人民检察院诉路××土壤污染民事公益诉讼一案[案号:(2017)鲁03民初57号]中,被告人的行为在土壤污染的同时,还会伴随着地下水的污染以及地表植物的损害,而法院仅针对土壤污染做出修复的判决,未考虑到对整体生态环境的修复。通过分析可知，上述这些判决对生态修复目标的认定往往只针对个别的环境要素展开，考查目标和标准都设置得相对单一，忽略了环境所具有的整体性，[①] 难以有效保障生态环境的整体功能。

除了上述环境民事公益诉讼和环境生态功能损害赔偿之诉外，在其他环境案件的程序中，环境修复责任的贯彻并不彻底、完全。比如，如前所述，虽然目前我国环境刑事司法对环境修复责任展开了积极的创新，探索出补植复绿、增殖放流等环境修复司法举措；然而，事实上此种创新还存在立法依据不足、判决标准不统一等问题，对此笔者已在本书第二章展开了详述，本部分不另行赘述。

4. 环境修复责任落实不到位

针对环境修复责任的具体实现，审判只是一个开端，能否真正保护和修复环境的关键在执行阶段。只有环境修复责任有效落实，才能真正地救济受损的环境生态功能，并最终确保环境利益得以有效保障。因此，环境纠纷需特别关注环境修复责任的落实。但在当前，公益型诉讼（包括生态环境损害赔偿诉讼、环境民事公益诉讼）的提起阶段、审理阶段仍为我国现有相关制度的重点关注对象，而对如诉讼结果执行阶段的具体规定则存在重视度不足的问题。[②] 同时，在环境司法实践中，大量生效法律文书的执行无法落实到位，严重阻碍了环境生态功能的救济和环境利益的保障，损害了法律权威和司法公信力。

目前，生态环境修复责任已经在我国相关法律文件中得以确立，实践中法院的判决常采用"自行修复"和"替代修复"两种模式。根据"损害责任自负"原则，"自行修复"应当是首选的责任承担方式。但受制于现有科学技术水平，对有些无法部分或全部修复的受损生态环境，法院则判决准许侵害者采用替代性修复方式，以"同功能异地点、同质量异数量、同价值异等级"等方式对环境生态系统整体进行修复。现行司法解释已经规定了被告承担生态环境修复费用，[③] 若被告无法进行自行修复或替代修复，且法院在判决前已查明其无能力或不愿以行为方式进行修复时，则可直接判决

---

① 李挚萍：《环境修复法律制度探析》，载《法学评论》2013年第2期。
② 杨晓婉、刘永鑫、徐静柳：《环境民事公益诉讼的执行问题探究》，载《林业经济》2016年第6期。
③ 《最高人民法院关于审理生态环境损害赔偿案件的若干规定（试行）》（法释〔2019〕8号）第20条第二款规定："人民法院可以在判决被告修复生态环境的同时，确定被告不履行修复义务时应承担的生态环境修复费用；也可以直接判决被告承担生态环境修复费用。"

其承担生态环境修复费用。①

同样,现行司法解释也规定了生态环境修复费用的具体范围,② 而在采用"支付环境修复费用"的责任承担方式时,面对如何收缴、管理、利用和监督这些修复费用以及如何对修复成果进行验收等问题上,由于缺乏全国统一的制度性规定,使得环境修复责任的落实效果大打折扣。如在费用的收缴和管理方面,司法实践中各地法院的做法不一,具体见下表:

表7-8 全国各地法院生态环境修复费用的收缴和管理情况

案件	判决具体内容
谢××等与北京市朝阳区自然之友环境研究所环境侵权责任纠纷上诉案【案号:(2015)闽民终字第2060号】	被告谢××等四人不能在第一项判决指定的期限内恢复林地植被,应于期限届满之日起10日内共同赔偿生态环境修复费用110.19万元(支付到南平市中级人民法院指定账户),该款用于本案的生态环境修复
荆州市沙市区人民检察院与刘××水污染责任纠纷环境公益诉讼案【案号:(2016)鄂1002民初1947号】	被告刘××于判决生效之日起十五日内赔偿因其违法排放电镀废水造成的生态环境损害损失202050元,赔偿款付至荆州市沙市区财政局环保专用账户
广东省环境保护基金会与被告焦×水污染责任民事环境公益诉讼案【案号:(2016)粤01民初51号】	被告焦×于本判决发生法律效力之日起十日内赔偿人民币416404.8元(以上款项上缴国库,用于修复被损害的生态环境)
指导案例133号:山东省烟台市人民检察院诉王××、马××环境民事公益诉讼案【案号:(2017)鲁06民初8号】	被告王××、马××在本判决生效之日起九十日内对莱州市柞村镇消水庄村沙场大院北侧车间周边地下水、土壤和消水河内水体的污染治理制定修复方案并进行修复,逾期不履行修复义务或者修复未达到保护生态环境社会公共利益标准的,赔偿因其偷排酸洗废水造成的生态损害修复费用72万元,支付至烟台市环境公益诉讼基金账户

各地区法院在费用的收缴和管理方面都进行了有益的探索,但如若由于做法不一而产生的差异逐渐变大,今后将难以在全国范围确定一个统一的收缴和管理办法,不利于环境修复工作的制度化、法律化开展。而在费

---

① 最高人民法院环境资源审判庭:《最高人民法院关于环境民事公益诉讼司法解释理解与应用》,人民法院出版社2015年版,第290~297页。
② 《最高人民法院关于审理生态环境损害赔偿案件的若干规定(试行)》(法释〔2019〕8号)第12条第二款规定:"生态环境修复费用包括制定、实施修复方案的费用,修复期间的监测、监管费用,以及修复完成后的验收费用、修复效果后评估费用等。"

用的使用方面,环境修复一般涉及多个领域的专业知识,由于思考不深、研究不足,法院在确定环境修复费用时难以确定一个精确的数额;同时由于不具有与环境修复相关的专业知识,如若法院在判决中错误地判定环境修复的成本,过低地估计了修复受损环境所需要的费用,则将造成司法实践中难以达到预期修复效果的后果。此外,无论采用何种修复方式,对修复过程的监督尤为关键。虽然我国《生态环境损害赔偿制度改革方案》中规定应当就生态环境损害的索赔、执行、款项的使用、修复的效果等建立监督机制,但目前我国相关的法律文件缺少对生态修复监督具体程序、机制的规定。由于立法层面的缺失,将难以保证修复工作能够高效有序地按照修复方案开展,这既无助于修复受损的环境生态功能,甚至将导致生态环境进一步恶化的严重后果。

五、完善我国环境利益司法保障的相关建议

通过前文分析可知,目前我国环境司法专门化的构建还较为"形式",其实质性推进尚不充分。造成此种现状的原因是综合的:首先,理论支撑不力,即环境法理学无法满足实践需要。如前所述,目前我国环境法理学的发展还处于起步阶段,还存在着理论抽象不足、学术体系不成熟、核心概念未形成等问题,因而无法对环境司法制度建设及其实践形成有效的支撑。其次,制度供给不足,缺少专门化的运行规则。在现实需求的推动下,我国各地在环境司法方面做了很多创新。但由于缺少国家层面的统一指导,各地操作差异性较大,不利于形成专门环境诉讼的统一体系。再次,对环境司法专门化的本质认识不到位。目前各界论及环境司法专门化的必要性,一般多从环境问题严重、环境案件数量增加的现实情况以及环境案件的特点等角度出发,指出为提高审判效率和质量而推动环境司法走向专门化。此观点的确展现了环境司法专门化的直接原因,体现了法律回应社会现实需要的属性。然而,各界均未进一步对环境司法专门化的深层次的原因展开探究,此使得环境司法专门化缺少了更为根源性的理论基础支撑。鉴于此,我国环境司法在"专门化"的道路上还有向实质性迈进的空间,可以从以下几个层面去完善:

(一)案件选择:以"是否侵害环境生态功能"作为专门化审判的标准

为了确保环境司法专门化发挥实质性的作用,首先应当弄清"究竟何种案件有必要纳入司法专门化的范畴"这一问题。如前所述,目前我国司法实践中纳入环境司法专门化的判断标准是:"案件与环境有关"。然而,这一标准过于宽泛，无法有效筛选出真正需要专门化审判的案件，而是将过多的精力耗费在无需司法专门化的案件中。如前所述，司法专门化源于"案件特殊性"的现实需求，而案件特殊性的实质又取决于"其所解决纠纷的特殊性"以及"其所保障利益的特殊性"。延续此思路可知，需纳入环境司法专门化的案件应当以"是否侵害环境生态功能"作为判断标准，即对于以环境生态功能损害的修复为核心的案件，考虑到涉案主体实力的悬殊、案件内容的复杂专业、因果关系及损害后果认定难、责任方式注重修复等案件特征，应当专门审理；而对于虽与环境相关，但本质上仅涉及传统法益保障的案件，则只需依照传统诉讼程序加以处理。

  上述标准若想落实到司法实践中，可从构建环境案件的内部分案制度着手。考虑到我国环境司法现实情况，若在立案庭分案之初就将侵害环境生态功能的案件区别出来，这要求立案庭法官对案情展开实质性审查，此不仅降低了诉讼程序的效率，也违背了案件管理制度的初衷；同时，此种操作也将进一步加剧部分法庭案源不足的困境。鉴于此，笔者认为可以继续推行目前我国司法实践中所实施的案件归口审理的模式，以提高司法效率、确保司法制度的前后统一。而在与环境有关的案件进入环境法庭后，法院可在环境法庭内部设置案件分类机制。具体来看，案件进入环境法庭后可以按照案件所涉法律关系，将案件分为"环境传统诉讼"和"生态损害诉讼"两大类。其中，环境传统诉讼是指那些虽然与环境相关，但其本质上还是以保障人身利益、财产利益、秩序利益等传统利益为核心的传统诉讼；而生态损害诉讼是指以保护环境利益为中心，由无直接利害关系人提起的新型诉讼，包括环境公益诉讼和生态环境损害赔偿诉讼。对于第一种类型的案件，只需传统的诉讼程序的"绿化"便可应对，此部分目前我国已经取得了很大的成效。而对于第二类新型案件，才应是环境司法专门化的重点，应当对之进行关注并对其诉讼程序、规则进行专门化的设计。对此类案件，可由审判法庭内部的案件分类小组出具书面意见，并在内部案件管理系统中加以标记，提醒主审法官关注案件中研究生态功能的保障，此时法官也应行使释明权，[①]在案件审理中采用专门化的审判程序、规则。而法官在审查环境传统诉讼时也应当能动司法，将公益纳入审查范围，以免

---

① 《最高人民法院关于审理环境公益诉讼案件的工作规范（试行）》（2017）第15条："人民法院认为原告提出的诉讼请求不足以保护社会公共利益的，可以向其释明变更或者增加停止侵害、排除妨碍、消除危险、修复生态环境、赔偿生态环境服务功能损失等诉讼请求，或者释明增加修复生态环境、赔偿服务功能损失的金额。原告坚持不变更或者增加诉讼请求的，人民法院应当在裁判文书中载明释明情况。"

私益争端影响环境公益,从而体现维护环境公共利益的司法理念。

(二)案件审理:提高环境审判规则专门化水平

大陆法系国家将"实体法律关系的性质是否特殊"作为特别诉讼程序的确定标准。① 不同于传统诉讼法领域,生态损害诉讼以保障环境利益为其核心目的,决定了此类环境诉讼在审判规则上有其特殊之处,彰显了环境司法专门化的必要性与合理性。设置专门性的环境诉讼规则,不可能完全与一般诉讼规则割裂,而是在一般诉讼的基础之上,针对公益型环境诉讼的特点,在一些环节上做特殊处理。笔者认为,可重点考虑如下几个方面:

1. 举证责任分配规则

环境案件因具有复杂性、专业性、跨学科性等特点,其收集证据、查明事实的难度较大。为实现公正裁判之目的,需要结合该类案件自身特点,合理分配举证责任、科学判定因果关系。一般情况下,举证责任的分配需综合考虑原被告双方举证的难易程度、是否符合诉讼目的等因素,兼顾诉讼平等保护原则,诉讼中特殊主体所要负担的证明任务,也有必要纳入考量范畴。②

首先,在环境民事公益诉讼和生态环境损害赔偿诉讼中,由于原告方是公共利益的代表人,很少能在环境生态功能受损的第一时间察觉并收集、保留证据,距离关键证据较远。同时,环境生态功能的减损是一个复杂的过程,具有不可预测性,且又涉及专业知识,因而举证的难度较大。而环境损害原因行为的相关材料及其他原始证据也通常掌握在被告(实施污染环境、生态破坏行为的一方)手中,诉讼中被告全面提供证据的驱动力较弱。鉴于此,为维护环境公共利益,应适当减轻原告方的举证责任,降低原告方的诉讼难度。基于上述考虑,笔者认为诉讼中应由原告负责举证的事项包括:一是被告实施了导致环境生态功能下降的环境侵害行为或存在某种依法应承担责任的状态等情形;二是出现了环境生态功能减损的事实或重大风险,特定诉讼还需明确所需修复费用、赔偿数额等;三是被告实施的环境侵害行为与环境生态功能减损存在关联。而被告应当就如下事项承担举证责任:"其是否存在不承担责任的情形""其是否存在减轻责任的情形"以及"其危害行为或特定的法定状态与损害后果之间并无因果关系存在"。值得注意的是,笔者认为其中该"因果关系"的证明应由原被告双

---

① 廖中洪:《民事诉讼法·诉讼程序篇》,厦门大学出版社2005年版,第130页。
② 吴勇:《环境审判机制创新研究:以环境审判机构专门化为视角》,法律出版社2019年版,第177~180页。

方共同承担，但证明责任的轻重不同。因果关系是事物之间的内在联系，在普通案件中，因果关系便很难通过物化证据加以证明，更别提在环境案件中，生态环境功能下降的原因复杂而隐蔽、时空跨度大，需要借助专业科学技术才能确定，这无疑增加了因果关系要件的证明难度。因此，应当由哪方承担因果关系证明责任，将直接影响诉讼胜负结果。如前所述，该类诉讼中原告的举证能力较弱，若执意将因果关系的举证责任赋予原告与此类诉讼的"公益属性"不符；但若完全将举证责任倒置给被告，又有"过度减轻原告方举证责任、容易引发滥诉"之嫌，更不利于还原案件真相。因此，在因果关系的举证责任分配上，笔者认为应当适用"因果关系推定"的原则，此既契合此类诉讼的公益属性、减轻了原告的举证责任，又并未完全将举证不能的不利诉讼后果移转至被告一方，符合诉讼平等保护的原则。此处的"因果关系推定"从根本上说是事实的认定问题。① 具体来看，损害行为（或某种应当承担责任的法定状态）与生态环境功能下降这一损害结果之间存在初步的因果关系应由原告负责证明，证明标准应达到"大致证明（无需达到必然性）"之程度便可。② 此时，举证责任发生转移，被告应当承担因果关系不存在的证明责任，其证明标准除非达到"高度盖然性"而使法官形成内心确信，否则被告要面临败诉的不利益。③ 由于生态环境功能减损表现形式的多样性、复杂性，决定了其无法通过统一的规则涵盖所有可以推定因果关系成立的基础事实，这就需要法官在个案中自行判断，针对具体案件情况适用疫学因果说、盖然性说、间接反证说、事实自证说等方法来完成因果关系的推定。④

  其次，在环境行政公益诉讼中，检察机关在起诉前须先向行政机关提出检察建议，正是由于这一诉前程序的存在，作为原告的检察机关既要证明已经履行了诉前程序，又要初步证明行政机关存在"违法行使职权或不作为"的情况，并进而导致环境公共利益受到侵害。随后，根据环境行政公益诉讼客体的不同，作为被告的行政机关承担如下证明责任：①若检察机关以"行政机关违法行使职权"为由起诉，此时行政机关需要证明其被诉行政行为的合法性，即需提供在事实、职权范围、法律适用以及程序等

---

① 刘显鹏：《环境民事公益诉讼证明责任分配研究》，中国社会科学出版社2019年版，第109页。
② 吴勇：《环境审判机制创新研究：以环境审判机构专门化为视角》，法律出版社2019年版，第181页。
③ 刘显鹏：《环境民事公益诉讼证明责任分配研究》，中国社会科学出版社2019年版，第110页。
④ 吴勇：《环境审判机制创新研究：以环境审判机构专门化为视角》，法律出版社2019年版，第181页。

方面是否合法的证据。①基于"依法行政"的基本原则,通常这些证据都是行政机关在作出行政行为之前已经收集到的,此要求也并未额外加重其负担。②若检察机关以"行政不作为"为由提起,此时行政机关应承担"不存在行政不作为情况"的证明责任,具体可以从法定的作为义务、履行义务的可能性和必要性这三个要件去展开证明。

此外,无论是在上述何种具体诉讼中,基于生态损害诉讼所保护利益的特殊性,法院应当发挥其司法能动性,必要时应当依职权展开调查取证。②相应地,其他相关公民、社会组织、企事业单位等主体也应当积极配合,如实、全面地提供自己掌握的证据及其他材料,共同促进环境公共利益的保护。

2. 专业主体参与规则

环境案件通常具有高度的科技关联性,即案涉环境损害结果的确定及量化、损害行为与结果之间的因果关系以及环境修复方案的制定与落实等,都需借助专业知识技术的支撑。而上述内容往往超出了法官的知识领域,如果仅依靠法官的力量,很可能无法做到尽可能接近案件事实,最终无益于环境利益的救济和环境问题的解决。因此,为提高环境案件的专门化审判水平,还需要充分发挥专家、鉴定机构等技术团队的作用。

(1)专家参与规则

吸纳环境案件所涉专业领域的专家参与到环境司法当中,符合环境案件的专业性、复杂性的特质,有利于解决环境纠纷的专业技术问题、帮助法院查明案件事实,其是提高司法专门化审判水平的利器。此操作在域外环境司法实践中得到了广泛的应用:如澳大利亚新南威尔士州的土地与环境法院设技术专业委员会,由在环境损害认定及评估、自然资源管理等方面有着丰富知识经验或取得相关资格认证的技术专家担任委员。③瑞典环境法庭除主席外,还设有环境顾问(1名)和专家成员(2名),前者通常受过环境科学技术的专业培训并有处理此类案件的丰富经验,后者通常包括熟悉环境行政机关运作和熟悉案件相关专业和市政运作的专家各一位。④新西兰环境法院配备了具有所涉相关专业知识及经历的环境专员,与环境法

---

① 李劲:《环境行政公益诉讼证明责任问题研究》,载《渤海大学学报(哲学社会科学版)》2018年第40期。
② 最高人民法院《关于审理环境民事公益诉讼案件适用法律若干问题的解释(2020修正)》第14条第1款:"对于审理环境民事公益诉讼案件需要的证据,人民法院认为必要的,应当调查收集。"
③ 李挚萍:《环境基本法比较研究》,中国政法大学出版社2013年版,第170页。
④ 吴勇:《环境审判机制创新研究:以环境审判机构专门化为视角》,法律出版社2019年版。

官一起组成合议庭审理案件;① 此外,该法院还通过召开专家证人会议,就案件所涉专业问题为法院提供中立的帮助,该会议出具的联合证据声明可在法庭上作为证据使用,以弥补法官在专业知识上的不足,更有利于还原案件真相。

近年来,我国也开始关注到专业技术力量在环境司法中作用的发挥。我国环境民事公益诉讼和环境侵权司法解释中肯定了专家意见的地位,②建立了专家证人规则。为更加充分地发挥专家在环境专业审判中的价值,笔者建议还可以从以下几个方面完善专家参与规则:一是分类别吸纳各相关领域专业人士,健全相关资格认证制度。因生态系统内部要素众多且相互作用机理复杂,因而常需借助环境科学、生态科学、地质学、水文学等多学科领域的知识方能查明案件事实。此需要将各领域的专业人才广泛吸纳并分别录入专家库,便于在具体案件处理过程中能快速匹配到相关领域的专家。同时,为了保证专家意见的质量,也应由国家对其专业资格进行认证、考核和后续监管。二是明确专家的工作内容及范围。即明确专家在案件审理过程中主要负责解决案涉专业技术问题,以为法官的裁判提供科学依据,如有必要也可根据需要参与案件的讨论。但专家在案件审理中应遵循必要的行为界限,不应过度干涉法官对于案件事实的判断和法律的适用。三是设定专家参与审理的多元化、灵活化的机制。目前,我国江苏、云南等地已积累了不少专家参与环境案件审理的实践经验,加之对域外经验的考察、借鉴,本书认为可以设置多种专家参与审理的形式供各地根据自身专家资源配备情况和案件现实需要作出选择;具体形式可包括专家作为陪审员、设立环境专家咨询委员会、专家参与环境案件的调解等。四是设置补贴和惩戒机制。专业人士运用自身知识和技能为环境案件的审理工作提供智力支持,应当享受相应补贴。但对于恶意作出错误事实判断、影

---

① 沈跃东:《可持续发展裁决机制的一体化——以新西兰环境法院为考察对象》,载《西北农林科技大学学报(社会科学版)》2008年第3期。

② 最高人民法院《关于审理环境民事公益诉讼案件适用法律若干问题的解释(2020修正)》第15条:"当事人申请通知有专门知识的人出庭,就鉴定人作出的鉴定意见或者因果关系、生态环境修复方式、生态环境修复费用以及生态环境受到损害至修复完成期间服务功能丧失导致的损失等专门性问题提出意见,人民法院可以准许。前款规定的专家意见经质证,可以作为认定事实的根据。"

最高人民法院《关于审理环境侵权责任纠纷案件适用法律若干问题的解释》(2020修正)第9条:"当事人申请通知一至两名具有专门知识的人出庭,就鉴定意见或者污染物认定、损害结果、因果关系、修复措施等专业问题提出意见,人民法院可以准许。当事人未申请,人民法院认为有必要的,可以进行释明。具有专门知识的人在法庭上提出的意见,经当事人质证,可以作为认定案件事实的根据。"

响裁判公正的情形也应作出相应惩罚,具体可以包括通报批评、罚款、撤销资格、承担相应刑事责任等措施。

（2）环境鉴定规则

环境司法鉴定是环境案件重要的证据来源和事实认定依据,其是专业性、法律性和科学性的统一,对生态环境损害赔偿制度的构建起到支撑作用。[①] 目前,我国相关法律文件中已规定法院可以委托鉴定人,[②] 并就鉴定事项、鉴定机构的选择以及鉴定意见的效力进行了规定。[③] 为保证其公正性、合法性及权威性,我国亟须建立起兼具专业性和中立性的专门环境司法鉴定机构,并细化具体规则。

一是环境司法鉴定业务应实行双重管理制度,即此类专业机构应同时取得生态环境部及司法部核定的专业技术和司法行政准入资格。同时,应根据各地环境司法的鉴定工作的需求和潜在的环境损害类型,分领域规划建立专门性、专业性的机构。二是要为环境司法鉴定的开展制定详细且可操作性强的方法、标准、程序等,以保证鉴定结论的科学准确、客观公正。三是建立环境司法鉴定专家库和案例库,吸收专业人才,总结司法鉴定经验,对鉴定机构和鉴定人实行执业分类管理,随机抽查环境鉴定机构和鉴定意见书,以加强监督。四是确立鉴定机构的责任追究制度和黑名单制度。设置严格的鉴定人员准入标准,并规定鉴定人员应对鉴定结论负责,必要时应当出庭接受法庭询问。如若鉴定人员有重大失误或违法情形的,应承担相应的法律责任。鉴定机构如有违规高额收费、无故拒绝鉴定或拖延等行为,相关机构应向委托人发出警示,且该鉴定机构应被纳入黑名单并向社会公示。五是应着力解决鉴定费高昂的问题。如上所述,环境司法鉴定是环境纠纷解决过程中有效的工作,但高昂的成本将阻碍其在社会中发挥作用。对此问题,目前我国司法部下发了《关于进一步做好环境损害司法鉴定管理有关工作的通知》(2019),提出针对检察公益诉讼推出一批不预收鉴定费的鉴定机构,待法院判决后由败诉方承担。对此,笔者认为在完

---

① 江必新:《环境资源审判的理念、政策与机制》,人民法院出版社2019版,第202页。

② 最高人民法院《关于审理环境民事公益诉讼案件适用法律若干问题的解释(2020修正)》第14条第2款:"对于应当由原告承担举证责任且为维护社会公共利益所必要的专门性问题,人民法院可以委托具备资格的鉴定人进行鉴定。"

③ 最高人民法院《关于审理环境公益诉讼案件的工作规范(试行)》(2017)第25条:"对于损害结果、因果关系、生态环境修复方案和费用、生态环境服务功能损失等专门性问题,可由具备相应资质的司法鉴定机构出具鉴定意见;没有司法鉴定机构的,可由国务院环境保护主管部门推荐的机构或者其他依法成立的科研机构出具意见。"最高人民法院《关于审理环境公益诉讼案件的工作规范(试行)》(2017)第52条:"检察机关在起诉前委托作出的鉴定意见,被告有证据足以反驳并申请重新鉴定的,人民法院应予准许。"

善相关鉴定机构向败诉方追偿鉴定费的相关机制后，此举可逐步推广至所有的公益型环境诉讼之中，以减轻原告方的起诉负担。同时，也可吸收海南、昆明、无锡等地的实践经验，通过设立环境公益诉讼专项资金，配套相应的申请和审查程序，从中划拨款项用于支付环境公益案件中的鉴定费用。

（3）环境监测规则

如前所述，技术专家参与诉讼以及环境鉴定是应对环境纠纷专业技术性的重要手段之一。然而，无论专家以何种形式参与诉讼，都不可避免其意见的主观性、局限性，因此对环境案件中事实的查明、因果关系的认定还需要借助环境监测这一客观性的技术手段。环境监测是由专业人员科学监测所采样品，依照一定的技术程序和标准判断环境污染状况的手段，其所得结果客观性较强，①且对于环境案件中相关基础事实的认定有重要意义，是审理环境案件的重要的辅助手段。环境案件中一般情况下原告由于没有监测手段和相关资质，无法自行得出法院认可的环境监测数据，而环境案件的特殊性又决定了在认定事实过程中环境监测结果具有重要证据价值，因此，应当规定环境监测机构负有必须接受委托和提供监测报告的义务。②

3. 诉讼成本分担规则

通常情况下，环境公益诉讼的成本包括隐性成本（如为进行诉讼而花费的时间、精力、机会成本等）和显性成本（如向法院缴纳的诉讼费、调查鉴定评估费用、律师费等）。③生态损害诉讼成本高昂与收益均享之间的矛盾一定程度上打击了相关主体提起环境诉讼的积极性，极大地影响了环境利益救济的及时性。鉴于此，为了激发原告提起诉讼的积极性，应设立专门的环境公益诉讼成本分担规则，以保障环境公益诉讼的正常开展。

如应建立法院诉讼费的"减、缓、免交规则"。根据我国现行司法解释，检察机关提起环境公益诉讼时免交诉讼费，④环保组织提起环境民事公益诉讼时如有困难可申请缓交诉讼费，败诉后能否减交、免交则要经法院准

---

① 吴勇：《环境审判机制创新研究：以环境审判机构专门化为视角》，法律出版社2019年版，第183页。
② 吴勇：《环境审判机制创新研究：以环境审判机构专门化为视角》，法律出版社2019年版，第184页。
③ 颜运秋：《〈民法典〉视阈下生态环境修复与赔偿司法保障机制》，载《广西社会科学》2021年第1期。
④ 最高人民法院《关于审理环境公益诉讼案件的工作规范（试行）》（2017）第46条："人民法院审理人民检察院提起的环境民事或者行政公益诉讼案件，人民检察院免交《诉讼费用交纳办法》第六条规定的诉讼费用。被告败诉的，应按照《诉讼费用交纳办法》的规定缴纳相关诉讼费用。"

许。① 此规定一定程度上缓解了环保组织提起诉讼的压力，但力度不够。本书认为，对环保组织提起民事公益诉讼时诉讼费用的收取，应适用与检察机关相同的标准，即起诉时不向作为原告的环保组织收取诉讼费，待裁判结束，若被告败诉则由被告缴纳。此建议的依据在于：（1）同样是就环境利益受损提起环境民事公益诉讼，检察机关在具有相关工作经费做保障的情况下，仍可以适用免交诉讼费的规定；而国内多数环保组织经费来源有限，法律又明文禁止其从诉讼中牟利，此无疑加剧了环保组织运转的困难程度。（2）此外，环保组织在提起环境民事公益诉讼的顺位上优先于检察机关，为避免环保组织的优先顺位虚置，也应当在诉讼费用的交纳上适当调整。目前，我国云南、贵阳、重庆等地法院已经在相关文件中作出此类规定，最高人民法院可结合各地实践经验，在全国范围内推行。

事实上，法院的诉讼费仅是高昂的诉讼成本中的冰山一角，鉴定费、清除污染以及防止损害的发生和扩大所支出的合理费用（下文简称"清除费用"）、律师费等才是给原告带来巨大经济压力的重要因素。根据现行司法解释，原告可以请求由被告支付上述费用，② 这与美国环境公民诉讼中的"律师费败诉方分担"规则一样，具有正诉激励、滥诉预防和行为矫正三重功能，③ 适合作为公益诉讼激励规则。不过，这些制度的应用均建立在原告方胜诉的基础上；而若原告方败诉或被告方财产不足以支付相关费用，生态损害诉讼所产生的上述费用，应采用由国家负担或者社会分担的规则。这是由于此类诉讼的公益性不仅体现在诉讼目的上，还体现于受益主体的公共性中：在环境生态功能得到修复后，社会公众普遍受益，基于"受益者付费"这一环境法基本原则，当存在败诉风险时理应由社会公众共同负担。鉴于此，如前所述，具体可考虑通过建立专项基金制度、环境保险制度、公益律师制度等将相关成本社会化。

---

① 最高人民法院《关于审理环境民事公益诉讼案件适用法律若干问题的解释》（2020修正）第33条："原告交纳诉讼费用确有困难，依法申请缓交的，人民法院应予准许。败诉或者部分败诉的原告申请减交或者免交诉讼费用的，人民法院应当按照《诉讼费用交纳办法》的规定，视原告的经济状况和案件的审理情况决定是否准许。"

② 最高人民法院《关于审理环境民事公益诉讼案件适用法律若干问题的解释》（2020修正）第22条："原告请求被告承担以下费用的，人民法院可以依法予以支持：（一）生态环境损害调查、鉴定评估等费用；（二）清除污染以及防止损害的发生和扩大所支出的合理费用；（三）合理的律师费以及为诉讼支出的其他合理费用。"
最高人民法院《关于审理生态环境损害赔偿案件的若干规定（试行）》（2020修正）第14条："原告请求被告承担下列费用的，人民法院根据具体案情予以判决：（一）实施应急方案、清除污染以及为防止损害的发生和扩大所支出的合理费用；（二）为生态环境损害赔偿磋商和诉讼支出的调查、检验、鉴定、评估等费用；（三）合理的律师费以及其他为诉讼支出的合理费用。"

③ 陈亮：《环境公益诉讼研究》，法律出版社2015年版，第221页。

4. 多元纠纷解决机制

构建以诉讼为核心,以调解、仲裁、行政处理等方式为支撑的环境纠纷多元解决机制是当代各国环境司法的趋势。其中调解是效率最高、成本最低的方式之一,应着重创设符合环境纠纷解决需要、具有自身特色的环境调解制度规则。域外环境法庭充分运用调解制度灵活解决环境纠纷,取得了很好的实践效果。澳大利亚环境法院对部分案件优先适用调解,除非当事人有不能适用的充分理由,法院还增加能够承担调解工作的委员人数、就调解程序开展培训以提升调解能力。佛蒙特环境法院通过法官下达调解令将调解设为必经程序(除非存在不需要调解的理由十分充足),根据顾问委员会设定的标准,通过筛选建立调解员名单,并发放给当事人供其选择,这一调解机制解决了法院超过20%的案件,[①]极大地节约了司法资源。新西兰环境法院的环境调解制度更为自由,只要双方当事人达成协议,可随时转换进入或退出、终止调解程序;一般由环境专员或非法院人员担任调解员;调解中准备的文件、一方作出的承诺或意见、建议、意愿表达等信息,非经当事人书面同意,不可作为任何诉讼程序的证据,此保护了当事人的自主权。

对此,我国一些地区也作出了有益探索,如2018年最高检发布的《检察公益诉讼典型案例》中,云南省普洱市检察院诉云南景谷矿冶有限公司民事公益诉讼案就以被告全额赔偿的调解方式结案,可作为完善环境纠纷多元化解决机制的典型范本。此外,我国相关司法解释及文件明确环境公益诉讼案件的调解须经公告程序,并对调解公告的方式及内容、[②] 社会公众和组织提出异议的权利及相关程序[③] 作出了规定。除此之外,还可以从以

[①] 李挚萍:《美国佛蒙特州环境法院的发展及对中国的启示》,载《中国政法大学学报》2010年第1期。

[②] 最高人民法院《关于审理环境公益诉讼案件的工作规范(试行)》(2017)第28条:"当事人达成调解协议或者自行达成和解协议的,人民法院应将协议内容同时在法院公告栏、受诉人民法院官网或者其它相应媒体公告,并通知负有环境保护监督管理职责的部门。公告期间不少于三十日。调解协议或者和解协议一般应包括以下内容:(一)确认被告实施了环境污染、破坏生态的行为以及停止实施环境污染、破坏生态行为的具体方案;(二)对于已经受到损害的生态环境,明确被告应承担的环境修复责任;(三)确定环境修复方案、环境修复的实施和监督主体,以及环境修复费用的具体金额、支付对象等;(四)对于已经造成生态环境服务功能损失的,明确被告应承担的赔偿金额;(五)原告请求赔礼道歉的,应明确在有相当影响的媒体上进行书面道歉;(六)确定被告承担的检验、鉴定费用,原告合理的律师费以及为诉讼支出的其他合理费用。"

[③] 最高人民法院《关于审理环境公益诉讼案件的工作规范(试行)》(2017)第29条:"调解书公告期间届满前,自然人、法人和社会组织认为调解协议或者和解协议不足以保护社会公共利益的,可以向人民法院提出书面异议。经人民法院审查,异议成立的,不予出具调解书;当事人不能重新达成调解协议的,人民法院应对案件继续审理并依法作出裁判。"

下几个方面考虑建构契合环境案件特色的环境调解制度：一是调解员的选任。建议可以参考域外经验，建立环境调解员库。调解员应具备环境相关的专业知识和一定的调解能力，并对其进行专门培训。当案件转入调解程序时，由法官从库中随机抽取调解员。前文所述的环境专家咨询委员会中的成员也可以担任调解员，但不宜同时在同一案中提供专家意见，① 以免有碍事实判断和程序公正。二是调解应建立在双方充分举证的基础上，只有这样才能让法官在审查"调解协议是否足以保护公共利益"时有所依据。具体来看，在生态损害诉讼中，调解程序的启动时间应设在经过法院开庭审理并且举证、质证结束、当事人充分表达诉讼意见后，② 以程序规则来促进实质公正。三是明确不可调解的事项范围。此类诉讼应以不损害环境公共利益为调解底线，同时也不宜减轻被告应承担的环境修复责任，可调解的范围应限于赔偿的具体数额、责任履行时间及方式等非核心内容，而"是否承担责任"等核心问题不可适用调解。③ 四是进一步完善调解公告规则，若存在对调解书提出异议的情形，应当细化对异议意见的回应，在最终的法律文书中载明公告情况、异议审查、反馈等情况。④ 五是法院对调解书应做到全面、尽职审查，既包括用语规范等形式要求，还要着重审查是否有不正当交易及其他可能导致环境公共利益损害的情况。由此，以调解为代表的非诉纠纷解决机制与环境诉讼双管齐下，方能共同保障环境公共利益。

（三）案件裁判：明确环境修复责任的适用规则

为确保有效落实对受损生态环境的修复工作，"环境修复责任"制度化、法治化推动十分关键。如前所述，环境司法的根本目的是对受到损害的生态环境进行修复，对尚未被损害的生态环境采取预防措施。也正是为了实现这一目的，才对环境损害的救济和责任承担方式提出了特殊要求，这也是环境司法需要专门化的原因之一。因此，在专门化的审判中，司法工作人员应当针对案件的具体情况，适时向原告释明生态修复的诉讼请求，积极适用生态修复责任。

同时，进一步明确环境修复责任的适用规则也是推动"环境修复责任"逐渐制度化、法治化的关键。首先，如前所述，目前我国环境司法实践中的

---

① 吴勇：《环境审判机制创新研究：以环境审判机构专门化为视角》，法律出版社 2019 年版，第 164～165 页。
② 孙洪坤，张姣：《论环境民事公益诉讼中的调解制度》，载《广西社会科学》2013 年第 9 期。
③ 陈海嵩：《环境民事公益诉讼程序规则的争议与完善》，载《政法论丛》2017 年第 3 期。
④ 曲昇霞：《论环境民事公益诉讼调解之适用》，载《政法论丛》2016 年第 3 期。

公益型环境诉讼中就环境修复责任的直接适用较少,即目前在环境民事公益诉讼和生态环境损害赔偿之诉中,法院常以判决被告支付一定数额的环境修复费用来替代被告本应承担的环境修复责任。生态修复目标的设置应遵循"凡可修复,尽量修复"的宗旨,不能因急于获取眼前利益,简单地"一赔了之"。对此,相较于《审理环境民事公益诉讼案件适用法律若干问题的解释》(2015年发布,2020年修订)中规定的责任顺位,《审理生态环境损害赔偿案件的若干规定(试行)》在第十一条中将"修复生态环境"责任置于首位,"赔偿损失"次之的做法,不仅是对上述宗旨的肯定,同时也突出地体现了对以生态环境修复为中心的生态环境损害救济制度的司法理念的有力贯彻。

其次,如前所述,在我国为数不多的直接判决被告承担修复责任的案件中,法院也仅在判决书中笼统地要求被告承担修复责任,而并没有附带提出切实可行的修复责任履行方案,此往往会导致"空判"的后果。对此,建议可在判决书中明确修复方案或将修复方案作为裁判文书的附件提供。具体来看,应在其中对义务主体、履行期限、具体可行的履行方式、明确的修复地点、义务人职责、修复程度、验收标准、监督以及方案执行情况评估等进行明确规定,以防止法院判决出现"空判"的后果。修复方案本质上是具备相应专业知识的专家为使修复责任能够有效落实所制定的一系列措施以及目标,当一个切实可行的修复方案作为裁判文书的组成部分并被赋予了执行力,将有助于环境修复责任的顺利落实。若生态环境修复方案也能够像裁判文书一样在中国裁判文书网公开,将十分有利于公众参与到对其执行情况的监督中来。目前,如江苏省灌南县人民法院和陕西省铜川市王益区人民法院等一些地方法院对这种方式进行了有益的探索,为修复资金使用难、修复任务执行难的问题提供了有效的解决思路,也保证了各方对修复方案执行情况的监督。

再次,如前所述,目前法院在处理公益型环境案件时,普遍较为片面化地认定修复目标,未将整个生态环境看作一个有机联系的整体,也未对受损的生态环境提出切实可行的修复要求。对此,笔者建议法院在判决认定环境修复目标时应重点关注如何体现环境修复的整体性和科学性,思考采用何种修复方法能使修复方案的每个细节都为修复受损生态环境的整体功能服务,从而实现修复结果最优化。该目标体系一方面应关注对受损生态环境的系统性修复,另一方面应关注对环境进行整体性修复。在修复过程中,要着眼于环境生态系统全局,在对单个受损环境要素进行专门修复的同时,应兼顾保护系统内其他受损或有受损风险的环境要素,并应对受损环境要素与未受损环境要素间的联系与影响给予重点关注,从而实现对生态环境整体性修复的目的。

值得注意的是,尽管我国已在相关文件①中确定了"坚持修复为主"的原则,并明确了环境公益诉讼、生态损害赔偿诉讼中的环境修复责任。而该责任是否已经得到较好的落实,还需建立明确、可操作的判断标准予以评判;鉴于此,建议立法应进一步明确环境修复责任落实程度的评判标准。同时,我国现行立法还缺少这一责任落实的配套机制,尤其是在通过支付环境修复费用承担责任时,对修复资金缴纳、管理、利用、监督以及成果验收等,缺乏全国统一的制度性规定,使得环境修复责任的落实效果大打折扣。面对日益严峻的生态环境问题,完善环境修复费用的管理机制,明确修复费用的收缴、管理、利用、监督以及成果验收等都成为环境修复费用管理制度构建不可回避的问题。

本章小结

生态文明时代,环境利益应当纳入法律保护的范畴,此种保障既包括在立法上对环境利益进行类型化确认的"强保障",也包括在司法对环境利益进行个案救济的"弱保障",二者相辅相成、双管齐下,才能实现法律对环境利益的全面、有效保障。环境司法是实现环境利益弱保障的核心机制,也是当下我国环境利益保障现实、有效的手段,本章主要从环境司法层面,探讨环境司法专门化在保障环境利益方面的理论基础和应然路径,在结合我国环境利益司法保障现状的基础上,提出完善我国环境利益司法保障的相关建议。环境利益的司法保障是一个系统性工程,其重要抓手就是通过环境司法专门化来实现对环境利益的针对性保障。当然,本章仅从环境司法专门化的角度展开研究,所得结论难免有所局限,有赖于后续多角度分析。

---

① 《最高人民法院关于审理环境公益诉讼案件的工作规范(试行)》(2017年4月1日发布)第2条:"……坚持修复为主的原则。落实以生态环境修复为中心的损害救济制度,合理运用原地修复、替代性修复以及限期履行、第三方治理等生态修复责任承担方式。……"

参考文献

一、中文参考文献

（一）著作类

[1][英]罗素：《西方哲学史（下卷）》，马元德译，商务印书馆1991年版。

[2][葡]叶士朋：《欧洲法学史导论》，吕平义、苏健译，中国政法大学出版社1998年版。

[3]何勤华：《西方法学史》，中国政法大学出版社1996年版。

[4][美]博登海默：《法理学：法律哲学与法律方法》，邓正来译，中国政法大学出版社1999年版。

[5]邹雄：《环境侵权法疑难问题研究》，厦门大学出版社2010年版。

[6]王树义等：《环境法基本理论研究》，科学出版社2012年版。

[7]代杰：《环境法理学》，天津大学出版社2020年版。

[8]卓泽渊主编：《法理学》，法律出版社2016年版（中文2版）。

[9]钭晓东：《论环境法功能之进化》，科学出版社2008年版。

[10]王同亿编译：《英汉辞海》，国防工业出版社1987年版。

[11]《现代汉语大词典》，上海辞书出版社2009年版。

[12]中国科学院可持续发展战略研究组编：《2003年中国可持续发展战略报告》，科学出版社2003年版。

[13]周珂主编：《环境法学研究》，中国人民大学出版社2008年版。

[14]周珂：《生态环境法论》，法律出版社2001年版。

[15]杜群：《环境法融合论》，科学出版社2003年版。

[16]金瑞林主编：《环境法学》，北京大学出版社1990年版。

[17]曹明德主编：《环境与资源保护法》（第三版），中国人民大学出版社2016年版。

[18]张梓太：《环境法律责任研究》，商务印书馆2004年版。

[19]王灿发：《环境法学教程》，中国政法大学出版社1997年版。

[20]李耀芳：《国际环境法缘起》，中山大学出版社2002年版。

［21］谭跃进、高世楫、周曼殊编著:《系统学原理》,国防科技大学出版社1996年版。

［22］李博主编:《生态学》,高等教育出版社2000年版。

［23］曲格平等编:《环境科学基础知识》,中国环境科学出版社1984年版。

［24］柳杨青:《生态需要的经济学研究》,中国财政经济出版社2004年版。

［25］［古希腊］柏拉图:《柏拉图全集》,王晓朝译,人民出版社2002年版。

［26］陈新民:《德国公法学基础理论(上)》,山东人民出版社2001年版。

［27］肖顺武:《公共利益研究——一种分析方式及其在土地征收中的运用》,法律出版社2010年版。

［28］陈锐雄:《民法总则新论》,三民书局1982年版。

［29］城仲模:《行政法之一般法律原则(二)》,三民书局1997年版。

［30］［美］罗斯科·庞德,《法理学(第三卷)》,廖德宇译,法律出版社2007年版。

［31］［古希腊］亚里士多德:《政治学》吴寿彭译,商务印书馆1965年版。

［32］［德］马克思、恩格斯:《马克思恩格斯全集》(第6卷),编译局译,人民出版社1961年版。

［33］赵震江主编:《法律社会学》,北京大学出版社1998年版。

［34］付子堂:《法律功能论》,中国政法大学出版社1999年版。

［35］［美］罗斯科·庞德:《通过法律的社会控制》,沈宗灵译,商务印书馆2009年版。

［36］蔡文辉:《社会学理论》,三民书局1968年版。

［37］中共中央文献研究室编:《习近平关于全面依法治国论述摘编》,中央文献出版社2015年版。

［38］夏勇主编:《法理讲义(下):关于法律的道理与学问》,北京大学出版社2007年版。

［39］孙国华主编;《中国特色社会主义法律体系前沿问题研究》,中国民主法制出版社2005年版。

［40］顾功耘主编:《经济法教程》,上海人民出版社2002年版。

［41］王保树主编:《经济法原理》,社会科学文献出版社2004年版。

［42］殷啸虎:《宪法学要义》,北京大学出版社2005年版。

［43］［德］克劳斯·罗克辛:《德国刑法学总论(第一卷)》,王世洲译,

法律出版社 2005 年版。

[44][日]内藤谦:《刑法讲义总论》(上),有斐阁 1983 年版。

[45]李其瑞主编:《法学原理》,法律出版社 2009 年版。

[46]杨春福等:《自由、权利与法治》,法律出版社 2007 年版。

[47][法]亚历山大·基斯:《国际环境法》,张若思编译,法律出版社 2000 年版。

[48]吕忠梅主编:《环境法学概要》,法律出版社 2016 年版。

[49]吕忠梅:《环境法新视野》,中国政法大学出版社 2000 年版。

[50]吕忠梅:《论环境权的民法保护》,武汉大学出版社 2000 年版。

[51]《日本民法典》,王书江译,中国法制出版社 2000 年版。

[52]徐国栋主编:《绿色民法典草案》,社会科学文献出版社 2004 年版。

[53]王利明主编:《中华人民共和国民法总则详解》,中国法制出版社 2017 年版。

[54]张文显主编:《法理学》,高等教育出版社、北京大学出版社 1999 年版。

[55][西]西班牙议会:《西班牙民法典》,潘灯、马琴译,中国政法大学出版社 2013 年版。

[56][瑞]瑞士联邦议会:《瑞士民法典》,殷生根、王燕译,中国政法大学出版社 1999 年版。

[57][法]法国议会:《法国民法典》,罗结珍译,中国法制出版社 1999 年版。

[58][日]平野龙一编:《现代法与刑罚》,岩波书店 1965 年版。

[59][法]卢梭:《社会契约论》,何兆武译,商务印书馆 1962 年版。

[60][德]克劳斯·克罗辛:《刑事政策与刑法体系》(第 2 版),蔡桂生译,中国人民大学出版社 2011 年版。

[61][日]金尚均:《危险社会と刑法:现代社会における刑法の機能と限界》,成文堂 2001 年版。

[62][日]大冢仁:《刑法概说》(总论第 4 版),有斐阁 2008 年版。

[63][日]中山研一编:《刑事法小词典》(补正版),成文堂 1996 年版。

[64][日]井田良:《讲义刑法学·总论》,有斐阁 2008 年版。

[65]张明楷:《法益初论》,中国政法大学出版社 2003 年版。

[66]卓泽渊:《法理学(第 2 版)》,法律出版社 2016 年版。

[67]文正邦主编:《法哲学研究》,中国人民大学出版社 2011 年版。

[68]肖前等主编:《历史唯物主义原理》,人民出版社 1991 年版。

[69][德]马克思、恩格斯:《马克思恩格斯全集》(第6卷),人民出版社1961年版。

[70][德]马克思、恩格斯:《马克思恩格斯全集》(第3卷),人民出版社1960年版。

[71]王肃元、魏清沂主编:《法理学》,兰州大学出版社2006年版。

[72]金瑞林:《环境法学》,北京大学出版社1994年版,第一编"环境法学总论"。

[73]吕忠梅主编:《环境法教程》,中国政法大学出版社1996年版。

[74]金瑞林、汪劲:《20世纪环境法学研究评述》,北京大学出版社2003年版。

[75]《辞海》,上海辞书出版社2002年版。

[76]梁启超:《论中国成文法编制之沿革得失》,载《梁启超法学文集》,中国政法大学出版社2000年版。

[77]谢晖:《法学范畴矛盾辨思》,山东人民出版社1999年版。

[78][德]马克思、恩格斯:《马克思恩格斯全集》(第1卷),中共中央马克思恩格斯列宁斯大林著作编译局译,人民出版社2006年版。

[79]张文显:《20世纪西方法哲学思潮研究》,法律出版社1996年版。

[80][德]康德:《纯粹理性批判》,邓晓芒译,人民出版社2004年版。

[81]叶传星:《当代中国的法理念:以构建和谐社会为背景的考察》,中国政法大学出版社2012年版。

[82]刘作翔:《法律的理想与法制理论》,西北工业大学出版1995年版。

[83]陈泉生等:《环境法学基本理论》,中国环境科学出版社2004年版。

[84]曹刚:《法律的道德批判》,江西人民出版社2001年版。

[85]卓泽渊:《法的价值论》,法律出版社2006年版。

[86][德]拉德布鲁赫:《法哲学》,王朴译,法律出版社2005年版。

[87][美]博登海默:《法理学——法哲学及其方法》,邓正来等译,华夏出版社1987年版。

[88]史尚宽:《法律之理念与经验主义法学之综合》,载刁荣华主编:《中西法律思想论集》,台湾汉林出版社1984年版。

[89][美]罗尔斯:《正义论》,何怀宏、何包钢、廖申白译,中国社会科学出版社1988年版。

[90][奥]凯尔森:《纯粹法理论》,张书友译,中国法制出版社2008年版。

[91]李爱年:《环境法的伦理审视》,科学出版社2006年版。

［92］胡海波:《正义的追寻:人类发展的理想境界》,东北师范大学出版社 1997 年版。

［93］［德］马克思,恩格斯:《马克思恩格斯全集》(第 25 卷),人民出版社 1974 年版。

［94］［德］马克思、恩格斯:《马克思恩格斯全集》(第 1 卷)人民出版社 1995 年版。

［95］［美］戴斯·贾丁斯:《环境伦理学》,林官明等译,北京大学出版社 2002 年版。

［96］［美］罗德里克·弗雷泽·纳什:《环境伦理学史》,杨通进译,青岛出版社 1993 年版。

［97］张文显:《法学基本范畴研究》,中国政法大学出版社 1993 年版。

［98］［法］R. 舍普等:《技术帝国》,刘莉译,生活·读书·新知三联书店 1999 年版。

［99］朱贻庭主编:《伦理学大辞典》,上海辞书出版社 2002 年版。

［100］于莹主编:《法学微言:赵新华教授花甲纪念》,吉林人民出版社 2007 年版。

［101］陈亮:《人与环境》,中国环境出版社 2017 年版。

［102］［英］布莱恩·巴里:《正义诸理论》,孙晓春、曹海军译,吉林人民出版社 2004 年版。

［103］世界环境与发展委员会:《我们共同的未来》,王之佳等译,吉林人民出版社 1997 年版。

［104］杨朝飞:《环境保护与环境文化》,中国政法大学出版社 1994 年版。

［105］夏征农主编:《辞海》,上海辞书出版社 1999 年版。

［106］孙国华主编:《马克思主义法理学研究:关于法的概念和本质的原理》,群众出版社 2007 年版。

［107］韩德培主编:《环境保护法教程》,法律出版社 1998 年版。

［108］金瑞林主编:《环境法学》,北京大学出版社 2002 年版。

［109］［美］罗斯科·庞德:《法哲学导论》,商务印书馆 2019 年版。

［110］杜健勋:《环境利益分配法理研究》,中国环境科学出版社 2013 年版。

［111］竺效译:《瑞典环境法典》,法律出版社 2018 年版。

［112］［英］丹尼斯·罗伊德:《法律的理念》,张茂柏译,新星出版社 2005 年版。

[113] 汪劲:《环境法学》(第三版),北京大学出版社 2014 年版。

[114] [意]莫诺·卡佩莱蒂编:《福利国家与接近正义》,刘俊祥等法律出版社 2000 年版。

[115] [美]彼得·G. 伦斯特洛姆编:《美国法律辞典》,贺卫方等译,中国政法大学出版社 1999 版。

[116] 邹瑜等编:《法学大辞典》,中国政法大学出版社 1991 年版。

[117] 徐永康主编:《法理学》,上海人民出版社 2003 年版。

[118] 时显群主编:《法理学》,中国政法大学出版社 2013 年版。

[119] 张文显主编:《法理学》(第四版),高等教育出版社、北京大学出版社 2011 年版。

[120] 周旺生主编:《法理学》,西安交通大学出版社 2006 年版。

[121] 张正德、付子堂主编:《法理学》,重庆大学出版社 2003 年版。

[122] 夏勇主编:《法理讲义:关于法律的道理与学问》(下册),北京大学出版 2010 年版。

[123] [德]梅迪库斯:《德国民法总论》,邵建东译,法律出版社 2004 年版。

[124] [美]霍菲尔德:《基本法律概念》,张书友译,中国法制出版社 2009 年版。

[125] 汪劲:《环境法律的解释:问题与方法》,人民法院出版社 2006 年版。

[126] [美] J. 范伯格:《自由、权利和社会正义》,王守昌、戴栩译,贵州人民出版社 1998 年版。

[127] 吕世伦、文正邦主编:《法哲学论》,中国人民大学出版社 1999 年版。

[128] 徐祥民、孟庆垒等:《国际环境法基本原则研究》,中国环境科学出版社 2008 年版。

[129] 陈志龙:《法益与刑事立法》,台湾大学丛书编辑委员会 1992 年版。

[130] 曾世雄:《民法总则之现在与未来》,中国政法大学出版社 2001 年版。

[131] [德]李斯特:《德国刑法教科书》,徐久生译,法律出版社 2004 年版。

[132] 曾世雄:《环境法总则之现在与未来》,中国政法大学出版社 2001 年版。

[133] 史尚宽:《债法总论》,三民书局 1983 年版。

[134] 洪逊欣:《中国民法总则》,三民书局1979年版。

[135] 梁慧星:《民法总论》,法律出版社2001年版。

[136] 龙卫球:《民法总论》,中国法制出版社2002年版。

[137] 张俊浩主编:《民法学原理》,中国政法大学出版社2000年版。

[138] 吕忠梅主编:《中华人民共和国环境保护法释义》,中国计划出版社2014年版。

[139] [日]芦部信喜:《宪法》(第三版),林来梵等译,北京大学出版社2006年版。

[140] [英]R．J．文森特:《人权与国际关系》,凌迪等译,知识出版社1998年版。

[141] [日]富井利安等:《環境法の新展開》,法律文化社1995年版。

[142] 蔡守秋:《环境政策法律问题研究》,武汉大学出版社1997年版。

[143] [日]芦部信喜:《宪法》,李鸿禧译,元照出版公司2001年版。

[144] [日]美浓部达吉:《公法与私法》,黄冯明译,中国政法大学出版2003年版。

[145] [英]罗德里克·马丁:《权力社会学》,丰子义、张宁译,生活·读书·新知三联书店1992年版。

[146] [德]恩格斯:《家庭、私有制和国家起源》,中央编译局译,人民出版社1972年版。

[147] 刘日安:《法学绪论》,台湾三民书局1966年版。

[148] 胡旭晟、蒋先福主编:《法理学》,湖南人民出版社、湖南大学出版社2001年版。

[149] 葛洪义主编:《法理学》,中国人民大学出版社2015年第4版。

[150] 赵震江、付子堂:《现代法理学》,北京大学出版社1999年版。

[151] [苏]Л.B.巴格里——沙赫马托夫:《刑事责任与刑罚》,韦政强译,法律出版社1984年版。

[152] 哈特:《责任》,载J.费因伯格,H.格拉斯编:《法律哲学》(英文版),维兹沃思出版社1980年版。

[153] 孙笑侠:《法的现象与观念——中国法的两仪相对关系》,光明日报出版社2018年版。

[154] [日]原田尚彦:《日本环境法》,于敏译,载梁彗星主编:《民商法论丛》(第7卷),法律出版社1997年版。

[155] [美]乔治(洛克)·普林、凯瑟琳(凯蒂)·普林:《环境法院和法庭:决策者指南》,周迪译,王树义审订,中国社会科学出版社2017年版。

[156][美]保罗·萨缪尔森:《公共部门经济学》,中国人民大学出版社 2000 年版。

[157]王利明主编:《民法》,中国人民大学出版社 2005 年版。

[158]李开国、张玉敏主编:《中国民法学》,法律出版社 2002 年版。

[159]叶俊荣:《环境政策与法律》,台湾元照出版公司 2002 年版。

[160]全国人大常委会法工委编:《中华人民共和国环境保护法释义》,法律出版社 2014 年版。

[161]张梓太、李传轩、陶蕾:《环境法法典化研究》,北京大学出版社 2008 年版。

[162]周珂主编:《环境法学研究》,中国人民大学出版社 2008 年版。

[163]张守文:《经济法理论的重构》,人民出版社 2004 年版。

[164]吕忠梅主编:《环境法导论》,北京大学出版社 2015 年第 3 版。

[165]陆雄文:《管理学大辞典》,上海辞书出版社 2013 年版。

[166]程国萍、秦志华编:《组织行为学》,东北财经大学出版社 2018 年版。

[167]吕忠梅等:《中国环境司法发展报告 2019》,法律出版社 2020 年版。

[168]刘显鹏:《环境民事公益诉讼证明责任分配研究》,中国社会科学出版社 2019 年版。

[169]最高人民法院环境资源审判庭编:《最高人民法院关于环境民事公益诉讼司法解释理解与应用》,人民法院出版社 2015 年版。

[170]廖中洪等:《民事诉讼法·诉讼程序篇》,厦门大学出版社 2005 年版。

[171]中国能源中长期发展战略研究项目组:《中国能源中长期(2030,2050)发展战略研究:综合卷》,科学出版社 2011 年版。

[172]汪劲:《环境法律的理念与价值追求——环境立法目的论》,法律出版社 2000 年版。

[173]杨春洗:《危害环境罪的理论与实务》,高等教育出版社 1999 年版。

[174]叶平:《环境的哲学与伦理学》,中国社会科学出版社 2006 年版。

[175]刘鹏:《生态环境损害法律责任研究——以马克思主义生态文明观为视角》,华中科技大学出版社 2019 年版。

[176]姬振海:《环境权益论》,人民出版社 2009 年版。

[177]蔡守秋:《调整论:对主流法理学的反思与补充》,高等教育出版

社 2003 年版。

［178］谭培文：《马克思主义的利益理论——当代历史唯物主义的重构》，人民出版社 2013 年版。

［179］［美］罗斯科·庞德：《通过法律的社会控制》，载沈宗灵编：《现代西方法律哲学》，法律出版社 1983 年版。

［180］沈宗灵主编：《法理学研究》，上海人民出版社 1988 年版。

［181］王伟光：《利益论》，中国社会科学出版社 2010 年版。

［182］廖华：《从环境法整体思维看环境利益的刑法保护》，中国社会科学出版社 2010 年版。

［183］黄学贤：《公共利益若干法律问题探讨》，载中国法学会行政法学研究会编：《修宪之后的中国行政法——中国法学会行政法学研究会 2004 年年会论文集》，中国政法大学出版社 2005 年版。

［184］［英］边沁：《道德与立法原理导论》，时殷弘译，商务印书馆 2000 年版。

［185］杨临宏：《试论公共利益》，载中国法学会行政法学研究会编：《修宪之后的中国行政法——中国法学会行政法学研究会 2004 年年会论文集》，中国政法大学出版社 2005 年版。

［186］孙国华：《马克思主义法理学研究——关于法的概念和本质的原理——兼论法是"理"与"力"的结合，"理"是基本的，"力"是必要的（第二版）》，群众出版社 2007 年版。

［187］邹雄：《环境侵权法疑难问题》，厦门大学出版社 2010 年版。

［188］朱谦：《公众环境保护的权利构造》，知识产权出版社 2009 年版。

［189］韩卫平、黄锡生：《论"环境"的法律内涵为环境利益》，载《重庆理工大学学报（社会科学）》2012 年第 12 期。

［190］魏伊丝：《公平地对待未来人类：国际法、共同遗产与世代间衡平》，汪劲等译，法律出版社 2000 年版。

［191］周珂：《我国民法典制定中的环境法律问题》，知识产权出版社 2011 年版。

［192］吕忠梅等：《中国环境司法发展报告（2019 年）》，法律出版社 2020 年版。

［193］王泽鉴：《侵权行为法》，中国政法大学出版社 2001 年版。

［194］侯佳儒：《环境法学与民法学的对话》，中国法制出版社 2009 年。

［195］吕忠梅：《沟通与协调之途》，中国人民大学出版社 2005 年版。

［196］周光权：《刑法各论》，中国人民大学出版社 2016 年版。

[197] 李艳玲:《量刑方法论研究》,中国政法大学 2006 年版。

[198] 石书臣、潘宁:《马克思主义中国化方法论探研》,上海三联书店 2013 年版。

[199] 叶传星:《当代中国的法理念》,中国政法大学出版社 2012 年版。

[200] 李挚萍:《环境基本法比较研究》,中国政法大学出版社 2013 年版。

[201] 胡中华:《环境保护普遍义务论》,法律出版社 2014 年版。

[202] 孟庆磊:《环境责任论——兼谈环境法的核心问题》,法律出版社 2014 年版。

[203] 陈云生:《权利相对论》,人民出版社 1994 年版。

[204] 程燎原、王人博:《权利及其救济》,山东人民出版社 1998 年版。

[205] 齐树洁、林建文:《环境纠纷解决机制》,厦门大学出版社 2005 年版。

[206] 吕忠梅:《沟通与协调之途——论公民环境权的民法保护》,中国人民大学出版社 2005 年版。

[207] 林仁栋:《马克思主义法学的一般理论》,南京大学出版社 1990 年版。

[208] 周永坤:《法理学:全球视野》,法律出版社 2000 年版。

[209] 郭道晖:《法的时代挑战》,湖南人民出版社 2003 年版。

[210] 王树义:《我国环境司法专门化之必要性及可行性分析》,2011 年首届环境司法论坛。

(二)论文类

[1] 付子堂:《对利益问题的法律解释》,载《法学家》2001 年第 2 期。

[2] 周旺生:《论法律利益》,载《法律科学西北政法学院学报》2004 年第 2 期。

[3] 徐祥民、朱雯:《环境利益的本质特征》,载《法学论坛》2014 年第 6 期。

[4] 韩卫平、黄锡生:《论"环境"的法律内涵为环境利益》,载《重庆理工大学学报(社会科学版)》2012 年第 12 期。

[5] 王春磊:《我国环境法对环境利益消极保护及其反思》,载《暨南学报(哲学社会科学版)》2013 年第 6 期。

[6] 刘松涛、王瑛:《环境问题的根源及其出路》,载《新疆师范大学学报(哲学社会科学版)》2001 年第 3 期。

［7］罗文君:《论环境法的利益调控功能》,载《环境科学动态》2003年第2期。

［8］唐忠辉:《环境利益本质论》,载《环境》2003年第12期。

［9］王清军、周金华:《论环境利益》,载《郧阳师范高等专科学校学报》2005年第5期。

［10］刘长兴:《环境利益的人格权法保护》,载《法学》2003年第9期。

［11］唐忠辉:《环境侵权及其救济的法益分析》,载《湖南公安高等专科学校学报》2004年第5期。

［12］吴贤静:《环境权的本位:从支配环境到环境利益优势》,载《甘肃政法学院学报》2006年第5期。

［13］廖华:《环境法益学说初论》,载《广东行政学院学报》2006年第4期。

［14］钭晓东:《论社会变迁与环境法律规则运行模式的演进》,载《河北法学》2008年第3期。

［15］钭晓东:《生态文明、风险社会与环境法的功能进化》,载《学术月刊》2008年第1期。

［16］陈少红:《解读环境法的"立法悖论"——以经济利益与环境利益的冲突为视角》,载《云南大学学报(法学版)》2006年第6期。

［17］罗文君:《从利益构成要素视觉看环境法调控的利益矛盾》,载《湖北民族学院学报(哲学社会科学版)》2007年第4期。

［18］周昌发:《论环境法对利益冲突的平衡》,载《云南社会科学》2009年第3期。

［19］唐双娥、吴胜亮:《协调发展原则:一个新颖性的界定与阐述——环境利益优先的协调发展原则》,载《社会科学家》2007年第6期。

［20］严法善、刘会齐:《社会主义市场经济的环境利益》,载《复旦学报(社会科学版)》2008年第3期。

［21］米娜:《环境损害赔偿研究》,内蒙古大学2008年硕士学位论文。

［22］杨朝霞:《论环境公益诉讼的权利基础和起诉顺位——兼谈自然资源物权和环境权的理论要点》,载《法学论坛》2013年第3期。

［23］刘惠荣、苑银和:《环境利益分配论批判》,载《山东社会科学》2013年第4期。

［24］杜健勋:《从权利到利益:一个环境法基本概念的法律框架》,载《上海交通大学学报(哲学社会科学版)》2012年第4期。

［25］杜健勋:《环境利益:一个规范性的法律解释》,载《中国人口资源与环境》2013年第2期。

［26］韩卫平、黄锡生：《论"环境"的法律内涵为环境利益》，载《重庆理工大学学报（社会科学版）》2012年第12期。

［27］法丽娜：《基于均衡原理探索环境利益可持续发展的立法设计》，载《政法论丛》2015年第3期。

［28］王文博：《关于我国环境法对环境利益消极保护的思考》，载《法制博览》2015年第17期。

［29］贾爱玲、章瑜：《浅析环境利益保护视阈下〈物权法〉的完善》，载《中国环境管理干部学院学报》2014第4期。

［30］张志辽：《环境利益公平分享的基本理论》，载《社会科学家》2010年第5期。

［31］董正爱：《社会转型发展中生态秩序的法律构造——基于利益博弈与工具理性的结构分析与反思》，载《法学评论》2012年第5期。

［32］张兰、王世进：《环境正义视阈下的立法走向：环境法的倾斜保护及其实现途径》，载《生态经济》2012年第11期。

［33］杜健勋、秦鹏：《环境利益分配的经济诱因规制研究》，载《重庆大学学报（社会科学版）》2012年第6期。

［34］徐祥民：《海洋环境保护和海洋利用应当贯彻的六项原则——人类海洋环境利益的视角》，载《中国地质大学学报（社会科学版）》2012年第2期。

［35］张相君：《海洋环境利益与经济发展利益在国际法上的冲突与协调》，载《汕头大学学报（人文社会科学版）》2012年第1期。

［36］王杨：《论农民环境利益的法律保护》，西南政法大学2011年硕士学位论文。

［37］陈兴华：《论我国农村环境利益冲突的法律调整机制》，载《2011年全国环境资源法学研讨会（年会）论文集（第三册）》。

［38］刘卫先：《环境法学中的环境利益：识别、本质及其意义》，载《法学评论》2016年第3期。

［39］袁红辉：《环境利益的政治经济学分析》，载《滇西科技师范学院学报》2016年第1期。

［40］宋宇文：《论生态文明建设中环境利益的类型与法律保护机制——基于庞德利益理论的视角》，载《南京师大学报（社会科学版）》2016年第1期。

［41］王京歌：《生态文明时代环境利益的双轨保护机制》，载《郑州大学学报（哲学社会科学版）》2020年第5期。

[42] 罗文轩:《生态利益的环境法保护现状及完善》,载《呼伦贝尔学院学报》2020年第2期。

[43] 徐祥民:《论维护环境利益的法律机制》,载《法制与社会(双月刊)》2020年第2期。

[44] 何佩佩:《环境法本位的反思及环境法多元化保障手段》,载《政法论丛》2017年第3期。

[45] 肖建国、宋春龙:《环境民事公益诉讼程序问题研究——以不同环境利益的交织与协调为切入点》,载《法律适用》2016年第7期。

[46] 沈碧溪:《司法中环境利益与经济利益的利益衡量路径》,载《中国环境管理干部学院学报》2018年第6期。

[47] 贾飞雪:《环境利益的司法保护机制研究》,吉林大学2018年硕士学位论文。

[48] 何佩佩:《论环境利益的刑法法益化》,载《法学杂志》2021年第5期。

[49] 陈兴华:《论我国农村环境利益冲突的法律调整机制》,载《中国市场》2017年第35期。

[50] 韩利琳、吴昌昊:《我国环境税实施中经济与环境利益平衡探析》,载《中国商论》2017年第28期。

[51] 宋惠芳:《当前影响中国城乡环境利益协调的国情因素及对策》,载《福建师范大学学报(哲学社会科学版)》2017年第4期。

[52] 法丽娜:《上合组织环境利益协调机制的法经济学研究——以典型国家为例》,载《辽宁大学学报(哲学社会科学版)》2017年第2期。

[53] 葛超:《环境正义视角下环境利益和负担的分配》,载《环境保护与循环经济》2016年第4期。

[54] 王世梅:《多元化乡村地区环境利益协调机制的构建》,载《山西青年》2020年第5期。

[55] 邵玉萍:《新时代农村环境利益冲突治理研究》,江南大学2020年硕士学位论文。

[56] 何佩佩、冯莉:《论环境利益的存续状态及其调整机制》,载《社会科学家》2020年第11期。

[57] 戴安良:《对建设生态文明几个理论问题的认识——兼论科学发展观与建设生态文明的关系》,载《探索》2009年第1期。

[58] 蔡守秋:《以生态文明观为指导,实现环境法律的生态化》,载《中州学刊》2008年第2期。

[59] 吕忠梅:《习近平新时代中国特色社会主义生态法治思想研究》,

载《江汉论坛》2018 年第 1 期。

[60] 陈金钊：《"人类命运共同体"的法理诠释》，载《法学论坛》2018 年第 1 期。

[61] 黄辉：《人类命运共同体建构的生态法制保障》，载《中国社会科学报》2017 第 8 期。

[62] 刘长松：《碳中和的科学内涵、建设路径与政策措施》，载《阅江学刊》2021 年第 2 期。

[63] 杨解君：《实现碳中和的多元化路径》，载《南京工业大学学报（社会科学版）》2021 年第 2 期。

[64] 史玉成：《环境法核心范畴之重构》，载《中国法学》2016 年第 5 期。

[65] 吕忠梅：《新时代环境法学研究思考》，载《中国政法大学学报》2018 年第 4 期。

[66] 余俊、黄莹：《部门法理学属性辨析》，载《甘肃社会科学》2014 年版第 1 期。

[67] 张璐：《环境司法专门化中的利益识别与利益衡量》，载《环球法律评论》2018 年第 5 期。

[68] 谢晖：《论规范分析方法》，载《中国法学》2009 年第 2 期。

[69] 王清军、周金华：《论环境利益》，载《郧阳师范高等专科学校学报》2005 年第 5 期。

[70] 金福海：《论环境利益"双轨"保护制度》，载《法制与社会发展》2002 年第 4 期。

[71] 徐祥民：《从利益主体看环境法与财产法的区别》，载《公民与法（法学版）》2012 年第 1 期。

[72] 张萌：《环境利益视野下生态环境损害赔偿制度之建构》，载中国环境资源法学研究会、武汉大学：《新形势下环境法的发展与完善——2016 年全国环境资源法学研讨会（年会）论文集》。

[73] 蒋杉秋：《论环境公共利益及其相关制度构建》，重庆大学 2014 年硕士学位论文。

[74] 廖华、孙林：《论环境法法益：对环境法基础的再认识》，载《中南民族大学学报（人文社会科学版）》2009 年第 6 期。

[75] 邓禾、韩卫平：《法学利益谱系中生态利益的识别与定位》，载《法学评论》2013 年第 5 期。

[76] 杨朝霞：《论环境公益诉讼的权利基础和起诉顺位——兼谈自然资源物权和环境权的理论要点》，载《法学论坛》2013 年第 3 期。

[77] 谷德近:《区域环境利益平衡——〈环境保护法〉修订面临的迫切问题》,载《法商研究》2005 年第 4 期。

[78] 杜健勋、陈德敏:《环境利益分配:环境法学的规范性关怀——环境利益分配与公民社会基础的环境法学辩证》,载《时代法学》2010 年第 5 期。

[79] 张梓太、陶蕾:《环境刑法的法益初论——环境刑法究竟保护什么》,载《南京大学法律评论》2001 年第 2 期。

[80] 严法善、刘会齐:《基于环境利益获取与维持的生态文明建设》,载《复旦学报(社会科学版)》2014 年第 2 期。

[81] 欧阳澍:《低碳发展法律关系体系的构成及特点——以环境利益为研究视角的分析》,载《湘潭大学学报(哲学社会科学版)》2011 年第 3 期。

[82] 马晶:《论环境权的确立与拓展》,载《长白学刊》2001 年第 4 期。

[83] 张志辽:《环境利益公平分享的基本理论》,载《社会科学家》2010 年第 5 期。

[84] 张军:《环境利益与经济利益刍议》,载《中国人口资源与环境》2014 第 1 期。

[85] 邓遂:《透视环境法产生的根源及环境法精神》,载《社科与经济信息》2002 年第 10 期。

[86] 唐绍均、蒋云飞:《论基于利益分析的"环境优先"原则》,载《重庆大学学报(社会科学版)》2016 年第 5 期。

[87] 史玉成:《环境利益、环境权利与环境权力的分层建构——基于法益分析方法的思考》,载《法商研究》2013 年第 5 期。

[88] 范战平:《环境公益诉讼中"公益"的再审视》,载《郑州大学学报(哲学社会科学版)》2020 年第 6 期。

[89] 巩固:《私权还是公益?环境法学核心范畴探析》,载《浙江工商大学学报》2009 年第 6 期。

[90] 齐飞:《环境法益研究》,中南林业科技大学 2011 年硕士学位论文。

[91] 王强、张森林:《马克思恩格斯关于环境利益的阐释》,载《中国青年政治学院学报》2010 年第 4 期。

[92] 王春磊:《法律视野下环境利益的澄清及界定》,载《中州学刊》2013 年第 4 期。

[93] 李文杰:《以"生态法益"为中心的环境犯罪立法完善研究》,吉林大学 2015 年博士学位论文。

[94] 沈仲衡:《西方法哲学利益观述评——兼论利益在法学理论研究

中的意义》，载《当代法学》2003 第 5 期。

[95][日]美浓部达吉:《宪法学原理》，欧宗佑、何作霖译，中国政法大学出版社 2003 年版。

[96][法]霍尔巴赫:《自然的体系》，管士滨译，商务印书馆 1964 年版。

[97]高岸起:《论利益在主体活动中的作用》，载《南京政治学院学报》2006 年第 6 期。

[98]李岩:《民事法益研究》，吉林大学 2007 年博士学位论文。

[99]储荣华:《水生植物的生态和景观应用》，苏州大学 2010 年硕士学位论文。

[100]阎水玉、王祥荣:《生态系统服务研究进展》，载《生态学杂志》2002 年第 5 期。

[101]欧阳志云、王如松:《生态系统服务功能、生态价值与可持续发展》，载《世界科技研究与发展》2000 年第 5 期。

[102]鞠建林:《浅谈环境容量资源之配置》，载《环境污染与防治》1997 第 4 期。

[103]刘思华:《生态经济理论的发展与政治经济学的创新(续)》，载《生态经济》1993 年第 4 期。

[104]尹世杰:《论生态需要与生态产业》，载《湖南师范大学社会科学学报》1998 年第 5 期。

[105]司金銮:《生态需要与人类发展初论》，载《财贸研究》1996 年第 2 期。

[106]王景斌:《论公共利益之界定——一个公法学基石性范畴的法理学分析》，载《法制与社会发展》2005 年第 1 期。

[107]范进学:《定义"公共利益"的方法论及概念诠释》，载《法学论坛》2005 年第 1 期。

[108]麻宝斌:《公共利益与公共悖论》，载《江苏社会科学》2002 年第 1 期。

[109]张庆东:《公共利益:现代公共管理的本质问题》，载《云南行政学院学报》2001 年第 4 期。

[110]蔡守秋:《从环境权到国家环境保护义务和环境公益诉讼》，载《现代法学》2013 年第 6 期。

[111]张淑芳:《私法渗入公法的必然与边界》，载《中国法学》2019 年第 4 期。

[112] 樊怀洪:《私人利益和公共利益的含义及其辩证关系》,载《学习论坛》2011年第2期。

[113] 张千帆:《"公共利益"的构成——对行政法的目标以及"平衡"的意义之探讨》,载《比较法研究》2005年第5期。

[114] 颜运秋:《论法律中的公共利益》,载《政法论丛》2004年第5期。

[115] 窦家应:《法的本质——利益关系调整论》,载《当代法学》2000年第5期。

[116] 孙国华、黄金华:《论法律上的利益选择》,载《法律科学(西北政法学院学报)》1995年第4期。

[117] 李岩:《民事法益研究》,吉林大学2007年博士学位论文。

[118] 陈隽:《立法对利益的选择与平衡》,载《法制与社会》2015年第6期。

[119] 孙国华:《论法与利益之关系》,载《中国法学》1994年第4期。

[120] 李启家、李丹:《环境法的利益分析之提纲》,武汉大学环境法研究所基地会议论文,2003年10月于武汉。

[121] 覃斌武:《法益范畴的法理学改造》,湘潭大学2007年硕士学位论文。

[122] 何文杰:《部门法理论革新论》,载《兰州大学学报(社会科学版)》2007年第4期。

[123] 李拥军:《当代中国法律体系的反思与重构》,载《法制与社会发展》2009年第4期。

[124] 季涛:《论法律体系的概念结构——以价值法学为分析视角》,载《浙江社会科学》2011年第12期。

[125] 刘诚:《部门法理论批判》,载《河北法学》2003年第3期。

[126] 李龙、范进学:《论中国特色社会主义法律体系的科学建构》,载《法制与社会发展》2003年第5期。

[127] 吕忠梅:《环境法回归路在何方?——关于环境法与传统部门法关系的再思考》,载《清华法学》2018年第12卷第5辑。

[128] 佟柔:《关于经济法的几个理论问题》,载《中国法学》1984年第2期。

[129] C.H.勃拉图西、路远:《苏维埃部门法:概念、对象、方法》,载《环球法律评论》1980年第2期。

[130] 王源扩:《法律部门划分理论再探讨——兼论经济法的地位问题》,载《安徽大学法律评论》2001年00期。

[131] 南振华:《法律部门划分标准探源》,载《政法学刊》1986 年第 2 期。

[132] 叶必丰:《论部门法的划分》,载《法学评论》1996 年第 3 期。

[133] 童之伟:《公民权利国家权力对立统一关系论纲》,载《中国法学》1995 年第 6 期。

[134] 黄达:《"公民环境权"入宪的疑问与反思》,广西大学 2018 年硕士学位论文。

[135] 殷啸虎:《公民基本权利司法保障的宪法学分析》,载《法学论坛》2003 年第 2 期。

[136] 张晓琴:《论宪法上的公民权利与国家权力》,载《武汉大学学报(哲学社会科学版)》2006 年第 3 期。

[137] 魏世婧、范兴嘉:《环境权入宪之冷思考》,载《西部法学评论》2020 年第 3 期。

[138] 北岳:《法律权利的定义》,载《法学研究》1995 年第 3 期。

[139] 张江河:《对权利与义务问题的新思考》,载《法律科学(西北政法学院学报)》2002 年第 6 期。

[140] 毕可志:《法律、利益与权利》,载《烟台大学学报(哲学社会科学版)》2005 年第 2 期。

[141] 吴卫星:《宪法环境权条款的实证考察》,载《南京工业大学学报(社会科学版)》2017 年第 4 期。

[142] 陈海嵩:《从环境宪法到生态宪法——世界各国宪法生态化趋势探析》,载《云南行政学院学报》2012 年第 3 期。

[143] 陈海嵩:《环境权实证效力之考察：以宪法环境权为中心》,载《中国地质大学学报(社会科学版)》2016 年第 4 期。

[144] 张震:《宪法上环境权的证成与价值——以各国宪法文本中的环境权条款为分析视角》,载《法学论坛》2008 年第 6 期。

[145] 钱大军:《法律义务的逻辑分析》,载《法制与社会发展》2003 年第 2 期。

[146] 李牧、楚挺征:《我国法律义务定义观之检讨——以权利附带定义观为主线》,载《南京社会科学》2011 年第 7 期。

[147] 张翔:《环境宪法的新发展及其规范阐释》,载《法学家》2018 年第 3 期。

[148] 吕忠梅:《环境权入宪的理路与设想》,载《法学杂志》2018 年第 1 期。

[149] 吴卫星:《环境权入宪的比较研究》,载《法商研究》2017 年第 4 期。

［150］钱大军:《法律体系理论的比较分析》,载《北方论丛》2009年第1期。

［151］黄中显:《环境物权的法律构建基础》,载《法制与经济》2014年第7期。

［152］吕忠梅:《论环境法的沟通与协调机制》,载《法学论坛》2020年第1期。

［153］吕忠梅:《中国民法典的"绿色"需求及功能实现》,载《法律科学》2018年第6期。

［154］郭武:《层次性重叠,抑或领域性交叉?——环境法与其他部门法关系省思》,载《社会科学》2019年第12期。

［155］梅献忠:《环境问题与民法的生态化》,载《重庆社会科学》2007年第7期。

［156］肖建国:《利益交错中的环境公益诉讼原理》,载《中国人民大学学报》2016年第2期。

［157］邓海峰:《环境法与自然资源法关系新探》,载《清华法学》2018年第5期。

［158］徐以祥、李兴宇:《环境利益在民法分则中的规范展开与限度》,载《中国地质大学学报(社会科学版)》2018年第6期。

［159］吕忠梅:《"绿色原则"在民法典中的贯彻论纲》,载《中国法学》2018年第1期。

［160］王春磊:《超越传统:环境法律义务理论的反思》,载《江汉论坛》2015年12期。

［161］吕忠梅:《〈民法典〉"绿色规则"的环境法透视》,载《法学杂志》2020年第10期。

［162］朱凡、张萌:《21世纪民法典的代表——中国的绿色〈民法典〉》,载《绿色中国》2020年11月。

［163］张晓阳、贾国发:《民事权利限制的时间界限》,载《当代法学》2009年第6期。

［164］侯佳儒:《生态环境损害的赔偿、移转与预防:从私法到公法》,载《法学论坛》2017年第3期。

［165］黄萍:《预防性责任在环境污染侵权中的适用探讨——兼评〈侵权责任法〉的相关规定》,载《中国发展》2011年第5期。

［166］刘长兴:《民法典绿色化不能止于〈民法总则〉第九条》,载《中国环境报》2018年11月9日,第3版。

[167] 宦吉娥:《宪法与刑法关系的三维思考》,载《理论月刊》2008年第7期。

[168] 张明楷:《污染环境罪的争议问题》,载《法学评论》2018年第2期。

[169] 马卫军:《论污染环境罪的保护法益》,载《时代法学》2017年第15卷第4期。

[170] 赵秉志、王秀梅、杜澎:《环境犯罪比较研究》,载《法律出版社》2004年6月版。

[171] 王树义、冯汝:《我国环境刑事司法的困境及其对策》,载《法学评论(双月刊)》2014年第3期。

[172] 张明楷:《刑法目的论纲》,载《环球法律评论》2008年第1期。

[173] 杨春洗、苗生明:《论刑法法益》,载《北京大学学报(哲学社会科学版)》1996年第6期。

[174] 吴卫星:《宪法环境权的可诉性研究——基于宪法文本与司法裁判的实证分析》,载《华东政法大学学报》2019年第22期。

[175] 刘孝敏:《法益的体系性位置与功能》,载《法学研究》2007年第1期。

[176] 吴景芳:《刑罚与量刑》,载《法律适用》2004年第215期。

[177] 王利荣:《论量刑的合理性》,西南政法大学2007年博士学位论文。

[178] 李永升:《刑事责任的概念和本质探究》,载《河南科技大学学报》2008年第4期。

[179] 周少华:《刑罚在立法上的评价功能》,载《政法论坛》2007年第3期。

[180] 邱兴隆:《撩开刑罚的面纱——刑罚功能论》,载《法学研究》1998年第6期。

[181] 孟昭武:《论正义与刑罚观念》,载《锦州师范学院学报(哲学社会科学版)》1996年第2期。

[182] 江海:《环境刑法的特有机能——生态维护》,载《环境保护》2008年第2期。

[183] 王敏:《生态环境的刑法保护研究——以环境刑法法益为视角》,载《人民论坛》2014年第11期中旬号。

[184] 袁逢曼、赵雷:《生态环境犯罪量刑规范化研究——以湖北省124份　审刑事判决书为样本考察》,载《黑龙江生态工程职业学院学报》2020年第4期。

[185] 吴何奇:《风险社会环境犯罪治理模式的调整与补充》,载《大连理工大学学报(社会科学版)》2020年第2期。

[186] 余德厚、任洪涛:《环境审判非刑罚处罚措施的生成及完善路径》,载《行政与法》2017年第1期。

[187] 习近平:《习近平谈治国理政》,载《理论与当代》2014年第11期。

[188] 蔡守秋:《论环境资源法学理论体系的框架》,载《福州大学学报(哲学社会科学版)》2001年第4期。

[189] 吕忠梅:《环境法回归路在何方?——关于环境法与传统部门法关系的再思考》,载《清华法学》2018年第5期。

[190] 文正邦:《法的本原、本质和本体的法哲学论析》,载《法制现代化研究》2001年第0期。

[191] 江平、张楚:《民法的本质特征是私法》,载《中国法学》1998第6期。

[192] 童之伟:《20世纪上半叶法本位研究之得失》,载《法商研究(中南政法学院学报)》2000年第6期。

[193] 张文显:《"权利本位"之语义和意义分析——兼论社会主义法是新型的权利本位法》,载《中国法学》1990年第4期。

[194] 卓泽渊:《社会主义法治国家的基本特征》,载《重庆行政》2003年第4期。

[195] 葛洪义:《法律·权利·权利本位——新时期法学视角的转换及其意义》,载《社会科学》1991年第3期。

[196] 郑成良:《权利本位论——兼与封日贤同志商榷》,载《中国法学》1991年第1期。

[197] 张一粟:《环境法的权利本位论》,载《东南学术》2007年第5期。

[198] 李爱年:《环境法的伦理审视》,湖南师范大学2003年博士学位论文。

[199] 黄中显:《环境的公共性品格及其法律意义》,载《经济与社会发展》2015年第5期。

[200] 徐祥民:《从全球视野看环境法的本位》,载《南京大学法律评论》2010年第1期。

[201] 徐祥民:《荀子的"分"与环境法的本位》,载《当代法学》2002年第12期。

[202] 张恒山:《论法以义务为重心——兼评"权利本位说"》,载《中国法学》1990第5期。

[203]王彬辉:《论环境法的逻辑嬗变——从"义务本位"到"权利本位"》,武汉大学2005年博士学位论文。

[204]史际春、李青山:《论经济法的理念》,载《华东政法大学学报》2003年第2期。

[205]张书清:《金融法理念论纲》,西南政法大学2009年博士学位论文。

[206]李双元、蒋新苗、蒋茂凝:《法律理念及其现代化取向》,载《时代法学》1999年第1期。

[207]谷德近:《环境法学的自然法理念》,载《南京社会科学》2002年第5期。

[208]冯平:《走出价值判断的悖论》,载《哲学研究》1995年第10期。

[209]杨震:《法价值哲学导论》,中国社会科学出版社2004年版。

[210]付子堂:《法律正义引论》,载《河南财经政法大学学报》2001年第2期。

[211]周灵方:《法的价值冲突与选择——兼论法的正义价值之优先性》,载《伦理学研究》2011年第6期。

[212]周文华:《法的正义价值及其实现》,中国社会科学院研究生院2003年博士学位论文。

[213]马晶:《环境正义的法哲学研究》,吉林大学2005年博士学位论文。

[214]孙国华:《法的正义逻辑》,载《江淮论坛》2012年第5期。

[215]沈绿野、康宏强:《论环境法理念的变迁对国际环境法的影响》,载《河北法学》2004年第12期。

[216]宣海霞:《环境法理念的更新——兼论环境法目的的变迁》,载《西部法学评论》2004年第4期。

[217]竺效:《环境资源法之法律目的研究》,载《环境资源法论丛》2004年第0期。

[218]王小萍、仇红星:《环境法的可持续发展基本理念》,载《政府法制》2003年第7期。

[219]吴亚平:《论自然的属性及环境法的理念》,载《东南学术》2002年第5期。

[220]罗丽:《论生态文明理念指导下的环境法体系的完善》,载《环境与可持续发展》2014第2期。

[221]屈振辉:《现代环境法理念的伦理诠释》,载《石家庄铁道大学学

报（社会科学版）》2008 年第 4 期。

[222] 高利红:《环境法学的核心理念——可持续发展》,载《法商研究》2005 年第 1 期。

[223] 周旺生:《论作为第三种规范的法律正义》,载《政法论坛》2003 年第 4 期。

[224] 蔡守秋:《环境正义与环境安全——二论环境资源法学的基本理念》,载《河海大学学报(哲社版)》2005 年第 2 期。

[225] 苑银和:《环境正义论批判》,中国海洋大学 2013 年硕士学位论文。

[226] 崔洁:《刑事证据法目的论》,中国政法大学 2009 年博士学位论文。

[227] 王小钢:《对"环境立法目的二元论"的反思——试论当前中国复杂社会背景下环境立法的目的》,载《中国地质大学学报(社会科学版)》2008 年第 4 期。

[228] 王明远:《社会性、经济性应兼顾》,载《中国环境报》2006 年第 5 版。

[229] 高利红:《环境资源法的价值理念和立法目的》,载《中国地质大学学报(社会科学版)》2005 年第 3 期。

[230] 汪劲:《论现代西方环境权益理论中的若干新理念》,载《中外法学》1999 年第 4 期。

[231] 蔡守秋:《析 2014 年〈环境保护法〉的立法目的》,载《中国政法大学学报》2014 年第 6 期。

[232] 沈宗灵:《再论当代中国的法律体系》,载《法学研究》1994 年第 1 期。

[233] 马骧聪:《论我国环境资源法体系及健全环境资源立法》,载《现代法学》2002 年第 3 期。

[234] 常纪文:《论环境法与自然资源法的独立性与协同统一化》,载《自然资源学报》2000 年第 3 期。

[235] 强世功:《文本、结构与立法原意——"人大释法"的法律技艺》,载《中国社会科学》2007 年第 5 期。

[236] 何佩佩、邹雄:《论生态文明视野下环境利益的法律保障》,载《南京师大学报(社会科学版)》2015 年第 2 期。

[237] 任国威、段凯丽:《环境基本法目的条款的修改动因与方向——兼论生态文明的内在统一性》,载《中国环境管理干部学院学报》2013 年第 4 期。

［238］吴卫星:《环境权法律化实证研究——兼议我国环境权研究的几个误区》,载《青海社会科学》2006年第3期。

［239］那力:《论环境事务中的公众权利》,载《法制与社会发展》2002年第2期。

［240］杨振东、王海青:《浅析环境保护公众参与制度》,载《山东环境》2001年第5期。

［241］李启家:《环境法领域利益冲突的识别与衡平》,载《法学评论》2015年第6期。

［242］吴卫星:《从协调发展到环境优先——中国环境法制的历史转型》,载《河海大学学报(哲学社会科学版)》2008年第3期。

［243］康京涛:《生态修复责任的法律性质及实现机制》,载《北京理工大学学报(社会科学版)》2019年第5期。

［244］李挚萍:《环境修复目标的法律分析》,载《法学杂志》2016年第3期。

［245］曾宪佳、朱同同:《论公司社会责任的司法实践——从公益诉讼角度谈我国公司社会责任司法实践的完善》,载《行政与法》2011年第7期。

［246］汪劲:《中国的环境公益诉讼:何时才能浮出水面?》,载别涛主编:《环境公益诉讼》,法律出版社2007年版。

［247］梁慧星:《关于公益诉讼制度的对话》,载吴汉东主编:《私法研究》(第1卷),中国政法大学出版社2002年版。

［248］赵惊涛:《协商解决环境纠纷机制的选择》,载《吉林大学社会科学学报》2015年第3期。

［249］董正爱、胡泽弘:《协商行政视域下生态环境损害赔偿磋商制度的规范表达》,载《中国人口·资源与环境》2019年第6期。

［250］陈金钊、侯学勇:《法律关系及其逻辑模型的建构》,载《重庆工学院学报》2006年第10期。

［251］章戎:《行为在法律关系中的地位辨析》,载《云南法学》1998年第4期。

［252］童之伟:《法律关系的内容重估和概念重整》,载《中国法学》1999年第6期。

［253］沈宗灵:《对霍菲尔德法律概念学说的比较研究》,载《中国社会科学》1990年第1期。

［254］朱春玉:《环境法律关系新解》,载《郑州大学学报(哲学社会科学版)》2018年第6期。

［255］杜承铭：《论基本权利之国家义务：理论基础、结构形式与中国实践》，载《法学评论》2011年第2期。

［256］邹雄：《论环境权的概念》，载《现代法学》2008年第5期。

［257］邹雄：《环境权新论》，载《东南学术》2005年第3期。

［258］陈醇：《论国家的义务》，载《法学》2002年第8期。

［259］张文明：《"多元共治"环境治理体系内涵与路径探析》，载《行政管理改革》2017年第2期。

［260］姚迈新：《公共治理的理论基础：政府、市场与社会的三边互动》，载《陕西行政学院学报》2010年第1期。

［261］钱大军、尹奎杰、朱振：《权利应当如何证明：权利的证明方式》，载《法制与社会发展》2007年第1期。

［262］韦联春：《环境权的立法保护》，载《法学》1994年第6期。

［263］郭英华：《环境权还是环境法益？——权利泛化背景下对环境权的反思》，载《内蒙古社会科学（汉文版）》2008年第6期。

［264］柯坚：《环境法的生态实践理性原理》，中国社会科学出版社2012年版。

［265］叶嫒博：《污染者负担原则对环境公共利益的保护》，载《中山大学法律评论》2014年第1期。

［266］吴卫星：《从环境公共利益到环境基本权利——环境保护基本模式的转型》，载《绿叶》2012年第5期。

［267］王小钢：《从行政权力本位到公共利益理念——中国环境法律制度的理念更新》，载《中国地质大学学报（社会科学版）》2010年第5期。

［268］朱谦：《论环境保护中权力与权利的配置——从环境行政权与公众环境权关系的角度审视》，载《江海学刊》2002年第3期。

［269］竺效、丁霖：《国家环境管理权与公民环境权关系均衡论》，载《江汉论坛》2014年第3期。

［270］顾爱平：《权利本位抑或义务本位——环境保护立法理念之重构》，载《苏州大学学报（哲学社会科学版）》2010年第6期。

［271］孙笑侠：《"权利本位说"的基点、方法与理念——兼评"法本位"论战三方观点与方法》，载《中国法学》1991年第4期。

［272］何佩佩：《论环境法律对环境利益的保障》，载《广东社会科学》2017年第5期。

［273］徐保根、陈佳骊：《论农村集体土地统筹流转》，载《经济论坛》2011第4期。

［274］钱大军:《环境法应当以权利为本位——以义务本位论对权利本位论的批评为讨论对象》,载《法制与社会发展》2014年第5期。

［275］白金凤:《我国农业节水的法制化建设研究》,西北农林科技大学2008年硕士学位论文。

［276］漆多俊:《论权力》,载《法学研究》2001年第1期。

［277］王曦、唐瑭:《对"环境权研究热"的"冷"思考》,载《上海交通大学学报(哲学社会科学版)》2013年第2期。

［278］曾哲、李轩:《通过环境共治走向生态文明》,载《湖南工程学院学报(社会科学版)》2020年第3期。

［279］何佩佩、邹雄:《环境法的本位与环境保障利益研究》,载《福建论坛(人文社会科学版)》2015年第3期。

［280］叶延玺:《基于利益分析对权利本质的再思考》,载《云南大学学报(法学版)》2012年7月第4期。

［281］菅从进:《权利四要素论》,载《甘肃政法学院学报》2009年第2期。

［282］北岳:《关于义务与权利的随想》,载《法学》1994年第8期。

［283］舒国滢:《权利的法哲学思考》,载《政法论坛》1995年第3期。

［284］葛洪义:《论法律权利的概念》,载《法律科学》1989年第1期。

［285］夏勇:《权利哲学的基本问题》,载《法学研究》2004年第3期。

［286］杜江、邹国勇:《"德国"利益法学思潮述评》,载《法学论坛》2003年第6期。

［287］高志明:《刑法法益概念学说史初探——以德国学说为主》,台北大学2003年硕士论文网络版。

［288］董兴佩:《行政法域的法益理论研究》,黑龙江大学2004年硕士学位论文。

［289］董兴佩:《法益:法律的中心问题》,载《北方法学》2008年第3期。

［290］张驰、韩强:《民事权利类型及其保护》,载《法学》2001年第12期。

［291］于飞:《"法益"概念再辨析——德国侵权法的视角》,载《政法论坛》2012年第4期。

［292］杨朝霞:《论环境权的性质》,载《中国法学》2020年第2期。

［293］朱谦:《环境权问题:一种新的探讨路径》,载《法律科学(西北政法学院学报)》2004年第5期。

［294］王锴:《环境权在基本权利体系中的展开》,载《政治与法律》2019年第10期。

［295］周训芳：《环境权的立法困境与出路》，载《时代法学》2004年第2期。

［296］吴卫星：《环境权的中国生成及其在民法典中的展开》，载《中国地质大学学报（社会科学版）》2018年第6期。

［297］李拥军、侯学宾：《谈人类的权利》，载《法学杂志》2006年第1期。

［298］韩荣和：《人权与国权的冲突与和谐》，载《襄樊职业技术学院学报》2006年第4期。

［299］馨元：《公民概念在我国的发展》，载《法学》2004年第6期。

［300］黄华弟、欧阳光明：《论环境权的人权属性》，载《河北法学》2004年第9期。

［301］韩大元：《基本权利概念在中国的起源与演变》，载《中国法学》2009年第6期。

［302］徐显明：《"基本权利"析》，载《中国法学》1991年第6期。

［303］［日］松本昌悦：《环境权》，载《法律时报》1977年。

［304］Scholler H：《人权之变迁》，陈春生译，载《月旦法学杂志》2002年第1期。

［305］朱谦：《环境权问题：一种新的探讨路径》，载《法律科学》2004年第5期。

［306］林来梵：《针对国家享有的财产权——从比较法角度的一个考察》，载《法商研究》2003年第1期。

［307］蒋德海：《基本权利与法律权利关系之探讨——以基本权利的性质为切入点》，载《政法论坛》2009年第2期。

［308］夏正林：《从基本权利到社会权利》，载《法学研究》2007年第6期。

［309］张翔：《基本权利的双重性质》，载《法学研究》2005年第3期。

［310］上官丕亮：《论公法与公权利》，载《政法论丛》2007年第5期。

［311］辛帅：《论民事救济手段在环境保护当中的局限》，中国海洋大学2014年博士学位论文。

［312］邹雄、庄国敏：《论民法典绿化的边界——以民法典对环境权的承载力为视角》，载《东南学术》2017年第6期。

［313］侯怀霞：《私法上的环境权及其救济问题研究》，中国海洋大学2008年博士学位论文。

［314］于忠春：《人权视角下的环境权研究》，吉林大学2006年博士学位论文。

［315］谢晖:《法制现代化研究论权力与权利界分及其对我国改革的意义》,载《天津社会科学》1994年第2期。

［316］郭道晖:《社会权力:法治新模式与新动力》,载《学习与探索》2009年第5期。

［317］周海华:《政府环境公共权力初探》,载《重庆科技学院学报(社会科学版)》2010年第17期。

［318］钱大军:《法律义务研究》,吉林大学2005年博士学位论文。

［319］孟庆垒:《环境责任论——兼谈环境法的核心问题》,法律出版社2014年版。

［320］丁珊:《谈法律的作用之利益导向性》,载《河南财政税务高度专科学校学报》2011年第1期。

［321］胡中华:《论环境保护之为普遍义务》,中国海洋大学2011年博士学位论文。

［322］杜飞进:《试论法律责任的若干问题》,载《中国法学》1990年第6期。

［323］刘作翔、龚向和:《法律责任的概念分析》,载《法学》1997年第10期。

［324］刘超、林亚真:《试论专门环境法律责任的理论基础与具体构建》,载《昆明理工大学学报(社会科学版)》2008年第3期。

［325］吴继刚:《论环境法律责任》,载《学术交流》2004年第2期。

［326］张秉民、陈明祥:《论我国公法责任制度的缺陷与完善》,载《法学》2006年第2期。

［327］孙笑侠:《公、私法责任分析——论功利补偿与道义性惩罚》,载《法学研究》1994年第6期。

［328］李友根:《论产品召回制度的法律责任属性——兼论预防性法律责任的生成》,载《法商研究》2011年第6期。

［329］王明远:《德国〈环境责任法〉的基本内容和特色介评》,载《重庆环境科学》2000年第4期。

［330］巩固、陈瑶:《以禁令制度弥补环境公益诉讼民事责任之不足——美国经验的启示与借鉴》,载《河南财经政法大学学报》2017年第4期。

［331］吕忠梅、窦海洋:《修复生态环境责任的实证解析》,载《法学研究》2017年第3期。

［332］王江、黄锡生:《我国生态环境恢复立法析要》,载《法律科学》2011年第3期。

[333] 梁根林：《非刑罚化——当代刑法改革的主题》，载《现代法学》2000年第6期。

[334] 孟昭武：《论正义与刑罚观念》，载《锦州师范学院学报（哲学社会科学版）》1996年第2期。

[335] 李挚萍：《略论政府在环境保护中的主导地位》，载《法学评论》1999年第3期。

[336] 齐明山、李彦娅：《公共行政价值、公共利益与公共责任——政府公共权力科学运作的三维构架》，载《学术界》2006年第6期。

[337] 朱谦：《论环境行政权与公众环境权关系》，载《中国环境管理》2001年第6期。

[338] 钭晓东、肖雪珍：《国家环境给付义务》，载《成都理工大学学报（社会科学版）》2014年第3期。

[339] 李慧明：《环境治理中的公众参与：理论与制度》，载《鄱阳湖学刊》2011年第2期。

[340] 徐兴祥：《知识产权权能结构法律分析》，载《法治研究》2014年第7期。

[341] 王世进、刘怸宏：《环境权理论的发展与环境权入宪的反思》，载《江西理工大学学报》2012年第4期。

[342] 秦天宝、赵小波：《论德国土壤污染立法中的"状态责任"及其对我国相关立法的借鉴意义》，载《中德法学论坛》2010年第八辑。

[343] 徐以祥：《论我国环境法律的体系化》，载《现代法学》2019年第3期。

[344] 王凌凌：《保障社会组织开展公益诉讼需精准施策》，载《中国环境报》2018年3月14日。

[345] 孙佑海：《如何落实完善排污许可制度？》，载《环境保护》2014年第14期。

[346] 李艳芳：《论中国应对气候变化法律体系的建立》，载《中国政法大学学报》2010年第6期。

[347] 张梓太、郭少青：《结构性陷阱：中国环境法不能承受之重——兼议我国环境法的修改》，载《南京大学学报（哲学·人文科学·社会科学）》2013年第2期。

[348] 杜群、杜寅：《水保护法律体系的冲突与协调——以入河排污口监督管理为切入点》，载《武汉大学学报（哲学社会科学版）》2016年第1期。

［349］王灿发:《论生态文明建设法律保障体系的构建》,载《中国法学》2014年第3期。

［350］蔡守秋:《从综合生态系统到综合调整机制——构建生态文明法治基础理论的一条路径》,载《甘肃政法学院学报》2017年第1期。

［351］吕忠梅:《环境司法2020:推进中国环境司法体系不断成熟定型》,载《中国法律评论》,https://mp.weixin.qq.com/s/B5HjLgZiKr1SW0qc380apA。

［352］陈光中、崔洁:《司法、司法机关的中国式解读》,载《中国法学》2008年第2期。

［353］于浩:《当代中国司法改革的话语、实践及其反思——以"司法"定义切入》,载《山东社会科学》2015年第10期。

［354］黄志荣:《中国互联网立法研究》,中共中央党校2017年博士学位论文。

［355］杜辉:《环境司法的公共治理面向——基于"环境司法中国模式"的建构》,载《法学评论》2015年第4期。

［356］杨凯:《关于建构"三审合一"审判模式的法理学思考》,载《环境保护》2014年第16期。

［357］苏力:《法律活动专门化的法律社会学思考》,载《中国社会科学》1994年第6期。

［358］刘国有:《浅论专门法院出现的原因及对法律现代化的意义》,载《天津市政法管理干部学院学报》2004年第2期。

［359］刘忠:《论中国法院的分庭管理制度》,载《法制与社会发展》2009年第5期。

［360］韩晓明:《环保法庭"无案可审"现象再审视》,载《法学论坛》2019年第2期。

［361］姜红:《"共建共治共享"理念下司法专门化的反思——从旅游法庭的实践出发》,载《法治论坛》2019年第4期。

［362］张宝:《环境司法专门化的建构路径》,载《郑州大学学报(哲学社会科学版)》2014年第6期。

［363］王树义:《论生态文明建设与环境司法改革》,载《中国法学》2014年第3期。

［364］于文轩:《环境司法专门化视阈下环境法庭之检视与完善》,载《中国人口·资源与环境》第2017年第8期。

［365］李浩:《管辖错误与再审事由》,载《法学研究》2008年第4期。

[366] 冯晓青、王丽：《从专门法庭到专门法院：我国知识产权司法的最新进展透析》，载《南都学坛》2015年第3期。

[367] 姜艳菊：《知识产权案件的专门化审判》，载《电子知识产权》2008年第1期。

[368] 郭寿康、李剑：《我国知识产权审判组织专门化问题研究——以德国联邦专利法院为视角》，载《法学家》2008年第3期。

[369] 宋宗宇、陈丹：《环境司法专门化在中国的机制障碍与路向转换》，载《重庆大学学报（社会科学版）》2013年第6期。

[370] 宋宗宇、郭金虎：《环境司法专门化的构成要素与实现路径》，载《法学杂志》2017年第7期。

[371] 吕忠梅、焦艳鹏：《中国环境司法的基本形态、当前样态与未来发展——对〈中国环境司法发展报告（2015—2017）〉的解读》，载《环境保护》2017年第18期。

[372] [美] 肯尼士·F.麦克卡林、H.瑞加·莎玛：《环境司法无国界》，载《研究生法学》2001年第1期。

[373] 黄锡生：《我国环境司法专门化的实践困境与现实出路》，载《人民法治》2018年第4期。

[374] 郭武：《层次性重叠，抑或领域性交叉？——环境法与其他部门法关系省思》，载《社会科学》2019年第12期。

[375] 杨晓婉、刘永鑫、徐静柳：《环境民事公益诉讼的执行问题探究》，载《林业经济》2016年第6期。

[376] 李劲：《环境行政公益诉讼证明责任问题研究》，载《渤海大学学报（哲学社会科学版）》2018年第40期。

[377] 沈跃东：《可持续发展裁决机制的一体化——以新西兰环境法院为考察对象》，载《西北农林科技大学学报（社会科学版）》2008年第3期。

[378] 颜运秋：《〈民法典〉视阈下生态环境修复与赔偿司法保障机制》，载《广西社会科学》2021年第1期。

二、外文参考文献

（一）著作类

[1] J. G. M. Environmental Protection and Human rights: Conceptual aspects. In: Alan E. Boyle, Michael R. Anderson, eds. *Human Rights Approaches to Environmental Protection*. Oxford: Clarendon Press, 1998.

［2］Salad E Rwv, Laird S A. Biodiversity Prospecting. In: Balick M EE, Laird S, eds. *Medicinal Resources of the Tropical Forest: Biodiversity and its Importance to Human Health*. New York: Columbia University Press, 1996.

［3］Pulido. Laura. *Environmentalism and Economic Justice*. University of Arizona Press, 1996. pXV-XVI.

［4］Simom Blackburn. *Oxford Dictionary of Philosophy*, Oxford University Press, 1994.

［5］Helmut Goerlich. *Fudamental Constitutional Rights: Content, Meaning and General Doctrines*. In The Constitution of the Federal Republic of Germany, Ulrich Karpen ed. Nomos Verlagsgesellschaft, 1988.

［6］Max Weber. *Economy and Society*. edited by Guenther Roth and Claus Wittich. New York: Bedminister Press, 1968.

［7］M. J. G. Van Eeten and E. Roe. *Ecology, Engineering and Management: Reconciling Ecosystem Rehabilitation and Service Reliability*. Oxford University Press, 2002.

［8］Andrew Dobson. *Justice and the Environment: Conceptions of Enivronmental Sustainability and Theories of Distributive Justice*. Oxford: Oxford University Press, 1998.

［9］Philippe Sands. *Principles of International Environmental Law*. Cambridge: Cambridge University Press, 2003.

［10］Water K E. *Quality Improvement: Evaluation of an Ecosystem Service*. In: Gretchen Daily, eds. Nature's Service: Societal Dependence on Natural Ecosystem. Washington D. C: Island Press, 1997.

（二）论文类

［1］Ramesh Abhilash Mavinakere, Shivanna Srikantaswamy. Hydrothermal Synthesis of Moo3/Zno Heterostructure with Highly Enhanced Photocatalysis and their Environmental Interest. *Journal of Environmental Chemical Engineering*, 2021.

［2］L. Bougarne, M. Ben Abbou, M. El Haji, H. Bouka. Consequences of Surface Water Eutrophication: Remedy and Environmental Interest, Materials *Today: Proceedings*, 2019.

［3］Matar Ndiaye, Mahamadane Diène, Mouhamadou Bassir Diop, Papa Malick Ngom. Pozzolanic Activity of Old Volcanic Tuffs of Mako Area

（Senegal-Oriental, West African Craton）: An Economic and Environmental Interest. *International Journal of Geosciences*, 2019.

［4］Wojnárovits László, Takács Erzsébet. Rate Constants of Dichloride Radical Anion Reactions with Molecules of Environmental Interest in Aqueous Solution: A Review, *Environmental Science and Pollution Research International*, 2021.

［5］J. M. Box-Steffensmeier, B. W. Campbell, D. P. Christenson, Z. Navabi. Role Analysis Using the Ego-Ergm: A look at Environmental Interest Group Coalitions, *Social Networks*, 2018.

［6］Gretchen Daily, John Peterson Myers, Joshua Reichert, et al. *Nature's Services: Societal Dependence on Natural Ecosystems Summary*. Washington DC: Island Press, 1997.

［7］Robert Costanza, Ralph d'Arge, Rudolf de Groot, et al. The Value of *the World's Ecosystem Services and Natural Capital*. Nature, 1987.

［8］Odum E P. Fundamentals of Ecology. Philadelphia: *WB Saunders*, 1971.

［9］Lyons K G, Brigham C A, Traut B H, et al. Rare Species and Ecosystem Functioning. *Conservation Biology*, 2005.

［10］Pimentel D. ML, Zepp A. Environmental and Economic Impacts of Reducing U. S. Agricultural Pesticide Use. *Handbook of Pest Management in Agriculture*, 1989.

［11］Czech, Ewa Katarzyna& Pietrzyk, Marta. Interpretation of Administrative Legal Norms Demonstrating Strong Relations with Civil Law which Aim Environmental Protection, Studies in Logic, *Grammar and Rhetoric*, 2013.

［12］Krstinić, Dalibor&Bingulac, Nenadjoko Dragojlović. Criminal and Civil Liability for Environmental Damage. *Economics of Agriculture*, 2017.

［13］Cummings, Susan. Environmental Protection and Privatization: the Allocation of Environmental Responsibility and Liability in Sale Transactions of State-Owned Companies in Poland. *Hastings International and Comparative Law Review Spring*, 1994.

［14］Ilona Görgényi: Protection of the Environment through Criminal Law Considering the European Standards. *Journal of Agricultural and Environmental Law*, 2018.

[15] Laura J. Kerrigan. Project: The Decriminalization of Administrative Lawpenalties, Civil Remedies, Alternatives, Policy, And Constitutional Implications. *Administrative Law Review*, 1993.

[16] Haynsworth, Martin, McKay&Guerard. L. L. P: Federal Environmental Crimes—What They Are and How To Avoid Them (part 1), *South California Environmental Compiance Update*, 1997.

[17] Directive of the European Parliament and of the Council on Environmental Liability with Regard to the Prevention and Remedying of Environmental Damage Brussels, 2004.

[18] P. Monaghan H. Third Party Standing. *Columbia Law Review*, 1984.

[19] Michael S. Greve. The Private Enforcement of Environmental Law. *Tulane Law Review*, 1990.

[20] Mark B. Harmon, Harry T. Gower: Prosecuting Marine Pollution Crimes. *University of San Francisco Maritime Law Journal*.

[21] William A. Tilleman. Public Participation in the Environmental Impact Assessment Process: A Comparative Study of Impact Assessment in Cananda, the United States and the European Cummunity. *Columbia Journal of Transnational Law*, 1995.

[22] A. Trouwborst. *Evolution and Status of the Precautionary Principle in International Law*. Kluwer Law International, 2002.

[23] Specialized Environmental Courts and Tribunals at the Confluence of Human Rights and the Environment. *Oregon Review of International Law*, 2009.

[24] Peter H. Sand. The Right to Know: Freedom of Environmental Information in Comparative and International Law. *Tulane Journal of International and Comparative Law*, 2011.

[25] Jedediah Purdy. The Politics of Nature: Climate Change, Environmental Law, and Democracy. *Yale Law Journal*, 2010.

[26] Adrian J. Bradbrook. Placing Access to Energy Service within Human Rights Framework. *Human Rights Quarterly*, 2006.

[27] Scott F. Stromberg. Has the Sun Set on Solar Rights? Examining the Practicality of the Solar Rights Acts. *Natural Resources Journal*, 2010.

[28] Robert V. Percival. Massachusetts v EPA: Escaping the Common Law's Growing Shadow, *Ct. Rev*, 2007.

[29] Patti Golaman. Public Interest Environmental litigation in China: Lessons Learned from the U.S. Experience. *Vermont Journal of Environmental Law*, 2006.

[30] Robert V. Precival. Who's Afraid of the Precautionary Principle. *Pace Environmental Law Review*, 2006.

[31] Martin H. Redish. Class Action and the Democratic Difficulty: Rethinking the Intersection of Private Litigation and Public Goals. *Chi Legal F*, 2003.

[32] Richard B. Stewart. Environmental Regulation and Internaional Competitiveness. *Yale Law Journal*, 1992.

[33] Joseph L. Sax. The Public Trust Doctrine in Natural Resource Law: Effective Judicial Intervention. *Michigan Law Review*, 1970.

后　记

本书的主题系本人博士论文之选题。自2012年本人博士论文开题至今，已然整整十年。惭愧的是，时至今日研究成果方才出版；然而还算幸运的是，虽历经十年，本书的研究主题却并未过时，而是随着环境法学的进一步发展愈发凸显出其学术价值。

正如徐祥民教授在本书序言中提及，本书的研究成果是建立在学界前辈们"巨人的肩膀"之上的，因此理应借此机会向我国环境法学界研究"环境利益"这一主题的诸位教授、学者们致敬！

本书的完成，首先要感谢我的博士生导师邹雄教授的悉心指导，也十分感谢徐祥民教授多年来的不吝赐教，还要感谢福州大学法学院黄辉教授、丁国民教授、李智教授、李春林教授、张旭东教授等前辈们及全体同仁的长期真诚的支持和帮助。

在书稿后续完善过程中，我所指导的诸位研究生也付出了很大的努力，在此一并谢过！参与此项工作的福州大学法学院研究生有2018级邵琪、常冠军，2019级王晨静，2020级秦文樯、杨巧玲、黄莹，2021级赵彩月、黄国智、朱紫伟、廖安然，2022级方楚仪、郭庆芳。

回首往昔，我的学术之路进展颇慢、所获颇稀，但幸而仍在缓慢前行。今日我所取得的那么一点成绩（如果还能算是成绩的话），也得益于家人们对我的支持。感谢我的父母对我的养育之恩以及我的祖母、叔父对我的栽培之恩。近年来，母亲常年为我分担家务，让我能够抽出时间完成学业、推动学术工作，没有她的无私支持，绝不会有今天的我。先生郑辉东教授给予了我极大的精神支持，他刻苦努力、不懈敬业的精神时常激励着我。女儿何书怡小朋友及儿子郑书豪小朋友的茁壮成长，也给了我不断努力的动力。

本书的出版，是我法学学术历程中的一座里程碑，它代表着一个阶段的终点，更标志着一个新阶段的起点。如果顺利的话，我将还有二十余年的学术生涯，未来希望自己能继续努力。下一个十年，琐事缠身不可避免，愿自己能做好时间管理，在科研之路上继续前行。

缓可，勿止！

何佩佩

2022 年 11 月 18 日于福州西湖畔